2004

中国饲料工业年鉴

全国饲料工作办公室
中国饲料工业协会 编

中国农业出版社

《中国饲料工业年鉴》(2004)

编辑委员会

饲料工业

国务院副总理回良玉视察湖南加华牛业公司

田纪云同志（左一）视察希望集团

中共中央政治局委员、广东省委书记张德江、省长黄华华视察恒兴公司

海南省省委书记、省长汪啸风（左四）视察海南大海饲料公司

江西省省委书记孟建柱（左一）、省长黄智权（左二）等领导莅临江西正邦集团展台

国务院总理温家宝（左九）在辽宁主持召开东北老工业基地座谈会，部分饲料企业应邀参加

国务院副总理回良玉（左前一）视察河南金鑫饲料公司

四川省副省长柯尊平视察铁骑力士公司

中国饲料工业协会会长白美清（右二）、副秘书长王随元（左二）在黑龙江省进行行业调研

法国总统希拉克（左）会晤新希望集团董事长刘永好先生（右）

农业部畜牧兽医局局长贾幼陵（左三）、中国饲料工业协会秘书长刘同占（右一）与国际饲料工业联合会秘书长罗杰（左二）在2003年中国畜牧业暨饲料工业交易会上

印度尼西亚水产部代表团考察恒兴公司

加拿大豌豆协会一行到六和集团参观访问

越南饲料代表团访问中国饲料工业协会信息中心

欧盟贸易联合体专家考察铁骑力士公司

挑战集团与美国 MARTREX 公司签定合作协议

牧羊集团与东盟合作开展技术培训

美国大豆协会与华西希望集团共同举办饲料研讨会

全国农业工作会畜牧业会议在北京召开

2003年中国畜牧业暨饲料工业交易会在南京举办

2003年中国畜牧业暨饲料工业交易会盛大场面

有关领导参观中国饲料展台

中国饲料工业协会秘书长刘同占（左一）、全国畜牧兽医总站站长何新天（左二）、农业部畜牧兽医局局长贾幼陵（左三）、中国饲料工业协会副会长张延喜（左四）、中国饲料工业协会会长白美清（左五）、国际饲料工业联合会秘书长罗杰（左七）等在中国饲料展台

2003 年全国饲料行业职业技能鉴定工作座谈会

2003 年大型饲料企业联谊会

大北农集团饲料生产基地

大北农集团总裁邵根伙博士当选中关村优秀企业家

中牧股份通过 GMP 验收的工厂

中牧股份 SPF 鸡场

天津挑战一次性全面通过国家 GMP 认证

挑战精英激情高歌《步步高》

德佳牧业饲料工厂

德佳牧业预混料成品库

禾丰集团民营企业博士后科研基地授牌仪式

大成生化新型赖氨酸产品研讨会

中国饲料工业协会领导和欧盟饲料协会代表莅临牧羊集团展台

牧羊工业园

江苏正昌集团—陕西壮须集团脲酶抑制剂、预混料项目签字仪式

国际友人莅临江苏正昌集团展台

饲料工业

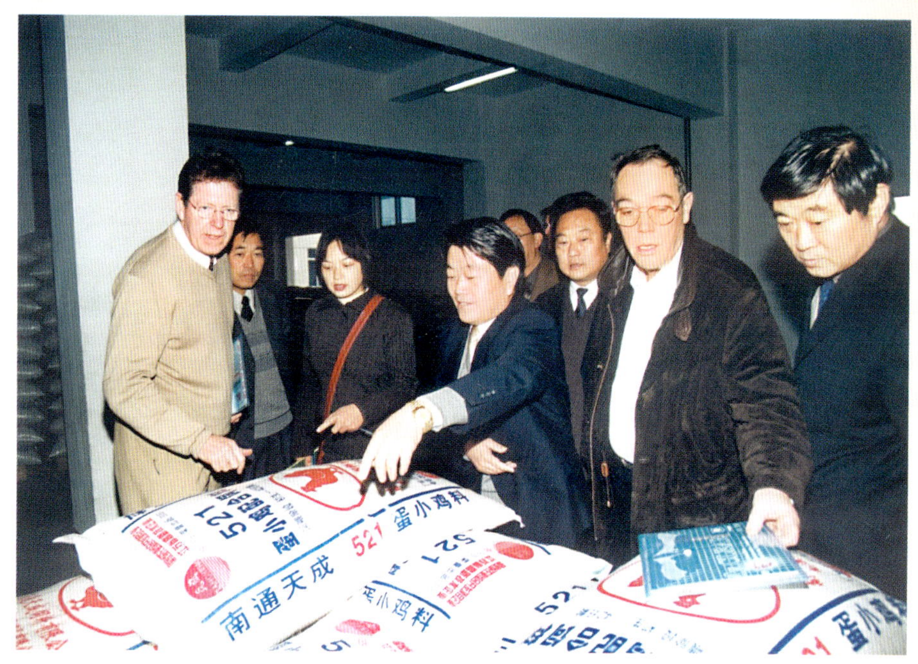

国际饲料工业联合会秘书长罗杰莅临南通天成饲料公司

浙江花园高科药业有限公司

宁波天邦股份有限公司

广东天邦饲料科技有限公司

青岛六和饲料有限公司

双汇集团饲料厂

双汇集团养殖基地

中国饲料工业协会领导在正虹集团指导工作

正虹集团最大的饲料生产基地——营田生产中心

湛江恒兴水产科技有限公司全景图

温氏集团总部

温氏一条龙养殖基地

华西希望花园式工厂——广安万千饲料有限公司

新希望集团越南河内饲料公司

“通威”商标荣获中国驰名商标

铁骑力士大学

龙蟒集团

美国大豆协会

设在美国密苏里州圣路易斯市的美国大豆协会，有32000名会员，在海外有12个办事处，其中包括北京办事处（1982年成立）和上海办事处。23年来，美国大豆协会驻中国办事处举办了数以百计的技术研讨会，进行了多次饲养试验，出版了数百种技术资料免费发送饲料厂家和养殖户。

美国大豆协会首席代表雷天龙（右二）在饲料技术研讨会开幕式上。

为进一步配合中国饲料工业发展，突出食品和饲料安全的重要意义，ASA邀请中国饲料工业协会和北京华思联认证中心和国内率先通过HACCP认证的饲料企业在上海、贵州和长沙举办相关的普及讲座，并得到各省、市饲料协会（办）的支持。图为授课教师与湖南省饲料办、饲料协会的领导在主席台上。

美国大豆协会每年在中国各地举办多次饲料技术与动物营养讲座。图上部为中国饲料工业协会秘书长刘同占（右二）在开幕式上讲话。右下部为美国大豆协会饲料技术主任程宗佳博士做题为“饲料加工技术及其对动物生产性能的影响”的报告。左下部为来自全国各地的学员正在认真听讲。

作为企业现场技术服务的一部分，美国大豆协会技术顾问 Joe Hancock 博士在陕西汉宝集团饲料有限公司进行技术交流。

继 2000 年成功举办挤压膨化技术培训之后，ASA 再次组织中国部分企业赴美学习挤压膨化技术。图为企业经理们在参观水产养殖试验基地，认真观摩大豆挤压膨化操作演示（美国德州，2003 年 9～10 月）。

全国饲料工作办公室、中国饲料工业协会

单位		电话	传真	地址	E-mail
全国饲料工作办公室	饲料处	(010)64192848 64192831	(010)64192869	北京市朝阳区农展馆南里11号(100026)	xmjslch@agri.gov.cn
	综合处	(010)64192844	(010)64192869		
中国饲料工业协会	综合处(行业指导处)	(010)64194589 64194597	(010)64194592	北京市朝阳区麦子店街20号楼(100026)	zonghechu@agri.gov.cn
	科技教育处	(010)64194582 64194584	(010)64194592		kejiaochu@agri.gov.cn
	标准质量处	(010)64194581 64194591	(010)64194592		biaozhunchu@agri.gov.cn
	外经处	(010)64194590 64194595	(010)64194592		zhangzq@agri.gov.cn
	财务处	(010)64194583 64194778	(010)64194592		
	《中国饲料》杂志社	(010)64246642 64241573	(010)64246635	北京安外大街东后巷28号2号楼(100710)	zgsl@chinafeed.com.cn
	中国饲料工业协会信息中心、《饲料广角》杂志社	(010)62145459 62136584	(010)62172155	北京海淀区中关村南大街12号(100081)	editor@chinafeed.org.cn
	北京中饲协质量咨询中心	(010)62132931 62132932	(010)62132887	北京海淀区中关村南大街12号科海福林大厦	cqcc2004@yahoo.com.cn

质量监督与检测机构

单 位	负责人	电 话	传 真	地 址	网 址	E-mail
国家饲料质量监督检验中心(北京)	苏晓鸥	(010)68975901	(010)68975906	北京海淀区中关村南大街12号(100081)		
农业部饲料质量监督检验测试中心(呼和浩特)	杨宏东	(0471)4910905	(0471)4910905	内蒙古呼和浩特市赛罕区昭乌达南路(010020)		
农业部饲料质量监督检验测试中心(沈阳)	曹东	(024)24153912 24810160	(024)24810160	沈阳市沈河区小南街281号(110016)		lnssysljcs@cnaho.com
农业部饲料质量监督检验测试中心(南京)	时勇	(025)86263651 86263655	(025)86263656	南京市草场门大街124号江苏农业检测大楼(210036)		jsvet@public1.ptt.js.cn
农业部饲料质量监督检验测试中心(南昌)	曾志明	(0791)8102073 8105726	(0791)8107671	南昌市南京东路181-1号(330029)		
农业部饲料质量监督检验测试中心(济南)	李祥明	(0531)7198033 7198019	(0531)7198033	济南市槐村街68号(250022)		lisdjs@163.com
农业部饲料质量监督检验测试中心(广州)	罗道栩	(020)84412017 34291327	(020)34291326	广州市万寿路113号(510230)	www.vetpharm.com.cn	ldx@gdivdc.gov.cn mail@gdivdc.gov.cn
农业部饲料质量监督检验测试中心(成都)	柏凡	(028)85583643 85598229	(028)85548413	成都市武侯祠大街3号(610041)	www.nsfeed.com.cn	sljct@mail.sc.cninfo.net
农业部饲料质量监督检验测试中心(西安)	高联政	(029)86254605	(029)86254586	西安市未央路28号(710016)	www.snav.gov.cn	Jlz08@21cn.com

科研与教育机构

单 位	负责人	电 话	传 真	地 址	网 址	E-mail
中国农业科学院饲料研究所	蔡辉益	(010)68975127 68975845	(010) 68975127	北京市海淀区中关村南大街12号(100081)	http//fri.caas.net.cn	fristm@163bj.com
农业部饲料工业中心	李德发	(010)62893588 62893688	(010) 62893688	北京市海淀区圆明园西路2号(100094)	www.mafic.ac.cn	tuzh@mafic.ac.cn
国家饲料工程技术研究中心	李德发	(010)62891456 62893591	(010) 62891456	北京市海淀区圆明园西路2号(100094)	www.nfetrc.com.cn	qiaoshy@mafic.ac.cn mf1978@x263.net
国家粮食局科学研究院饲料研究所	李爱科	(010)68363548	(010) 68319265	北京市西城区百万庄大街11号(100037)	www.china-feed.net	feed@chinagrain.com
中国农业科学院畜牧研究所饲料生物技术实验室	佟建明	(010)62816061	(010) 62819257	北京市海淀区圆明园西路2号(100094)		tjm606@263.net

媒体宣传与信息咨询机构

单位	负责人	电话	传真	地址	网址	E-mail
《中国饲料》杂志社	单钟	(010)64246642	(010)64246635	北京安外大街东后巷28号2号楼（100710）	www.chinafeed.com.cn	zgsl@chinafeed.com.cn
中国饲料工业协会信息中心、《饲料广角》杂志社	孔平涛	(010)62145459	(010)62172155	北京海淀区中关村南大街12号(100081)	www.chinafeed.org.cn	editor@chinafeed.org.cn

饲料工业

前　言

2003年，对于我国饲料工业来说是最不平常的一年，一年内受到“三大冲击”，实现了饲料产量继续增长。2003年全国饲料工业产品产量8 712万t，比上年增长4.7%，增速比上年降低1.9个百分点。实现工业总产值2 077亿元，比上年增长9.0%。饲料工业生产的总体水平继续提高，饲料安全水平进一步改善，生产结构进一步优化，饲料生产企业集团化、产业化、规模化发展进程加快。

《中国饲料工业年鉴（2004)》（以下简称《年鉴》）比较详实地记录了2003年我国饲料工业及其相关行业的发展情况。

《年鉴》全文主要包括7个部分，即综合篇、专题篇、地方篇、企业篇、统计资料、大事记和附录。在正文之前以图文并茂的形式介绍了领导视察、友好交流、行业发展、企业采风、政务联络等。综合篇主要包括2003年发布的政策法规、通知、领导讲话、饲料行业组织机构等；专题篇主要包括2003年饲料加工工业概况、主要饲料产品情况、饲料原料工业情况、饲料添加剂工业概况、饲料机械制造工业概况、秸秆养畜、饲料工业许可证管理、饲料安全管理、饲料质量监督与检测、科技与推广、教育与培训、饲料行业职业技能鉴定、饲料工业标准化、饲料工业质量认证、国际交流与合作、饲料工业行业信息体系；地方篇包括了除香港、澳门、台湾以外的全国所有省（市、区）饲料工业概况；企业篇包括重点企业经验介绍和企业简介；统计资料包括全国饲料工业统计资料、全国畜牧业统计资料、全国水产养殖业统计资料和世界畜牧、水产统计资料；大事记主要包括全国饲料工作办公室、中国饲料工业协会以及各地饲料工作办公室、饲料工业协会在2003年的主要工作与取得的成绩；附录主要包括一些地方政策法规。

《年鉴》内容不断完美与提高。图片部分的“领导视察”，既有中央领导，又有部分省区领导，也有部门领导，反映了党和政府对饲料工业的重视与关怀；在“企业采风”部分，既有发达地区的饲料企业，又有欠发达地区的企业，从不同侧面反映企业的发展。本《年鉴》文字内容丰富，覆盖面广，史实性强，是饲料行业行政事业单位、检测机构、科研机构等单位所必备的工具书。对饲料生产企业，饲料原料企业，畜牧、水产养殖企业等有较高的参考价值。

《年鉴》在编辑的过程中，得到了国家农业、化工、轻工、机械、内贸、医药等部门及有关科研单位领导和专家的协助，同时得到了各省、自治区、直辖市、计划单列市饲料工作（工业）办公室、饲料工业协会的大力支持与协作，也得到了一些企业的支持与协助，在此一并表示感谢。

《年鉴》反映的各省（区、市）和有关企业等文字材料及图片部分，只要涉及到排序，都按全国省份的习惯排序排列；全国饲料工作办公室、中国饲料工业协会和各省（区、市）提供的大事记，除上述相应的排序外，都按时间排序。

由于时间仓促，水平有限，《年鉴》编辑中难免会有遗漏和不妥之处，敬请提出批评与指正。

《年鉴》编辑部

2004年12月1日

目　录

前言

综　合　篇

2003年我国饲料工业发展概况 …… 3
政策法规 …… 5
中华人民共和国农业部令　第26号 …… 5
关于印发《2003年饲料及畜产品中“瘦肉精”等违禁药品专项整治计划》的通知　农牧发［2003］8号 …… 7
关于贯彻落实国务院办公厅促进饲料业持续健康发展若干意见的报告　农发［2003］84号 …… 9
农业部、国家质量监督检验检疫总局公告　第287号 …… 10
中华人民共和国农业部公告　第318号 …… 11
国家认证认可监督管理委员会、农业部公告　2003年第10号 …… 15
领导讲话 …… 17
牢固树立科学的发展观，实现饲料工业的持续健康发展——白美清在第五次会长办公会暨各省（区、市）饲料工业协会秘书长工作会议上的讲话 …… 17
为企业发展壮大做好服务——白美清会长在大型饲料企业联谊会年会上的讲话 …… 19
坚定信心　扎实工作　努力开创畜牧业发展的新局面——沈镇昭同志在全国农业工作会畜牧业专业会议上的报告 …… 21
与时俱进　奋发进取　不断开创协会各项工作新的局面——刘同占秘书长在中国饲料工业协会第四届理事会第二次全体会议上的工作报告 …… 27
饲料行业组织机构 …… 33

专　题　篇

饲料加工工业概况 …… 41
主要饲料产品概述 …… 45
猪饲料 …… 45
家禽饲料 …… 48
水产饲料 …… 50
反刍动物饲料 …… 51
特种动物饲料 …… 52
饲料原料工业概况 …… 54
玉米生产、贸易及市场情况 …… 54
大豆和豆粕生产、消费、贸易与市场情况 …… 55
鱼粉生产、贸易与市场情况 …… 55
饲料添加剂工业概况 …… 57
营养性饲料添加剂 …… 57
饲料级氨基酸 …… 57
饲料级维生素 …… 60
矿物质微量元素 …… 60
非营养性饲料添加剂 …… 62
着色剂 …… 62
黏结剂 …… 62
抗结块剂 …… 63
乳化剂和稳定剂 …… 63
抗氧化剂 …… 63
防腐剂 …… 64
电解质平衡剂 …… 65
药物饲料添加剂 …… 66
新型饲料添加剂 …… 67
饲料用酶制剂 …… 67
益生素 …… 69
寡糖 …… 71
饲料酸化剂产品概况 …… 73
饲料机械制造工业概况 …… 76
饲料机械生产 …… 76
饲料机械发展特点 …… 76
牧草与秸秆加工机械的进展 …… 76
秸秆养畜 …… 80
饲料工业生产许可证管理 …… 82
饲料安全管理 …… 94
新饲料、新饲料添加剂审批与管理 …… 94
进口饲料、饲料添加剂管理 …… 94
饲料质量监督与检测 …… 107
科技与推广 …… 111
教育与培训 …… 113
饲料行业职业技能鉴定 …… 114
饲料工业标准化 …… 115
饲料行业质量认证 …… 117
国际交流与合作 …… 119
中国饲料工业信息体系 …… 120

地　方　篇

北京市饲料工业 …… 127
天津市饲料工业 …… 128
河北省饲料工业 …… 129

山西省饲料工业…………………………………… 130
内蒙古自治区饲料工业…………………………… 132
辽宁省饲料工业…………………………………… 133
吉林省饲料工业…………………………………… 134
黑龙江省饲料工业………………………………… 135
上海市饲料工业…………………………………… 136
江苏省饲料工业…………………………………… 137
浙江省饲料工业…………………………………… 138
安徽省饲料工业…………………………………… 140
福建省饲料工业…………………………………… 141
江西省饲料工业…………………………………… 143
山东省饲料工业…………………………………… 144
河南省饲料工业…………………………………… 145
湖北省饲料工业…………………………………… 146
湖南省饲料工业…………………………………… 147
广东省饲料工业…………………………………… 148
广西壮族自治区饲料工业………………………… 150
海南省饲料工业…………………………………… 151
四川省饲料工业…………………………………… 153
重庆市饲料工业…………………………………… 155
贵州省饲料工业…………………………………… 155
云南省饲料工业…………………………………… 157
西藏自治区饲料工业……………………………… 158
陕西省饲料工业…………………………………… 159
甘肃省饲料工业…………………………………… 162
青海省饲料工业…………………………………… 163
宁夏回族自治区饲料工业………………………… 165
新疆维吾尔自治区饲料工业……………………… 166
大连市饲料工业…………………………………… 167
青岛市饲料工业…………………………………… 167
宁波市饲料工业…………………………………… 169
厦门市饲料工业…………………………………… 170
深圳市饲料工业…………………………………… 170

企 业 篇

重点企业经验介绍………………………………………… 175
全身心的投入　让生命更美丽
——北京英惠尔生物技术有限公司………… 175
勇于进取　敢于拼搏　与时俱进　追求卓越
——北京挑战集团…………………………… 176
科教兴农的典范　产业经营的龙头
——大北农集团……………………………… 177
创伟嘉集团品牌　兴民族农牧大业
——北京伟嘉集团…………………………… 178
科技开创致富路　万里真情来帮助
——山西万里饲料有限公司………………… 180
科学管理　引领迅跑
——太原市潞威动物保健品有限公司……… 181
资源优势　科学管理　打造饲料业的"航母"
——内蒙古通辽岳泰（集团）股份有限公司
…………………………………………………… 183
争做中国牛饲料第一品牌
——内蒙古牧泉元兴饲料有限责任公司…… 185
振兴民族饲料工业　志创中国饲料名牌
——禾丰牧业有限公司……………………… 187
以玉米开发为龙头　志在全球最大赖氨酸
供应商
——长春大成实业集团……………………… 188
顾客满意　社会受益　企业盈利
——吉林德大有限公司……………………… 189
以德执业　以能立本
——吉林正大实业有限公司………………… 189
给质量管理注入生命力　产品注入竞争力
营销注入活力　企业文化注入凝聚力
——哈尔滨美龙饲料有限公司……………… 191
以"创新谋发展"为企业发展的永恒主题
——双城市荣耀饲料生物技术开发有限公司
…………………………………………………… 192
健步走向国际化
——上海迪赛诺维生素有限公司…………… 194
何惧严冬风霜寒　搏得枝头满眼春
——上海东方希望公司……………………… 195
争做中国规模化猪场饲料第一品牌
——上海新农饲料有限公司十年发展……… 197
一切以顾客为中心
——连云港正大饲料有限公司……………… 199
强本固业　规模优势
——常州神龙饲料有限公司………………… 199
以仁处世　以德育人
——宜兴市天石饲料有限公司……………… 201
以人为本抓管理　技术创新促发展
——江苏正昌集团有限公司………………… 202
创行业一流　铸牧羊金牌
——江苏牧羊集团…………………………… 204
因专业而发展
——浙江医药股份有限公司维生素厂……… 205
在创业中创新　在创新中创业
——百世腾牧业集团………………………… 206
把小公司做成大公司　把大公司做成
大家的公司
——正邦集团………………………………… 207
致力打造中国乳猪料的第一品牌
——江西金苹果农业发展有限公司………… 208
饲料是老实人的事业
——江西省加大实业有限公司……………… 209
农牧行业的黑骏马
——蓬勃发展的江西宏通实业集团………… 211
提升企业竞争力　为饲料工业做贡献
——河南宏展集团…………………………… 212
质量第一　注重信誉　用户至上
优质服务
——开封正大有限公司……………………… 213
科技领先　质量为重

——郑州牧鹤集团 ………………………… 214
强化核心竞争力　促进企业持续发展
——岳阳岳泰集团 ………………………… 215
情系“三农”　倾力打造农业产业链
——湖南正虹科技发展股份有限公司 ……… 216
依靠科技创新　做大做强农业产业化
——唐人神集团 ………………………… 218
从心沟通　伙伴成长
——广东旺大饲料新技术有限公司 ……… 219
深化改革　开拓进取　众志成城　勇创新高
——广东省农业科学院畜牧研究所及
广东智威畜牧水产有限公司 ……… 220
水产行业一颗璀璨的明珠
——德宁水饲料有限公司 ……………… 222
“富丰十农户”　养殖致富路
——广西富丰集团 ………………………… 224
实施产业化经营　促进企业发展
——广西南宁百洋集团有限公司 ……… 225
依托科技创新　扎实服务　做大做强企业
——桂林市漓源粮油饲料有限责任公司 …… 226
与客户共享成功　与员工共求发展
与社会共同进步
——海南新希望农业有限公司 ……………… 227
坚持服务导向　以“三赢”求发展
——海南恒兴饲料实业有限公司 ……… 228
以农为本　以诚为本
——华西希望集团 ………………………… 229
科技领先　质量取胜
——四川省畜科饲料有限公司 ……………… 231
争朝夕　更争百年
——前进中的成都大地饲料有限公司 ……… 232
与客户共享成功　与员工共求发展
与社会共同进步
——重庆国雄饲料有限公司 ……………… 233
富裕农村　服务大众
——贵阳处处春饲料有限公司 ……………… 234
以信为本　以智拓展
——贵阳新希望农业科技有限公司 ……… 235
西部大开发的弄潮儿
——贵州台农饲料有限公司 ……………… 236
延伸产业链　力争饲料十强
——云南神农农业产业集团 ……………… 237
握致胜法宝　激流勇进
——奋进中的云南广联畜禽有限公司 ……… 239
走创新之路　展产业辉煌
——陕西汉宝科技发展（集团）有限公司 … 240
创新企业管理　做强龙头企业
促饲料工业发展
——陕西省饲料厂 ………………………… 241
紧紧依托饲料　走产业化发展之路
——青海江河源农牧科技发展有限公司 …… 243
强化管理机制　拓展企业发展经营空间
——青海丁香粮油集团新禾工贸公司 ……… 244
抓质量强管理　促企业全面发展
——青海明胶股份有限公司 ……………… 245
同心谋发展　合力铸辉煌
——宁夏大北农 ………………………… 246
脚踏实地　以诚兴业
——昌吉市昌鼎工贸有限公司 ……………… 247
新疆畜牧业的推动者
——乌鲁木齐正大畜牧有限公司 ……………… 249
致力于畜牧业的安全化、绿色化、现代化
——六和饲料股份公司 ……………………… 250
以质量求生存　向管理要效益
——青岛正大有限公司 ……………………… 252
以德立人　以品立面　共盈发展
——青岛九联集团股份有限公司 ……………… 253
全力打造绿色航母
——宁波联合生物有限责任公司 ……………… 254
稳妥拓展　可持续发展
——深圳市华宝（集团）饲料有限公司 …… 255

企业简介

北京市 ………………………………… 257
河北省 ………………………………… 258
山西省 ………………………………… 259
内蒙古自治区 ………………………… 259
辽宁省 ………………………………… 261
吉林省 ………………………………… 261
黑龙江省 ……………………………… 263
上海市 ………………………………… 265
江苏省 ………………………………… 268
浙江省 ………………………………… 269
安徽省 ………………………………… 270
江西省 ………………………………… 272
河南省 ………………………………… 273
湖南省 ………………………………… 274
广西壮族自治区 ……………………… 276
四川省 ………………………………… 277
重庆市 ………………………………… 278
贵州省 ………………………………… 279
云南省 ………………………………… 280
陕西省 ………………………………… 281
甘肃省 ………………………………… 282
青海省 ………………………………… 283
宁夏回族自治区 ……………………… 284
新疆维吾尔自治区 …………………… 284
大连市 ………………………………… 285
青岛市 ………………………………… 285
宁波市 ………………………………… 287
深圳市 ………………………………… 288

统计资料

中国饲料工业统计资料 ………………… 291

中国畜牧业统计资料……………………………… 295
中国水产养殖业统计资料………………………… 302
世界畜牧业统计资料……………………………… 305

大 事 记

全国饲料工作办公室……………………………… 317
中国饲料工业协会………………………………… 318
河北省……………………………………………… 318
黑龙江省…………………………………………… 318
上海市……………………………………………… 318
海南省……………………………………………… 319
重庆市……………………………………………… 320
云南省……………………………………………… 320
陕西省……………………………………………… 320
宁夏回族自治区…………………………………… 320
深圳市……………………………………………… 321
青岛市……………………………………………… 321

附 录

部分省、自治区、直辖市饲料管理
法规政策……………………………………………… 325
关于印发《山西省饲料行业“瘦肉精”
中毒突发事件防范预案》的通知…………………… 325
陕西省饲料质检机构资格认可管理办法………… 326
江苏省政府办公厅转发省农林厅关于
加快全省饲料业发展意见的通知………………… 327
海南省饲料和饲料添加剂管理办法……………… 328
青海省人民政府办公厅关于青海省加快
发展饲料业的实施意见…………………………… 330

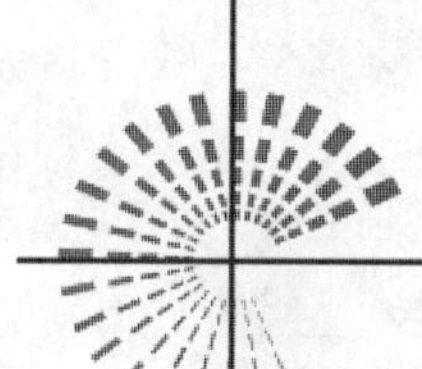

Zhongguosiliaogongyenianjian

综 合 篇

2003年我国饲料工业发展概况

2003年，对于我国饲料工业来说是最不平常的一年，一年内受到"三大冲击"，一是SARS疫情的突然暴发，二是饲料原料市场的剧烈震荡及阶段性价格暴涨，三是国际贸易中的技术壁垒，使我国饲料工业的发展遇到了前所未有的困难。饲料企业经济效益大幅下滑，饲料品种结构调整和饲料安全工作受到很大影响。饲料行业经历了一场严峻的挑战。

一、2003年我国饲料工业发展情况

1.2003年我国饲料生产持续增长，增长速度略有下降　根据各省、自治区、直辖市上报的综合报表统计，2003年，全国饲料工业产品产量8 712万t，比上年增长4.7%，增速比上年降低1.9个百分点，实现工业总产值2 077亿元，比上年增长9.0%。配合饲料6 428万t，比上年增长2.8%，浓缩饲料1 958万t，增长11.0%，添加剂预混合饲料326万t，增长3.0%。饲料工业生产的总体水平继续提高。

2. 饲料品种结构调整速度放慢　从饲料品种看：配合饲料中，猪配合饲料总产量2 130万t，比上年增长9%；蛋禽配合饲料1 433万t，增长4%；肉禽配合饲料1 832万t，下降2%；水产配合饲料701万t，增长4%；反刍动物精料补充料204万t，增长17%；其他配合饲料128万t，下降7%。浓缩饲料中，猪浓缩饲料产量1 125万t，增长14.5%；蛋禽浓缩饲料产量381万t，增长6.7%；肉禽浓缩饲料产量277万t,下降2.6%;反刍动物浓缩饲料产量115万t,增长33.6%;水产浓缩饲料27万t,下降9.7%;其他浓缩饲料产量35万t,增长35.2%。预混合饲料中,猪预混合饲料产量161万t,同比增长5.7%;蛋禽预混合饲料产量65万t,增长2.9%;肉禽预混合饲料产量46万t,增长6.7%;水产预混合饲料产量14万t,下降19.9%;反刍动物预混合饲料产量15万t,增长49.1%;其他预混合饲料产量23万t,下降7.8%。

3. 饲料原料生产保持较高的水平，原料市场变化剧烈　2003年，豆粕产量为2 146万t，比上年增长24.5%；鱼粉产量54万t，增长7.9%；肉骨粉产量51.7万t，增长31.9%；磷酸氢钙产量230万t，增长35.4%；赖氨酸产量7.8万t，增长47.2%；氯化胆碱16.5万t，增长12.2%。

2003年，饲料原料市场价格变化幅度很大，主要包括4个方面：一是大豆与豆粕。从市场价格看，2003年我国大豆和豆粕市场出现了剧烈的震荡，特别是10月开始市场价格的暴涨。豆粕市场平均价格比上年增长500元/t左右，增幅30%左右。二是氨基酸市场。2003年1～9月赖氨酸市场价格平均为2.1万元/t左右，到10月初，市场平均价格一跃超过3万元/t，最高达到5万元/t，价格比上年同期翻了1倍多。三是鱼粉市场。2003年鱼粉价格呈现走高态势，在豆粕等蛋白原料价格的影响下，大部分时间出现高位运行。四是玉米市场。玉米市场价格出现了历史性高位运行。由于供求发生了矛盾，2003年饲料玉米总体在较高价位运行，一至三季度玉米价格950～1 100元/t之间运行，四季度，价格上扬，曾高达1 500元/t。

4. 饲料生产企业股本结构不断优化　2003年，全国饲料企业按经济类型统计总数为13 874家，比上年增加711家，增长5.4%。其中，国有企业717家，集体企业789家，私营企业7 814家，联营企业572家，股份企业2 929家，港澳台资企业139家，外商企业256家，其他企业658家。与2002年相比，国有企业、集体企业的企业数继续呈现明显下降趋势，共减少499家，下降22.1%。私营企业增加355家，增长4.8%；联营企业增加163家，增长39.9%；股份制企业增加810家，增长38.2%；港澳台企业增加24家，增长20.9%；外商企业数增加17家，增长7.1%；其他类企业呈现下降，从2002年的889家，下降到658家，下降35.1%。

5. 饲料行业职工人数不断增加　2003年，饲料企业年末职工人数为48.6万人，比上年增

加5.0%，其中大专以上技术人员11.1万人，占职工总人数的22.8%，博士800人，占职工总人数的0.2%；硕士2 481人，占职工总人数的0.5%；大学本科39 126人，占职工总人数的8.1%；大学专科68 328人，占职工总人数的14.1%；技术工种共49 582人，占职工总人数的10.3%，比上年增长7.0%。

6. 饲料生产机械设备、成套机组增加，单机台数下降　2003年，饲料加工成套设备23 434台套，比上年减少1 459台套，其中，成套机组为3 400套，比2002年增加254套，增长8.1%；单机20 034台，比2002年减少1 713台，下降7.9%。在成套设备中，时产10 t以上设备367台套，比上年增加108台套；时产5～10 t的设备856台套，增加390台套；时产1～5t的设备2 177台套，比上年减少244台套。在单机设备中，粉碎机4 658台，增加489台；混合机3 773台，增加370台；制粒机1 455台，减少29台；其他类10 148台，减少2 543台。

7. 饲料企业亏损严重　2003年，由于SARS的暴发、原料涨价、畜禽和水产品出口受国际贸易中技术壁垒的冲击，以及畜禽和水产品价格长时间疲软等因素影响，我国饲料企业经济效益出现了剧烈的下滑。特别是10月份以来，豆粕、赖氨酸等蛋白原料出现暴涨，与此同时，玉米价格也出现大幅上扬，使微利的饲料行业出现全行业亏损。

二、行业发展面临的主要问题

1. 某些饲料资源匮乏及市场供求矛盾的加剧制约着行业的发展。从长期发展看，某些饲料资源正面临着严重的短缺，加之现有资源市场配置不良等因素的影响，我国饲料工业发展越来越受到资源供给的影响。

一是蛋白饲料和氨基酸供应紧张。当前我国蛋白饲料和氨基酸主要依靠进口，例如氨基酸50%以上需要进口；鱼粉近70%需要进口，而且用于鱼粉生产的鱼资源面临世界性的枯竭威胁；用于豆粕生产的大豆约70%需要进口。我国饲料原料发展的滞后，抑制了饲料工业发展的速度，使得具有规模效益的饲料工业不能充分发挥有效利用资源的优势，小规模养殖浪费饲料资源的现象严重。

二是能量饲料供需不平衡矛盾越来越突出。一方面，由于近年来畜牧水产养殖业的快速发展，极大地拉动了饲料粮的需求；另一方面，由于饲料玉米种植面积不断减少，单位产量徘徊不前等因素影响，使得玉米产量增幅缓慢，特别是2003年我国农业灾情严重，饲料玉米出现较大幅度的减产，加之大量出口玉米等因素的影响，从而出现了玉米供不应求的局面，饲料玉米的缺口越拉越大，不得已只好动用库存。玉米库存占玉米总需求的比例正日益逼近国际警戒线。这同时也对我国粮食安全构成了严重威胁。

2. 饲料安全及产品质量工作面临新的压力。随着人们对食品安全意识的增强，饲料安全问题越来越成为人们关注的焦点。某些甚至很小的饲料安全事件的发生，都会对饲料消费产生较大范围的负面影响。而且这种影响会持续很长时间。近几年饲料行业通过继续开展对"瘦肉精"等违禁药品的查处工作，以及依法开展饲料质量监督检测等工作，有效地遏制了滥制乱用违禁药品的现象，较好地促进了饲料安全及产品质量的提高。

3. 不规范市场环境对饲料行业构成严重威胁。一是从国际看，随着全球经济一体化的发展，形成和完善世界饲料工业大市场是无法抗拒的历史趋势，这是世界经济发展的必然。但这也预示着"入世"后的我国，在饲料工业发展方面特别是饲料原料在国际间的流通同样面临更大的变数。其中技术壁垒、绿色壁垒、海关壁垒等都是影响2003年和今后我国饲料工业发展的重要因素。二是从国内看，由于饲料行业市场秩序不规范，严重地影响了饲料工业的发展。例如大豆和豆粕，由于税收政策的导向，以及不允许贸易商和饲料企业从事大豆进口贸易等因素影响，客观上造成了大豆和豆粕市场的垄断行为，油脂行业牟取高额利润，致使其价格长时间高价位运行，诱发大豆加工能力迅速扩张，能力过剩，并造成需求旺盛及快速增长的假象，导致部分中小饲料企业出现停产或倒闭，大型饲料企业艰难维持，饲料工业的发展面临更大的困难。

（杨振海　孔平涛）

中华人民共和国农业部令

第26号

《关于修改〈饲料添加剂和添加剂预混合饲料生产许可证管理办法〉的决定》，经2003年3月26日农业部常务会议审议通过，现予公布。自2003年6月1日起施行。

部长　杜青林

二〇〇三年四月七日

关于修改《饲料添加剂和添加剂预混合饲料生产许可证管理办法》的决定

农业部决定对《饲料添加剂和添加剂预混合饲料生产许可证管理办法》作如下修改：

一、第十条第一款第一项与第十三条合并，修改为第十条：“生产企业填报《饲料添加剂和添加剂预混合饲料生产许可证申请书》，同时提供厂区布局图、生产工艺流程图和相关证明等申报材料，向所在地省级饲料管理部门提出申请。”

“《饲料添加剂和添加剂预混合饲料生产许可证申请书》可以向企业所在省、自治区、直辖市（以下简称省级）饲料管理部门领取或从中国饲料工业信息网（网址：http//www.chinafeed.org.cn）下载。”

二、第十一条第一款修改为第十一条：“省级饲料管理部门应当在收到全部申报材料后10个工作日内，做出是否受理的决定；在受理后20个工作日内，进行材料审核和实地考察。”

三、第十条第一款第二项修改为第十二条：“省级饲料管理部门组织有关人员组成评审组。评审组对企业申报材料进行审核，并进行实地考察。材料审核和实地考察合格的，由省级饲料管理部门填写《饲料添加剂和添加剂预混合饲料生产企业综合审核表》，并加盖印章。”

“省级饲料管理部门将《饲料添加剂和添加剂预混合饲料生产许可证申请书》和《饲料添加剂和添加剂预混合饲料生产企业综合审核表》各一式两份上报农业部审批。”

四、第十条第一款第三项和第十一条第二款合并，修改为第十三条：“农业部在收到省级饲料管理部门报送的申报材料20个工作日内，委托农业部饲料添加剂和添加剂预混合饲料生产许可证专家审核委员会审核，提出是否批准的建议。”

“农业部对农业部饲料添加剂和添加剂预混合饲料生产许可证专家审核委员会审核的建议进行审查。审查合格的企业，由农业部颁发《饲料添加剂和添加剂预混合饲料生产许可证》，并定期公告。”

五、第四章标题改为“生产许可证管理”。

六、增加一条，作为第十五条：“生产饲料添加剂、添加剂预混合饲料必须取得生产许可证和产品批准文号后，方可进行生产。”

七、增加一条，作为第十六条：“变更企业名称、生产地址名称或注册地址名称的，应当向所在地省级饲料管理部门提出申请，经审核后，报农业部换发生产许可证，并由农业部公告。”

八、删除第十四条第一款第一项、第五项，增加一项，作为第三项：“变更生产地址的”。

九、第十六条修改为第十八条：“对饲料添加剂和添加剂预混合饲料实行年检制度。企业应当在每年3月底前，按要求填写年检表，报省级饲料管理部门。年检过程中，发现企业生产条件发生重大变化、存在严重安全生产隐患和质量安全等问题的，省级饲料管理部门应进行调查，并将调查结果上报农业部。”

“农业部不定期对年检工作进行督查。”

十、删除第十七条。

十一、增加一条，作为第二十一条：“企业有下列情况之一的，由饲料管理部门限期整改。整改后仍不合格的，应当报请农业部注销其生产许可证，并予以公告：

（一）企业基本情况发生较大变化，已不具备基本生产条件的；

（二）两年（含两年）以上没有上报年检材料或未通过年检的；

（三）生产企业停产一年（含一年）以上的；

（四）生产企业破产或被兼并的；

（五）生产企业迁址未通知主管部门的。”

十二、增加一章，作为第五章：“罚则”。

十三、增加一条，作为第二十二条：“生产经营企业在饲料产品中添加、使用违禁药品的，或者未按规定使用饲料添加剂造成严重后果的，按照《饲料和饲料添加剂管理条例》第三十条第一款第三项予以处罚。”

十四、增加一条，作为第二十三条：“生产许可证吊销后，企业必须立即停止该产品的生产与销售，省级饲料管理部门应当将生产许可证收回后上交农业部。吊销生产许可证企业名单由农业部公告。”

此外，对条文的顺序作相应的调整，部分条款的文字略加修改。

本决定自2003年6月1日起施行。

《饲料添加剂和添加剂预混合饲料生产许可证管理办法》根据本决定作相应修改，重新公布。

饲料添加剂和添加剂预混合饲料生产许可证管理办法

（1999年12月9日发布，根据2003年4月7日农业部《关于修改〈饲料添加剂和添加剂预混合饲料生产许可证管理办法〉的决定》修改）

第一章 总 则

第一条 根据《饲料和饲料添加剂管理条例》第十条规定，制定本办法。

第二条 本办法所指饲料添加剂包括营养性饲料添加剂、一般饲料添加剂。

本办法所称添加剂预混合饲料是指由两种或两种以上饲料添加剂加载体或稀释剂按一定比例配制而成的均匀混合物，在配合饲料中添加量不超过10%。

第三条 生产、经营、使用的饲料添加剂品种应当属于农业部公布的《允许使用的饲料添加剂品种目录》中所列品种。

第二章 企业应具备的基本条件

第四条 人员要求

（一）企业主要负责人必须具备一定的专业知识、生产经验及组织能力；

（二）技术负责人应当具有大专以上文化程度或中级以上技术职称，熟悉动物营养、所生产产品技术及生产工艺，从事相应专业工作2年以上；

（三）质量管理及检验部门的负责人，应当具有大专以上文化程度，从事相应专业工作3年以上；

（四）生产企业特有工种从业人员应当取得相应的职业资格证书。

第五条 生产场地要求

（一）厂房建筑布局合理，生产区、办公区、仓储区、生活区应当分开；

（二）生产车间布局应符合生产工艺流程的要求，工序衔接合理；

（三）要有适宜的操作间和场地，能合理放置设备和物料，防止不同物料混放和交叉污染；

（四）应有适当的除尘、通风、照明及消防设施，以保证安全生产；

（五）仓储与生产能力相适应，应当符合防水、防潮、防火、防鼠害的要求。

第六条 生产设备要求

（一）应具有与生产产品相适应的生产设备；

（二）生产设备应符合生产工艺流程，便于维护和保养；

（三）生产设备完好；

（四）生产环境有洁净要求的，须有空气净化设施和设备。

第七条 质量检验要求

（一）应当设立质检部门，质检部门直属企业负责人领导；

（二）质检部门应设立仪器室（区）、检验操作室（区）和留样观察室（区）；

（三）具有相应的检验仪器，能对产品质量进行监控，对需使用大型精密仪器检验的项目，可以委托有能力的检验机构代检；

（四）有严格的质量检验操作规程；

（五）质检部门必须有完整的检验记录和检验报告，并保存两年以上。

第八条 管理制度要求

企业应当建立以下管理制度：

（一）岗位责任制度；

（二）生产管理制度；

（三）检验化验制度；

（四）质量管理制度；

（五）安全卫生制度；

（六）产品留样观察制度；

（七）计量管理制度。

第九条 生产环境要求

生产环境应符合国家规定的环境卫生、劳动保护等要求。

第三章 办证程序

第十条 生产企业填报《饲料添加剂和添加剂预混合饲料生产许可证申请书》，同时提供厂区布局图、生产工艺流程图和相关证明等申报材料，向企业所在地省级饲料管理部门提出申请。

《饲料添加剂和添加剂预混合饲料生产许可证申请书》可以向所在省级饲料管理部门领取或从中国饲料工业信息网（网址：http//www.chinafeed.org.cn）下载。

第十一条 省级饲料管理部门应当在收到全部申报材料后10个工作日内，做出是否受理的决定；在受理后20个工作日内，进行审核和实地考察。

第十二条 省级饲料管理部门组织有关人员组成评审组。评审组对企业申报材料进行审核，并进行实地考察。材料审核和实地考察合格的，由省级饲料管理部门填写《饲料添加剂和添加剂预混合饲料生产企业综合审核表》，并加盖印章。

省级饲料管理部门将《饲料添加剂和添加剂预混合饲料生产许可证申请书》和《饲料添加剂和添加剂预混合饲料生产企业综合审核表》各一式两份上报农业部审批。

第十三条 农业部在收到省级饲料管理部门报送的申报材料20个工作日内，委托农业部饲料添加剂和添加剂预混合饲料生产许可证专家审核委员会审核，提出是否批准的建议。

农业部对农业部饲料添加剂和添加剂预混合饲料生产许可证专家审核委员会审核的建议进行审查。审查合格的企业，由农业部颁发生产许可证，并定期公告。

第十四条 饲料添加剂、添加剂预混合饲料新办生产企业持《饲料添加剂生产许可证》、《添加剂预混合饲料生产许可证》向工商行政管理部门申请登记，办理营业执照。

第四章 生产许可证管理

第十五条 生产饲料添加剂、添加剂预混合饲料必须取得生产许可证和产品批准文号后，方可进行生产。

第十六条 变更企业名称、生产地址名称或注册地址名称的，应当向所在地省级饲料管理部门提出申请，经审核后，报农业部换发生产许可证，并由农业部公告。

第十七条 企业有下列情况之一的，应当按照本办法规定重新办理生产许可证：

（一）异地生产的；

（二）设立分厂的；

（三）变更生产地址的；

（四）增加生产品种超出生产许可证规定的生产范围的。

第十八条 对饲料添加剂和添加剂预混合饲料实行年检制度。企业应当在每年3月底前，按要求填写年检表，报省级饲料管理部门。年检过程中，发现企业生产条件发生重大变化、存在严重安全生产隐患和质量安全等问题的，省级饲料管理部门应进行调查，并将调查结果报农业部。

农业部不定期对年检工作进行督查。

第十九条 《饲料添加剂和添加剂预混合饲料生产许可证》有效期为五年。生产许可证期满后仍需继续生产的，企业应在期满前六个月内，持原证重新申请，经省级饲料管理部门考核符合要求、并经农业部审核合格的，换发生产许可证。

第二十条 《饲料添加剂和添加剂预混合饲料生产许可证申请书》、《饲料添加剂和添加剂预混合饲料生产企业综合审核表》、《饲料添加剂和添加剂预混合饲料生产许可证》格式由全国饲料工作办公室统一制定。

第二十一条 企业有下列情况之一的，由饲料管理部门限期整改。整改后仍不合格的，应当报请农业部注销其生产许可证，并予以公告：

（一）企业基本情况发生较大变化，已不具备基本生产条件的；

（二）两年（含两年）以上没有上报年检材料或未通过年检的；

（三）生产企业停产一年（含一年）以上的；

（四）生产企业破产或被兼并的；

（五）生产企业迁址未通知主管部门的。

第五章 罚 则

第二十二条 生产经营企业在饲料产品中添加、使用违禁药品的或者未按规定使用饲料添加剂造成严重后果的，按照《饲料和饲料添加剂管理条例》第三十条第一款第三项予以处罚。

第二十三条 生产许可证吊销后，企业必须立即停止该产品的生产与销售，省级饲料管理部门将生产许可证收回后上交农业部。吊销生产许可证企业名单由农业部公告。

第二十四条 其他违反本办法规定的，按《饲料和饲料添加剂管理条例》的有关规定处罚。

第六章 附 则

第二十五条 本办法由农业部负责解释。

第二十六条 本办法自发布之日起施行。

关于印发《2003年饲料及畜产品中“瘦肉精”等违禁药品专项整治计划》的通知

农牧发［2003］8号

各省、自治区、直辖市畜牧（农业、牧业）厅（局、办）、饲料工作（工业）办公室，新疆生产建设兵团农业局：

为从源头解决制售、使用“瘦肉精”等违禁药品问题，进一步提高我国畜产品的质量安全水平，2002年，我部组织开展了饲料及畜产品中“瘦肉精”等违禁药品专项整治工作。各地按照我部的统一部署，制定计划，落实责任，加大了打击“瘦肉精”等违禁药品工作力度，净化了饲料及畜产品市场。为了深入贯彻党的“十六大”关于增强我国农产品市场竞争力的精神，全面实施“无公害食品行动计划”，我部制定了《2003年饲料及畜产品中“瘦肉精”等违禁药品专项整治计划》，现印发给你们，请认真贯彻执行。在执行过程中有什么新情况、新问题、新建议，请及时向我部报告。

附件：2003年饲料及畜产品中“瘦肉精”等违禁药品专项整治计划

中华人民共和国农业部
二〇〇三年四月二十八日

附件：2003年饲料及畜产品中“瘦肉精”等违禁药品专项整治计划

为进一步加大查处非法制售和使用“瘦肉精”等违禁药品力度，巩固已取得的成果，保证饲料和畜产品安全，保障人民身体健康，增强我国畜产品在国际贸易中的竞争力，根据农业部《全面推进“无公害食品行动计划”的实施意见》，特制定饲料及畜产品中

"瘦肉精"等违禁药品专项整治计划。

一、整治目标

深入贯彻《国务院办公厅转发农业部关于促进饲料业持续健康发展的若干意见》，认真执行《饲料和饲料添加剂管理条例》、《兽药管理条例》及其配套规章，严格按照《禁止在饲料和动物饮水中使用的药品品种目录》、《食品动物禁用的兽药及其化合物清单》的各项规定，切实加强饲料生产、经营和使用各环节的管理，进一步降低饲料和畜产品中违禁药品的检出率，力争使饲料产品各类违禁药品检出率控制在1%以下，重点地区活猪"瘦肉精"检出率降到1%以下。

二、整治思路

以查禁小化工企业集聚地为突破口，堵住"瘦肉精"等违禁药品的生产源头；以生猪外调省份为重点，遏制违禁药品的使用；以大中城市生猪屠宰场为终端，切断含违禁药品生猪进入市场的渠道；以查处违法生猪收购商贩和违法饲料、兽药经销户为主线，剪断违禁药品销售的链条。畜牧兽医、饲料管理部门要与相关部门通力配合，密切协作，周密部署，发扬连续作战的精神，坚决查处直至铲除生产、经营、使用"瘦肉精"等违禁药品的行为，同时，防止其扩散和反弹。

三、整治内容

（一）整治非法制售违禁药品的行为

1. 查处违法生产"瘦肉精"等违禁药品原料药的非法企业和窝点。

2. 查处非法经营"瘦肉精"等违禁药品的非法企业和个人。

（二）整治饲料企业制售含违禁药品饲料和饲料添加剂的行为

1. 查处在饲料生产、经营过程中添加"瘦肉精"等违禁药品的行为。

2. 查处销售含有"瘦肉精"等违禁药品饲料和饲料添加剂的行为。

3. 清理无生产许可证、无批准文号、无质量合格证、无产品标准的"四无"饲料添加剂及其预混合饲料。

4. 清理标签不规范和成分不清的饲料添加剂及其预混合饲料。

5. 督促企业建立饲料和饲料添加剂生产记录制度。

（三）整治养殖企业违法使用违禁药品的行为

1. 查处养殖场（户）在自配料中添加"瘦肉精"等违禁药品的行为。

2. 查处养殖场（户）在动物饮用水中添加"瘦肉精"等违禁药品的行为。

3. 建立养殖场（户）用药记录制度，规范用药管理，遵守兽药管理法规。

（四）整顿畜禽屠宰企业

1. 严格屠宰检验检疫制度，加强屠宰环节违禁药品检验。

2. 整治那些明知畜禽使用了"瘦肉精"等违禁药品，仍为其提供屠宰服务，或者销售其制品的屠宰企业。

3. 根据现行的免疫标识制度，建立畜产品安全追溯制度。

4. 推行畜禽产地责任和销区准入相结合的管理制度，将生产、经营和消费三方利益结合起来。

四、实施步骤

（一）2003年6月30日前，各省级饲料管理部门采取现场核查与抽样检测相结合的办法进行监督检查。抽样应包括饲料和饲料添加剂、畜禽饮水、畜禽尿样、内脏等各个环节，每一环节抽样数不低于50个，要及时进行安全评定，并将评定结果于8月31日前报农业部畜牧兽医局（全国饲料工作办公室）。

在饲料和饲料添加剂、活的畜禽、畜产品样品中检出含有盐酸克伦特罗等违禁药品的，要依照《饲料和饲料添加剂管理条例》及地方行政法规、规章，严格查处，取消其从业资格。案情重大，触犯刑法的，要移交有关部门依法追究其刑事责任。

（二）2003年9月，农业部组织对整治结果进行联查和互查，对北京、上海、天津、河南、河北、安徽、山东、湖南、湖北、浙江、福建、江西、江苏、广西等重点省市和自治区落实本计划情况进行联查；对其他省区进行互查；对重点企业和个人进行抽查，并将抽查结果予以通报。

五、组织领导与工作要求

（一）本专项整治计划由农业部统一领导，地方各级畜牧兽医和饲料管理部门具体组织实施。

（二）各省（区、市）畜产品违禁药品污染专项整治领导小组要结合当地实际，尽快制定相应的工作计划和"瘦肉精"中毒突发事件防范预案，报农业部畜牧兽医局（全国饲料工作办公室）备案。

（三）按照统一组织、分工负责的原则，各级饲料和畜牧兽医管理部门分别负责当地饲料和饲料添加剂生产、畜禽养殖、畜禽屠宰加工、畜禽产品销售企业监督管理工作。省级饲料和畜牧兽医管理部门负责重大案件的督查、督办工作。同时，各部门要加强沟通，相互支持，积极配合，形成合力。

（四）地方各级饲料、畜牧兽医管理部门要加大对饲料和饲料添加剂、兽药、畜禽饮水、畜禽尿样、畜禽内脏等样品的抽检力度，对饲料和饲料添加剂、兽药、畜禽养殖、畜禽屠宰加工等实行全过程监管，全面掌握"瘦肉精"等违禁药品的使用情况，发现问题立即解决，跨地区、涉案金额大和违禁药品数量多的案件要及时向我部通报，以便协查和督办。

（五）各级饲料、畜牧兽医管理部门要以党的"十六大"精神为指导，把饲料及畜产品中"瘦肉精"

等违禁药品专项整治作为以实际行动实践“三个代表”思想的重要举措，从人民群众的切身利益出发，扎扎实实做好各项工作。

关于贯彻落实国务院办公厅促进饲料业持续健康发展若干意见的报告

农发［2003］84号

国务院：

饲料业是我国国民经济的重要基础产业之一。2002年，全国饲料产品总产量达8 319万t，为世界第二大饲料生产国，饲料加工业产值1 906亿元，居国民经济工业门类的第23位。《国务院办公厅转发农业部关于促进饲料业持续健康发展若干意见的通知》（国办发［2002］42号，以下简称《通知》）下发后，我部采取有力措施，认真贯彻落实《通知》精神，努力确保饲料和养殖产品安全，进一步促进我国饲料业的发展。现将有关情况报告如下：

一、贯彻落实《通知》情况及取得的明显成效

（一）积极贯彻。《通知》下发后，我部立即下发了贯彻落实《通知》的实施意见，要求各地认真学习，积极行动，把《通知》精神落到实处，并通过中央电视台、人民日报、经济日报、农民日报等媒体组织饲料安全工作的专题宣传，在人民日报“两会”专刊上推出饲料安全专版，引起了较大反响。各地采取了一系列具体措施，贯彻落实《通知》精神。山东、广东、吉林、辽宁、湖北、江苏和广西等饲料生产大省的省（区）人民政府相继制定并印发了促进本省（区）饲料业持续健康发展的意见，其他大部分省（区、市）也以多种形式加大《通知》的宣传贯彻力度。各级饲料管理部门利用各种途径宣传《通知》精神及《饲料和饲料添加剂管理条例》等法律法规，培训饲料执法人员、饲料企业和养殖场（户），累计印发宣传资料35万多份，培训5万多人次。

（二）完善制度。在制度建设方面我部重点抓了三项工作：一是修改颁布了《饲料添加剂和添加剂预混合饲料生产许可证管理办法》，严格饲料企业的市场准入制度。二是组织制定《动物性饲料安全卫生管理办法》，完善了“疯牛病”等疫病的防范制度和工作机制。三是加快饲料标准体系建设步伐，组织制定了饲料中沙门氏菌测定方法等13项国家标准和饲料中呋喃唑酮测定方法等11项农业行业标准。各省饲料管理部门也依据《饲料和饲料添加剂管理条例》，结合本省（区、市）实际，制定完善了相关的规章制度。甘肃省和重庆市人大颁布了《饲料和饲料添加剂管理条例》，河北省人民政府颁布了《饲料和饲料添加剂质量安全管理办法》，山西省发布了《饲料行业“瘦肉精”中毒事件防范预案》。

（三）强化监督。为全面整顿和规范饲料市场，我部组织各地区饲料管理部门和饲料监测机构实施了三项行动：一是在全国范围内组织了一次饲料质量安全大检查，共检测饲料和动物饮用水样品27 877批次，查处不合格企业2 459家，依法吊销、注销86家饲料添加剂和添加剂预混合饲料企业的生产许可证。二是开展饲料及畜产品中“瘦肉精”等违禁药品专项整治行动，集中打击养殖环节使用“瘦肉精”等违禁药品的违法行为。采取“拉网式”检查和跟踪监测等方式，在浙江嘉兴等问题较多地区的检查生猪尿样8 000批次，查处违规养猪场（户）200多家。三是督查饲料大案要案。我部积极与有关部门和省级饲料主管部门协调，深挖线索，查找源头，阻断“瘦肉精”流通渠道，清除黑窝点。及时抓获广东省佛山市“瘦肉精”残留中毒案犯罪嫌疑人。在江苏徐州“瘦肉精”案的查处过程中，抓获犯罪嫌疑人41人，移送起诉27人。同时，进一步加强饲料监测体系建设，认真组织实施饲料安全工程项目，推进国家级、部级和省级饲料监测机构建设，更新仪器设备，培训监测骨干，初步形成全国省级以上饲料监测网络。

（四）加强服务。根据“十六大”关于完善政府经济调节、市场监管、社会管理和公共服务职能的精神，结合《通知》的贯彻执行，我部在饲料管理方面进一步强化了服务职能。一是制定印发了《饲料业“十五”计划和2015年远景目标规划》，指导各地因地制宜，统筹规划，制定和完善本地区饲料业发展规划，优化饲料产业区域布局。二是积极推进政务公开。在网络上及时发布行业政策、法规和产业信息。对进口饲料和饲料添加剂登记实行网络受理，提高行政审批效率。三是发挥饲料工业协会桥梁纽带作用。在2002年饲料级L-赖氨酸盐酸盐反倾销案中，由饲料工业协会牵头组织的行业损害调查，促进了该案的公正裁决，维护了行业的整体利益。通过饲料工业协会协调，加强行业自律，倡导诚信，组织一大批饲料企业发布《饲料安全新世纪宣言》。四是为饲料企业营造良好的发展环境。积极与有关部门协调，落实饲料业税收、饲料原料进口等优惠政策。提供质量和企业管理体系的相关信息，帮助饲料企业开拓国际市场。

通过贯彻落实《通知》精神，饲料工作取得了明显成效。2002年，饲料产品质量进一步提高，产品合格率达97.5%，比上年提高5.5个百分点；饲料中违禁药品检出率仅为0.15 %，同比降低1.35个百分点。饲料产业结构进一步优化，浓缩饲料和添加剂预混合饲料占总产量的比例由上年的22%提高到25%。饲料企业规模不断扩大，时产5 t以上的饲料企业达2 388家，同比增加433家。饲料企业产业化水平进一步提高，我部认定的农业产业化国家重点龙头企业中，饲料企业有36家，其数量居各类重点龙头企业前列。饲料业的进一步发展带动了饲料作物种植和养殖业发展，促进了粮食的加工、转化和增值，加快了农业结构的调整和优化，增强了农产品竞争

力，提高了农业的综合效益，增加了农民收入。

二、当前饲料工作中亟待解决的问题和地方提出的建议

贯彻落实《通知》精神对我国饲料业的持续健康发展起到了重要的推动作用，但从各方面了解的情况看，贯彻落实《通知》精神中存在一些亟待解决的问题。

（一）认识问题还没有完全解决。《通知》下发后，一些地方没有组织宣传贯彻，还有一些地方对饲料产业发展和饲料安全工作重要性的认识仍不到位，迄今还没有在相关部门中明确饲料管理职能，造成饲料工作无人过问，存在严重的饲料安全隐患。

（二）饲料安全监管法规不完善。以查处违禁药品“瘦肉精”为例，涉及违禁药品生产、饲料生产、养殖、屠宰加工、销售等五个环节，在饲料生产经营以外的环节进行查处尚没有明确的法律依据，造成“瘦肉精”禁而不绝。目前，我国的饲料管理以事后监督为主，对过程监控没有规定，对违法行为查处不力，即使查出违法行为，也难以挽回经济损失和社会影响，行政执法效率不高。

（三）饲料监管经费不足，饲料监测体系不健全，省级以下基本无监测机构。现有检测机构的检测能力只能承担全国10%的饲料和动物饮用水检测任务。饲料产品质量检测经费严重缺乏，纳入预算的检测经费只能检测不足1万个样品，对于我国1.3万多家饲料生产企业、2万多家饲料经营企业、1万多家屠宰企业和数以亿计的养殖场（户）来说，只是杯水车薪。

（四）对饲料企业重复检查和乱收费。《饲料和饲料添加剂管理条例》明确规定县级以上饲料管理部门负责本行政区域内饲料、饲料添加剂的管理工作。但是，一些地区的质量技术监督、工商行政管理部门，尤其是县级质量技术监督部门违规抽检、乱收费、滥罚款现象严重，加重了饲料企业负担。

对上述问题，各地特别是饲料生产大省反映强烈，提出了一些建议：一是要求尽快制定《饲料法》，进一步完善我国饲料管理法律体系，实行从源头开始、全程监控的管理制度。当前，一些发达国家为解决“二噁英”、“疯牛病”等全球性饲料安全问题，正在相继制定和完善饲料法规。欧盟新制定的动物饲料卫生法规，将动物饲料卫生管理的范围扩大到所有类型的饲料及整个饲料生产链。日本新修改的《饲料安全法》，对饲料安全源头和生产过程监管作出了新的规定。我国也应将《饲料法》列入立法计划，尽快启动《饲料法》立法工作，从制度上解决饲料安全监督和重复检验问题。二是要求加大对饲料安全监管工作的支持力度。主要是加强饲料检测基础设施建设，加快饲料检测体系建设步伐，继续实施饲料安全工程，加大对饲料和养殖产品重点区域饲料检测机构建设的支持力度。同时，将饲料安全监管工作经费纳入各级财政预算，加大资金投入力度，扩大饲料检测覆盖面，确保饲料和养殖产品安全。

我部认为，上述建议是合理的，符合饲料业发展和饲料安全监管工作实际。我部已在职责范围内有针对性地做了一些工作，一是建议国务院法制办将《饲料法》列入立法计划；二是加强了对畜牧业重点产区和畜产品外销地区“瘦肉精”等违禁药品的检测。

三、下一步工作措施

（一）深入贯彻《通知》精神。《通知》是指导我国饲料业持续健康发展的重要性文件，我部将坚持不懈地抓好《通知》精神的贯彻落实，充分利用现有条件，进一步做好饲料工作。

（二）保证饲料安全。加大饲料质量全程监督抽查力度，对饲料质量安全进行严格监督管理。继续实施“瘦肉精”等违禁药品专项整治行动，根据检查情况与检测结果依法对违法违规企业进行处罚，并按照“五不放过”的原则，加强同有关部门的协作，彻底追查“瘦肉精”等违禁药品的源头，严惩违法犯罪分子。

（三）加强养殖环节监管。在2002年“瘦肉精”查禁工作的基础上，集中优势兵力打歼灭战。对重点养殖地区、外调生猪主产区和重点企业进行“拉网式”监测，严厉查处违法违规企业，力争使重点地区活猪“瘦肉精”检出率控制在1%以下。

（四）切实加强检验检疫工作，完善畜产品质量追溯制度。推广应用快速检测技术，提高检验、监测的密度和频率，严格畜产品上市前的检验检疫。在屠宰过程中实施同步检疫，对逃避检疫检验、伪造有关文书票证的，坚决予以处理。结合免疫标识等制度的实施，推行产地质量追溯制度。对各监管环节发现的不合格畜产品，都将一追到底，依法惩处。

（五）完善饲料和畜产品标准体系。尽快制定颁布动物性饲料检测方法标准，抓紧修订完善饲料安全卫生强制性标准，加快制定颁布禁止在饲料和动物饮用水中使用的药物检测方法标准，制定并颁布《饲料添加剂安全使用规范》，力争在2003年底前全面推行重点违禁药品检测方法标准，提升饲料安全管理水平。

中华人民共和国农业部
二〇〇三年七月十四日

农业部、国家质量监督检验检疫总局公告

第287号

为加强饲料产品质量安全管理，保护养殖业生产，维护人民身体健康，根据《中华人民共和国进出境动植物检疫法》和《饲料和饲料添加剂管理条例》的有关规定，现就进口饲料级混合油（含作饲料用的

使用过的混合植物油）管理的有关事宜公告如下：

一、凡向我国出口饲料级混合油的境外企业，必须按照《进口饲料和饲料添加剂登记管理办法》（农业部第38号令）的要求进行登记，取得登记许可证后方可进口。

二、饲料级混合油生产企业申请进口登记时，须提供生产国检测权威机构出具的安全检测数据，其产品质量必须符合《饲料卫生标准》（GB 13078－2001）的要求。未提供安全检测数据，样品复核检验结果与质量标准、卫生指标不符的，不予登记。

三、进口饲料级混合油必须用洁净、无污染的金属或塑料容器分装，不得用盛装过化学药品和其他可能被有毒、有害物质污染的容器分装。分装饲料级混合油的容器上必须按照《饲料标签标准》（GB 10648－1999）的要求加贴中文标签，并明确标注“不得供人食用”字样。

四、进口饲料级混合油的货主或其代理人向出入境检验检疫机构报检时，必须提供农业部颁发的《登记许可证》复印件和生产国权威机构的安全检测数据等单证，否则，不予受理报检。各检验检疫机构要严格按照有关法律法规、《饲料卫生标准》（GB 13078－2001）以及《登记许可证》的要求实施检验检疫。经检验检疫合格的，予以放行；不合格的，作退回或销毁处理。

五、各级饲料管理部门和各出入境检验检疫机构要依据有关法律法规，密切配合，加强对进口饲料级混合油的监管。各级饲料管理部门要将饲料级混合油纳入饲料质量跟踪检测范围，严格监控其使用，防止其被有毒有害物质污染。严禁将饲料级混合油用于除饲料以外的其他用途。饲料级混合油经营和使用企业要强化自身管理，发现问题要及时向所在地饲料管理部门报告。

中华人民共和国农业部

中华人民共和国国家质量监督检验检疫总局

二〇〇三年七月二十三日

中华人民共和国农业部公告

第318号

为加强饲料添加剂的管理，根据《饲料和饲料添加剂管理条例》（以下简称《条例》）的规定，现公布《饲料添加剂品种目录》（以下简称“目录”），并就有关事宜公告如下：

一、生产、经营和使用目录中的饲料添加剂应遵守《条例》的相关规定。

二、在中国境内生产目录1中带“*”的饲料添加剂品种，应按照《新饲料和新饲料添加剂管理办法》办理新饲料添加剂证书。

三、目录2中的饲料添加剂品种在保护期内只允许获得新饲料添加剂证书的企业生产。保护期后，任何企业生产目录2中的饲料添加剂品种都应按照《饲料添加剂和添加剂预混合饲料生产许可证管理办法》的规定办理生产许可证。

四、1999年7月26日农业部发布的《允许使用的饲料添加剂品种目录》（农业部公告第105号）即日起废止。

特此公告

中华人民共和国农业部

二〇〇三年十二月九日

目录1：饲料添加剂品种目录（2003年12月）

类 别	饲料添加剂名称	适用范围
氨基酸	L-赖氨酸盐酸盐，L-赖氨酸硫酸盐*，DL-蛋氨酸，L-苏氨酸，L-色氨酸	养殖动物
	DL-羟基蛋氨酸，DL-羟基蛋氨酸钙	猪，鸡，牛
	N-羟甲基蛋氨酸钙	反刍动物
维生素	维生素A，维生素A乙酸酯，维生素A棕榈酸酯，盐酸硫胺（维生素B_1），硝酸硫胺（维生素B_1），核黄素（维生素B_2），盐酸吡哆醇（维生素B_6），维生素B_{12}（氰钴胺），L-抗坏血酸（维生素C），L-抗坏血酸钙，L-抗坏血酸-2-磷酸酯，维生素D_3，α-生育酚（维生素E），α-生育酚乙酸酯，亚硫酸氢钠甲萘醌（维生素K_3），二甲基嘧啶醇亚硫酸甲萘醌*，亚硫酸烟酰胺甲萘醌*，烟酸，烟酰胺，D-泛酸钙，DL-泛酸钙，叶酸，D-生物素，氯化胆碱，肌醇，L-肉碱盐酸盐	养殖动物
矿物元素及其络合物	氯化钠，硫酸钠，磷酸二氢钠，磷酸氢二钠，磷酸二氢钾，磷酸氢二钾，碳酸钙，氯化钙，磷酸氢钙，磷酸二氢钙，磷酸三钙，乳酸钙，七水硫酸镁，一水硫酸镁，氧化镁，氯化镁，六水柠檬酸亚铁，富马酸亚铁，三水乳酸亚铁，七水硫酸亚铁，一水硫酸亚铁，一水硫酸铜，五水硫酸铜，氧化锌，七水硫酸锌，一水硫酸锌，无水硫酸锌，氯化锰，氧化锰，一水硫酸锰，碘化钾，碘酸钾，碘酸钙，六水氯化钴，一水氯化钴，硫酸钴，亚硒酸钠，蛋氨酸铜络合物，甘氨酸铁络合物，蛋氨酸铁络合物，蛋氨酸锌络合物，酵母铜*，酵母铁*，酵母锰*，酵母硒*	养殖动物
	烟酸铬，吡啶羧酸铬（甲基吡啶铬）*，酵母铬*，蛋氨酸铬*	生长肥育猪

（续）

类 别	饲料添加剂名称	适用范围
酶制剂	淀粉酶（产自黑曲霉，解淀粉芽孢杆菌、地衣芽孢杆菌、枯草芽孢杆菌），纤维素酶（产自长柄木霉、李氏木霉），β-葡聚糖酶（产自黑曲霉、枯草芽孢杆菌、长柄木霉），葡萄糖氧化酶（产自特异青霉），脂肪酶（产自黑曲霉），麦芽糖酶（产自枯草芽孢杆菌），甘露聚糖酶（产自迟缓芽孢杆菌），果胶酶（产自黑曲霉），植酸酶（产自黑曲霉、米曲霉），蛋白酶（产自黑曲霉、米曲霉、枯草芽孢杆菌），支链淀粉酶（产自酸解支链淀粉芽孢杆菌），木聚糖酶（产自米曲霉、孤独腐质霉、长柄木霉）	使用说明书指定的动物和饲料
微生物	地衣芽孢杆菌*，枯草芽孢杆菌，两歧双歧杆菌*，粪肠球菌，屎肠球菌，乳酸肠球菌，嗜酸乳杆菌，干酪乳杆菌，乳酸乳杆菌*，植物乳杆菌，乳酸片球菌，戊糖片球菌*，产朊假丝酵母，酿酒酵母，沼泽红假单胞菌	使用说明书指定的动物
非蛋白氮	尿素，碳酸氢铵，硫酸铵，液氨，磷酸二氢铵，磷酸氢二铵，缩二脲，异丁叉二脲，磷酸脲	反刍动物
抗氧化剂	乙氧基喹啉，丁基羟基茴香醚（BHA），二丁基羟基甲苯（BHT），没食子酸丙酯	养殖动物
防腐剂、电解质平衡剂	甲酸，甲酸铵，甲酸钙，乙酸，双乙酸钠，丙酸，丙酸铵，丙酸钠，丙酸钙，丁酸，丁酸钠，乳酸，苯甲酸，苯甲酸钠，山梨酸，山梨酸钠，山梨酸钾，富马酸，柠檬酸，酒石酸，苹果酸，磷酸，氢氧化钠，碳酸氢钠，氯化钾	养殖动物
着色剂	β-胡萝卜素，辣椒红，β-阿朴-8′-胡萝卜素醛，β-阿朴-8′-胡萝卜素酸乙酯，β，β-胡萝卜素-4，4-二酮（斑蝥黄），叶黄素*，万寿菊提取物（天然叶黄素）	家禽
	虾青素	水产动物
调味剂、香料	糖精钠，谷氨酸钠，5′-肌苷酸二钠，5′-鸟苷酸二钠，血根碱，食品用香料	养殖动物
黏结剂、抗结块剂和稳定剂	α-淀粉，三氧化二铝，可食脂肪酸钙盐*，硅酸钙，硬脂酸钙，甘油脂肪酸酯，聚丙烯酸树脂Ⅱ，聚氧乙烯20山梨醇酐单油酸酯，丙二醇，二氧化硅，海藻酸钠，羧甲基纤维素钠，聚丙烯酸钠*，山梨醇酐脂肪酸酯，蔗糖脂肪酸酯	养殖动物
其他	甜菜碱，甜菜碱盐酸盐，天然甜菜碱，果寡糖，大蒜素，甘露寡糖，聚乙烯聚吡咯烷酮（PVPP），山梨糖醇，大豆磷脂，丝兰提取物（天然类固醇萨洒皂角苷，YUCCA），二十二碳六烯酸*	养殖动物
	糖萜素，牛至香酚*	猪、禽
	乙酰氧肟酸	反刍动物

共191种（类）

注：在中国境内生产带“*”的饲料添加剂需办理新饲料添加剂证书。

目录2：保护期内的饲料添加剂品种目录

序号	饲料添加剂名称	适用范围	申请单位	保护截止日期
1	半胱胺盐酸盐	养殖动物	上海华扩达生化技术研究开发有限公司	2004年7月
2	保加利亚乳杆菌	养殖动物	甘肃大圣生物技术有限公司、甘肃大圣生物工程研究所	2004年7月
3	吡啶羧酸铬	猪、鸡、牛	中国农业科学院畜牧研究所	2004年7月
4	蛋白核小球藻	猪、鸡	福建莆田市神州生物工程有限公司	2004年7月
5	半乳甘露寡糖	猪、鸡、兔	北京中科深蓝科技发展有限公司	2005年2月
6	α-环丙氨酸	蛋鸡、肉鸡	浙江省普康生物技术股份有限公司	2005年7月
7	低聚木糖	养殖动物	江苏省康维生物有限公司	2005年7月
8	稀土（铈和镧）壳糖胺螯合盐	养殖动物	深圳市希科安实业有限公司	2005年7月
9	低聚壳聚糖	肉鸡、蛋鸡、生猪	山东信得药业有限公司	2005年10月

1. The Approved Feed Additives

Class	Common name of feed additive	Use limitations
Amino Acids	L - Lysine Monohydrochloride, L - Lysine Sulfate*, DL - Methionine, L - Threonine, L - Tryptophan	All species or categories of animals
	DL - Methionine Hydroxy Analogue, DL - Methionine Hydroxy Analogue Calcium	Pigs, Chicken, Cattle
	N - Hydroxymethyl Methionine Calcium	Ruminant
Vitamins	Vitamin A, Vitamin A Acetate, Vitamin A Palmitate, Thiamin Hydrochloride(Vitamin B_1), Thiamin Mononitrate(Vitamin B_1), Riboflavin, Pyridoxine Hydrochloride(Vitamin B_6), Vitamin B_{12}(Cyanocobalamin), L - Ascorbic Acid (Vitamin C), Calcium Ascorbate, L - Ascorbyl - 2 - Polyphosphate, Vitamin D_3, alfha - Tocopherol(Vitamin E), alfha - Tocopherol Acetate, Menadione Sodium Bisulfite(Vitamin K_3), Menadione Dimethylpyrimidinol Bisulfite*, Menadione Nicotinamide Bisulfite*, Nicotinic Acid, Niacinamide, D - Calcium Pantothenate, DL - Calcium Pantothenate, Folic Acid, D - Biotin, Choline Chloride, Inositol, L - Carnitine Hydrochloride	All species or categories of animals
Minerals and Their chelates	Sodium Chloride, Sodium Sulfate, Sodium Dihydrogen Phosphate, Disodium Hydrogen Phosphate, Potassium Dihydrogen Phosphate, Dipotassium Hydrogen Phosphate, Calcium Carbonate, Calcium Chloride, Calcium Hydrogen Phosphate, Calcium Dihydrogen Phosphate, Tricalcium Phosphate, Calcium Lactate, Magnesium Sulfate Heptahydrate, Magnesium Sulfate Monohydrate, Magnesium Oxide, Magnesium Chloride, Ferrous Citrate Hexahydrate, Ferrous Fumarate, Ferrous Lactate Trihydrate, Ferrous Sulfate Heptahydrate, Ferrous Sulfate Monohydrate, Cupric Sulfate Monohydrate, Cupric Sulfate Pentahydrate, Zinc Oxide, Zinc Sulfate Heptahydrate, Zinc Sulfate Monohydrate, Zinc Sulfate Anhydrate, Manganous Chloride, Manganous Oxide, Manganous Sulfate Monohydrate, Potassium Iodide, Potassium Iodate, Calcium Iodate, Cobaltous Chloride Hexahydrate, Cobaltous Chloride Monohydrate, Cobaltous Sulfate, Sodium Selenite, Cupric Methionine Chelate, Ferrous Glycine Chelate, Ferric Methionine Chelate, Zinc Methionine Chelate, Cupric Yeast Complex*, Ferrous Yeast Complex*, Manganous Yeast Complex*, Selenium Yeast Complex*	All species or categories of animals
	Chromium Nicotinate, Chromium Tripicolinate*, Chromium Yeast Complex*, Chromium Methionine Chelate*	Growing - finishing pigs
Enzymes	Amylase(Source : Aspergillus niger, Bacillus amyloliquefaciens, Bacillus licheniformis, Bacillus subtilis) Cellulase (Source : Trichoderma longibrachiatum, Trichoderm reesei), beta - Glucanase(Source : Aspergillus niger, Bacillus subtilis, Trichoderma longibrachiatum), Glucose Oxidase(Source : Penicillium notatum), Lipase(Source : Aspergillus niger), Maltase(Source : Bacillus subtilis), Mannanase(Source : Bacillus lentus), Pectase (Source : Aspergillus, niger), Phytase (Source : Aspergillus niger , Aspergillus oryzae), Protease (Source : Aspergillus niger, Aspergillus oryzae, Bacillus subtilis), Pullulanase (Source : Bacillus acidopullulyticus), Xylanase (Source : Aspergillus oryzae, Humicola insolens , Trichoderma longibrachiatum)	Following the directions for use
Live Micro - organisms	Bacillus licheniformis*, Bacillus subtilis, Bifidobacterium bifidum*, Enterococcus faecium, Enterococcus faecalis, Enterococcus lactis, Lactobacillus acidophilum, Lactobacillus casei, Lactobacillus lactis*, Lactobacillus plantarum, Pediococcus acidilacticii, Pediococcus pentasaceus*, Candida utilis, Saccharomyces cerevisiae, Rhodopseudomonas palustris	Following the directions for use
Non - protein Nitrogen	Urea, Ammonium Hydrogen Carbonate, Ammonium Sulfate, Liquid Ammonia, Ammonium Dihydrogen Phosphate, Diammonium Hydrogen Phosphate, Biuret, Isobutylidene Diurea, Urea Phosphate	Ruminant

(Continue)

Class	Common name of feed additive	Use limitations
Antioxidants	Ethoxyquin, Butylated Hydroxyanisole (BHA), Butylated Hydroxytoluene (BHT), Propyl Gallate	All species or categories of animals
Preservatives, Acidity Regulators	Formic Acid, Ammonium Formate, Calcium Formate, Acetic Acid, Sodium Diacetate, Propionic Acid, Ammonium Propionate, Sodium Propionate, Calcium Propionate, Butyric Acid, Sodium Butyrate, Lactic Acid, Benzoic Acid, Sodium Benzoate, Sorbic Acid, Sodium Sorbate, Potassium Sorbate, Fumaric Acid, Citric Acid, Tartaric Acid, Malic Acid, Phosphoric Acid, Sodium Hydroxide, Sodium Hydrogen Carbonate, Potassium Chloride	All species or categories of animals
Colouring Agents	beta - Carotene, Capsanthin, beta - Apo - 8′Carotenal, beta - Apo - 8′Carotenoic Acid Ethyl Ester, beta, beta - Carotene - 4, 4 - Diketone (Canthaxanthin), Xanthophyll*, Marigold Extract (Natural Xanthophyll)	Poultry
	Astaxanthin	Aquatic animal
Seasonings, Flavoring Agents	Sodium Saccharin, Sodium Glutamate, Disodium 5′- Inosinate, Disodium 5′-Guanylate, Sorbitanrbitan, Sanguinarine; Approved food additives	All species or categories of animals
Binders, Anticaking Agents and Stabilizers	alpha - Starch, Aluminum Oxide, Calcium Salt of Edible Fatty Acid*, Calcium Silicate, Calcium Stearate, Glycerine Fatty Acid Ester, Polyacrylic Resin II, Polyoxyethylene(20) Sorbitan Monooleate, Propylene Glycol, Silicon Dioxide, Sodium Alginate, Sodium Carboxymethylcellulose, Sodium Polyacrylate*, Sorbitol Esters of Fatty Acid, Sucrose Esters of Fatty Acid	All species or categories of animals
Other	Betaine, Betaine Hydrochloride, Natural Betaine, Fructooligosacharades, Garlicin (Allimin), Sorbitol, Mannan Oligosaccharides, Polyvinylpyrrolidone (PVPP), Soybean Lecithin, Yucca Schidigera Extract (YUCCA), Docosahexaenoic Acid(DHA)	All species or categories of animals
	Saccharicterpenin, Oregano Carvacrol (Origanum aetheroleum)*	Pigs, Poultry
	Acetohydroxamic Acid	Ruminant

Total: 191 species (or categories)

Notes: Enterprises to produce the feed additives with the asterisk'*'in China must apply for a new feed additive certificate.

2. Feed Additives in the Protecting Period

Serial No.	Name of feed additive	Use limitations	Applicant	The end of protecting period
1	Cysteamine Hydrochloride	All species or categories of animals	Shanghai Walcom Bio - Chem Co., Ltd.	July 2004
2	Lactobacillus Bulgarius	All species or categories of animals	Gansu Dasheng Bio - Tech Co., Ltd. / Graduate School of Gansu Dasheng Bioengineering	July 2004
3	Chromium Picolinate	Pigs, Chicken, Cattle	Institute of Animal Science, Chinese Academy of Agriculteural Sciences	July 2004
4	Chlorella Pyrenoi-dose Chick	Pigs, Chicken	Fujian Putian Shenzhou Bioengineering Co., Ltd.	July 2004
5	Galactose Mannanoligosaccharides	Pigs, Chicken, Rabbits	Beijing Zhongke Shenlan Sci - Tech Development Co., Ltd.	July 2005
6	1 - Aminocyclopropane - 1 - Carboxylic Acid	Laying hens, Broiler chicks	Zhejiang Pukang Biotechnology Co., Ltd.	July 2005
7	Xylo - oligosaccharides	All species or categories of animals	Jiangsu Kangwei Biologic Co., Ltd.	July 2005
8	Rare Earth (Cerium and Lanthanum) Chitosan Chelate	All species or categories of animals	Shenzhen Xikean (SQA) Industrial Co. Ltd	July 2005
9	Low - molecular - weight Chitosan	Laying hens, broiler chicks	Shandong Xinde Medical Co., Ltd.	October 2005

国家认证认可监督管理委员会、农业部公告

2003年第19号

为提高饲料质量安全卫生水平，规范饲料产品认证工作，促进饲料工业和养殖业的发展，维护人体健康，保护动物生命安全，国家认证认可监督管理委员会、农业部根据《中华人民共和国认证认可条例》、《饲料和饲料添加剂管理条例》，联合制定了《饲料产品认证管理办法》，现予以公告。

中国国家认证认可监督管理委员会
中华人民共和国农业部
二〇〇三年十二月三十一日

饲料产品认证管理办法

第一章　总　　则

第一条　为提高饲料质量安全卫生水平，规范饲料产品认证工作，促进饲料工业和养殖业的发展，维护人体健康，保护动物生命安全，根据《中华人民共和国认证认可条例》、《饲料和饲料添加剂管理条例》，制定本办法。

第二条　本办法所称的饲料产品认证，是指企业自愿申请，认证机构对饲料和饲料添加剂产品及其生产过程按照有关标准或者技术规范要求进行合格评定的活动。

饲料产品认证的对象，包括单一饲料、添加剂预混合饲料、浓缩饲料、配合饲料、精料补充料等饲料产品及营养性饲料添加剂和一般饲料添加剂等饲料添加剂产品（以下简称饲料产品）。

第三条　在中华人民共和国境内从事饲料产品认证及其监督管理适用本办法。

第四条　全国饲料产品认证管理及质量监督工作，由国家认证认可监督管理委员会、农业部按照国务院“三定”方案赋予职责和有关规定，分工协作，共同实施。

第五条　凡经国家认证认可监督管理委员会批准依法设立的认证机构，在获得认可机构的认可后，均可从事饲料产品认证活动。

第六条　饲料产品认证采用统一的认证标准、技术规范、合格评定程序，标注统一的饲料产品认证标志（以下简称认证标志）。

第七条　国家鼓励饲料企业申请饲料产品认证。

凡实行生产许可证和批准文号管理的饲料和饲料添加剂，饲料行政管理部门可以凭认证机构颁发的饲料产品认证证书向获证企业免检换发产品批准文号。

第二章　组织实施

第八条　国家认证认可监督管理委员会会同农业部制定《饲料产品认证实施规则》。

第九条　从事饲料产品认证的认证机构（以下简称检测机构）、认证人员和承担饲料产品认证检测任务的检测机构（以下简称检测机构）应当符合有关法律、行政法规和技术规范规定的资源能力要求。

第十条　认证机构应当履行以下职责：

（一）在批准的业务范围内按照规定要求开展认证工作；

（二）按照规定对获得认证的饲料产品，颁发或者撤销饲料产品认证证书，决定允许或者停止使用饲料认证标志；

（三）对饲料认证标志使用情况进行跟踪检查；

（四）对认证产品的持续符合性进行跟踪检查；

（五）受理有关的认证投诉、申诉。

第十一条　饲料产品认证实行对产品抽样检验、企业现场检查和论证后跟踪检查为主的组合认证模式。

第十二条　申请饲料产品认证的单位或者个人（以下简称申请人）应当向认证机构提交材料的审核。

第十三条　认证机构自受理申请人的认证申请之日起，应当在规定的时间内完成对申请材料的审核。

材料审核不符合要求的，应当书面通知申请人。

第十四条　认证机构对材料审核符合要求的，应当通知申请人，并委派认证人员对企业生产环境和生产过程等情况进行现场检查，抽取样品委托检测机构对样品进行检测。

第十五条　认证机构对现场检查和样品检测结果符合要求的，应当按照认证基本规范、认证规则的要求进行综合评价，在规定的时间内颁发饲料产品认证证书。

对不符合要求的，应当书面通知申请人。

第十六条　认证机构应当对认证产品的持续符合性进行定期跟踪检查，也可根据情况进行不定期跟踪检查。

第十七条　申请人对认证机构的认证决定或者处理有异议的，可以向做出决定的认证机构提出申诉，对认证机构处理结果仍有异议的，可以向国家认证认可监督管理委员会申诉或者投诉。

第十八条　国家认证认可监督管理委员会和农业部定期公布获得饲料产品认证的产品名单。

第三章　证书、标志管理

第十九条　饲料产品认证证书是饲料产品符合认证要求并准许其使用认证标志的证明文件。饲料产品认证证书格式应当符合国家有关规定，由认证机构制发。

饲料产品认证证书包括以下基本内容：

（一）申请人名称；

（二）认证饲料产品名称、规格或者系列名称；

（三）饲料产品的生产者名称、生产场所地址；

（四）认证模式；

（五）认证依据的标准或者技术法规；

（六）发证日期和有效期；

（七）发证机构和证书编号。

第二十条 认证标志的基本图案、颜色

黄绿色色标为：蓝（C/70）黄（Y/100）

深蓝色色标为：蓝（C/100）红（M/100）

××××（标注认证机构名称）

使用认证标志时，必须在认证标志下标认证机构名称。

第二十一条 获得饲料产品认证证书的申请人（以下简称认证书持有人），应当在获得认证的产品或者其包装物上标注认证标志，并接受认证机构的跟踪检查。

第二十二条 认证机构对有下列情形之一的，应当注销并收回饲料产品认证证书，通知认证证书持有人停止使用认证标志：

（一）认证适用的标准变更，认证证书持有人不能满足变更要求的；

（二）饲料产品认证证书超过有效期，认证证书持有人未申请复审的；

（三）获得认证的产品不再生产的；

（四）认证证书持有人申请注销的。

第二十三条 认证机构对有下列情形之一的，应当通知认证证书持有人暂时停止使用饲料产品认证证书和认证标志：

（一）认证证书持有人未按照规定使用饲料产品认证证书和认证标志的；

（二）认证证书持有人违反认证机构要求的；

（三）监督检查结果证明生产过程或者产品不符合认证要求，但是不需要立即撤销饲料产品认证证书的。

第二十四条 认证机构对有下列情形之一的，应当撤销并收回饲料产品认证证书，通知认证证书持有人停止使用认证标志：

（一）监督检查结果证明生产过程或者产品不符合认证要求的，需要立即撤销饲料产品认证证书的；

（二）饲料产品认证证书暂停使用期间，认证证书持有人未采取有效纠正措施的；

（三）获证产品出现严重质量、安全和卫生事故的。

第二十五条 认证证书持有人在获得认证的产品或者其包装物上标注认证标志时，可以根据需要等比例放大或缩小，但不得变形、变色。

第二十六条 任何单位和个人不得转让、买卖、伪造、冒用饲料产品认证证书和认证标志。

第四章 监督管理

第二十七条 国家认证认可监督管理委员会和农业部根据职责分工，依法对认证产品的生产、销售以及认证标志使用等活动进行监督管理。

第二十八条 认证机构以及检测机构应当遵守以下规定：

（一）根据国家有关法律、行政法规规定，实施认证、认证检测和认证检查工作；

（二）保证认证、认证检测、认证检查等活动的客观独立、公开公正和诚实信用，并承担相应的法律责任；

（三）保守认证产品的商业秘密和技术秘密，不得非法占有他人的科技成果；

（四）不得从事认证工作职责范围内的咨询、产品开发和营销等活动；

（五）配合有关执法部门对违法、违规行为的查处工作。

第二十九条 认证证书持有人应当遵守以下规定：

（一）保证提供实施认证工作的必要条件，接受认证机构的跟踪检查；

（二）保证获得认证的产品持续符合规定的标准和技术规范要求；

（三）正确使用饲料产品认证证书、认证标志，不得利用饲料产品认证证书和认证标志误导公众；

（四）依法接受有关执法部门的监督检查。

第三十条 对违反国家有关法律、行政法规规定的，依照法律、行政法规规定处罚。

第五章 附 则

第三十一条 饲料产品认证及检测按照国务院价格主管部门批准的产品认证、检测收费标准收取相关费用。

第三十二条 本办法由国家认证认可监督管理委员会、农业部负责解释。

第三十三条 本办法自发布之日起实施。

领导讲话

牢固树立科学的发展观，实现饲料工业的持续健康发展

——白美清在第五次会长办公会暨各省（区、市）饲料工业协会秘书长工作会议上的讲话

（2003年11月17日）

各位同志：

这次在南京举办2003中国畜牧业暨饲料工业交易会之际，召开一次中国饲料工业协会会长办公会和各省（区、市）饲料工业协会秘书长会议，内容主要是回顾2003年工作，部署2004年工作。刘同占秘书长代表协会秘书处作了工作汇报。这里，我就贯彻十六届三中全会精神，树立科学的发展观，实现饲料工业的持续健康发展谈一些意见，供大家参考。

（一）

2003年已临近严冬岁末。这一年对全国来说是很不平凡的一年，前有“非典”发生，后有水、旱、风、雹、地震等自然灾害频繁出现，但在党中央的坚定领导和果断决策下，全国上下一心，奋起抗灾，克服了种种困难，取得了预想不到的成就。预计2003年的国内生产总产值将突破11万亿元，增长8.5%左右，这是近几年来最高的。全社会固定资产投资增长约为23%，社会性消费品零售额约增长8.8%。预计城镇居民人均收入实际增长7.4%左右。农村居民人均纯收入实际增长3.9%左右。特别是外贸进出口创良好纪录，到10月为止，外贸进出口总额已达6 823亿美元，同比增长36.4%，已超过2002年全年的水平。其中，出口3 487亿美元，同比增长40.4%；进口3 337亿美元，同比增长40.4%，累计实现顺差148.7亿美元。全年生产、需求和效益，基本实现协调发展，并保持着良好的发展势头。

对于饲料行业来说，2003年也是不平凡的一年，上半年有“非典”的冲击，下半年又遇豆粕、赖氨酸等大幅度涨价的严重影响，但经饲料工业全体员工的努力奋斗，仍取得了良好的成绩。据1～9月底的统计，饲料总产量6 670万t，与2002年同期相比增长6%，其中配合饲料4 850万t，增长3.6%；浓缩饲料1 580万t，增长20%；添加剂预混合饲料240万t,增长4%。预计全年饲料工业产品产量将达到8 700万t，增长6%左右。大型骨干企业增长快于一般企业，但全年利润有所减少，总体仍保持着稳定增长的趋势，为2004年的发展打下了好的基础。

（二）

展望2004年的饲料工业形势，我们认为有利条件很多。最主要是：从国内看，我国国民经济仍将保持持续快速发展的趋势，全年的国民生产总值预计增长7%。而且，在全面建设小康中，人们对畜牧产品、饲料产品的需求不断增加，扩大内需大有潜力。从国际上看，在美国经济复苏的带动下，世界经济复苏步伐明显加快。据国际货币基金组织的统计，2001年、2002年、2003年世界经济的增幅为2.4%、3%、3.2%，2004年可望达到4.1%。美国经济仍起着关键作用，2003年第三季度经济增长率高达7.2%，创20年来的最高点，2003年全年增长2.6%～3.0%，预计2004年将达到4%。加上2004年发达国家将继续调整结构，将一些产业转移出去，其中畜牧业也是其中之一，这也会带动我国畜牧产品的出口和饲料业的发展，为我国饲料业发展在宏观上提供了有利的条件。但从2003年多次受冲击的教训看，2004年饲料行业受到的冲击和不利的因素可能有3个方面：

1. 粮食收购放开，粮食2003年减产的影响将带到2005年，粮价经过4～5年在低谷徘徊，目前已全面回升，但仍属于恢复性增长，2004年将保持这一态势，有小幅度波动，这意味着玉米、豆粕等饲料原料的低价时期已经过去。

2. 动物疫情通报可能在2004年某些时候实行，这方面的影响决不可低估。稍一产生问题，就可能影响一大片畜牧、饲料企业的生产，甚至导致一些企业倒闭。

3. 国外的贸易保护主义抬头，对我国农畜产品和其他产品的技术壁垒将会加强，对我国产品的反倾销将会增多，发达国家将提高进口门槛，对我国施压。有关专家预测，2005年左右将是外国真正对中国实行产品反倾销的高峰。对此，饲料企业特别是大企业要早作准备，思想上要有认识，工作上要有准备，措施上要有预案，方能在困境中求得发展，在压力下取得突破。

2004年的饲料工作要取得进展，完成任务，必须认真学习、贯彻十六届三中全会精神，牢固树立和落实科学的发展观。胡锦涛总书记最近深刻指出：“要牢固树立协调发展、全面发展、可持续发展的科

学发展观，积极探索符合实际的发展的路子”。这是改革开放20多年实践的科学总结，是吸取国际工业化、现代化经验得出的正确结论，对于我们今后各项工作具有极其重要的指导意义。我们一定要学习领会和把握这一发展观的科学内涵和精神实质，在今后的工作中认真加以落实。这一科学的发展观，强调了“以人为本”，要求“全面”、“协调”、“可持续”的发展，这是从全局上、从战略上、从根本上、从长远上对发展提出的新的、更高、更严的要求，以实现经济的良性循环，实现社会的全面进步，实现人和自然的和谐，这是具有深远意义的根本方针和指导思想。归结起来，就是要按照十六届三中全会提出的“五个统筹”办事，即统筹城乡发展，统筹区域发展，统筹经济与社会发展，统筹人与自然的和谐发展，统筹国内发展与对外开放。总之，要进一步提高发展的质量。这样才能尽快地发展社会生产力，避免增长失调，避免恶性循环，少走弯路，少付代价，这对在新时期指导我国国民经济的健康发展，实现全面建设小康社会的纲领，对各行各业、各个企业都具有非常重要的作用。

从饲料工业的实际情况看，为了落实这一科学的发展观，在工作中要注意以下5个方面：

第一，向内涵式扩大再生产转变，把抓质量、抓安全放在第一位。饲料工业经过前一阶段量上扩张、快速发展的浪潮以后，现在已进入质上提高、稳步提升的新阶段。经过改革开放20多年的努力，现在较为完备的饲料工业体系已经基本建成，生产能力已经过剩，我们必须冷静思考，不要再搞低水平的盲目重复建设，特别是在赖氨酸等添加剂的生产上，在水产饲料的生产上，已经出现盲目扩张的苗头，这应当引起我们的重视。今后无论国内市场还是国际市场，对质量的要求，对安全的要求，都是越来越高，越来越严。饲料行业涉及畜牧业产品，关系人们健康，更必须在优质、安全、低耗、高效上下功夫，向无公害饲料、绿色饲料等方向发展，提高竞争力，这才是出路。所有的饲料企业都要全方位地抓饲料安全，全过程地抓产品质量，全流程地抓节约成本。有了这方面的硬功夫，就任何情况都可以对付。

第二，要向走新型工业化道路转变。十六大提出的新型工业化道路，是科技兴国战略和可持续发展战略的有机结合，是落实科学发展观要求在工业上的体现，是促进饲料工业全面发展的惟一正确道路。提高科技含量是新型工业化道路的核心。要针对本行业原始创新不足，依赖引进、模仿的思想较为普遍的现象，下功夫抓科技创新，尤其在饲料添加剂上要开发新产品、新技术，拥有自己的知识专利、核心技术、拿手本领。特别是注意运用生物技术、精细化工，在饲料添加剂、饲料原料的综合利用、深度加工上取得重大突破。要注意以信息技术武装饲料行业，全面提升全行业的管理水平和产品的档次，以信息化促进工业化。

第三，要向实施标准化、名牌化方向转变。要切实改变品牌林立、各自为政、覆盖面窄的状况，积极实施名牌战略。要提高对名牌工程的认识，强化措施。新希望集团总结得好：“品牌是现代企业的核心资产，品牌经营是大集团的经营核心。通过研制出自有知识产权的品牌，确立了自己的企业形象和社会地位。企业基业的常青，是以品牌的稳定发展和支持创新的企业文化为基础的，资本和产品都不能长存不变，但是品牌和文化却能够长存。”一流企业应该打造中国一流的品牌，进而打造世界级的品牌，在创造名牌中要坚持按国际标准进行生产，要和企业管理相结合，同技术创新相结合。要提倡在品牌上进行整合，从统一品牌，到统一技术，统一管理，走合作创名牌之路，进而走向资产联合。各级协会要在创名牌工程中发挥积极作用，更好地为企业服务。

第四，要向实施纵横发展的战略转变。要形成饲料行业的产业链和相关联产业的综合经营，在新形势下，饲料企业尤其是骨干企业，要把注意力放在向生产延伸、向后处理延伸上，抓好“一链两网”的建设，即产业链、采购网和销售网。要形成一条龙经营的产业链条，发挥出产业的整体优势。特别要注意同原料生产相结合，担当“龙头企业”的责任，带动玉米、大豆等农业产业化的发展，从而为解决“三农”问题贡献一份力量。根据国际上的经验和我国企业的实际情况，可以考虑试办以大厂为核心的饲料、油脂和谷物的综合加工联合企业，使之互相联系，优势互补，降低成本，提高效益。经过一段时间的努力，逐步形成具有世界一流技术和产品的大型综合性饲料、粮油加工企业或工业群体，进而形成高水平的饲料和粮油综合加工园区，成为整个行业的排头兵。这是统筹、全面发展的一种新形式，有很大的发展潜力，我们应当去探索，创造新的发展模式。

第五，向现代企业制度和现代经营机制转变。不论哪种类型的企业，都有不断深化改革，不断创新机制的问题，这方面决不能停步。必须与时俱进，不断创新。企业体制、机制的改革，要坚持以人为本的指导思想。出发点在于要调动全体员工的积极性，并调动参与企业合作的所有人员和单位的积极性，市场经济发展到现今阶段，大企业有“大企业病”，如沾染官僚主义，人员、机构臃肿，管理失控或管理过死，缺乏生机与活力；小企业也有“小企业病”，如办事无规章，随意性很大，常闯红灯，贪图小利，无远大目标等；国营企业有“国营企业病”，民营企业也有自己的毛病，矛盾是普遍存在的，改革是没有止境的。要正视问题，不要讳疾忌医。要从实际出发，有的放矢，不断改革，永葆青春。从一些企业的经验来看，在产权解决以后，要在创新机制上做文章，重点在于要“改革两个制度，建立两个机制”。即改革人事劳动制度和工资分配制度，使全体员工各尽所能，充分发挥自己的才干，使所有生产要素迸发活力，创造更多的财富。要建立激励机制和规避风险机制，使企业保持蓬勃生机，在遭遇多种风险时，能化险为夷，较为平安地渡过，避免陷入被动，落入陷阱。这些方面，要有预案和得力措施，如套期保值、加入保险、建立风险基金等，这样才能立于不败之地。

（三）

最后，讲一下做好新时期的协会工作。党中央、国务院十分重视中介组织的工作，在十六届三中全会决定中明确指出："按市场化原则规范和发展各类行业协会、商会等自律性组织"。在社会主义市场经济体制中，政府、中介组织、企业的三元化结构已经初步形成。饲料协会是饲料行业自愿组织起来的公益型的社团，它必须向民间性、服务性、自律性、国际性的方向转变。2002 年以来，各地协会根据本会提出的"搞好组织建设，开展服务活动"的部署，积极开展工作。许多省（区、市）的饲料协会进行了换届改选，选出了新的领导班子，充实了办事机构。各地还结合本地的实际，以服务为宗旨，做了大量力所能及的工作，初步在饲料企业中扎了根，在政府和企业之间搭起了桥梁。但是我们的工作与市场化的要求还很不相称，与上级的要求差距还很大，存在的问题还很多。协会的工作也必须树立和落实科学发展观，每年踏踏实实地做好几件工作。今后，要重点抓好 4 项工作：

第一，要进一步加强组织建设，扩大协会的服务范围，增加会员，扩大影响，使协会真正成为具有本行业代表性、权威性的群众性社团组织，重点是发展各种成分的骨干企业入会。

第二，要努力为国家行政部门的宏观调控服务，当好参谋和助手。特别是要与各地饲料办公室协调配合，对发展饲料行业的问题深入调查，及时反映，求得解决，以推动全行业的统筹发展。

第三，要重点搞好为企业的发展服务。要深入企业，了解企业的困难和呼声，想企业之所想，急企业之所急，反映企业的情况和要求，为企业分忧解愁，在改善宏观环境和改善微观管理两个方面多下功夫，多做工作，使协会真正成为企业之家，企业家之家。

第四，要在行业自律上做出成效。特别是要通过制订行规行约，帮助企业树立诚信为本、信誉第一的思想，继承我国经商的优良传统，增强社会责任感，树立新的企业精神和企业形象，形成良好的职业道德和企业精神，培养出一大批新人。

为企业发展壮大做好服务

——白美清会长在大型饲料企业联谊会年会上的讲话

（2003 年 10 月 30 日）

这次中国饲料工业协会大型饲料企业联谊会年会是在十六届三中全会胜利闭幕之后召开的，是全国饲料行业贯彻落实全会精神、总结经验、继续前进的一次会议，也是中国饲料工业协会工作重点转到为企业服务，特别是为大型企业服务的会议。因为企业是市场经济的主体，而大型企业是企业群体的骨干，是行业的希望所在。在新形势下，我们的协会，就是要努力探索怎样更好地为企业的发展和做强做大服务，为政府的宏观调控服务。最近，我们作了一些调查，现就企业的发展壮大讲一些意见。

一、不平凡的一年及其有益的启示

2003 年对我们国家来说，是不平凡的一年。对饲料行业来说，也是不平凡的一年。2003 年概括说，饲料行业遭受了 3 次大的冲击，即上半年遭受"非典"的冲击；下半年遭受饲料原料（主要是豆粕、赖氨酸等）大幅涨价的冲击；对外出口又遭到国外提高进口技术标准、构筑技术壁垒的挤压和冲击。但是在饲料行业全体员工的努力下，我们战胜了"非典"带来的影响，克服了种种不利因素，仍然保持了全年的增长势头。据对 145 家重点跟踪企业的调查，饲料生产下半年已恢复到正常水平。这 145 家企业 1 月份生产总量为 892 374 t，3 月份为 1 139 908 t，4、5 月份下降为 1 085 998 t、1 051 016 t，6 月份恢复到 1 166 292t，7、8 月份上升至 1 203 642 t、1 227 399 t，已达正常水平。从全国来看，2003 年上半年全国饲料产品产量达到 3 960 万 t，同比增长 4.4 %，其中，配合饲料产量 3 005 万 t，同比增长 3.6 %；浓缩饲料 796 万 t，同比增长 9 %；预混料 160 万 t，同比增长 3.2 %。总的情况是：产量稳步增长，效益有所下降，大企业好于一般企业。预计全年增长 5 %～6 %，仍居世界第二位。

以上冲击和不利因素，有的是暂时性的，有的则要延续一段时间，分析 2004 年的形势，我们要看到有利的方面，如对饲料的需求，仍将保持增加的势头，市场前景可能比 2003 年好。但我们必须看到 2004 年冲击和影响饲料行业的因素仍然存在。影响 2004 年饲料发展的因素可能有以下 3 个方面：

1. 粮食收购将放开，粮食将向全面市场化过渡。"放开"和"直补"是 2004 年粮食工作方面的两件大事。粮价已经有四五年在低谷徘徊，目前是恢复性增长，2004 年将保持这一态势。小幅上升是可能的，个别时间、个别地方、个别品种出现较大波动的可能性也不排除。这就意味着玉米等饲料原料低价的时期已经过去。

2. 动物疫情公布制度可能在 2004 年某些时候实行。这方面的影响绝不可低估，稍一出现问题，就可能影响一大片企业的生产，甚至使一批企业倒闭。

3. 国外对我国农畜产品和其他产品的技术壁垒将会加强，对我们的反倾销将增多。这给出口产品带来新的困难。2004 年又是美国总统大选之年，美国很可能在进出口上对我国提高门槛，施加压力。日、欧也可能步其后尘。有专家预测，2005 年将是外国对中国反倾销的高峰。对此，特别是大型饲料企业思想上要有认识，工作上要有准备，措施上要有预案，凡事预则立。要在困境中求得发展，在压力下求得突破。

在2002年成都、广州的企业座谈会上，我就讲过，饲料行业快增长、高盈利的时代已经结束，全行业进入平稳发展、正常增长、保持微利的新阶段。据2003年中国500强企业各行业平均收入利润率的排队：烟草业是14.31％，石化业9.5％，邮电电信业8.04％，而居24位的农业、畜牧业为2.52％（低于平均数5.03％）。在低利的情况下，2003年我们遭受这样大的冲击，困难是可想而知的。但我们认为，这不平凡的一年中出现这些冲击和压力，对于长期处于顺境的饲料行业来说，也带来极为宝贵的启示，对今后的发展大有裨益，给我们提供了非常有益的启迪，我看主要有以下方面：

第一，必须全方位地抓安全，全过程地抓质量，全流程地抓成本。有了优质价廉、安全可靠的产品，有了这方面的硬功夫，就任何环境都可以应付。

第二，必须采取新的更加灵活的方式，拓宽市场，开辟新天地。从饲料结构看，预混料、浓缩料的增长速度将加大，发展很有空间；从饲料品种看，奶牛料、水产料进入快速增长时期，潜力很大；添加剂、赖氨酸等的替代进口，磷酸氢钙、金霉素等资源优势产品的出口，将出现新局面。从地区上看，巩固发展东部沿海地区，加快东北地区的饲料发展；而西部地区将着力于夯实基础，布好基点，稳步前进。在有资源优势的地区，大力发展特色饲料产品。

在开拓国内市场的同时，有条件的企业还要开拓国际市场。要内外结合，“南下、西进”，开拓东南亚市场和中亚、中东市场。要配合中国与东盟（10＋1）自由贸易区的建立，积极开展工作，努力开拓市场。对美、日、欧的出口也必须继续做好。

第三，必须加快贸工农一体化，科研、生产、加工、销售一条龙的步伐，向产业链发展，加强资源整合，发挥整体优势。

第四，必须建立防范风险，应对紧急情况的机制，在市场发生波动时才能应对自如，不受大的损失。比如原料采购，为了防止价格大起大落的风险，可以采取建立原料基地、与原料厂家建立合作关系、利用期货套期保值等措施。作为一个大型企业应当考虑这些问题。此外，还要逐步建立风险基金，以防不测。

总之，要进一步深化改革，搞好调整，走新型工业化之路，这才是在微利时代的振兴之路、增效之路。

二、实施纵横发展战略，进一步把饲料企业做强做大

当前饲料行业急需重新整合，通过重新改组、调整、合并，逐步形成以大型企业为龙头、中小企业为支柱、社会化组织化程度高、布局合理、分工协作的企业群体，在饲料行业的发展中起骨干作用。与世界水平相比，与相关行业相比，饲料行业在这方面差距还很大。比如世界十大油料加工企业中，中国占了4家。2002年，全球25强饲料公司中，泰国正大集团占居第二位，年产量估计1 050万t，我国希望集团为第十位，产量320万t。而在中国食品工业2002年度100强中，油料加工企业占了20多家，饲料企业仅有少数几家。不论是规模、水平上都有很大差距。如果没有大型企业做龙头，农业产业化就带动不起来，饲料行业就缺乏骨干，而陷入竞争力不强的状态。我们饲料业的根本问题是缺乏龙头企业、著名品牌和领军人物。必须加大整合提升的力度，把企业做强做大是刻不容缓的大事。正如十六届三中全会指出的：“发展具有国际竞争力的大公司大企业集团”。

在进入完善社会主义市场经济体制的新阶段，在国内国际市场融为一体、竞争更加激烈的新情况下，全国饲料企业尤其是大型企业，必须与时俱进，致力于采取新战略、新方式，使社会资源能够有效配置，克服面临的许多体制性障碍和多方面冲击。根据近年来对企业的调查，我认为要采取纵横发展的新战略，打破各种分割与封锁。

纵向发展战略，就是要实施“一链、两网、一园区”。即从科研、生产、加工、销售一体化的产业链，抓“采购网”和“销售网”，逐步形成相关联产业的综合工业园区和物流中心。正如有些企业家指出的“有网者为王”。这样就会产生整体性、综合性的效益，极大地增强竞争力。

横向发展战略，就是要树立联合的思想，打开大门，放弃山头，确立互利共赢的观念，与相关联的企业实行多种形式的、由低级到高级的联合，形成航空母舰或联合舰队，组成多种形式、灵活多样的联合体，从业务合作到资产合作，从初级形式到高级形式。我们的企业家不仅要学会竞争，更要学会“竞合”，有纵横捭阖的本领。这样企业才能做强做大。

在实行纵横发展战略中，一定要面向市场，讲求效益，从实际出发，量力而行，切忌“拉郎配”，搞“形象工程”，盲目扩张。这方面教训很多，一切要以效益为中心，稳步推进，不要再蹈盲目发展、重复建设的复辙。

三、创新机制，让活力迸发，财源涌流

建立经济有效运行的完善的市场机制，创造能最大限度地发挥人的积极性、创造性的机制，必须首先解决所有制体制的问题。“产权是所有制的核心和主要内容。”“要建立起归属清晰、权责明确、保护严格、流转顺畅的现代产权制。”在座的大型企业，大多是民营或股份制形式的，所有制形式已经明确。我认为，当前要着重解决创新机制的问题。当前饲料行业面临的矛盾很多，新问题很多，任务十分繁重。要做好工作，发展壮大，必须遵循十六大精神，解放思想，创新思维，调动一切积极因素，创造性地工作，跨越式地发展。

十六大报告指出：“要形成与社会主义初级阶段基本经济制度相适应的思想观念和创业机制”，“放手

让一切劳动、知识、技术、管理和资本的活力竞相迸发，让一切创造社会财富的源泉充分涌流，以造福于人民。”这是我们的重要指导思想，给了我们今后跨越式前进和超常发展的钥匙，指明了前进的思路和途径。我们要结合饲料企业的实际，以创新的思维和行动，形成创业机制，让所有生产要素，让所有的发展力量都调动起来，活力迸发，财源涌流。这是我们面临的崭新课题，要努力实践，敢于创造。

十六届三中全会决定指出：要“坚持以人为本”。在调动各个生产要素、调动多方面积极性中，调动人的积极性是最主要的。我近年来访问过一些有成就的企业和企业家，他们不约而同地有一个共同的特征，就是坚持以人为本，十分重视人的作用。他们说，把职工看成是“大写的人”来对待，亲如家人，密如挚友，同舟共济，携手创业。这是很有见地的。前一段我们着重于抓改制，这是必要的。但只注重改制是不够的，改制后并不一定能够把大家的积极性调动起来，企业也不一定能搞好。要把企业搞好，还必须在这个基础上进一步深化改革，建立有生机活力的机制，千方百计调动全体员工，调动参与企业发展的多个方面的积极性，既要注意调动高级管理人员、高级技术人员的积极性，又要注意调动普通员工的积极性；既要注意调动劳动者的积极性，又要调动资本、知识等诸因素的积极性，使大家把劲用在发展上，把心思用在创业上。

在形成创新机制中，当前要着重抓“两项改革，一项建设”。即企业人事劳动制度的改革和工资分配制度的改革，大力进行企业文化、企业精神的建设。

搞好机制中，首要的是要实施与推进人才发展战略，改革企业劳动人事制度。这是建设现代企业制度的重点之一。现在整个饲料行业缺资金、缺技术，但更缺人才，特别是高级管理人才和高级技术人才。要通过深化改革，建立任人唯贤、能上能下的用人机制和制度，打破论资排辈、铁饭碗、铁交椅等陋习，为选拔任用人才大开方便之门。惟才是举，量才录用，使各方面的有用之才能各尽所能，各施其长，在创建新业中殚精竭虑，建功立业。领导者要有大将风度，有驾驭千军万马的能力，运筹亿万资产的本领，爱才、用才、留才，使各类人才为企业所用，有前进向上的紧迫感。人才归心，则事业兴旺。

搞活机制中，另一个重点是改革工资分配制度。要遵照十六届三中全会的决定精神，“完善按劳分配为主体，多种分配方式并存的分配制度，坚持效率优先，兼顾公平，各种生产要素按贡献参与分配。”每个企业都要按照自己的实际情况，制订和改进分配办法，打破平均主义、吃大锅饭的弊端，也要防止收入过分悬殊，实行多种形式的工资、奖励制度，使创业者能得到相应的报酬。除了劳动报酬外，还应研究和制订资本、技术、管理等生产要素参加分配的办法。这是我们面临的新问题，这方面的经验还不多。总的原则是“按贡献参与分配”，具体办法，可由各企业研究制订。要创造一种环境，使大家乐意把资金、技术等要素都投到企业中来，能取得相应的回报，从而使这些生产要素汇聚在一起，创造新的价值，实现资产的滚动发展。这方面的工作应不断总结，不断完善。

建立创业机制，必须有内涵丰富的企业文化、企业精神做支撑。进入市场经济以后，在商海中不可避免地会受到金钱万能、享乐至上、个人主义等腐朽思想的侵蚀，这是与兴家创业、富民强国思想相对立的。我到过一些优秀企业，他们都有自己独特的企业文化、企业精神。在这些企业里，讲奉献、讲创造、讲文明、讲诚信形成了新的风尚。企业的精神是无形的力量，它产生凝聚力、向心力、创造力，增强了企业职工的时代紧迫感和社会责任感。企业的文化，宛如纯真的乳汁，晶洁的清泉，它哺育人才的健康成长，催化企业的高速腾飞。我们在解决物质报酬的同时，必须毫不松懈地抓精神文明建设，落实到企业，就是企业文化、企业精神。要把东方文明与现代化管理结合起来，形成自己有特色的企业文化、企业精神。这样才能让多方面的人才施展才干，龙腾虎跃；让各种生产要素汇聚一起，活力迸发，财源涌流。为了企业的发展，人民的富裕，国家的强盛，大家以贡献自己的一份力量为荣，这样就能形成极其浓厚的创业气氛，充满活力的企业机制，造就大胆创新的领军人物，培养一批创新业的龙头骨干企业，开创我国饲料工业的新纪元。

坚定信心 扎实工作
努力开创畜牧业发展的新局面

——沈镇昭同志在全国农业工作会畜牧业专业会议上的报告

（2003年12月26日）

同志们：

这次全国农业工作会畜牧业专业会议的主要任务是，认真贯彻中央农村工作会议和全国农业工作会议精神，总结畜牧业发展的成绩和经验，分析畜牧业发展面临的新形势和新任务，研究部署2004年工作。全国农业工作会议开始时，杜青林部长就农业和农村经济工作发表了重要讲话。刚才，齐景发副部长又专门对畜牧业工作作了重要讲话。这两个讲话为我们做好畜牧、兽医、饲料和草原工作明确了目标，指明了方向。我们一定要认真学习，深刻领会，贯彻落实，努力开创畜牧业发展的新局面。下面，我讲几点意见。

一、肯定成绩，总结经验，充分认识畜牧业的战略地位和重要作用

2003年，各级畜牧管理部门认真贯彻党和国家有关畜牧业发展的法律法规和方针政策，坚持发展不动摇，统筹兼顾，突出重点，狠抓落实，克服了非典疫情冲击、自然灾害影响和饲料原料价格上涨等不利因素，我国畜牧业继续保持了全面增长的良好势头。2003年，肉类产量达6 932万t，比上年增长5.2%；蛋类产量2 606.7万t，增长5.8%；奶类产量1 848.6万t，增长32%。畜牧业结构进一步优化，区域布局更加合理，产业化经营有了新的突破，集约化程度明显提高，畜产品安全状况有较大的改善，草原保护建设力度加大。畜牧业成为农民增收中的一个亮点。前三个季度，农民出售牧业产品人均现金收入312.3元，同比增加14.2元，增长4.8%，比农民人均现金收入增幅高1个百分点。在生产持续发展的同时，各项重点工作取得新的进展。

（一）动物防疫工作不断强化。2003年以来，各级畜牧管理部门狠抓动物疫病防治，特别是7月5日，国务院批准建立动物疫情公布制度以后，为保证这项制度的顺利实施，各级畜牧管理部门开展了一系列应对工作。一是组织实施春季防疫和秋冬防疫两次大规模行动。同时，加强对奶牛结核病、狂犬病、血吸虫病等人畜共患病的防治，开展疯牛病等外来动物疫病检测和风险评估工作。二是组织调查研究，提出了建立动物疫情公布制度的意见和应对预案，起草了《突发重大动物疫情应急条例》和《动物疫情管理办法》等一系列法规规章，为疫情公布做好制度准备。三是巩固和强化无规定动物疫病区建设。组织完成了对6省5个无规定动物疫病示范区建设项目的验收，正在按国际标准完善管理规范和技术标准，争取相关国际组织和主要贸易国的认可。四是落实动物防疫工作责任制。按照国务院要求，进一步落实畜牧管理部门在动物防疫工作中的职责任务，层层建立责任制和责任追究制。一些地方已经对动物防疫工作不力的责任人予以追究。五是在基本建设、防疫专项经费、损失援助、新闻宣传、兽医体制改革和畜产品出口等方面与有关部门积极协调配合，落实相关应对措施。

（二）优势产业带建设和结构调整步伐加快。根据《奶业优势区域发展规划》和《肉牛肉羊优势区域发展规划》，各级畜牧部门以良种和适用技术推广为突破口，以实施两个优势区域发展规划为重点，推动畜牧业结构的调整。良种繁育等基础设施建设继续向优势区域倾斜。2003年有46%的奶牛良种场改扩建项目、74%的肉羊良种工程和100%肉牛项目安排在规划的优势区域内。各地根据国家确定的优势畜产品区域布局和生产实际与资源特点，制定本地的优势畜产品发展规划和切实可行的扶持政策，加大对优势区域的扶持力度。在北京等10个省市区继续实施“万枚高产奶牛胚胎移植富民工程”，移植1万枚高产奶牛胚胎，繁育高产奶牛2 500多头，使农民直接增收4 000余万元。在奶业优势区域内积极开展奶牛良种评定标准和登记管理工作试点，以此促进优势区域内奶牛的品种改良，提高单产。为加快生猪优势区域建设步伐，编制了《生猪优势区域发展规划》。

（三）饲料工作稳步推进。2003年我国饲料工业遇到了前所未有的困难。非典疫情一度造成饲料物流受阻，原料短缺，市场萎缩。10月份以来，饲料工业遭遇罕见的原料价格暴涨，豆粕和赖氨酸等产品价格涨幅创历史最高水平。各级饲料管理部门积极与有关方面协调，落实国家对饲料企业的税收优惠政策，降低了生产成本。积极协调增加大豆进口配额，保证豆粕原料的有效供应，抑制了豆粕价格的恶性上涨。以市场为导向调整产品结构，压缩一般性饲料品种，加快发展浓缩饲料和添加剂预混合饲料，开发新型饲料资源和饲料品种，促进饲料产品的更新换代，满足不同饲养品种、饲养方式的需求。预计全年生产工业饲料产品8 780万t，比上年增长6%。全年饲料产品价格继续保持在较低价位运行，市场供应充足，为养殖业的持续健康发展提供了有力保障。

（四）畜产品安全工作继续深入。一是加强饲料和兽药等生产资料的质量管理。明确饲料和兽药质量监控品种和监管重点，制定了全国饲料和兽药监测计划，发布了畜牧业国家和行业相关质量和检测方法标准65项。全年检查饲料企业5 502家，监控有质量问题的兽药企业86家，检测饲料、动物饮用水和兽药样品21 796批次。根据检查和检测结果，依法吊销、注销277家违规企业的生产或经营许可证，撤销107个兽药批准文号。制定了《兽药生产质量管理规范检查验收办法》，完成了近100家企业兽药生产管理规范（GMP）检查验收，开展了兽药标签说明书的规范工作。二是开展兽药残留监控，实施蜂产品兽药残留专项整治计划。发布了12种动物性产品中兽药残留检测方法标准，组织检测动物性产品兽药残留样品17 116批次。三是继续实施“瘦肉精”等违禁药品专项整治。组织全国饲料监测机构，对15个省份实施了17次拉网式检测，共抽检生猪尿样7 875批次，检出“瘦肉精”62批次，目前检出“瘦肉精”的4个省份正在对违规养猪场（户）进行查处，追查“瘦肉精”源头。四是组织大案要案的督查。江苏省徐州“瘦肉精”案的41名犯罪嫌疑人已移交起诉27人；浙江桐乡非法制售“瘦肉精”案、广东佛山和辽宁辽阳“瘦肉精”中毒案犯罪嫌疑人已抓获，现正在深挖线索，追查源头。各地查处假劣兽药案件4 000多起，捣毁造假窝点177个，罚款790多万元，兽药市场得到初步整顿。经过全年的努力，饲料产品合格率达91.9%，兽药产品质量合格率达70%；饲料和生猪尿样中“瘦肉精”检出率分别为0.07%和0.79%，比上年分别下降0.07和1.55个百分点。组织修改了《兽药管理条例》，现已上报国务院。

（五）草原保护与建设工作全面展开。各级草原部门紧紧围绕全国草原工作会议确立的指导思想和目标，积极主动地开展了大量工作。一是加大草原执法力度。深入宣传《草原法》，提高广大干部群众依法保护草原的意识。农业部草原监理中心正式运转，草原监理体系逐步完善，监理工作得到加强，破坏草原违法案件上升的势头得到有效遏制。二是加强草原项目的建设步伐和监督检查。组织实施退牧还草、牧草种子基地和天然草原植被恢复与建设等项目。针对项目稽查和检查中发现的问题，各地及时进行整改。2003 年 8 月在内蒙古自治区专门召开牧草种子基地建设现场会，交流项目建设和管理经验。三是积极开展禁牧、休牧和划区轮牧试点工作。内蒙古、新疆、宁夏、甘肃和青海 5 省区在草原牧区积极推行禁牧、休牧，一些地区以政府名义发布了禁牧令。宁夏实行全区禁牧。内蒙古实行禁牧、休牧草原面积近 1.33 $\times 10^6$ hm^2，组织草原轮牧、禁牧、休牧舍饲养畜技术交流，为草畜平衡试点提供技术支持。四是加强草原防火工作。各级草原防火机构严格执行防火期 24 小时值班制度和火情报告制度，及时对火灾特别是境外火进行动态监测，建立火灾预警机制，加强防火物资储备库建设。同时开展了草原鼠虫害防治工作，保护了草原建设的成果。预计 2003 年全国人工种草保留面积达 2.13 $\times 10^6$ hm^2，累计完成围栏面积 2.6$\times 10^6$ hm^2。

（六）科技推广工作力度加大。2003 年畜牧系统根据我部“全国农业科技年”活动的总体部署，组织开展了一系列科技推广和科普宣传活动。按照畜牧业技术推广工作指导意见，在重点区域加大了奶牛品种改良与规范化饲养、优质肉牛肉羊生产、草原禁牧休牧轮牧与舍饲养畜、畜产品标准化生产和动物疫病防治等五大关键技术的推广力度，提高了畜牧业科技含量。我们组织召开了全国饲养小区暨畜产品标准化生产技术现场观摩交流会和草原休牧轮牧禁牧舍饲养畜技术座谈会，进一步促进了相关技术的推广。加强科普宣传，将草原保护利用技术的科普读物发放到基层技术人员和牧民手中，在中国畜牧兽医信息网设置“2003 全国农业科技年・畜牧行业”网页，在《中国牧业通讯》杂志开辟“全国农业科技年”专栏，在中央人民广播电台举办系列技术讲座，实用技术在生产中进一步普及。

2003 年，在畜牧战线广大干部职工的辛勤工作和共同努力下，我国畜牧业经济运行质量和效益明显提高，呈现以下几个特点。

第一，发展势头强劲。各地把发展畜牧业作为推动农业结构战略性调整和促进农民增收的战略产业，制定加快发展畜牧业的政策和措施，加大扶持力度。黑龙江和新疆提出了种植业与畜牧业要主辅转变，建设畜牧大省区的奋斗目标。吉林提出实施“粮变肉”工程，建设畜牧大产业。辽宁提出实施畜牧业倍增计划，实现畜牧业跨越式发展。云南提出要把畜牧业做强做大，发展成为国民经济的支柱产业。山东、江西、安徽等省政府多次召开畜牧业专题会议，研究解决畜牧业发展的有关问题。畜牧业已经成为农村经济增长的亮点和热点。

第二，生产方式发生变革。随着专业化、商品化的快速发展，畜牧业生产方式正发生深刻变化，广大农区标准化养殖小区蓬勃发展。2003 年，全国新建各类畜牧生产小区达 2 万多个，加速了畜牧业规模化专业化的步伐。牧区半牧区积极推行禁牧休牧和划区轮牧，实行舍饲圈养，减轻了草原放牧压力，加速了草原植被恢复，改善了草原生态环境，提高了科学养畜水平。

第三，产业化经营稳步发展。多元化投资促进龙头企业快速发展。各地通过政策、环境和服务的改善，广泛吸引民间、工商和域外资本参与畜牧业产业化经营，一大批龙头企业应运而生。双汇、雨润、光明、蒙牛、伊利等大型企业也在全国 10 多个省市投资新建分厂。产业化经营机制不断完善。各地积极探索以利益为纽带的运行机制，通过合作社和专业协会等合作经济组织实现企业和农户的对接，提高了农民从事养殖业生产的组织化程度。各级畜牧部门积极为龙头企业的生产基地和养殖小区提供技术服务，既保证了龙头企业的原料供应和质量，又促进了生产发展和农民增收，实现了养殖和加工的“双赢”。

第四，生产格局开始转变。随着经济的发展和资源配置的优化，畜牧业生产由饲养成本较高的地区向成本较低的地区转移步伐加快。一种是由城市近郊向远郊农村转移；另一种是跨省区转移。如北京、上海和南方部分省市，已计划逐年减少畜禽饲养数量，陆续将肉、蛋、奶生产基地迁到周边省或北方产粮大省，上海 2003 年已将部分奶牛转移到浙江、江苏两省饲养。

2003 年，在面临巨大困难的情况下，畜牧业之所以取得上述好的成绩，是党中央、国务院高度重视和部党组正确领导的结果，是畜牧战线广大干部职工艰苦奋斗、共同努力的结果。多年来，各地在发展畜牧业的伟大实践中创造积累了丰富而宝贵的经验。这就是：必须充分发挥地方政府和广大农牧民两方面发展畜牧业的积极性，调动社会各界力量参与畜牧业建设；必须遵循市场规律，坚持“谁投资、谁受益”的原则，广泛吸纳社会资本投资畜牧业；必须注重畜牧法制建设，坚持依法治牧，为畜牧业发展提供法制保障；必须立足长远，注重基础建设，增强畜牧业发展后劲；必须坚持人与自然和谐发展的原则，保护好资源和生态环境，促进畜牧业可持续发展；必须坚持走科技兴牧道路，加快畜牧科技成果转化，依靠科技进步推动畜牧业发展；必须统筹考虑农牧民和消费者两方面的利益，既要促进农民增收，也要保证城乡居民的畜产品安全消费；必须坚持用发展的眼光安排畜牧业生产，畜产品数量、质量并重，向产品质量要效益。

我国畜牧业已经成为农村经济的支柱产业，成为农民增加收入的重要途径，在全面建设小康社会中发挥着越来越重要的作用。畜牧业的发达程度是现代农业的重要标志，没有高度发达的畜牧业，就没有农业的现代化。发展畜牧业也是农业结构战略性调整的重要内容和主要措施。畜产品的质量安全直接关系到人民身体健康和生命安全。草原的保护建设直接关系到国家的生态安全。我们要站在我国经济社会发展全局、实现全面建设小康社会宏伟目标的高度，充分认识发展畜牧业的战略地位和重要作用，统一思想，扎实工作，确保畜牧业持续健康发展。

二、认清形势，抓住机遇，进一步增强畜牧业发展的信心

当前，我国畜牧业生产正处在加速调整和加快发展的关键时期。在全面建设小康社会的进程中，人民群众对畜产品消费的要求越来越高。要全面开创畜牧业工作的新局面，必须认清形势，把握机遇。我国畜牧业的发展环境和我们的工作环境都发生了许多深刻的变化。这些变化必然给畜牧业发展带来新的机遇和新的挑战。我国畜牧业发展形势总的来看是好的，但也面临着严峻的挑战。

一是建立动物疫情公布制度，对防疫工作提出了新的更高的要求。实施动物疫情公布制度是形势所迫，大势所趋。长远看，有利于在国际社会、国内公众中树立我国政府勇于负责和诚信的形象；有利于增强各级政府的责任感，进一步完善动物防疫制度，改进动物疫病防治工作，有效控制动物疫情；有利于增强畜产品的国际竞争力，打破国际动物卫生技术壁垒，扩大畜产品出口；有利于加强公共卫生建设，促进经济社会协调发展。

二是粮食供求关系发生变化，对饲料工业发展产生了一定影响。近年来我国粮食总产量和库存减少，粮食安全问题被摆到重要议程。如果粮食供应紧张，饲料粮供应必然会受到较大冲击。20多年来，饲料用粮一直在持续增加，饲料粮占粮食总产量的比例已从1978年的15%，增加到2002年的36%。这期间，粮食总产量年递增速度为1.7%，而饲料粮用量增幅为5.5%。今后随着养殖业的发展，饲料粮总需求量将不断增加，在粮食总产量中的比重将进一步提高，饲料粮的缺口将逐年增大。2004年，饲料粮价格可能进一步上扬，对饲料工业发展将产生较大影响。

三是千家万户的养殖模式，对畜产品安全监管带来了难度。我国有数亿计的养殖单元，畜牧业从业人员素质参差不齐，畜产品兽药残留和违禁药品超标问题时有发生。而我国畜产品安全监管体系不健全，队伍薄弱，手段落后，经费不足，导致一些地方监管工作不力，畜产品安全存在较多的隐患。一些地区甚至连续出现畜产品中违禁药品集体中毒的恶性事件，直接影响畜产品市场的拓展和畜牧业的进一步发展，也影响了社会稳定和政府形象。

四是畜禽养殖环保要求的提高，对规模养殖企业增加了生产成本。随着经济社会的不断发展，畜禽养殖业对环境的污染已经引起广泛关注。国家公布实施《畜禽养殖污染防治管理办法》和《畜禽养殖业污染物排放标准》后，广东、上海、北京等发达地区相继出台了畜禽养殖业污染控制措施，实行限养，对畜禽养殖企业征收排污治理费。珠江三角洲的一些城市还实施规模化养殖场环保搬迁、关停计划。从长远来看，这是实现人与环境协调发展、建设小康社会的需要，但短期内，将增加畜禽养殖企业生产成本，影响养殖企业的效益。

五是国际贸易技术壁垒增多，对畜产品出口增加了困难。我国是畜产品生产第一大国，猪牛羊肉是公认的具有国际竞争力的农产品。但肉类出口不足总量的2%，出口增幅远低于其他农产品的出口增长率，畜产品贸易出现进口增速大于出口增速的趋势。2003年1～10月，我国肉类出口40.6万t，比2002年同期减少2.43%，肉类进口83.7万t，比2002年同期增加15.9%，肉类贸易额逆差1.15亿美元。畜产品出口问题决不是小事，特别是我国畜产品总量处于相对的低水平过剩时期，对畜牧业生产至关重要。加入WTO后，一些主要畜产品进口国普遍提高市场准入标准，设置技术壁垒，制定进口配额，增加了我国畜产品出口的难度。如2003年4月1日，俄罗斯对禽肉和畜肉进口分别开始实施为期三年和四年的国别配额管理。2003年从我国进口的禽肉配额仅为3100 t，不足上年实际出口额的十分之一，仅此一项贸易措施，对我国30多万农民的经济收益产生直接影响。

我们还要看到，目前我国畜牧系统自身也存在一些问题，比如：机构不健全，队伍不稳定，制度不完善，基层防疫力量十分薄弱，人员素质不高，一些工作还存在漏洞。

以上分析表明，我国畜牧业面临着严峻的挑战，存在不少困难和问题。但是，对形势我们要有全面的、客观的分析和判断。今后一个时期特别是2004年，我国畜牧业发展也面临着十分有利的机遇。

一是党中央、国务院和地方各级党委、政府高度重视，为畜牧业发展加强了组织领导。党中央国务院领导多次对畜牧业发展给予高度肯定并提出了明确要求。胡锦涛总书记指出，要大力发展畜牧业等劳动密集型产业，推动农业整体素质和市场竞争力的提高。温家宝总理强调，要尽快把畜牧业发展成为一个具有较强国际竞争力的大产业。地方各级党委政府把畜牧业作为繁荣农村经济、增加农民收入的支柱产业来抓，摆到了更加突出位置。对畜牧业的战略地位和重要作用的认识达到了一个新的高度。

二是畜牧业法律法规政策逐步完善，为畜牧业发展提供了根本保障。近年来，国家先后制定颁布了《动物防疫法》、《进出境动植物检疫法》、《草原法》、《兽药管理条例》、《饲料和饲料添加剂管理条例》、《种畜禽管理条例》、《草原防火条例》等法律法规。国务院先后印发了《关于加快畜牧业发展的意见》、《关于进一步加强动物防疫工作的通知》、《关于促进饲料业持续健康发展的若干意见》、《关于加强草原保护与建设的若干意见》等政策性文件。各地也相应制定了一系列地方性法规、规章和政策性文件。这些法律、法规和政策的贯彻实施，使畜牧业发展走上法制化轨道，有力地促进、引导、保护和规范了畜牧业的发展。

三是人民生活质量和水平的逐步提高，为畜牧业发展提供了广阔的市场空间。党的十六大提出了全面建设小康社会的宏伟目标。我国城乡居民的收入水平和生活质量都将有明显的提高，食品结构将不断改善，这对畜产品质量和数量都提出了新的要求。2002年我国肉类人均占有量为52.6kg，还低于发达国家人均80kg的水平；奶的人均占有量为11.2kg，不到世界平均水平的1/8。根据2010年中国食物营养发展纲要，人均动物蛋白和脂肪的消费水平要比目前有大幅度提高，肉、蛋、奶等畜产品也必须得到相应的增加。我国有13亿人口，畜产品市场的潜力巨大。

四是畜牧业科技进步和创新，为畜牧业的发展提供了有力支撑。近年来，一大批先进和适用技术迅速在生产中普及。良种生产性能的测定，胚胎移植技术的推广，有效发挥了良种的基础作用；最新动物营养研究科研成果的产业化，加速了饲料产品更新换代，饲料转化效率大为改善；防疫手段的增强和新疫苗的推广，信息网络技术的应用，提高了防疫水平；草原科研成果的转化，各种先进适用技术的集成推广，增强了草原保护与建设能力；各项行业标准的应用示范，提升了畜产品质量水平。

五是畜牧业投入不断增加，为畜牧业发展增强了后劲。近些年来，国家对畜牧业基本建设投资和财政专项经费逐年增加。1998－2003年，中央基本建设投资累计78.5亿元，中央财政专项经费累计14.9亿元，是建国以来投资力度最大的时期。这些投资主要用于畜禽良种工程、无规定动物疫病示范区、动物防疫基础设施、饲料安全和天然草原植被恢复、草种繁育基地、退牧还草等，使畜牧业基础设施条件和工作条件有所改善，畜牧业发展后劲逐步增强。

六是广大农牧民和企业发展畜牧业的积极性持续高涨，为畜牧业发展注入了强大动力。广大农牧民把发展畜牧业作为脱贫致富的现实途径。引进良种、规模养殖和发展产业化经营蔚然成风。一大批工商企业和外商纷纷进入畜牧业生产与畜产品加工贸易领域。广大农牧民和企业发展畜牧业积极性的高涨，极大地促进了畜牧业的发展。

我们对畜牧业发展的形势要有一个清醒的认识。既要看到严峻的挑战，也要看到有利的机遇；既要看到成绩和经验，也要看到困难和问题。对2004年畜牧业发展既不能盲目乐观，也不能悲观失望。我们一定要振奋精神，坚定信心，抓住机遇，迎接挑战。

三、开拓创新，扎实工作，努力推进畜牧业持续快速协调健康发展

2004年是我国实现“十五”计划的关键一年，也是我国畜牧业发展经受重大考验的一年。我们必须全面贯彻十六大和十六届三中全会精神，按照中央农村工作会议和全国农业工作会议的总体部署，以确保畜产品安全和市场供应、改善草原生态环境和维护国家生态安全为目标，不断强化法制建设、规范化管理和基础设施建设，突出抓好动物疫病防治、结构调整、饲料兽药监管和草原保护建设等四方面重点工作，与时俱进，开拓创新，求真务实，扎实工作，努力促进畜牧业的健康发展，为实现农业增效、农民增收和农产品竞争力增强做出新的贡献。按照这个总体思路，2004年，各级畜牧管理部门要突出抓好以下几方面的工作。

（一）抓防疫，确保动物疫情公布制度的顺利实施。国务院已经决定，2004年我国将实行动物疫情公布制度。2003年11月，我部在沈阳召开了全国动物防疫工作会议，对动物防疫工作和各项应对工作进行了全面部署。为保证这项制度的顺利实施，各级畜牧管理部门必须加大工作力度。在做好各项常规防疫工作的同时，要突出抓好建立完善动物疫情预警预报机制和重大动物疫情应急机制。近期我部将发布《动物疫情管理办法》，对疫情监测、疫情确认、疫情报告、疫区划分、疫情处理、疫情追溯与追踪、疫情发布等各个环节进行全面规范。各地一定要按照这个《办法》的要求，真正建立起运行有效的疫情预警预报系统，对动物疫情做到早预警、早发现、早处理，并真正做到追根溯源，消除隐患。国务院正在制定《突发重大动物疫情应急条例》，一些重点疫病的应急预案将在近期发布。各地要利用疫情公布前的这段时间，加紧研究建立本省的重大动物疫情应急机制，制定口蹄疫、禽流感、猪瘟、新城疫等重点疫病的扑灭计划和应急预案。同时，要积极争取地方政府领导的高度重视和大力支持。

（二）抓优势，推进优势畜产品区域布局。要继续实施优势畜产品区域布局规划，充分发挥畜禽良种的基础作用。畜禽良种工程二期规划已经开始实施，各地要按照建设新型种业体系的总体要求，与《优势农产品区域布局规划》相衔接，对优势区域和优势产业继续给予重点扶持。迅速提高良种繁育能力，畜禽品种资源开发能力，种畜禽质量监管能力，在优势畜产品区域内扶持有条件的地方和企业，开展猪的联合育种和奶牛生产性能（DHI）测定，推广胚胎移植。要加快无规定疫病示范区建设，进一步加强规范化管理。示范区要实行防疫、良种、饲料和管理四配套，争取尽快通过国际认证认可，努力在扩大畜产品出口方面作出示范。要积极引导有关行业协会组织优质畜产品的促销，借助大型农畜产品展销平台，通过产销直挂和连锁配送等形式，大力推介优质和优势畜产品，巩固和扩大畜产品市场，拓宽畜产品出口渠道。要加快优势畜产品向优势区域集中布局，不断增强畜产品的市场竞争力。

（三）抓安全，强化饲料和兽药监管。保证饲料安全和用药安全是确保畜产品安全的前提条件。饲料监管要坚持“完善制度，强化监督，确保安全”的方针，切实加大监管力度。为进一步完善“疯牛病”的防范制度和工作机制，我部正在制定《动物源性饲料安全卫生管理办法》。各地要对动物源性饲料生产企业进行一次对照检查，切断“疯牛病”等疫病通过饲料传播的途径。要加快饲料标准体系建设步伐，推行违禁药品速测方法标准，颁布并推行危害分析与关键点控制（HACCP）饲料质量管理规范。继续组织实施饲料监管行动，对饲料质量安全进行严格监督管理，集中打击养殖环节使用“瘦肉精”等违禁药品的违法行为，督查饲料大案要案，规范饲料产销和使用，确保饲料安全。兽药管理要认真贯彻实施即将出台的新《兽药管理条例》，进一步加强各项制度建设，切实加强监管。要实行兽药中央集中审批制度，及时制定审批工作程序和管理办法，确保兽药审批政策的贯彻落实。要加强兽药生产、经营、使用环节的监管，扩大抽检覆盖率，清理不规范兽药标签和说明书，推进兽药企业实施 GMP，加快 GMP 检查验收，力争 2004 年达标企业有一个大的突破。强化对疫苗，特别是口蹄疫和禽流感疫苗的质量监督，严格执行审批、签发管理制度，打击以中试名义制售假劣生物制品和非法走私进口疫苗的违法行为。继续实施兽药残留监控计划，扩大抽检数量和检测范围。开展对禁用兽药的清查和处理，完善禁用兽药清单，及时淘汰对人体健康构成威胁的产品。

这里我还要特别强调一下饲料和兽药的安全生产。饲料兽药企业较多，安全生产形势比较严峻，一些企业存在安全事故隐患。要强化安全生产责任意识，坚决贯彻“安全第一，预防为主”的方针，及时排查事故隐患，切实抓好畜牧系统企业的安全生产。要按照农业部办公厅《关于做好元旦春节期间农业安全生产工作的通知》要求，立即组织开展年底畜牧系统企业，特别是饲料、兽药企业的安全生产大检查，并将检查情况于 2004 年 1 月 10 日前报农业部安委会办公室（部人事劳动司）。春节前后，我部将对安全生产情况进行抽查。

（四）抓生态，加强草原保护建设。2003 年召开的全国草原工作会议，对今后一个时期草原保护与建设工作做出了全面部署，各地要继续狠抓落实。要深入贯彻实施《草原法》和《国务院关于加强草原保护与建设的若干意见》，进一步加大执法监督、保护监测、防火防灾和项目监督检查力度。要依法打击各种破坏草原的违法行为，对乱占乱开、乱采乱挖草原的典型案件进行处理和曝光。要加强草原资源与生态的动态监测，建立健全监测体系，提高监测科技水平。要继续认真组织实施退牧还草工程，积极争取启动已垦草原退耕还草工程。要建立和完善基本草原保护、草畜平衡和禁牧休牧轮牧制度。加快基本草原的划定工作，依法强化对基本草原的监督管理。做好以草定畜工作，加强人工草地建设和天然草原改良，缓解天然草原的放牧压力，努力扭转草原超载过牧的局面。合理划定禁牧休牧区，明确规定休牧期，认真落实各项补助政策，确保农牧民生产生活不因禁牧休牧受到影响。积极推行划区轮牧、舍饲圈养，帮助农牧民转变畜牧业生产经营方式，确保能够“禁得了、退得下、稳得住”。做好草原防火和鼠虫害等灾害的防治工作，努力把草原灾害损失降到最低限度。

（五）抓基地，确保畜产品市场的供应。动物疫情公布制度的建立，各地的畜产品生产和供应格局可能会发生变化。为确保畜产品市场供应不出问题，维护社会稳定，各地要抓好优势产区的畜牧业标准化生产示范基地建设，以此推动全国畜牧业标准化生产，提高畜产品质量。要进一步加强无规定疫病示范区出口基地建设，增加畜产品出口，确保港澳活畜禽供应。港澳地区活畜禽的市场供应一直由内地承担，确保港澳地区活畜禽供应不仅是一个经济问题，同时又是一项政治任务。为防止港澳地区的畜产品市场供应出现大的波动，我们要有应对突发事件的应急措施。要抓紧协调有关部门与香港、澳门特区政府协商建立对话机制，及时沟通信息，达成谅解。现有的一些生产基地可能因发生疫情无法向港澳提供活畜禽供应，对此要有所准备。现有基地一旦出现重大动物疫情，要及时进行调整，确保港澳活畜禽的供给和安全。

（六）抓法制，全面推进依法行政。要积极配合人大、政府做好畜牧业法制建设工作，加快制定和完善畜牧、兽医、饲料和草原方面的配套法规和规章，进一步加大执法监督的力度，推进依法治牧。各级畜牧管理部门要深入学习宣传、贯彻实施有关畜牧业方面的法律法规，抓好普法工作。要加强执法队伍建设，抓好执法人员的培训教育，提高执法人员的素质，努力做到依法行政，不断提高行政执法水平。《行政许可法》将于 2004 年 7 月 1 日施行，对于我们畜牧管理部门来说，无疑是一次执法水平的大检验。各级畜牧管理部门要认真学习并吃透《行政许可法》精神，以《行政许可法》的施行为契机，配合做好有关规章和带有许可性质的规范性文件的清理工作。要创新管理方式，充分体现以人为本，突出便民、快捷和高效，真正为广大农牧民服务。要完善监督制度，对畜牧行业的执法情况进行督查，重点检查行政许可是否依法设定、实施主体是否合法、是否依法收取费用等，绝不允许有令不行、有禁不止，不得对决定取消的许可项目搞变相审批，不得违反规定擅自新设行政审批项目。发现违法问题的，要依法予以纠正。

近年来，畜牧业投资逐年增加。强化项目管理是提高投资效益，进一步争取畜牧业投入的基础性工作。各地一定要按照农业计划工作会议精神，深入扎实地做好项目前期工作和项目建设过程中的监督管理，切实做好项目验收，保证项目投资的合理使用和效益的正常发挥。2003 年项目稽查、廉政检查和验收中存在问题的单位，要尽快认真整改，其他单位要以此为鉴，杜绝类似问题的再次发生。

2004 年畜牧系统的任务十分繁重。做好 2004 年的各项工作，关键取决于我们这支队伍整体素质和工作水平。要按照齐景发副部长讲话中提出的三点要求，认清形势，进一步增强促进畜牧业发展的责任感和紧迫感；突出重点，认真做好促进畜牧业发展的各项工作；转变作风，努力提高各级畜牧行政管理部门的工作水平。今天坐在主席台上包括我在内的有几位同志是新面孔，这是部党组从加强干部交流和培养年轻干部的需要出发，对畜牧兽医局领导班子作了较大调整。大家非常熟悉的总经济师贾幼陵同志长期工作在畜牧兽医战线，任局长10年时间。这10年是我国畜牧业变化最大的十年，也是发展最快的十年。贾局长以其丰富的专业知识、勤奋敬业的工作作风和无私奉献的精神，团结带领局领导班子和全局同志，充分发挥全系统广大干部职工的作用，为我国畜牧事业的发展做出了重要贡献。我们这届班子到任时间不长，但深感责任重大。这里，我代表局领导班子向大家表个态，我们有信心、有决心，勇挑重担，恪尽职守，加倍努力，做好工作，决不辜负部党组和全国畜牧系统同志们的期望。第一，要加强学习。努力学好邓小平理论、“三个代表”重要思想和党的基本理论、基本路线、基本纲领、基本经验，学习国家的法律法规和各项方针政策；学好市场经济和畜牧、兽医、饲料、草原等各项专业知识，理论联系实际，以我们正在做的事情为中心，进行理论思考，发展创新，不断提高做好畜牧业工作的水平。第二，要改进方式。按照“完善政府经济调节、市场监管、社会管理和公共服务职能”的要求，坚持依法行政，不断改进领导方式和工作方法，努力为促进畜牧业发展创造良好的环境，为畜牧系统提供优质服务。第三，要转变作风。坚决贯彻执行党中央、国务院和部党组有关畜牧业发展的各项方针政策和决策部署，并认真抓好落实。树立科学的发展观和政绩观。坚持实事求是，说实话，办实事，求实效。深入基层，调查研究，发现新情况，解决新问题，在实践中总结经验，提出措施，指导工作。第四，要依靠群众。通过抓班子自身和干部队伍的思想政治和业务能力建设，形成团结协作、廉洁高效、与时俱进、开拓创新、求真务实、奋发有为的良好作风，增强畜牧系统的凝聚力、创造力和战斗力，充分调动发挥各方面积极性和创造性，努力把畜牧事业推向前进。

同志们，畜牧业的发展事关我国经济社会发展的全局。我们要深入贯彻党的十六大和十六届三中全会精神，认真落实中央农村工作会议和全国农业工作会议提出的各项要求，以“三个代表”重要思想为指导，坚持执政为民，以对党和人民高度负责的精神，努力开创畜牧业发展的新局面，为增加农民收入，繁荣农村经济，实现全面建设小康社会的宏伟目标，作出新的更大的贡献。

新年将至，我代表畜牧兽医局、全国饲料工作办公室新一届班子成员，向在座的各位领导和同志们，并通过大家向长期奋斗在畜牧战线的广大干部职工致以亲切的节日问候。祝大家新年愉快，身体健康，阖家幸福！

谢谢大家！

与时俱进 奋发进取 不断开创协会各项工作新的局面

——刘同占秘书长在中国饲料工业协会第四届理事会第二次全体会议上的工作报告

（2003年2月25日）

各位领导、各位理事：

2000年12月，协会在京召开了第四届理事会，选举产生了协会新一届领导机构。两年多来，协会在部党组、畜牧兽医局（全国饲料工作办公室）和协会第四届理事会的领导下，认真实践“三个代表”重要思想，进一步解放思想，转变观念，适应市场需求和入世需要，继续坚持“双向服务”的方针，以企业为本，努力强化行业管理，不断提高服务质量，扎扎实实地开展了大量工作，为确保新形势下饲料行业持续健康发展做出了新的贡献。下面我先向大会做工作报告。

一、两年来协会开展的主要工作

（一）积极配合政府部门制定和落实有关法律法规和方针政策。经过二十多年的改革与发展，我国饲料行业已经成为国民经济重要的基础产业。为促进饲料行业持续健康发展，温家宝副总理批示农业部会同有关部门针对饲料生产和管理中的问题制定一个指导性文件，经过大家的共同努力，2002年9月，国务院办公厅转发了农业部关于促进饲料业持续健康发展的若干意见，这是继1984年国务院颁布的《1984—2000年饲料工业发展纲要（试行草案）》之后的又一个指导我国饲料业持续健康发展的纲领性文件。协会自始至终积极配合全国饲料工作办公室参与文件的起草和协调，特别是白美清会长，亲自对文件进行认真修改，亲自出面协调有关部门。国务院办公厅通知要求2003年5月3日前各省（区、市）政府要将文件的贯彻落实情况报送国务院。协会积极协助全国饲料办起草了农业部关于贯彻落实促进饲料业持续健康发展若干意见的通知。新的《饲料和饲料添加剂管理条例》颁布后，协会积极参与了配套法规的制订和修订工作，在全国饲料办的统一安排下，先后组织专家对农业部23号令、24号令、37号令、38号令、105号公告，以及《动物性饲料管理办法》等进行起草和修订。

（二）协助政府部门切实加强饲料监管，确保饲料安全。

1. 注意加大了饲料安全宣传力度。

向全体会员发出了倡议。2001年初，国家加大了对假冒伪劣饲料产品的打击力度，曝光了极少数不法企业，销毁了一批伪劣产品。协会及时抓住机会，向全体会员发出了倡议。倡议全体会员带头在饲料生产和经营过程中，进一步提高对饲料安全工作重要性的认识，严格执行国家法律法规，严格执行饲料标准，坚决杜绝生产、经营假冒伪劣饲料产品，坚决杜绝在饲料产品中使用违禁药品，自我约束，相互监督，彻底根除饲料安全隐患，维护行业良好形象，确保人民身体健康，为饲料安全乃至食品安全做出更大的贡献。这是协会自成立以来首次向行业发出倡议，也是协会第四届理事会成立后的第一次重要举措，在社会上引起了强烈反响。

组织大中型饲料企业在全行业发起了《饲料安全新世纪宣言》。2001 年 3 月，农业部在京举办了饲料安全质量情况新闻发布会，中央电视台、中央人民广播电台、人民日报等首都各大新闻媒体的记者以及饲料办、饲料工业协会、部分饲料企业代表近 100 人出席了会议。新闻发布会上，齐景发副部长、协会白美清会长对如何搞好饲料安全工作发表了重要讲话，季之华巡视员通报了全国饲料产品质量抽查情况并对强制性标准《饲料中盐酸克伦特罗的测定》作了解释和说明。新闻发布会上，湖南唐人神集团等 35 家大中型饲料企业率先在全国发起了《饲料安全新世纪宣言》，就“进一步提高对饲料安全重要性的认识，严格执行《产品质量法》、《饲料和饲料添加剂管理条例》等国家法律法规；严格按照《饲料标签》、《饲料卫生标准》等有关饲料标准的要求组织饲料产品的生产和经营，坚决杜绝无标生产现象；不制假、不售假，绝不在饲料产品中使用违禁添加物，坚决与损害饲料安全的各种违法行为作斗争；严格生产过程控制，健全以安全、质量为核心的各项管理制度，确保产品质量；永远铭记顾客是上帝的服务宗旨，不断完善服务体系，确保服务质量。”等五项内容向全社会公开承诺，在全行业起了很好的带头作用。2002 年又有 21 家大中型饲料企业强烈要求加入到《饲料安全新世纪宣言》承诺单位行列，进一步扩大了该项活动在全行业和全社会的影响力。为使宣传变为行动，使承诺变为现实，在全国饲料工作办公室的领导下，在国家饲料质检中心、各地饲料办、饲料工业协会和质检机构的配合支持下，中国饲料工业协会组织力量对这 35 家饲料企业 2001 年度落实承诺的情况和 56 家饲料企业 2002 年度落实承诺的情况进行了监督检查。两年来，全部参与承诺的企业都恪守了自己的承诺并受到中国饲料工业协会的表彰，在全行业引起了强烈反映。

配合全国饲料办组织了人民日报饲料专刊。两年来，为做好全国人大和全国政协两会期间的饲料行业宣传工作，积极配合全国饲料办组织和策划了两期人民日报饲料安全专刊，白美清会长亲自为两期专刊撰写了《饲料安全刻不容缓》和《从根本上建立和健全饲料企业信用制度》的文章，而且通过努力，将《饲料安全新世纪宣言》和 56 家宣言发起企业的名单（包括受到表彰的 35 家企业名单）都在人民日报上得到了体现。中国饲料杂志和中国饲料工业信息网等行业宣传媒体，也以“行业的心声”、“社会呼唤饲料安全”等为主题，组织配发了大量的宣传文章。

2. 饲料标准制订修订工作取得阶段性成果。围绕饲料安全工程和适应加入 WTO 后与国际标准接轨的需要，积极争取资金支持，进一步加强了标准制订修订工作力度。目前，饲料行业已制订修订标准 265 项，已上报待批标准 24 项。2003 年又有 24 项标准被批准立项，其中国家标准 19 项，农业行业标准 5 项，被批准立项的标准大多为目前饲料生产和监督所急需的标准。协会和全国饲料工业标准化委员会筹集资金，集中优势力量，加快这些标准的制订修订进程。为加快标准审查速度，在总结多年工作经验的基础上，全国饲料工业标准化委员会提出了“关口前移”的工作思路，尽量使标准在提交年会审查前，重大技术问题在征求意见和标准预审阶段就得到妥善解决。2002 年在湖北宜昌召开的全国饲料工业标准化委员会年会，对 53 个标准进行了审查，是历年标委会审查标准最多的一年。为尽快适应入世后的饲料工业标准化工作需要构建了《饲料工业标准体系表》，组织召开了全国饲料安全和标准化工作研讨会，及时组织力量收集和翻译了国外相关的饲料法律法规和标准，加大了标准化工作与国际间的信息交流。

3. 积极组织了饲料添加剂和添加剂预混合饲料生产许可证的审核发放工作。受全国饲料办委托，协会负责组织饲料添加剂和添加剂预混合饲料生产许可证的审核发放工作。为加快生产许可证的审核发放速度，协会及时总结以往审核发放工作经验，针对审核过程中存在的主要问题，在多方听取意见的基础上，明确界定了上报材料受理时间、审核时间和意见反馈时间。为确保审核结果的科学性、权威性，对一些专业性较强的产品特邀熟悉本专业的专家参与审核。为有效指导各地生产许可证的实地审核工作，编辑出版了《饲料生产许可证申请指南》。截止到 2002 年底，全国共批准发放预混合饲料生产许可证 2692 个、饲料添加剂生产许可证 1022 个。较好地完成了全国饲料办委托的任务。

4. 行业质量咨询和质量认证工作有新的进展。尽管面临着激烈的市场竞争，但通过紧紧依靠地方协会和地方饲料办，加上为企业开展的优质服务，行业质量咨询工作开展得有声有色，饲料企业特别是大中型饲料企业越来越意识到了质量体系认证的重要性。协会质量认证中心的筹备也进入到了实质性阶段，有关材料正在报批之中。HACCP 管理（危险分析和关键点控制）是饲料行政管理部门进行饲料生产安全监管的重要手段。在认真抓好体系认证的同时，协会配合全国饲料办在行业内推行 HACCP 管理的前期准备工作。2002 年 4 月，与加拿大农业咨询公司举办了首期饲料行业 HACCP 培训班，10 月份，组团赴加拿大进行了为期 3 周的 HACCP 管理考察与培训，在标准制订修订方面，也加大了这一方面的经费支持力度，为 2004 年在行业内开展 HACCP 管理试点奠定了基础。

5. 行业统计工作更加规范化、标准化。在认真做好2001年和2002年饲料行业统计工作的同时，协助全国饲料办完成了《中国饲料工业统计》在国家统计局的备案工作，初步建立了统计网络。筛选、确定了定点跟踪饲料企业200多家，并对定点跟踪企业的统计人员进行了培训。

(三) 大力推进行业科技进步，努力提高行业从业人员素质。

1. 以饲料行业“丰收计划”为龙头，注重用高新技术和实用技术改造传统的饲料业。饲料行业“丰收计划”起步较晚，经过大家共同努力，1999年和2000年两年，饲料行业共组织实施了20项“丰收计划”项目，共投入资金3 747.3万元，其中国家投入资金578.6万元，地方配套资金188.7万元，农民和企业自筹资金2 480万元，项目区共推广配合饲料24万t，浓缩饲料1.05万t，印发资料80万份，培训人员40万人次，新增产值5.2亿元，有力地推动了饲料工业科技进步工作向更高、更深层次发展。2001年协会配合部“丰收计划”办公室，组织力量编写了《农业部“十五”重点推广50项技术》中的饲料行业部分，明确了“十五”期间行业需推广的重点技术。2001年落实饲料行业“丰收计划”项目6个，争取国家投入项目资金180万元。协会近几年始终致力于新技术的引进工作，1997年立项的“开发饼粕类饲料资源膨化技术”已经顺利通过了农业部组织的验收，2002年协会继续组织了“转基因饲料安全性评价技术”的引进项目申报工作。

2. 组织召开了全国饲料行业科技进步经验交流会。2002年11月份，协会在成都召开了全国饲料行业科技进步经验交流会，这是继1991年之后，饲料行业在科技进步方面召开的又一次重要会议。会议全面总结了我国饲料行业科技进步工作的成绩和经验，表彰了为饲料行业科技进步做出突出贡献的先进集体和先进个人。会议以党的十六大精神为统帅，紧密结合饲料行业新形势下的发展特点，提出了饲料行业要以科技进步为主线，走新型工业化道路的重要思路，并就下一阶段的饲料行业科技进步工作进行了部署，这次会议主题突出，指导思想明确，任务目标清晰，是行业科技进步工作一次团结的大会，催人奋进的大会。

3. 饲料行业职业技能鉴定工作取得了很大进展。制定了“饲料检验化验员”等四个饲料行业国家职业标准，编制了“饲料检验化验员”职业技能鉴定试题库；加强职业技能鉴定组织建设，全国绝大多数省（区、市）都建立了职业技能鉴定站，两年来举办了2期职业技能鉴定考评员和督导员培训班，230人获得了相应的资格证书；大力推动就业准入制度的实施，两年来共有5 873人获得国家职业资格证书。

(四) 以企业为本，不断提高服务质量和水平。

1. 行业宣传和信息工作继续加强。《中国饲料》杂志继续发挥了行业宣传喉舌的作用，在认真办好每年24期杂志的同时，团结国内行业媒体，积极组织宣传行业和协会重大事件和重大活动。如国务院办公厅转发了农业部关于促进饲料行业持续健康发展的若干意见后，《中国饲料》杂志以华思言的名义，连续撰写了“指导饲料业持续健康发展的重要文件”等评论性文件，为全行业贯彻落实文件精神起到了很好的舆论宣传作用。2002年是协会的组织建设年，《中国饲料》以整页的篇幅，头条的位置报道了河南、广东、北京、辽宁、湖南、江西等省协会组织建设方面的工作经验，促进了地方协会的建设和发展。为使更多的饲料企业了解什么是世界贸易组织，加入世界贸易组织有什么利弊，从而进一步提高全行业对加入世界贸易组织的认识，《中国饲料》开辟了走进WTO专栏，同时编辑出版了《饲料工业与WTO》一书。

2. 中国饲料工业信息网全年上网人数超过了100万人。在进一步增强网络服务内容的同时，与农业部信息中心、国家粮油信息中心、大连期货交易所、新华社、中国农业科学院文献中心、世界鱼粉协会、美国大豆协会等建立了广泛的信息合作与交流，在英国建立了信息部，并于2002年11月开通了信息网的英文网站，进一步增强了行业信息的国际交流功能。信息网刊《饲料广角》杂志也进一步提高了可读性、综合性和实用性，获得了由中国期刊协会农业期刊分会举办的第三届全国优秀农业期刊奖。

3. 成功举办了2001中国畜牧业暨饲料工业交易会和第七届全国饲料添加剂交流会。2001中国畜牧业暨饲料工业交易会由农业部畜牧兽医局（全国饲料办）主办，全国畜牧兽医总站和中国饲料工业协会共同承办，饲料工业展区由中国饲料工业协会独立组织。由于协会突出了为企业服务的办展指导思想，加上大家齐心协力，整个交易会饲料工业展区筹展充分，组织有力，与会领导和代表对本届交易会饲料工业展区的一致评价是：一是规模大。本届交易会畜牧和饲料参展企业共889家，展位数1 179个。饲料企业参展参会积极性空前高涨，此外，本届交易会还吸引了包括美国、德国、法国、荷兰、意大利、挪威、泰国和韩国等国家和地区的15家饲料企业参展，交易会期间参观人次达到6万人次以上，使本届交易会饲料工业展区成为1996年首届饲料工业博览会后饲料工业领域的又一次盛会。二是水平高。协会把搞好本届交易会饲料工业展区定位在国际水准上。严把参展质量关，统一策划，把声光电引入展区布局之中，确保了展区内的整体展览效果。由于制作精心，设计新颖，整个饲料工业展区呈现出一片朝气蓬勃的景象。除了组织饲料科研、教学、开发单位和饲料企业进行专题技术讲座外，还针对大家普遍感兴趣的热点问题邀请了我国饲料行业知名专家、中国工程院院士张子仪教授，欧盟技术委员会前副主席M. 万培拉博士，就饲料科技、饲料质量与安全、饲料产品进出口和加入WTO对我国饲料工业的影响等进行专题报告。在整个交易会期间，饲料工业展区共安排了28场次专题报告和技术讲座，场场效果良好，无一场次出现冷场。三是人气旺。开幕式当天，整个星海会展中心人山人海，据保守统计，交易会期间参观总人数达6万人次以上。四是收效好。本届交易会饲料工业展区，基本做到了四个满意，即领导满意、各省满意、企业满意和外宾满意。泰国对外经贸部要了3个展位，他们基本上是抱着试试看的心态来参展，没想到参展第一天，他们带的资料和样品就被分发一空，如此壮观的场面他们连想都没有想到，直后悔带来的资料太少，准备不充分。国际饲料工业联合会秘书长罗杰先生参观展览后，不仅感到会议办得非常成功，而且通过此次活动，更加认识到了中国饲料工业规模很大，发展很快，认为国际饲料工业联合会非常需要中国的加入。2002年9月份，协会在青岛召开的第七届全国饲料添加剂交流会设置展位近300个，征集论文100多篇，无论是组织水平，还是产品展示水平、学术交流水平等都大大好于以往六届，已经真正成为饲料添加剂领域的一次盛会。白美清会长、张延喜、谭竹洲副会长都亲自参加了会议并对会议给予高度评价。

4. 开展行业最具实力的品牌调研和百强企业评价活动。为配合协会“帮助饲料企业做强做大”的工作思路，开展了全国饲料行业百强企业评价活动，以推出一批具有示范效应的强势企业，带动我国饲料工业行业整体水平的提高。活动共收到全国27个省（区、市、计划单列市）上报的近140个企业的申请材料，协会组织专家围绕企业2001年财务指标、商标注册登记、产品质量抽捡、生产许可证获证情况，以及企业质量管理体系建设等五个方面进行了评审，年底公布了结果。

为加快实施名牌战略，积极应对“入世”挑战，配合中国工业经济联合会的名牌培育工作，开展了全国饲料行业最具实力品牌调研活动。《全国饲料行业最具实力品牌调研提纲》发出后，收到湖南、广东等12个省级饲料工业协会，湖南正虹科技发展股份有限公司，湖南唐人神集团股份有限公司等70余个饲料企业问卷反馈，从各自的立场阐述了对开展名牌推荐工作的观点。从反馈意见看，大家对此项工作的重要性给予了充分肯定。根据饲料行业最具实力品牌调研活动的反馈意见，协会起草了《全国饲料行业名牌产品管理办法》和《中国饲料行业名牌产品评价委员会章程》，目前，正在广泛征求意见中。

5. 加快步伐，帮助饲料企业做大做强。为进一步深化饲料企业改革，引导和推动大型饲料企业从自身优势出发，站在战略的高度，按照现代企业制度的要求，逐步做强做大，向集团化和国际化进军，协会印发了《中国饲料工业协会联系大型饲料企业暂行办法》，联系了55家大型饲料企业。2002年12月，协会在广州市召开了大型饲料企业联系成员座谈会。白美清会长亲自到会并作了重要讲话。会议期间，与会代表共同探讨了新形势下重点扶持大型饲料企业发展的工作思路，酝酿成立了大型饲料企业联谊会，选举产生了大型饲料企业联谊会主席团，审议通过了大型饲料企业联谊会章程（试行）（讨论稿），这是新形势下饲料行业贯彻党的十六大精神，加快步伐，引导饲料企业做强做大的一次重要会议。

6. 积极参与外经贸部组织的赖氨酸反倾销立案调查活动。自2001年6月，外经贸部公布对赖氨酸进行反倾销立案调查以来，协会在全国饲料办的领导下，本着“认真学习，积累经验，主动参与，客观公正”的态度积极参与了该项活动。针对赖氨酸反倾销立案调查后对我国饲料行业产生的影响，向国家经贸委报送了有关材料，积极参加国家经贸委、外经贸委组织的座谈会和听证会，陪同国家经贸委对饲料企业实地调研，认真听取提出赖氨酸反倾销立案调查的企业意见，基本维护了饲料行业的整体利益。

（五）积极参与国际事务，加强了国际合作与交流。

1. 国务院已批准我协会正式加入国际饲料工业联合会。为适应经济全球化和科技高新化两大趋势，中国饲料工业协会和饲料企业必须走出去，大显身手。国际饲料工业联合会是一个国际性的饲料行业组织，尽管是民间性的，但由于其在联合国食品法典委员会中属于非政府组织会员，处于观察员地位，因此，有资格参加各个特别工作组的会议和活动，并发表意见。在良好动物饲养规范特别工作组中，国际饲料工业联合会就是一个积极的参与者，参加了第一小组的草案起草工作。如果中国饲料工业协会能够加入到该组织中，不仅可以通过该组织向联合国食品法典委员会转达我国的要求，而且，目前还能暂时以非政府组织的身份参加特别工作组的会议，直接参与有关草案的制定工作。经过多年的努力，2002年7月，温家宝副总理圈阅同意中国饲料工业协会加入国际饲料工业联合会。

2. 进一步加强了与各国饲料工业组织的联系与协作。在2002年与加拿大饲料行业协会签署合作谅解备忘录的基础上，2003年又与美国饲料工业协会和越南饲料工业协会签署了合作谅解备忘录，与欧洲饲料工业协会就建立友好合作关系也达成了口头协议，友好合作备忘录正在抓紧起草之中。

3. 成功举办了2001中国国际饲料工业新技术研讨会。中国加入WTO，将给国内饲料企业带来许多机遇和挑战，为给国内外饲料企业创造一个有利于高新技术合作与交流的发展环境，促进饲料企业之间在竞争中加强合作，积极利用高新科技成果改造传统产业，扩大贸易和投资，提高企业核心竞争力，11月底，协会在京举办了2001中国国际饲料工业新技术研讨会，会议研讨内容丰富，学术水平较高，十多位国内外知名专家在会上作了专题报告，很多报告内容如协会副会长张子仪院士所做的《试论改革我国数量型畜牧业中的若干技术路线问题》等，对企业在新形势下如何更好地适应市场，把握机遇，加强新产品开发，提高产品质量和经营管理水平等有很好的借鉴和指导作用，中外企业代表很感兴趣，有近200位国内外代表参加了研讨。

(六）共同搞好协会建设，提升协会在行业内外的影响力。

1. 组织召开了全国饲料工业协会秘书长工作会议。行业协会工作是行业管理的重要组成部分，切实加强地方协会建设是当前摆在我们面前的一项重要而又紧迫的任务。为总结交流各地协会在工作中取得的成就与经验，共同探讨如何在新形势下切实加强地方协会建设和开创性地搞好协会各项工作，依据《中国饲料工业协会章程》的有关规定，2001年10月，协会在河南洛阳市召开了全国饲料工业协会秘书长工作会议，会议中心议题是新形势下的协会建设问题。除各省（区、市、计划单列市）饲料工业协会主要负责人参加外，各省饲料办负责人也应邀参加了会议。白美清会长围绕“充分认识我国饲料工业面临的形势和发展的特点，坚定前进的信心”、“认真学习江总书记‘七一’讲话，明确加快饲料工业发展的指导思想”、“坚持不懈地抓好饲料安全问题，共同规范企业生产经营行为”、“切实加强协会自身建设，努力提高服务水平”四大主题做了《加强组织建设，改进工作作风，在新形势下开创协会工作新局面》的工作报告。河南、辽宁、广东、陕西、湖南、四川、青岛等省市在会上作了经验介绍，与会代表一致认为这次会议开得很及时，很重要，集中精力研究、探讨如何加强地方饲料工业协会建设的主题很突出，各省介绍的经验很有借鉴意义，白美清会长的讲话既有高度，又有深度，很符合当前地方协会的实际情况，具有很强的指导性。为力争短期内使地方协会的建设工作迈上一个新的台阶奠定了基础。

2. 温家宝副总理对白美清会长上报的材料给予了重要批示。2002年5月，白美清会长在认真调查研究的基础上，向中农办段应碧副主任报送了《协会是推动我国饲料行业健康发展的重要力量》一文，段应碧副主任批示：“请家宝同志参阅，这个协会办得较好”，温副总理6月3日批示“农产品行业协会，是行业自律性组织，是政府联系农民和企业的桥梁。办好协会，对于转变政府职能，完善农业社会化服务体系，应对几个挑战，提高我国农产品的竞争力，都具有重要的作用。协会问题涉及面广，情况较为复杂，请中农办牵头，会同农业、经贸、供销等部门组织力量进行调研，摸清情况，总结经验，提出政策建议”。对温家宝副总理的批示，协会及时向各地和广大会员进行了印发。

3. 在2002年8月国家经贸委和中国饲料工业经济联合会召开的全国经贸委主任和行业协会负责人工作会上，我协会在会上作了经验介绍。这是对我协会工作的充分肯定和鼓励。

4. 地方协会“组织建设年”取得初步成效。加强地方协会建设是中国饲料工业协会第四届理事会确定的一项重要工作。2001年10月在洛阳召开的饲料工业协会秘书长工作会议，将2002年定为地方协会“组织建设年”。一年来，白美清会长、张延喜、谭竹洲两位副会长亲自带领协会工作人员与地方协会同志一起做工作。尤其是白美清会长，不顾年事已高和工作繁忙，亲自深入云南、贵州等边缘省份调研情况，和地方协会同志一起做省里工作。从一年来的总体情况看，已经取得了初步成效，大多数省级协会都进行了换届，人员、队伍基本得到了落实。

5. 切实加强了协会自身建设。两年来，协会自身着重在工作制度、改善工作条件、增强服务手段、提高干部职工素质等方面苦练内功，进一步提高了协会的战斗力和凝聚力。协会还围绕庆祝建党80周年，在河北省饲料办、饲料工业协会的协助下，到河北省易县安格庄乡组织了送科技下乡和捐资助学活动。共向当地养殖户赠送技术资料1200多份，协会和北京伟嘉集团的技术人员进行了现场答疑，答疑现场非常热烈，农民群众争抢资料和提出问题，希望协会今后多举办几次这样的科技下乡活动。在送科技下乡的同时，协会又向南头小学赠送了价值1万多元的学习用具和价值3万多元的4台电脑、1台打印机等教学设备，还赠送了职工捐助的1万元现金。此次活动，不仅帮助了革命老区的贫困学生，更重要的是对协会全体干部职工进行了一次革命传统教育和爱国主义思想教育，进一步提高了协会为行业、为企业搞好服务的自觉性。

二、努力开创今明两年工作新局面

各位理事，我国饲料工业是全行业的事业，协会所取得的成绩也是政府部门的有力领导和各地饲料办、饲料工业协会和广大会员共同努力奋斗的结果。过去的几年，我国饲料行业取得了可喜的成绩，但是我们应当清醒地看到，今、明两年，我们的工作仍然面临着严峻的挑战，饲料安全还须常抓不懈，企业规模小，产业化程度低，缺乏市场竞争优势，协会自身也面临着改革与发展的问题等，协会将继续在政府部门和第四届理事会的有力领导下，紧紧依靠各地饲料工业协会和广大会员，以“三个代表”重要思想为指导，进一步解放思想，开拓创新，认清形势，明确任务，真抓实干，奋发进取，在做好各项管理和服务工作的基础上，重点抓好以下几方面工作：

1. 加大调查研究力度，以行业发展战略、饲料行业结构调整、促进西部地区饲料业发展、扶持大型饲料企业等为重点课题，组织力量进行调研并提出政策建议。

2. 贯彻落实洛阳会议和成都会议精神，在继续协助地方协会开展好“组织建设年”活动的同时，大力推动行业科技进步工作。

3. 大力实施饲料行业名牌战略。在前期工作基础上，抓紧出台名牌饲料产品管理办法，使该项工作逐步规范化。

4. 继续按照标准体系表的要求和轻重缓急的原则，加大标准的制订修订力度。

5. 继续积极参与国际事务，加强国际合作与交流。

6. 组织开展 HACCP 管理试点，继续抓好行业质量咨询和质量认证工作。

7. 切实加强行业媒体建设和信息网络体系建设。

8. 切实加强对企业改革的指导工作，积极协助企业做强做大，办好 2003 年中国畜牧业暨饲料工业交易会。

以上报告，请各位理事审议。

饲料行业组织机构

全国各省、区、市、计划单列市饲料工业（工作）办公室组织机构一览表

单位	主任	副主任	编制	级别	成立时间	性质	经费来源	隶属关系	隶属关系变更及时间	办公地址	联系人	电话 传真	邮编
北京市农委养殖业管理处	赵玉荣（负责人）	侯书江			2000.6	行政		市农村工作委员会	2000.6	北京市东城区台基厂大街3号	张志清	（010）63088536 63088766（F）	100743
天津市饲料工业办公室	李如茂		2	处级	1989.3	行政	财政	市农委		天津市河西区黑牛城道新世纪城23增1号	孙宪	（022）88290636 88290636（F）	300061
河北省饲料工作办公室	李建国	赵吉祥 师校军	9	处级	1995.7	具有行政职能事业单位	财政拨款	省畜牧局		石家庄市翟营大街385号	郭丽鲜	（0311）5888215 5885036（F）	050031
山西省饲料工业办公室	李广	吕世秀		处级	1991.5	行政		省农业厅	1995.6与省农业厅畜牧兽医局合属	太原市迎泽大街312号	张艳媚	（0351）4129732 4129732（F）	030001
内蒙古饲料工作办公室	牧远（兼）	宗玉德（兼）		处级	2000.5	行政		省畜牧业厅草原处	2000.5.10由区经委划归区畜牧业厅草原处	呼和浩特市兴安南路216号	宗玉德	（0471）6262721 6262727（F）	010010
辽宁省饲料工作办公室	邵传明	张玉文	5	正处	1983.6	行政	财政拨款	省动物卫生监督管理局	1990年前在省经委，1990年后在农村工作办，2004.5在省动物卫生监督管理局	沈阳市和平区南四座街2号	孟亚环	（024）23448299 23448298（F）	110001
吉林省饲料工作办公室	丁日新	无	4	处级	2000.9	行政	财政拨款	省牧业管理局	2000.9	长春市人民大街1486号	王英	（0431）2713664 2711639（F）	130051

（续）

单位	主任	副主任	编制	级别	成立时间	性质	经费来源	隶属关系	隶属关系变更及时间	办公地址	联系人	电话 传真	邮编
黑龙江饲料工业办公室	张永亮	朱良坤 时胜远	5	处级	1986.3	行政	省财政	省畜牧局	2000.6 由省农委到省畜牧局	哈尔滨市文府街 4—1号	张永亮	（0451）82625668 82627420（F）	150040
上海市饲料工作办公室	赵子琴	陶振华	2	处级	1986	行政	财政拨款	市农委	2001.1.1 从市商到市农委	上海市幸福路 42 号福苑大厦七楼	何麒麟	（021）62948497 62948497（F）	200052
江苏省饲料站	宋晓春	严建刚	8	处级	2000.10	事业	全额拨款	省农业厅	2000.10 月由省农业厅到省农林厅	南京市龙江小区农林大厦	朱丽英	（025）86263914 86222651（F）	210036
浙江省饲料工作办公室	张火法	范克强	与畜牧管理局合署	处级	2000.9	行政	省财政	省畜牧局	2000.9 归属省农业厅，2004.3 归省畜牧局	杭州市凤起东路 29 号	葛莉莉	（0571）86944562 86041245（F）	310020
安徽省饲料工作办公室	董卫星	沈华理	8	正处	1982	行政	省财政	省农业厅	1995 年前属省粮食局，1996 年底属省农业厅	合肥市美菱大道 421 号	王明辉	（0551）2610214	230001
福建省饲料工作办公室	兰坪亮		3	正处	1996.5.9	行政	财 政	省农业厅	2000.12 月底属省农业厅	福州市鼓屏路 183 号省农业厅内	陈贵英	（0591）87851058 87832712（F）	350003
江西省饲料工作办公室	黄峰岩（局长）	王光明	7	正处	1986	行政	财政拨款	省农业厅	2002.2 由省计委划归到省农业厅主管	南昌市省农业厅内	王光明	（0791）6239193 6211476（F）	330046
山东省畜牧办公室饲料处	杜明宏（处长）		5	处级	1996.4	事业	行政财政	省畜牧办		济南市槐村街 68 号	王 文	（0531）7198095 7198095（F）	250022
河南省饲料工业办公室	李水彦	赵华峰 张 雄	4	处级	1995.10	行政	财政拨款	省畜牧局	1993 年从省计委转畜牧局	郑州市经五路 23 号	李灵平	（0371）5955122 5942972（F）	450002
湖北省饲料工作办公室	田国敏	王 渝	3	正处	1985.5	行政	财政拨款	省农业厅	1995.12 从省经委到省农业厅	武汉市武昌区武珞路 519 号	易俊东	（027）87876982 87870641（F）	430070
湖南省饲料工业办公室	徐成进	夏铁羽 赵明 杨建武 文山彪	15	正处	1985.10	行政性事业单位	全额拨款	省畜牧局	2003 年从省计委变更到省畜牧局	长沙市韶山路 112 号	杨建武	（0731）4445743 4426940（F）	410011

（续）

单　　位	主任	副主任	编制	级别	成立时间	性质	经费来源	隶属关系	隶属关系变更及时间	办公地址	联系人	电话　传真	邮编
广东省饲料工作办公室	蔡树淦	屈源泉	3	正处	2000.8	行政	财政拨款	省农业厅	2000.8 从贸易委员会到省农业厅	广州市先烈东路 135 号	蔡树淦	(020)37288289 37288294(F)	510500
海南省饲料工作办公室	张绍君		2	正处	1992	行政	财政拨款	省农业厅		海口市海府路 59 号省府大楼 1103 室	莫正群	(0898)65343654 65338096(F)	570204
广西区饲料工业办公室	陈荣贵	王强		厅级	2000.4	行政	财政拨款	区人民政府		南宁市七星路 135 号	梁纪豪	(0771)2808395 2800023(F)	530022
四川省饲料工业办公室	唐宗长 (副厅长兼)	李 淳	4	副厅级	1987	行政	财政拨款	省畜牧食品局	1995 年变更到省畜牧食品局	成都市武侯祠大街 3 号	李宗明	(028)85545641 85580420 85582713(F)	610041
重庆市饲料工业办公室	何学良 (处长)	雷一也 (副处)	7	处级	1986.8	行政	财政拨款	市农业局	1997 年由市农委划归市农业局	重庆市渝中区人民路 238—2 号	何学良	(023)89016183 89016185(F)	400015
贵州省饲料工作办公室		向安霞	5	处级	1991	行政	财政拨款	省畜牧局 (副厅级)	1996 年从省经贸委变更到省畜牧局	贵州省贵阳市延安中路 62 号	廖云华	(0851)5286424 5283673(F)	550001
云南省饲料工作办公室	杨志民 (副厅长)	张泽军	5	副厅级	2000.10	行政	财政拨款	省农业厅		昆明市穿金路 156 号(齐宝酒店 8 楼)	王文惠	(0871)5635180 5611600(F)	650225
陕西省饲料工业办公室	赵辉文	王清喜 杨帆 高宗耀	15	处级	1986	事业	全额拨款	省农业厅		西安市习武园 27 号	刘冬霞	(029)87343729 87345876(F)	710003

（续）

单　位	主任	副主任	编制	级别	成立时间	性质	经费来源	隶属关系	隶属关系变更及时间	办公地址	联系人	电话　传真	邮编
甘肃省饲料工业办公室	刘央先	何其健	6	正处	1996.6	事业单位行政职能	财政拨款	省农牧厅	1989 年前归省计委,1989 年后改挂省畜牧厅	兰州市秦安路1号	何其健	(0931)8823911—2213/2359 8838380(F)	730030
青海省饲料工作办公室	白凤奎	王贵林	2	处级	19987.5	行政	财政拨款	省畜牧厅	1995.5 由省经贸委挂靠省畜牧厅，2003.5 挂靠在省农牧厅	西宁市交通巷4号	王贵林	(0971)6136031 6102929(F)	810008
宁夏区饲料工业办公室	陈松华	姚伯平	5	处级	1986	行政	财政拨款	区农牧厅	2000 年由区畜牧局划归区农牧厅	银川市解放西街 228 号	高新雯	(0951)5065241 5065951(F)	750001
新疆区饲料工业领导小组办公室	聂 新	熊斌	5	处级	1989	行政	财政拨款	区畜牧厅	1992 年改为新疆区饲料工业领导小组办公室	乌鲁木齐市新华南路 23 号	刘君健	(0991)8567730 8567160(F)	830001
青岛市饲料工业办公室	苏建宪		5	处级	1990.8	事业	财政拨款	市畜牧服务中心	2001.5.11 主管部门由经委变更市畜牧服务中心	青岛市市南区栖霞路 9 号青岛四方机厂疗养院内	苏建宪	(0532)2867176 2888803(F)	266003
大连市饲料工作办公室	袁玉国	刘成芳	5	处级	2001.12	行政	财政拨款	农村经济发展局	2001.12 前属市计委	大连市西岗区新开路 87 号	张蓉	(0411)83689265 83689283(F)	116011
深圳市饲料管理办公室			4	处级	2001.11	行政	财政全额	市农林渔业局畜牧处	2001.11	深圳市上步中路 8 号市府夺办三楼 340 室	廖敬扬	(0755)82001951 82104719(F)	518006
厦门市饲料工业领导小组办公室	蒋重胜			正处	1999			市计委	2003 年初归市农业局畜牧兽医处	厦门市莲前西路 115 号	蒋重胜	(0592)5199425 82001951 8263160 (F)	361009

（马莹）

各省、自治区、直辖市饲料工业协会组织建设机构一览表

省别	会长	秘书长	编制	经费来源	成立时间	换届时间	会员(团体/个人)	隶属关系	办公地址	联系人	电话	传真	邮编	E-mail
北京市	牛树琦	潘明	8	部分财政拨款	1986.2	2002.4	210/0	市农村工作委员会	北京市宣武区南莱园49号	潘明	(010)63543914 63518890	(010)63519154	100054	bjslsh@bjslxh.com
天津市	朱连康	李如茂	无	会费	1991.12	1997	121/51	市农委	天津市河西区黑牛城道新世纪23层1号	孙宪	(022)88290636	(022)88290636	300061	tjfeed@eyou.com
河北省	李建国	白亮亮	12	自收自支	1996.1	2000.10	130/0	省畜牧局	石家庄翟营大街385号	侯玉漂	(0311)5888039	(0311)5888039	050031	siliao@slkj.net
山西省		吕世秀	无	无	1997.4	未换届	46/120	农业厅畜牧兽医局	太原市迎泽大街312号	张艳娟	(0351)4129732	(0351)4129732	030001	sxslb.zym8888@163.com
内蒙古	刘永志	宗玉德		会费	1986.11	2001.9	65/144	区农牧业厅	呼和浩特市兴安南路216号	宗玉德	(0471)6262721 13904714880	(0471)6262727	010010	nmgslb@nmagri.gov.cn
辽宁省	刘志民	张建勋	5	财政	1986.10	2002.5	150/142	省兽药饲料监察所	沈阳市沈河区小南街281号	于淑坤	(024)24144732	(024)24153912	110016	lnslfwz@pub.ln.cninfo.net
吉林省	王秀林	丁日新		会费	1991.1	2001.10	68/55	省牧业管理局	长春市人民大街1486号	杜 红	(0431)8910154	(0431)8910154	130051	
黑龙江	赵羽	张永亮		自筹	1986.8	1993.4	400/0	省畜牧局	哈尔滨市动力区文府街4-1号	张永亮	(0451)82627420 82625668	(0451)82627420	150040	
上海市	郑家树	凤懋熙(主持工作)	无	会费	1985	2003.7	190/0	市农委	上海市常德路1265号712室	凤懋熙	(021)62274380 13501981078	(021)62980334	200060	sfta@sfta.org.cn
江苏省	王春喜	宋晓春	无	无	1985	2003.3	150/108	省农林厅	南京市龙江小区农林大厦月光广场8号	严建刚	(025)86263915 13951974973	(025)86222651	210036	yjg@jsagri.gov.cn
浙江省	沈利明	赵国源	无	会费	1999.11	2002.6	150/0	省农业厅	杭州市御云路111号	唐国燕	(0571)86496189 13857152902(赵)	(0571)86496779	310021	yguoh@msn.com
安徽省	张峰生	董卫星	无	会费	1990.9	无	163/320	省农委	合肥市美菱大道421号	季学枫	(0551)2618130 13956934063	(0551)2658642	230001	wmhse@163.com
福建省	叶恩发	林溪东	无	会费	1994.1	2004.3	80/97	省经社联	福州市鼓屏路183号省农业厅内	李付凤	(0591)87859740	(0591)87859740	350003	fjfeed@163.com
江西省	张忠平	兰永清		自筹	1983.3	2002.8	33/21	省农业厅	南昌市省农业厅内	王光明	(0791)6239193	(0791)6211476	330046	nytsmj@jiangxi.gov.cn
山东省	李庄园	程显荣	无	无	1985.12	1995.1	70/0	省经贸委	济南市文化西路41号3层	李相树	(0531)6014104 6916884	(0531)6014104	250011	sdfia888@163.com

（续）

省别	会长	秘书长	编制	经费来源	成立时间	换届时间	会员(团体/个人)	隶属关系	办公地址	联系人	电话	传真	邮编	E-mail
河南省	谢振生	李水彦	无	企业捐助会费	1996.10	2001.12	145/60	省畜牧局	郑州市经五路23号	李水彦	(0371)5800855	(0371)5942972	450002	llp2082@163.com
湖北省	陈白槐	罗先奎	2	事业费会费	1985.10	2003.3	271/0	省农业厅	武汉市武昌区武珞路519号	彭安强	(027)87876982	(027)87870641	430070	hb-wh-har@263.net
湖南省	徐成进	夏铁羽	与办合署办公	自筹	1985.10	1996.6	210/0	省畜牧局	长沙市韶山北路84号	夏铁羽	(0731)4445743 13974977779	(0731)4426940	410011	hnsiliao@vit.sina.com
广东省	郭仁东	屈源泉	无	会费	1990.7	2002.3	300/0	省农业厅	广州市先烈东路135号	曲源泉	(020)37288290 37288820	(020)37288723	510500	
海南省	周耀权	张绍君	无	会费	1998.6	未换届	32/157	省农业厅	海口市海府路59号省府大楼1103室	莫正群	(0898)65338096 13198996389(张)	(0898)65338096	570204	mzq123456789@sohu.com
广西区	罗广烈	王强		会费	1986.6	1995	156/0	区饲料办	西宁市七星路135号	梁纪豪	(0771) 2808395 13507712618	(0771) 2800023	530022	liangjh63@163.com
四川省	冯元蔚	李淳	无	会费	1987.9	2002.12	140/202	省畜牧食品局	成都市武候祠大街3号	周朝华	(028) 85545641 13658055004	(028) 85580420	610041	slclzm@sohu.com
重庆市	廖祯华	范俊昭	无	无	1986.8	1992.7	41/150	市农业局	重庆市渝中区人民路238—2号	雷一也	(023) 89016183 13320354038	(023) 89016185 89016192	400015	cqbdtdr@163.com
贵州省		罗次毕	6	无	1991	2003.10	120/0	省饲草饲料工作站	贵阳市延安中路62号	赵丽芬	(0851) 5283634(罗)	(0851) 5286719	550001	liaoyunhua@sina.com
云南省	杨志民	王天喜	无	会费	1987.1	2002.6	150/0	省农业厅	昆明市穿金路156号齐宝酒店八楼	丁永华 王文惠	(0871) 5635180 5616557	(0871) 5611600	650225	lwhy@sina.com
陕西省	王双锡(副省长)	杨旭	无	无	1989.11	未换届		省农业厅	西安市习武园27号	陈亦兵 刘冬霞	(029) 87343729 87321764	(029) 87345876	710003	sxsslbldx@163.com
甘肃省	张月安	张华炽	无		1992.1	未换届	33/320	省农牧厅	兰州市秦安路1号	何其健	(0931) 8838380 8823911-2213	(0931) 8838380	730030	gssl@vip.163.com
青海省	申忠玉(厅长)	白凤奎	无	自筹	1987.5	2003.11	60/96	省农牧厅	西宁市大通路60号	唐国胜	(0971) 6136031 13139060266	(0971) 6102929	810003	tangguosheng0336@tom.com
宁夏区	李春贵(已退休)	张怀信(已退休)		会费	1986.11	1994.3	49/87	区农牧厅	银川市解放西街228号	郑辉	(0951) 5065241	(0951) 5065951	750001	
新疆区	吐尔逊吾宋尔	聂新		集资	1992.3	未换届	55/92	畜牧厅饲料办	乌鲁木齐市新华南路23号	刘君健	(0991) 8567730	(0991) 8567160	830001	xjslbljj@163.com
青岛市	张成堂	苏建宪	5	自收自支	1990.11	2001.3	126/92	市畜牧服务中心	青岛市栖霞路9号（四方机厂疗养中心内）	苏建宪	(0532) 2867176 13706346222	(0532) 2888803	266003	qingdaofeed@163169.net
厦门市	蔡万惠	蔡万惠		会费	2000.12	未换届	40/0	市农业局	厦门市开元区槟榔西里148号B座16楼	高翠红 马雄英	(0592) 5031918 5062631	(0592) 5062631	361004	gch3@163.com

（余　昕）

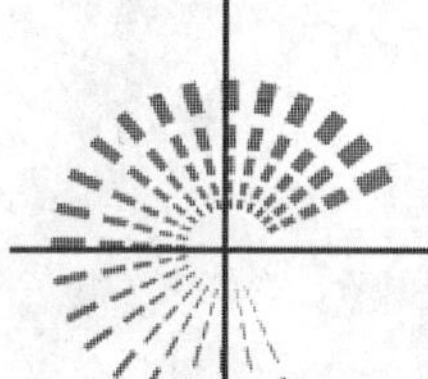

专 题 篇

饲料加工工业概况

2003年对于我国饲料工业来说是最不平常的一年，一年内受到三大冲击，一是SARS疫情的突然暴发，二是饲料原料市场的剧烈震荡及阶段性价格暴涨，三是国际贸易中的技术壁垒，使我国饲料工业的发展遇到了前所未有的困难。饲料企业经济效益大幅下滑甚至严重亏损，饲料品种结构调整和饲料安全工作受到很大影响。饲料企业努力克服困难，不断在逆境中寻求突破口。从总体看，我国饲料工业发展虽经受严峻考验，但是饲料业总体仍然保持增长态势，饲料产品质量不断提高，产品结构进一步优化，企业集团化发展速度加快。

一、2003年我国饲料工业发展情况

1. 2003年我国饲料生产持续增长，增长速度略有下降。根据各省、自治区、直辖市上报的综合报表统计，2003年，全国饲料工业产品产量8 712万t，同比增长4.7%，增速降低1.9个百分点，实现工业总产值2 077亿元，同比增长9.0%。配合饲料6 428万t，同比增长2.8%；浓缩饲料1 958万t，增长11.0%；添加剂预混合饲料326万t，增长3.0%。饲料工业生产的总体水平继续提高。

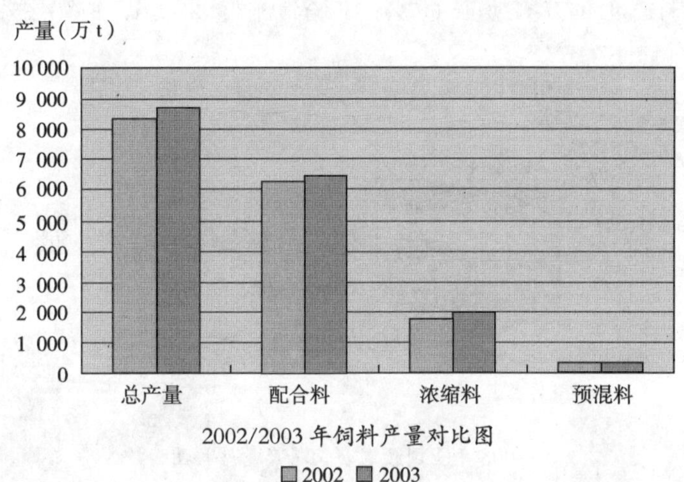

2002/2003年饲料产量对比图

从饲料品种看：配合饲料中，猪配合饲料总产量2 130万t，同比增长9%；蛋禽配合饲料1 433万t，增长4%；肉禽配合饲料1 832万t，下降2%；水产配合饲料701万t，增长4%；反刍动物精料补充料204万t，增长17%；其他配合饲料128万t，下降7%。

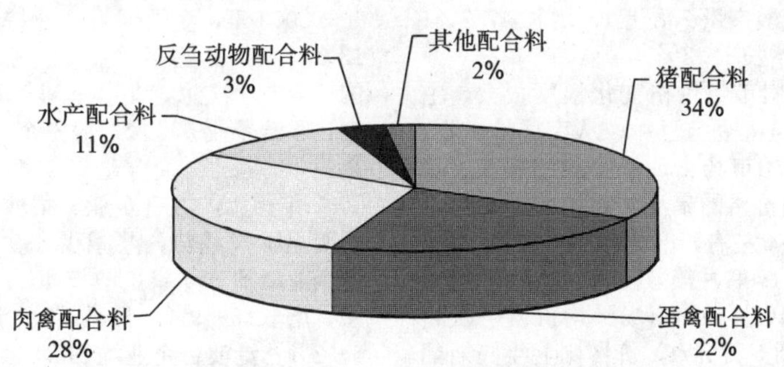

2003年全国饲料工业配合饲料结构图

浓缩饲料中，猪浓缩饲料产量1 125万t，增长14.5%；蛋禽浓缩饲料产量381万t，增长6.7%；

肉禽浓缩饲料产量 277 万 t，下降 2.6%；反刍动物浓缩饲料产量 115 万 t，增长 33.6%；水产浓缩饲料 27 万 t，下降 9.7%；其他浓缩饲料产量 35 万 t，增长 35.2%。

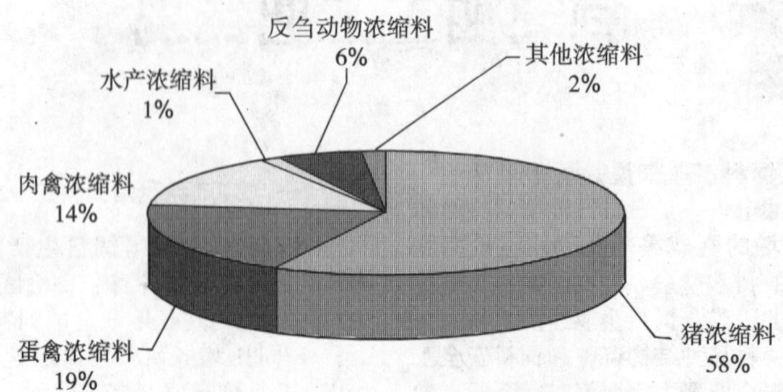

2003 年全国浓缩饲料产量结构图

预混合饲料中，猪预混合饲料产量 161 万 t，同比增长 5.7%；蛋禽预混合饲料产量 65 万 t，增长 2.9%；肉禽预混合饲料产量 46 万 t，增长 6.7%；水产预混合饲料产量 14 万 t，下降 19.9%；反刍动物预混合饲料产量 15 万 t，增长 49.10%；其他预混合饲料产量 23 万 t，下降 7.8%。

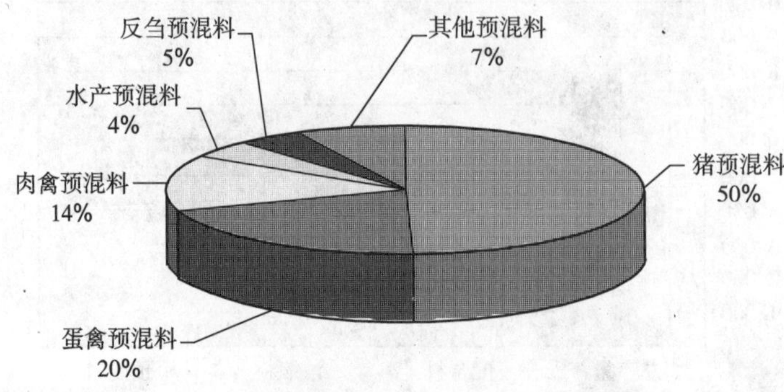

2003 年全国预混合饲料产量结构图

2003 年饲料原料生产保持较高的水平，原料市场变化剧烈。2003 年，豆粕产量为 2 146 万 t，同比增长 24.5%；鱼粉产量 54 万 t，增长 7.9%；肉骨粉产量 51.7 万 t，增长 31.9%；磷酸氢钙产量 230 万 t，增长 35.4%；赖氨酸产量 7.8 万 t，增长 47.2%；氯化胆碱 16.5 万 t，增长 12.2%。

2003 年，饲料原料市场价格变化幅度很大，主要包括 4 个方面：一是大豆与豆粕。从市场价格看，2003 年我国大豆和豆粕市场出现了剧烈的震荡，特别是从 10 月开始市场价格的暴涨。豆粕市场平均价格比上年增长 500 元/t 左右，增幅 30%左右。二是氨基酸市场。2003 年 1～9 月赖氨酸市场价格平均为 2.1 万元/t 左右，到 10 月初，市场平均价格一跃超过 3 万元/t，最高达到 5 万元/t，价格比上年同期翻了 1 倍多。三是鱼粉市场。2003 年鱼粉价格呈现走高态势，在豆粕等蛋白原料价格的影响下，大部分时间高位运行。四是玉米市场。玉米市场价格出现了历史性高位运行。由于供求发生了矛盾，2003 年饲料玉米总体在较高价位运行，一至三季度玉米价格 950～1 100 元/t 之间运行，四季度，价格上扬，曾高达到 1 500 元/t。

2003 年，全国饲料企业按经济类型统计总数为 13 874 家，比上年增加 711 家，增长 5.4%。其中，国有企业 717 家，集体企业 789 家，私营企业 7814 家，联营企业 572 家，股份企业 2 929 家，港澳台资企业 139 家，外商企业 256 家，其他企业 658 家。与 2002 年相比，国有企业、集体企业的企业数继续呈现明显下降趋势，共减少 499 家，下降 22.1%。私营企业增加 355 家，增长 4.8%；联营企业增加 163 家，增长 39.9%；股份制企业增加 810 家，增长 38.2%；港澳台企业增加 24 家，增长 20.9%；外商企业数增加 17 家，增长 7.1%；其他类企业呈现下降，从 2002 年的 889 家，下降到 658 家，下降 35.1%。

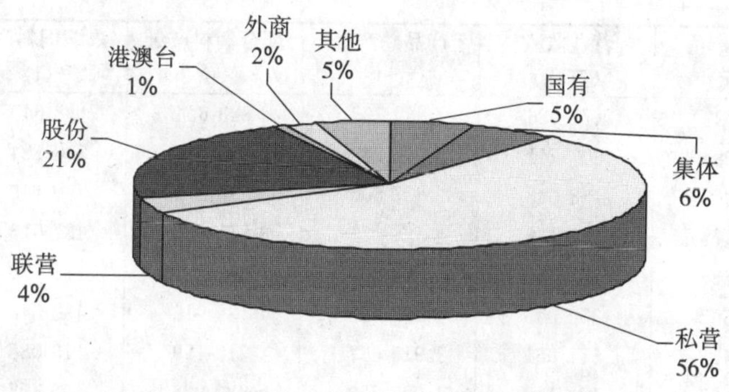

2003 年全国饲料加工企业数量结构图

2003 年，饲料企业年末职工人数为 48.6 万人，同比增加 5.0%。大专以上技术人员 11.1 万人，占职工总人数的 22.8%，其中博士 800 人，占职工总人数的 0.2%，硕士 2481 人，占职工总人数的 0.5%，大学本科 39 126 人，占职工总人数的 8.1%，大学专科 68 328 人，占职工总人数的 14.1%，技术工种共 49 582 人，占职工总人数的 10.3%，同比增长 7.0%。

2003 年，饲料加工成套设备 23 434 台套，同比减少 1 459 台套，其中，成套机组为 3 400 套，同比增加 254 套，增长 8.1%，单机 20 034 台，同比减少 1 713 台，下降 7.9%。在成套设备中，时产 10 t 以上设备 367 台套，同比增加 108 台套，时产 5～10 t 的设备 856 台套，增加 390 台套，时产 1～5t 的设备 2 177 台套，同比减少 244 台套。在单机设备中，粉碎机 4 658 台，增加 489 台，混合机 3 773 台，增加 370 台，制粒机 1 455 台，减少 29 台，其他类 10 148 台，减少 2 543 台。

2003 年，由于 SARS 的暴发、原料涨价、畜禽和水产品出口受国际贸易中技术壁垒的冲击，以及畜禽和水产品价格长时间疲软等因素影响，我国饲料企业经济效益出现了剧烈的下滑。特别是 10 月份左右，豆粕、赖氨酸等蛋白原料出现暴涨，与此同时，玉米价格也出现大幅上扬，使微利的饲料行业出现全行业亏损。据调查统计，全国亏损的企业约有 80%，行业亏损接近 100 亿元。

2003 年全国饲料加工企业生产综合情况

地　　区	工业总产值（万元）	营业收入（万元）	产品总产量（t）	配合饲料产量（t）	浓缩饲料产量（t）	添加剂预混合饲料产量（t）
全国总计	**20 773 403**	**20 593 350**	**87 115 531**	**64 276 295**	**19 580 884**	**3 258 352**
北　京	460 148	441 742	2 109 013	1 526 136	306 168	276 709
天　津	512 248	458 730	2 548 506	2 122 602	297 491	128 413
河　北	1 200 000	995 000	7 226 306	5 619 375	1 406 331	200 600
山　西	270 012	255 288	1 501 323	1 015 559	477 580	8 183
内蒙古	559 077	511 445	1 301 387	562 615	715 760	23 012
辽　宁	1 086 878	1 069 115	5 238 185	2 499 760	2 685 765	52 660
吉　林	625 000	625 000	2 605 240	1 421 160	1 147 970	36 110
黑龙江	1 030 000	1 020 000	4 500 000	2 260 000	1 970 000	270 000
上　海	376 039	430 985	1 171 154	1 035 334	47 913	87 907
江　苏	800 888	800 166	265 7351	2 013 565	342 704	301 082
浙　江	988 322	832 826	3 478 813	3 331 593	64 496	82 724
安　徽	345 573	337 665	1 595 501	1 370 414	135 075	90 012
福　建	546 505	534 241	1 695 778	1 581 393	30 670	83 715
江　西	667 340	685 421	2 399 800	1 457 046	627 083	315 671
山　东	2 359 676	2 291 284	9 097 079	6 435 657	2 252 393	409 029
河　南	1 189 259	1 087 330	5 601 545	3 544 008	1 969 818	87 719
湖　北	76 279	681 060	3 405 312	2 726 980	609 175	69 157
湖　南	1 226 877	1 233 357	4 272 891	2 655 596	1 508 752	108 543
广　东	2 249 972	2 246 147	9 117 546	8 768 666	164 967	183 913

（续）

地　　区	工业总产值（万元）	营业收入（万元）	产品总产量（t）	配合饲料产量（t）	浓缩饲料产量（t）	添加剂预混合饲料产量（t）
海　南	179 729	171 026	832 735	823 654	8 640	441
广　西	638 084	607 641	2 815 788	2 455 240	300 184	60 364
重　庆	180 068	188 033	807 600	686 214	90 446	30 941
四　川	1 543 177	1 481 118	4 526 077	3 811 992	487 516	226 569
贵　州	89 636	85 540	263 060	149 281	113 228	550
云　南	363 567	350 043	1 582 693	1 139 912	432 048	10 733
陕　西	683 412	671 051	1 915 677	715 159	1 113 085	87 433
甘　肃	183 665	180 118	1 091 628	980 926	103 857	6 845
青　海	11 063	10 618	73 675	73 543	5	126
宁　夏	109 626	100 093	476 637	413 506	53 001	10 130
新　疆	221 286	211 266	1 207 232	1 079 408	118 763	9 061

二、行业发展面临的主要问题

1. 某些饲料资源匮乏及市场供求矛盾的加剧制约着行业的发展。从长期发展看，某些饲料资源正面临着严重的短缺，加之现有资源市场配置不良等因素的影响，我国饲料工业发展越来越受到资源供给的制约。

一是蛋白饲料和氨基酸供应紧张。当前我国蛋白饲料和氨基酸主要依靠进口，例如氨基酸50%以上需要进口；鱼粉近70%需要进口，而且用于鱼粉生产的鱼资源面临世界性的枯竭威胁；用于豆粕生产的大豆约70%需要进口。我国饲料原料发展的滞后，抑制了饲料工业发展的速度，使得具有规模效益的饲料工业不能充分发挥有效利用资源的优势，小规模养殖浪费饲料资源的现象没有得到根本改善。

二是能量饲料供需不平衡矛盾越来越突出。一方面，由于近年来畜牧水产养殖业的快速发展，极大地拉动了饲料粮的需求；另一方面，由于饲料玉米种植面积不断减少，单位产量徘徊不前等因素影响，使得玉米产量增幅缓慢，特别是2003年我国农业灾情严重，饲料玉米出现较大幅度的减产，加之大量出口玉米等因素的影响，从而出现了玉米供不应求的局面，饲料玉米的缺口越拉越大，不得已只好动用库存。玉米库存占玉米总需求的比例正日益逼近国际警戒线。这同时也对我国粮食安全构成了严重威胁。

2. 饲料安全及产品质量工作面临新的压力。随着人们对食品安全意识的增强，饲料安全问题越来越成为人们关注的焦点。某些甚至很小的饲料安全事件的发生，都会对饲料消费产生较大范围的负面影响。而且这种影响会持续很长时间。近几年饲料行业通过继续开展对“瘦肉精”等违禁药品的查处工作，以及依法开展饲料质量监督检测等工作，有效地遏制了滥制乱用违禁药品的现象，较好地促进了饲料安全及产品质量的提高。

3. 不规范市场环境对饲料行业构成严重威胁。一是从国际看，随着全球经济一体化的发展，形成和完善世界饲料工业大市场是无法抗拒的历史趋势，这是世界经济发展的必然。但这也预示着“入世”后的我国，在饲料工业发展方面，特别是饲料原料在国际间的流通同样面临更大的变数。其中技术壁垒、绿色壁垒、海关壁垒等都是2003年和今后我国饲料工业发展的重要影响因素。二是从国内看，由于饲料行业市场秩序不规范，严重地影响了饲料工业的发展。例如大豆和豆粕，由于税收政策的导向，以及不允许贸易商和饲料企业从事大豆进口贸易等因素影响，客观上造成了大豆和豆粕市场的垄断行为，油脂行业牟取高额利润，致使其价格长时间高价位运行，诱发大豆加工能力迅速扩张，生产能力过剩，并造成需求旺盛及快速增长的假象。使得一些中小饲料企业出现停产或倒闭，大型饲料企业艰难维持。饲料工业的发展面临更大的困难。

（孔平涛　王金文　白亮亮）

主要饲料产品概述

【猪饲料】

1.2003 年我国养猪生产情况。从总体来看，2003 年我国生猪生产稳步发展，效益明显。2003 年生猪存栏和出栏分别为 4.66 亿头和 5.92 亿头，同比增长 0.7%和 4.4%。能繁母猪存栏 4 455 万头，同比增长 1.8%，能繁母猪占存栏猪的比重为 9.6%，比例保持较高水平，从存栏数量看，能繁母猪的比例较为合理，生猪生产后劲较足。2003 年全年出栏猪超过 2 000 万头的有 11 个省，其中四川出栏最多，其次是河南、山东、河北、广东和江苏。猪肉产量超过 200 万 t 的有湖南、河南、山东、河北、湖北、广东、江苏、安徽和云南，占全国猪肉总产量的 66.5%。

猪肉产量增加。据国家统计局农调总队调查统计，2003 年全国肉类总产量为 6 932.9 万 t，比 2002 年增加 346.4 万 t，增长 5.3%。其中，猪肉产量为4 518.6万 t，比 2002 年增加 192 万 t，增长 4.4%；羊肉产量为 357.2 万 t，增加 40.6 万 t，增长 12.8%；牛肉产量为 630.4 万 t，增加 45.8 万 t，增长 7.8%；禽肉产量为 1 312.1 万 t，增加 62.3 万 t，增长 5%。从下图可以看出近 6 年来我国肉类产量不断增长，特别是猪肉产量继续保持增长态势。从构成上看，仍以猪、禽肉为大。2003 年在肉类总产量中，猪肉所占比重为 65.2%，禽肉占 18.9%，牛肉占 9.1%，羊肉占 5.2%。

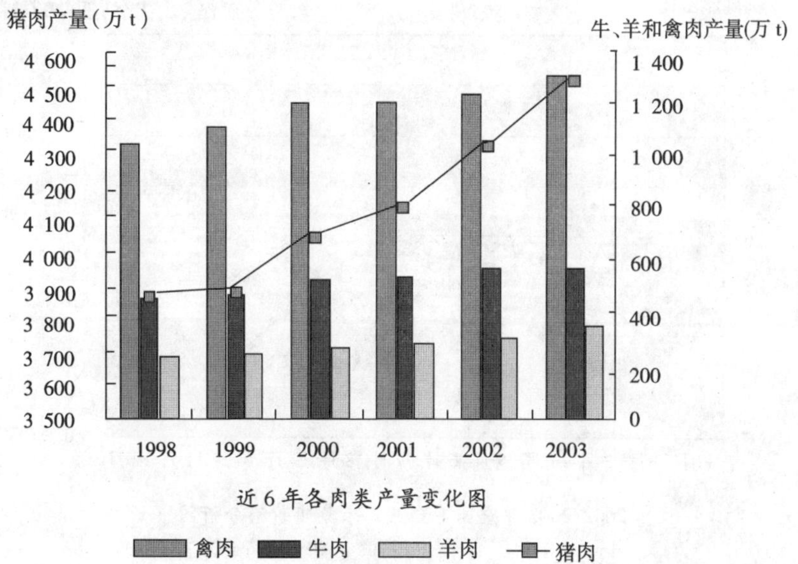

近 6 年各肉类产量变化图

禽肉　牛肉　羊肉　猪肉

从全球猪肉市场上看，我国依然是世界第一猪肉生产国，占世界猪肉总产量的 47.17%，发展中国家猪肉总产量的 78.6%产于我国，高于发达国家总产量（3 830 万 t）。由于价格下滑和气候引起的生产损失，2003 年欧洲的猪肉产量比 2002 年略有下降；美国猪肉产量为 893.1 万 t，比 2002 年 892.9 万 t 略增 0.2 万 t；尽管采取了刺激出口增长的措施，加拿大也未能改变生产下降的局面。发展中国家的猪肉产量大约提高 2%，仅达到过去 5 年平均增长率的一半。特别由于消费需求下降、国内猪肉价格下滑以及出口限制，使中国和巴西猪肉的增长速度放慢；尽管饲料成本上涨，越南和菲律宾仍呈现较强的增长势头。

2. 养猪效益提高。从 2002 年下半年开始，我国生猪价格有所回升，效益明显提高。2003 年活猪的平均价格为 6.45 元/kg，比 2002 年同期提高了 8.06%。其中 12 月份的平均价格为 7.54 元/kg，达到近几年来的最高水平。产区价格的上涨幅度超过销区价格的上涨幅度。2002 年 11 月份猪粮比价达到 5.78，此后猪粮比价 4 个月持续保持在 5.5 以上，养猪户效益较高。尽管受 SARS 影响，2003 年 3～6 月份对猪肉消费减少，养猪效益下降，但是这 4 个月猪粮比价也在 5 以上，8 月份猪粮比价接近 5.6，之后一路上涨，最高突破 6.0。从全年总体情况来看，2003 年我国猪粮比价为 5.54，超过了盈亏平衡点，比 2002 年同期提高 2.42 个百分点；猪料比价也明显高于 2002 年同期水平。特别是 5 月份以后，猪粮比价和猪料比价逐月上涨，养猪效益是近几年来最好的，推动了生产发展。

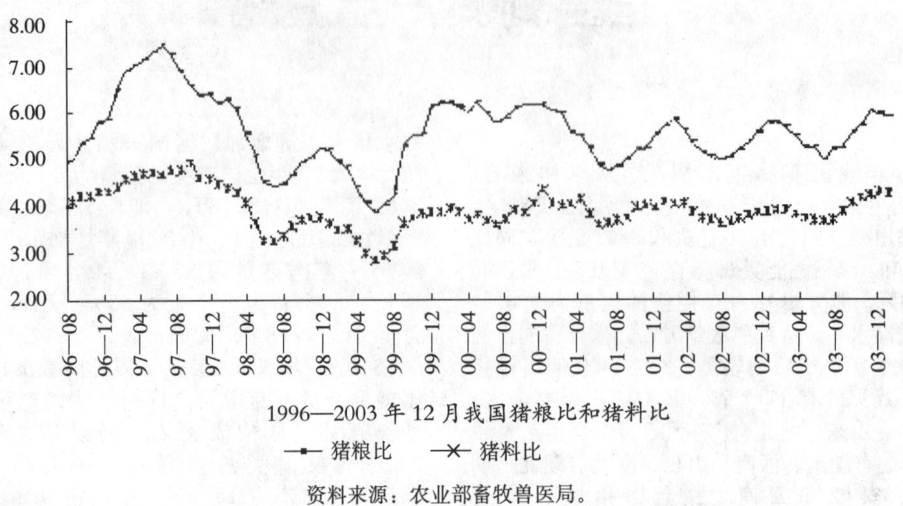

1996—2003 年 12 月我国猪粮比和猪料比

—■— 猪粮比　—×— 猪料比

资料来源：农业部畜牧兽医局。

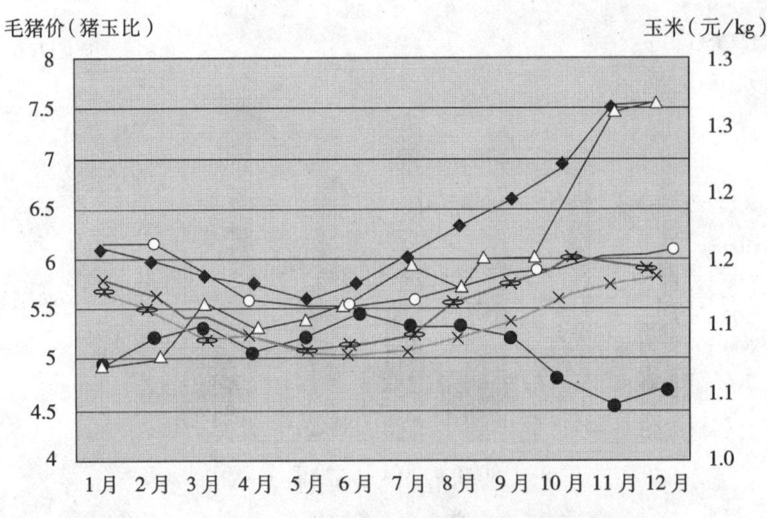

2002/2003 年全国毛猪及玉米集市价格分析图

—○— 02 毛猪　—◆— 03 毛猪　—×— 02 猪玉比
—✱— 03 猪玉比　—●— 02 玉米　—△— 03 玉米

3. 猪饲料及其原料价格变化情况。

（1）猪饲料价格。1～8 月份价格一直比较平稳，除了 2003 年 5 月份价格下降为 1.52 元/kg 外，基本保持在 1.55 元/kg 左右。

从 2003 年 9 月份起，价格一路攀升，到 12 月份已达到 1.76 元/kg，上涨幅度为 13.55%。2003 年 1～12 月份猪饲料的平均价格为 1.59 元/kg，比上年同期高 4.15%。2003 年第四季度猪饲料的平均价格为 1.71 元/kg，比上年同期高 10.56%。

从地区价格看，2003 年猪饲料一直保持在高价位的省市区主要有海南、广东、内蒙古、云南、广西等；保持在低价位的省市主要有青海、天津、河北、辽宁、山东等。

（2）饲料原料价格。2003 年我国饲料原料除豆粕出口减少外，玉米、饲用鱼粉、赖氨酸的出口均高于上年同期水平；在进口方面，除豆粕、蛋氨酸增加外，其余进口数量均低于上年同期水平。

2003 年我国饲料产品（育肥猪配合饲料，肉、蛋鸡配合饲料）价格前期比较稳定，后期由于饲料原料价格上涨提高较快。第四季度玉米、豆粕和赖氨酸价格起伏较大，除进口鱼粉年平均价格低于上年同期水平外，玉米、豆粕、赖氨酸和蛋氨酸价格均高于上年同期水平。

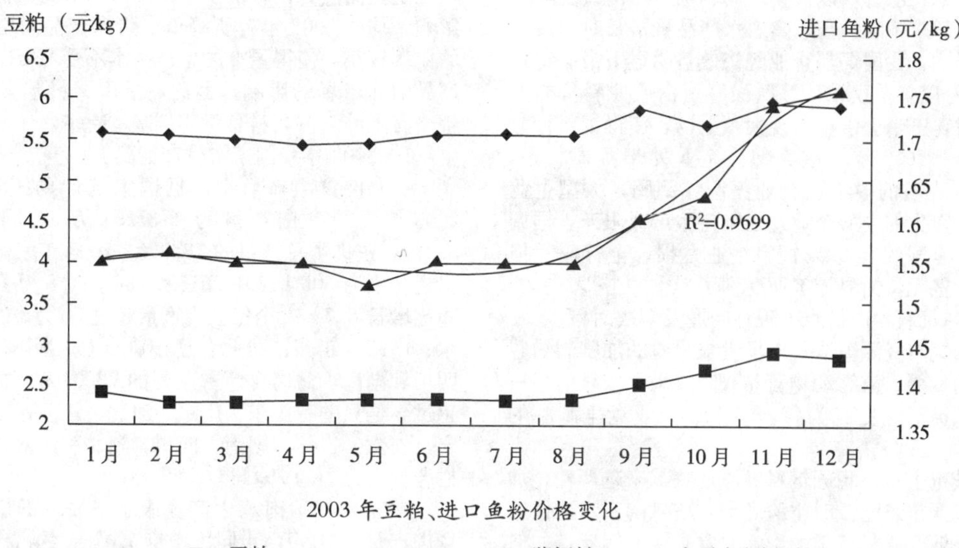

2003年豆粕、进口鱼粉价格变化

4.2003年我国猪饲料生产情况。

(1) 2003年我国饲料生产增长速度同比略有下降。据全国饲料工业办公室不完全统计，2003年全国饲料工业产品总产量达8 712万t，比上年增长4.7%，增长速度同比下降1.9个百分点。在工业饲料产品中，配合饲料6 428万t，比上年增长2.8%；浓缩饲料1 858万t，比上年增长11%；添加剂预混合饲料326万t，比上年增长3%。

(2) 猪饲料在饲料品种结构中的比重同比略有上升。在配合饲料产品中，猪配合饲料占配合料的比重约为33%，从下图可以看出，从1998—2003年，猪的配合饲料产量虽然总体上在下降，从1998年的2 340万t跌至2003年的2 059万t，但与2002年相比略有回升的趋势，提高9个百分点，而与之相反的是，肉禽配合饲料的比重同比下降2个百分点。这可能是由于SARS的暴发、原料涨价，以及畜、禽和水产品出口受国际贸易中技术壁垒的冲击，国内消费需求不旺，畜禽和水产品价格长时间疲软等因素影响。特别是2003年肉雏鸡平均价格为1.85元/羽，与2002年同期相比下跌了9.7%，与2001年同期相比下跌了15.1%。上半年全国肉雏鸡平均价持续下跌，5月末甚至跌至近几年来的最低点，为1.58元/羽，6月份价格略有回升，直到11月末的1.97元/羽，而12月份又呈下跌趋势。2003年活猪的平均价格为6.45元/kg，比2002年同期提高了8.06%，其中12月份的平均价格为7.54元/kg,达到近几年来的最高水平，推动了养猪的生产，从而提高了猪配合饲料的比重，降低了肉禽配合饲料的比重。

在浓缩饲料产品中，猪浓缩饲料的比重接近57%，比2002年提高3个百分点，这说明了猪饲料仍然是以浓缩饲料为主体，特别是今年饲料原料市场波动剧烈，使得相当部分养殖户调整用料方案，提高了浓缩饲料的使用。

在预混料产品中，猪预混料的比重为49.3%，同比增长5.7%。

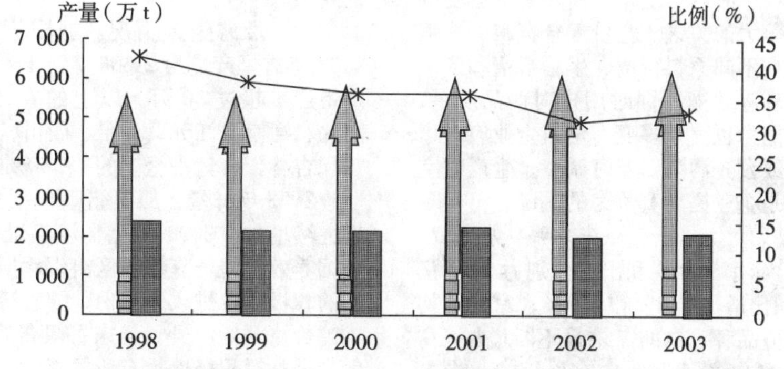

近6年全国猪配合饲料产量及其配合饲料总产量的比例变化图

(3) 饲料加工企业亏损。2003年，由于SARS的暴发、原料涨价，以及畜、禽、水产品出口受阻和国内消费需求不旺，畜、禽、水产品价格长时间疲软等因素影响，我国饲料企业经济效益明显下滑。特别是10月份以来，豆粕、赖氨酸等蛋白质原料价格上涨，同时，玉米价格也出现大幅上扬，使得饲料行业利润下降。2003年全国大部分企业处于亏损状态，约有30%左右的中小型企业停产或倒闭，大型企业和有一定实力的中型企业勉强维持生产或限产。据调查统计，全国约有80%饲料企业亏损，全行业亏损接近100亿元，饲料加工业受到了严重冲击。

5. 猪饲料生产特点、现存问题及解决对策。

(1) 饲料资源短缺及市场供求矛盾的加剧制约着猪饲料的发展，依靠动物营养研究成果，依靠信息科学决策，灵活应变成为各饲料生产企业竞争制胜的法宝。

从长远上看，我国饲料资源短缺越来越严峻，加之现有资源市场配置时空跨度大，信息的不对称性等使加工企业受原料行情的影响非常直接。因此，如何应用动物营养学研究成果，及时分析不同饲料价格的变化规律，科学决策，灵活应变，利用不同原料和产品价格的时间差，变被动为主动，是决定饲料加工企业生死存亡的关键。

(2) 饲料安全及产品质量工作面临新的压力。随着人们对食品安全意识的增强，饲料安全问题越来越成为人们关注的焦点。特别是在猪饲料、蛋鸡饲料中有毒有害饼粕的超量使用和一些不符合卫生指标的工业副产品甚至抗生素的使用，是当前饲料安全存在的严峻问题。

(3) 不规范的市场环境对饲料行业构成严重威胁。随着经济全球化、信息化的发展，中国饲料市场与国际原料市场行情间的相互影响越来越紧密，一些国际性基金和大型粮油贸易、加工企业操纵原料市场的情况时有发生，不仅直接影响我国饲料加工企业的利益，而且对我国经济安全产生重大影响，危害国家利益。迫切需要加强行业协会建设，以增强我国饲料行业在国际原料市场定价上的话语权。扼制投机行为，规范原料市场。

(4) 猪配合饲料产品结构变化迅速，时空适度的产品是企业提高竞争力的关键。全价配合饲料、浓缩饲料和预混合饲料在不同原料行情、生猪行情和区域养殖业规模情况下转换迅速。同时用户对产品质量、价格的要求、接受能力也存在多变。饲料企业应对市场变化有迅速反应或预先洞悉，及时调整、生产时空适度的相应产品，是企业提高竞争力的关键。

(张宏福　唐湘方)

【家禽饲料】 2003年家禽存栏和出栏分别为50.5亿只和88.8亿只，同比增长6.8%和6.7%。家禽结构不断发生变化，地方品种水禽的需求量不断增加，禽肉中地方品种和水禽肉产量占到禽肉总量的一半左右，未来将有较大的市场空间。因此，鹅、鸭等水禽正成为禽肉生产新的增长点。蛋禽的各种饲料总产量均比2002年有所增加，在饲料总产量中的比例也比较稳定；而肉禽饲料由于受国际市场对禽肉需要量的影响，均比2002年有所降低。蛋禽产品对国际市场的依赖较小，使得蛋禽的生产基本不受SARS和饲料产品国际市场的影响，因此，蛋禽饲料基本与2002年略有上涨，占饲料总量比例基本持平。

1. 2003年我国家禽生产情况。

(1) 肉禽生产状况。据国家统计局统计显示，2003年我国禽肉产量为1 312.1万t，同比增长5.0%，占肉类总产量的18.9%。2003年家禽存栏和出栏分别为505 812.1万只和888 587.8万只，出栏同比增长6.7%。全年禽肉产量超过50万t的省有山东、广东、江苏、河北、辽宁、吉林、河南、安徽、四川和湖南，禽肉合计占全国的72.03%。家禽出栏超过3亿只的有山东、广东、河北、江苏、河南、辽宁、安徽、吉林、湖南、四川、湖北和江西，家禽出栏合计占全国的79.48%。

2003年我国肉鸡生产克服了SARS的影响，年禽肉产量1 312万t，同比增长5.0%，约占肉类总量的20%。一季度，肉鸡生产稳定增长，肉鸡价格平稳，效益较好。进入第二季度，由于受SARS影响，流通环节不畅，部分肉鸡饲养户担心肉鸡销售困难不敢进雏饲养，出现了弃养肉鸡的现象，肉鸡生产受到了较大的影响。更严重的是SARS使一些国家和地区对我国的鸡肉需求下降，国内肉鸡企业产品出现积压。2003年5月12日日本宣布暂停从中国进口禽肉蛋产品，5月18日，欧盟也宣布对我国畜禽产品实行封关。但6月份随着SARS的解除，流通很快得到恢复，畜产品价格逐步回升，肉鸡生产很快恢复。下半年，肉鸡生产迅猛发展。8月19日日本封关解除，肉鸡恢复出口，到9月份肉鸡产销两旺，产品价格和饲养效益均达到上年水平，全国肉鸡生产出现较快发展势头。10月上旬虽然出现了玉米等饲料原料价格上涨，饲养成本增加，但肉鸡产品价格也相应上调，肉鸡生产效益并未减少，而且下半年内销增加，企业库存压力缓解。

禽肉生产周期短，饲料报酬高，生产成本低，符合我国国情，我国的禽肉生产和消费具有广阔的发展空间。

(2) 蛋禽生产情况。据国家统计局数据显示，2003年禽蛋产量为2 606.7万t，比上年增长5.8%。禽蛋产量超过90万t以上的省(市、区)有山东、河北、河南、江苏、辽宁、四川、安徽、湖北、黑龙江和吉林，合计占全国的79.60%。

2003年鲜蛋、加工蛋(包括皮蛋、咸蛋等)出口继续增加。2003年上半年鸡蛋价格持续下跌，蛋鸡饲养效益差，有些地区出现亏损，影响了生产者补栏的积极性，进入8月份，随着鸡蛋价格的上涨，蛋雏鸡价格开始回升，年末每只蛋鸡可盈利5～10元，生产者补栏积极性也有所提高。

2. 我国家禽饲料生产情况。

(1) 家禽饲料生产概况。据全国饲料工作办公室统计，2003年全国饲料工业产品总产量8 712万t，比上年增长4.7%，增长速度同比下降1.9%。配合饲料6 428万t，比上年增长2.8%；浓缩饲料1 958万t，比上年增长11.0%；添加剂预混合饲料326万t，比上年增长3.0%。饲料工业总产值2 077亿元，比上年增长9.0%。饲料工业生产的总体水平继续提高。

蛋禽的各种饲料总产量均比2002年有所增加，在饲料总产量中的比例也比较稳定；而肉禽饲料由于受国际市场的对禽肉需要量的影响，而均比2002年有所降低，因为我国肉禽饲料中主要是肉鸡饲料，肉鸡的生产也主要依赖饲料，一旦肉鸡的生产降低，则肉鸡饲料受到的影响最大；而蛋禽产品对国际市场的依赖较小，使得蛋禽的生产基本不受SARS和饲料产品国际市场的影响，因此蛋禽饲料基本与2002年略有上涨，在饲料总量中所占比例基本持平。

配合饲料中蛋禽配合饲料1 433万t，增长4%；肉禽配合饲料1 832万t，下降2%；就禽料占当年总配合饲料的比例而言，蛋禽料2002和2003年均为22.3%，而肉禽料由2002年的30.2%降低到28.5%；蛋禽料和肉禽料合计由2002年的52.5%降低到50.8%。因SARS的暴发导致鸡肉的出口和国内消费均较低，而我国的肉禽生产对国际市场的依赖性较大，从而使得肉禽的饲料总产量低于2002年；禽蛋的生产对国际市场的依赖性较小，消费主要在国内，因此蛋禽配合饲料的生产稳中有升，保住了在饲料总产量中的比例22.3%。

2003年我国禽饲料生产情况

饲料种类	年份	蛋禽			肉禽			禽料
		产量（t）	折合产量*（t）	所占比例	产量（t）	折合产量*（t）	所占比例(%)	所占比例（%）
配合饲料	2003	14 334 113	14 334 113	22.3	18 318 010	18 318 010	28.5	50.8
	2002	13 912 170	13 912 170	22.3	18 828 898	18 828 898	30.2	52.5
浓缩饲料	2003	3 806 795	12 562 423.5	19.4	2 765 693	9 126 786.9	14.1	33.5
	2002	3 568 486	11 776 003.8	20.2	2 838 253	9 366 234.9	16.1	36.3
添加剂预混料	2003	653 082	21 551 706	20.0	460 039	15 181 287	14.1	34.1
	2002	634 780	20 947 740	20.1	465 399	15 358 167	14.7	34.8

资料来源：全国饲料工业统计资料。

（2）家禽饲料特点。家禽饲养业的工业饲料普及率较高，因此相对来说，家禽的浓缩饲料和与混合饲料的产量和在饲料总量中所占比例较低。

我国工业饲料普及率（%）

动物产品品种	猪	牛、羊	肉禽	蛋禽	奶类	水产养殖
2005	30	20	65	40	30	40
2015	45	30	70	50	40	45

资料来源：农业部饲料工业发展规划。

就肉禽料而言，配合饲料是肉禽生产的主体饲料，浓缩饲料折合成配合饲料后的产量仅占实际饲料总产量的一半左右，预混合饲料折合配合饲料的产量接近实际配合饲料的产量，是因为大型肉鸡养殖企业基本采用了配合饲料，而散养和其他肉禽有部分采用了预混合饲料和浓缩饲料。

2003年蛋禽浓缩饲料总产量381万t，增长6.7%，肉禽浓缩饲料277万t，下降2.6%；虽蛋禽浓缩饲料的总产量比上年有所增加，但所占当年浓缩饲料总产量的比例均有所降低：蛋禽由20.2%降低到19.4%，肉禽则由16.1%降低到14.1%，禽浓缩饲料占浓缩饲料的比例由36.3%降低到33.5%。蛋禽的浓缩饲料折合成配合饲料后的量与实际配合饲料的产量相当，蛋禽预混合饲料折合成配合饲料后的量比实际配合饲料产量增加了50%，这是因为蛋禽（尤其是蛋鸡）的饲养对配合饲料的依赖性较小，农户的专业户饲养是饲养的主体。

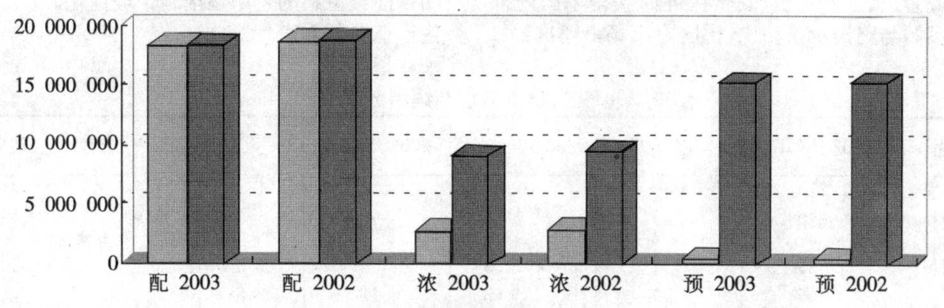

2002—2003肉禽配合、浓缩和预混合饲料产量折合成配合饲料后的产量

■ 产量(t) ■ 折合产量(t)

蛋禽预混合饲料2003年产量65万t,增长2.9%,肉禽预混合饲料46万t,增长6.7%;禽预混料的总量有所增加,使得所占总预混合饲料产量的比例由34.8%降低到了34.1%。将预混合饲料折合成配合饲料后,蛋禽的预混合饲料折合配合饲料的产量远远高于实际配合饲料的产量;肉禽的预混合饲料折合成配合饲料的量高于浓缩饲料的折合量,但仍低于实际配合饲料的产量,因此对肉禽而言预混合饲料是对配合饲料的补充。

3.禽业主要发展特点及趋势。

(1)禽蛋出口稳步增加。鲜蛋出口　2003年1～12月份,我国鲜蛋出口12.91亿枚,出口额为3 085.03万美元,同比分别增长29.13%和39.88%。香港、澳门和阿曼是我国鲜蛋的主要出口地,出口量合计为12.86亿枚,占鲜蛋出口总量的99.61%,同比分别增长28.26%、29.51%和93.90%;对香港、澳门、阿曼和朝鲜出口额合计为3 065.51万美元,占鲜蛋出口总额的99.37%,同比分别增长42.03%、17.52%和115.97%。主要出口省有广东、山东、湖北和湖南,出口额为3 029.39万美元,占鲜蛋出口总额的98.20%。出口数量与2002年相比,除了湖南和湖北分别下降36.25%和33.04%外,另外两个省份广东和山东出口增加,其中广东增幅最大,达到116.83%。

加工蛋出口　2003年我国加工蛋(包括皮蛋、咸蛋等)出口累计2.81亿枚,出口额1 992.60万美元,同比分别增长7.12%和8.51%。香港是我国加工蛋的主要出口地区,出口数量较为稳定,为0.95亿枚,基本与2002年持平。其他加工蛋主要出口国家包括日本、美国、新加坡、加拿大和马来西亚等,出口量合计为1.64亿枚,占加工蛋出口总量的58.36%。

(2)水禽业持续发展,前景广阔。家禽结构不断变化,地方品种、水禽市场需求大,养殖效益很好,发展快。在禽肉中地方品种和水禽肉产量占到一半左右,未来仍然还有较大的市场空间。因此,鹅、鸭等水禽正成为禽肉生产新的增长点。鸭为全世界饲养数量最多的水禽。目前,世界各国总平均家禽饲养中,鸡占80%以上,鸭4.2%,鹅3.4%,火鸡7.3%。鸭和鹅饲养量绝大部分在中国,鸭占到69.2%,鹅占92.5%。近年来,随着我国经济的不断增长和人们生活水平的不断提高,鸭也呈现出持续发展的态势,鸭的饲养量每年以10%～15%的速度递增。鸭产品以其低脂肪、低胆固醇、高蛋白、营养均衡、安全保健而获得了国内外市场的青睐,与鸡肉价格相比,比国际市场上鸭肉高1倍,国内市场上高1.3～1.5倍。数据显示,目前我国鸭产品的产值已经接近300亿元。

但是关于鸭、鹅饲料和营养需要的研究较少,鸭鹅的专用系列饲料还有待开发,目前,多借助于肉鸡和蛋鸡的饲料来饲养肉鸭、蛋鸭;鹅可以吃草,比较粗放,应注意研究补料,以加快我国水禽业的发展。

(3)禽饲料企业亏损。2003年,由于SARS的暴发、原料涨价,以及畜禽和水产品出口受国际贸易中技术壁垒的冲击及国内消费需求不旺,畜禽价格长时间疲软等因素影响,我国饲料企业经济效益明显下滑。国内的禽肉消费量没有完全开发,不足以抵御来自国际市场的压力,目前我国的禽肉人均占有量(10kg)低于世界平均水平,所以国内市场有待开发。饲料行业中生产品种单一的小型饲料企业无法抵御不生产和饲料原料价格上升的压力而纷纷破产,大型企业的效益也在保本或者赔钱运转。

(4)饲料资源匮乏、浪费是制约行业发展的主要因素。饲料生产中需要注意的两大因素(能量和蛋白质)均是中国比较缺乏的营养素,另一方面又在不断浪费和污染环境。

蛋白饲料和氨基酸的供应紧张。据报道,我国压榨用大豆70%来自国外,氨基酸类仅有赖氨酸在生产,蛋氨酸、苏氨酸和色氨酸全部依赖进口,鱼粉也近70%依赖进口。从营养角度可以采用测定不同饲料原料的氨基酸可利用率,采用合成氨基酸平衡日粮,降低日粮粗蛋白水平,以减少蛋白质饲料的供应压力,减轻环境负担。

能量饲料的供需地区差异明显。因为出口、自然灾害、种植效益等因素的影响,使得作为大宗原料的玉米的产量增幅缓慢;另一方面配方师参考的饲料能量值均为比较早的结果,当今粮食育种进步飞速,其能量含量及其对不同动物的能量利用率均没有准确数据,因此能量浪费也需受到重视。

(武书庚　齐广海)

【水产饲料】　虽然受到SARS的影响,2003年水产饲料的产量仍然持续增长。全国鱼虾料总产量达到868万t,比2002年710万t增加了22.3%。其中,虾料上升最为明显,相对2002年的产量增长幅度达100%。其次,海水鱼饲料增长幅度也较大。鳗鱼料由于鳗价的强力反弹有所增长,但增长幅度不大,说明目前鳗鱼料的生产逐渐趋于理性化。水产饲料基本生产情况见下表。

2003与2002年水产饲料分类对照

类　别	2002年(万t)	2003年(万t)	2002年(%)	2003年(%)	较2002年增加(万t)	备　注
水产饲料总量	710	868	100	100	158	
淡水鱼饲料	580	660	81.7	76.0	80	主要指草鱼、鲤鱼、罗非鱼、鲫鱼、团头鲂等
鳗甲鱼饲料	35	38	4.9	4.4	3	
虾料	45	90	6.3	10.4	45	
海水鱼料	25	40	3.5	4.6	20	鲳鱼、鲈鱼、大黄鱼等
其他	25	40	3.5	4.6	5	蛙、蟹、白鱼、黄颡鱼、黄鳝等

1. 2003 年水产饲料产量的增长有以下几方面的原因：

(1)受 SARS影响，人们消费畜禽蛋产品的能力受到影响，而对水产品的消费增加，一定程度上促进了水产养殖的发展，从而刺激了水产饲料的发展。

(2)2003 年各种原料价格上涨，尤其是豆粕、玉米的价格上涨，对畜禽料的成本形成巨大的压力，企业的利润急剧下滑，各企业纷纷将目光投向利润相对较高的水产饲料。

(3)某些品种的饲料受 2002 年较高利润的驱使，产量增加幅度较大。以虾料为例，2002 年全国虾料产量仅为 45 万 t，而 2003 年达到 90 万 t，增加了 1 倍；广东省虾料产量更是达到历史最高水平，达 56 万 t，且年底时增加的虾料生产线达 30 条以上。另外，膨化饲料的逐渐普及与发展，也是 2003 年水产饲料产量增加的重要原因。

(4)过去饲料普及率较低的区域呈现持续增长的趋势，如湖北、湖南、江西、江苏水产饲料上升明显，部分偏远地区逐渐接受并普及水产饲料。

2. 水产饲料品种呈现多元化发展。从上表可以看出，常见的养殖品种饲料所占比例相对减少，而其他饲料所占比例达到 4.6%，如黄鳝饲料已形成产业化规模。

3. 水产饲料的地区差异呈现逐渐缩小的趋势。由于水产饲料的使用日渐普遍，养殖集中的区域饲料市场竞争日趋激烈，各企业逐渐将市场扩展到目前水产饲料使用较小且利润相对较高的偏远省区，如云南、贵州、新疆、山西等地，这在一定程度上带动了当地水产饲料的发展。前两年虾料的生产一直以广东为主，但 2003 年北方(如天津)及江浙沪一带的虾料生产也颇具规模，且有逐步扩大的趋势。

4. 水产饲料竞争日趋激烈，微利时代加快到来。近几年，水产饲料的竞争加剧，常规品种如鲤鱼、草鱼、鲫鱼等饲料的利润水平接近畜禽饲料。部分地区水产饲料利润甚至低于畜禽饲料。受鱼价低迷的影响，水产饲料的利润继续受到冲击，微利时代的提前到来再所难免。虽然特种饲料、对虾饲料、挤压膨化饲料具有较高利润水平，但市场风险较大，投资回报率亦不容乐观。

(任泽林　周文豪)

【反刍动物饲料】

1. 主要反刍动物生产情况。近年来，随着农业结构战略性调整步伐的加快，中国畜牧业结构调控力度明显加大，并且向高层次迈进，牛羊肉生产特别是奶业的发展成为结构调整的亮点。2003 年，奶类生产继续超常规发展，奶类产量达 1 848 万 t，比上年增长 32%。牛羊生产持续增长，2003 年牛肉产量 630 万 t，羊肉 357 万 t，比上年分别增长 7.8%、12.8%。

2. 反刍动物饲料生产情况。反刍动物生产的快速发展和饲料业结构的优化调整，双向拉动了反刍动物饲料的发展。一方面促进了反刍动物青粗饲料的稳定发展。另一方面推动了反刍动物工业饲料的生产，2003 年全国反刍动物工业饲料产量达 333 多万 t。反刍动物饲料生产具有以下几个特点：

一是优势产区产量大。中原肉牛带和东北肉牛带生产青贮饲料和氨化秸秆，分别占总产量的近 70%。黑龙江、吉林、北京、内蒙古、江苏、云南、甘肃、陕西、新疆、四川、河北、山西、宁夏等 13 个省(区、市)生产的工业化反刍动物饲料总量为 110 多万 t，占总产量 90%，其中黑龙江、吉林、北京、内蒙古四省区占全总量的近 60%。

二是反刍动物饲料产品的质量大幅度提高。“十五”国家奶业科技重大专项的启动，积极推进了全国各有关科研院所、大学和乳品加工和饲料生产企业的互作。以乳牛营养工程技术与其他养殖技术为核心的乳牛养殖技术，已在生产实践中得到广泛应用，有力地提高了乳牛等反刍动物调控型饲料的科技含量和质量安全。

三是精料补充料生产起步迅猛。2002 年以来，以黑龙江、内蒙古两省区为代表的全国生产精料补充料(反刍动物用浓缩饲料)40 多万 t，占浓缩料总量的 3%以上。

3. 反刍动物饲料的发展前景。

(1)未来几年营养调控型精料补充料将成为饲料业发展的一个亮点。这是因为：

一是规模化生产和产业化经营将促进反刍动物精料补充料进一步推广应用。当前我国牛羊生产仍以家庭饲养为主，小规模生产与大市场、专业化生产与社会化服务等矛盾已经出现。与之相比，产业化龙头企业的优势十分明显，农民不仅可以获得养殖效益，而且还可参与后续环节的利益分配；加之我国实施科教兴国和可持续发展两大战略，环保政策、退耕还林、还草政策又相继出台，划区轮牧、舍饲圈养和异地育肥等生产方式已成为主流，牛羊生产的集约化程度将不断提高，客观上要求牛羊商品饲料必须有一个大发展。

二是发展精料补充料是提高我国牛羊生产水平的重要措施。我国人口每年增加 1 300 万，而耕地却正在迅速减少。耕地与人口的矛盾日益尖锐，大力发展以牛羊为主的反刍动物生产，符合我国基本国情。与猪禽生产相比，我国牛羊生产水平较低，而工业化的饲料产品是现代营养科技和工艺技术的载体，对畜牧业增长贡献率最大，发展精料补充料，对于提高反刍动物生产水平将起到决定性的作用。

三是发展精料补充料是饲料工业内部结构优化调整的重要内容。1998 年以来，全国猪鸡饲料市场价格下滑，一些饲料厂家开始进行饲料结构的调整，生产部分乳牛商品饲料。据不完全统计，2003 年奶牛存栏数大幅度增长，单产水平有一定幅度的提高。此外，随着农业产业结构战略性调整的不断深化，各级农业部门把畜牧业、特别是奶业作为产业结构调整的重要方向，奶牛的存栏数将进一步增加，这也是促进奶牛料生产继续增长的基础。

四是新型反刍动物添加剂的研发，推动了反刍动物饲料的商品化。全国开展反刍动物营养和饲料科学研究的大学和科研机构至少在10所以上。研究方向包括：牛羊营养需要和饲料营养价值评定、营养调控理论和技术、新型饲料产品研制和开发、放牧家畜营养检测和科学补饲技术、提高秸秆饲料利用率等等。这些研究催生了一批新型添加剂产品，特别是脲酶抑制剂、酵母培养物、酶制剂、抗应激添加剂、金属螯合物、蛋白和脂肪保护性产品、原虫控制剂等的成功研发，并迅速产业化，加快了反刍动物饲料更新换代和推广的步伐。

(2) 奶牛饲料将成为重中之重。随着中国奶制品进口关税降低，市场竞争进一步加剧，节本增效是未来几年中国奶牛养殖业面临的最大挑战，也是提高竞争力的核心内容。饲料占奶牛养殖成本的70%以上，因此，提高饲料利用效率，开发新型饲料添加剂，强化奶牛饲料内抗生素与激素监测技术和推广先进适用饲养技术具有重要的现实意义。国家已投入大量的资金和人力资源，加快奶牛饲料配套技术研究，力争突破技术难点。从科研看生产，奶牛饲料大发展已成为必然。

（卢德勋　孙海洲）

【特种动物饲料】 特种动物是指那些珍贵、稀有、能满足人们某些特殊需要，经济价值高的半家化饲养或野生的动物。特种动物及其饲养业兼有以下几个主要特征：①种类较多，但数量和规模较小，多为稀有或濒危的种类；②经济价值均较高，其产品多属于高档消费品或保健药品等；③是满足人们的特殊需要，非生活所必需的大众化或一般的产品；④养殖历史较短，饲养技术粗放；⑤生产的季节性强，其产品市场波动性较大。正因为如此，特种动物饲养业在当今的畜牧业商品经济中属于一项新兴的产业。2003年度我国特种动物的养殖概况、饲料生产及消耗情况、存在问题和发展建议总结如下：

1.养殖概况及发展特点 。

(1)茸鹿：2003年度我国的茸鹿(主要包括梅花鹿、马鹿、水鹿、坡鹿、白唇鹿、白臀鹿、驼鹿和驯鹿等鹿种)存栏数较上一年度增长13% ，达到61万头左右。其中，梅花鹿的主要产区在吉林、辽宁、黑龙江3省，其次是河北(含北京、天津)、山西、山东、内蒙古、安徽、广东、海南、广西等省区；马鹿的主要产区在新疆、内蒙古和辽宁等省区。茸鹿的育种工作近些年有了长足的进展，截至目前，已通过鉴定或审定的茸鹿品种有双阳梅花鹿、西丰梅花鹿、四平梅花鹿、敖东梅花鹿、兴凯湖梅花鹿、东丰梅花鹿、塔里木马鹿、清原马鹿共计8个和长白山梅花鹿品系1个。我国茸鹿养殖业的格局现为公司、基地和个体户并存，大型的公司和基地的技术力量较强，饲养管理较规范，产品开发能力强，具有科学化示范作用，可带动本地区养殖个体户发家致富；但从养殖数量来看，我国的茸鹿产业仍以个体养殖户为主体。近几年我国的鹿茸和鹿副产品销售市场和价格比较平稳，但因养殖场(家)的增多，出现了种鹿和仔鹿供不应求的局面，继而导致种鹿和仔鹿的售价持续上涨(尤其是母仔鹿)。

(2)毛皮兽：2003年度我国的貂、狐、貉、獭兔4种主要毛皮兽年初基础种兽存栏数达到280万只之多，年末共生产商品毛皮约1 370万张，较上一年度的毛皮生产量提高52%。其中，水貂、狐狸和貉子的主要产区在山东、河北(含北京、天津)、辽宁、黑龙江、吉林、内蒙古、河南、甘肃、山西等省区。由于受到国内裘皮加工业发展的带动和国际裘皮贸易量的影响，我国的毛皮兽养殖业近些年得到了突飞猛进的发展，养殖规模逐渐扩大，也涌现出相当数量规范化、科学化和产业化经营的龙头企业，从而带动广大个体养殖户发展这一产业。美国短毛黑貂和芬兰狐狸等良种的引进及消化吸收，有效地提高了我国毛皮的尺码和毛绒质量，并已培育出金州黑貂和吉林白貉新品种。此外，人工授精技术的广泛应用，也极大地促进了优良毛皮种兽的迅速扩繁和降低种兽养殖成本。1998—2003年国内水貂皮、银狐皮和白狐皮的市场售价比较稳定，而蓝狐皮、貉皮和獭兔皮的市场售价起伏较大(总的趋势是价格上扬)。

(3)珍禽：受2003年度SARS传染病和前几年珍禽发展过快及市场供过于求的影响，其产品售价逐渐下跌至微利的水平，从而使我国该年度的珍禽养殖规模继续紧缩。据有关资料的初步估算，2003年度我国的乌骨鸡、雉鸡、野鸭、番鸭、鹌鹑、肉鸽、鹧鸪、珍珠鸡、火鸡、鸵鸟、孔雀和大雁等12种珍禽的基础种群存栏数约500万只，全年上市商品珍禽1.4亿只左右，较上一年度下降了12.5% 。珍禽养殖业的特点，一是养殖区域非常广泛，遍及全国各省区；二是养殖规模较小，多为个体农户饲养，大型龙头养殖企业较少；三是受市场供求关系的影响，其价格波动较大。珍禽今后的发展趋势应该走“公司+农户”的模式，以开辟稳定的消费市场来促进其养殖业的有序发展，以科学规范的技术提高其养殖业的生产水平，以产品质量和食用安全求生存，以产品深加工带动其养殖业的发展。

2.饲料情况。

(1)茸鹿饲料：我国的茸鹿精饲料主要由玉米、高粱、稻谷、大豆、豆饼、菜籽饼、棉籽饼、葵花饼、亚麻饼、糠麸、磷酸氢钙、碳酸钙、骨粉和添加剂等构成；粗饲料主要由农作物秸秆(如玉米秸、谷草、豆秸、高粱秆等)、青贮饲料、干草、青草、树枝和树叶等构成。2003年度我国茸鹿养殖消耗的精饲料估算为27万t，其中98%的精补料是养殖场(家)自配，商品添加剂预混料和浓缩料仅为5 400t左右。目前，茸鹿养殖在饲料与营养上存在的主要问题，一是母鹿妊娠期和仔鹿育成期日粮的钙、磷比例失调(钙过量和磷缺乏)和含硫氨基酸不足，导致食毛和发育不良；二是饲料加工调制不当，维生素添加剂贮藏不当或调制不均，从而造成日粮中某些维生素缺乏；三是公鹿生茸期日粮中精饲料喂量过剩或蛋白质饲料比例过高，继而导致消化系统紊乱和饲养成本增高。

(2)毛皮兽饲料：2003年度，我国三十几家饲料厂共生产毛皮动物专用配合干饲料和添加剂预混料共计4.5万t左右，约占其饲料总消耗量的7.5% 。目前，大多数毛皮兽养殖场采用鲜动物性饲料(如海杂鱼、畜禽屠宰下脚料和废弃肉等)和谷物类、蔬菜等按一定比例混合、煮熟后进行饲喂，存在着饲料原料变动较大、饲料配比不够准确和潜在的安全隐患。粗略估计，2003年度全国饲养毛皮兽共消耗海杂鱼、畜禽屠宰下脚料和废弃肉等鲜动物性饲料71万t及玉米等谷物饲料33万t。

(3)珍禽饲料：2003年度全国饲养珍禽消耗饲料总量约68万t。其中，约有70%的养殖场(家)直接采用蛋鸡饲料、肉鸡饲料或家鸭饲料饲养珍禽，只有30%左右的场(家)根据其推荐营养标准或经验饲粮配方自行配制饲料而饲养珍禽。目前，我国珍禽养殖中存在的主要问题是缺乏系统的营养需要标准和科学的饲料配方，导致其生产性能不能充分发挥和饲料转化效率较低。

(4)其他特种动物饲料：狗、猫等宠物的专用饲料或食品在国内的几家饲料厂生产供应一部分，在市场上也可见到国外和台湾、香港等地的产品；肉狗、熊、林麝、麝鼠、海狸鼠等特种动物的养殖起步较晚，在其营养和饲料的研究上取得的成果很少，大多采用粗放的经验法进行饲养，市场上尚未见到成型的饲料产品。

3.存在的问题。

(1)各级主管部门或业务部门应加强科研经费的投入，以使特种动物的营养标准化和高效化。我国的特种动物养殖业起步较晚，属于新兴的产业，其营养与饲料方面的研究广度和深度远远落后于家畜和家禽，应尽快设立相应的研究课题和组织研究力量开展工作，最终摆脱特种动物经验法饲养的局面。首先应研究其营养素需要量和饲粮中适宜营养素水平，在此基础上，再进行饲料配方的筛选、饲料原料的开发、专用饲料添加剂的研制、饲料剂型和加工工艺等方面的研究工作。

(2)特种动物养殖业必须走绿色环保之路，其绿色安全饲料的开发势在必行。在配制特种动物饲粮时，首先要求合理搭配日粮营养和提高饲料的转化效率，以最大限度地降低营养物质的排泄和避免造成对环境的污染；其次必须推广应用绿色饲料添加剂，以减少或消除特种动物产品中的药物残留；再者要求饲料原料无污染和加工过程中的质量安全保证；并应采取切实可行的技术措施，以有效地控制特种动物养殖场(尤其是肉食性毛皮动物养殖场)的臭气排放。目前在畜禽上的研究表明，饲粮中添加β-葡聚糖酶、蛋白酶、植酸酶等可提高饲料转化率和氮、磷利用率，从而降低氮和磷的排放；饲用微生物制剂、活性多肽、寡聚糖、茶多酚、松针粉、大蒜素和中草药饲料添加剂等产品的应用，可有望替代抗生素。在特种动物养殖中，也应吸取畜禽上的教训，不能只注意眼前的利益而出现铜、锌和磷等营养素过量而造成对环境的污染。

(3)加强特种动物饲料的研制和市场开发力度。针对特种动物养殖规模小和养殖地分散的特点，应重点开发和推广其浓缩料、添加剂预混料，适度开发全价配合料，以充分利用当地的饲料资源和降低饲料的运输成本。

(4)特种动物养殖业及其饲料加工业的发展，应鼓励"公式＋农户"和"龙头企业＋基地"的经营发展模式。这一方面有利于其科技成果的尽快推广应用，另一方面也有利于产品的统一加工和销售，继而打造出规格化的特种动物品牌产品。

(王 峰 何艳丽)

饲料原料工业概况

2003 年饲料原料生产保持较高的水平，原料市场变化剧烈。2003 年，豆粕产量为 2 146 万 t，比上年增长 24.5%；鱼粉产量 54 万 t，增长 7.9%；肉骨粉产量 51.7 万 t，增长 31.9%；磷酸氢钙产量 230 万 t，增长 35.4%；赖氨酸产量 7.8 万 t，增长 47.2%；氯化胆碱 16.5 万 t，增长 12.2%。

【玉米生产、贸易及市场情况】 2003 年国内玉米生产情况：玉米播种面积达 2 406 万 hm^2，较 2002 年减少 57 万 hm^2，总产量达 1.15 亿 t，较 2002 年降低 547 万 t，产量在 2002 年恢复性增长后再次出现下降。2003 国内玉米种植面积降低，农业灾情严重，饲料玉米出现较大面积的减产，加之大量出口玉米等因素的影响。从而出现了玉米供不应求的局面，饲料玉米的缺口越拉越大，不得已只好动用库存。玉米库存占玉米总需求的比例正日益逼近国际警戒线。这同时也对我国粮食安全构成了严重威胁。玉米价格出现上涨是情理之中的事。

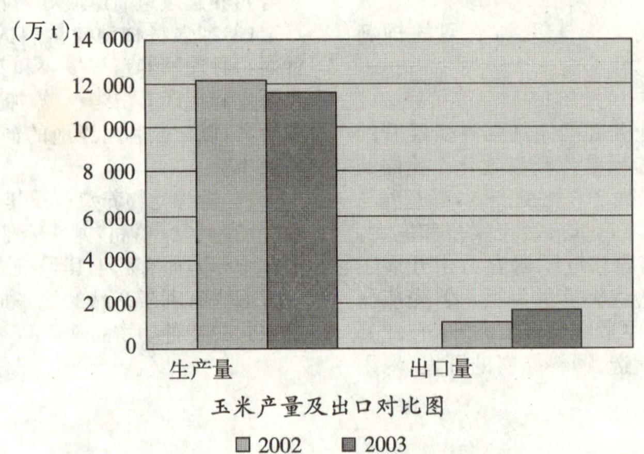

玉米产量及出口对比图

■ 2002 ■ 2003

2003 年玉米大量出口加大了国内玉米供需矛盾。根据海关总署数据，2003 年我国玉米出口总量为 1 638万 t，比上年同期增加 40.4%。2003 年我国累计进口玉米 92 t。出口的主要目的地包括韩国（803 万 t）、马来西亚（246 万 t）、印度尼西亚（160 万 t）、伊朗（160 万 t）、日本（130 万 t）、越南（34 万 t）、南非（26 万 t）。2003 年玉米出口的省区主要有：吉林（1 047 万 t）、黑龙江（221 万 t）、内蒙古（185 万 t）、辽宁（144 万 t）和河北（34 万 t），分别占到我国玉米出口总量的 63.9%、13.5%、11.3%、8.8%和 2.1%，这 5 个省的玉米出口量占到玉米总出口量的 99.6%。由于 2004 年我国玉米出口存在诸多不确定因素，导致 2003 年年底出口量迅速增加。

2003 年供不应求促使价格剧烈波动。2003 年我国玉米价格总体呈上扬趋势。长春地区在元月时最低出库价格是 920 元/t，最高在年底时上涨 1 130 元/t，上涨幅度为 230 元/t；广东港口价格由年初的 1 130 元/t 上涨至 1 460 元/t，涨幅达 28%。

2003 年玉米市场分析：

(1) 政策导向倾斜。国家继续发挥宏观调控的作用，加大力度提高粮食产量，提高农民收入。国家粮食价格的上涨是解决“三农”问题最为直接的有利保证，3 年内免征农业税更是表明国家对农民增收所下的决心。国家有可能减少原材料如钢铁、电解铝、水泥等固定资产的投入，而总体会更倾斜到国内粮食市场的安全问题上来。

(2) 供需矛盾突出。2000 年以来，我国玉米供需缺口连年扩大，连续几年的供给缺口达 2 000 万 t 左右，供给严重不足。

(3) 库存偏紧。库存连续降低而推动国内玉米价格上行。我国连续 4 年出现玉米产量下降而消费提高的局面。自 2000/2001 年度以来，我国玉米市场连续出现供需缺口，且缺口呈现逐年扩大态势，国内玉米库存水平因此连续加速下降，供求关系的改变是国内价格稳步上涨的主要动力。玉米深加工也在逐年上升，玉米酒精和淀粉的消费需求分别占玉米消费的 4.5%和 9%，其中淀粉消耗玉米仍在以每年 15%的速度递增。而其他如生产赖氨酸、燃料乙醇所使用的玉米也在逐年上升，这使得国内玉米的库存量不断下降。

(4) 运力紧张产区玉米持续上涨。2003年，物流问题成为中国国内玉米价格上涨的一个重要原因，成为后期价格波动的一个重要的原因。

一方面，铁路运输因客运高峰来临都会出现紧张局势，相对而言的节假日和外出旅游的增多，都会部分制约了玉米运力问题，使玉米地区间不平衡矛盾更为突出，从而加速玉米价格波动的速度及增加了波动的频率。

另一方面，由于南方稻谷价格飙升，国家为平抑价格而使东北铁路运输更倾斜于稻谷，稻谷的运力相对增加，导致东北的运输更加紧张，这样，玉米主产区的东北玉米价格会更为坚挺；同时，能源问题的紧张而使运费上涨及能源与谷物等运力竞争导致运输费用走高。区域间不平衡进一步加剧，玉米价格也会愈渐坚挺。

(5) 饲用玉米消费刚性增长。饲料业经历了SARS、原料涨价、禽流感带来的负面影响，但2003年我国的饲料产业仍保持较快发展，增幅达到4.7%，从而使饲料用玉米的消费在快速增长。

(6) 国际玉米价格上涨。由于国际玉米产量下降到历史新低，据国际粮农组织统计显示，2003年国际玉米产量约为6.35亿t，而国际玉米需求有可能达到7.22亿t左右，供求偏紧导致国际玉米价格上涨。CBOT玉米价格在2003年6月降到低点230美分/蒲式耳左右，2003年6月后CBOT玉米期价一路飙升。

国际玉米消费不断增长，10年来玉米消费以每年1 000万t的速度在递增，中、美两大消费国增长尤为明显。而全球玉米库存已经连续5年下降，几乎已达到1976年来的最低点，中国玉米库存下降更为显著。

到了10月，豆粕价格一路攀高，进一步推动作为替代性产品的玉米需求，中国国内玉米供需矛盾在第四季度达到高峰。国内运输能力的不足，加上出口商赶在年底前装运玉米出口，使得国内玉米价格在2003年末前创下多年高点。

【大豆和豆粕生产、消费、贸易与市场情况】 2003年大豆种植面积增加，产量下降。2003年我国大豆播种面积明显增加，达到913.3万hm^2。尽管面积大幅增加，但由于2003年产区遭受春旱、夏涝、秋雨，特别是干旱、低温和内涝灾情严重且影响面广，黑龙江、河南等主产区的部分地区损失较大，减产较严重。因此2003年我国大豆总产量不但未增产，相反还有所减产，产量仅达到1 540万t，较2002年下降约6.7%。2003年我国进口大豆2 074万t，较2002年增加83%。创下了我国年度大豆进口数量之最。

2003年我国豆粕产量约2 200万t，较2002年增长约700万t。从豆粕需求看，饲用豆粕约为1 800万t，较2002年增加约10.5%。出口豆粕77万t，较2002年降低23%。2003年豆粕总体供给略大于需求。

从市场价格看：2003年我国大豆进口数量的增多并未导致豆粕价格的大幅下跌，反之于下半年出现了暴涨行情，特别是10月以来市场价格的暴涨。豆粕市场平均价格与2002年相比增长500元/t左右，增幅近30%左右。造成国内大豆、豆粕价格上涨主要原因，既有国际期货价格走高的因素，又有油脂企业扩张争夺资源的因素，同时人为抬高市场价格也是非常重要的因素之一。另外，国内进口政策的变动也为油粕价格上涨起到推波助澜作用。

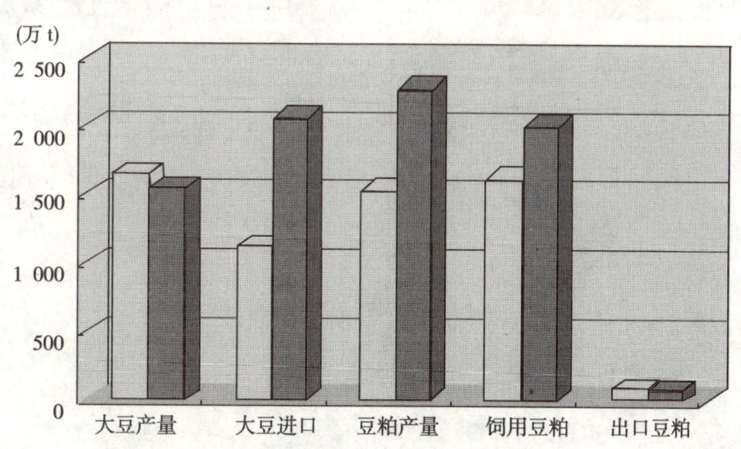

大豆、豆粕生产、消费和贸易情况

□2002年 ■2003年

【鱼粉生产、贸易与市场情况】 2003年，我国生产鱼粉54万t，较2002年增长8%，进口鱼粉为80万t，同比减少16%；总供给约130万t（不包括2002年库存鱼粉结转数），比2002年减少7%左右。而我国饲料鱼粉的总需求在140万t左右。就长期来看鱼粉市场供求矛盾越来越突出。在鱼粉市场价格方面，总体呈现走高态势，特别是2003年10月以来，在豆粕等蛋白原料价格的影响下，大部分时间出现高位运行。2003年我国累计出口饲用鱼粉4 160t，比上年同期提高10%。

2003年鱼粉价格振荡回升，低于2002年平均价格。从国内鱼粉价格走势图可以看出，从2003年

3月3日起，进口鱼粉的车船板价格由4 905元/t上升为6月10日的5 500元/t，上涨幅度为12.13%，之后开始下滑，至9月2日的5 170元/t，下降幅度为5.93%，之后价格开始缓慢上升，从10月中旬开始价格快速上涨，1周内价格上涨了9.80%。进入11月份以来，进口鱼粉价格振荡回落。2003年全年进口鱼粉车船板的平均价格为5 300元/t左右，比上年同期下降6.74%。2003年第四季度进口鱼粉车船板的平均价格为5 570元/t，比上年同期提高15.4%。

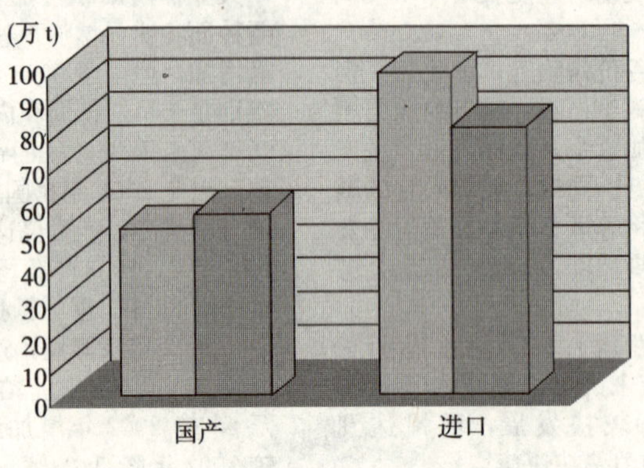

鱼粉产量与进口情况

■2002年 ■2003年

（孔平涛　王金文）

饲料添加剂工业概况

营养性饲料添加剂

【饲料级氨基酸】 随着我国饲料业的迅猛发展，饲料业对氨基酸的消费同步取得了长足发展。2003 年，我国赖氨酸和蛋氨酸的消费在 2002 年的基础上再创新高。同时，以往饲料消费较少的苏氨酸和色氨酸的消费也在提升。下面就 2003 年几种主要饲料级氨基酸情况进行简要概述。

1. 赖氨酸。作为饲料重要原料的赖氨酸，对饲料营养的均衡性起着举足轻重的作用。由于其复杂的生产工艺和技术难度，以及供求关系受人为因素影响较大，多年来，赖氨酸的市场价格成为重点炒作的饲料原料，2003 年更是达到前所未有的地步。2003 年赖氨酸供求基本平衡，从市场价格看，由于阶段性供求不平衡造成 2003 年赖氨酸价格与供求极不协调的剧烈震荡。

(1) 国产生产能力再上台阶。2003 年又有牡丹江绿津生物、山东巨能金玉米赖氨酸、福建沙县麦丹赖氨酸厂投产。山东巨能金玉米有限公司于 2003 年年底投产，设计能力约 3 万 t/年。麦丹生物工程有限公司，在 2003 年下半年有少量产品入市。牡丹江绿津设计生产能力约 2 万 t，于 2003 年 4 月投产。大成第三期蛋白赖氨酸投产，填补了国内 65%赖氨酸生产能力的空白，使 2003 年我国的赖氨酸生产能力扩大到约 20 万 t/年。

到 2003 年底，我国饲料级赖氨酸的主要生产厂家有：

我国饲料级赖氨酸主要生产厂家

品　　牌	生产能力（万 t/年）
大成生化	9
川化味之素	1.5
大泉	1.5
丰原生化	1.5
绿津	2
麦丹	2
金玉米	3

(2) 2003 年国内赖氨酸供求量增加。2003 年我国赖氨酸产量达到 7.8 万 t，出口 0.82 万 t，进口 7.55 万 t，国内供给量约 14.5 万 t 左右，略高于 2002 年的供给量；而 2003 年赖氨酸的需求总量达到 14 万 t 以上，供略大于求。

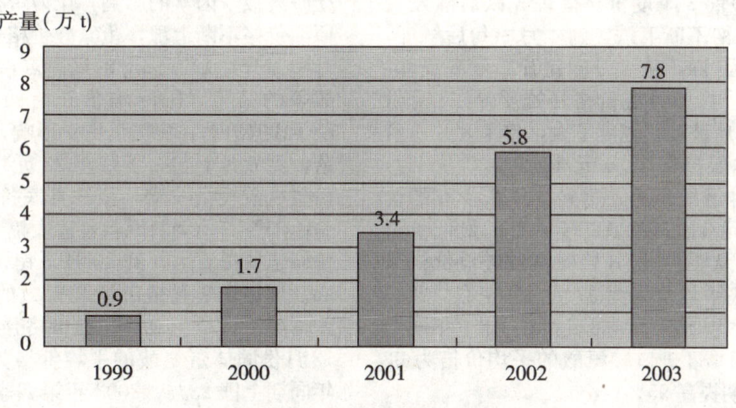

我国赖氨酸产量增长趋势图

(3) 国产赖氨酸的市场占有率继续提高。2003 年进口量占国内总供应量的 52%；国产赖氨酸占总供应量的 48%。进口赖氨酸所占比例逐年下降，国产占有率连续 3 年上升，由 2001 年 28%上升到 2002 年 35%，再上升到 2003 年的 48%，平均每年以约 10%的速度递增。

(4) 国内赖氨酸价格剧烈波动。2003 年国内赖氨酸价格剧烈波动，曾经历上半年的炼狱般的低价，后又在下半年出现望尘莫及的高价。

2003 年赖氨酸虽供略大于求，但是由于阶段性供求不平衡造成价格剧烈波动。前 3 季度总体供应趋紧，造成 9～10 月份诸多原因引发价格暴涨，而第一季度国内市场供过于求又造成价格不断下滑，到年底还有大量赖氨酸结存至 2004 年。

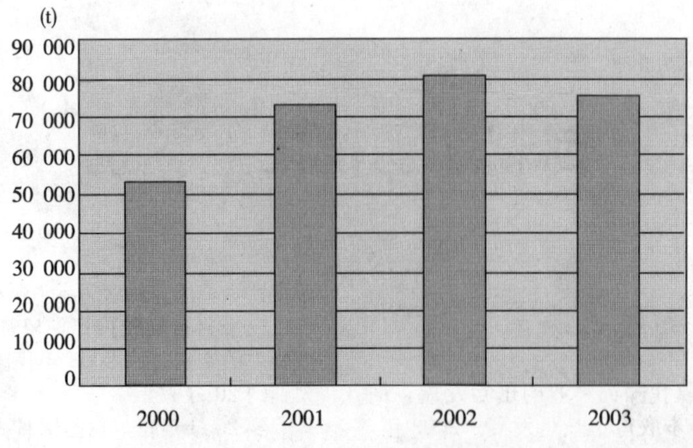

2000—2003 年来我国进口赖氨酸数量图

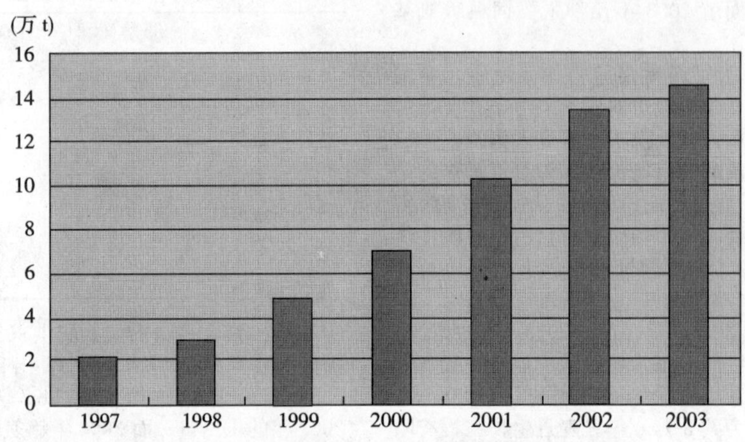

国内赖氨酸供应发展图

2003 年赖氨酸前 3 季度价格呈现先跌后涨发展趋势，第一季度价格不断下跌，到 4 月中旬后触底，最低价格接近 15 元/kg，从 4 月中旬开始触底反弹，平稳过渡到 6 月上旬，6 月底价格开始反弹，7 月份赖氨酸进口价格有所波动，幅度不大，整个 8 月份价格比较稳定，基本保持在 21.4 元/kg 左右，从 9 月底开始暴涨，10 月继续暴涨，达到数年来少有的价格，最高达到 50 元/kg，较 2003 年 4 月的最低价格高出了 3 倍还多。从 11 月份开始赖氨酸进口价格呈下降趋势，12 月底平均价格为 27 元/kg 左右。2003 年进口赖氨酸的平均价格为 24.8 元/kg，比上年同期增加 47.8%。第四季度进口赖氨酸的平均价格为 38 元/kg，比上年同期提高 95%。

2. 蛋氨酸。2003 年需求增长较快，供应仍然完全依赖进口。2003 年我国进口蛋氨酸达 7.28 万 t。目前向我国出口蛋氨酸生产厂有德国迪高沙公司、美国诺伟司公司、法国安迪苏、日本曹达、日本住友等。由于众多公司在我国都有销售，竞争也比较激烈。目前在我国销售的蛋氨酸形式也多样化，除传统的 DL-蛋氨酸外，还有蛋氨酸羟基类似物（液体蛋氨酸）等。

2003 年蛋氨酸价格波动较大，1～3 月份蛋氨酸受海湾战争因素的影响，作为蛋氨酸生产原料的国际原油价格不断上涨，蛋氨酸价格因此不断上涨，到 3 月中旬升到 27 元/kg 的最高点，4～6 月份随着海湾战争的结束，国际油价开始回落，以及国内遭受 SARS 的浩劫，禽类消费受影响，蛋氨酸价格开始回落，到 6 月上旬，下跌至 23 元左右。6 月底到 8 月份蛋氨酸轻微波动，至 8 月底价格开始回升，10 月份由于受其他饲料原料普遍大幅上涨的影响，蛋氨酸价格也扶摇直上，到 10 月下旬价格上升为 27.9 元/kg。但需求毕竟是市场最有力的主宰。在需求疲软的情况下，12 月初蛋氨酸价格开始回落。2003 年1～12 月份固体蛋氨酸的平均价格为 25.6 元/kg，比上年同期上涨 23%，2003 年第四季度进口蛋氨酸的平均价格为 27.5 元/kg，比上年同期提高 15%。

蛋氨酸供求情况：据国家海关总署统计，2003 年进口蛋氨酸 7.29 万 t，比上年同期增加 35.43%，主要是从日本（1.98 万 t）、美国（1.92 万 t）、比利时（1.88 万 t）、德国（0.76 万 t）等国进口。

到 2003 年底，我国蛋氨酸的生产尚为空白状态，因此业内人士呼吁我国应在蛋氨酸方面加快研究与发展步伐。

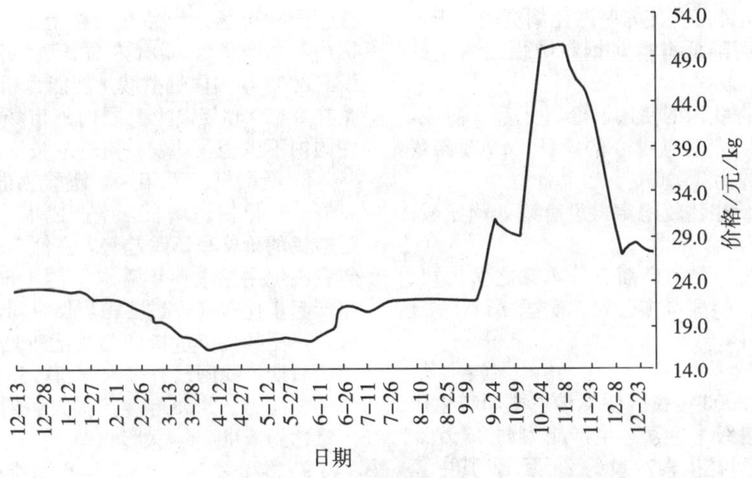

2003 年进口赖氨酸市场价格走势图

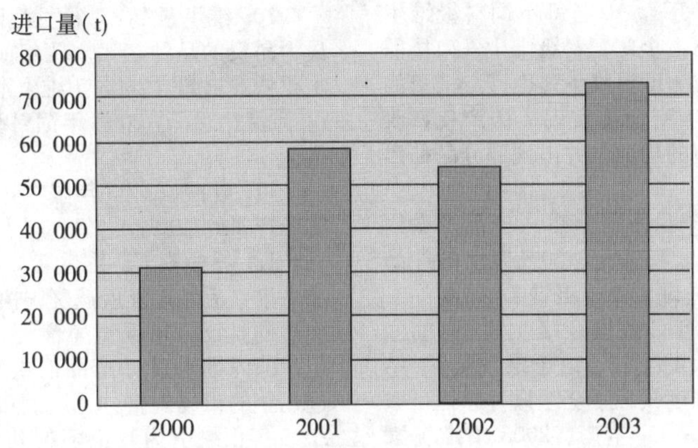

2002—2003 年国内蛋氨酸进口数量对比图

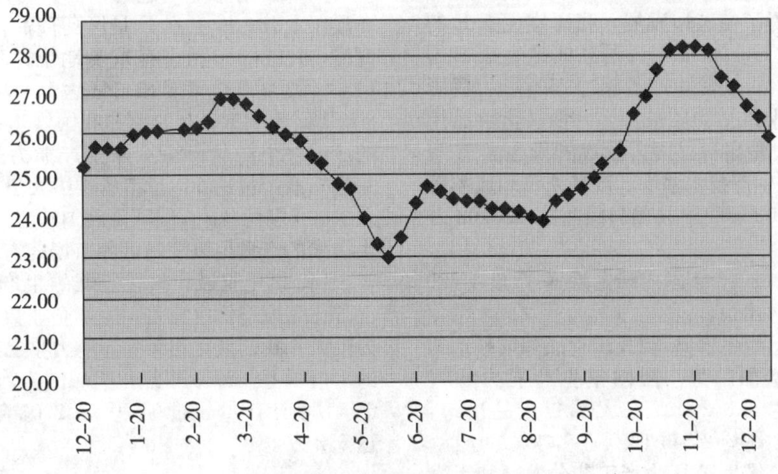

2003 年国内蛋氨酸价格走势图

3. 苏氨酸。在饲料中添加氨基酸除赖氨酸、蛋氨酸外，在国外比较常用的还有苏氨酸和色氨酸。由于苏氨酸生产成本较高，国内目前还没有大型生产厂家。动物营养学认为，苏氨酸是畜禽的必需氨基酸，是畜禽日粮中的第二或第三限制性氨基酸。它在动物体内具有极其重要的生理作用，如提高饲料报酬、促进生长、增强免疫机能等；使氨基酸比例更接近于理想蛋白质模式，从而降低畜禽对饲料中蛋白含量的要求。

2003年苏氨酸在我国的使用已经进入起步阶段，根据中国饲料工业协会信息中心的统计，2003年我国苏氨酸的消费量约为2 000 t。

2003年苏氨酸价格比较稳定，没有诸如赖氨酸、蛋氨酸价格的大起大落。

饲料级苏氨酸的主要生产商有日本味之素公司、德国的迪高沙公司、韩国希杰公司、美国ADM、日本协和公司等。

（李 友）

【饲料级维生素】 2003年我国各类维生素原料生产企业约120家，饲料级维生素总生产能力约25万t/年左右。2003年全国维生素产量约23万t，其中氯化胆碱12万t左右，维生素C约6.5万t，维生素E约2.6万t，维生素A约0.5万t，泛酸钙约0.7万t，其他维生素产量0.5万t。中国每年饲料级维生素市场需求量约12万t，占全球饲料级维生素市场需求量1/5左右。我国已成为世界维生素生产与消费的重要市场。14种维生素生产全部实现了国产化，改变了维生素长期依赖进口的局面，并出现部分品种出口的绝对优势。

1. 维生素A。2003年我国维生素A产品产量约5 000t，主要用于饲料行业和医药，80%以上的产品用于动物饲料，2003年进口814t，出口2 016 t。

2. 维生素D_3。近几年，我国在维生素D_3的生产技术和产业化上有很大的突破。由于维生素D_3结构较为复杂，合成工艺难度较大，全球只有屈指可数的几家公司能进行维生素D_3生产。2003年维生素D_3粉的生产能力达到3 000t，维生素D_3粉的生产量达到2 600t。

3. 维生素E。维生素E中间体生产在国内20世纪90年代后期取得了突破性发展，我国维生素E的生产呈现跳跃式发展。2003年我国总体维生素E的生产能力超过4万t，实际生产量超过25 000t。我国维生素E用在饲料中占50%～70%，食品化妆品用量约占10%，有大量出口。国内合成的维生素E与国外同品种相比，生产技术水平、产品质量和成本等方面相差不大。2003年我国共出口维生素E 2.08万t，进口1 003 t。

4. 维生素K_3。2003年国内维生素K_3产量1 600 t。其中60%～70%出口。

5. 维生素B_1。维生素B_1在我国食品和饲料工业中的使用呈逐年增加趋势。国内年生产能力超过3 600 t，生产量达到3 200t，有大部分产品出口，2003年出口维生素B_1约2 544 t。

6. 维生素B_2。维生素B_2生产工艺分发酵和半发酵两大类。2003年国内形成生产能力3 000t/年，产量超过2 500 t，2003年出口达1 292 t。

7. 烟酸/烟酰胺。2003年，国内生产烟酸的企业生产能力较大，但实际产量较低。主要因生产原料受控于国际市场，产品在价格上缺乏竞争力。2003年国内的总产量为300 t左右。

2003年国内烟酰胺生产能力超过4 000 t/年，产量在3 600 t/年以上。国内外市场需求的不断扩大，使国内不少企业萌发投资烟酰胺生产的意图。

8. 泛酸钙。近年来，泛酸钙的生产得到了快速发展，产量快速增长，生产成本下降。2003年国内泛酸钙的价格呈下跌趋势，售价70～80元/kg。2003年我国饲用泛酸钙年需求量约1 500 t。我国泛酸钙生产起步比较晚，过去相当长时间，由于拆分技术不成熟，泛酸钙以进口产品支配市场为主。20世纪90年代后期，我国已有多家制药厂和化工厂具备生产泛酸钙的能力。2003年生产能力达到8 000 t/年，实际产量达到6 000 t，大量出口。

9. 维生素B_6。2003年我国维生素B_6生产能力约为3 000 t/年，产量约2 500 t/年。产品主要以出口为主，2003年我国出口2 094 t。

10. 维生素B_{12}。维生素B_{12}是维生素产品中价格最为昂贵的品种之一。几年前，我国饲用维生素B_{12}主要依赖进口。2003年维生素B_{12}纯品生产能力达12 t，产量达10 t。2003年饲料级1%的维生素B_{12}出口量达568 t。

11. 叶酸。2003年国内叶酸生产能力约800t/年，实际产量约400 t。

12. 维生素C。维生素C是我国产量最大的一种维生素，近年来发展速度很快。当前世界市场生产处于过剩状态，市场竞争激烈，我国国内市场消费不足，国内维生素C产品的主要出路为出口。我国经过几年的市场调整，无序的市场竞争基本得到扼制，2003年仅剩下为数不多的几家维生素C出口企业，依靠抓质量、降成本而得以立足。2003年国内维生素C的生产能力在7万t/年左右，产量约为6.5万t，主要用于医药行业，近几年，饲料用维生素C量也在逐年上升。维生素C是医药商品出口创汇的拳头商品，在国际市场占有重要地位。其中产量80%出口。2003年维生素C出口量达5.4万t。

13. 生物素。生物素是我国维生素产品研制开发的最后一个产品。2003年生产能力达80 t，生产纯品生物素产量达50 t。市场供给大于需求，销售价格从1 000多元/kg直线下降到100多元/kg。中国国内生物素的产量足以满足世界市场的需求。

14. 氯化胆碱。氯化胆碱的生产工艺相对简单，上游化工原料供应充足，生产企业数量多，总生产能力较大。我国氯化胆碱生产能力早已超出实际需要量的1倍以上，2003年氯化胆碱的生产能力超过15万t/年，实际产量超过12万t。2003年胆碱的出口量达5.2万t。

（朱晓绢 李 友）

【矿物质微量元素】 我国矿物质资源比较丰富，配合饲料所需的微量元素几乎都可生产。与其他类的添加剂相比，矿物质微量元素的生产工艺比较简单，尽管国内的需求在不断增加，但生产能力完全可以满足需要，而且生产水平还在不断提高，有些产品的结晶水已由7水减到1水，如氧化锌、硫酸铜等。氨基酸微量元素络合物的生产也在不断增加。矿物质微量元素主要生产厂家见下表。

我国矿物质微量元素主要生产企业

产 品	生 产 企 业	生产能力（t/年）	备 注
镁盐	上海宝达化工有限公司	10 000	硫酸镁
	山西南风化工集团股份有限公司	15 000	硫酸镁
	江苏省盐业公司灌东化工厂	10 000	硫酸镁
	天津长芦汉沽盐场有限责任公司	60 000	氯化镁
	辽宁盘锦兴海制药有限公司	5 000	碳酸镁
	江苏宜兴市东方精细化工厂	2 500	碳酸镁
铁盐	江苏镇江钛白粉厂	20 000	钛白副产
	北京北化精细化学品有限责任公司		硫酸亚铁
	南京油脂化工厂	1 000	硫酸亚铁
	济南裕兴化工总厂	70 000	硫酸亚铁
	湖北省襄樊市无机化工总厂	12 000	硫酸亚铁
	安徽铜化集团宏大化工有限公司	2 000	硫酸亚铁
铜盐	北京北化精细化学品有限责任公司	100	硫酸铜
	天津市兽药二厂	5 000	硫酸铜
	上海科昌精细化学品公司	100	硫酸铜
	四川省双流县磷肥厂	200	硫酸铜
	安徽铜陵有色金属集团公司	2 500	硫酸铜
	山东烟台金河实业有限公司	1 500	硫酸铜
	大连瓦房店市化工厂	1 000	硫酸铜
锌盐	北京北化精细化学品有限责任公司	200	硫酸锌
	广西柳州锌品集团		氧化锌
	江苏扬州天龙化工有限公司	10 000	氧化锌
	山东招远市新亚化工厂	300	硫酸锌
	河北省高邑县国光化工厂	2000	氧化锌
	江苏徐州化肥厂	3 000	硫酸锌
	广西西江化工有限责任公司	6 000	氧化锌
锰盐	北京北化精细化学品有限责任公司	1 000	硫酸锰
	长沙化工厂	80 000	硫酸锰
	云南蒙自氮肥厂	2 000	硫酸锰
	湖南省长沙县兴达化工厂	5 000	硫酸锰
	四川德阳柏隆化工厂	2 000	硫酸锰
钴盐	北京北化精细化学品有限责任公司	10	氯化钴
	上海科昌精细化学品厂		氯化钴
	上海缪城化学品厂	20	氯化钴
	江苏阜宁化工厂	60	氯化钴
	大连太平洋钴镍品厂		氯化钴
	浙江湖州第二化工厂	100	氯化钴
硒盐	北京北化精细化学品有限责任公司		
	上海金山区兴塔美兴化工厂	50	亚硒酸钠
	陕西省石油化工研究设计院	20	亚硒酸钠
	成都龙泉微量元素厂		
碘盐	北京北化精细化学品有限责任公司		碘化钾
	浙江仙居制药厂三分厂	15	碘化钾
	重庆化学试剂总厂	5	碘化钾
	东北制药厂		
	浙江杭州电化集团叶绿素厂		
	天津制药厂		

随着配合饲料、添加剂预混料和浓缩饲料产量的增加，以及饲养水平的不断提高，矿物质微量元素的消费量越来越大。根据2003年饲料工业的生产情况，全国矿物质微量元素的消费量在32万t左右，其中用量较大的产品有硫酸镁、硫酸亚铁、硫酸锌和硫酸锰4类产品，分别为6.5、8.5、6.5和6.5万t，约占总消费量的90%。

除以上微量元素外，磷酸盐是用量最大的矿物质饲料添加剂，其中以磷酸氢钙为主。自2000年以来，由于肉骨粉的禁用，促使饲料业对磷酸氢钙需求的增加，国内现有磷酸氢钙生产企业200家左右，主要集中在四川、云南、湖南、贵州等磷矿资源比较丰富的地区，总生产能力已达180万t/年，最大生产企业是四川龙蟒集团（60万t/年）。2003年全国饲料磷酸氢钙的产量超过150万t，除国内消费外，还有一定的出口，而且近年来出口持续增加，2003年的出口量已超过30万t。由于产量的增加，市场上磷酸氢钙的价格也大幅度下降，促进了饲料生产的发展。

（韩秋燕）

非营养性饲料添加剂

【着色剂】 随着畜产品竞争的加剧，饲养者为了改变产品的外观，扩大产品的销售，越来越多地使用具有特殊功能的色素，如用于水产养殖的虾青素。目前我国批准使用的色素有β-胡萝卜素、虾青素、辣椒红、叶黄素、柠檬黄和斑蝥黄等7种产品，主要用于家禽和水产饲料，以及宠物饲料。其中用量较大的品种是柠檬黄、虾青素。由于β-胡萝卜素、辣椒红等价格较高，难以在饲料生产中使用。

因为色素的使用基本不能改进畜产品的营养价值，而且如不能严格按国家规定添加允许使用的色素，而用一些工业用染料或颜料，还会带来不良的后果，所以国家不鼓励配合饲料中大量使用色素。但由于畜产品的色泽是给消费者最直接的第一感官，色素的使用在不断增加。2003年的消费量在140 t左右。

目前色素的重点生产企业有天津市恒泽化工科技有限公司、杭州民生药厂添加剂分厂及广州威尔斯饲料集团有限公司等企业。此外，食用色素完全可以用于饲料生产中，除天然食用色素外，我国现合成食用色素的生产能力较大，在满足食品工业需要的同时，可以满足饲料工业的需要。我国合成食用色素技术力量较强、生产能力较大的单位是上海染料研究所和天津染料研究所。

由于人们对合成色素的安全性存在一定的质疑，天然色素和仿天然色素将越来越受到重视，如虾青素、β-胡萝卜素和叶黄素等，此类产品的使用量越来越多，其安全性比较高。

（韩秋燕）

【黏结剂】 黏结剂也称赋型剂，是生产颗粒饲料，特别是水产饲料必不可少的加工助剂。我国的水产养殖业居全球第一位，随着养殖规模的扩大，水产饲料的生产量以高于全国饲料平均增长速度发展，2002年的产量已达到710万t，因此促进了黏结剂的发展。

根据来源不同，黏结剂分天然和人工合成两大类。根据我国的规定，有海藻酸钠和α-淀粉、羧甲基纤维素钠（CMC）、以及聚丙烯酸钠等。

α-淀粉是目前用量较大的一种黏结剂，20世纪80年代末由于水产养殖业的需要，广东佛山溶剂厂等单位建设了小规模的生产线。随着水产养殖业的迅速发展，全国水产饲料的生产量越来越大，1994年佛山溶剂厂进行了扩建，使其α-淀粉的生产能力达到1万t/年。目前，全国现有生产单位20余家，主要有广东佛山溶剂厂、广西明阳淀粉厂，总计生产能力为15万t/年左右，2003年全国产量约12万t，主要生产企业的情况如下表。

α-淀粉主要生产企业

企业名称	生产能力（t/年）
广东佛山溶剂厂	10 000
福建怡昌公司	10 000
山西沅达公司	10 000
广西明阳淀粉厂	3 000
江苏省东台市港淀粉厂	3 000

海藻酸钠是一种性能优良的黏结剂，但由于受原料来源的限制，其产量低于α-淀粉，但价格高于α-淀粉。我国现有海藻酸钠生产企业20余家，但生产规模均比较小，主要分布在山东、福建、浙江等沿海地带。2003年全国海藻酸钠的总产量约8 500t，大量产品供应出口和食品加工。主要生产企业的生产情况见下表。

海藻酸钠主要生产企业

企业名称	生产能力（t/年）	2003年产量（t）
青岛黄海海藻工业公司	3 800	3 500
青岛南洋海藻工业公司	2 000	1 200
中国人民解放军第九七三三工厂	1 100	850
山东日照洁晶（集团）股份有限公司	3 500	3 500
山东乳山市黄海化工厂	500	400
江苏赣榆县七二化工厂	1 250	1 000

目前，全国CMC的生产厂家达40余家，总生产能力在7万t/年以上，2003年产量已近6万t，除用于饲料生产外，大量用于建筑和食品工业中。2003年主要CMC生产企业的情况见下表。

2003年主要CMC生产企业

企业名称	生产能力（t/年）	2003年产量（t）
苏州依利法化工有限公司（原苏州益民化工厂）	2 000	1 500
苏州新日精细化工有限公司	2 000	1 300
上海青东化工厂	5 400	4 000
上海赛璐璐厂	3 000	2 600
浙江省临海市龙华化工厂	1 500	1 400
江苏张家港三惠化工有限公司	3 000	2 200

（续）

企 业 名 称	生产能力（t/年）	2003年产量（t）
泰安市九龙化工总厂	1 000	600
重庆桥丰化工厂	6 000	3 100
四川泸州化工厂	2 300	900
西安惠安化学工业有限公司	2 000	1 500

（韩秋燕）

【抗结块剂】 为防止加工和贮存过程因水分变化而造成饲料结块，影响饲料质量而使用的添加剂为抗结块剂。此外，一些添加剂或添加剂预混料也将这类物质用作载体，以防止添加剂变性和结块。目前，我国批准使用的抗结块剂有二氧化硅、硬酯酸钙、硅酸钠和硅酸钙等。

我国长江以南地区由于气候的原因，常年湿度较大，如不对饲料进行适当处理，极易结块，而长江以南的广东、江苏、上海、江西、四川、湖南和湖北又是我国配合饲料和养殖业比较发达的地区，因此对抗结块剂的需求量较大。

我国现有数百家工厂可生产以上4种产品，主要生产厂家见下表。

抗结块剂主要生产厂家

企 业 名 称	产 品	能力（t/年）
上海牙膏厂有限公司	二氧化硅	2 000
茂名高岭土工业有限公司	二氧化硅	150 000
江苏兰陵化工（集团）公司	二氧化硅	1 500
北京市红星泡花碱厂	硅酸钠	50 000
天津市泡花碱厂	硅酸钠	56 000
内蒙古乌海化工厂	硅酸钠	20 000
锦州化工三厂	硅酸钠	20 000
上海星火化工厂	硅酸钠	72 000
南京无机化工厂	硅酸钠	15 000
江苏德邦化学工业集团有限公司	硅酸钠	10 000

抗结块剂的使用完全是根据生产的实际情况而定，因此用量不详。

（韩秋燕）

【乳化剂和稳定剂】 乳化剂的作用是将两种或两种以上互不相容物质制成混合均匀的单一相物质，由于许多维生素等饲料添加剂为脂溶性产品，在配制人工乳时难以与其他饲料成分混合，此外一些以饮水方式投料的添加剂难溶于水中，必须通过乳化剂将其配制成可溶于水的乳液，以便动物采食。

我国现批准使用的乳化剂有甘油酯肪酸酯、蔗糖脂肪酸酯和山梨醇酐脂肪酸酯等产品，主要用于人工乳的生产中。

我国现有多家生产以上3种产品的企业，其产品除用于饲料工业外，大量用于食品工业中。2003年全国以上3种产品的产量在20 000t左右，产品主要用于食品工业。主要生产企业的情况见下表。

乳化剂和稳定剂主要生产企业

企 业 名 称	产品名称	生产能力（t/年）
大连中兴有机化工厂	蔗糖脂肪酸酯	100
上海伊凡尔精细化工有限公司	蔗糖脂肪酸酯	300
金华市迪耳糖酯化工有限公司	蔗糖脂肪酸酯	400
杭州市桐庐化工公司	蔗糖脂肪酸酯	
山西颐泰恒精细化学有限公司	甘油脂肪酸酯	
广州市天河美嘉食品科技实业有限公司	甘油脂肪酸酯	
重庆市侨丰化工厂	甘油脂肪酸酯	
上海油脂二厂	甘油脂肪酸酯	
辽宁旅顺化工厂	山梨醇酐脂肪酸酯	400
山东寿光市助剂厂	山梨醇酐脂肪酸酯	500
南宁化工集团公司	山梨醇酐脂肪酸酯	300

随着饲养水平的提高，饲养业对配合饲料的质量要求将不断提高，因此对于乳化剂的需要量将逐渐增大，并且复配性乳化剂的生产是未来的发展方向。

（韩秋燕）

【抗氧化剂】 空气中的氧是造成饲料中的脂肪、蛋白质、碳水化合物及维生素等变质腐败的诱因。氧化变质的饲料产生异味，不仅影响饲料的适口性，降低采食量，甚至引起拒食。即使食入后也会引起有效成分被破坏而降低饲料的营养价值，同时也会损害动物的健康。在饲料中添加抗氧剂即可防止饲料氧化变质，因此抗氧剂又称作饲料保存剂中的一个重要组成部分。

我国已批准使用的抗氧化剂是乙氧基喹啉（乙氧喹）、二丁基羟基甲苯（BHT）、丁基羟基茴香醚（BHA）和没食子酸丙酯4个品种。由于价格的原因，主要使用的是乙氧喹，它不仅用于配合饲料，还较大量地用于鱼粉中。我国乙氧喹主要用作饲料抗氧化剂，少量用作水果保鲜及其他，BHT则主要用作食品抗氧化剂，饲料中应用量不大。乙氧喹生产企业如下表。

乙氧喹生产企业

公 司	生产能力（t/年）
上海市长征第二化工厂	1 000
上海福达精细化工有限公司	3 000
广州天科科技有限公司	
江苏中丹化工集团	2 000
南通利田化工有限公司	2 000
珠海和丰精细化工有限公司	

BHT 生产企业

公　司	生产能力（t/年）
上海化原精细化工有限公司（原向阳化工厂）	1 700
辽宁滨河化有限公司（原滨河化工厂）	2 000
上海益民食品四厂	

1991 年以来，我国共批准进口抗氧剂饲料添加剂 10 余种，主要是乙氧喹及 BHT 和其他成分，如 BHA 和 PG 等的复配物。近年来，由于饲料的卫生受到关注，抗氧剂的使用增加比较快。2003 年估计用量约 4 800t，其中乙氧喹的使用量占 95%以上，由于 BHT 的价格较高，用量非常有限，通常是与其他产品配合使用。

复合型抗氧化剂的各组分可发挥协同作用，增强抗氧效果。近年来，已开发多种复合型抗氧剂，如加入异维生素 C、TBHQ 及柠檬酸等组分，上海长征第二化工厂研制的“克氧灵”已经面市；北京桑普生物化工公司研制的“抑氧”，广州天科科技有限公司研制的“天科素”抗氧灵等，由单一型转向复合型是今后发展的方向。

（韩秋燕）

【防腐剂】 饲料中含有丰富的蛋白质、淀粉、维生素等营养成分，在高湿高温的条件下，容易因微生物的繁殖而产生腐败霉变。霉变的饲料不仅影响适口性，降低采食量，还会影响饲料的营养价值，而且霉菌分泌的毒素还会引起畜禽拒食、呕吐、腹泄、生长停滞以至死亡。因此，在雨季和夏季生产和贮存配合饲料都需加入防腐防霉剂。引起饲料霉变的霉菌种类主要有黄曲霉菌、赭曲霉菌、禾谷镰刀菌、扩展青霉菌等。

目前，饲料中添加使用的防霉剂可分为有机酸及其盐、有机酸酯、中草药等几大类，常用的是有机酸及其盐，其中用量最大、应用最广的为丙酸和丙酸盐。

我国对于饲料防霉剂的研究尽管时间较短，但是随着畜牧养殖业的迅猛发展，无论在产品的研制和生产方面还是在产品的应用技术研究上，已取得长足的进步。

我国已正式批准使用的防腐剂有 5 类 13 个品种，即丙酸类包括丙酸、丙酸钠和丙酸钙；甲酸类包括甲酸、甲酸钠和甲酸钙；柠檬酸类包括柠檬酸钠；乳酸类包括乳酸、乳酸钙和乳酸亚铁；富马酸。目前配合饲料主要使用丙酸类，青贮饲料则主要使用的是甲酸类。以上产品的主要生产厂见下表。

近几年来，使用双乙酸钠作为防腐剂有所发展，主要生产厂家是：上海市浦东区三维饲料添加剂厂、上海科昌精细化学品公司、山东周平康复福利有机化工厂、青州市利龙饲料有限公司、昌邑市友详动物保健品厂、河南新乡石油化工厂、山西三维集团股份有限公司（10 000t/年）。

1991 年以来，我国共批准进口防腐饲料添加剂数 10 种，主要是丙酸及其盐类以及与其他多种成分，包括山梨酸、乙酸、苯甲酸等的复配物。

防腐剂主要生产厂家

产　品	生产单位
丙酸盐类	黑龙江鹤岗市红旗精细化工厂 江苏泰县食品化工厂 杭州群力营养源厂 福建泰宁县精细化工厂 广州化学试剂二厂
甲酸钠和甲酸钙	天津有机合成厂 长春市化工五厂 连云港锦屏化工厂 株州市有机化工厂 广东省梅县化工厂 淮安防霉剂厂
柠檬酸和柠檬酸钠	安徽丰原集团（原蚌埠柠檬酸厂） 湖北黄石柠檬酸厂 湖南宁乡石油化工厂 无锡中亚化学有限公司
乳酸及乳酸钙	河南郸城生物化学厂 湖北亚风乳酸集团 无锡第二制药厂 山西关宝乳酸有限公司
富马酸及其酯类	苏州合成化工厂 河南周口地区科利达精细化工厂 江苏省吴县牡丹化工厂 宁夏正元精细化工有限公司 广东增城康达斯化工有限公司 安吉县吉达精细化工厂

2003 年饲料工业中防腐剂用丙酸及其盐类估计为 15 000t；甲酸及其盐类 1 200t，富马酸 300t，双乙酸钠约 2 000t，其他 1 500t，总计在 20 000t 左右。其中进口丙酸 16 233t，丙酸盐约 4 390t。

复合性防腐剂的各组分可发挥协同作用，拓展抗抑菌谱，增强防腐防霉效果。近些年来，国内多家厂商已开发多种配合饲料用复合型防腐蚀剂，如深圳市永鲜精细化工有限公司的“永鲜宝”和“霉天敌”，重庆威士化工有限公司的“克霉灵”，北京桑普生物化学技术公司的“除霉净”，上海邦成饲料科技有限公司的“霉克净”等。

（1）生产发展参差不齐。丙酸及丙酸钙：丙酸和丙酸钙是目前我国饲料防霉剂使用量最大的产品。世界上最大的丙酸生产企业是德国巴斯夫公司。由于掌握了生产丙酸的先进技术，使得巴斯夫的丙酸产品占有极大的市场份额。我国从 20 世纪 80 年代起开始进行丙酸合成技术的研究，但是到目前为止我国丙酸年产量仍只有 200t 左右，饲料用丙酸大部分依靠进口。丙酸钙是丙酸和钙盐反应生成的产物，其生产工艺简单，因此国内有多家丙酸钙生产企业、市场基本处于饱和状态。

双乙酸钠：近年来，我国双乙酸钠（SDA）发展较快，特别是中美合资山西三维欧美科化学有限公司建成了大型SDA生产装置，产能为1万t/年，产品已经投放市场。该装置全部由美国OMEX公司引进，并采用世界最先进的一步合成法技术，生产食品级、饲料级2个牌号的产品，产品质量达到FAO、WHO和FDA标准。尽管三维大型SDA装置投入运行在一定程度上弥补了市场供应缺口，但仍然不能满足国内的需求。随着SDA应用的推广和普及，其需求量将会进一步增大。

山梨酸及其盐作为霉菌、酵母菌的抑制剂，主要用于食品防霉和保鲜剂。山梨酸及其盐是我国食品行业中一个重要的产品，其年产值近10亿元，2002年产量达到3万t，其中出口占总生产量的85%以上。我国山梨酸及其盐在国际市场的占有率由1996年的30%提高到2002年的70%以上，且还在进一步扩大。但国内山梨酸生产发展的速度已超出了市场需求的自然增长，尤其大家看好的山梨酸延伸——山梨酸钾。目前，山梨酸及其盐类防霉剂在国内饲料中占据的额度还很小。富马酸二甲酯的防霉效果最好，目前已用作食品和饲料防霉剂。富马酸二甲酯是美国20世纪80年代开发出来的一种新型防霉剂，商品名为“霉敌”，具有高效、低毒（LD大鼠口服为：2 240mg/kg），对饲料中的许多霉菌如黄曲霉、黑曲霉、青霉、高链孢霉、白地霉、串珠镰刀菌等具有特殊的抑制效果，并具有抗真菌的能力。富马酸和富马酸酯类产品目前在我国还处于扩大市场应用阶段，其生产能力呈上升的势头。

（2）存在的问题。目前我国饲料中添加的防霉剂绝大多数产品是由几种防霉剂或具有防霉功效的物质复合配制而成，目的是通过2种或2种以上的防霉剂并用，起到协同抑制霉菌生长的作用。这种协同作用主要体现在3个方面：①扩大了防霉剂的pH作用范围；②拓宽了防霉剂的抗菌谱范围，单一防霉剂不可以同时对抗存在于饲料中的所有微生物，而几种以上的防霉剂混合物就扩大了其作用范围；③抑菌作用时间上的互补，将常用的具有长效作用的防霉剂和具有作用迅速而耐久性较差的防霉剂混合使用，可起到协同作用。

目前在饲料中使用的防霉剂种类较多，而且不同种类防霉剂的作用效力也不同，在饲料中的添加量也存在着较大的差异，同时饲料保存时间、含水量及其他许多因素均影响防霉剂的用量。因此，防霉剂在饲料中的实际添加量往往要视具体情况而定。一般情况下，当饲料含水量小于12%时，可以不添加或少添加防霉剂，而当饲料中的含水量在12%～20%就必须添加防霉剂，其添加量随含水量的增加而提高。当饲料需要较长的货架期时，防霉剂的添加量应增多。

（3）技术创新、应用观念相对滞后。①技术创新力度不够，发展理念滞后。我国是养殖大国，也是饲料生产和消费大国，饲料防霉剂的用量较大。但是目前我国饲料防霉剂产品的生产状况并不理想，尤其是市场上消耗数量巨大的丙酸产品问题更是突出。我国在“七五”期间就开始进行丙酸的工业化生产技术的攻关工作，但是直至今日，我国使用的丙酸仍然需要大量进口，国产丙酸无论从生产成本还是产品质量上都无法与国外同类产品进行竞争。改革开放以来，我国的化工企业和食品轻工企业对食品和饲料防霉剂的生产加大了投入，使得我国防霉剂的种类、数量和产品质量有了极大提高。但是由于我国的市场经济秩序还不十分完善，加之国人具有一拥而上的习惯，使得在一些防霉剂如山梨酸及其盐的生产上出现了供过于求的局面，并形成了市场恶性竞争。同时对于饲料防霉剂的应用技术缺乏系统深入的研究，对于现有防霉剂的纵深效果，如一些有机酸及其新型盐类化合物，可替代抗生素类促生长剂的效果更是研究不够。②对饲料防霉剂重要性的认知程度不够世界上每年大约有25%的谷物遭受各种霉菌污染，我国是霉菌毒素的重灾国，每年损耗的粮食占总量的9.7%左右，约400亿kg。然而霉菌毒素的危害还没有引起尤其是北方地区的饲料厂及养殖厂的关注，我国畜禽、水产品价格多年来低价位徘徊，迫使饲料生产企业鉴于成本的考虑，过早停用或常年不用防霉剂，也是造成我国饲料防霉剂发展十分缓慢的重要原因之一。③缺乏国际市场竞争力。尽管国内饲料防霉剂的产品很多，但只是将一些单一的防霉剂进行调配，产品科技含量偏低，仅靠价格的比拼，同时真正适合饲料使用的防霉剂品种——缓释型、微囊型、芳香型等极少，同时国内还没有真正知名品牌的饲料防霉剂产品，难于参与国际市场竞争。

（4）安全、低毒、低残留、高效成为发展趋势。饲料工业和养殖业的发展与饲料防霉剂工业是密不可分的。全球对食品安全和饲料安全关注程度的加深，将给饲料防霉剂工业带来良好的发展前景。目前我国饲料工业发展很快，饲料产量以每年8%的速度增长，按0.2%的添加比例计算，2002年我国饲料防霉剂的潜在需求量约为16万t。随着对饲料防霉剂研究的深入，其潜在的功效将会被人们不断认知。今后一段时间内，饲料防霉剂的发展在适合饲料、养殖业成本需求的前提下，将会向安全、低毒、低残留、高效的方向发展，适合不同要求和特点的饲料防霉剂产品将会受到消费者的青睐，同时一些有机酸及其新型矿物盐类产品，替代抗生素类促生长剂的新功效将得到认同，饲料防霉剂的发展会出现大的契机。

（韩秋燕　石　波）

【电解质平衡剂】 电解质平衡剂是近年发展起来的一类饲料添加剂，其作用是保持动物体内的电解质平衡，促进动物的健康生长。此外，电解质平衡剂还具有一定的防腐、保鲜效果。目前饲料生产中使用的主要有柠檬酸、延胡索酸、乳酸、酒石酸、苹果酸等有机酸，以及磷酸等无机酸和复合酸，因此国外也将其归类为酸味剂。

目前国内市场销售的进口复合酸味剂有：美国安肥1000、美国健宝、西班牙肥得乐；国内生产的酸味剂有珠海溢多利公司的“溢酸肥”、浙江东立实业公司的

"溢香酸"、顺德市惠牧生物技术有限公司的"得酸肥"等产品。

我国是世界上柠檬酸生产能力最大的国家,年生产量已超过45万t,2003年出口柠檬酸及酯36余万t,生产能力完全可以满足饲料工业的需要。我国乳酸的生产近年来也取得了较大的进步,现有生产单位10余家,最大装置生产能力已超过5 000t/年,总生产能力达3万t/年左右,产品除用于国内消费外,每年还有一定数量的产品出口,2003年的出口量为7 648t,并且可以生产L-型乳酸。

其他无机酸的生产也完全可以满足需要。

此外,碳酸氢钠、氢氧化钠和氢氧化铵也可作为电解质平衡剂,调节动物体内的pH。我国这些产品的生产能力很大,可满足配合饲料工业需要。随着人们对饲料添加剂安全性的重视,预计这类产品的市场发展潜力很大。

(韩秋燕)

【药物饲料添加剂】

1. 饲料药物添加剂管理状况。

(1)水产养殖用药管理情况。为提高养殖水产品质量安全水平,保护渔业生态环境,促进水产养殖业的健康发展,农业部根据《中华人民共和国渔业法》、《兽药管理条例》等法律、行政法规,于2003年7月24日发布,9月1日实施的《水产养殖质量安全管理规定》(农业部令第31号)。规定:水产养殖用药应符合《兽药管理条例》和农业部《无公害食品渔药使用准则》(NY5071-2002);使用药物的养殖水产品在休药期内不得用于人类食品消费;禁止使用假、劣兽药及农业部规定禁止使用的药品、其他化合物和生物制剂;原料药不得直接用于水产养殖。同时要求水产养殖单位和个人应按照水产养殖用药使用说明书的要求或在水生生物病害防治员的指导下科学用药。各级渔业行政主管部门和技术推广机构也要加强水产养殖用药安全使用的宣传、培训和技术指导工作,并制定了统一的水产养殖用药记录。

(2)兽药标签说明书清理情况。按照《兽药标签和说明书管理办法》(农业部第22号令)的规定,农业部对其审批的新兽药和进口注册兽药产品的标签和说明书进行重新审定,分3次进行了公布,其中2003年7月31日发布的291号公告,公布了39家企业161个兽用生物制品和46个兽用化学药品的说明书和标签;2003年10月28日发布的306号公告,公布了10家企业32个产品的标签和说明书;2003年11月19日发布的310号公告,公布了7家企业23个产品的标签和说明书,从而使其批准的标签和说明书符合部令要求。

(3)兽药标准的修订情况。为加强兽药管理,保证兽药质量和用药安全,根据《兽药管理条例》规定,农业部组织有关专家对2002年12月底前制定的158个兽药产品质量标准进行了修订,并汇编成《兽药质量标准(2003年版)》(以下简称《标准》),2003年10月28日以农业部公告第307号发布实施。

2. 饲料药物添加剂研制概况。

(1)黄霉素预混剂。为黄霉素与碳酸钙配置而成,属于磷酸化多糖类抗生素,对革兰氏阳性菌有效,主要用于促进动物生长,提高饲料转化率。由德国赫司特罗素公司进口,商品名为"富乐旺",美国名称为斑贝霉素(Bawbermycin)。目前,我国中牧股份公司、浙江升华拜克有限公司、重庆大新药业股份有限公司、浙江康裕生物制药有限公司、浙江华东医药集团生物工程研究所有限公司、西安亨通光华制药有限公司等10多家公司申报生产,已获批准。

(2)硫酸黏杆菌素,为多肽类抗生素,对革兰氏阴性菌有强大的抗菌作用,用于由大肠杆菌、沙门氏菌等革兰氏菌引起的消化疾病,并有一定的促生长作用。日本明治制果株式会社、科研制药株式会社和日本旭化学成工业株式会社的产品均在我国登记注册,日本旭化学成工业株式会社注册登记的商品名为"抗敌素"。常与对革兰氏阳性菌有效的杆菌肽锌1∶1配合制成预混剂以产生协同作用,使抗菌谱加宽,抗菌活性增强。我国浙江升华拜克有限公司、天津新星兽药厂、山东鲁抗、山东齐鲁平阴分厂、浙江康裕生物制药有限公司等厂家申报生产,山东鲁抗、浙江康裕生物制药有限公司已批准生产。

(3)喹烯酮。为抗菌促生长剂喹乙醇的替代产品,母核结构类似,但三致作用减轻。主要用于猪的促生长。为一类新兽药,已批准中国万牧新技术有限责任公司生产。

(4)氟苯尼考(氟甲砜霉素)及制剂。抗菌谱与抗菌活性略优于氯霉素与甲砜霉素,对革兰氏阳性菌和革兰氏阴性菌及支原体等均有效,主要用于治疗巴斯德氏菌和嗜血杆菌引起的牛呼吸道疾病。对梭杆菌引起的牛腐蹄病有较好疗效,亦用于敏感菌所致的猪、鸡传染病如猪接触传染性胸膜肺炎等。美国先灵葆雅公司登记注册。我国已批准上海先灵葆雅公司、湖北安达药业公司、浙江台州海翔医药公司、山东齐鲁动物保健厂、山东明发兽药股份有限公司等厂生产。

(5)头孢噻呋钠。为第三代动物专用头孢菌素,制成钠盐和盐酸盐供注射用。具有广谱杀菌作用,对革兰氏阳性、革兰氏阴性包括产B内酰胺酶菌株均有效。主要用于溶血性巴氏杆菌、多杀性巴斯德氏菌与昏睡嗜血杆菌引起的牛呼吸道病(运动热、肺炎)、胸膜肺炎放线杆菌、多杀性巴斯德氏菌、猪霍乱沙门氏菌与猪链球菌引起的猪呼吸道病、兽疫链球菌引起的马呼吸道感染、大肠杆菌与奇异变形菌引起的犬泌尿道感染等。美国法玛西亚公司登记注册,我国山东齐鲁动物保健品厂、河北远征药业有限公司、河南惠中兽药有限公司、山西恒大药业有限公司、苏州普强动物保健品有限公司等多厂家申报生产。

3. 饲料药物添加剂应用前景。药物在动物性食品中的残留已成为全世界人们关注的热点。治疗用药物添加剂只对有病的动物使用有限的时间,虽然药物会在动物体内存留,但数量和时间有限。长期添加饲料药物添加剂对无病的动物也适用,并且使用时间很长,甚至食用动物在其整个生命过程都会摄入所添加的药物，成为食品中药物残留的主要来源。规定屠宰前或产蛋前的停药期，用药后的弃奶期可减少药物在食品中的残留，但不能从根本上解决问题。

天然中草药添加剂，取其自然，保持了其结构成分的自然状态和生物活性，并经数千年的实践筛选、确实对人和动物无毒副残留和不致使耐药性、无"三致"的天然物的精华物质，预防和治疗疾病有成功之处，因而成为世界公认的理想饲料添加剂，但由于成分复杂，有效含量较少阻碍其发展应用，近年来各地从天然中草药中提取有效成分防治动物疾病的热潮不断兴起，因此，今后中草药饲料添加剂将会由制剂工艺改进中突破而占有动物防治的一席之地。微生物活菌制剂预防和治疗动物疾病也有其独特之处，但由于人们对其作用机理和机制认识的不同，一直被人们忽视，加上实际生产工艺和应用中的微生物污染，影响了其应用的前景，随着人们对其预防和质量作用认识深度的理解和抗生素产品应用的限制，微生物活菌制剂将会展现其独特作用。

（冯忠武　段文龙）

新型饲料添加剂

【饲料用酶制剂】 进入21世纪后，我国饲料工业和畜牧业继续保持快速发展，而主要粮食作物生产相对稳定，人畜争粮矛盾突出。随着人们生活水平的稳步提高，对畜产品的需求已开始转变为对质量的追求，要求优质、无残留，同时对环境污染问题也日益关注。因此，"高产、优质、节粮、无污染"成为本世纪畜牧业发展的主题。饲料用酶制剂是一种具有"节粮、环保"特点的绿色安全饲料添加剂，已越来越受到人们的关注，其研究、生产及应用在2003年获得了长足的进展。

1. 酶与饲料用酶制剂。酶是一种由活细胞产生的具有生物催化反应能力的蛋白质，在动物体内消化与新陈代谢过程中起着重要的作用。生物体内生化代谢途径中的酶可分为氧化还原酶类、转移酶类、水解酶类、裂合酶类、异构酶类和合成酶类共6类。工业上应用的酶制剂大多数为水解酶。酶的基本功能是其催化活性，可加速多种生物化学反应，饲料中的营养物质、抗营养因子的分解反应就是靠酶来催化的。酶催化反应的特点有：①条件要求简单，在常温、常压、温和的酸碱度条件下即可反应。②高效性，酶的催化效率特别高，比一般催化剂高千万倍甚至上亿倍。③专一性，一种酶只能分解或转化一种或一类底物，就像"锁与钥匙"的关系一样；而且，酶本质上是蛋白质，无毒副作用，无残留，无污染，在食品和饲料中使用一般没有安全隐患。

饲料用酶制剂（feed enzyme preparation）是指通过产酶微生物发酵工程或含酶的动、植物组织提取技术生产加工而成，具有一种或几种底物清楚的酶催化活性，有助于改善动物对饲料营养成分的消化、吸收等，并有功效的生物学评定依据，符合安全性要求，是作为饲料添加剂用的酶制剂产品。2003年12月农业部发布的第318号文规定以下酶种可以用于饲料：淀粉酶（产自黑曲霉、解淀粉芽孢杆菌、地衣芽孢杆菌、枯草芽孢杆菌），纤维素酶（产自长柄木霉、李氏木霉），β-葡聚糖酶（产自黑曲霉、枯草芽孢杆菌、长柄木霉），葡萄糖氧化酶（产自特异青霉），脂肪酶（产自黑曲霉），麦芽糖酶（产自枯草芽孢杆菌），甘露聚糖酶（产自迟缓芽孢杆菌），果胶酶（产自黑曲霉），植酸酶（产自黑曲霉、米曲霉），蛋白酶（产自黑曲霉、米曲霉、枯草芽孢杆菌），支链淀粉酶（产自酸解支链淀粉芽孢杆菌），木聚糖酶（产自米曲霉、孤独腐质霉、长柄木霉）。

2. 饲料用酶制剂的分类。饲料用酶制剂的分类方法很多，根据饲料用酶制剂中所含酶的种类及其构成可分为3类：①饲料用单一酶制剂：产品为经过分离、提纯工艺而只含有一种功效酶成分，对饲料中一种成分具有酶催化作用的饲料用酶制剂，如植酸酶。②饲料用复合酶制剂：产品中含有2种或2种以上主要功效酶成分，这些酶是根据饲料原料和动物消化生理的不同而特定复配，对饲料中多种成分具有酶催化作用的饲料用酶制剂，市面上大多数饲料用酶制剂多属此类，如溢多酶、保安生等。③饲料用混合酶制剂：产品中含有2种或2种以上主要酶活，对饲料中一些成分具有一定的酶催化作用的饲料用酶制剂。一些技术力量薄弱的企业及部分工业级酶制剂生产企业生产的产品属于此类。

根据饲料中所含酶的种类，饲料用酶制剂大致可分为两类：①消化性酶：畜禽消化道可以合成和分泌，但因某种原因需要补充和强化的酶种。如淀粉酶、蛋白酶、脂肪酶等。②非消化性酶（又称非淀粉多糖酶）：动物自身不能分泌到消化道内的酶。这类酶能消化动物自身不能消化的物质或降解一些抗营养因子，如木聚糖酶、果胶酶、甘露聚糖酶、β-葡聚糖酶、纤维素酶、植酸酶等。

根据饲料用酶制剂作用日粮底物类型，大致可分为以下几类：①低黏度日粮用酶制剂：适用于常规玉米—豆粕日粮的酶制剂，其主要酶种是消化性酶及木聚糖酶、果胶酶和甘露聚糖酶等。②高黏度日粮用酶制剂：适用于大麦、小麦等麦类作物及麸皮、米糠等谷物副产物用量较多的日粮。以木聚糖酶、β-葡聚糖酶等半纤维素酶为主，主要是解决动物肠道黏度的问题。③高纤维日粮用酶制剂：适用于稻谷、糟渣、草粉等含量较高的日粮，其主要酶种是纤维素酶、果胶酶及木聚糖酶等，主要作用是消除纤维对营养物质的屏障作用。

3. 饲料用酶制剂的生产。酶制剂可以通过动、植物含酶组织提取制备，也可以通过微生物发酵获得。由于提取法技术复杂，成本高昂，一般不用于饲料。目前，饲料用酶制剂都是通过微生物发酵法生产的。其基本生产工艺流程是：

菌株的筛选 → 发酵种子的扩大培养 → 发酵料的配制 → 灭菌 → 接种 → 发酵→ 后处理 → 酶源 → 复配 → 产品。

用来生产酶的菌株可以是从真菌、细菌或放线菌中筛选的高产菌株，但必须是安全菌株，而且其产生的酶必须适于饲用。2003年，绝大多数饲料用酶制剂的生产菌株都是真菌，少数厂家采用了细菌。

饲料用酶制剂的发酵方式包括固体发酵和液体发酵，两种方式各有优缺点。2003年国内市场上的饲用酶制剂，采用固体发酵法生产的占绝对优势。

饲料用酶制剂的后处理技术是指以提高酶的稳定性（贮存稳定性、高温稳定性、胃肠道条件稳定性等），以及达到缓释控释（定点释放）目的的技术。有没有后处理技术，以及后处理技术水平的高低，是评价饲料用酶制剂产品质量的重要标准之一。2003年，我国饲料用酶制剂后处理技术整体水平与某些先进国家相比仍有很大差距，大部分厂家均没有进行有效的后处理，但也有少数厂家在这方面进行了深入研究，如广东溢多利生物科技股份有限公司已经开展了国际领先的酶蛋白分子水平修饰技术的研究，并取得了重大进展。

2003年，我国饲料酶制剂行业继续保持高速增长势头，越来越多的企业投入饲料用酶制剂的生产。据不完全统计，2003年农业部发文批准中牧伟业、六和农牧等26家企业从事饲料用酶制剂的生产，国内饲料用酶制剂生产企业达到100多家。

4. 饲料用酶制剂行业标准。2003年12月，农业部正式发布了农业行业标准——饲料用酶制剂通则（NY/T 722-2003）。这是饲料用酶制剂领域的第一个行业标准，对饲料用酶制剂的术语、定义、分类、酶种范围、剂型、要求、检验方法、检验规则及其标志、标签、包装、运输和贮存都作了明确的规定。

5. 饲料用酶制剂的应用进展。饲料用酶制剂的基本功能在于补充动物内源酶的不足，消除饲料中的抗营养因子，达到提高饲料消化利用率、改善生产性能、减少饲料原料品质变异、降低环境污染程度等目的。2003年，饲料用酶制剂产销量继续高速增长，饲料中使用酶制剂的比率继续扩大，其中浓缩料和预混料中酶制剂的使用增幅较大。从全年来看，饲料用酶制剂的应用呈现以下特点：

（1）使用酶制剂时开始考虑酶的潜在营养价值。由于饲料用酶制剂能提高饲料原料消化利用率，表现出潜在营养价值，一些科研机构和企业在这方面进行了大量的研究，如广东溢多利生物科技股份有限公司全年进行了十几项相关代谢试验研究，初步获得了一些数据，并应用于饲料用酶制剂的推广。山东农业大学王纪亭等研究表明，应用酶制剂可使肉鸡饲料代谢能降低418.4千焦。一些饲料企业综合考虑，酶的潜在营养价值，调整配方，充分发挥酶的作用效能，降低饲料配方成本。

（2）非常规原料用酶制剂使用比例加大。2003年，我国饲料工业遭受了严峻考验，上半年的SARS使部分地区养禽业遭受毁灭性打击，下半年主要饲料原料价格暴涨。在这种形势下，饲料企业举步维艰，想方设法降低成本。大量使用相对廉价的非常规原料成为有效的途径。由于非常规原料抗营养因子含量高，品质变异大，大量使用时需要使用酶制剂，因此，非常规原料用酶制剂如小麦酶、杂粕酶等增长十分迅速。特别是杂粕酶，各大饲料用酶制剂生产企业纷纷推出了自己的杂粕酶产品，一些企业如溢多利还形成了完整的杂粕酶使用配套技术，指导饲料企业合理应用杂粕替代部分豆粕。

（3）植酸酶使用增长迅速。植酸酶是降解植物性原料中植酸及其盐类的一种酯酶。在猪、鸡、日粮中添加植酸酶制剂可使植酸中的磷水解释放出来被动物利用，使植酸磷消化率提高60%～70%，这样可减少外加无机磷酸盐，减少粪便磷的排放，减轻对环境的污染，而且还可以提高被结合的蛋白质、矿物元素的利用，提高消化率。2003年植酸酶成为增长最快的饲料用酶制剂品种之一。国内市场上植酸酶品牌达到数十种，产品酶活差别也很大，从500单位到5 000单位均有生产。由于目标底物明确，植酸酶也成为研究最为深入的饲料用酶制剂品种，其使用已达到了精确的量化阶段。一些跨国集团如巴斯夫建立了比较详细精确的植酸酶潜在营养数据库。大量研究表明，猪、禽日粮添加植酸酶可提高植酸磷的利用率，取代或减少无机磷酸盐的添加，减轻因磷酸盐含氟量高而中毒的症状，使磷的排放量大幅度降低，提高蛋白质、矿物质的消化率。对于因磷污染环境而制约家禽、家畜饲养业发展的国家，饲料中添加植酸酶具有特别重要的意义。

6. 存在的问题。

（1）过份强调酶活而忽视酶谱，许多饲料用酶制剂酶种的选择与配比不科学，缺乏动物与日粮针对性。

（2）饲料用酶制剂标准化工作滞后，绝大多数酶酶活的度量及测定方法尚无统一标准，表现出从酶活指标难以判断酶制剂的质量，具有相同酶活力的产品使用效果可能差异很大。

（3）酶制剂在动物体内具体作用部位、方式及对动物消化生理状况（如内源性酶活）的影响等基础方面研究仍需加强。

（4）许多饲料原料中抗营养因子组分、含量不清，酶制剂的使用，尤其在适宜用量方面具有较大盲目性。

（5）酶制剂的营养改进值或营养当量研究缺乏，没有具体的潜在营养价值数据，不能为饲料配方的优化提供具体的依据。

7. 发展方向。

（1）饲料用优良产酶菌株的选育。饲料用优良产酶菌株的选育方向在于适合于各种动物消化道环境条件的菌株的选育、耐温菌株的选育及高产菌株的选育等。

（2）高酶活、低添加量产品开发。随着高产菌株选育改良及发酵水平的提高，可以生产出高度浓缩的饲料用酶制剂产品，以利于在预混料、浓缩料等缺乏配方空间的饲料中使用。

（3）后处理技术改进。通过对酶制剂进行稳定化技术处理，提高其在各种饲料加工、贮运、使用条件下的稳定性，以及通过外加胞衣实现动物体内的定点释放等，提高饲料用酶制剂的应用效果。

(4)应用技术的进步。通过对动物消化生理及各种类型饲料中抗营养因子种类含量的研究,并结合大量代谢试验,建立饲料酶潜在营养价值数据库,更有针对性地使用酶制剂,甚至达到酶活与饲料底物的量化对应使用。

(吕东海)

【益生素】

1. 定义及分类。

(1)定义。益生素是一类能够改善动物肠道菌群结构、对宿主产生有益影响的制剂。1965 年,Lilley 和 Stilwell 首次运用该词以与抗生素一词相区别,他们为益生素所下的定义为"由一种微生物分泌的刺激另一种微生物生长的物质"。1989 年,Fuller 把益生素定义修正为"能促进肠道微生物平衡,对宿主产生有益作用的一种活的微生物添加剂"。Gibson 和 Robetfroid 提出了益生元的概念,定义为"一种非消化性的食品添加剂,它能选择性地促进一种或几种定植于结肠内的细菌的生长繁殖和或增强其活性,从而增进宿主健康"。吡喃果糖、菊糖、寡半乳糖低聚糖和大豆寡糖均可增进双歧杆菌益生素的功能。当产品中同时含有益生素和益生元时,我们称之为合成元。它指能选择性促进益生素作用的益生元复合物。

(2)分类。乳酸菌制剂。此类制剂应用最早,种类也最多。乳酸菌是能够分解糖类以乳酸为主要代谢产物的无芽孢的革兰氏阳性菌。包括乳杆菌属、链球菌属、明串珠菌属、片足球菌属。目前使用的主要有嗜酸乳杆菌、双歧乳杆菌和粪链球菌。它们是多种动物消化道主要的共生菌,能形成正常菌群,在微需氧或厌氧条件下产生乳酸,耐酸性较强,但不耐热,65～75℃下死亡,可产生一种特殊的抗生素——酸菌素,能有效抑制大肠杆菌、沙门氏菌的生长。

芽孢杆菌制剂。属于需氧芽孢杆菌中的不致病菌,以内孢子的形式零星存在于动物消化道的微生物群落中。目前主要使用的有地衣杆菌、枯草杆菌、蜡样芽孢杆菌、东洋杆菌等。在使用时多制成休眠状态的活菌制剂,或与乳酸菌联合使用。由于芽孢杆菌具有芽孢,所以稳定性良好,耐酸、耐盐、耐高温、耐挤压;此外,还具有蛋白酶、脂肪酶和淀粉酶的活性。

真菌及活酵母类制剂。真菌主要是丝状菌,属于真菌纲中的子囊菌纲。目前主要使用米曲霉和酿酒酵母培养物,一般多用于反刍动物。它们是需氧菌,喜欢生长在多糖偏酸的环境中;体内富含蛋白质和多种 B 族维生素;不耐热,60～70℃ 1 小时即死亡。

随着各国动物养殖业对益生素需求的不断增加,其商品制剂的研制开发也取得了较大进展。如泰国生产的 Toyocerin(主要含东洋芽孢杆菌),加拿大生产的 Prosuis Paste(主要含乳酸杆菌、粪链球菌、双歧杆菌等),国内有大连医学院研制的促菌生、南京农业大学研制的促康生。此外,还有增生素、促生素、调痢生、生菌剂、DM423(需氧蜡样芽孢杆菌)、EM(有效微生物群,主要包括光合细菌、乳酸菌群、酵母菌群、放线菌群等)、HM(主要为红茶杆菌属,包括裂殖酵母属、原酵母、醋酸菌、乳酸菌、高温酵母菌等)。

2. 作用机理。

(1)补充有益菌群,改善消化道菌群平衡,预防和治疗菌群失调症。畜禽摄入益生素后,消化道有益菌群得到了有效补充,使有益菌在数量和作用强度上占绝对优势,这些菌群的繁殖和代谢,大大地抑制有害菌群的生长繁殖,从而保持菌群的平衡,能有效防止菌群失调病发生。

正常动物肠道内的细菌与宿主保持着动态平衡,且微生物种群中的优势种群对整个种群起决定作用,如猪鸡肠道内优势种群为厌氧菌,占 99%以上。如果这种优势种群减少或消失,就可导致微生态失调。在现代的集约化饲养中,畜禽受到断奶、去势、长途运输、高温、严寒、换料、转群、免疫等的刺激,就会使原来的肠道优势种群失去平衡,引起消化机能紊乱,抑制生长发育,甚至产生腹泻、下痢等疾病。

(2)刺激机体免疫系统,提高机体免疫力。益生素中的有益菌均是良好的免疫激活剂,能有效地提高巨噬细胞的活性,通过产生抗体和提高噬菌活性刺激免疫,激发机体体液免疫和细胞免疫,使机体免疫力和抗病能力增强。

一些微生物可产生药理活性物质,直接调节微生物区系,抑制病原菌,控制病害发生;一些益生素产生的有机酸使肠道内 pH 下降,可以抑制某些病原菌的繁殖,同时它们也可产生溶菌素、过氧化氢等,也可抑制某些潜在的病原微生物;还有一些微生物在发酵和代谢过程中通过提高或降低某些酶的活性改变有害微生物的代谢。如有些酶产生氨、生物胺、吲哚和酚等有害物质,这些物质具有潜在抑制生长和致癌作用。益生素使这些酶的活性受到抑制,因而生成的有害物质大大减少。

益生菌对动物免疫力的改善主要表现在以下 3 个方面:① 由于能促进巨噬细胞对微生物细胞以及碳粒的吞噬作用,表明益生菌能增强巨噬细胞活性。② 提高免疫系统抗体产生水平。一般为免疫球蛋白中的 IgG 和 IgA,以及干扰素(一种非特异性的抗病毒物质)的产生水平。③ 能提高如肠壁黏液细胞表面的局部抗体水平,通常是提高 IgA 水平。

1987 年 Wren 等研究表明,乳酸杆菌可以刺激肠道某种局部免疫反应。1989 年 Fuller 指出,益生素可以成为非特异性免疫调节因子,刺激动物产生干扰素,增强吞噬细胞的吞噬能力和细胞产生抗体的能力。益生素可抑制腐败微生物的过度生长和毒性物质的产生,促进肠蠕动,维持黏膜结构完整,从而保证了微生态系统中能量流、物质流和基因流的正常运转。研究证明服用了含乳酸菌的动物体内干扰素的活性和巨噬细胞的活性均有所提高。

(3)参与菌群生存竞争,协同机体消除毒素和代谢产物。益生素参与消化道有益菌群与致病菌之间的生存和繁殖空间竞争、时间竞争、定居部位竞争以及营养竞争,限制致病菌群的生存、繁殖。有益菌在消化道内生成致密的膜菌群,形成微生物屏障,一方面抑制消化道黏膜病原菌，中和毒性产物；另一方面防止毒素和废物的吸收。

微生态制剂中孢子态菌种进入畜禽消化道后生长繁殖可消耗肠道内的氧气，形成局部厌氧环境，氧化还原电势下降，利于专性厌氧菌的定植和生长，需氧菌和兼性厌氧菌减少，使肠内菌群恢复平衡状态，而预防或治疗某些疾病。

益生素中的有益微生物及其代谢产物如乙酸、丙酸、乳酸、抗生素等通过改变有害菌附着的受体结构，或与病原菌结构相似，同病原菌竞争附着空间，占据肠道上皮细胞，组织病原菌吸附，同时有益菌形成的致密的膜菌群防止了毒素和废物的吸收。

(4)改善机体代谢，补充机体营养成分，促进畜禽生长。益生素的有益菌群能在消化道繁殖，促进消化道内多种氨基酸、维生素等一系列营养成分的有效合成和吸收利用，从而促进畜禽生长发育。

益生素可产生帮助动物消化分解饲料的各种水解酶，如芽孢杆菌可产生很高的蛋白酶、脂肪酶及淀粉酶活性。益生素还可在动物体内产生多种有利于动物机体的维生素 B 族、K 族、氨基酸，加强动物营养代谢。一些微生物，尤其是乳酸杆菌和链球菌进入肠道后，将产生乳酸，使肠道内 pH 下降，乳酸、丙酸、乙酸的含量上升，促进动物对钙、镁等矿物元素的吸收。一些微生物在其发酵或代谢过程中，会产生促生长素之类的生理活性物质，有助于食物的消化吸收。

(5)维护肠绒毛正常。产酸菌和芽孢杆菌均有保持和恢复肠绒毛正常结构的作用。

3. 应用效果。

(1)猪。益生素无论在仔猪、母猪还是生长育肥猪上应用报道均较多，且一般具有正效果。蔡铭(2001)报道，饲喂含奥奇素 1%的仔猪断奶后腹泻率明显低于对照组。权吉锡等(1996)报道，生长肥育猪添加益生素制剂可使日增重提高 9.5%。李桂杰等用产酶益生素饲喂生长猪，结果显示提高日增重 17.2%，料重比下降 13.19%，效果显著。研究也表明，母猪日粮中添加益生素也可使断奶仔猪数和断奶体重显著提高。Doelson 等报道，20 头母猪日粮添加枯草杆菌制剂，平均断奶仔猪数和断奶仔猪重比对照组分别提高 5.85%和 3.4%。Willianms 指出，母猪饲喂益生素可使后肠养分发酵供能增多，有助于养分利用和提高产奶量，因而提高仔猪日增重和断奶体重。

(2)家禽。肉仔鸡日粮中添加益生素可提高日增重、饲料转化率及群体均匀度，预防和治疗鸡白痢等疾病。詹志春等(1993)报道，益生素可使肉鸡增重提高 14.1%，料重比下降 7.6%。于永波(1994)指出，15 周龄蛋雏鸡日粮中添加益生素，使增重提高 7.3%，料重比下降 19.3%，死淘率下降 36.4%。韩行敏(2001)报道，在饲料中添加 0.2%益生素，试验组鸡群产蛋率(86.7±2.1)比对照组(83.0±3.6)提高了 3.7%。Georgia 研究表明，益生素可使 7～14 周龄小母鸡群体均匀度提高 28%～42%。刘长忠等(2001)进行了益生素与酶制剂联用对乌鸡生长性能影响的研究，结果表明益生素与酶制剂分别为 0.4%和 0.2%时为最佳配伍。宋小珍(2003)在乌骨鸡上的试验表明，益生素组体增重比抗生素组提高了 5.71%，料肉比下降了 25.46%。

(3)水产动物。蔡俊鹏等(2001)的综述介绍了国外养鱼使用益生素的情况，无论在鱼苗还是成鱼阶段，益生素都能提高其成活率和抗病性。俞吉安等以含 2%的光合菌饵料喂鱼，草鱼、鳙鱼和鲢鱼夏花成活率可提高 5%～28%，亩产提高 15%～30%，经济效益提高明显。黄志明(2000)将光合菌拌料和撒泼在水中养草鱼试验，取得了单产(每亩)395kg、饲料转化率 1.27 的效果。可见，益生素在水产养殖中的应用前景十分诱人。

4. 影响其效果的因素。

(1)针对性。实际应用中，应根据动物的生理特点、生长时期及不同目的选择益生素。如防治 1～7 日龄仔猪腹泻首选植物乳酸菌、乳酸片球菌、粪链球菌等产酸制剂；促进仔猪生长发育、提高日增重和饲料报酬则选用双歧杆菌等菌株；反刍动物则选用真菌类益生素，以曲霉为好，可加速纤维素的分解。预防动物常见疾病主要选用乳酸菌、片球菌、双歧杆菌等产乳酸的细菌效果会更好；促进动物快速生长、提高饲料效率则可选用以芽孢杆菌、乳酸杆菌、酵母菌和霉菌等制成的益生素。

(2)添加量。益生素中应有足够数量及活力的有益菌。应用时需要根据益生素产品、动物种类、使用时期来确定最佳的添加量。但由于不同产品所含菌种及数量的不同，目前尚无法就不同产品的最佳添加量进行直接比较。

(3)添加方法。益生素不管通过直接口服还是添加到饲料中，都要防止其生物学活性的下降或丧失，确保有益菌能顺利进入动物机体。使用胶囊或矿物质载体包被、保护益生菌，使其直接释放到肠道中而不在胃中被消化是保护益生素的有效方法，但目前尚缺乏相应的研究。

5. 存在问题。

(1)益生素和抗生素的联合使用。一般认为益生素和抗生素是两种对立而不能统一的添加剂。但 1990 年 Tortuer 等试验表明，24 日龄以下肉仔鸡料中同时使用蜡样芽孢杆菌和弗吉尼亚霉素比单独使用更有利于提高增重和改善饲料利用率。也有人提出先用抗生素作前处理，然后再喂给益生素，可以避免抗生素对益生素的抑制，统一或改善益生素的作用环境，使其更有效地发挥作用。

(2)稳定性。益生素在生产过程中经过高温处理；在保存过程中受到温度、湿度、酸度、机械摩擦和挤压、存贮时间等条件的影响；使用除耐酸性的芽孢杆菌和乳酸杆菌外，一般的活菌制剂在胃酸作用下大量被杀死，残存的少量活菌进入肠道后很难形成菌群优势。因此，益生素的含菌量必须达到相当的浓度才能发挥益生作用，在使用中益生菌不应加入含矿物质和维生素的预混料中，乳酸杆菌、双歧杆菌等混入饲料后应当天用完。目前已有多个试验研究对微生态制剂进行微胶囊包被，可有效地减少菌种活力的下降。另外，基因工程技术已广泛应用于益生菌的选育，如运用基因工程技术构建更利于生产、保存、定植、繁殖或具有特殊功能的工程菌制剂。

(3)安全性。菌种的选择以菌株的安全性为出发点，在试验过程中定期进行安全试验检测，以保证菌株无毒副作用。

（王 恬 许 毅）

【寡糖】

1. 寡糖的概念、种类及消化特点。寡糖(oligosaccharides)又称低聚糖，由2～10个单糖单位通过糖苷键而连结的直链或支链的小聚合体，介于单糖和高度聚合的多糖之间，分子通式一般可表示为$(C_6H_{10}O_5)_n$ (n=2～10)，分子量一般在300～2 000，甜度小，热值低。由于单糖分子不同和单糖间的不同结合方式，形成了种类繁多的寡糖，已知有1 000多种。但在动物营养中研究和应用的寡糖主要有如下几种。

寡糖主要种类

中文名称	英文名称	缩写	主要糖苷键类型
果寡糖	fructo-oligos accharide	FOS	β-(1—2)
甘露寡糖	mannan-oligos accharide	MOS	α-(1—2)，α-(1—3)，α-(1—6)
乳寡聚糖	galacto-oligosaccharide	GAS	α-(1—6)
木寡糖	xylo-oligosaccharide	XOS	β-(1—4)
β-寡葡萄糖	β - gluco-oligo saccharide	β-GOS	β-(1—6) 或 β-(1—4)
大豆寡糖	soy-oligosaccharide	SOS	α-(1—6)
异麦芽寡糖	isomalto-oligo saccharide	IOS	α-(1—2)，α-(1—4)

对于哺乳动物和单胃动物来说，对碳水化合物的消化主要限制于α-1,4糖苷键。在口腔、胃和十二指肠中的唾液淀粉酶和胰淀粉酶等消化酶只能分解α-1,4糖苷键，小肠刷状缘的寡糖酶如淀粉糖化酶、异麦芽糖酶、蔗糖酶和乳糖酶能够分解α-1,6糖苷键，但对于主要由β-1,2糖苷键和其他糖苷键的分解能力很弱或不能分解，除了由淀粉降解产生的麦芽糖、低聚糊精等外，其他寡糖由于其结构中α-1,4糖苷键的比例小，在很大程度上这些寡糖不被哺乳动物消化。也就是说，哺乳动物产生的内源性消化酶对寡糖具有不可消化性或消化性很低。因而仅小部分寡糖被水解，其余大部分不被水解而直接到达消化道的后部如盲肠、结肠和直肠。动物消化道后部寄生着大量微生物，可产生分解各种糖苷键的酶，能利用这些非消化性寡糖作为碳源。其消化过程大致是：非消化性寡糖→单糖→乳酸和丙酮酸→挥发性脂肪酸(VFA)如丁酸、乙酸、丙酸和戊酸、CO_2和水。

2. 寡糖的制造工艺及国内生产现状。获得寡糖的途径主要有：①从天然原料中提取；②利用转移酶、水解酶催化的糖基转移反应合成；③天然多糖的酶水解；④天然多糖的酸水解；⑤人工化学合成。而最实用的方法是利用生物技术，即酶法水解或酶法合成来生产各种寡糖。

国内从20世纪80年代起开始功能性寡糖的研制，目前国内有10余家单位从事该项研究，产能已超过万吨，主要用于饮料和保健品行业，饲料业则以果寡糖、异麦芽寡糖、甘露寡糖等少数品种为主。总的说来，我国的寡糖研制开发正处于蓬勃发展的初期阶段。

3. 寡糖的生理功能及在动物营养中的作用。寡糖由于不被动物消化，故称为不可消化糖(NDO，nondigestible oligosaccharides)，它们是一类小分子、水溶性不可消化的碳水化合物，是"能通过选择性地刺激一种或几种肠道微生物的生长和/或活性，从而促进宿主健康而对宿主有益的、非消化性的食物成分"，通常用作有益菌的底物。它们存在于日粮中，可以对小肠内消化物产生某种渗透压，这有可能缩短消化物在小肠内的停留时间并影响盲肠对营养物质的酶解，最终导致到达大肠的干物质增多。它们在动物消化道被微生物发酵，产生VFA，调节肠道pH，促进双歧杆菌、乳酸菌等有益菌的生长，抑制大肠杆菌、沙门氏菌等有害菌生长；同时，由于微生物对NDO的发酵可能减少了其对蛋白质的利用，降低氨气、胺、苯酚、甲苯等有毒物质的产生量，此外还有保护肝脏、降低血清胆固醇、增强动物免疫力等功效。一般认为，寡糖的生理功能主要包括以下几方面：①促进双歧杆菌增殖，抑制肠道病原菌的生长繁殖；②减少有毒发酵产物及有害细菌酶的作用；③预防、治疗便秘、腹泻；④清除有毒物质，保护肝脏功能；⑤降低血清胆固醇和血压；⑥增强免疫功能，具防癌抗癌作用；⑦抗衰老作用；⑧促进双歧杆菌生成维生素等营养物质；⑨预防和治疗癫痫病；⑩具有水溶性膳食纤维的功能；⑪几乎不被人或动物消化吸收，低能量；⑫抗牙齿龋变；⑬促进Ca^{2+}等矿物质的吸收；⑭抑制炎症发生；⑮用于神经系统疾病治疗。

动物营养研究添加寡糖的目的，则主要是增强动物的抵抗力、改善动物的健康状态、降低发病率、提高动物的生产性能如提高日增重和饲料效率等。

4. 寡糖的作用机理。

(1)促进机体肠道内健康微生物菌相的形成。首先，寡糖作为肠道内有益寄生菌的营养基质。成年单胃动物的消化道内都寄生着一定数量的微生物，NDO能够被消化道后部寄生的微生物选择性地作为营养基质，最后被微生物降解为VFA、CO_2等。并不是所有的肠道微生物都能很好地利用寡糖。如乳酸菌属的双歧杆菌能特异性利用果寡糖，而其他类有害菌则不能利用或在很低程度上利用果寡糖。正是由于这种"选择性"利用的特点，寡糖才能改变消化道内微生物菌相。动物肠道内以双歧杆菌、乳酸杆菌、拟杆菌等为优势菌而梭状芽孢杆菌、真细菌、肠杆菌和大肠杆菌比例较少的微生物菌相形成后，通过细菌的相互抑制、阻止外源性病原菌于肠道停留和繁殖，以及竞争性排泄产生对外源性病原菌的竞争性排阻作用（competitiveExclusion，CE）。因此，这种菌相称为理想肠道寄生微生物菌相，而这正是寡糖所能影响的稳定肠道微生物菌相。然而糊精、蔗糖、麦芽糖则无此效果。

（2）结合、吸收及抑制外源性病原菌。寡糖可以通过增殖双歧杆菌来抑制有害菌。其次寡糖通过封闭了肠黏膜上皮细胞上与病原菌结合的位点，阻止了病原菌的黏附或者直接与病原菌结合，使病原菌不能在肠黏膜上定殖，使病原菌随 NDO 一起被排出体外。研究表明：微生物病原性的第一步是结合在消化道肠黏膜表面。由于外源性病原菌在肠道内的大量繁殖后直接作用或产生毒素而导致动物发病。因此，这种结合是许多外源细菌病的触发因子。当肠道内存在一定量的 MOS 等寡糖时，植物凝集素可与 MOS 等结合，而减少了与肠黏膜上皮细胞结合的机会，甚至将已与植物凝集素结合的肠黏膜上皮细胞的糖基部分置换下来。寡糖的这种结合能力与寡糖结构的关系如何目前尚不很清楚。NDO 与病原菌结合后，由于大多病原菌不能利用 NDO 作为自身的营养物质，病原菌会因为饥饿而死。寡糖对有害菌的抑制作用的另一种方式是产酸抑制。双歧杆菌、乳酸菌对寡糖进行发酵产生甲酸、乙酸、丙酸等挥发性脂肪酸，降低了肠道 pH，而病原菌对酸度敏感，不利其生长。据报道，培养基中加入 1%的 FOS，经 6h 培养后 pH 由 6.52 降至 5.10，对片球菌有抑制作用；而 FOS 发酵产生的乙酸和乳酸降低了的 pH，也阻止了病原微生物以及腐败菌在肠道的定殖。

（3）调节机体的免疫系统，提高动物免疫力。寡糖提高动物免疫力主要通过以下 3 条途径：①促进动物肠道后段有益菌，特别是双歧杆菌的增殖，从而提高动物免疫力，如促进双歧杆菌的增殖。大量试验证明，摄入双歧杆菌活菌或死菌均可以提高机体的抗体水平，激活巨噬细胞的吞噬活性，这对提高机体的抗感染能力、预防和杀死肿瘤细胞的产生有重要作用。双歧杆菌在肠道的定殖，相当于自然自动免疫，可诱发机体的特异性免疫反应。②具有免疫佐剂和抗原性促进机体免疫功能的加强。许多研究证实，寡糖不仅能连结到细菌上，而且也能与一定毒素、病毒、真核细胞的表面结合。结合后的寡糖作为这些外源抗原的助剂（adjuvants），能减缓抗原的吸收，增加抗原的效价。这些助剂的作用还有提高机体的细胞免疫和体液免疫这两方面的功能，能增加动物对细菌、真菌、病毒和寄生虫感染的抵抗力。寡糖的免疫佐剂及免疫调节作用，能增加免疫系统对疫苗、药物和抗原的免疫应答。NDO 还具有抗原作用，甚至直接引起机体应答。除此之外，NDO 还可刺激肝脏分泌 MOS 结合蛋白，从而影响免疫系统，产生免疫应答。③激活动物抗体体液和细胞免疫，增强动物的免疫功能。外源性病原菌进入动物体后，巨嗜细胞释放白细胞介素-6，随后介素-6 由血液进入肝脏并促使其产生甘露糖结合蛋白，由此触发机体多级免疫功能。MOS 等类寡糖也能促进细胞分泌含甘露糖基的糖蛋白，这些糖蛋白可结合侵入机体的细菌。如 MOS 可以提高血清中免疫球蛋白（Ig）的浓度，提高 B 淋巴细胞的数目，从而提高体液免疫功能。MOS 增加细胞因子的释放，以协调不同免疫细胞的活动。免疫功能的发挥需要白细胞介素（IL-2）的作用，因为白细胞介素使 T-细胞增殖和分化，而 MOS 可提高白细胞介素的浓度，间接调节 T-细胞的数量。MOS 对干扰素（IFN）的活性有增强作用，IFN 可以增强白细胞、液体、蛋白质向感染部位的迁移，并活化巨噬细胞以杀灭细菌。

根据报道，MOS 可以提高小鼠吞噬细胞的活性；MOS 还增加了血清中 IgG、IgA 的含量。用 MOS 饲喂仔猪后发现，血清中细胞分裂素释放增加白细胞介素（IL-2）水平增加，提高了仔猪的免疫功能。给犊牛补充 MOS 减少了犊牛呼吸道疾病的发生，增强了免疫力。

但是寡糖对机体免疫系统研究报道还不多，尚不能直接证明食入寡糖后会提高消化系统免疫蛋白的水平。

（4）改变肠道生理结构。果寡糖的食入增加了大鼠的盲肠与结肠重，促进盲肠上皮细胞的增殖，还有的结果使大肠、小肠黏膜重及其总蛋白含量都增加；新生仔猪补饲 FOS 后，盲肠上皮黏膜细胞密度及标记细胞黏膜隐窝深度、标记细胞高度、细胞密度、标记细胞、增殖区细胞及标记指数增加。对这种作用机理的解释是这样的：FOS 对肠道内源糖分解酶具有抗性，可完整地通过肠道而达到后肠，在后肠被发酵，其发酵的产物丁酸是结肠黏膜的主要能源物质，并刺激上皮细胞的生长。日粮中添加 FOS 后，盲肠丁酸浓度上升，短链脂肪酸上升，pH 降低，盲肠总重及盲肠壁重增加，且盲肠中双歧杆菌及总厌氧菌数量增加，好氧菌数减少。结肠细胞生长的营养物质主要来源于细胞发酵产生的短链脂肪酸，而丁酸氧化提供了结肠组织生长所需能量的 70%。

（5）改善脂质、蛋白质、矿物质代谢。小鼠的试验表明，FOS 和 α-GOS 具有降低血清甘油三酯的浓度和降低血清胆固醇的功效。还有研究表明，日粮中加入 FOS 后，大鼠肠道微生物发酵产生的乙酸减少而丙酸与丁酸量上升。FOS 在大鼠肝脏中主要代谢形式为丙酸，丙酸通过门静脉达到肝脏后，对胆固醇的合成进行调控，从而改善脂质代谢。

有人报道，日粮中补充了 5%的 FOS 使大鼠对钙、镁的吸收率分别增加 28%和 41%。还有的研究报道，大肠中钙的吸收率与钙结合蛋白的相对含量呈正相关，而小肠中钙的吸收率与钙结合蛋白 D9K 的相对含量呈负相关，补充 FOS 后增加了大肠中而减少了小肠中钙结合蛋白 D9K 的水平，这表明 FOS 可能通过转细胞途径刺激了大肠中钙的吸收。促进钙吸收的主要途径是大肠包括盲肠、结肠、直肠。许多研究都证实 FOS 可完整地经过小肠而进入大肠，经细菌发酵产生有机酸如乙酸、丙酸和丁酸，这些有机酸可溶解肠腔内容物中的不溶性钙盐，并通过旁细胞途径促进了钙的吸收。此外还可增加铁的吸收并促进贫血的恢复，盲肠内容物的可溶性提取物中铁的浓度升高。

(6)其他作用途径如抗肿瘤产生。肠道内某些细菌可以产生致癌因子，而寡糖可以降低这些致癌因子。肠道中某些细菌可产生β-葡萄糖苷酶、硝酸还原酶、亚硝酸还原酶和偶氮还原酶等，这些酶作用日粮或动物内源物可以产生生理性毒物。而双歧杆菌和乳酸菌中这些酶的活力与梭状芽孢菌等有害菌相比活性很小，故可以通过 NDO 抑制有害菌生长而降低肠道中这些酶的活性。

5. 影响寡糖使用效果的因素。

(1)寡糖的种类。种类不同，所产生的作用效果不同。如不同来源的寡糖对双歧杆菌的影响就不同，其中 MOS 不能作为双歧杆菌的增殖因子，但可以吸附有害菌和刺激动物机体免疫系统的作用，其他大多数寡糖对免疫系统的影响未得到肯定。体外试验证明，低聚葡甘糖和低聚异麦芽糖促进双歧杆菌的活性较强，而乳果糖较弱。大豆寡糖对断奶仔猪的生产性能有负作用。GOS 既有利于有益菌生长又可被有害菌利用，而且在动物体内不易到达后肠，故不宜做添加剂使用。而异麦芽糖、FOS 能很好地被双歧杆菌利用，而有害菌除链球菌外，其他都很难利用，是较为理想的添加剂。此外，同种寡糖不同聚合度、单糖、多糖及非糖类物质等也会影响其作用效果。

(2)添加量因素。在日粮中添加不同剂量的寡糖，其作用效果不一样，在实际生产中要根据产品中基础寡糖的有效含量确定其具体用量。

(3)日粮组成：大麦、小麦、大豆产品中基础寡糖(如棉子糖和水苏糖等)含量较高，玉米中寡糖含量相对较少，高铜也会影响寡糖的添加效果。

(4)动物种类。动物种类不同，其消化道结构和功能也不同，寡糖对其影响也有很大差异。寡糖能增加家禽消化道双歧杆菌数量，并能显著提高其生产性能，但对猪消化道菌群和生产性能的影响并不显著。

(5)动物年龄。动物年龄和生长发育阶段不同，消化道菌群也有很大变化。研究表明，仔猪断奶后，由于饲粮的变化、自身免疫水平下降等原因，肠道菌群也发生改变，总趋势是大肠杆菌等致病菌浓度上升，而乳酸菌等有益菌明显下降。而另外的研究表明，断奶后大肠杆菌等致病菌浓度上升是导致仔猪腹泻的主要原因之一。因此，在该阶段添加寡糖效果可能更佳。

(6)饲养环境。良好饲养管理条件下，在日粮中添加寡糖效果不明显，这与其他添加剂如有机酸、抗生素、益生素等一样。只有当生产性能的影响受肠道因素影响较大时，其促生长作用才能明显表现出来。即使给断奶仔猪日粮添加相同量的果寡糖，当仔猪饲养在木渣床面时，效果非常显著，而当仔猪饲养在洁净的水泥地面时，日粮添加寡糖的效果不明显。

(7)与抗生素及益生素的协同作用。有报道认为，寡聚糖和抗生素联合使用效果较好。

(8)其他因素。动物本身还可能对寡糖的添加需要一个适应过程。

6. 应用前景。抗生素在畜禽饲料中的使用，提高了生产效率和饲料利用率，并减少了畜禽的发病率和死亡率，使得大规模集约化的畜牧生产成为可能，并促使养殖成本不断降低，给全球畜牧业及相关产业带来了巨大的经济效益。然而其长期滥用而产生的恶果也不容忽视，如引起内源性感染，产生耐药菌株，降低机体细胞免疫、体液免疫功能，在畜产品如肉、蛋、奶中残留等。随着全球性生态环保意识的增强，人们对食品安全的关注和科技的发展，人们对生态平衡有了深刻的认识，人们生活水平的提高也促使人们越来越重视产品的质量而不是数量，这势必给生态型饲料添加剂带来巨大的发展潜力。同活菌制剂(益生素)、酶制剂相比，寡糖具有更大的优势，因为寡糖是结构稳定的化学物质，不存在贮藏、加工过程的失活问题。但当前寡糖的作用机理尚未完全研究清楚，各种研究的结果存在较大的差异，使其应用受到一定的限制，加之目前使用的寡糖大多是混合物，其成分不同也会影响研究结果。今后随着寡糖的作用机理、成分、结构与营养的关系，不同种类、年龄、生理状态下寡糖作用的差异性和最佳用量，以及寡糖与其他添加剂的协同和最佳配比等研究的不断深入，寡糖的应用更加合理科学，其应用范围将不断扩大。

(陈旭东)

【饲料酸化剂产品概况】 饲料酸化剂在猪饲料中已经得到了广泛的应用，对乳仔猪生产性能的改善和对腹泻等疾病的预防上发挥着重要作用。由于在该日龄阶段胃中发挥消化作用的最适 pH 为 3.0～4.0，饲喂饲料后，胃中的酸度降低，pH 会直接提高至 5.0 或 6.0，pH 升高会导致饲料消化率降低且抵抗病原菌的能力减弱，病原菌及未消化的蛋白质等会通过胃部，使乳仔猪腹泻的可能性增大。因此，要控制乳仔猪腹泻，减少下痢发生，在添加酸化剂的同时还应考虑日粮的本身特点。日粮是影响消化道酸度的主要外源性因素。哺乳仔猪由于胃肠道内母乳乳糖的发酵作用，日粮对其消化道酸度影响不大；断奶后，由于母乳中乳糖含量减少，乳糖转化为乳酸的量减少，消化道酸度受到日粮变化的显著影响。一般而言，常见仔猪补料和断奶饲料的 pH 为 5.8～6.5，这些高 pH 日粮能中和消化道内的酸度，吸附消化道内的游离酸，这种中和吸附作用主要取决于日粮的酸结合力的高低，因此日粮酸结合力是影响消化道酸度的主要因素。

日粮的酸碱值和酸结合力的概念。日粮的酸碱值的测定方法一般是：将经过粉碎后通过孔径 0.30mm (60 目) 筛的 10g 配合饲料，混悬于 90ml 的蒸馏水中，再以数字式 pH 计或精密试纸测定。日粮的酸结合力是指一定质量的日粮对酸性物质具有的酸度缓冲能力。日粮的酸结合力以系酸力 (或称缓冲力、缓冲值) 表示。其测定方法是：取经过粉碎过孔径 0.30mm 筛的饲料 10g，混悬于 90ml 蒸馏水中，用 0.1mol/L 的盐酸滴定到 pH 等于 5 (或 4，或 3) 时，所需盐酸溶液的体积 (ml) 数，就是系酸力的数值。

滴定到 pH＝5 时的系酸力值以 B（5）表示，滴定到 pH＝4 或 3 时的系酸力以 B（4）或 B（3）表示。一般而言，日粮的初始酸碱值和系酸力越高，那么仔猪进食后，就必须有更多的胃酸或者额外添加更多的酸化剂才能将胃内的 pH 降低到 3.5 以下。反之，将胃内 pH 降到 3.5 以下时所需的胃酸或酸化剂的量就少。因此，不同的日粮配方，酸结合力不同，酸结合力越高的日粮，对消化道内中和作用越大，吸附消化道内的酸越多，消化道酸度下降越快，酸结合力越低的日粮，吸附消化道内酸的量少，酸度下降幅度越小。日粮的酸结合力与其原料的选择营养水平的确定以及酸化剂的使用密切相关。

1. 饲料原料的选择。原料对消化道酸度有显著影响，不仅影响胃酸的分泌，而且影响消化道内有机酸的浓度。不同的饲料原料，酸结合力不同，其中以矿物质原料为最高，动物性原料次之，植物性原料则较低，常见几种饲料原料的酸结合力（B值）见下表。由下表可知用高酸结合力的饲料原料配制的饲料其酸结合力也高，对消化道酸度的影响也大，另外不同饲料原料对消化道内有机酸的浓度影响也较大。据报道，纤维素日粮能使消化道前段有机酸总浓度降低，结肠处有机酸的浓度和总量则升高；饲喂糠麸类日粮的仔猪，消化道内乙酸浓度较高，乳酸浓度较低。而饲喂乳清粉日粮的仔猪，消化道内乳酸浓度则较高。

部分饲料原料的系酸力值

原料名称	初始 pH	B（5）	B（4）	B（3）
麸皮	6.39	11.61	27.95	47.26
米糠	6.49	8.11	14.67	22.48
玉米粉	6.58	3.58	6.58	12.24
鱼粉	5.91	34.39	98.21	165.20
玉米蛋白粉	4.32		1.71	8.25
酒精糟	3.35			6.49
豆粕	6.59	23.05	57.22	95.60
菜粕	5.30	5.60	33.97	66.20
棉粕	6.23	20.84	46.51	80.38
乳清粉	6.20	16.56	44.62	71.80
磷酸氢钙	7.01	35.71	72.18	454.71
石粉	9.26	1 816.30	1 831.57	1 850.68

注：表中所列数据的测定条件是：被测样品悬浮液温度 19～25℃，原料粉碎粒度为全部通过孔径 0.30mm（60 目）筛。

2. 日粮的营养水平。日粮营养水平间接影响其系酸力和仔猪消化道内的酸度。某些营养素水平的提高，可能会引起其系酸力的增大，尤其是日粮蛋白质和矿物质水平；因为它们的系酸力较高，增加其用量会使日粮系酸力升高。另外，过高的营养水平将会造成消化道内的 pH 升高，同时过剩的营养物质进入消化道后段，可能影响消化道内微生态平衡，间接影响消化道内的酸度，过低的营养水平又不能满足正常的生长需要，影响仔猪正常的胃酸分泌和消化道有机酸的形成。

日粮蛋白质水平的高低和组成与仔猪腹泻密切相关，同时在很大程度上影响仔猪对酸化剂的需求，动物性蛋白质饲料（如鱼粉、蚕蛹粉、喷雾干燥血粉、血浆蛋白粉等）具有很好的可消化利用性，是早期断奶仔猪的优质蛋白质来源；豆粕等植物性蛋白质饲料则以较高的蛋白质含量和较低的价格成为断奶仔猪日粮中蛋白质的主要来源，但是植物性蛋白质饲料（如豆粕）中存在多种饲料抗原和抗营养因子，能引起仔猪腹泻和营养的消化吸收利用率下降。酸化剂能有效提高蛋白质的消化率，从而降低饲料抗原的过敏反应。实践证明，酸化剂在植物性蛋白质饲料上的使用效果，优于在动物性蛋白质饲料上的使用效果。在玉米豆粕型日粮中，控制粗蛋白质在 18%～19% 的水平，能显著减少早期断奶仔猪腹泻现象的发生。如果要提高日粮蛋白质水平，就必须相应增加酸化剂的用量和提高动物性蛋白质饲料所占的比例，以提高蛋白质的消化率，防止营养性腹泻和减少抗原过敏反应。

3. B 值的正确理解。B 值越高，饲料的系酸力越强。猪的消化道环境是酸性的，消化酶在体内 pH 3～5 时活力最强，饲料养分在酸性环境中可以很好消化；如饲料偏碱性，在胃肠道中与消化液起中和反应，使蛋白质、碳水化合物消化率降低，这样饲料中的营养物质、抗原性物质直接进入小肠，可引起营养性腹泻，而且未消化的碳水化合物在大肠内发酵，导致大肠内微生物菌群发生变化，有害菌大量繁殖，导致病原性腹泻。B 值过低，则说明饲料过酸，可导致适口性差，采食量降低。

原料 B 值决定了配合饲料的 B 值，但不同批次不同产地的原料 B 值可能有所差别，如新疆棉粕的 B 值一般比本地棉粕低 10%～20%，东北玉米 B 值一般比淮河以南的玉米低 20% 以上。所有酸化剂的 B 值都为负数，但其绝对值也有很大的差别，一般无机酸比有机酸大，低分子有机酸比高分子有机酸大。但无机酸不如乳酸、柠檬酸等有机酸能刺激仔猪的味觉。

饲料 B 值为各种原料的 B 值与其比例的乘积之和。通过 B 值的计算确保饲料系酸力的稳定性，从而保证饲料品质的稳定性，进而保证饲料饲养效果的可靠性。饲料中最适 B 值不是固定不变的，而应该随着不同动物和不同的生长阶段等因素而发生变化。猪饲料最佳 B 值的推荐值见下表。饲料配方人员可以结合动物不同阶段选择不同原料配制最适 B 值的浓缩全价饲料。

猪饲料中 B 值的推荐范围

	各个阶段	B值
猪	乳猪（10～20 日龄）	0～5
	断奶仔猪（20～30 日龄）	−5～0
	小猪（30～50 日龄）	5～10
	生长猪（50～70 日龄）	10～20

4. 选择正确的方案调整饲料的B值。降低饲料中的系酸力主要取决于饲料原料的组成，调整饲料系酸力的方案有两种：其一是调整饲料中蛋白质和矿物质的含量。显然日粮中蛋白质和矿物质（Ca 和 P）含量越高，饲料中的B值越高，仔猪饲料中矿物质含量由0升高到4%将导致饲料B值升高3倍（Bolduan，1988）。上述方案有助于减少断奶阶段消化道的紊乱，然而也可能导致在重要的生长阶段，仔猪生长性能受到影响。

另一种方案涉及到饲料酸化剂的添加，在仔猪阶段添加酸化剂有助于改善断奶阶段的饲料采食量，同时能增加消化道内绒毛高度，可改善饲料中蛋白质能量和矿物元素的吸收率，从而提高动物生长性能，减少动物疾病的发生。

总之，目前饲料配方人员对添加酸化剂都比较重视，但是往往忽视了饲料原料和最终产品中的系酸力（B值），因此，提倡在幼龄动物的饲料中避免应用高系酸力的原料并正确应用酸化剂，以降低饲料的系酸力，提高饲料的酸度，从而有助于预防消化道的功能紊乱，减少腹泻，预防应激等疾病的发生，发挥饲料酸化剂的功效，并因此减少抗生素在饲料中的使用。

（李 祥 李新慧）

饲料机械制造工业概况

【饲料机械生产】 饲料机械制造业适应饲料工业各环节的发展而有了较大的发展，2003 年饲料机械生产厂家增加到 126 家，成套机组比上一年减少 558 套，单机生产比上一年增加 1 109 台，这是与新厂建设和老厂技术改造进行扩建相适应的。

1. 近 3 年饲料加工成套机组生产情况见下表。

饲料机械成套机组产量

单位：套

年度	≥10t/h	5～10t/h	1～5t/h	合计
2001	168	337	1 843	2 344
2002	259	466	2 421	3 146
2003	292	553	1 809	2 654

2003 年饲料加工机组生产总数有了大幅度增加，大型、中型机组分别比上一年增长 12.7%、18.6%，小型饲料机组下降 25.2%。可见大型成套机组增长较快，而小型成套机组略有下降，在某种程度上也说明大型企业有了更大的增长，而小型企业出现一定的萎缩。

2. 近 3 年各种饲料加工机械生产情况见下表。

饲 料 单 机 产 量

单位：台

年度	粉碎机	混合机	制粒机	其他	合计
2001	5 990	3 158	2 145	7 266	18 559
2002	4 169	3 403	1 484	12 691	21 747
2003	4 425	3 556	1 621	14 254	23 856

从饲料加工机械总数来看，2003 年比 2002 年增加 2 109 台，但仍没达到 2000 年产量。并且，主要加工设备混合机、粉碎机与制粒机数量近 3 年每年略有增加或没多大变化，但全国饲料产量和大型企业及大、中型机组都有较大增长，说明这些单机的生产能力已增加，虽然台数减少，但总生产能力没有下降。另外，在其他单机方面产量增加，一方面说明饲料加工企业的辅助设备在增加，使加工系统更加完善；另一方面由于生物技术发展，有关饲料加工设备（如发酵设备、干燥设备等）有了进一步发展。

随着预混料生产的发展，新建企业和老企业技术改造，预混料加工机组需求量较大，在 1～5t/h 产量的饲料加工机组中，预混料机组占有相当比重。

【饲料机械发展特点】 主要有以下几个方面：

1. 饲料加工企业正在向大型化发展，饲料加工机组和单机也在大型化。

2. 饲料加工机械生产已形成多家生产局面。一些主要的主机，已不是只集中在几家生产，而是在竞争中形成多家生产，且质量都比较好，比如各种粉碎机、双轴桨叶式混合机、制粒机等。

3. 水产饲料机械发展很快。饲料机械制造工业不仅可以提供水产饲料加工机组和单机，而且大型现代化水产饲料加工厂国内可以完成设计、配套和施工建设。

4. 饲料机械产品科技水平进一步提高。水产饲料、仔猪饲料、宠物饲料及饲料原料加工用的膨化机经多年改进提高，其生产性能和产品质量都有很大提高，国产设备已在饲料加工企业应用越来越多。

5. 饲料加工机械产品种类增多。随着产业结构调整和食品结构改变，养牛业发展很快，牛饲料生产发展很快，不仅多家生产，而且已形成多家生产规模较大的企业，反刍动物精料补充料、浓缩料和预混料增长比例都较大，饲草加工设备也随之有较大发展。

6. 预混合饲料加工设备发展很快。为适应预混料生产许可证发放的需要，一些饲料机械制造厂设计制造了性能比较完善的饲料加工机组，以解决预混料加工要求比较严格的混合均匀度、粉尘等要求。

7. 饲料原料加工设备更加全面。随着饲料资源开发，一些资源开发利用设备不断开发和改进，如畜禽废弃物熔炼系列设备、骨粉骨肉粉加工成套设备、血粉脱水干燥生产线成套设备等。

8. 适应饲料添加剂和资源开发的需要，在饲料行业中应用的干燥设备有了很大发展。如高湿黏稠物料快速干燥机、氯化胆碱专用干燥设备、饲料酵母专用干燥机等。从干燥机机型方面，已有流化床干燥机、气流干燥机、旋转闪蒸干燥机、喷雾干燥机、回转圆筒干燥机等，以适应饲料加工、饲料原料加工和饲料添加剂加工的需要。

9. 饲料机械与厂房设计、施工建设结合更加紧密，使饲料生产厂房的设计更加合理，生产效率大大提高。

10. 走国际化发展道路。国内生产的饲料机械设备在质量上已经与国际接轨，而在成本上我国生产的饲料机械有很强的竞争力，2003 年我国饲料机械的出口已经取得了可喜的成绩。

【牧草与秸秆加工机械的进展】 中国草业目前正处在充满生机与发展阶段，得到了国家的高度重视和整个社会的关注。

牧草生产和农作物秸秆利用的发展，对牧草和秸秆加工机械产生了更多的需要。2002年，在该领域，又有更多的企业不断推出新产品。现代农装科技股份有限公司是以中央直属大型科技企业——中国农业机械化科学研究院为主发起人，联合清华紫光股份有限公司和机械科学研究院等共同发起设立的从事现代农业装备开发、生产及经营的高新技术企业。公司的主要产品有：自走式青贮饲料联合收割机、饲草打捆机、牛饲料搅拌喂料车、饲料膨化机、粗饲料压块机组等；上海电气集团现代农业装备成套有限公司与日本Star公司合资建立上海世达尔现代农机有限公司。公司利用日本Star农机公司先进的技术，生产中、小圆型捆扎机、小型方捆机、中小包膜机、割草机、翻晒机、揉草机等新型农机装备。首期生产纲领年产各类牧草机械1 650台，销售收入5 000万人民币。其中出口占20%以上。天津市尤耐特机械技术有限公司注册在天津市高新技术产业园区，是专门研发现代草业的高科技企业，近年来，研制成MK5050-G型捆扎机、RC-4512型揉搓机等。

1. 牧草种植机械。牧草种植包括新播牧草和退化草场改良两种作业。目前我国常用的牧草播种机械有北京南郊新华机械厂的孔盘式苜蓿精播机，通辽富华公司的撒播式牧草播种机，内蒙古牧机所的免耕松土补播机，西安农机厂的2.7m宽的牧草播种机，内蒙古商都牧机公司的0.8m麦草两用播种机。

2. 牧草收获机械。牧草收获机械种类很多，包括割草机、搂草机、打捆机、草捆运输堆垛机械、牧草种子收获机等。

由于压扁有破坏蜡质层，使水分蒸发加快且全株均衡干燥的明显优点，割草压扁机一直是牧草生产方面不能或缺的机型。中国农业机械化科学研究院呼和浩特分院生产的9GY-3.0割草压扁机，可同时完成切割、压扁、集拢铺条3种工序，割幅为3m，配套动力25.7kW，生产率2～2.33hm^2/h，适用于人工草场。

搂草机除我国原有横向搂草机和侧向弹指搂草机外，已有用拖拉机动力输出轴驱动的双转子旋转搂草机。它既能翻晒，又能集拢、合拢和破拢，是更为理想的搂草作业机具。海拉尔牧机总厂生产的9LZ-4.5型圆盘式搂草机，搂幅4m，动力为15kW以上拖拉机，前进速度12km/h，生产率为5.6km^2/h。

北京市顺义区农机研究所研制生产了9LZ-5型指盘式搂草机，用于苜蓿等牧草和麦类秸秆等的搂集和翻晒。该机配套动力为20～44kW轮式拖拉机，工作幅宽2 500～6 000mm（可调），生产效率5.3～6.6hm^2/h。

田间捡拾打捆始终是牧草生产的关键又薄弱的环节。“关键”在于若打不成捆则效果全无，“薄弱”在于打结机构的可靠性上不去，成捆率低。我国打捆机的生产厂家已有内蒙古宝昌牧业机械厂、中国农业机械化科学研究院呼和浩特分院、上海电器集团现代化农业装备成套公司等，设计试制多种打捆机新机型。

中国农业机械化科学研究院呼和浩特分院推出9YFQ-1.9型跨行式方草捆捡拾压捆机。其工作过程是拖拉机牵引压捆机横跨在同一草条上前进。它使地块周边的草条的打捆更为方便，不像侧边配置的打捆机那样必须逆行才能打捆。该机独特的预压室大大减少了楔型草捆的产生。工作幅宽1 928mm，配套25.7 kW的拖拉机，生产率10～12t/h，草捆截面尺寸360mm×460mm，草捆密度120～180kg/m^3。

上海电器集团现代化农业装备成套公司生产的9FK-8040型小方草捆捆扎机，基本形式是由拖拉机牵引和输送动力，通过捡拾机构、送料机构、压实机构。打结机构的连续工作，将散在田里的稻麦秸秆或牧草捡拾捆扎成方形草捆，并连续出捆；9KYZ-7050自走式圆捆捆扎机，用于稻草、麦秸等农业废弃物或牧草的收集捆扎，收集后可用作牧业饲料；9KYQ-9085中圆草捆捆扎机，基本形式是由拖拉机牵引和输送动力，通过捡拾机构、卷压机构和扎绳机构的连续工作，将散布在田地上的稻麦秸秆或牧草捡拾捆扎成圆形草捆。与上述机型配套的9BM-9085中圆草捆包膜机，是用机械将已收集捆扎成捆的秸秆草捆用专用无毒拉伸回缩膜进行缠绕密封包扎。

天津市尤耐特机械技术有限公司生产的MK5050-G型捆扎机，配套动力3.5kW，生产效率45～75s/捆，草捆重量18～35kg，草捆尺寸52cm×52cm；LMK5070-X型捆扎机，配套动力>17kW，生产效率45～60s/捆，草捆重量15～45kg，草捆尺寸50cm×73cm。

由于功率与机重的限制，田间捡拾打捆机只能打出密度为120～150kg/m^{3}的草捆。这种密度的草捆就近饲喂或短距离运输尚可满足要求，若进行远距离运输或用船运、集装箱运输会严重丢吨，使吨运输成本很高。适合装火车闷罐车箱或集装箱的草捆密度为350～400kg/m^3。因此，生产上需要能将田间捡拾打捆机打成的草捆进行二次压缩的高密度打捆机。此外，增加田间捡拾打成的草捆密度，即使达不到理想密度，但也会明显地改进了运输效益。生产二次压缩打捆机的厂家及其参数如下表所示。

牧草高密度压捆机的生产厂家及其参数

生产厂家	型　号	草捆密度(kg/m^3)	配用动力(kW)	截　面(高×宽)(cm)	生产率(t/h)	加工对象
中国农业大学非常规饲料研究所	9YG-25	400	7.5	15×23	0.9	散草

（续）

生产厂家	型号	草捆密度（kg/m³）	配用动力（kW）	截面（高×宽）（cm）	生产率（t/h）	加工对象
中国农业科学院草原研究所	9YD-200	320～380	22	50×37		普通捆
北京神农氏研发中心	GKY	300～400	18.5～33		1.2～3.0	普通捆
新乡东方机械有限公司	东方 200	350	18.5	36×46		散草
山西中瑞集团	9CY1 000				0.3～0.5	散草
辽宁雄风农牧机械有限公司	YKY160/48	350	33.5	35×45	1.0～1.5	普通捆
辽宁雄风农牧机械有限公司	YKG160/30	200～500	37～45			
包头泰达机械制造有限公司	63 型	350	30×2	46×72	2.0	普通捆
包头泰达机械制造有限公司	32 型	200	11	36×46	1.3～1.5	普通捆
郑州 713 所	93QHD-1 000		15	17×30	1.0～1.25	散草
现代农装科技股份有限公司	YD-220		13	40×50		普通捆

现代农装 2008 型自走式青贮饲料收割机是国家计委“九五”重大装备科技攻关项目。该机由主机配带 3 种割台，可分别收获青贮大麦、燕麦、苜蓿等矮秆作物和青贮玉米、高粱等高秆作物，在田间能一次完成对作物的收割、输送、切碎并抛送装车等作业。

中收农机股份有限公司生产 92QY0.6 单行青饲收获机，主要适用于收获以玉米为主的高秆青（黄）饲料。用铁牛-55 拖拉机做配套动力牵引，机具后面挂拖车，一次可完成一行玉米的收割、喂入、切碎、抛送饲草至拖车等联合作业。主要技术参数：生产率 8～15t/h，刀盘转速 1 350r/min，切刀数量 6 片，切碎长度<30mm。

北京顺义区将玉米收获机的割台卸下，研制加装了无行距收获割台和秸秆粉碎、压扁、揉搓等装置，使玉米收获机增加了青饲收获的功能。该台样机经过 6 月份收获小黑麦和 7 月份收获青饲春玉米试验，性能良好，8 月中旬开始正式投入青饲玉米和皖草 2 号等作物的收获。该机有效割幅为 3m，切割器采用往复式，且在割台两侧设置了立刀，避免了倒伏作物或杂草的缠绕，日作业量 6～8hm²，割茬高度低于 10cm，秸秆揉碎率为 98%，作物切碎长度为 3～5 cm，完全符合牛羊的饲喂标准，总损失率小于 5%。

3. 揉切与粉碎机械。山东淄博市临淄区农机推广站与六顺机械厂共同开发研制出 93ZT-18000 型滚筒式青贮铡草机，目前已通过农业部定型鉴定和推广鉴定检测。该机采用了先进的滚筒式六刀切碎机构，秸秆切碎长度为 21～25mm，每小时铡草 18～20t，配套动力 18.5～22kW 电动机。

中国农业机械化科学研究院呼和浩特分院推出 9Q-60 型青干饲草切碎机，可切碎青干玉米秸秆、饲草、苜蓿等，配套动力 4～7.5kW，切碎长度 30mm，生产效率 6～8 t/h（青玉米秸秆）、2.5～3t/h（干玉米秸秆）。

陕西辰烁环保农业股份有限公司研制成功秸秆挤丝揉碎机，经该机加工后的秸秆，可迅速干燥并一次性成草，作为适口性极好的猪、牛、羊食用丝状饲料，牲畜的食用率高，而且干贮的饲草便于运输、保存。

天津市尤耐特机械技术有限公司生产的 RC-4512 型揉搓机，配套动力 7.5kW，揉搓湿度 40%～75%，产量 3 000kg/h。

4. 制粒与压块机械。以牧草、秸秆、作物茎叶等植物性蛋白为原料的加工饲料的需求日益增大。牧羊集团、正昌集团引进国外草业加工技术，开发出各类牧草加工设备与工艺，可提供牧草加工生产线，其关键设备有牧草压块机、牧草制粒机，正在逐步取代昂贵的进口机型。

河南省新乡市黄河禽林牧有限公司研制成鲜草深加工全套设备，在牧草资源加工利用上取得了突破。该设备适合对紫花苜蓿、鲁梅克斯、皇竹草、菊苣等牧草和秸秆进行深加工，可直接将鲜草切碎、揉碎、烘干。用户可根据不同的需要加工成草块、干粉或颗粒饲料，每天可生产干草粉 12～15t，加工后的干粉或草块，粗蛋白质含量可达到 20%以上。

石家庄市潜水电泵厂生产的大型秸秆饲料成套加工设备，可将玉米秸秆等农作物秸秆加工成“饲料压缩饼干”。这一新技术可明显提高秸秆饲料的有效营养成分，其产品的体积为秸秆体积的 1/8～1/6，便于贮存运输。据鉴定，这种饲料富含磷、铁、钙，粗蛋白含量6%～8%，粗纤维含量34%。粗灰分低于9%。据鹿泉养殖场对50余头牛10个月的喂养试验，奶牛产奶量提高16.4%，牛奶内脂肪量增加0.2%；肥牛增肉率为15%，生长加快，出栏周期缩短。

玉米作为山东省莱州市的主要粮食作之一，年产鲜秸秆可达60多万t。由于收获机械化程度较低，人工收获后除部分用作养牛和生活燃料外，大部分秸秆被遗弃或焚烧，不仅使可利用资源造成很大浪费，而且污染了环境。为了解决玉米秸秆综合利用问题，莱州市在加快推广玉米联合收获机械和秸秆青贮机械的同时，建成玉米秸秆加工颗粒饲料生产线 。项目总投资20万美元，预计年加工颗粒饲料5万t，可消化干玉米秸秆5万t。

5. 烘干与贮存机械。沈阳远大干燥设备有限公司、郑州713所、中国农业大学成套设备所、河南新乡市东方机械有限责任公司是我国目前生产快速牧草烘干的厂家。牧草在800 ℃高温下经几秒至几分钟即可烘干。这类设备填补了我国牧草行业的一项空白。烘干成品颜色青绿，气味芳香，保留了鲜草的色、味及营养成分，口感好，增加了牲畜的食欲，提高了经济效益。机组组成：烘干机、热风炉、铡草机、出料器、输送机、制粒机、压块机等。

6. 牧草种子收获机械。利用普通谷物联合收获机加以改装，可以应对80%的牧草种子收获。目前各地正在积累使用经验，如堵塞部分凹版，减小筛孔，降低风机转速等都是有效的方法。难于收获的是一些禾本科牧草种子，开花时间不一致，适宜用梳刷轮式收获装置。近期石家庄天同农机公司生产了自走式牧草种子收获机，收获种子后牧草继续生长，经改换割台后又可收获牧草。同时还有内蒙古牧机所生产的牵引式草籽收获机，专用于羊草、披碱草、老芒麦、冰草等禾本科草籽的收获。

（郭佩玉　刘清水）

秸秆养畜

一、秸秆处理及秸秆养畜示范项目建设

2003年秸秆养畜工作继续围绕秸秆养畜示范项目展开，全国青贮秸秆1.45亿t（鲜重），较上年增长7.4%；氨化（含微贮）秸秆5 600万t，较上年增长16.7%。青贮数量几年来一直处于稳步增长态势。氨化（含微贮）数量经过1992—2001年的高速增长后，2002年出现较大幅度的回落，2003年又重新恢复到2001年的水平。用于秸秆养畜项目的中央财政资金继续维持在5700万元，但2003年新立项的项目是近几年来最少的，只新立项了2个示范区和5个示范县。原因是从2002年开始项目安排上由一年一立项改为两年一立项，2003年的项目大部在2002年已经确定。

秸秆养畜项目建设由以秸秆养畜示范县为主向以示范区建设为主过渡，继第一批5个秸秆养畜示范区正式批准实施后，又新增山东菏泽、河南商丘2个示范区。关于秸秆养畜示范区建设问题，农业部与国家农业综合开发办公室早有共识，并在1995年经当时的国务委员陈俊生同志认可，确定了13个秸秆养畜示范区：河北的承德、内蒙古的巴彦淖尔、辽宁铁岭、吉林长春、黑龙江绥化、江苏徐州、安徽的阜阳、河南的周口和驻马店、山东的菏泽和德州、广东的湛江、四川的雅安。1996年国务院办公厅转发农业部《关于1996—2000年全国秸秆养畜过腹还田项目发展纲要》（国办发［1996］43号），提出“在秸秆养畜基础较好的地区，集中连片建设示范县，并逐渐发展成为示范区。到本世纪末，全国将建成20个秸秆养畜示范区。”

但在示范区的建设思路上一直存在两种不同意见，一种意见认为既然是示范区就应该对示范区进行投资；另一种意见则认为不需要对示范区单独投资，只要示范区内的县都建成示范县了，这个示范区也自然建成了。因此，在2002年以前未曾对示范区单独立项投资。

进入新世纪，农业部《农业综合开发农业部专项项目“十五”建设规划》再次提出，“‘十五’期间，在东北、黄淮海、西南、华南地区，依托现有示范县，建立30个秸秆养畜示范区”。2002年国务院办公厅转发农业部《关于促进饲料业持续健康发展的若干意见》（国办发［2002］42号）中明确要求“继续加大青贮饲料和氨化秸秆等成熟技术的推广力度，加快农区秸秆养畜过腹还田示范区建设”。2002—2003年，在国家农业综合开发办公室多经处的积极推动下开始秸秆养畜示范区建设试点，内蒙古的巴彦淖尔、山东的德州和济南、江苏的徐州、辽宁的朝阳等5个示范区正式立项。

为做好示范区建设工作，农业部早已要求各省（区、市）抓紧制定本地区示范区建设规划，作为项目申报的依据。从上报的规划看，各地的示范区规划与“肉牛肉羊优势区域发展规划”和“奶业优势区域发展规划”基本相符。从示范区试点情况看，示范区确实发挥了区域化、专业化和产业化生产的优势，弥补了单个示范县经济规模过小、不利于优势产业区域的形成。考虑到各地情况的差异，一些地方财力不足、区一级项目管理部门积极性不高、示范区管理水平较低等因素，2003年还是延用示范区与示范县相结合的建设思路。

二、秸秆养畜是利用秸秆的最佳途径之一

2003年，温家宝总理在《西安周边大量焚烧玉米秸秆 漫天浓烟威胁飞行安全》一文上批示：“此事强调多年，仍未得到解决。看来，关键要给秸秆找个出路。农业部要予以重视，在总结经验的基础上继续研究治本的措施。”为全面贯彻温家宝总理指示精神，紧紧围绕农民增收这个目标，抓住“三秋”生产这个关键农时季节，巩固成果，加大力度，稳步推进农作物秸秆综合利用工作，2003年9月，农业部在山东济南召开了农作物秸秆综合利用现场会。会上组织参观了济南市的机械化收获与秸秆还田、保护性耕作、秸秆青贮、秸秆颗粒饲料加工、秸秆气化、秸秆制有机肥、秸秆培育食用菌等作业现场。还进行了大会交流，从不同行业、各自重点工作及职责领域，介绍了各自在推进秸秆综合利用工作中的经验和做法。

畜牧系统加大了对焚烧重点区域秸秆养畜项目的支持力度，大力发展秸秆畜牧业，狠抓了秸秆饲料化技术的推广和应用，一是将“基本杜绝秸秆焚烧现象”列入项目建设目标和重要考核内容；二是对以解决当地秸秆焚烧问题为目标的项目优先安排；三是加强秸秆养畜项目区技术培训，鼓励应用秸秆综合利用新技术、新机具，使项目区秸秆饲用率高出全国平均水平20多个百分点，取得了良好的经济效益、社会效益和生态效益。

秸秆青贮、氨化制成优质粗饲料，在促进草食动物持续发展的同时，解决秸秆焚烧问题。济南机场周围曾经也是秸秆焚烧的重灾区，但山东省通过“机场周围、高速公路沿线秸秆和种草养畜示范带”的建

设，在济南、德州两个国家级秸秆养畜示范区项目的推动下，全力推动秸秆青贮工作，秸秆禁烧已初见成效。具体做法是：调结构，加大机场周围、高速公路沿线饲料玉米和牧草的种植面积，玉米秸秆带穗青贮，使农民每公顷多收入 1 500 多元，并且提前倒茬 15～20d；上规模，大力发展以奶牛为主的草食动物养殖小区，大量的秸秆青贮饲料和牧草得以转化为肉、奶等畜产品；机制创新，企业介入，积极推动畜牧合作社的发展，做到农民增收、企业增效。以上措施可以说是标本兼治，既解决了秸秆焚烧问题，又增加了农民收入，一举数得。

秸秆是农作物的主要副产品，也是工农业的重要生物资源，秸秆用途十分广泛，可以作肥料、饲料、燃料、基料和工业原料。目前看，在诸多秸秆利用方式中，秸秆养畜仍是最经济最有效的方式。

（张志青）

饲料工业生产许可证管理

2003年，饲料添加剂和添加剂预混合饲料生产许可证专家审核委员会每月召开一次审核会议，经农业部批准，发布3批公告，共有219家饲料添加剂企业和383家添加剂预混合饲料企业获得生产许可证，53家企业批准增项。具体情况如下表。

添加剂生产企业

许可证编号	单位名称	产品
饲添（2003）1009	玉溪市春和矿物质饲料有限公司	饲料级磷酸氢钙（I）
饲添（2003）1010	云南省通海县综合化工厂	饲料级磷酸氢钙、磷酸三钙（I）
饲添（2003）1064	郑州百合生物工程有限公司	饲料级微生物添加剂（植物乳杆菌、枯草芽孢杆菌）、酶制剂（纤维素酶）（I）
饲添（2003）1068	沧州欣德威兽药有限公司	饲料级氯化胆碱（I）
饲添（2003）1070	沧州市环球药业有限公司	饲料级氯化胆碱（I）
饲添（2003）1175	武汉市新地生物技术发展有限公司	饲料级复合酶制剂、微生物添加剂（沼泽红假单孢菌）（I）
饲添（2003）1252	乐斯福（明光）有限公司	饲料级微生物添加剂（啤酒酵母菌）（I）
饲添（2003）1254	青岛大福成动物药业有限公司	饲料级维生素（II）
饲添（2003）1284	维坊四通化工有限公司	饲料级烟酸、烟酰胺、烟酸铬、甜菜碱（I）
饲添（2003）1285	青岛绿海洋生物技术有限公司	饲料级微生物添加剂（枯草芽孢杆菌、纳豆芽孢杆菌、地衣芽孢杆菌、产朊假丝酵母菌、乳链球菌）（I）
饲添（2003）1286	济南槐荫峻岭饲料添加剂厂	饲料级碘化钾、硫酸铜（I）、硫酸亚铁（II）
饲添（2003）1288	济南安特牧业有限公司	饲料级酶制剂、双乙酸钠、大蒜素（I）
饲添（2003）1289	齐鲁动物保健品有限公司	饲料级维生素（Ⅱ）、甜菜碱盐酸盐（I）
饲添（2003）1292	烟台润东牧业发展有限公司	饲料级维生素 B_1、B_2、B_{12}、K_3、C、E（II）
饲添（2003）1294	济南贝尔牧业科技有限公司	饲料级维生素 B_1、B_2、K_3、B_{12}、C、E（II）
饲添（2003）1297	武汉中博生化有限公司	微生物添加剂（枯草芽孢杆菌、沼泽红假单孢菌、嗜酸乳杆菌、产朊假丝酵母菌）、复合酶制剂（I）
饲添（2003）1298	武汉市华巨生物技术有限公司	饲料级微生物添加剂（植物乳杆菌、粪链球菌、乳酸片球菌、嗜酸乳杆菌、啤酒酵母菌、产朊假丝酵母菌）（I）
饲添（2003）1307	北海群林生物工程有限公司	饲料级微生物添加剂（枯草芽孢杆菌）（I）
饲添（2003）1310	重庆聚立信生物工程有限公司	饲料级微生物添加剂（枯草芽孢杆菌、啤酒酵母菌、嗜酸乳杆菌、沼泽红假单孢菌）（I）
饲添（2003）1311	自贡市飞达科技发展有限公司	饲料级微生物添加剂（植物乳杆菌、乳链球菌、嗜酸乳杆菌、啤酒酵母菌、产朊假丝酵母菌）（I）
饲添（2003）1327	南乐县惠佳牧业有限公司	饲料级微生物添加剂（枯草芽孢杆菌、乳酸杆菌、啤酒酵母菌）（Ⅱ）
饲添（2003）1328	北京顺康兽药厂	饲料级硫酸盐（亚铁、锌、镁、铜、锰）、亚硒酸钠、碘化钾、氯化钴（II）
饲添（2003）1332	天津市鑫隆饲料添加剂有限公司	饲料级氯化胆碱（I）22：饲料级硫酸铜、硫酸镁、硫酸锌、硫酸亚铁、硫酸锰、氯化钴（I）
饲添（2003）1339	武汉金禾科技发展有限公司	饲料级微生物添加剂（产朊假丝酵母、纳豆芽孢杆菌）（I）
饲添（2003）1340	武汉康达生物工程有限公司	饲料级微生物添加剂（嗜酸乳杆菌、产朊假丝酵母菌、枯草芽孢杆菌）（I）

（续）

许可证编号	单位名称	产品
饲添（2003）1343	广州维特生化有限公司	饲料级调味剂（II）
饲添（2003）1344	昆明麦尤特饲料有限者责任公司	饲料级硫酸盐、碘化钾、氯化钴、亚硒酸钠（II）
饲添（2003）1348	重庆年丰生物制剂有限公司	饲料级糖精钠（II）
饲添（2003）1351	鞍山市一利久生物技术有限公司	饲料级维生素 K_3（I）
饲添（2003）1352	辽宁汇博科贸有限责任公司三色农业发展中心	饲料级微生物添加剂（枯草芽孢杆菌）、酶制剂（纤维素酶）（I）
饲添（2003）1353	辽宁饲料工业新技术研究所	饲料级亚硒酸钠、氯化钴、碘化钾、电解质平衡剂（II）
饲添（2003）1360	山东六和农牧科技园有限公司	饲料级微生物添加剂（植物乳杆菌、嗜酸乳杆菌、粪链球菌、啤酒酵母菌）（I）17：饲料级植酸酶（I）、复合酶制剂、大蒜素、抗氧化剂、防霉剂（II）
饲添（2003）1361	潍坊昌隆兽药饲料有限公司	饲料级微生物添加剂（植物乳杆菌、枯草芽孢杆菌）、蛋白酶（I）
饲添（2003）1362	临沭县兴农矿业饲料有限公司	饲料级磷酸氢钙（I）
饲添（2003）1363	临沭县金星饲料有限公司	饲料级磷酸氢钙（I）
饲添（2003）1364	临沭县恒安矿业饲料有限公司	饲料级磷酸氢钙（I）
饲添（2003）1365	山东圣旺药业股份有限公司	饲料级维生素（II）
饲添（2003）1366	汶上县信和农牧有限公司	饲料级氯化胆碱（I）
饲添（2003）1368	滨州华东兽药有限公司	饲料级维生素 B_1、B_2、C、氯化胆碱（Ⅱ）
饲添（2003）1369	山东亿安生物工程有限公司	饲料级微生物添加剂（嗜酸乳杆菌、产朊假丝酵母菌、沼泽红假单胞菌）（I）
饲添（2003）1370	济南大吉饲料有限公司	饲料级微生物添加剂（产朊假丝酵母、枯草芽孢杆菌、嗜酸乳杆菌）（I）
饲添（2003）1371	山东畜化药业有限公司	饲料级碘酸钙、硫酸亚铁、甜菜碱、大蒜素（I）
饲添（2003）1372	济南奥润牧业有限公司	饲料级氯化胆碱（II）
饲添（2003）1373	武穴市龙翔药业有限公司	饲料级维生素 B_1、B_2、B_{12}、生物素（Ⅱ）
饲添（2003）1374	广州市松力生物科技有限公司	饲料级调味剂（II）
饲添（2003）1375	广州三友饲料技术有限公司	饲料级酸化剂（Ⅱ）
饲添（2003）1376	顺德市德宁水产饲料有限公司	饲料级微生物添加剂（枯草芽孢杆菌、衲豆芽孢杆菌、嗜酸乳杆菌、粪链球菌、产朊假丝酵母菌）、酶制剂（纤维素酶、蛋白酶、母聚糖酶、果胶酶、α-淀粉酶）（I）
饲添（2003）1377	濮阳市有机化工厂	饲料级氯化胆碱（I）
饲添（2003）1378	西安乐民反刍动物研究所	饲料级磷酸脲（I）
饲添（2003）1382	浙江德清拓普药业有限公司	饲料级硫酸铜（I）
饲添（2003）1383	浙江嘉善诚达药化有限公司	L-肉碱盐酸盐（I）
饲添（2003）1384	嘉兴市纯英生物科技有限公司	饲料级微生物添加剂（沼泽红假单孢菌）（I）
饲添（2003）1385	成都威特佳饲料科技有限公司	饲料级硫酸铜、锌、亚铁、锰、镁，碘化钾，氯化钴（I）
饲添（2003）1386	内江市奥特天然色素厂	饲料级辣椒红、叶黄素（I）
饲添（2003）1388	安徽泰格生物技术有限公司	饲料级 L-抗坏血酸-2-磷酸酯（I），维生素 A、C（Ⅱ）
饲添（2003）1389	广州市广牧丰饲料有限公司	饲料级叶黄素（II）
饲添（2003）1390	广州碧德生物科技有限公司	枯草芽孢杆菌、甘露寡糖、果寡糖（I）调味剂（Ⅱ）
饲添（2003）1392	柳州市柳城县广源化工有限责任公司	饲料级硫酸锌（I）
饲添（2003）1393	上海邦瑞生物科技有限公司	饲料级 L-抗坏血酸-2-磷酸酯（I）
饲添（2003）1394	贵州川恒化工有限责任公司	饲料级磷酸氢钙（I）
饲添（2003）1395	上海百盛饲料有限公司	饲料级防腐剂（Ⅱ）
饲添（2003）1396	宜兴市维力动物保健品有限公司	饲料级 L-抗坏血酸-2-磷酸酯（I）
饲添（2003）1397	江苏江山制药有限公司	饲料级 L-抗坏血酸-2-磷酸酯、维生素 C（I）
饲添（2003）1400	成都通达矿业有限责任公司	饲料级碳酸钙（I）

（续）

许可证编号	单位名称	产品
饲添（2003）1401	乐山五通制盐有限公司	饲料级氯化钠（I）
饲添（2003）1402	自贡市川鹏化工有限公司	饲料级磷酸氢钙（I）
饲添（2003）1403	成都市鑫路饲料有限公司	饲料级香味剂（II）
饲添（2003）1404	四川绵竹创佳化工有限责任公司安县分公司	饲料级磷酸氢钙（I）
饲添（2003）1405	绵竹飞龙化工有限公司	饲料级磷酸氢钙、磷酸二氢钙（I）
饲添（2003）1406	陕西省泾阳县化工研究所	饲料级硫酸锌、硫酸亚铁、硫酸铜、硫酸锰（I）17；饲料级脂肪酸钙（I）
饲添（2003）1407	陕西秦乐饲料科技有限责任公司	饲料级L-抗坏血酸-2-磷酸酯（I）、大蒜素、电解质平衡剂（II）
饲添（2003）1408	邵阳市雨溪民政化工厂	饲料级硫酸锰（I）
饲添（2003）1409	茶陵县清水饲料添加剂厂	饲料级硫酸铜、硫酸亚铁（Ⅱ）
饲添（2003）1410	四川省什邡市洪业化工有限公司	饲料级磷酸氢钙（I）
饲添（2003）1411	宜兴市南方生物化工厂	饲料级复合酶（I）
饲添（2003）1413	安宁易龙磷酸氢钙厂	饲料级磷酸氢钙、磷酸二氢钙（I）
饲添（2003）1414	绵阳市中远饲料开发有限公司	饲料级硫酸铜、硫酸锌、硫酸亚铁（II）
饲添（2003）1415	四川龙蟒磷制品股份有限公司	饲料级磷酸脲（I）
饲添（2003）1416	陕西省武功宏达锰业有限责任公司	饲料级硫酸锰（I）
饲添（2003）1417	托克逊县库米什镇建材厂	饲料级碳酸钙（I）
饲添（2003）1418	乌鲁木齐新市区顺达建材厂	饲料级碳酸钙（I）
饲添（2003）1419	霍城县果子沟泰宇矿业有限责任公司	饲料级碳酸钙（I）
饲添（2003）1420	乌鲁木齐军星建材有限公司	饲料级碳酸钙（I）
饲添（2003）1421	内蒙古佳农生物技术有限责任公司	饲料级微生物添加剂（产朊假丝酵母菌、植物乳杆菌、枯草芽孢杆菌）（I）
饲添（2003）1423	德阳瑞兴生物工程有限公司	饲料级微生物添加剂（沼泽红假单胞菌）（I）
饲添（2003）1424	湖北广欧生物药业有限公司	饲料级D-生物素（I）
饲添（2003）1425	佛山市南海区维德生物技术有限公司	饲料级抗氧化剂、酶制剂、调味剂、防腐剂、着色剂（II）
饲添（2003）1426	江门西粤天然色素有限公司	饲料级辣椒红、叶黄素（II）
饲添（2003）1427	四川省什邡蓥峰实业总公司	饲料级磷酸氢钙（I）
饲添（2003）1428	贵州开阳托福磷钙有限公司	饲料级磷酸三钙（I）
饲添（2003）1429	哈尔滨龙威牧业发展有限公司	饲料级尿素（II）
饲添（2003）1430	天津市中敖饲料有限公司	饲料级维生素 AD_3，亚硒酸钠，氯化胆碱，维生素 B_1、B_2、C（II）
饲添（2003）1432	天津市科力精细化工研究所	饲料级电解质平衡剂（II）
饲添（2003）1434	艾地盟（天津）有限公司	饲料级硬脂酸钙（I）
饲添（2003）1435	天津天安药业股份有限公司	饲料级L-苏氨酸（I）
饲添（2003）1436	沧州市荣发兽药有限公司	饲料级微生物添加剂（枯草芽孢杆菌、嗜酸乳杆菌、啤酒酵母菌）（I）、氯化胆碱（II）
饲添（2003）1437	吉林市民益微生物科技开发有限责任公司	饲料级微生物添加剂（嗜酸乳杆菌、粪链球菌、酿酒酵母菌、产朊假丝酵母菌）（I）
饲添（2003）1438	上海绿清精细化工厂	饲料级烟酸铬、甲酸钙、L-肉碱盐酸盐、吡啶羧酸铬（I）
饲添（2003）1439	浙江绿原生物技术开发有限公司	饲料级微生物添加剂（枯草芽孢杆菌、干酪乳杆菌、啤酒酵母菌）（I）
饲添（2003）1440	杭州电化集团有限公司	饲料级双乙酸钠（I）
饲添（2003）1441	张家港市宏新化学制药有限公司	饲料级维生素 B_6（I）
饲添（2003）1442	泰安益丰生物科技有限公司	饲料级微生物添加剂（枯草芽孢杆菌）（I）
饲添（2003）1443	济宁龙升源生物科技有限公司	饲料级微生物添加剂（枯草芽孢杆菌、啤酒酵母菌、嗜酸乳杆菌）（I）

（续）

许可证编号	单 位 名 称	产 品
饲添（2003）1444	淄博开发区四宝山威望微量元素厂	饲料级硫酸亚铁、锌、铜、锰、镁，氧化锌，碘化钾，氯化钴（I）
饲添（2003）1445	博山增福饲料有限公司	饲料级磷酸氢钙（I）
饲添（2003）1446	济南新广济药业有限公司	饲料级烟酸、烟酰胺、叶酸、维生素 K_3（I）
饲添（2003）1447	山东省文登市银丰兽药有限公司	饲料级维生素（II）
饲添（2003）1450	湖北百成生物科技有限公司	饲料级微生物添加剂（产朊假丝酵母、衲豆芽孢杆菌）（I）
饲添（2003）1451	户县石井新成石粉厂	饲料级碳酸钙（I）
饲添（2003）1452	云南盐化股份有限公司	饲料级氯化钠、硫酸钠（I）
饲添（2003）1453	楚雄海源锌业有限责任公司	饲料级硫酸锌（I）
饲添（2003）1454	云南立隆化工有限公司	饲料级磷酸氢钙、磷酸二氢钙（I）
饲添（2003）1455	云南陆良酶制剂有限责任公司	饲料级植酸酶、复合酶制剂（I）
饲添（2003）1456	新奥（厦门）农牧发展有限公司	饲料级微生物添加剂（II）
饲添（2003）1457	锡林郭勒盟兴牧生物技术有限责任公司	饲料级尿素（II）
饲添（2003）1458	浙江圣达药业有限公司	饲料级 D-生物素（I）
饲添（2003）1459	浙江天新药业有限公司	饲料级维生素 B_6（I）
饲添（2003）1460	德清县家乐舒塑化有限责任公司	饲料级 α-淀粉（I）
饲添（2003）1461	海宁市锦中油脂有限责任公司	饲料级微生物添加剂（沼泽红假单胞菌）（I）
饲添（2003）1462	重庆江威生物添加剂有限公司	饲料级微生物添加剂（产朊假丝酵母菌）、酶制剂（I）
饲添（2003）1465	陕西金冠牧业有限公司	饲料级抗氧化剂、防霉剂、酸化剂（II）
饲添（2003）1470	四川什邡市天丰磷化工有限公司	饲料级磷酸氢钙（I）
饲添（2003）1471	南风化工集团股份有限公司	饲料级硫酸镁（I）
饲添（2003）1472	哈尔滨市强丰动物保健品厂	饲料级微生物添加剂（枯草芽孢杆菌、植物乳杆菌）（I）
饲添（2003）1473	黑龙江省生物制品一厂	饲料级维生素、尿素（II）
饲添（2003）1475	杭州海尔希畜牧科技有限公司	饲料级氯化胆碱、烟酸（I）22：饲料级甜菜碱盐酸盐（I）
饲添（2003）1476	安吉县东来天然添加剂有限公司	饲料级二氧化硅（I）
饲添（2003）1477	焦作市豫光皮革化工有限责任公司	饲料级维生素 K_3（I）
饲添（2003）1478	广西百合化工股份有限公司	饲料级硫酸亚铁（I）
饲添（2003）1479	卜蜂（北海）水产饲料有限公司	饲料级微生物添加剂（沼泽红假单胞菌）（I）
饲添（2003）1480	成都九州中农饲料科技有限公司	饲料级调味剂（II）
饲添（2003）1481	四川省五友农牧有限公司	饲料级硫酸铜、铁、锰、镁、亚铁，亚硒酸钠，碘化钾，氯化钴（II）
饲添（2003）1483	福泉市恒昌化工有限责任公司	饲料级磷酸二氢钙（I）
饲添（2003）1484	贵州开阳兴泰化工有限公司	饲料级磷酸氢钙、磷酸二氢钙（I）
饲添（2003）1485	无锡华诺威动物保健品有限公司	饲料级防腐剂（II）
饲添（2003）1486	杭州丰禾生物技术有限公司	饲料级防腐剂（II）
饲添（2003）1487	福建省连江亚和发展有限公司	饲料级 α-淀粉（I）
饲添（2003）1488	福建三华轻工有限公司	饲料级 α-淀粉（I）
饲添（2003）1489	湖南省湘阴县湘江化工厂	饲料级硫酸铜（I）
饲添（2003）1491	衡阳市坤泰化工实业公司	饲料级硫酸锰、硫酸锌（I）
饲添（2003）1492	广西宏华奥立高生物科技有限公司	饲料级低聚果糖（I）
饲添（2003）1494	成都爱丽美动物科技有限公司	饲料级电解质平衡剂、调味剂（II）
饲添（2003）1495	四川龙蟒钛业有限责任公司	饲料级硫酸亚铁（I）
饲添（2003）1496	德阳龙蟒磷制品有限公司	饲料级磷酸氢钙（I）
饲添（2003）1499	沧州市新华区牧田饲料添加剂厂	饲料级氯化胆碱（II）
饲添（2003）1500	沧州宏利达饲料有限公司	饲料级氯化胆碱、大蒜素（II）
饲添（2003）1501	宜兴市江山化工厂	饲料级 L-抗坏血酸-2-磷酸酯（I）

（续）

许可证编号	单位名称	产品
饲添（2003）1502	湛江市博泰生物化工科技实业有限公司	饲料级微生物添加剂（枯草芽孢杆菌、嗜酸乳杆菌、酿酒酵母菌）（I）
饲添（2003）1503	四川省宜宾市新富饲料科技有限公司	饲料级香味剂（II）
饲添（2003）1505	北京市三元绿荷饲料厂	饲料级碘化钾、亚硒酸钠、氯化钴（II）
饲添（2003）1506	北京绿先机生态科技有限公司	饲料级微生物添加剂（产朊假丝酵母、嗜酸乳杆菌、枯草芽孢杆菌）（I）
饲添（2003）1507	北京久然生物研究中心	饲料大蒜素、甜菜碱、植酸酶（II）
饲添（2003）1508	石家庄福德生物科技有限公司	饲料级维生素 B_1、B_2、B_{12}、酸化剂（II）
饲添（2003）1509	蚌埠泰格动物营养技术有限公司	饲料级 L-抗坏血酸-2-磷酸酯（I）
饲添（2003）1510	聚祥（厦门）淀粉有限公司	饲料级 α-淀粉（I）
饲添（2003）1511	福建三华东物淀粉有限公司	饲料级 α-淀粉（I）
饲添（2003）1512	福建福大百特科技发展有限公司	饲料级植酸酶（I）
饲添（2003）1515	江西新世纪民星动物保健品有限公司	饲料级硫酸铜、硫酸亚铁、亚硒酸钠、硫酸锌（I）
饲添（2003）1517	潍坊国桥化工有限公司	饲料级氯化胆碱（I）
饲添（2003）1518	潍坊一邦化工科技有限公司	饲料级烟酸（I）
饲添（2003）1519	济南泰山动物保健药品有限公司	饲料级硫酸亚铁、硫酸铜、硫酸锌、硫酸锰（II）
饲添（2003）1520	山东兴鲁饲料技术研究所	饲料级甘氨酸铁、大蒜素、叶黄素、乙氧基喹啉、调味剂、防腐剂、电解质平衡剂（II）
饲添（2003）1521	山东省六一生物发酵制品厂	饲料级氯化胆碱、乙氧基喹啉、调味剂、防腐剂、电解质平衡剂（II）
饲添（2003）1523	沧州市远大牧业有限公司	饲料级氯化胆碱（II）
饲添（2003）1525	常宁市松柏冶炼化工有限公司	饲料级硫酸锰、硫酸锌（I）
饲添（2003）1526	衡阳市科思化工实业有限公司	饲料级硫酸锰、硫酸锌（I）
饲添（2003）1527	邵阳市烨青化工有限公司	饲料级硫酸锰（I）
饲添（2003）1528	许昌市三丰源复合生化精厂	饲料级微生物添加剂（植物乳杆菌、枯草芽孢杆菌、酿酒酵母菌）（I）
饲添（2003）1529	新乡市凯泉化工有限公司	饲料级烟酸（I）
饲添（2003）1530	海南东方大慧淀粉制品有限公司	饲料级 α-淀粉（I）
饲添（2003）1531	四川正威实业有限公司	饲料级磷酸氢钙（I）
饲添（2003）1532	四川省新津蜀金实业有限公司	饲料级硫酸铜（I）
饲添（2003）1533	绵阳市神龙饲料有限公司	饲料级磷酸氢钙、磷酸二氢钙（I）
饲添（2003）1535	贵阳环球矿物质饲料厂	饲料级磷酸氢钙、磷酸二氢钙（I）
饲添（2003）1537	天津市国英生物技术开发中心	饲料级抗氧化剂、防腐剂、调味剂、香料、大蒜素、果寡糖（II）
饲添（2003）1540	哈尔滨马利酵母有限公司	饲料级微生物添加剂（酿酒酵母菌）（I）
饲添（2003）1541	江苏康维生物有限公司	饲料级低聚木糖（I）
饲添（2003）1542	富阳市优派特生物技术有限公司	饲料级 L-抗坏血酸-2-磷酸酯（I）、维生素 C（II）
饲添（2003）1543	金华市江北水产养殖有限公司	饲料级微生物添加剂（枯草芽孢杆菌、产朊假丝酵母菌）（I）
饲添（2003）1544	福州怡昌实业有限公司永安分公司	饲料级 α-淀粉（I）
饲添（2003）1546	福建省麦丹生物集团有限公司	饲料级 L-赖氨酸盐酸盐、复合酶制剂（蛋白酶、纤维素酶、淀粉酶、果胶酶）（I）
饲添（2003）1547	枣庄市薛城区丰源饲料添加剂厂	饲料级氯化胆碱（II）
饲添（2003）1548	山东惠民世纪伊埃姆生物科技有限责任公司	饲料级微生物添加剂（嗜酸乳杆菌、啤酒酵母菌）（I）
饲添（2003）1549	广州兆想生物科技有限公司	饲料级糖萜素、果寡糖、复合酶、微生物添加剂（II）
饲添（2003）1549	广州兆想生物科技有限公司	饲料级糖萜素、果寡糖（II）
饲添（2003）1550	广州牧友动物药业有限公司	饲料级 D-生物素（II）
饲添（2003）1551	怀化裕源化工厂	饲料级硫酸锰（I）
饲添（2003）1552	乐山市金口河通宇化工有限公司	饲料级磷酸氢钙（I）

（续）

许可证编号	单位名称	产品
饲添（2003）1553	成都朴瑞威饲料科技有限公司	饲料级调味剂（II）
饲添（2003）1554	成都市蒲江荣兴微量元素厂	饲料级硫酸锌（I）
饲添（2003）1556	成都大开应用技术研究所	饲料级微生物添加剂（沼泽红假单胞菌）（I）
饲添（2003）1558	北京爱绿生物科技有限公司	饲料级电解质平衡剂（II）
饲添（2003）1559	北京天正经合生物技术有限公司	饲料级L-抗坏血酸-2-磷酸酯（I）
饲添（2003）1560	亿如科技（北京）有限公司	饲料级L-抗坏血酸-2-磷酸酯（I）
饲添（2003）1562	唐山高尚饲料添加剂厂	饲料级乳酸钙、维生素 B_1、维生素 B_2（II）
饲添（2003）1563	维生药业（石家庄）有限公司	饲料级维生素C、L-抗坏血酸钙（I）
饲添（2003）1565	潜江市绿仙子生物技术有限责任公司	饲料级微生物添加剂（粪肠球菌）（I）
饲添（2003）1567	河池市祥盛化工厂	饲料级硫酸锰（I）
饲添（2003）1568	四川省眉山市嘉泰化工有限公司	饲料级磷酸氢钙（I）
饲添（2003）1569	四川省什邡市大江工贸有限公司	饲料级亚硫酸氢钠甲萘醌（维生素 K_3）（I）
饲添（2003）1572	鞍山山丰化工有限公司	饲料级氯化胆碱（I）
饲添（2003）1573	锦州通远饲料添加剂有限公司	饲料级磷酸氢钙（I）
饲添（2003）1574	哈尔滨神农微维饲料有限公司	饲料级复合酶（II）
饲添（2003）1576	德清县恒亚动物保健品厂	饲料级硫酸亚铁（II）
饲添（2003）1577	北京龙科方舟生物工程技术中心	饲料级微生物添加剂（枯草芽孢杆菌）（I）
饲添（2003）1578	福清市丰联饲料发展有限公司	饲料级α-淀粉（I）
饲添（2003）1579	株州唐人神油脂有限公司	饲料级双乙酸钠（I）
饲添（2003）1580	邵阳市东宝化工有限责任公司	饲料级硫酸锰（I）
饲添（2003）1581	邵阳市新兴矿物化工厂	饲料级硫酸锰（I）
饲添（2003）1582	邵阳市喜瑞化工厂	饲料级硫酸锰（I）
饲添（2003）1586	托克逊县库米什顺达大理岩矿	饲料级碳酸钙（I）
饲添（2003）1587	新疆天康畜牧生物技术股份有限公司	饲料级蛋白酶、果胶酶、木聚糖酶、β-葡聚糖酶（I）、复合酶（II）
饲添（2003）1588	山东三星化学联合公司郓城实验厂	饲料级甜菜碱盐酸盐（I）
饲添（2003）1589	临邑县星球饲料有限公司	饲料级氯化胆碱（II）
饲添（2003）1590	桓台县晨曦饲料添加剂厂	饲料级硫酸亚铁、硫酸铜、硫酸锌、硫酸锰、碘化钾（I）
饲添（2003）1592	济南科隆博奥生物技术有限公司	饲料级微生物添加剂（枯草芽孢杆菌）（I）
饲添（2003）1596	寿光市天力生物化工有限公司	饲料级磷酸氢钙（I）
饲添（2003）1597	山东金玉米生化有限公司	饲料级赖氨酸盐酸盐（I）
饲添（2003）1600	上海三智生物科技有限公司	饲料级微生物添加剂（枯草芽孢杆菌、酿酒酵母菌、植物乳杆菌）（I）植酸酶、复合酶（II）

添加剂增项企业

许可证编号	单位名称	产品
饲添（2000）0004	北京资源亚太动物药品有限公司	大蒜素、着色剂、调味剂、黏合剂（II）
饲添（2000）0028	重庆佳美香料有限公司	饲料级香料（II）
饲添（2000）0029	重庆威士化工有限公司	饲料级叶黄素、辣椒红、乙氧基喹啉（I）
饲添（2000）0030	重庆民泰香料化工有限责任公司	饲料级乙氧基喹啉、富马酸亚铁、酸化剂（II）
饲添（2000）0057	上海迪赛诺维生素有限公司	饲料级维生素 B_1、B_6，泛酸钙（I），维生素A、E、D_3、B_{12}（II）
饲添（2000）0086	浙江爱迪亚营养科技开发有限公司	饲料级烟酰胺（I）
饲添（2000）0101	南通市第二兽药厂有限公司	饲料级维生素（II）
饲添（2000）0142	石家庄华牧集团公司兽药厂	饲料级蛋白酶、α-淀粉酶（II）
饲添（2000）0165	沧州市康达利药业有限公司	饲料级大蒜素（I）
饲添（2000）0225	沧州市华大兽药有限公司	饲料级大蒜素（I）
饲添（2000）0323	四川省畜科饲料有限公司	饲料级富马酸亚铁（I）

（续）

许可证编号	单 位 名 称	产 品
饲添（2000）0356	自贡鸿鹤化工股份有限公司	饲料级碳酸氢钠（I）
饲添（2000）0403	广西南宁骏威饲料有限公司	饲料级大蒜素、香料（II）
饲添（2000）0429	武汉新华扬生物有限责任公司	饲料级甘露寡糖、脲酶抑制剂（I）
饲添（2000）0482	西安天星科技发展有限公司	饲料级双乙酸钠（I）
饲添（2000）0502	黑龙江省鸡西饲料添加剂厂	饲料级电解质平衡剂、双乙酸钠、富马酸亚铁、乙酰氧肟酸、调味剂、香料、L-肉碱盐酸盐、糖萜素、蛋氨酸锌、吡啶羧酸铬、甘露低聚糖（II）
饲添（2000）0579	济南绿生生物工程有限公司	饲料级维生素 K_3、烟酸、D-泛酸钙（I）
饲添（2000）0604	衡阳市泰利饲料添加剂厂	饲料级硫酸铜、硫酸锌、硫酸锰、硫酸镁、碘化钾、氯化钴、富马酸亚铁（I）
饲添（2000）0605	衡阳市西城中宝饲料原料厂	饲料级硫酸锰、硫酸锌（I）、硫酸铜、硫酸镁、碘化钾、氯化钴（II）
饲添（2000）0644	泰安宝来利来生物工程有限公司	饲料级酶制剂、虾青素、果寡糖（I）
饲添（2001）0661	济南三峰生物工程有限公司	饲料级微生物添加剂（植物乳杆菌、枯草芽孢杆菌、产朊假丝酵母菌、粪肠球菌）（I）、维生素 C、维生素 B_1、维生素 B_2、维生素 B_{12}、维生素 E、维生素 K_3（II）
饲添（2000）0668	辽宁众博饲料科技有限公司	饲料级无机微量元素、大蒜素、调味剂（II）
饲添（2000）0697	济南天天香有限公司	饲料级大蒜素、叶黄素、防腐剂、维生素 C（II）
饲添（2000）0712	广州市智特奇饲料科技有限公司	饲料级植酸酶（II）
饲添（2000）0717	广州景泰生物工程有限公司	饲料级微生物添加剂（地衣芽孢杆菌、枯草芽孢杆菌、粪链球菌、啤酒酵母菌）（I）
饲添（2000）0720	广州惠华动物保健品有限公司	饲料级蛋氨酸铁、蛋氨酸铜、蛋氨酸锌（I）
饲添（2000）0732	广州市盈禾动物药业有限公司	叶黄素、甘露低聚糖（II）
饲添（2000）0752	阳东县云花实业有限公司	饲料级富马酸亚铁（I）
饲添（2000）0779	广东省农科院农业生物技术研究所	饲料级微生物添加剂（枯草芽孢杆菌）（I）
饲添（2000）0784	中山市比克生物科技有限公司	饲料级防腐剂、L-肉碱盐酸盐、乙氧基喹啉（II）
饲添（2000）0816	武汉芝华饲料科技有限公司	饲料级酸化剂、吡啶羧酸铬（II）
饲添（2001）0818	北京中农博特生物工程技术有限公司	蛋氨酸铜、蛋氨酸铁、甘氨酸铁、蛋氨酸锌、微生物添加剂（植物乳杆菌、酿酒酵母菌）（I）
饲添（2000）0826	北京英惠尔生物技术有限公司	L-抗坏血酸-2磷酸酯（I）
饲添（2001）0834	山东鲁西兽药股份有限公司	饲料级大蒜素、乙酰氧肟酸、缩二脲、双乙酸钠（II）
饲添（2001）0888	广州立达尔生物科技有限公司	饲料级乳酸、辣椒红、糖精钠、抗氧化剂、丙酸、富马酸亚铁、L-肉碱盐酸盐（II）
饲添（2001）0961	深圳市亚王康丽技术有限公司	饲料级甜菜碱（I）
饲添（2001）1030	株洲市石峰区田心亚铁厂	饲料级硫酸铜（II）
饲添（2001）1032	衡阳市新金饲料添加剂厂	饲料级硫酸锰、硫酸锌、氧化锌（I）、硫酸亚铁（II）
饲添（2001）1042	济南伟业动物保健品有限公司	饲料级维生素 C、维生素 B_1、维生素 B_2、维生素 B_{12}、维生素 E、维生素 K_3（II）
饲添（2001）1045	山东临朐山旺化工有限责任公司	饲料级氯化胆碱（II）
饲添（2001）1063	北京大北农饲料科技有限责任公司	酸化剂（II）
饲添（2002）1065	沧州宝利兽药有限公司	饲料级硫酸铜、硫酸锌、硫酸亚铁（I）
饲添（2002）1079	石家庄凯特生物科技开发有限公司	饲料级蛋氨酸锌（I）、复合酸化剂（II）
饲添（2002）1093	上海天昌饲料科技有限公司	饲料级聚丙烯酸树脂 II（II）
饲添（2002）1105	宜宾五粮液集团精细化工有限公司	饲料级二氧化硅（I）
饲添（2002）1178	山东华尔康生物技术有限公司	饲料级维生素 C、维生素 B_1、维生素 B_2、维生素 B_{12}、甜菜碱（II）
饲添（2002）1185	四川九源化工有限公司	饲料级磷酸二氢钾、磷酸二氢钠、磷酸脲（I）
饲添（2002）1189	富阳佳乐预混合饲料厂	饲料级硫酸锰（I）、硫酸镁、碘酸钙、氯化钴、亚硒酸钠（II）

（续）

许可证编号	单位名称	产品
饲添（2002）1308	南宁市凯洲饲料有限公司	饲料级硫酸盐（铜、亚铁、锌、锰、镁）、氧化锌（II）
饲添（2002）1349	北京百林康源生物技术有限责任公司	复合酶制剂（II）
饲添（2003）1360	山东六和农牧科技园有限公司	饲料级植酸酶（I）、复合酶制剂、大蒜素、抗氧化剂、防霉剂（II）
饲添（2003）1372	济南奥润牧业有限公司	饲料级抗氧化剂、大蒜素、甘氨酸铁、半胱氨酸盐酸盐（II）
饲添（2003）1406	陕西省泾阳县化工研究所	饲料级脂肪酸钙（I）

预混料生产企业

许可证编号	企业名称	许可证编号	企业名称
饲预（2000）2003	安徽省萧县富康饲料有限责任公司	饲预（2003）3268	成都智能春生物技术有限公司
饲预（2003）2576	安徽省池州市银龙科技饲料有限公司	饲预（2003）3269	广州市松力生物科技有限公司
饲预（2003）2859	天津市津都饲料添加剂厂	饲预（2003）3271	武汉农大生物科技有限公司
饲预（2003）2893	昆明众利饲料有限公司	饲预（2003）3272	湖北省咸丰县世纪星饲料有限公司
饲预（2003）2918	宁夏益农牧业科技有限公司	饲预（2003）3273	江西省樟树市七星实业有限公司
饲预（2003）2936	开封韩友饲料有限公司	饲预（2003）3274	西安乐民反刍动物研究所
饲预（2003）2963	银川市永宁农林牧科技服务公司	饲预（2003）3275	广西南宁市武鸣富旺浓缩饲料厂
饲预（2003）3044	重庆市万州区万农饲料有限公司	饲预（2003）3276	南宁大大饲料有限公司
饲预（2003）3081	天津市顶佳饲料科技开发有限公司	饲预（2003）3277	大庆卧龙饲料科技有限公司
饲预（2003）3084	保定天拓动物药业有限公司	饲预（2003）3278	临沂顶顺饲料有限公司
饲预（2003）3085	河北万泰动物药业有限公司	饲预（2003）3279	莒南县九牛饲料有限公司
饲预（2003）3086	沧州市方正畜禽药品有限公司	饲预（2003）3280	莒南县龙祥饲料有限公司
饲预（2003）3087	太原恒德源动保科技开发有限公司	饲预（2003）3281	临沂惠尔动物营养有限公司
饲预（2003）3093	哈尔滨和美华饲料有限公司	饲预（2003）3282	临沂新星饲料有限公司
饲预（2003）3139	恩施自治州华军饲料有限责任公司	饲预（2003）3283	菏泽罗氏饲料有限公司
饲预（2003）3151	珠海博奥多生物技术有限公司	饲预（2003）3284	青州市海飞饲料有限公司
饲预（2003）3159	双流云峰饲料添加剂厂	饲预（2003）3285	安丘中基饲料有限公司
饲预（2003）3162	四川康尔动物药业有限责任公司	饲预（2003）3286	潍坊兰花饲料有限公司
饲预（2003）3163	成都伯事特生物科技有限公司	饲预（2003）3287	潍坊恒源生物工程有限公司
饲预（2003）3182	安徽省涡阳县富民饲料厂	饲预（2003）3288	山东六和农牧科技园有限公司
饲预（2003）3183	合肥恒佳动物保健品有限公司	饲预（2003）3289	潍坊天一牧业有限公司
饲预（2003）3184	南通市恒丰饲料有限公司萧县分公司	饲预（2003）3290	济宁高新区千禧饲料厂
饲预（2003）3185	安徽省清源饲料科技有限公司	饲预（2003）3291	山东正邦畜禽有限公司
饲预（2003）3214	天津市禽泰兽药厂	饲预（2003）3293	滨州华东兽药有限公司
饲预（2003）3215	天津市宝迪正源饲料有限公司	饲预（2003）3294	郓城县三谊饲料有限公司
饲预（2003）3216	天津市腾云饲料厂	饲预（2003）3295	济南大吉饲料有限公司
饲预（2003）3227	福州科宝生物技术有限公司	饲预（2003）3296	山西太原神龙应用技术有限公司
饲预（2003）3233	顺德市友诺动物药业有限公司	饲预（2003）3297	天津市中港曙光兽药厂
饲预（2003）3234	东莞市黄江绿宝饲料厂	饲预（2003）3299	大连九伟畜牧业有限公司
饲预（2003）3239	昆明麦尤特饲料有限者责任公司	饲预（2003）3300	杭州诚信生物科技有限公司
饲预（2003）3240	宝鸡市星星协力生物有限公司	饲预（2003）3301	长兴大洋生物饲料有限公司
饲预（2003）3241	兰州润通现代规模养猪工程研究中心	饲预（2003）3303	成都科丰牧业有限责任公司
饲预（2003）3244	北京瑞肯科技有限责任公司	饲预（2003）3304	成都威特佳饲料科技有限公司
饲预（2003）3245	北京京农宝科技有限公司	饲预（2003）3305	昆明金红塔饲料有限公司
饲预（2003）3246	北京康拓饲料公司	饲预（2003）3306	北京中农榜样生物科技有限公司
饲预（2003）3249	保定市立德饲料有限公司	饲预（2003）3307	北京蓝天大地饲料贸易中心
饲预（2003）3254	佳木斯市颗粒饲料厂	饲预（2003）3308	北京成山长兴饲料有限公司
饲预（2003）3260	蒙城县同步动物保健品有限公司	饲预（2003）3309	北京雨清大地生物技术研究中心
饲预（2003）3266	北京联合盛邦生物技术有限公司	饲预（2003）3311	天津牧佳饲料科技有限公司

（续）

许可证编号	企业名称	许可证编号	企业名称
饲预（2003）3312	讷河市文丰饲料厂	饲预（2003）3371	佛山市南海区官窑维惜康饲料添加剂厂
饲预（2003）3313	上海新邦生物科技有限公司	饲预（2003）3372	佛山市南海区维德生物技术有限公司
饲预（2003）3314	上海香川饲料有限公司	饲预（2003）3373	茂名市昌达饲料厂有限公司
饲预（2003）3315	扬州天健动物药业有限公司	饲预（2003）3374	广西北流市健龙兽药厂预混合饲料分厂
饲预（2003）3316	常州市武进得康生物技术有限公司	饲预（2003）3375	武鸣县新大康饲料添加剂厂
饲预（2003）3317	杭州万事利生物科技股份有限公司	饲预（2003）3376	成都市鸿牧科技开发有限公司
饲预（2003）3318	安徽天牧生物科技有限公司	饲预（2003）3377	昆明三正生物科技有限公司
饲预（2003）3319	滁州巨大饲料有限公司	饲预（2003）3378	兰州陇兴人和饲料科技有限公司
饲预（2003）3321	霍邱正昌饲料有限公司	饲预（2003）3381	天津市中敖饲料有限公司
饲预（2003）3322	龙岩锐泰畜牧饲料有限公司	饲预（2003）3382	河北省石家庄旺胜饲料有限公司
饲预（2003）3323	龙岩市百特饲料科技有限公司	饲预（2003）3383	沧州市荣发兽药有限公司
饲预（2003）3324	郑州市绿源饲料有限公司	饲预（2003）3384	吉林华展生物工程有限责任公司
饲预（2003）3325	河南省新乡市万利饲料科技有限公司	饲预（2003）3385	哈尔滨市南岗区新春兽药饲料添加剂厂
饲预（2003）3326	湖南百宜饲料科技有限公司	饲预（2003）3386	哈尔滨宝瑞源绿色生物工程有限公司
饲预（2003）3327	湖南省金威饲料有限公司	饲预（2003）3387	上海蓝勋生物技术有限公司
饲预（2003）3328	广州市绿泰饲料科技有限公司	饲预（2003）3388	上海维尔好饲料有限公司
饲预（2003）3329	四会市澳华饲料有限公司	饲预（2003）3389	上海派斯德生化有限公司
饲预（2003）3330	广州市诚一饲料有限公司	饲预（2003）3390	上海高得饲料有限公司
饲预（2003）3331	广西南宁康佳龙饲料有限公司	饲预（2003）3391	姜堰市天龙饲料有限公司
饲预（2003）3332	柳州大北农饲料有限公司	饲预（2003）3392	南通华凯牧业有限公司
饲预（2003）3333	广西容县兴民饲料有限公司	饲预（2003）3393	丽水市新三和动物保健品有限公司
饲预（2003）3334	广西贵港市格林饲料有限公司	饲预（2003）3394	乳山市声望饲料有限责任公司
饲预（2003）3335	石家庄江山饲料有限公司	饲预（2003）3395	淄博裕民兽药有限公司
饲预（2003）3337	南昌蓝鱼实业有限公司	饲预（2003）3396	济南宏旺饲料有限公司
饲预（2003）3338	南昌联大饲料厂	饲预（2003）3397	山东华尔康生物技术有限公司
饲预（2003）3339	南昌国雄饲料科技有限公司	饲预（2003）3398	山东安普瑞饲料有限公司
饲预（2003）3340	湖北团风中惠畜牧科技有限公司	饲预（2003）3399	济宁利特生物工程有限公司
饲预（2003）3342	康地农业发展（汉鄂）有限公司	饲预（2003）3400	上海新杨饲料工业有限公司六分厂
饲预（2003）3343	长沙美龙生物科技有限公司	饲预（2003）3401	山东省诸城市外贸饲料加工厂
饲预（2003）3344	长沙正野饲料有限公司	饲预（2003）3402	潍坊新高科技饲料有限公司
饲预（2003）3345	湖南凯威科技有限公司	饲预（2003）3403	潍坊市欣锐恩饲料厂
饲预（2003）3346	韶山市如意兽药有限责任公司	饲预（2003）3404	郑州三星饲料科技有限公司
饲预（2003）3347	四川眉山市宏旺饲料有限公司	饲预（2003）3405	岳阳联大科技有限公司
饲预（2003）3348	成都市鑫路饲料有限公司	饲预（2003）3406	长沙广兴生物科技有限公司
饲预（2003）3350	成都川越维生物科技有限公司	饲预（2003）3407	湖南新五丰股份有限公司生物科技分公司
饲预（2003）3352	贵州遵义绿安牧业有限责任公司	饲预（2003）3408	湖南亚华生物科技有限公司
饲预（2003）3353	西乡金西牧业科技有限责任公司	饲预（2003）3409	长沙市天蓬饲料有限公司
饲预（2003）3355	北京远大理想饲料有限公司	饲预（2003）3410	北京赛高德生物技术有限公司
饲预（2003）3356	北京驰翔伟业科技有限公司	饲预（2003）3411	山东六和饲料股份有限公司北京分公司
饲预（2003）3357	北京虹福威生物技术发展有限公司	饲预（2003）3412	北京资源亚太动物药品有限公司
饲预（2003）3358	北京邦世生物技术有限公司	饲预（2003）3413	河北依欣动物防治保健中心
饲预（2003）3359	内蒙古威利饲料科技有限公司	饲预（2003）3416	大连赛姆生物工程技术有限公司
饲预（2003）3362	沈阳家旺饲料厂	饲预（2003）3417	黑龙江省生物制品一厂
饲预（2003）3363	龙岩市养宝饲料有限公司	饲预（2003）3418	哈尔滨宏晟动物保健品厂
饲预（2003）3364	河南淇县惠通牧业有限公司	饲预（2003）3419	徐州市中牧饲料厂
饲预（2003）3365	河南六和饲料有限公司郑州分公司	饲预（2003）3420	徐州利民饲料科技有限公司
饲预（2003）3366	广州市鑫侨贸易有限公司	饲预（2003）3421	盐城威龙饲料科技有限公司
饲预（2003）3367	深圳市希科安实业有限公司	饲预（2003）3422	东台市正中饲料厂
饲预（2003）3370	广东加大实业有限公司	饲预（2003）3423	海宁市锦中油脂有限责任公司

（续）

许可证编号	企业名称	许可证编号	企业名称
饲预（2003）3424	杭州海斯高饲料科技有限公司	饲预（2003）3479	徐州申江饲料有限公司
饲预（2003）3425	衢州永大饲料添加剂厂	饲预（2003）3480	徐州市方正饲料厂
饲预（2003）3426	安徽省康壮饲料有限责任公司	饲预（2003）3481	徐州南方天乙饲料有限公司
饲预（2003）3427	福建省浦城县生化工贸公司	饲预（2003）3482	江苏六和饲料有限公司徐州分公司
饲预（2003）3428	新奥（厦门）农牧发展有限公司	饲预（2003）3483	宿迁市康地饲料有限公司
饲预（2003）3429	福州金天农饲料有限公司	饲预（2003）3484	兴城市渤海微量元素预混合饲料厂
饲预（2003）3430	南昌迪亚特畜牧发展有限公司	饲预（2003）3485	恩施州长峰饲料有限责任公司
饲预（2003）3431	郑州希科生物技术有限公司	饲预（2003）3486	岳阳市惠康科技有限公司
饲预（2003）3432	郑州福华饲料科技有限公司	饲预（2003）3487	诸城市华凤家禽研究所
饲预（2003）3433	郑州市宏宇实业有限公司	饲预（2003）3488	诸城市农园饲料有限责任公司
饲预（2003）3434	广西南宁市武鸣益大饲料厂	饲预（2003）3489	诸城强林饲料有限公司
饲预（2003）3435	广西辽大饲料有限公司	饲预（2003）3490	诸城市康农饲料厂
饲预（2003）3436	广西宝中宝畜牧有限公司	饲预（2003）3491	诸城市富农饲料厂
饲预（2003）3437	南宁市实力饲料厂	饲预（2003）3492	诸城市兴旺饲料有限公司
饲预（2003）3438	卜蜂水产饲料（海南）有限公司	饲预（2003）3493	诸城市得丰饲料厂
饲预（2003）3439	重庆希望饲料有限公司	饲预（2003）3494	诸城市宏益饲料厂
饲预（2003）3440	重庆市金贝农牧科技饲料厂	饲预（2003）3495	山东兴鲁饲料技术研究所
饲预（2003）3441	重庆市牧科动物饲料厂	饲预（2003）3496	诸城市和生食品有限公司
饲预（2003）3442	重庆市卢山饲料有限公司	饲预（2003）3497	青州市恒信饲料有限公司
饲预（2003）3443	忠县鑫锦饲料厂	饲预（2003）3498	潍坊天惠饲料有限公司
饲预（2003）3444	重庆市万州区禄琳饲料厂	饲预（2003）3499	潍坊正力绿色饲料有限公司
饲预（2003）3446	成都正昌饲料科技有限责任公司	饲预（2003）3500	莱芜金铸基科技饲料有限公司
饲预（2003）3447	荣县嘉兴科技饲料厂	饲预（2003）3501	莱芜市隆兴饲料有限公司
饲预（2003）3449	宁夏农林科学院畜牧兽医研究所(有限公司)	饲预（2003）3502	山东永盛饲料有限公司
饲预（2003）3450	宁夏诺华饲料有限公司	饲预（2003）3503	东台市新生饲料厂
饲预（2003）3451	内蒙古天使动物保健品有限责任公司	饲预（2003）3504	北京市三元绿荷饲料厂
饲预（2003）3452	无锡华诺威动物保健品有限公司	饲预（2003）3505	爱科（北京）饲料有限公司
饲预（2003）3453	杭州丰禾生物技术有限公司	饲预（2003）3506	北京华园绿宝科技发展有限公司
饲预（2003）3454	长沙创益饲料有限公司	饲预（2003）3507	北京今日饲料有限公司
饲预（2003）3455	长沙黄河饲料有限公司	饲预（2003）3508	石家庄福德生物科技有限公司
饲预（2003）3456	浏阳市永泰饲料有限公司	饲预（2003）3509	内蒙古青牧生物技术有限公司
饲预（2003）3457	湘潭市雨湖区美虹饲料厂	饲预（2003）3510	康地饲料（长春）有限公司
饲预（2003）3458	昆明隆祥化工有限公司	饲预（2003）3512	江苏六和饲料有限公司连云港分公司
饲预（2003）3460	宜宾县光华饲料厂	饲预（2003）3513	南通市兴农饲料有限公司
饲预（2003）3461	佛山市南海区平洲中区科思利饲料厂	饲预（2003）3514	南通紫阳堂动物营养品厂
饲预（2003）3462	广州迈高化学有限公司	饲预（2003）3515	桐乡市大陆生物技术研究所
饲预（2003）3463	海南兴牧饲料有限公司	饲预（2003）3516	江西宏昌饲料有限公司
饲预（2003）3465	广州市名旗生物饲料有限公司	饲预（2003）3517	江西新世纪民星动物保健品有限公司
饲预（2003）3466	广州立达尔生物科技有限公司	饲预（2003）3518	南昌亚博实业有限公司
饲预（2003）3467	沧州市新华区牧田饲料添加剂厂	饲预（2003）3519	江西渔阳动物科技有限公司
饲预（2003）3468	沧州宏利达饲料有限公司	饲预（2003）3520	郑州市金水区黄河大北农饲料厂
饲预（2003）3469	海兴保吉安饲料添加剂有限公司	饲预（2003）3521	宜城市襄大农牧有限公司
饲预（2003）3470	黄骅市东煜饲料添加剂厂	饲预（2003）3522	武汉骏辉饲料有限公司
饲预（2003）3471	抚顺罗利维斯动物营养有限公司	饲预（2003）3523	长沙市宏业饲料有限公司
饲预（2003）3472	上海先农动物保健品有限公司	饲预（2003）3524	长沙市雨花区特新佳饲料厂
饲预（2003）3474	江西百维饲料科技有限公司	饲预（2003）3525	邵阳市双清区广发饲料技术服务中心
饲预（2003）3475	利川市华锦饲料添加剂有限公司	饲预（2003）3526	防城港市正泰浓缩饲料厂
饲预（2003）3476	天津市圣田饲料有限公司	饲预（2003）3527	成都华夏龙（集团）有限公司
饲预（2003）3477	天津市惠普饲料添加剂有限公司	饲预（2003）3528	巴中市开发饲料厂

（续）

许可证编号	企业名称	许可证编号	企业名称
饲预（2003）3529	成都全威饲料科技有限公司	饲预（2003）3592	黑龙江九州大地饲料有限公司
饲预（2003）3530	重庆市中亚动物药业有限公司	饲预（2003）3593	盐城市增丰缘饲料有限公司
饲预（2003）3532	杨陵旺德福生物技术有限公司	饲预（2003）3594	连云港金光特种添加剂厂
饲预（2003）3534	兰州饲料添加剂厂	饲预（2003）3595	宿迁普朗克生物科技有限公司
饲预（2003）3535	哈尔滨中汝意畜牧科技有限公司	饲预（2003）3596	宿迁市安阳生物饲料有限公司
饲预（2003）3537	安徽省步强饲料有限公司	饲预（2003）3597	嘉兴市太阳饲料有限公司
饲预（2003）3538	安徽省天蓬饲料科技有限公司	饲预（2003）3598	武平县益民饲料厂
饲预（2003）3540	宿州市灵友动物保健品厂	饲预（2003）3599	龙岩市龙晟牧业有限公司
饲预（2003）3542	安庆市远方饲料科技有限公司	饲预（2003）3601	郑州维多利饲料有限公司
饲预（2003）3543	宿州市埇桥区科宛畜禽技术服务公司	饲预（2003）3602	新乡市柏杨牧业有限公司
饲预（2003）3545	宁夏天地饲料科技研究所	饲预（2003）3603	湖北省鹤峰县有德畜牧发展有限公司
饲预（2003）3550	北京爱绿生物科技有限公司	饲预（2003）3604	湖南九峰实业有限公司
饲预（2003）3551	北京普顿饲料有限公司	饲预（2003）3607	广州市能佳特种饲料厂
饲预（2003）3552	哈尔滨牧生堂生物科技有限公司	饲预（2003）3608	长沙金河饲料有限公司
饲预（2003）3553	东台市兴旺饲料厂	饲预（2003）3609	长沙永宝饲料有限公司
饲预（2003）3554	宿迁市阳光科技饲料有限公司	饲预（2003）3611	广西富丰集团有限公司
饲预（2003）3555	徐州强林饲料科技有限公司	饲预（2003）3612	杨陵格润尔饲料科技有限公司
饲预（2003）3556	南通市鑫有动物营养品有限公司	饲预（2003）3615	北京市通州兽药厂
饲预（2003）3557	天津市汉沽区如日饲料添加剂厂	饲预（2003）3616	北京万利和科技发展有限责任公司
饲预（2003）3558	天津市必佳动物科技药业有限公司	饲预（2003）3617	北京爱地科技有限公司
饲预（2003）3560	福州航盛饲料有限公司	饲预（2003）3618	天津瑞普生物科技有限公司
饲预（2003）3561	山东九州大地生物技术有限公司	饲预（2003）3619	蓟县建科饲料厂
饲预（2003）3562	潍坊加能饲料有限公司	饲预（2003）3620	河北国威动物药业有限公司
饲预（2003）3563	潍坊华升饲料有限公司	饲预（2003）3622	锦州市玉祥牧业有限公司
饲预（2003）3564	兖州市资源饲料有限公司	饲预（2003）3626	连云港力生农牧有限公司
饲预（2003）3565	济宁圣地宝饲料有限公司	饲预（2003）3627	扬州新天地牧业有限公司
饲预（2003）3566	菏泽牧旺动物药品厂	饲预（2003）3628	江西明天饲料科技有限公司
饲预（2003）3567	日照市福得饲料厂	饲预（2003）3629	长沙巨丰饲料科技开发有限公司
饲预（2003）3568	商丘市福源食品有限公司韦斯迪生物技术分公司	饲预（2003）3630	长沙树人牧业科技有限公司
		饲预（2003）3632	福清市东福生物技术有限公司
饲预（2003）3569	邵阳市广隆动物保健品有限责任公司	饲预（2003）3634	东莞贸晖生物科技有限公司
饲预（2003）3570	湖南步步赢饲料实业有限公司	饲预（2003）3635	惠州市兴牧畜牧发展有限公司
饲预（2003）3572	广西大比大畜牧有限公司	饲预（2003）3637	东莞市麻涌三宝饲料加工厂
饲预（2003）3575	大连益康生物技术有限公司	饲预（2003）3638	广州富道生物制品有限公司
饲预（2003）3576	恩施市东生浓缩饲料厂	饲预（2003）3639	四川省乐至县通亚农牧科技有限公司
饲预（2003）3577	成都朴瑞威饲料科技有限公司	饲预（2003）3640	成都农心饲料有限公司
饲预（2003）3578	四川省南充市好年华饲料厂	饲预（2003）3641	成都牧宝饲料科技有限公司
饲预（2003）3579	西安市金科饲料厂	饲预（2003）3646	临沂中信凯丰饲料有限公司
饲预（2003）3580	厦门开盛生物药业有限公司	饲预（2003）3647	沂南县恒升牧业有限公司
饲预（2003）3581	北京市现代科技饲料厂	饲预（2003）3648	临沂新大饲料有限公司
饲预（2003）3582	北京金海伟业饲料有限公司	饲预（2003）3649	济宁市远东科技饲料有限公司
饲预（2003）3583	河北明日达饲料有限公司	饲预（2003）3650	泰安市国玉饲料有限公司
饲预（2003）3584	唐山高尚饲料添加剂厂	饲预（2003）3651	泰安市泰山牧业有限公司田园饲料分公司
饲预（2003）3585	唐山牧乐饲料厂	饲预（2003）3652	枣庄市万佳旺畜牧有限责任公司
饲预（2003）3586	衡水巨星牧业发展有限公司	饲预（2003）3653	莘县红光实业有限公司
饲预（2003）3587	大名县全价饲料厂	饲预（2003）3655	青岛牧通饲料有限公司
饲预（2003）3588	内蒙古草原万旗畜牧饲料有限公司	饲预（2003）3656	青岛润牧动物药业有限公司
饲预（2003）3589	呼和浩特市赛罕区萌拉饲料添加剂厂	饲预（2003）3657	淄博梅康特酶工程有限公司
饲预（2003）3591	长春市昌大实业有限公司	饲预（2003）3658	山东胜利股份有限公司

（续）

许可证编号	企业名称	许可证编号	企业名称
饲预（2003）3659	济南鑫牧丰动物制剂厂	饲预（2003）3666	哈尔滨市奥丰牧业有限公司
饲预（2003）3660	潍坊明润饲料有限公司	饲预（2003）3669	哈尔滨英瑞斯饲料有限公司
饲预（2003）3661	安丘市维科特瑞饲料有限公司	饲预（2003）3670	哈尔滨兴宏达饲料有限公司
饲预（2003）3662	潍坊永昌食品工业有限公司	饲预（2003）3672	建德市大成饲料厂
饲预（2003）3663	锦州市百信饲料有限责任公司	饲预（2003）3673	杭州皇冠特种水产饲料有限公司
饲预（2003）3665	石家庄市金星生物饲料厂	饲预（2003）3688	广州市吉康动物营养保健有限公司

截至2003年底，添加剂预混合饲料生产许可证吊销生产许可证企业3家，注销149家。目前获证企业数量为3 295家，具体分布如下：

获预混料生产许可证企业分布

省市区	获预混料生产许可证企业（个）	省市区	获预混料生产许可证企业（个）
北　京	186	湖　北	102
天　津	97	湖　南	124
河　北	175	广　东	172
山　西	21	广　西	100
内蒙古	42	海　南	4
辽　宁	82	重　庆	104
吉　林	23	四　川	232
黑龙江	201	贵　州	4
上　海	103	云　南	26
江　苏	319	陕　西	83
浙　江	140	甘　肃	11
安　徽	70	青　海	3
福　建	83	宁　夏	16
江　西	96	新　疆	26
山　东	528	共　计	3 295
河　南	122		

截至2003年底，添加剂生产许可证共发放1 335个。具体分布如下：

获添加剂生产许可证企业分布

省市区	获添加剂生产许可证企业（个）	省市区	获添加剂生产许可证企业（个）
北　京	38	湖　北	37
天　津	31	湖　南	70
河　北	119	广　东	100
山　西	12	广　西	38
内蒙古	5	海　南	5
辽　宁	39	重　庆	40
吉　林	11	四　川	138
黑龙江	47	贵　州	21
上　海	38	云　南	30
江　苏	92	陕　西	30
浙　江	108	甘　肃	2
安　徽	11	青　海	2
福　建	17	宁　夏	5
江　西	16	新　疆	20
山　东	181	总　计	1 335
河　南	32		

（李燕松）

饲料安全管理

【**新饲料、新饲料添加剂审批与管理**】 根据《饲料和饲料添加剂管理条例》和《新饲料和新饲料添加剂管理办法》的规定，经全国饲料评审委员会审定，2003 年批准北京中科深蓝科技发展有限公司申请的壮生素等 7 个产品，作为饲料添加剂在中华人民共和国境内生产、经营和使用，并发给新饲料添加剂证书(详见下表)。

新批准使用的饲料和饲料添加剂品种目录（2003）

申请单位	产品名称	适用范围	证书编号
北京中科深蓝科技发展有限公司	壮生素（半乳甘露寡糖）		新饲证字（2003）01 号
浙江普康生物技术股份有限公司	α-环丙氨酸（ACC）		新饲证字（2003）02 号
江苏康维生物有限公司 南京林业大学	低聚木糖饲料添加剂		新饲证字（2003）03 号
深圳市希科安实业有限公司	稀土壳糖胺整合盐饲料添加剂		新饲证字（2003）04 号
山东信得药业有限公司	海生素（低聚壳聚糖）	肉鸡、蛋鸡、生猪	新饲证字（2003）05 号
中国农业科学院畜牧研究所	苜草素	仔猪、中猪、肉鸡	新饲证字（2003）06 号
长沙兴嘉生物工程有限公司	碱式氯化铜	猪	新饲证字（2003）07 号

【**进口饲料、饲料添加剂管理**】 2003 年共批准进口饲料、饲料添加剂产品 214 个，其中换证产品 47 个，新注册登记产品 167 个。注册产品中进口动物性饲料仍占很大比例，注册的鱼粉和肉骨粉等蛋白质饲料 68 个产品，占产品总数的 41%，注册的宠物饲料和鱼饲料等配合饲料 20 个产品，占新注册总数的 12%。

2003 年经过全国饲料评审委员会专家审议通过的新型进口饲料和饲料添加剂为：美国 Omega Tech 公司生产的二十二碳六烯酸；必高畅生物科技有限公司生产的禽宝-C、畜宝-NP、水宝-F；美国优哉公司生产的抗敌霉 200HPC。

2003 年进口注册情况详见下表。

进口饲料和饲料添加剂注册目录（2003）

商品名称	产品类别	生产厂家	许可证号	有效期限
致乐牌鱼饲料 Zeigler Finfish Feed	配合饲料 Compound feed	美国致乐兄弟有限公司 Zeigler Brothers Inc. USA	（2003）外饲准字 001 号	2003.01—2008.01
海豚牌低蛋白乳清粉 Dolphin Permeate	蛋白质饲料 Protein feed	德国 Schlubach & Co. Handels-und Bochako GmbH Schlubach & Co. Handels-und Bochako GmbH，Germany	（2003）外饲准字 002 号	2003.01—2008.01
海豚牌代乳粉 LAC Dolphin LAC	蛋白质饲料 Protein feed	德国 Schlubach & Co. Handels-und Bochako GmbH Schlubach & Co. Handels-und Bochako GmbH，Germany	（2003）外饲准字 003 号	2003.01—2008.01
海豚牌代乳奶 Dolphin Milk	蛋白质饲料 Protein feed	德国 Schlubach & Co. Handels-und Bochako GmbH Schlubach & Co. Handels-und Bochako GmbH，Germany	（2003）外饲准字 004 号	2003.01—2008.01
百事利 6990 LNB Specilac Code 6990	蛋白质饲料 Protein feed	荷兰 LNB 国际饲料有限公司 LNB International Feed B. V. The Netherlands	（2003）外饲准字 005 号	2003.01—2008.01

（续）

商品名称	产品类别	生产厂家	许可证号	有效期限
百事利 6996 LNB Specilac Code 6996	蛋白质饲料 Protein feed	荷兰 LNB 国际饲料有限公司 LNB International Feed B. V. The Netherlands	(2003) 外饲准字 006 号	2003.01—2008.01
乌贼肝末粉 Squid Liver Powder	蛋白质饲料 Protein feed	韩国油脂有限公司 Korea Oil & Fats Co., Ltd.	(2003) 外饲准字 007 号	2003.01—2008.01
红鱼粉 Red Fishmeal	蛋白质饲料 Protein feed	马来西亚高运鱼粉有限公司 KauLuan SDN. BHD Malaysia	(2003) 外饲准字 008 号	2003.01—2008.01
豆奶宝 R Soycomil R	蛋白质饲料 Protein feed	荷兰 ADM Europoort 公司 ADM Europoort B. V. The Netherlands	(2003) 外饲准字 009 号	2003.01—2008.01
豆奶宝 P Soycomil P	蛋白质饲料 Protein feed	荷兰 ADM Europoort 公司 ADM Europoort B. V. The Netherlands	(2003) 外饲准字 010 号	2003.01—2008.01
活力宝 2024 Vacu. Block Plus A	精料补充料 Concentrate supplement	西班牙 Trisal 公司 Trisal, S. A. Spain	(2003) 外饲准字 011 号	2003.01—2008.01
羽毛粉 Feather Meal	蛋白质饲料 Protein feed	美国贵芬公司 Griffin Industries Inc. USA	(2003) 外饲准字 012 号	2003.01—2008.01
百沙明®—SE BIOTRONIC® SE	饲料添加剂 Feed additive	奥地利百奥明公司 BIOMIN G. T. I. GmbH. Austria	(2003) 外饲准字 013 号	2003.01—2008.01
地球牌红鱼粉 S. R. P. Brand Red Fishmeal	蛋白质饲料 Protein feed	泰国 Seree Banpae 有限公司 Seree Banpae Co., Ltd. Thailand	(2003) 外饲准字 014 号	2003.01—2008.01
虾壳粉 Shrimp Shell Meal	蛋白质饲料 Protein feed	泰国曼谷海产有限公司 Bangkok Fisheries Co., Ltd. Thailand	(2003) 外饲准字 015 号	2003.01—2008.01
胆汁酸 10% Bile Acids 10%	饲料添加剂 Feed additive	谊晟实业股份有限公司 Ye Cherng Industrial Products Co., Ltd.	(2003) 外饲准字 016 号	2003.01—2008.01
嘟嘟茂 TOM	饲料添加剂 Feed additive	西班牙 Berlin Export 国际公司 Berlin Export International S. L. Spain	(2003) 外饲准字 017 号	2003.01—2008.01
活清 Active Cleaner	微生物添加剂 Microbial Biotic additive	霈源生物科技股份有限公司大园厂 Future BioTech Co., Ltd. Tayuan Plant	(2003) 外饲准字 018 号	2003.01—2008.01
狗粮 Dog Food	配合饲料 Compound feed	泰国 S. W. T. 有限公司 S. W. T. Co., Ltd. Thailand	(2003) 外饲准字 019 号	2003.01—2008.01
慧心猫粮 Smartheart Cat Food	配合饲料 Compound feed	泰国 S. W. T. 有限公司 S. W. T. Co., Ltd. Thailand	(2003) 外饲准字 020 号	2003.01—2008.01
维生素 K_3 Kavist Plus MNB50	饲料级维生素 Vitamin feed grade	乌拉圭 DIROX 公司 DIROX S. A. Uruguay	(2003) 外饲准字 021 号	2003.01—2008.01
牛肉骨粉 Beef Meat and Bone Meal	蛋白质饲料 Protein feed	加拿大嘉吉公司 Cargill Foods Canada	(2003) 外饲准字 022 号	2003.01—2008.01
白鱼粉 White Fishmeal	蛋白质饲料 Protein feed	阿根廷 中荣国际有限公司代理	(2003) 外饲准字 023 号	2003.01—2008.01
能源宝 Fat Pak 50	蛋白质饲料 Protein feed	美国乳品专业公司 Milk Specialties Company USA	(2003) 外饲准字 024 号	2003.01—2008.01

（续）

商品名称	产品类别	生产厂家	许可证号	有效期限
高蛋白乳清粉 Permeate high protein powder	蛋白质饲料 Protein feed	欧洲乳清公司 Euroserum France	(2003) 外饲准字 025 号	2003. 01—2008. 01
低蛋白乳清粉 Permeate low protein powder	蛋白质饲料 Protein feed	欧洲乳清公司 Euroserum France	(2003) 外饲准字 026 号	2003. 01—2008. 01
二十二碳六烯酸 DHA GoldTM	饲料添加剂 Feed additive	美国 Omega Tech 公司 Omega Tech Inc. USA	(2003) 外饲准字 027 号	2003. 01—2008. 01
禽宝-C Qinbao-C	微生物添加剂 Microbial Biotic additive	必高畅生物科技有限公司 Bigau-Chahng Biotechnologies Co., Ltd.	(2003) 外饲准字 028 号	2003. 01—2008. 01
畜宝-NP Chubao-NP	微生物添加剂 Microbial Biotic additive	必高畅生物科技有限公司 Bigau-Chahng Biotechnologies Co., Ltd.	(2003) 外饲准字 029 号	2003. 01-2008. 01
水宝-F Shuibao-F	微生物添加剂 Microbial Biotic additive	必高畅生物科技有限公司 Bigau-Chahng Biotechnologies Co., Ltd.	(2003) 外饲准字 030 号	2003. 01—2008. 01
密可棒 Microbond	微生物添加剂 Microbial Biotic additive	美国 Cenzone Tech 公司 Cenzone Tech Inc. USA	(2003) 外饲准字 031 号	2003. 01—2008. 01
易快素—矿物质平衡剂 Equistro Mega Base	饲料添加剂 Feed additive	德国 Equistro Pharma 股份有限公司 Equistro Pharma GmbH & Co. KG Germany	(2003) 外饲准字 032 号	2003. 01—2008. 01
易快素—利血丹 400 Equistro Haemolytan 400	饲料添加剂 Feed additive	德国 Equistro Pharma 股份有限公司 Equistro Pharma GmbH & Co. KG Germany	(2003) 外饲准字 033 号	2003. 01—2008. 01
易快素—强力素 Equistro Triforce	饲料添加剂 Feed additive	德国 Equistro Pharma 股份有限公司 Equistro Pharma GmbH & Co. KG Germany	(2003) 外饲准字 034 号	2003. 01—2008. 01
易快素—增能剂 Equistro Energy Booster	饲料添加剂 Feed additive	德国 Equistro Pharma 股份有限公司 Equistro Pharma GmbH & Co. KG Germany	(2003) 外饲准字 035 号	2003. 01—2008. 01
易快素—维优 E Equistro Excell E	饲料添加剂 Feed additive	德国 Equistro Pharma 股份有限公司 Equistro Pharma GmbH & Co. KG Germany	(2003) 外饲准字 036 号	2003. 01—2008. 01
易快素—强乙镁液 Equistro Betamag Forte	饲料添加剂 Feed additive	德国 Equistro Pharma 股份有限公司 Equistro Pharma GmbH & Co. KG Germany	(2003) 外饲准字 037 号	2003. 01—2008. 01
易快素—福乐斯 Equistro Cartiflex	饲料添加剂 Feed additive	德国 Equistro Pharma 股份有限公司 Equistro Pharma GmbH & Co. KG Germany	(2003) 外饲准字 038 号	2003. 01—2008. 01
易快素—角质灵 Equistro Kerabol	饲料添加剂 Feed additive	德国 Equistro Pharma 股份有限公司 Equistro Pharma GmbH & Co. KG Germany	(2003) 外饲准字 039 号	2003. 01—2008. 01
易快素—电解丹 Equistro Elytaan	饲料添加剂 Feed additive	德国 Equistro Pharma 股份有限公司 Equistro Pharma GmbH & Co. KG Germany	(2003) 外饲准字 040 号	2003. 01—2008. 01
猪禽用植物性脂肪粉 Bergafat Monogastric	能量饲料 Energy feed	百事美（马来西亚）有限公司 Berg &Schmidt (M) Sdn. Bhd., Malaysia	(2003) 外饲准字 041 号	2003. 01—2008. 01

（续）

商品名称	产品类别	生产厂家	许可证号	有效期限
牛羊用植物性脂肪粉 Bergafat Ruminant	能量饲料 Energy feed	百事美（马来西亚）有限公司 Berg &Schmidt （M） Sdn. Bhd.，Malaysia	（2003）外饲准字042号	2003.01—2008.01
“万霉洁”液体防霉剂 Fungex - S Liquid Mold Inhibitor	饲料防霉剂 Feed Inhibitor	美国安尼妥司大药厂 Anitox Corp. USA	（2003）外饲准字043号	2003.01—2008.01
倍加生5601 Pescazyme MT5601	饲料酶制剂 Feed enzyme	芬兰饲料国际有限公司 FFI Production OY Finland	（2003）外饲准字044号	2003.01—2008.01
牛肉骨粉 Beef Meat & bone meal	蛋白质饲料 Protein feed	美国贵芬公司 Griffin Industries Inc. USA	（2003）外饲准字045号	2003.04—2008.04
肉骨粉 Meat & bone meal	蛋白质饲料 Protein feed	澳大利亚森兰德商品有限公司 Sunland Commodities Pty Ltd. Australia	（2003）外饲准字046号	2003.04—2008.04
白鱼粉 White fishmeal	蛋白质饲料 Protein feed	阿根廷 香港高龙集团股份有限公司代理	（2003）外饲准字047号	2003.04—2008.04
水溶性免疫球蛋白 SoluteinTM	蛋白质饲料 Protein feed	美国蛋白质公司（Animix工厂） PAC，Inc. （Animix Plant）USA	（2003）外饲准字048号	2003.04—2008.04
粒化血球蛋白 AP301GTM	蛋白质饲料 Protein feed	美国Inland蛋白质有限公司 Inland Protein Corporation USA	（2003）外饲准字049号	2003.04—2008.04
白鱼粉 White fishmeal	蛋白质饲料 Protein feed	俄罗斯 日商岩井香港有限公司代理	（2003）外饲准字050号	2003.04—2008.04
鱼精粉 Pro-PakTM	蛋白质饲料 Protein feed	美国H. J. Baker & Bro公司 H. J. Baker & Bro Inc. USA	（2003）外饲准字051号	2003.04—2008.04
红鱼粉 Red Fishmeal	蛋白质饲料 Protein feed	秘鲁 中谷（香港）国际有限公司代理	（2003）外饲准字052号	2003.04—2008.04
利可40 DK Sarsaponin 40	饲料添加剂 Feed additive	美国Desert King国际有限公司 Desert King International Inc. USA	（2003）外饲准字053号	2003.04—2008.04
红鱼粉 Red fishmeal	蛋白质饲料 Protein feed	巴基斯坦凯帕国际销售公司 Kanpa International Sales，Pakistan	（2003）外饲准字054号	2003.04—2008.04
麦可维保护性脂肪 Microvert Protected Fat	能量饲料 Energy Feed	西班牙营养国际公司 Nutrion Internacional SL，Spain	（2003）外饲准字055号	2003.04—2008.04
妙妙猫粮 ME-O Cat Food	配合饲料 Compound feed	泰国S. W. T. 有限公司 S. W. T. Co.，Ltd. Thailand	（2003）外饲准字056号	2003.04—2008.04
鱼饲料 Fish feed	配合饲料 Compound feed	泰国S. W. T. 有限公司 S. W. T. Co.，Ltd. Thailand	（2003）外饲准字057号	2003.04—2008.04
绿宝X BLCS Renascitur X	微生物添加剂 Microbial Biotic additive	美国Emeral企业有限公司 Emeral Enterprises Inc. USA	（2003）外饲准字058号	2003.04—2008.04
红鱼粉 Red Fishmeal	蛋白质饲料 Protein feed	巴基斯坦 加拿大环球太平洋企业有限公司代理	（2003）外饲准字059号	2003.04—2008.04
佳能 Energylac 50	能量饲料 Energy feed	德国Eurolat股份有限公司 Eurolat GmbH，Germany	（2003）外饲准字060号	2003.04—2008.04
大肥 Dry-Fat	能量饲料 Energy feed	普士牧禽畜保健品（马来西亚）有限公司 Bruce-Mall SDN. BHD. Malaysia	（2003）外饲准字061号	2003.04—2008.04
富丰粒 WBP	饲料原料 Feedstuff	斯里兰卡Prima锡兰公司 Prima Ceylon Ltd. Sri Lanka	（2003）外饲准字062号	2003.04—2008.04

（续）

商品名称	产品类别	生产厂家	许可证号	有效期限
乳脂 50 Megafat 50	饲料添加剂 Feed additive	美国 Milk Specialties 公司 Milk Specialties Company, USA	(2003) 外饲准字 063 号	2003.04—2008.04
乳脂 80 Megafat 80	饲料添加剂 Feed additive	美国 Milk Specialties 公司 Milk Specialties Company, USA	(2003) 外饲准字 064 号	2003.04—2008.04
狗粮 Dog Food	配合饲料 Compound feed	加拿大 Shur-Gain 宠物食品公司 Shur-Gain Pet Products, Canada	(2003) 外饲准字 065 号	2003.04—2008.04
保安生 93010 Porzyme 93010	饲料酶制剂 Feed enzyme	芬兰饲料国际有限公司 Finnfeeds OY, Finland	(2003) 外饲准字 066 号	2003.04—2008.04
血浆蛋白粉 AP920TM	蛋白质饲料 Protein feed	加拿大 APC 营养公司 APC Nutrition Ltd. Canada	(2003) 外饲准字 067 号	2003.04—2008.04
倍丰 BionfendTM	蛋白质饲料 Protein feed	美国蛋白质公司爱荷华州工厂 APC Inc. USA (Iowa plant)	(2003) 外饲准字 068 号	2003.04—2008.04
三倍多 3P50TM	蛋白质饲料 Protein feed	美国 Ameco-Bios & Co. Ameco-Bios & Co., USA	(2003) 外饲准字 069 号	2003.04—2008.04
低蛋白乳清粉 Deproteinized whey powder	蛋白质饲料 Protein feed	美国 CPI 公司 Cheese & Protein International, LLC. USA	(2003) 外饲准字 070 号	2003.04—2008.04
甜乳清粉 Sweet dairy whey-extra grade	蛋白质饲料 Protein feed	美国 CPI 公司 Cheese & Protein International, LLC. USA	(2003) 外饲准字 071 号	2003.04—2008.04
饲料级混合脂肪 Feed grade blend fat	能量饲料 Energy feed	澳大利亚 Colyer Fehr 油脂私营有限公司 Colyer Fehr Tallow Pty Ltd. Australia	(2003) 外饲准字 072 号	2003.04—2008.04
红鱼粉 Red fishmeal	蛋白质饲料 Protein feed	南非 香港高龙集团股份有限公司代理	(2003) 外饲准字 073 号	2003.04—2008.04
芬拿斯 L Finase L	饲料酶制剂 Feed enzyme	芬兰罗尔公司 Roal OY, Finland	(2003) 外饲准字 074 号	2003.04—2008.04
瑞宝甘氨酸铁 190 B-Traxim®G/Fe-190	饲料添加剂 Feed additive	瑞士潘可士玛（法国）公司 Pancosma France SA.	(2003) 外饲准字 075 号	2003.04—2008.04
干燥乳清粉 Dried whey	蛋白质饲料 Protein feed	美国 Alto Dairy 公司 Alto Dairy Cooperation, USA	(2003) 外饲准字 076 号	2003.04—2008.04
白鱼粉 White fishmeal	蛋白质饲料 Protein feed	智利 Pesquera Lota Protein 公司 Pesquera Lota Protein Ltda. Chile	(2003) 外饲准字 077 号	2003.04—2008.04
鱿鱼肝粉 Squid liver powder	蛋白质饲料 Protein feed	韩国东佑产品有限公司 Dong Woo Industrial Co., Ltd. Korea	(2003) 外饲准字 078 号	2003.04—2008.04
纽埃特 PG 抗氧化剂 OXY-NIL PG Dry	饲料抗氧化剂 Feed antioxidant	比利时英伟国际公司 Nutri-AD International N. V. Belgium	(2003) 外饲准字 079 号	2003.04—2008.04
酸化剂核心料 42439Z Nucleo Acidificante 42439Z	饲料酸化剂 Feed acidifier	西班牙乐达公司 Lucta S. A. Spain	(2003) 外饲准字 080 号	2003.04—2008.04
乐达克霉灵 1330Z 液体 Luctamold 1330Z Liquid	饲料防霉剂 Feed inhibitor	西班牙乐达公司 Lucta S. A. Spain	(2003) 外饲准字 081 号	2003.04—2008.04
虾苗饲料 Shrimp feed	配合饲料 Compound feed	绿奇国际企业有限公司 Richen International Enterprise Co., Ltd.	(2003) 外饲准字 082 号	2003.04—2008.04

（续）

商品名称	产品类别	生产厂家	许可证号	有效期限
尼邦娜饲料级烟酰胺 Nepera feed grade niacinamide	饲料级维生素 Vitamin feed grade	美国尼邦娜公司 Nepera Inc. USA	(2003) 外饲准字 083 号	2003.04—2008.04
保犊美 Kalbmilch	蛋白质饲料 Protein feed	比利时纽卡米公司 Nukamel N. V. Belgium	(2003) 外饲准字 084 号	2003.04—2008.04
优霉抗 52-Plus Euromold 52-Plus	饲料防霉剂 Feed inhibitor	比利时 Nutritec 公司 Nutritec S. A. Belgium	(2003) 外饲准字 085 号	2003.04—2008.04
优氧服 32-预混剂 Eurotiox 32-Premix	饲料抗氧化剂 Feed antioxidant	比利时 Nutritec 公司 Nutritec S. A. Belgium	(2003) 外饲准字 086 号	2003.04—2008.04
体脱康 Fit Reidro	添加剂预混料 Additive Premix	意大利欧亚盈有限公司 Trouw Nutrition Italia SPA	(2003) 外饲准字 087 号	2003.04—2008.04
欧多补 Aminocomplex	添加剂预混料 Additive Premix	意大利欧亚盈有限公司 Trouw Nutrition Italia SPA	(2003) 外饲准字 088 号	2003.04—2008.04
肉骨粉 Meat and Bone meal	蛋白质饲料 Protein feed	美国国家副产品公司 National By-Products LLC. USA	(2003) 外饲准字 089 号	2003.04—2008.04
亚罗康 BLCS	微生物添加剂 Microbial Biotic additive	日本仁安堂药健株式会社 Japan Jinando Enterprises Inc.	(2003) 外饲准字 090 号	2003.04—2008.04
L-赖氨酸盐酸盐 L-Lysine Monohydrochloride	饲料级氨基酸 Amino acid feed grade	味之素株式会社（泰国） Ajinomoto Co.,(Thailand) Ltd.	(2003) 外饲准字 091 号	2003.04—2008.04
DL-蛋氨酸 DL-Methionine	饲料级氨基酸 Amino acid feed grade	日本曹达株式会社 Nippon Soda Co., Ltd. Japan	(2003) 外饲准字 092 号	2003.04—2008.04
超强多维补液 Supravitaminol	维生素预混料 Vitamin premix	法国诗华动物保健公司 Ceva Sante Animale S. A. France	(2003) 外饲准字 093 号	2003.04—2008.04
维高新 Vigosine	类维生素类饲料添加剂	法国诗华动物保健公司 Ceva Sante Animale S. A. France	(2003) 外饲准字 094 号	2003.04—2008.04
加大维 Catafac	维生素预混料 Vitamin premix	加拿大帕姆特微技术有限公司 PMT Inc. Canada	(2003) 外饲准字 095 号	2003.04—2008.04
L-赖氨酸 L-Lysine Monohydrochloride	饲料级氨基酸 Amino acid feed grade	巴斯夫韩国有限公司 BASF Korea Ltd.	(2003) 外饲准字 096 号	2003.04—2008.04
露他维 A500Plus Lutavit A 500Plus	饲料级维生素 Vitamin feed grade	德国巴斯夫公司 BASF Aktiengesellschaft, Germany	(2003) 外饲准字 097 号	2003.04—2008.04
倍加生 5602 Pescazyme 5602	饲料酶制剂 Feed enzyme	芬兰饲料国际有限公司 FFI Production OY, Finland	(2003) 外饲准字 098 号	2003.04—2008.04
鱼油 Fish oil	能量饲料 Energy feed	智利 Quimica Industrial Spes 公司 Quimica Industrial Spes S. A. Chile	(2003) 外饲准字 099 号	2003.04—2008.04
L-赖氨酸硫酸盐及其发酵副产物 Biolys®	饲料级氨基酸 Amino acid feed grade	美国中西赖氨酸厂 Midwest Lysine, USA	(2003) 外饲准字 100 号	2003.06—2008.06

（续）

商品名称	产品类别	生产厂家	许可证号	有效期限
优质鱼粉 Super Popup	蛋白质饲料 Protein feed	惠胜实业股份有限公司 Hui Shung Agriculture & Food Corp.	(2003) 外饲准字 101 号	2003.06—2008.06
塘参 Genoplus	微生物添加剂 Microbial biotic additive	韩国 Genobiotech 有限公司 Genobiotech Co., Ltd. Korea	(2003) 外饲准字 102 号	2003.06—2008.06
饲料级乳清粉 Sweet whey powder	蛋白质饲料 Protein feed	波兰 ICC Paslek 乳品公司 ICC Paslek Ltd. Poland	(2003) 外饲准字 103 号	2003.06—2008.06
虾苗饲料 Epac PL	配合饲料 Compound feed	英伟（泰国）公司 Inve (Thailand) Ltd.	(2003) 外饲准字 104 号	2003.06—2008.06
维他饲料 Salmofood-VitaCare	配合饲料 Compound feed	智利 Salmofood 公司 Salmofood S. A. Chile	(2003) 外饲准字 105 号	2003.06—2008.06
65%鸡肉骨粉 65% Poultry meat & bone meal	蛋白质饲料 Protein feed	美国国家副产品公司 National By-Products, LLC. USA	(2003) 外饲准字 106 号	2003.06—2008.06
红鱼粉 Red Fishmeal	蛋白质饲料 Protein feed	秘鲁 美邦商业公司代理	(2003) 外饲准字 107 号	2003.06—2008.06
鸡肉骨粉 Poultry meat and bone meal	蛋白质饲料 Protein feed	美国安浦产品公司 Ampro Products, Inc. USA	(2003) 外饲准字 108 号	2003.06—2008.06
矿盐圈 Capsobloc	精料补充料 Concentrate supplement	西班牙埃特亚公司 Industrial Tecnica Pecuaria S. A Spain	(2003) 外饲准字 109 号	2003.06—2008.06
甜味素 Sugarcap	饲料调味剂 Feed flavor enhancement	西班牙埃特亚公司 Industrial Tecnica Pecuaria S. A Spain	(2003) 外饲准字 110 号	2003.06—2008.06
乐达香 1396Z (40797) 液体 Luctarom Sucklers 1396Z (40797) Liquid	饲料调味剂 Feed flavor enhancement	西班牙乐达有限公司 Lucta S. A. Spain	(2003) 外饲准字 111 号	2003.06—2008.06
乐达香"S" 1806Z 液体 Luctarom Sucklers "S" 1806Z Liquid	饲料调味剂 Feed flavor enhancement	西班牙乐达有限公司 Lucta S. A. Spain	(2003) 外饲准字 112 号	2003.06—2008.06
乐达香 1396Z (38063) 液体 Luctarom Sucklers 1396Z (38063) Liquid	饲料调味剂 Feed flavor enhancement	西班牙乐达有限公司 Lucta S. A. Spain	(2003) 外饲准字 113 号	2003.06—2008.06
安能 Ener GII®	能量饲料 Energy feed	美国 Bioproducts 股份有限公司 Bioproducts Inc. USA	(2003) 外饲准字 114 号	2003.06—2008.06
改性乳清粉 Modified whey	能量饲料 Energy feed	美国 Lynn 蛋白质公司 Lynn Protein Inc. USA	(2003) 外饲准字 115 号	2003.06—2008.06
鱼饲料 AquaFlake	配合饲料 Compound feed	美国水生技术公司 Aqua-In-Tech Inc. USA	(2003) 外饲准字 116 号	2003.06—2008.06
麦格莱 MagnaFat	能量饲料 Energy feed	美国加州 ESI 公司 Energy Supplements International, LLC. USA	(2003) 外饲准字 117 号	2003.06—2008.06
阿梅诺 Aminovitamin Super	添加剂预混料 Additive premix	意大利亚士可化工大药厂 Ascor Chimici S. R. L. Italy	(2003) 外饲准字 118 号	2003.06—2008.06

（续）

商品名称	产品类别	生产厂家	许可证号	有效期限
雅士勇 Ascorequil	添加剂预混料 Additive premix	意大利亚士可化工大药厂 Ascor Chimici S. R. L. Italy	(2003) 外饲准字 119 号	2003.06—2008.06
新益素 Yeasture	微生物添加剂 Microbial biotic additive	美国 Cenzone 技术有限公司 Cenzone Tech Inc. USA	(2003) 外饲准字 120 号	2003.06—2008.06
挤塑肉条 Extruded Meat	配合饲料 Compound feed	美国费尔普斯工业集团公司 Phelps Industries，LLC. USA	(2003) 外饲准字 121 号	2003.06—2008.06
DAN 液体 α-淀粉酶 Danisco Animal Nutriton Liquid Alpha-Amylase	饲料酶制剂 Feed enzyme	芬兰饲料国际有限公司 Finnfeeds OY，Finland	(2003) 外饲准字 122 号	2003.06—2008.06
DAN 液体蛋白酶 Danisco Animal Nutriton Liquid Subtilisin	饲料酶制剂 Feed enzyme	芬兰饲料国际有限公司 Finnfeeds OY，Finland	(2003) 外饲准字 123 号	2003.06—2008.06
DAN 液体木聚糖酶 Danisco Animal Nutriton Liquid Xylanase	饲料酶制剂 Feed enzyme	芬兰饲料国际有限公司 Finnfeeds OY，Finland	(2003) 外饲准字 124 号	2003.06—2008.06
牛肉骨粉 Beef meat and bone meal	蛋白质饲料 Protein feed	乌拉圭 Cardama 公司 Cardama Ltda. Uruguay	(2003) 外饲准字 125 号	2003.06—2008.06
红鱼粉 Red Fishmeal	蛋白质饲料 Protein feed	秘鲁 中盛国际贸易（香港）有限公司代理	(2003) 外饲准字 126 号	2003.06—2008.06
甲鱼用维生素 Multivita	维生素预混料 Vitamin premix	谊晟实业股份有限公司 Ye Cherng Industial Products Co.，Ltd.	(2003) 外饲准字 127 号	2003.06—2008.06
虾用维生素 Grovita	维生素预混料 Vitamin premix	谊晟实业股份有限公司 Ye Cherng Industial Products Co.，Ltd.	(2003) 外饲准字 128 号	2003.06—2008.06
鳗用维生素 Biovita	维生素预混料 Vitamin premix	谊晟实业股份有限公司 Ye Cherng Industial Products Co.，Ltd.	(2003) 外饲准字 129 号	2003.06—2008.06
红鱼粉 Red fishmeal	蛋白质饲料 Protein feed	马来西亚亚洲鱼粉厂有限公司 Syarikat Kilang Serbok Ikan（Asia）Sdn. Bhd. Malaysia	(2003) 外饲准字 130 号	2003.06—2008.06
达邦蛋白-P DaBomb-P	蛋白质饲料 Protein feed	达邦蛋白股份有限公司 DaBomb Protien Corp.	(2003) 外饲准字 131 号	2003.06—2008.06
生物素 F-2 Biotin 2% feed grade	饲料级维生素 Vitamin feed grade	日本住友化学工业株式会社 Sumitomo Chemical Co.，Ltd. Japan	(2003) 外饲准字 132 号	2003.06—2008.06
DL-蛋氨酸 DL-Methionine	饲料级氨基酸 Amino acid feed grade	日本住友化学工业株式会社 Sumitomo Chemical Co.，Ltd. Japan	(2003) 外饲准字 133 号	2003.06—2008.06
喜利康 Isilac	精料补充料 Concentrate supplement	荷兰纽维得公司 Nutrifeed，The Netherlands	(2003) 外饲准字 134 号	2003.06—2008.06
普利康 Prelac	蛋白质饲料 Protein feed	荷兰纽维得公司 Nutrifeed，The Netherlands	(2003) 外饲准字 135 号	2003.06—2008.06
维佳宝 Super Multivitamin	添加剂预混料 Additive premix	马来西亚信达股份有限公司 Agripower SDN. BHD. Malaysia	(2003) 外饲准字 136 号	2003.06—2008.06

（续）

商品名称	产品类别	生产厂家	许可证号	有效期限
罗曼电解多维 Lovit VE	维生素预混料 Vitamin premix	德国罗曼动物保健有限公司 Lohmann Animal Health GmbH & Co. Germany	(2003) 外饲准字 137 号	2003.06—2008.06
肉鸡添加剂 201 ANA-Vite Broiler Starter 201	添加剂预混料 Additive premix	新加坡亚洲农业营养私人有限公司 Agri Nutrition Asia Pte Ltd. Singapore	(2003) 外饲准字 138 号	2003.06—2008.06
小猪添加剂 301 ANA-Vite Pig Creep 301	添加剂预混料 Additive premix	新加坡亚洲农业营养私人有限公司 Agri Nutrition Asia Pte Ltd. Singapore	(2003) 外饲准字 139 号	2003.06—2008.06
肉鸭添加剂 401 ANA-Vite Duck Starter 401	添加剂预混料 Additive premix	新加坡亚洲农业营养私人有限公司 Agri Nutrition Asia Pte Ltd. Singapore	(2003) 外饲准字 140 号	2003.06—2008.06
老哈默牌乳畜宝 Wise Harmon Baby Animal Love	蛋白质饲料 Protein feed	美国 Rose Acre Farms 有限公司 Rose Acre Farms Inc. USA	(2003) 外饲准字 141 号	2003.06—2008.06
肥得美 Feedomel	蛋白质饲料 Protein feed	比利时纽卡米公司 Nukamel N. V. Belgium	(2003) 外饲准字 142 号	2003.06—2008.06
饲料级甲酸钙 Calcium Formate feed grade	饲料添加剂 Feed additive	德国德固萨公司 Degussa AG，Germany	(2003) 外饲准字 143 号	2003.06—2008.06
饲料级烟酰胺 Nicotinamide feed grade	饲料级维生素 Vitamin feed grade	比利时德固萨安特卫普厂 Degussa Antwerpen N. V. Belgium	(2003) 外饲准字 144 号	2003.06—2008.06
DL-蛋氨酸 DL-Methionine	饲料级氨基酸 Amino acid feed grade	德国德固萨公司 Degussa AG，Germany	(2003) 外饲准字 145 号	2003.06—2008.06
乐达香 1396Z（37661）液体 Luctarom Sucklers 1396Z（37661）Liquid	饲料调味剂 Feed flavor enhancement	西班牙乐达有限公司 Lucta S. A. Spain	(2003) 外饲准字 146 号	2003.09—2008.09
乐达香 1474Z C 液体 Luctarom Sucklers 1474Z C Liquid	饲料调味剂 Feed flavor enhancement	西班牙乐达有限公司 Lucta S. A. Spain	(2003) 外饲准字 147 号	2003.09—2008.09
乐达香 1474Z B Luctarom Sucklers 1474Z B	饲料调味剂 Feed flavor enhancement	西班牙乐达有限公司 Lucta S. A. Spain	(2003) 外饲准字 148 号	2003.09—2008.09
乐达香 1474Z C Luctarom Sucklers 1474Z C	饲料调味剂 Feed flavor enhancement	西班牙乐达有限公司 Lucta S. A. Spain	(2003) 外饲准字 149 号	2003.09—2008.09
颗粒香 S 43342Z Aroma Pellet S 43342Z	饲料调味剂 Feed flavor enhancement	西班牙乐达有限公司 Lucta S. A. Spain	(2003) 外饲准字 150 号	2003.09—2008.09
金闪闪®20 ORO GLO®20	饲料着色剂 Feed grade pigment	新加坡建明工业（亚洲）私人有限公司 Kemin Industries（Asia）Pte Ltd. Singapore	(2003) 外饲准字 151 号	2003.09—2008.09
红鱼粉 Red Fishmeal	蛋白质饲料 Protein feed	智利 SK 环球美国有限公司代理	(2003) 外饲准字 152 号	2003.09—2008.09

（续）

商品名称	产品类别	生产厂家	许可证号	有效期限
蛋能宝 Nuklospray	蛋白质饲料 Protein feed	德国Bewital股份有限公司 Bewital GmbH & Co. KG，Germany	(2003) 外饲准字153号	2003.09—2008.09
艾克拿斯 Econase	饲料酶制剂 Feed enzyme	芬兰罗尔公司 Roal OY，Finland	(2003) 外饲准字154号	2003.09—2008.09
阿富硒2000 SelenoSource AFTM2000	饲料添加剂 Feed additive	美国达农威公司 Diamond V Mills，Inc. USA	(2003) 外饲准字155号	2003.09—2008.09
强力宝 Immunofence	饲料添加剂 Feed additive	韩国SUN JIN ADD株式会社 SUN JIN ADD，Inc. Korea	(2003) 外饲准字156号	2003.09—2008.09
红鱼粉 Red Fishmeal	蛋白质饲料 Protein feed	马来西亚友联海产有限公司 Sea Union Fiah Meal SDN. BHD.，Malaysia	(2003) 外饲准字157号	2003.09—2008.09
牛得喜 Levucell SC	微生物添加剂 Microbial biotic additive	法国拉曼动物营养公司 Lallemand Animal Nutrition S. A. France	(2003) 外饲准字158号	2003.09—2008.09
来福喜 Levucell SB 20	微生物添加剂 Microbial biotic additive	法国拉曼动物营养公司 Lallemand Animal Nutrition S. A. France	(2003) 外饲准字159号	2003.09—2008.09
营养派 Nutri-Pal	蛋白饲料 Protein feed	美国国际原料公司 International Ingredient Corporation，USA	(2003) 外饲准字160号	2003.09—2008.09
益康素 Digesta-10	微生物添加剂 Microbial biotic additive	韩国Eunjin国际株式会社 Eunjin International Co.，Ltd. Korea	(2003) 外饲准字161号	2003.09—2008.09
利客宝—高岭土果胶悬液 Lickables K. P. A. D Kaolin Pectin Suspension	宠物饲料 Pet food	美国药品和化妆品公司 American Pharmaceuticals and Cosmetics，Inc. USA	(2003) 外饲准字162号	2003.09—2008.09
丰年虫卵 Brine Shrimp Eggs	蛋白质饲料 Protein feed	美国海星国际有限公司 Ocean Star International Inc. USA	(2003) 外饲准字163号	2003.09—2008.09
维生素A醋酸脂油 Vitamin A Acetate oily	饲料级维生素 vitamin Feed grade	德国巴斯夫公司 BASF Aktiengesellschaft，Germany	(2003) 外饲准字164号	2003.09—2008.09
酶他富5000 G Natuphos 5000 G	饲料酶制剂 Feed enzyme	德国巴斯夫公司 BASF Aktiengesellschaft，Germany	(2003) 外饲准字165号	2003.09—2008.09
酶他富5000 L Natuphos 5000 L	饲料酶制剂 Feed enzyme	德国巴斯夫公司 BASF Aktiengesellschaft，Germany	(2003) 外饲准字166号	2003.09—2008.09
百乐铁 Bioplex Iron	饲料添加剂 Feed additive	美国奥特奇生物技术公司 Alltech，Inc. USA	(2003) 外饲准字167号	2003.09—2008.09
百乐铜 Bioplex Copper	饲料添加剂 Feed additive	美国奥特奇生物技术公司 Alltech，Inc. USA	(2003) 外饲准字168号	2003.09—2008.09
百乐锰 Bioplex Manganese	饲料添加剂 Feed additive	美国奥特奇生物技术公司 Alltech，Inc. USA	(2003) 外饲准字169号	2003.09—2008.09
维特素-R200 Vitacel-R200	饲料添加剂 Feed additive	德国瑞登梅尔父子公司 J. Rettenmaier & Söhne GmbH＋Co. Germany	(2003) 外饲准字170号	2003.09—2008.09
硒酵母 SelPlex 50	饲料添加剂 Feed additive	美国奥特奇生物技术公司 Alltech，Inc. USA	(2003) 外饲准字171号	2003.09—2008.09

（续）

商品名称	产品类别	生产厂家	许可证号	有效期限
益生酵母 Yea-Sacc	饲料添加剂 Feed additive	美国奥特奇生物技术公司 Alltech，Inc. USA	（2003）外饲准字 172 号	2003.09—2008.09
肠膜蛋白 30 Dried Porcine Solubles (30)	蛋白质饲料 Protein feed	美国新多福饲料公司 Nutra-Flo Company，USA	（2003）外饲准字 173 号	2003.09—2008.09
肠膜蛋白 42 Dried Porcine Solubles (42)	蛋白质饲料 Protein feed	美国新多福饲料公司 Nutra-Flo Company，USA	（2003）外饲准字 174 号	2003.09—2008.09
可喜一得力钙片 Calci Delice	复合预混料 Compound premix	法国维克药厂股份有限公司 Virbac S. A. France	（2003）外饲准字 175 号	2003.09—2008.09
美他素 Anasol	复合预混料 Compound premix	Zagro 新加坡有限公司 Zagro Singapore Pte Ltd.	（2003）外饲准字 176 号	2003.09—2008.09
抗敌霉 200HPC ConditionAde 200HPC	饲料防霉剂 Feed inhibitor	美国优哉公司 Oil-Dri Corporation of America	（2003）外饲准字 177 号	2003.09—2008.09
猫粮 Cat food	配合饲料 Compound feed	爱芬食品（泰国）有限公司 Effem Foods (Thailand) Co.，Ltd.	（2003）外饲准字 178 号	2003.09—2008.09
除臭灵 De-odorase	饲料添加剂 Feed additive	美国奥特奇生物技术公司 Alltech，Inc. USA	（2003）外饲准字 179	2003.09—2008.09
虾饲料 Shrimp feed	配合饲料 Compound feed	美国 Rangen 有限公司 Rangen Inc. USA	（2003）外饲准字 180 号	2003.11—2008.11
饲料级鱼油 Fish Oil	能量饲料 Energy feed	印度尼西亚 Fishindo Kusuma Sejahtera 公司 PT Fishindo Kusuma Sejahtera，Indonesia	（2003）外饲准字 181 号	2003.11—2008.11
红鱼粉 Red fishmeal	蛋白质饲料 Protein feed	智利 Salmonoil 公司 Salmonoil S. A. Chile	（2003）外饲准字 182 号	2003.11—2008.11
饲料级鱼油 Fish Oil	能量饲料 Energy feed	智利 Salmonoil 公司 Salmonoil S. A. Chile	（2003）外饲准字 183 号	2003.11—2008.11
吞拿鱼粉 Tuna fishmeal	蛋白质饲料 Protein feed	大众海产总汇（肯尼亚）有限公司 Wanainchi Marine Products（Kenya）Ltd.	（2003）外饲准字 184 号	2003.11—2008.11
红鱼粉 Red fishmeal	蛋白质饲料 Protein feed	马来西亚合泉有限公司 HAP Cuan SDN. BHD，Malaysia	（2003）外饲准字 185 号	2003.11—2008.11
红鱼粉 Red fishmeal	蛋白质饲料 Protein feed	马来西亚合泉有限公司 HAP Cuan SDN. BHD，Malaysia	（2003）外饲准字 186 号	2003.11—2008.11
肥酸宝（液态） Selacid-Liquid	饲料添加剂 Feed additive	荷兰赛尔可公司 Selko B. V. The Netherlands	（2003）外饲准字 187 号	2003.11—2008.11
德邦乳能佳 Destolac	蛋白质饲料 Protein feed	德国优赛公司 Josera Erbacher GmbH Co. Betr. KG	（2003）外饲准字 188 号	2003.11—2008.11
罗维素® A 500 WS Rovimix® A 500 WS	饲料级维生素 Vitamin feed grade	罗氏维生素法国有限公司 Roche Vitamins France	（2003）外饲准字 189 号	2003.11—2008.11
肉骨粉 Meat and Bone Meal	蛋白质饲料 Protein feed	巴西 Bertin 有限公司 Bertin Ltda. Brasil	（2003）外饲准字 190 号	2003.11—2008.11

（续）

商品名称	产品类别	生产厂家	许可证号	有效期限
甜威霸 Sweet Plus	饲料调味剂 Feed flavor enhancement	韩国ECO饲料株式会社 ECO Feed Co., Ltd. Korea	(2003) 外饲准字191号	2003.11—2008.11
企利蛋白铜（蛋氨酸铜） Keylated Copper Proteinate	饲料添加剂 Feed additive	美国企利矿物质公司 Keylated Minerals Co. USA	(2003) 外饲准字192号	2003.11—2008.11
企利蛋白锌（蛋氨酸锌） Keylated Zinc Proteinate	饲料添加剂 Feed additive	美国企利矿物质公司 Keylated Minerals Co. USA	(2003) 外饲准字193号	2003.11—2008.11
企利蛋白铁（蛋氨酸铁） Keylated Iron Proteinate	饲料添加剂 Feed additive	美国企利矿物质公司 Keylated Minerals Co. USA	(2003) 外饲准字194号	2003.11—2008.11
利客宝—营养膏 Lickables Nutritional	宠物饲料 Pet food	美国药品和化妆品公司 American Pharmaceuticals and Cosmetics, Inc. USA	(2003) 外饲准字195号	2003.11—2008.11
利客宝—除毛团剂 Lickables Hairball Relief Caviar Flavored for Cats and Kittens	宠物饲料 Pet food	美国药品和化妆品公司 American Pharmaceuticals and Cosmetics, Inc. USA	(2003) 外饲准字196号	2003.11—2008.11
迈克斯酵母培养浓缩物 A-Max Yeast Culture Concentrate	饲料添加剂 Feed additive	美国凡立得工业公司 Varied Industries Corp. USA	(2003) 外饲准字197号	2003.11—2008.11
猫粮—罐头 Cat food-Can	配合饲料 Compound feed	泰国东南亚包装与罐头有限公司 Southeast Asian Packaging and Canning Ltd. Thailand	(2003) 外饲准字198号	2003.11—2008.11
宝顿酶 Belfeed B1100MP	饲料酶制剂 Feed enzyme	比利时 Beldem 公司 Beldem S. A. Belgium	(2003) 外饲准字199号	2003.11—2008.11
酶他谷预混剂 Natugrain Blend G	饲料酶制剂 Feed enzyme	德国巴斯夫公司 BASF Atkiengesellschahft, Germany	(2003) 外饲准字200号	2003.11—2008.11
红鱼粉 Red fishmeal	蛋白质饲料 Protein feed	秘鲁 Keesung 美国公司代理	(2003) 外饲准字201号	2003.11—2008.11
饲料级烟酰胺 Nicotinamide feed grade	饲料级维生素 Vitamin feed grade	美国 Reilly 工业有限公司 Reilly Industries, Inc. USA	(2003) 外饲准字202号	2003.11—2008.11
百吉雅猫粮 Petia Cat Food	配合饲料 Compound feed	韩国主营饲料株式会社 Juyoung Livestock & Feed Co., Ltd. Korea	(2003) 外饲准字203号	2003.11—2008.11
百吉雅狗粮 Petia Dog Food	配合饲料 Compound feed	韩国主营饲料株式会社 Juyoung Livestock & Feed Co., Ltd. Korea	(2003) 外饲准字204号	2003.11—2008.11
红鱼粉 Red fishmeal	蛋白质饲料 Protein feed	马来西亚祥丰鱼粉厂有限公司 Tangawira SDN. BHD. Malaysia	(2003) 外饲准字205号	2003.11—2008.11
红鱼粉 Red fishmeal	蛋白质饲料 Protein feed	智利智利 Kurt. A. Becher Sudamerica S. A. 代理	(2003) 外饲准字206号	2003.11—2008.11
红鱼粉 Red fishmeal	蛋白质饲料 Protein feed	美国 Daybrook 渔业有限公司 Daybrook Fisheries Inc. USA	(2003) 外饲准字207号	2003.11—2008.11
饲料级鱼油 Fish Oil	能量饲料 Energy feed	美国 Daybrook 渔业有限公司 Daybrook Fisheries, Inc. USA	(2003) 外饲准字208号	2003.11—2008.11
露他维 H2 Lutavit H2	饲料级维生素 Vitamin feed grade	德国巴斯夫公司 BASF Atkiengesellschahft, Germany	(2003) 外饲准字209号	2003.11—2008.11
爱维生 1505 Avizyme 1505	饲料酶制剂 Feed enzyme	芬兰饲料国际有限公司 Finnfeeds OY, Finland	(2003) 外饲准字210号	2003.11—2008.11

（续）

商品名称	产品类别	生产厂家	许可证号	有效期限
“Agustiner”牌白鱼粉 Agustiner Brend White fishmeal	蛋白质饲料 Protein feed	阿根廷 Agustiner 公司 Agustiner S. A. Argentina	（2003）外饲准字 211 号	2003.11—2008.11
绿宝-100Green Culture-100	微生物饲料添加剂 Microbial biotic additive	韩国韩浦企业有限公司 Han Poong Industry Co., Ltd. Korea	（2003）外饲准字 212 号	2003.11—2008.11
虾饲料 Shrimp Feed	配合饲料 Compound feed	韩国宇星饲料株式会社 Woosung Feed Co., Ltd. Korea	（2003）外饲准字 213 号	2003.11—2008.11
红鱼粉 Red fishmeal	蛋白质饲料 Protein feed	纳米比亚香港天宝粮谷饲料贸易有限公司代理	（2003）外饲准字 214 号	2003.11—2008.11

进口饲料添加剂变更商品名称目录（2003）

原有商品名称	改后商品名称	生产厂家	许可证号	有效期限
福磷生 TM5000L Phyzyme TM 5000L	福磷生 TM XP 5000L Phyzyme TM XP5000L	芬兰饲料国际有限公司 Finnfeeds Oy, Finland	（2001）外饲准字 375 号	2001.09—2006.09
福磷生 TM5000G Phyzyme TM 5000G	福磷生 TM XP 5000G Phyzyme TM XP5000G	芬兰饲料国际有限公司 Finnfeeds Oy, Finland	（2001）外饲准字 377 号	2001.09—2006.09
新世纪牌乳清粉 NU-Century whey	Agri-Mark 牌乳清粉 Agri-Mark whey permeate	美国 Agri-Mark 公司 Agri-Mark USA	（2001）外饲准字 119 号	2001.04—2006.04
自然宝—干狗粮 Nature's gift-dry dog kibble	贵族-干狗粮 Nature's gift-dry dog kibble	澳大利亚天然宠物食品有限公司 Nature's Gift Australia Pty Ltd.	（2002）外饲准字 115 号	2002.05—2007.05
维补-2000Vita-Burst	加大维可溶性粉 Vita-Burst	加拿大伊申思有限公司 Triple E Essentials Inc. Canada	（2002）外饲准字 133 号	2002.06—2007.06
麦可维保护性脂肪 Microvert Protected Fat	普力生 Profat	西班牙营养国际公司 Nutrition International SL. Spain	（2003）外饲准字 055 号	2003.04—2008.04

进口饲料和饲料添加剂变更生产厂家名称目录 2003

商品名称	原生产厂家名称	改后生产厂家名称	许可证号	有效期限
保力胺-S Polian-S	立胺酵素工业股份有限公司 Lih An Enzyme Industrial Co., Ltd.	立胺酵素股份有限公司 Lih An Enzyme Industrial Co., Ltd.	（2001）外饲准字 421 号	2001.11—2006.11
宠物饲料—狗粮 Pet Food-Dog Food	Lucky 宠物食品新西兰有限公司 Lucky Petfood New Zealand Ltd.	新西兰爱芬食品有限公司 Effem Foods Ltd. New Zealand	（2001）外饲准字 099 号	2001.04—2006.04
宠物饲料—猫粮 Pet Food-Cat Food	Lucky 宠物食品新西兰有限公司 Lucky Petfood New Zealand Ltd.	新西兰爱芬食品有限公司 Effem Foods Ltd. New Zealand	（2001）外饲准字 100 号	2001.04—2006.04

（周岩华）

饲料质量监督与检测

2003年度全国饲料和饲料添加剂质量安全监测结果：

我国饲料工业已经形成门类比较齐全、功能比较完备的产业体系，成为国民经济中的重要基础的、最富有朝气的新兴产业之一。饲料产业的发展极大地推动了我国动物养殖业的发展，动物产品不仅能够满足国内消费的需要，而且由于饲料质量的提高，动物产品的质量也不断提高，增强了动物产品在国际上的竞争力，出口量逐步增加。

饲料质量的好坏直接关系到动物养殖业的发展，关系到动物产品的质量和安全。近年来，由于经济利益的驱动，一些企业或个人在饲料的生产、经营和养殖等各个环节，违法添加违禁药物，违规添加药物，给动物养殖带来损失的同时，也给动物产品带来了质量和安全隐患。

为了促进我国饲料产品质量和安全水平的提高，保证我国饲料产业的健康发展，为我国动物养殖生产的高效安全，保障动物产品质量和安全，保障人体健康和社会安定，农业部组织了一系列大规模的饲料和饲料添加剂质量安全检测，现将结果、成效和反应的情况介绍如下：

一、监督检测概况

2003年，农业部在2002年工作的基础上，继续组织了监督抽查工作。根据农办牧〔2003〕23号文《关于2003年度全国饲料产品质量安全监督检测工作的通知》（以下简称《通知》）的要求，在全国32个省、自治区、直辖市的饲料行政主管部门的支持下，各饲料质检机构和国家饲料质量监督检验中心（北京）（以下简称“国家中心”）密切配合、共同努力，对辖区内的饲料和饲料添加剂生产、经营和使用企业（或个人）的配合饲料、浓缩饲料、添加剂预混料、饲料添加剂、动物性饲料和动物饮用水等进行了大规模的监督抽查。全部工作分饲料和饲料添加剂普遍性安全因素监督检测、饲料及畜产品中“瘦肉精”等违禁药品专项整治和两节期间北京、天津、上海、重庆和广州5市生猪屠宰厂“瘦肉精”检测3个方面进行。其中饲料和饲料添加剂普遍性安全因素监督检测工作分两个阶段进行。全年共抽查各种样品20 574批次，超额完成了2003年的计划。

全国抽查样品总体情况统计

抽查专项	饲料和饲料添加剂普遍性安全因素			饲料及畜产品中“瘦肉精”等违禁药品专项整治			两节期间“瘦肉精”检测	合计
抽查产品	配合、浓缩、预混、添加剂	动物性饲料	饲料/水	饲料	猪尿样品	猪肝样品	猪尿样品	
计划抽查数量	3 160	980	3 175	2 600	3 500	700	1 200	15 315
实际抽查数量	4 375	882	4 201	1 336	7 875	996	909	20 574

1. 饲料和饲料添加剂生产环节质量监督检测结果及分析。监督抽查配合饲料、浓缩饲料、预混合饲料和饲料添加剂生产企业1 568家，合格1 426家，合格率90.94%；监测样品2 866批次，合格2 688批次，合格率为93.79%。其中监督抽查配合饲料和浓缩饲料生产企业1 395家，合格1 314家，合格率94.20%；监测样品2 259批次，合格2 158批次，合格率为95.53%；监督抽查饲料添加剂和预混合饲料生产企业173家，合格112家，合格率64.74%；监测样品607批次，合格530批次，合格率为87.31%。

与2002年监督抽查结果相比，配合饲料、浓缩饲料、预混合饲料和饲料添加剂产品平均合格率上升了3个百分点。

2. 饲料和饲料添加剂经营环节质量监督检测结果及分析。监督抽查配合饲料、浓缩饲料预混合饲料和饲料添加剂经营企业1 112家，合格922家，合格率82.91%；监测样品1 509批次，合格1 293批次，合格率为85.69%。其中监督抽查配合饲料和浓缩饲料经营企业661家，合格612家，合格率92.59%；监测样品801批次，合格747批次，合格率为93.26%；监督抽查饲料添加剂和预混合饲料经营企业451家，合格310家，合格率68.74%；监测样品708批次，合格546批次，合格率为77.12%。

与2002年监督抽查结果相比，配合饲料、浓缩饲料、预混合饲料和饲料添加剂产品平均合格率上升了10.3个百分点。

3. 动物性饲料产品监督抽查结果及分析。监督抽查动物性饲料生产企业799家，合格584家，合格率73.09%；监测样品882批次，合格656批次，合格率为74.38%。其中鱼粉样品651批次，合格463批次，产品合格率为71.12%；骨粉样品81批次，合格68批次，产品合格率为83.95%；肉骨粉100批次，合格81批次，产品合格率为81%。

与2002年相比，动物性产品平均合格率下降了12.7个百分点。原因是由于2002年绝大部分产品只监测沙门氏菌1个项目，而2003年增加了镉、铬、铅和黄曲霉毒素 B_1 等项目的监测，因此今年产品合格率的下降，并不能说明产品质量的下降。

4. "饲料/水"中药物饲料添加剂和违禁药物监测结果及分析。监督抽查养殖环节企业1 846家，合格1 742家，合格率94.37%；监测饲料/水样品4 201批次，合格4 048批次，合格率为96.36%。与2002年相比，样品合格率上升了0.9个百分点。说明在饲料中添加违禁药物和超量、超范围添加限用药物的现象有所减少，2002年监督抽查产生了很好的效果。

5. 饲料产品标签执行情况。在判定的5 029批次产品中，标签合格3 902批次，合格率77.59%。其中配合饲料和浓缩饲料产品2 833批次，标签合格2 471批次，合格率87.22%；预混合饲料产品943批次，标签合格784批次，合格率83.14 %；饲料添加剂产品372批次，标签合格295批次，合格率79.3%；动物性饲料产品881批次，标签合格352批次，合格率39.95%。

与2002年相比，产品标签合格率上升了0.7个百分点，标签不规范执行的现象有所好转，但仍然是饲料管理中面临的严重问题。

6. 饲料及畜产品中"瘦肉精"等违禁药品专项整治（拉网式检查）。在饲料生产与经营环节抽查饲料和饲料添加剂样品1 336批次，含"瘦肉精"阳性样品1批次，检出率为0.07%。在动物养殖环节抽查1 078个生猪养殖场（户）的生猪尿液7 875批次，阳性样品62批次，检出率为0.79%。在屠宰环节抽查326个屠宰场的生猪肝脏样品996批次，阳性样品8批次，检出率为0.81%。

7. 两节期间对北京等5市生猪屠宰厂进行"瘦肉精"检测结果及分析。抽查了北京、天津、上海、重庆和广州的15个生猪屠宰厂的生猪尿样909批次，检出含有"瘦肉精"尿样10批次，检出率1.10%。这些含有"瘦肉精"的猪尿样品的生猪由9个单位（或个人）供给猪源，户检出率为10.11%。

其中，上海和重庆抽检样品全部合格。天津检出含有"瘦肉精"的样品2批次，样品检出率为1.10%；其生猪由2个单位（或个人）供给，户检出率为16.67%。北京检出含有"瘦肉精"的样品2批次，样品检出率为1.07%；其生猪由2个单位（或个人）供给，户检出率为11.11%。广州检出含有"瘦肉精"的样品6批次，样品检出率为3.33%；其生猪由5个单位（或个人）供给，户检出率为13.89%。

与2002年元旦春节期间5市突击抽查结果相比，样品检出率和户检出率明显下降。北京在2002年未检出"瘦肉精"，2003年检出了"瘦肉精"；上海市2002年检出"瘦肉精"，2003年为未检出；天津、广州两年均检出了"瘦肉精"；重庆市在两年的抽检中均未检出"瘦肉精"。因此，除重庆市以外，各地控制"瘦肉精"工作不能放松，需要进一步完善监督机制和监测手段，加大打击力度。

二、监督抽查工作取得了很大成效

1. 有力地打击了违法添加违禁药物和超范围超量使用药物的行为。饲料安全关系到动物养殖业的可持续发展，关系到动物产品的质量和安全，关系到人们的身体健康和社会安定。因此，农业部对每一阶段的监查结果都向各省、自治区、直辖市发通报，并要求全国各地饲料行政主管部门严格执法，对抽查不合格企业和产品要按照《饲料和饲料添加剂管理条例》的有关规定给予处罚。对于使用盐酸克伦特罗、呋喃唑酮、安定、己烯雌酚等违禁药物，超范围、超剂量使用喹乙醇、土霉素和金霉素的企业和养殖场（户）从重从严处理，对添加违禁药物的企业要追查到底，严查责任人和违规企业。

2003年度饲料质量监督抽查统计结果表明，在饲料生产企业中没有检出添加违禁药物，在使用环节违禁药物的检出率较前几年明显下降。说明监督抽查工作对规范药物的使用，特别是对禁止添加违禁药物起到了积极的引导作用，取得了阶段性成果。通过检查并对查出的问题的严肃处理，有力地遏制和震慑了违规企业和个人，起到了很好的效果。

2. 引起了各级政府的重视和全社会的广泛关注。近年来，由于经济利益的驱动，市场上出现了假冒伪劣饲料和饲料添加剂产品，严重地影响了我国饲料产品的质量。一些企业或个人在饲料的生产、经营和养殖等各个环节，违法添加违禁药物，超范围超量添加药物，给动物养殖带来损失的同时，也给动物产品带来了质量和安全隐患，并危及人体健康。违禁药物盐酸克伦特罗引起的中毒事件，更是倍受新闻媒体和全社会的广泛关注，也引起了中央领导和各级政府的高度重视。中央领导先后多次批示，要加强饲料安全管理工作，建立健全饲料监测体系，制定完善饲料标准和检测方法，加大对饲料中使用违禁药品的查处力度，确保饲料安全。无论是饲料行业内部还是广大人民群众，都迫切希望加大饲料的监管力度，为老百姓吃上放心的动物产品打好基础。

通过2003年度大范围、高密度的饲料和饲料添加剂质量监督检测工作，以及对不合格产品和企业的通报和严厉处罚，得到了各级政府的高度重视，在饲料行业和养殖行业引起了极大的震动。饲料行政主管部门和饲料质检机构务实的工作作风得到了社会各界的普遍认可和赞扬，树立了饲料行政主管部门和饲料质检机构的新形象。

3. 对进一步规范饲料市场起到了促进作用。饲料经营是饲料工业重要的环节，是饲料生产企业与养殖企业联系的纽带和桥梁。经过多年的发展，我国的饲料经营环节已经自成体系，饲料经营企业（或个人）具有分布广、数量多、影响大、经营产品品种多等特点。从业人员专业知识水平参差不齐，文化素质普遍较低。因此，规范经营企业的商业行为和提高从业者的质量意识将直接影响着饲料行业的发展。

2003 年度两个阶段饲料市场产品的平均合格率形成逐步上升的趋势。在农业部主管部门的直接领导下，各级饲料行政部门和饲料质检机构通力合作，2003 年度的质量抽查具有质量分析准确到位、处罚措施落实有力等特点，饲料生产企业，特别是饲料流通、使用环节的突出问题进一步得到暴露。这些问题已引起经营企业、使用单位和主管部门的高度重视。监督检测工作对规范企业的生产、经营行为，提高企业的质量意识，加强质量管理起到了积极的推动和促进作用。

4. 促进了饲料和饲料添加剂产品质量的提高。各地饲料办和质检机构借助 2002 年度监督抽查契机，加大对饲料生产企业、流通环节和使用单位的监管力度，增强了企业的质量意识，规范了企业的生产行为，提高了企业的生产水平。监督检测对提高饲料和饲料添加剂质量确实起到了促进作用。饲料产品质量的提高对动物产品的质量改善有推动作用，饲料行业间接地增强了动物产品在国际市场上的竞争力。

5. 掌握了我国饲料和饲料添加剂质量状况，为各级行政主管部门制定方针政策提供了依据。本次监督检测的对象涉及生产、流通和使用等环节的配合饲料、浓缩饲料、预混合饲料、饲料添加剂、动物性饲料以及动物使用的饮水，检测的项目包括营养指标（或主含量）、卫生指标和违禁药物。这样大范围、大规模进行饲料和饲料添加剂质量全面监督检测，对了解我国饲料和饲料添加剂质量安全状况，发现我国饲料发展过程中出现的问题，寻找影响饲料产品质量和安全的因素，为以后提出相关对策都是十分必要的。2002、2003 年两次监督检测，摸清了我国饲料行业存在的质量和安全问题，找出了解决问题的办法和应该采取的措施，明确了今后的工作重点和工作目标，为各级行政主管部门制定法律法规和方针政策提供了可靠的依据。

6. 锻炼了队伍，提高了质检机构的整体水平。作为实施饲料安全工程重要的组成部分，农业部在全国范围内对饲料和饲料添加剂进行大规模的监督检测工作对质检机构来说是考验。各地人员技术水平、设备配置参差不齐，需要完善和解决的问题很多。为了保证监督检测的顺利进行，质检机构之间相互学习，积极配合，加强信息交流，完善实验手段，提高技术水平。三个阶段高强度的工作为饲料质检机构提供了一个实战平台和难得的施展机会，检测工作调动了各质检机构的积极性，检测技术和整体素质得到了提高，执法水平得到了加强。大家共同的体会是：锻炼了质检队伍，提高了应变能力，强化了检验技术，取得了丰硕的成果。事实证明这是一支善打硬仗、可信赖的队伍。我国饲料质检体系的重要作用是不容置疑的，为今后进行全国性饲料的监督抽查打下了基础，有着积极的意义。

三、监督抽查中发现的主要问题

1. 违法添加安定、呋喃唑酮等违禁药物和超量、超范围使用药物的问题仍然突出。监督检测结果统计表明，饲料生产企业和养猪场存在着在饲料中添加盐酸克伦特罗、安定、呋喃唑酮等违禁药物，饲料生产企业和养鸡场在饲料中超范围使用喹乙醇，超量添加土霉素、金霉素等饲用抗生素的现象。特别是在饲料生产、经营和养殖各个环节，违法违规添加药物和违禁添加药物的现象依然存在，屡禁不止。一些企业缺乏了解药物使用的有关规定和基本常识，对滥用药物给社会带来的危害认识肤浅，熟视无睹，麻木不仁。今年两个阶段，在饲料、饲料添加剂和饲料/水中，违法违规添加药物和违禁药物的样品 153 批次。违禁药物安定、呋喃唑酮、氯霉素和已烯雌酚，限量使用的药物，如喹乙醇、土霉素和金霉素等都有超标现象，未发现在饲料中使用盐酸克伦特罗的情况。其中检出违禁药物安定的 15 批次、呋喃唑酮 12 批次、氯霉素 6 批次和已烯雌酚 5 批次；超量或超范围使用限量药物喹乙醇的 31 批次、土霉素 11 批次和金霉素 75 批次；有的产品同时有两个以上项目不合格。抽查中还发现，一些饲料生产企业和经营企业的库房中，存有碘化酪蛋白、催眠镇静药、磺胺类药、红皮素等药物，仍然有销售和使用的情况。

2. 产品卫生指标超标现象值得注意。卫生指标不合格项目有沙门氏菌、黄曲霉毒素 B_1、铅、铬、镉、氟、砷等。在抽查的 9 458 批次不合格样品中，卫生指标不合格的样品有 264 批次，占不合格样品的 2.79%，这些有毒有害指标不仅影响了产品的质量，而且在动物体内蓄积，给动物的正常生长带来危害的同时，通过动物产品给人体带来危害，安全隐患极大。

被抽查的饲料添加剂、添加剂预混料和配合饲料产品中，铅超标比较严重，主要原因是饲料生产厂家对矿物质饲料原料把关不严，特别是使用未经检测的原料和工业级的石粉、沸石粉、膨润土，使用不合格的磷酸氢钙、硫酸盐以及工业或农业用矿物质，这类饲料原料不仅含铅量超标，其他重金属以及氟等也同样存在超标问题。

鱼粉、骨粉和肉骨粉等动物性饲料产品中，沙门氏菌不合格比例较高，主要原因是国内产品生产工艺简单，厂家将鱼类或动物下脚料经过简单的烘干、粉碎就上市，一些生产厂家甚至用病死动物尸体生产产品。

配合饲料和浓缩饲料中黄曲霉毒素 B_1 超标情况不容忽视，黄曲霉毒素 B_1 超标的样品主要集中在个别地区，与当地的气候潮湿和使用的“陈化粮”、劣质鱼粉原料有一定的关系。

3. 饲料营养指标不合格现象依然严重。在历年来全国饲料和饲料添加剂产品的国家或专项监督抽查中，反映出产品质量也不断提高，存在的质量问题主要是营养指标（或含量）不合格。历年来监督抽查配合饲料合格率：1987 年仅为 20%，1996 年为 71.2%，1998 年 89.7%，1999 年达到 95.7%，2001 年为 92.0%，2002 年为 97.5%；浓缩饲料合格率：1997 年为 62.0%，1999 年为 81.5%，2002 年为 94.3%；饲料添加剂和预混合饲料合格率：2000 年为 85.5%，2001 年为 81.0%，2002 年为 65.0%；动物源性饲料的合格率：2001 年为 49.3%，2002 年为 87.1%。

2003 年监督抽查以违禁药物、限量药物和卫生指标为主，也对产品的个别主要营养指标进行了检测。发现预混合饲料中铜、锌、维生素 A、维生素 E，饲料添加剂的主含量等都有不合格现象，除此之外，产品的卫生指标也有不合格现象。特别是铜指标，产品不合格呈现新的趋势，高于或低于标准的现象同时存在。在传统的观念中，不管是饲料生产者还是养殖户都把“铜”看作是一种促生长的营养元素，因此饲料生产单位在企业标准中只规定其最低量，没有最高限制，并且许多生产企业在实际生产过程中，铜的添加量远远大于其标准中的最低量，导致检测出来的铜含量远远高于其标准值。这些产品的不合格会直接影响配合饲料产品质量，影响我国的动物养殖业发展。造成这些指标不合格的主要原因：一是饲料市场竞争激烈，企业为赢得市场，竞相压价，为降低饲料成本，企业不得不降低饲料营养指标；二是生产企业不能严格按照标准生产，特别是今年，豆粕价格上涨而饲料产品价格涨不上去，企业则采取了减少投料的方式，导致饲料中粗蛋白质不合格；三是生产企业缺乏技术、人员和设备，不能对原料和产品进行质量控制，有意无意地使用了不合格原料；四是市场上确实存在假冒伪劣产品，一些中小型不规范生产企业扰乱市场，不公平竞争给规范企业造成的压力很大，影响了饲料质量。

4. 动物性产品存在的问题值得关注。动物性产品质量应该引起高度重视。在历次抽查中动物性产品合格率始终是最低的，今年也不例外，全年产品平均合格率只有 74.38%，与 2002 年基本持平。出现的问题主要表现在：一是产品无标签或标签不规范；二是产品质量差，在所检项目中，营养指标粗蛋白，卫生指标铅、镉、铬、沙门氏菌、黄曲霉毒素 B_1 均有不合格现象；三是溯源困难，产品在市场上倒手次数多，无法查证生产厂家或进口企业。出现这些问题的主要原因是价格因素，产品价格直接影响生产厂家和经营企业（或个人）的经济效益，为了得到最大的经济利益，一些企业（或个人）不顾消费者利益，在产品中掺假，掺入价格相对低廉或禁止使用的皮革粉、贝壳粉、羽毛粉，甚至掺杂沙石粉。这些产品影响了动物性饲料的整体质量，也影响了饲料产品的质量。同时损害了饲料生产企业和养殖企业的利益，造成了极坏的影响。

5. 饲料产品标签问题不容忽视。饲料标签是政府管理部门对饲料生产、经营环节进行规范和管理的重要手段，是生产者向用户介绍自己产品特征、传达产品质量信息、对用户作出承诺和保证的途径，是经营者对饲料产品在流通环节中安全储运、适时销售的指南，也是使用者了解和选择饲料产品的重要依据。

《饲料标签》（GB10648—1999）标准是强制性国家标准，各级饲料管理部门早已进行宣传和贯彻，一些企业或缺乏技术人员，或认为标签只是一种形式，或为了躲避监管，不重视标签的执行。造成生产或进口产品不挂标签或内容不全面，如标签上饲料名称不规范，标签上产品成分保证值与所执行的标准不一致，标签中表明的原料组成不明确，含药物饲料添加剂产品未按有关规定标明药物添加剂名称、含量、停药期，标签中标示的证号不明确等问题。

6. 饲料标准不规范是一个大问题。长期以来，饲料企业的产品标准审批、备案归企业所在地区的县级以上技术监督部门，由于饲料标准的专业性比较强，技术监督部门很难对产品标准做出科学准确的界定和真正意义上的审查，只进行有限的形式审查备案，造成企业标准不科学、不规范，一定程度上影响了饲料产品的质量。由于企业间饲料产品标准各异，质检机构的判定依据又起源于企业标准，掌握尺度不一，影响了监督抽查判定的公平性。企业标准存在的主要问题，如标示值大大低于国家推荐标准、允许误差范围大、营养指标偏低、有毒有害指标偏离《饲料卫生标准》、限制性指标过宽等。

7. 流通环节中的饲料和饲料添加剂产品合格率较低。根据统计结果显示：2003 年度在饲料市场监督检测的产品平均合格率为 85.69%，于 2002 年的 75.4%相比，提高了 10 个百分点。但与生产企业抽检结果相比，市场产品合格率还是低了 8 个百分点左右。

主要原因是由于饲料原料价格上涨，特别是蛋白性饲料产品，价格成倍上涨。分析造成这种现象的原因：一是生产企业通过经营企业销售的产品，利润相对较低，企业偷工减料，产品质量失去控制；二是主管部门对饲料流通环节监管力度不够，假冒伪劣产品进入市场有了可乘之机；三是部分经销企业质量意识差，认为产品质量是生产企业的事，进货时只重视价格，只要有利可图，什么样的产品都经营，致使大量不合格产品涌入市场；四是一些生产企业与经销商相互勾结，定点生产假冒伪劣产品来蒙骗消费者。

（杨曙明　苏晓鸥　董焕程　顾君华）

科技与推广

2003年饲料科学研究和推广取得了显著成就，“十五”科技攻关和国家“863”饲料研究项目均取得了阶段性成果。畜禽营养调控关键技术研究、饲料资源开发与产业化利用关键技术研究、生物饲料添加剂研究与开发、优质环保型配合饲料生产及质量保证关键技术研究、新型安全饲料添加剂研制与开发和饲料用酶的研制及复合应用技术等课题的研究成果的推广和应用，对推动饲料行业的科技进步和提高饲料行业的科技贡献率发挥了巨大作用，也产生了巨大的经济效益和社会效益。

一、单胃畜禽饲料研究

开展了ω-3多不饱和脂肪酸对免疫应激仔猪免疫功能、共轭亚油酸对早期断奶仔猪免疫功能和黄芪多糖对断奶仔猪生产性能及神经内分泌机能的影响研究，研究了色氨酸对仔猪类胰岛素生长因子-Ⅰ(IGF-Ⅰ)和生长激素受体（GHR）基因表达的调控；开展了饲料有效磷的评价和植酸酶在生产中的应用研究；开展壳聚糖对肉仔鸡、铬对热应激下蛋鸡、酸化剂和寡肽对黄羽肉鸡的生产性能等影响的研究，研究了微量元素对肉仔鸡免疫机能的调控作用与应用技术；研究肉仔鸡对可消化赖氨酸、蛋氨酸、苏氨酸和色氨酸的营养需要，研究小肽对断奶仔猪生产性能和小肠发育的影响。针对规模化养殖的瘦肉型猪、蛋鸡和肉鸡，研究了提出营养素调控免疫机能关键技术参数；提出猪禽产品品质和风味营养调控关键技术；提出生物活性物质调控猪禽生长和内分泌机能的营养调控技术，提出减少猪禽排泄物对环境污染的营养调控技术；环保型配合饲料配制技术；提出猪、鸡生长和生产仿真模型应用技术；提出猪禽对氨基酸和矿物质营养平衡及调控关键技术参数；提出改善猪禽肠道内环境的调控技术和小肠可吸收氨基酸营养参数新体系。在安全、无残留饲料配制技术方面，完成低氮日粮中补充苏氨酸对猪屠体品质和氮排泄的影响；完成不同水平的低氮生长猪日粮和肉仔鸡日粮中氨基酸平衡模式研究；进行葡聚糖酶和植酸酶在畜禽日粮中应用，减少粪便中磷的排放研究；完成猪粉料中适宜植酸酶添加量的研究。猪优质高效饲料产业化关键技术研究与推广，获2002年度国家科技进步二等奖。

二、反刍动物饲料研究

开展了肉羊蛋白质、氨基酸、矿物质微量元素等营养参数、舍饲半舍饲肉用山羊营养参数和肉牛微量养分需要量的研究，制定了以小肠可吸收蛋白质和氨基酸为核心的国家农业行业标准《肉牛饲养标准》和《肉用绵羊和山羊饲养标准》；开展半胱氨酸盐酸盐对反刍动物促生长机理和赖氨酸、蛋氨酸的营养调控机理研究；研究了舍饲半舍饲肉用山羊的精料补饲技术；研究开发出了对瘤胃发酵具有定向调控作用的益生微生物培养物和天然提取物茶皂素产品，建立以探针定量杂交分析技术为核心的瘤胃定向调控评价技术体系；研究聚醚类抗生素（莫能菌素、盐霉素、拉沙里菌素）对肉牛养分消化和能量代谢的影响；建立用尿中嘌呤衍生物法估测瘤胃微生物蛋白质产生量的实用技术。根据规模化养殖奶牛和肉牛、舍饲半舍饲肉羊的不同阶段营养需要特点，针对不同区域饲料资源和饲养条件下典型日粮的盈缺规律，制定筛选了反刍动物精料补充料配合技术，研制开发符合不同区域特点的反刍动物专用饲料添加剂预混料系列产品。反刍动物新型饲料添加剂预混料与高效饲养技术推广应用，获得农牧渔业丰收奖一等奖。

三、生物饲料添加剂的研究与开发

研究完成了植物黄酮醇的生产技术和天然叶黄素提取工艺技术、稳定化处理技术；建立大豆黄酮预混料配制技术；完成黄芪优化有效成分提取、分离方法，利用酶制剂处理提高有效成分提取率的研究，并对提出物进行初步分离纯化。确定亮叶杨桐等植物的抗菌有效成分，完成提取工艺试验研究以及含量测定工作；完成天然抗菌剂牛至油 CO_2 超临界提取中试试验；完成藤茶黄酮的中试生产技术研究。分离筛选7株菌，进行发酵条件优化研究，研制出微生物活菌制剂，并进行动物生产性能试验，效果显著。进行植酸酶的热稳定性技术研究，开发植酸酶产品的发酵工艺。筛选天然抗球虫的组方，完成毒理试验和产品生产工艺设计。

四、饲料质量保证技术研究

完成饲料生产过程中需要严密监视的关键控制点确认工作；制定饲料加工质量保证和GMP管理控制程序；确定了饲料生产过程在线监测点和检测参数，并完成软件的开发工作；在特殊饲料添加剂和热敏物质后喷涂工艺技术研究方面，完成立式螺旋真空后喷涂机的试制工作，设计静电喷雾实验装置；完成乳制品、大豆深加工制品等特殊蛋白质源的组和研究；完成高乳制品、大豆深加工的产品适宜制粒工艺参数研究；在大宗饲料原料安全适用方面，制定了动物蛋白原料和饼粕类原料的安全使用规范；研究了加工工艺对大宗饲料原料中微生物和毒性物质的影响。

五、饲料资源开发及设备研究

开展了添加剂对玉米秸秆青贮饲料质量影响的研究，完成发酵促进剂（乳酸菌、纤维素酶）和发酵抑制剂（盐酸、已酸）2类4种青贮添加剂对玉米秸秆青贮饲料质量影响研究。研制开发成功9YG-25型秸秆、饲草压捆机，开发成功60系列、50系列共4种新型秸秆柔切机，并通过农业机械产品鉴定部门的检测鉴定。研究形成以稻草为主要原料（60%～80%）的高产奶牛专用复合颗粒饲料配方和草块饲料配方，并获得适宜的加工工艺条件。青贮饲料微生物添加剂研究与开发方面，筛选出繁殖速度快、产酸能力强的青贮菌株。完成早籼稻作为能量饲料来源在猪日粮中的营养价值评价，早籼稻替代玉米对断奶仔猪生长性能和营养物质粪表观消化率的影响，早籼稻替代玉米及糙米加酶制剂对生长猪生长性能和粪表观消化率的影响研究。完成生长猪对高油玉米营养价值评定研究，生长猪对高油玉米日粮氨基酸、能量、消化率以及氮存留研究。9LRZ-80型秸秆柔切机的研制，获得教育部科技进步一等奖。

六、新型安全饲料添加剂研制与开发

完成了β-1，3-1，4-葡聚糖酶基因工程菌的构建，进行了重组菌株的筛选和鉴定，对摇瓶水平初筛得高酶活菌株进行上罐发酵试验，通过真核表达系统表达细菌来源的β-1，3-1，4-葡聚糖酶基因，提高了酶的耐温特性，从37℃提高到55℃，最适pH由7.0降到5.5，提高了酶在饲料中使用的耐温应用效果；通过优化发酵参数确立了发酵工艺流程，重组酵母eg1314在毕赤酵母中能够正常表达和分泌，试管水平出筛结果表明重组子在64h分泌的酶活达到442 U/ml。完成了果糖基转移酶与蔗果寡糖合成研究，利用果糖转移酶以蔗糖为原料合成低聚果糖，低聚糖产率高达68.70%，大大超过55%～60%的最高水平。完成了微生物青贮剂乳酸菌株发酵工艺研究、微生物青贮剂主要菌株发酵中试工艺研究和微生物青贮剂后加工工艺研究并建立了生产线。完成了产酶益生菌的研制，通过对高酶活特性菌种的筛选、发酵条件的优化研究、菌液分离和菌体干燥工艺的研究、乳酸菌的双层微囊包被技术研究、各菌种的组方配比研究等，研制成功了产酶益生菌，动物试验证明：产酶益生素能够在数量或种类上补充肠道内减少或缺乏的正常微生物，调整或维持肠道内微生态平衡，增强机体免疫力，促进营养物质的消化和吸收，能够达到防病治病、降低饲料成本、提高饲料转化率和畜禽生产性能的功效。进行了苜草素的研究与开发，初步分离到了苜蓿甾醇、黄酮、皂苷、多糖等成分，建立了苜蓿有效成分（黄酮、皂苷）检测方法，确立了提取工艺并进行了提取工艺条件的优化，建立了中试生产线。进行了木寡糖研制和中间试验，用工程菌株发酵所产生的木聚糖酶液，与经过稀碱处理过的玉米芯粉在超滤模式酶解反应器中进行反应，通过柱分离得到了不同分子量的木寡糖组分，纯度达到99.9%。

七、饲料用酶的研制

建立了饲料用酶天然产生菌的有效筛选系统。筛选到了综合性质极为优良的饲料用木聚糖酶、淀粉酶和高比活植酸酶各1种。①各种酶的最适pH在酸性同时在整个酸性和中性的pH范围内又能维持较高活性（它们的最适pH分别为4.6、3.5和5.0，同时在pH 2～7的范围内维持60%以上的酶活性）。②热稳定性好而同时在常温下又具有高活性（最适温度分别为50℃、52℃和55℃，在80℃下处理30min，酶活性分别维持在89%、74%和85%）。③用胃蛋白酶和胰蛋白酶处理1h，酶活性均维持在95%以上。④植酸酶的比活性达到了360万U/mg酶蛋白，比国内外目前商品化生产的植酸酶的比活性高36倍。木聚糖酶的比活性也高达2 869.78U/mg，高于目前报道的所有木聚糖酶。利用分离克隆到的新木聚糖酶基因xynB、淀粉酶基因amyII、植酸酶基因$phyA_3$，分别构建了基因工程酵母菌，并完成了发酵工艺的小试研究，在基因工程酵母中，植酸酶的表达量达到3.5 mg/ml发酵液，效价为7.5×106 IU/ml，木聚糖酶XYNB的表达量为2.3 mg/ml发酵液，效价超过5 000 IU/ml；淀粉酶的表达量为3.2 mg/ml发酵液，效价为600 IU/ml，均处于国际领先的地位。

（吴子林）

教育与培训

（一）教育工作 2003年全国有44所高等院校和科研单位设立饲料与动物科学专业。其中，设立专科的院校有16所，设有本科的院校有27所，硕士点与博士点24个。

这些教育科研单位为饲料工业行业输送了大批专业人才，他们在科研、教学、生产、企业管理、质量监督、安全检测、市场营销、技术服务等各个领域施展才能，为饲料工业的发展和提高做出了很大贡献。

（二）培训工作 企业管理水平和饲料产品质量的提高离不开饲料工业全行业整体素质的提高，在这一点上，政府部门和企业都得到了共识。一年来，国家、地方和企业组织了大量的、各种各样的培训，并以此作为国家、地方、科研部门和企业的一项经常性的工作，培训了数千人次。如农业部饲料工业中心培训部积极与行业主管部门联系，了解了行业发展的需求，申请到了绿色安全饲料研制与开发和饲料行业应用GMP与HACCP关键技术两个引智项目和一个国际培训项目——东盟动物营养与饲料加工技术培训项目，拓宽了培训的思路，为其他部门的发展带来了一定的机会。先后召开了绿色饲料及添加剂认证管理高级会议、畜禽低蛋白低氮污染日粮开发技能研讨班、奶业发展高级论坛和东盟动物营养与饲料高级研讨班等系列培训活动。除此之外，信息部举办了MAFIC猪鸡饲料配方培训班，质检中心举办了FOSS公司实验室检测技术培训班。

HACCP管理培训。从2003年开始，农业部全国饲料工作办公室和中国饲料工业协会组织饲料行业有关大专院校、科研院所以及认证、认证咨询机构进行饲料行业HACCP安全管理体系试点。

2003年1月，农业部全国饲料工作办公室启动了首期试点工作，试点企业选择北京德佳牧业科技有限公司。试点工作由农业部全国饲料工作办公室和中国饲料工业协会组织实施。在试点伊始，对各参与单位进行了任务分工，即中国饲料工业协会负责组织编制《饲料生产质量安全管理规范》和《饲料行业HACCP管理技术指南》，北京中饲协质量咨询中心进行认证前期HACCP咨询和企业内部培训工作，北京华思联认证中心进行企业HACCP认证工作。

北京中饲协质量咨询中心分两次进行了拟认证企业的内部培训，成立企业HACCP小组，进行生产工艺分析、危害分析，确定CCP、纠偏措施，编制GMP、HACCP手册等体系文件。随即进入运行实施阶段，制作所有HACCP体系所需表格，检查记录。最后进行企业内审。北京华思联认证中心根据以HACCP为基础的饲料安全管理体系审核规范对企业建立的HACCP管理体系进行了两个阶段审核并通过。

（赵之阳）

饲料行业职业技能鉴定

2003 年围绕加强基础建设，大力推行就业准入制度，并做好了以下工作：

一、对饲料行业就业准入制度进行了检查。为了进一步促进饲料行业就业准入制度的实施，农业部办公厅发文进行了安排部署。在各省自查的基础上，对部分省市进行了抽查。通过检查，全面了解了各省饲料行业实行就业准入制度的基本情况以及存在的问题，促进了职业技能鉴定工作的顺利开展。在检查基础上，对 14 个先进饲料工业职业技能鉴定站和 132 名优秀工作者进行了表彰。

二、配合劳动和社会保障部、农业部做好国家职业标准的颁布实施和宣传贯彻工作。饲料行业国家职业标准通过终审后，农业部饲料工业职业技能鉴定指导站与农业部职业技能鉴定指导中心积极配合，组织专家对职业标准进行了 3 次修改和完善。2003 年 2 月 8 日，劳动和社会保障部办公厅、农业部办公厅联合颁布实施了“饲料检验化验员”、“饲料厂中央控制操作工”、“饲料加工设备维修工”和“饲料粉碎制粒工”等 4 项国家职业标准。为保证各省鉴定站和考评员对新颁布国家职业标准的正确理解和使用，举办了培训班。有 20 个省市近 100 人参加了培训。

三、3 月底，根据饲料行业职业标准编制委员会的安排，指导站完成了“饲料营销员”农业行业职业标准的编制和行业初审工作，标准编制专家根据行业初审意见对标准进行了修改，10 月顺利通过农业部组织的终审。

根据人事劳动司的安排，积极配合饲料行业职业标准编制委员会，组织专家培训，开展“饲料厂中央控制室操作工”、“饲料加工设备维修工”国家职业技能鉴定试题库和“饲料检验化验员”职业培训指导的编制工作。

四、为加强对饲料行业从业人员，特别是取得国家职业资格证书人员的管理，掌握饲料行业考评员、督导员的情况，我处设计了饲料行业职业技能鉴定管理信息系统建设草案，并着手建立饲料行业取得国家职业资格证书人员管理数据库、饲料行业职业技能鉴定考评员管理数据库、饲料行业职业技能鉴定督导员管理数据库，完成了数据库的基本设计。

五、指导各饲料行业职业技能鉴定站作好鉴定工作。在饲料行业实行职业技能鉴定督导制度，加强对各站职业技能鉴定工作的监督与管理，保证工作顺利开展，各鉴定站的鉴定中都实行了督导。指导站为各职业技能鉴定站开展职业技能培训与鉴定工作提供了技术支持与服务。各省、自治区、直辖市职业技能鉴定站按照在饲料行业实行就业准入制度的要求，认真做好了培训和鉴定工作，全年有 17 个站进行了培训鉴定，有 2 843 人获得了国家职业资格证书，切实为提高行业从业人员素质做出了贡献。

（胡广东）

饲料工业标准化

2003年，胡锦涛总书记明确提出要建立健全统一、权威的农产品质量体系；温家宝总理也多次提出要建立我国农产品质量体系。这充分说明党中央、国务院高度重视并十分关心农业标准化工作。

2003年，国家质检总局、农业部和国家标准化管理委员会共同召开了全国农业标准化工作会议，回良玉副总理亲临会议并作了重要讲话。会议进一步阐明了农业标准化工作的重要性，明确了农业标准化工作的指导思想、工作方针和主要目标。饲料工业标准化工作将认真贯彻全国农业标准化工作会议精神，开拓进取，与时俱进，使饲料工业标准化成为饲料安全的基石。

2003年，对饲料行业来说更是不平凡的一年，上半年，由于突如其来的SARS，行业发展受到不同程度的影响；下半年，由于豆粕、赖氨酸等原料价格的大幅度波动，企业盈利能力受到很大的挑战。

随着经济全球化、加入世界贸易组织和确保饲料安全卫生的需要，饲料工业标准化工作进一步受到关注。饲料安全问题日益成为行业管理的核心，而饲料工业标准化体系建设是饲料安全工程的重要组成部分，其成功与否关系到饲料安全卫生，应当予以高度重视。饲料工业标准化工作的主要工作任务是，遵循国家有关方针提出饲料工业标准化工作的方针、政策和技术措施；提出制修订标准的规划和年度计划；组织或协助组织国家标准和行业标准制定修订和计划落实；标准审查和复审；组织标准的宣传贯彻、咨询服务和技术培训。饲料工业标准化的工作目标是建立快速反映市场需求的标准化工作机制，根据市场需要推动产业结构调整，不断提高标准水平，充分发挥行业的整体作用，尽量与国际标准和国外先进标准接轨，从而促进饲料行业的技术进步，不断提高产品质量。

目前，以饲料安全标准制定、检测方法标准制定、认证体系标准制定为核心的饲料工业标准化工作在各有关部门的支持和行业各方面的配合下有了新的进展：一是初步形成了一个以国家和行业标准为骨干、地方标准为基础、企业标准为补充的饲料标准体系。二是饲料标准实施的步伐加快。三是饲料工业标准化队伍开始形成。四是饲料工业标准实施监督力度加强。五是饲料工业标准化国际活动日益活跃。六是饲料工业标准化宣传工作全面展开。

截至2003年12月，共发布饲料工业国家标准和行业标准284项，基本涵盖了原料、饲料添加剂、饲料产品、检测方法和饲料机械等各个方面。近几年，为保障饲料安全，提高产品品质，饲料制标工作重点已经转向安全卫生和基础性标准，相应加大了卫生标准和检测方法标准的制定力度：组织力量起草了药物饲料添加剂和违禁药品检测方法标准；组织起草了生产无公害食品的配套标准；组织开展饲料安全方面的研究工作；组织修订了《饲料卫生标准》，相应增加了适用动物对象、饲料产品品种和有毒有害物质种类。同时，认真组织力量研究发达国家的饲料标准，消化吸收已有的科技成果，借鉴国外成熟的规范，为企业参加国际市场竞争做好服务。

农业部通过建立新的饲料安全标准体系表，明确新时期饲料工业标准化工作的重心。将饲料安全标准体系表按照技术标准体系和管理标准体系分成两大类，确定基础标准、通用标准和专用标准3个层次，新的饲料安全标准体系力求做到全面完整，层次恰当，划分明确。进一步加大有关饲料卫生的标准化工作力度，为我国饲料和畜产品的进出口提供技术支持。加强标准的基础性研究，组织制定行业急需的标准。着力加强与国际标准化组织的交流与合作，认真履行对口ISO TC34、SC10的投票和提出建议工作，开展国际间饲料安全卫生的控制、检测和监督管理等方面的交流与合作，了解饲料安全卫生控制的最新进展并引进应用先进仪器设备等。同时结合我国加入WTO，做好饲料工业标准与国际标准的接轨工作，收集、整理国外先进标准目录，建立国外饲料法规、标准数据库，为企业参加国际市场竞争做好服务。

一年来，随着饲料安全工程的全面实施，在国家标准委、农业部大力支持下，以饲料质量安全标准、检验检测、认证体系建设为核心的饲料工业标准化工作取得了长足进步。

1. 认真抓好标准的报批工作。针对2002年年会审查通过的50多项标准，组织各有关起草单位认真修改，及时上报。对会上遗留问题进行了处理，及时组织有关方面的专家对《天然植物饲料添加剂通则》标准进行了协调，通过对一些技术问题进行研究和探讨，增强了标准的适用性和可操作性。其中大部分国家标准和行业标准分别上报国家质检总局和农业部标准委审批、发布。

2. 做好国家标准和行业标准立项工作。在各有关部门和有关单位的大力支持下，经过秘书处和有关专家的积极努力，今年国家标准立项41项，农业行业标准立项10项。

3. 加强标准立项的科学性。历年来，标委会在申报国家标准和行业标准计划项目前，都请有关专家和部门的同志参加计划项目的论证，确保标准立项的科学性，使有限的经费和资源能够得到充分利用。今年，在国家标准委和农业部的指导下，在去年提出饲料工业标准体系表的基础上，根据行政管理、行业发展、科技储备和市场规范的需要，组织编制了《2003－2005年饲料工业国家标准规划》和《2003－2007年畜牧饲料行业标准规划》饲料工业部分，为今后5年标准化项目的立项提供了依据。

4. 提高标准编写和审定的工作质量。为确保标准的科学性和可操作性，审查标准尽量做到关口前移，即标准在提交年会讨论之前，在征求意见和标准预审阶段，就重大技术问题进行充分讨论，尽量不把重大分歧带到年会上。会前，秘书处参与了在京科研单位起草的标准的征求意见和预审工作。

5. 加强与相关部门的协调，积极落实标准中的遗留问题。加强与化学工业标准化管理部门和粮食行业部门的沟通与合作，根据行业反映的突出问题，适时地对《饲料添加剂氯化胆碱》进行了修订，以期通过标准化的方式，更好地解决在生产和流通领域的恶意掺假问题。对国内贸易部颁布的涉及饲料工业的行业标准，配合国家粮食局进行了清理整顿，将一批商业行业标准（代号为SB）转化为粮食行业标准（代号为LS）。

6. 实事求是，对已颁布的标准中存在的问题进行认真评估。新版《饲料卫生标准》发布后，各地的一些企业普遍反映标准对预混合饲料中氟等指标要求偏严，秘书处根据各地反映的情况，及时组织各方面专家和企业代表进行研究，并以标准修改通知单的形式向国家标准委做了反映。目前，国家标准委已正式下文批复。

针对国内部分企业对国家标准《饲料用植酸酶活性的测定》中检测条件提出的修改建议，秘书处组织专家、标准起草小组和有关生产企业就有关检测条件的建立进行了听证。会议对植酸酶的研究方向、应用前景和检测技术进行了充分的讨论，并对标准修改的有关工作进行了妥善安排。

7. 加强标准化工作的省际间的交流与合作。为确保饲料产品在省际间的流通实现大市场、大流通的良性循环，秘书处在华东地区进行了试点。通过华东地区标准化协作网的工作机制，协调各省在依据标准进行行政执法和开展工作指导方面的一致性。同时，通过协作网的工作形式，加强了省内和省际间的饲料管理部门、饲料质量监督部门和标准化行政管理部门的工作联系。11月份，标委会秘书处组织了华东地区各地饲料管理部门的交流会，及时总结了协作网开展工作的经验，并对明年开展活动的方式和内容进行了研究。

8. 加大与国际间的信息交流，及时搜集国外相关的法律法规和标准。为适应入世后饲料工业标准化工作面临的新形势，尽快与国际标准接轨，积极开展采标工作。通过调查研究、查阅文献、比较对照，明确了采标对象。组织专家对德国、日本和美国的饲料法律法规和标准文献进行翻译，参与出版了《世界主要国家和地区贸易准入规则和技术标准·饲料卷》。

9. 认真组织召开标委会2003年年会。于12月26～30日在海南省组织召开了2003年年会，会议邀请国家质检总局和农业部的有关领导参加，年会认真贯彻了农业标准化工作会议的精神，认真审查了22项行业标准和国家标准，并就标准化工作的改革与发展展开充分的讨论。

回顾过去，我国的饲料工业标准化取得了很大成就。我国的饲料工业标准化取得了一些成绩，一个以国家标准为主体，行业标准、地方标准、企业标准相互补充的饲料标准体系在我国已初步形成。但是，必须清醒地看到，由于我国饲料工业的标准化工作起步晚，技术水平相对落后，在当前国际竞争日益加剧的严峻形势下，与世界发达国家相比，与饲料工业发展新阶段的要求相比，存在着明显的差距。饲料标准化工作面临严峻的挑战，暴露出诸多亟待解决的问题，饲料安全在有些地方、有些方面仍很突出，对人民群众身体健康和生命安全构成危害，阻碍了行业的健康发展，甚至影响了我国的对外贸易和国家形象。总体上看，我国当前饲料安全形势依然十分严峻，其重要的原因之一就是饲料标准化工作不能完全适应新形势的要求。主要表现在：一是标准数量严重不足；二是标准不配套、不统一；三是标准技术内容陈旧；四是标准宣传贯彻实施不到位；五是标准化基础性研究工作滞后。开创新时期饲料工业标准化工作新局面，当前应处理好以下5个关系：一是处理好标准数量与标准质量的关系；二是处理好科学研究与标准制订的关系；三是处理好全面普及与重点突破的关系；四是处理好标准推广与标准实施监督的关系；五是处理好政府推动和市场引导的关系。

时代为我们提供了机遇，也向我们提出了挑战。温家宝总理在这几年的中央农村工作会议上多次提出要建立我国农产品质量体系；在今年的中央农村工作会议上，胡锦涛总书记再次明确提出要建立健全统一、权威的农产品质量体系。这充分说明，党中央、国务院高度重视并十分关心农业标准化工作。这就要求我们加速标准的制修订工作，不断提高标准的质量，为依法开展饲料质量检测监督提供科学依据。随着饲料工业的进步，改革开放的深入，市场经济的发展，对饲料工业产品质量、对标准化工作提出了更高的要求，我们饲料工业标准化工作必须转变观念，深化改革，适应时代发展的要求，在经济改革和经济发展大潮中做出新的贡献。

（徐百志　孙　鸣）

饲料行业质量认证

2003年，是我国认证认可事业发展进程中具有里程碑意义的一年。以《中华人民共和国认证认可条例》的颁布和实施为标志，在认证认可法制化建设、实施强制性产品认证制度、清理整顿认证市场、拓展新的认证认可工作领域等诸多方面，取得了新的成绩和新的发展。

在全国认证认可市场蓬勃发展的带动下，饲料行业的质量认证工作出现了可喜的新局面。质量认证工作对提高行业质量管理水平，增强企业竞争力，已经和正在发挥重要的积极作用。

一、饲料行业质量认证工作取得突破性进展

2003年度全国饲料行业获得质量管理体系认证证书的企业99个，累计达到350个。具体情况见2003年获证企业统计表。

1. 获证企业数量继续不断增长。

2003年饲料工业获证企业统计

省、市、自治区	2003年企业获证数（个）	累计（个）
北京	6	32
上海	4	10
天津	3	5
重庆	1	5
河北	3	19
山西	0	1
内蒙古	1	3
辽宁	3	14
吉林	1	4
黑龙江	2	7
江苏	8	27
浙江	8	32
安徽	1	5
福建	6	18
江西	2	7
山东	7	29
河南	2	5
湖北	5	8
湖南	1	2
广东	14	39
广西	3	7
海南	1	3
四川	12	49
云南	1	5
陕西	3	5
宁夏	0	1
青海	0	1
新疆	1	7
合计	99	350

2. 法制建设迈出关键一步。在饲料工业快速发展的同时，饲料的安全问题已经成为关系食品安全和人民健康的重大问题，引起政府的重视和社会的关注。为了提高饲料质量安全水平，规范饲料产品认证工作，促进饲料工业和养殖业的发展，国家认证认可监督管理委员会、农业部联合制定了《饲料产品认证管理办法》，并于2003年12月31日颁布，这是国家关于饲料行业质量认证工作的第一个法规文件，揭开了质量认证新的一页，随后，又相继颁布《饲料产品认证实施规则》，确定中国质量认证中心、中国方圆标志认证中心、北京华思联认证中心、福建东南认证中心为第一批承担饲料产品认证的认证机构，国家饲料质量监督检验中心等49个单位为第一批承担饲料产品检测的机构，并委托北京中饲协质量咨询中心为试点机构，培训了首批饲料产品认证检查员。

3. 认证组织建设实现重要突破。为做好饲料行业的认证服务工作，在农业部畜牧兽医局（全国饲料工作办公室）的指导下，中国饲料工业协会、中国农业科学院饲料研究所，从2001年开始筹备成立质量认证机构。经过近3年不懈努力，完善了国家规定的相关条件，国家认证认可监督管理委员会2003年6月24日批准成立北京华思联认证中心。认证中心立足于饲料行业，兼顾其他行业，遵循为社会服务的宗旨，坚持“公正、科学、专业、诚信”的方针，按照认证基本规范、认证规则，恪守客观、公正、诚信的原则，高效地做好认证服务工作。华思联向企业提供的认证服务包括：质量管理体系认证、饲料产品认证、HACCP安全管理体系认证。

4. 饲料行业HACCP认证试点取得重要成果。为了取得经验，创造条件，在全国饲料行业推广HACCP安全管理体系。在农业部畜牧兽医局（全国饲料工作办公室）的领导下，中国饲料工业协会于2003年5月选择北京德佳牧业科技有限公司进行建立HACCP管理体系的试点工作。该公司的质量管理已有很好的基础，管理体系运行良好，产品质量稳定，已先后通过质量管理体系、环境管理体系认证。在北京中饲协质量咨询中心的具体帮助下，企业认真学习《基于HACCP的食品安全管理体系规范》，从饲料加工的实际出发，经反复论证、修改，建立一套HACCP安全管理体系，使企业产品质量保证能力和安全控制技术水平都有很大提高。经过8个月的扎实工作，于2003年12月通过了北京华思联认证中心的认证审核。德佳牧业公司建立HACCP管理体系试点的成功，在认证规范的应用、人员培训、影响饲料安

全的危害分析及控制措施等诸多方面，都进行有益的探索，取得了重要的成果，为在全国饲料行业推行 HACCP 安全管理体系提供了支持。

二、饲料行业质量认证面临的新形势

1. 加入 WTO 以后，经济管理，特别是质量管理加快同国际规则接轨的步伐。质量认证是国际规则的重要组成部分，质量认证证书是国际贸易的“通行证”。特别是随着全世界对食品安全性的日益关注，越来越多的国家要求将 HACCP 体系的建立作为市场准入的要求。美国、欧盟相继提出新的规则，要求饲料及饲料添加剂企业必须实行 HACCP 安全管理体系。这种新形势要求中国饲料企业必须迎头赶上，积极开展质量认证，才能提高市场竞争能力，才能逐步走向世界。

2. 全国认证市场不断扩大，认证的法规不断完善，对饲料行业质量认证提出了新的要求。一方面，要同蓬勃发展的认证市场相适应，加快质量认证步伐，另一方面要加强对认证机构、获证企业的监督，确保和提高认证的有效性。

3. 全国建设小康社会进程加快，人民生活水平不断提高，更加注重食品安全，更加注重饲料安全。要解决饲料安全，保证饲料质量，一方面，要依靠政府健全法规，强化监管，另一方面，要通过推广质量认证，引导企业强化质量管理，提高质量水平。

（陈　强）

国际交流与合作

应中国饲料工业协会邀请，欧盟饲料工业联合会会长 Yves Montecot、国际饲料工业联合会秘书长 Roger Gilbert 等一行 4 人，于 2003 年 11 月 14～21 日访华，在华期间出席并参观了南京 2003 中国畜牧业暨饲料工业交易会和展览，并接受了中央电视台 7 频道记者的采访。随后考察了江苏南通天成饲料有限公司、江苏牧羊集团有限公司、南京农标普瑞纳饲料有限公司。

外宾在南通天成饲料公司参观了新建的饲料成套机组、中央控制室，详细了解了天成饲料公司的发展历史、生产规模、饲料质量和安全管理，以及畜禽生产水平和饲料报酬；在饲料中使用肉骨粉和药物的添加情况。欧盟饲料工业联合会会长 Yves Montecot 先生说，过去欧盟饲料行业对中国饲料产业及食品安全方面仅从有关媒体上得到一些信息，对实际情况知之甚少，通过此次现场考察和座谈，对江苏饲料工业及饲料生产水平，以及饲料、食品安全有了初步的了解。在牧羊集团，外宾参观了牧羊新建的现代化办公楼和饲料机械加工装配车间。详细了解了企业的主要产品，在国内外同行中所处的地位和市场占有率，以及与国内外企业合作情况。外宾对牧羊饲料加工机械工程所取得的成就表示钦佩，认为这是所见过的饲料机械企业中较好的一个，产品已达到世界先进水平，同时希望牧羊加强国际间的交流，让欧盟及世界同行了解牧羊，了解中国的企业。在南京农标普瑞纳饲料有限公司，宾主双方探讨和交流了饲料行业跨国公司经营情况以及饲料食品安全控制措施。

在南京交易会期间，中国饲料工业协会会长白美清抽空专门与欧盟饲料工业联合会会长 Yves Montecot 先生和国际饲料工业联合会秘书长 Roger Gilbert 先生进行了诚挚友好会谈，向外宾通报了目前中国饲料工业现状，探讨了今后双方行业协会的合作与交流，以及中国饲料工业协会加入国际饲料工业联合会和在华举办国际饲料技术研讨会等事宜。这次考察活动，增进了欧盟饲料同行对我国饲料工业及饲料生产安全的了解，加强了饲料行业的国际交流。中国与欧盟在畜产品和水产品贸易中曾出现过摩擦，通过考察了解，对置疑中国饲料原料使用抗生素添加剂、肉骨粉的情况，以及中国大量的畜产品加工下脚料和动物骨头的处理情况有了进一步的了解。

中国饲料工业协会颜小军副秘书长、张贞奇副处长陪同考察。

（张贞奇）

中国饲料工业信息体系

饲料工业信息体系建设工作作为饲料工业管理和服务的重要组成部分，已经得到了各级饲料管理部门、饲料企业和其他饲料服务组织的广泛关注。饲料工业信息体系在加强饲料管理、科研、生产和用户之间的信息交流、饲料新技术、新产品推广应用、饲料销售和原料采购中发挥着越来越重要的作用。

一、我国饲料工业体系建设条件逐步走向成熟

饲料工业信息体系建设是发展饲料信息化、现代化的基础，整个饲料信息要按照科学的流程快速、高效、规范传递，达到服务于整个行业的目的，都须建立在完整的体系之上。当前在这个体系上，饲料信息传播的要素："信源、信道、信宿"（通俗地说即"信息、网络、人才"）已经具备并逐步走向完善和成熟。

1. 人才。互联网时代的信息队伍不应是传统意义上只调查或统计收集信息的单向信息队伍，而是一支既收集又分析加工、又向需求者提供服务的综合信息服务队伍，他们既是饲料信息的加工者，也是饲料信息的使用者。他们将大量的信息广为散布和传播。目前，这方面的人才日益增多，且分布在不同工作岗位。

(1) 政府部门（机构）信息工作者。这支队伍人员素质高，经验丰富，工作力度大，有相当的实力。其工作多属统计、物价、生产等行政收集信息的工作，同时他们也具备一定的分析加工能力，并向社会提供饲料信息服务。政府部门掌握着行业绝大部分信息，并把握整个信息的引导方向。

(2) 企业技术人员。他们在饲料、畜牧和兽医等方面具备的一定的专业知识，在将新产品推向广大用户的同时，也将其掌握的专业技术知识和信息，提供给广大农村地区用户。这支队伍是农民最信任、最直接的信息收集与传播者，在以后的信息工作中将是主力军之一。

(3) 饲料产品和原料经营者、生产者和市场管理者。饲料及相关产品的供求、价格等市场信息，以及质量好坏、数量大小等生产信息，通过他们将信息反馈给生产者、经营者和管理者，有利于促进饲料产品结构的调整和生产发展。

(4) 各级饲料协会。具有向饲料企业和用户提供技术、信息服务和产品销售，向政府反馈意见等多重作用，能及时反映市场的需求和产品生产信息，为政府的宏观决策提供信息。

(5) 市场分析师。随着饲料业的快速发展，一些专业的饲料市场分析机构不断涌现，这些人才能够准确采集和分析市场信息，具有专业的知识，丰富的经验，对市场有独到的分析和见地，他们对引导饲料企业采购和掌握市场方向，以及节约成本方面都起到了重要作用。

(6) 专家学者。他们大多工作在科研机构、机关院校，掌握有先进的饲料生产技术、具备研发新品种的能力，了解国外的先进技术、市场及生产发展的最新动态，是一支十分重要的队伍。

(7) 信息技术人才。从事饲料行业网络建设的所需要的系统维护、程序编写、数据库开发、美术设计等专业人才，是建成素质高的饲料工业信息化队伍的中坚力量。

2. 信息源。饲料信息体系建设的中心问题是信息源的建设。饲料信息体系发展的关键在于资源。一方面是信息资源的开发，另一方面是现有资源的利用。

(1) 原始信息。①来源于各级政府和机构。主要包括：中央、地方的饲料政策、法规、条例、办法等各种行政信息和工作动态。②来源于市场。主要包括：各种原料信息价格及供求等市场信息、发展动向、技术信息、产品销售信息等。③来源于企业。饲料企业加工和生产信息、技术、投资、合作等信息。④来源于科研院所。一些饲料研究机构的专家和学者、大专院校从事饲料教学研究的工作者，掌握着大量的知识和信息，并且是权威的传播者。

(2) 再加工信息。信息分析工作者，充分利用收集来的原始信息进行加工、整理、分析，将信息内在价值迅速提高，用于指导饲料企业采购、生产和产品流通，并有利于饲料产业结构调整和优化。

(3) 网络。各种饲料信息要相互联系和传播，这就需要网络。网络是目前信息重要途径之一。目前，国内基本建立起了相对齐全的信息网络。①省级饲料主管部门可以依靠本省的农业信息网络平台接收和发布信息。这些网络主要包括农业广域网和部门局域网。利用广域网宣传行业政策、部门工作，向全社会提供本省饲料生产运行情况信息。局域网主要用于部门内部交流，行业工作指导等。②地（市）县利用局域网或者专线、宽带等上网形式，以实现内部资料共享，网上资料获取、信息收发以及网上视频会议等。③企业和个人。对于中小企业或普通家庭用户而言，可以采用 MODEM、ISDN 和 ADSL 等多种方式上网，选择方式比较灵活。④电台、电视台等传统媒体以及有线电视网络遍布国内各地，也是发布饲料信息的十分重要的载体。

二、以互联网为基础的饲料工业信息体系特点

近几年，随着互联网的快速发展，我国饲料类网站也迅速增加。打开Google搜索引擎，显示简体和繁体中文中有关"农业"方面符合查询结果的所有网站，网页共有298万项，而搜索"饲料"一词时，共显示有69万项之多。如此浩大的饲料信息，说明我国饲料工业信息化已发展到一定阶段，并十分值得肯定。

当前以互联网为基础的饲料工业信息体系有如下几个特点：

1. 数量大。互联网方面的饲料信息如此大规模地出现，充分说明互联网在饲料信息化方面的广泛应用，这对我国未来饲料业和畜牧业的发展都具有十分重要的意义。它是我国采用最新的现代化手段进行饲料工业信息化的重要起步，也是我国饲料信息化重要的载体和物质基础，是未来饲料信息化的最重要的网络平台和舞台。

2. 涉面广。目前网上的信息内容，涉及饲料行业相关的上下游行业等方方面面：种植、畜牧、水产、粮油、化工、销售、生产、采购等等。互联网已经将饲料行业与其他行业紧密联系在一起，而不是一个孤立的行业。一个以互联网为载体的饲料工业信息化传输体系的架构已经基本形成，这为下一步更深层次的开发和应用信息资源提供了基础。

3. 结构完整。目前的饲料行业网站，大致由这样几个部分建设完成：第一，是各级政府和协会的饲料管理部门，这类网站是国内官方饲料信息的发布平台，对一些政策和宏观信息有着较好指导作用。目前是饲料网站中的主体部分。第二，是贸易公司或饲料信息咨询公司建立的网站。这些网站，总体上看，比较专业，网站内容丰富，种类齐全，功能较多，设计专业，内容更新及时。他们在原料信息方面具有领先地位，但就内容来说，更多的是为原料贸易和饲料企业采购服务的。第三，是饲料生产企业和贸易公司办的网站，这些网站一般都目标明确，有较准的市场定位，旨在提高企业的形象和扩大产品宣传，网站的专业化水平比较高，服务功能也较为突出。但总体上看，还是数量有限，一些大公司有网站的较多，而一些中小公司在这方面仍缺乏一定意识，并且在进一步找准市场定位和突出专业化服务方面，还需努力。

三、饲料行业信息体系现状

饲料生产经过20多年的发展，已形成了种类齐全、功能较为完备的产业体系，而饲料信息体系也从无到有，不断发展和完善。

1. 建立和完善全国饲料工业统计信息系统。从1990年开始建立全国饲料工业统计信息系统，调查范围包括各省、自治区、直辖市所辖行政区域内的各种经济类型的饲料工业企业，涉及饲料工业产品生产情况、企业情况、产品市场价格情况等，每年、季或月由基层管理部门向上一级饲料管理部门上报。目前，经过10余年的发展，已经由过去的手工填写报表发展到现在的由计算机软件系统自动生成报表，并通过E-mail等方式，及时上报给上一级单位。同时，建立了200多家重点跟踪企业，这些企业都是全国有代表性的饲料企业，每月定期向全国饲料工作办公室反映情况，如遇有疫情等重大情况，随时向饲料管理部门反馈信息。全国饲料工业统计信息系统的建立，为各地、各级饲料管理部门管理、制定行业发展规划，指导、引导本行业的生产提供重要依据。

2. 专业的信息软件层出不穷。一些行政部门、企业和一些软件公司都认识到信息的重要性，各自从实际需要出发，开发出一些专业信息软件，如全国饲料工作办公室指导开发的中国饲料工业统计信息系统，企业自主开发的畜禽病专家诊断系统、饲料配方优化决策系统、饲料企业财务管理系统、ERP、CRM等，这些软件对于提高行政部门或企业办公效率和自动化水平起了重要作用。

3. 建立中国饲料数据库。由中国农业科学院畜牧研究所建立的中国饲料数据库（www. chinafeed-bank. com. cn），及时收集、整理、补测补遗和发布"中国饲料成分及营养价值表"等，为社会提供饲料、营养知识咨询和网络远程优化配方服务，同时结合农业科技基础数据库的建设工作，重点开展饲料营养价值描述标准化的制定工作，为饲料科技数据的社会化共享、提高科技数据的利用效率以及为饲料加工业的发展提供了最基础的数据。

4. 建立完善饲料工业基础信息库。饲料工业信息化离不开饲料工业基础信息库的建设。目前，国内已经基本建立起饲料工业基础信息库，主要包括饲料资源信息库、饲料配方库、科技文献信息库、饲料相关产品标准库、饲料行业企事业单位信息库、饲料专家信息库、饲料行业政策法规信息库等。这为保证饲料基础信息的规范性、全面性、准确性，为提高信息利用率打下良好的基础。

5. 建立饲料经济信息库。饲料工业产品信息库的建设是生产者及时了解市场动态的窗口，是政府制定政策、进行宏观调控的依据，是信息资源深层次开发的基础。这些数据库已基本齐全并正在扩大，主要包括饲料生产数据库、饲料产品信息库、饲料原料价格库、养殖产品价格库、原料贸易信息库等。

6. 建立饲料安全监测预报网络系统。自20世纪80年代初，我国就建立起来了饲料质量监测体系，目前，我国已建成国家级饲料质检中心2个（北京、武汉），农业部级中心7个（北京、沈阳、呼和浩特、济南、西安、成都、广州），省级饲料监察所36个，地区（市）级站40个，县级站200多个。与此同时，我国也相应地建立起了国家监督抽查、全国统检和质量跟踪3种饲料质量监督、检测管理制度。饲料质量监测体系是我国饲料工业信息体系的重要组成，为加强我国饲料产品质量管理、保障饲料产品质量的安全、推动饲料行业的健康发展做出了重要的贡献。

在此基础上，从2003年开始，我国着手建立覆盖全国范围的饲料安全监测预报网络系统，开发大规模饲料安全信息管理系统（FSMIS），建立饲料安全信息处理、预警分析和空间分析技术体系，建立饲料安全信息管理网络中心站信息发布网站及其业务化运行维护系统。通过这样的网络系统，一方面实现了全国饲料安全信息采集、加工、分析的集成处理，提高饲料安全信息的分析处理水平，另一方面，实现了全国饲料安全信息发布和交流的网络化，使饲料产品的监测和调控信息能够通过该网络迅速传播，对饲料安全违禁事件获得快速响应和预警，以增强政府对饲料安全的宏观调控能力。

7. 行业网站发展快速。互联网络信息资源是信息资源的重要部分，随着互联网在我国发展迅猛，也影响和带动了饲料行业互联网的快速发展。

(1) 互联网发展迅猛。我国网民数量已攀升至7 950万，继续保持着世界第二的位置，在1年之内增长了2 040万人，增幅超过48%，前5位的省市分别是广东、山东、浙江、江苏、上海，这5省市上网人数占到总数约40%；WWW站点数已有595 550个，增幅为60.3%，前4位的分别是北京（12.3万）、广东（10.5万）、浙江（5.8万）和上海（5.2万）；上网计算机数为3 089万台，增幅为48%。

从用户的行业分布来看，农、林、牧、渔业所占全部行业比例的1.4%，处于中等水平，而制造业和教育业占到12.7%和12.8%。从用户的职业分布看，农、林、牧、渔业工作人员占的比例仅0.8%，基本处于末位，而学生和技术人员占到29.2%和13.7%。

(2) 饲料行业网站层出不穷。整个互联网为代表的信息技术快速发展，继续推动了饲料业的发展和进步，使饲料信息传播即时、准确，实现了饲料信息传播手段的现代化、传播信息的多样化以及传播过程的自动化。尤其是行业网站的发展，使政府和企业及时了解饲料市场信息，促进饲料企业信息化发展，实现信息共享等方面发挥着越来越大的作用。

与2002年相比，2003年饲料行业网站发生较大的变化。信息服务类网站：数量继续增加，竞争更加激烈，服务更加专业化，几家独具特色的专业化网站脱颖而出。企业类网站：数量呈大幅攀升态势，并已经开始注重网站推广的重要性，域名和商标的网上保护意识不断增强。行业和政府类网站：较多省、市饲料工业协会（饲料办）建立起了自己的网站，是指导本省饲料工业发展的重要信息平台。

中国饲料工业信息网（www.chinafeed.org.cn）是集饲料、畜牧、经济、市场、科技、政策、法规于一体的饲料行业专业性网站，是官方饲料政策法规信息的指定发布网站。它依托饲料行业体系，将与其相关的行业信息分析汇总，形成信息网络服务系统，为饲料工业行业及相关领域提供全方位的信息服务，大力推进饲料行业信息化。该网站信息量大，更新速度快，覆盖面广，开通5年来，网站影响不断扩大，访问量逐年增加，目前全国有上百家网站与该网建立了链接，据世界网站排名机构Alexa发布的全球互联网站排名资料显示，中国饲料工业信息网的访问量在国内饲料行业网站中位居首位。该网站的英文版www.chinafeed.info，是饲料行业重要的对外窗口之一，目前有来自世界50多个国家的用户访问该网站。

上海汇易网（www.chinajci.com）提供多品种、多层次、有深度的信息服务，视角独特，紧跟市场，越来越受到企业的关注。中国饲料在线网站（www.chinafeedonline.com）按市场化模式运营，依靠自身优势，努力提高饲料贸易信息的质量和效率，使信息快速、准确，为众多商家提供国内外饲料贸易机会。上海益农网（www.efeedlink.com.cn）建设了功能强大的电子贸易系统，可满足饲料及畜牧行业价值链内各类产品的需求，是饲料业与电子商务相结合的有益尝试。中国饲料行业信息网（www.feedtrade.com.cn）是行业内建立较早的网站之一，经过几次改版后，栏目丰富，在科技、畜牧论坛等方面受到业内人士好评。

四、存在的问题

1. 部分信息反馈不及时。从信息时效性看，有些如饲料生产状况等信息，间隔时间长，动态信息少；从信息发布时间看，不少生产、经营者迫切需要的信息往往属于保密的范围，不能及时发布；从信息质量上看，由于调查方法、人员素质等多种原因，信息精确度较差。从信息公开度看，由于部分信息归一些政府或机构所有，如海关进出口信息，需要支付不少的费用或无法及时得到，而使信息滞后。

2. 存在着明显的地区发展不平衡。在一些地区，由于设备落后，人才素质不高，无法及时得到所需信息，在信息分布上存在着明显的地区发展不平衡。

3. 地区性饲料网没有明显发挥作用。目前确实已经涌现出一批高水平的网站，内容丰富，技术领先，功能齐全，有较好的服务功能，但这样的网站数量不多。一些地方办的饲料网站，如各省、市饲料办或协会的网站，只有几个省相对较好，其他省或者没有，或者更新量极小，还没有充分发挥互联网的作用。

4. 高层次分析人才欠缺。目前从事饲料市场信息研究的专业人才不多，而一些运用各类经济信息分析软件，建立各类科学合理的市场经济预测模型，对饲料行业的生产、销售、投资等决策做出准确判断的人才就更少了。在一些农业高校也并没有注重培养饲料工业经济信息的采集、分析方面的人才。这样就使得对饲料工业经济信息之间的内在规律性缺乏科学的认识，不能满足市场需要，也不能提供深层次的信息服务。

5. 多数网站缺乏特色。饲料行业大多网站缺少突出特色，许多数据信息多为网上收集，缺少时效性和预见性，没有特色，使得很多网上信息雷同，不能吸引读者，结果造成人力、财力的浪费。

6. 虚假信息不少。有价值信息大量传播的同时，也大量存在一些虚假信息，这一方面是由于信息采集者素质低缺乏判断，另一方面，也有一些人故意制造虚假信息，给生产、经营者带来巨大损失，需要使用者慎重从事。

附表：

饲料行业信息网站情况（一）

网站名称	网址
中国饲料工业信息网	http：//www. chinafeed. org. cn
中国饲料监测体系信息网	http：//www. cfms. org. cn
中国畜牧兽医信息网	http：//www. cav. net. cn
中国兽药信息网	http：//www. ivdc. gov. cn
中国饲料网络数据库	http：//www. chinafeedbank. com. cn
中国饲料行业信息网	http：//www. feedtrade. com. cn
中国饲料在线	http：//www. chinafeedonline. com
上海汇易咨询网	http：//www. csjci. com
上海益农网	http：//www. efeedlink. com. cn
富得网	http：//www. foodec. com
中华食物网	http：//www. foodchina. com
上海邦成网	http：//www. epansun. com
中国粮油商务网	http：//www. fao. com. cn
东北饲料信息网	http：//www. nefi. com. cn
南方饲料信息网	http：//www. sfe. net. cn
无忧饲料网	http：//www. 51feed. cn
环球饲料网	http：//www. globalfeed. com. cn
中国牧业网	http：//www. china - ah. com
中国饲料信息网	http：//www. china - feed. com
中华饲料商务网	http：//www. chinaccm. com/13
中国饲料配方网	http：//www. chinafeedformula. com
中国饲料科技网	http：//www. slkj. net
中国蛋白饲料网	http：//www. feed - net. com
中国饲料添加剂信息网	http：//www. cnfeed. com
中国北方饲料机械信息网	http：//www. sljx. com. cn
中国饲料机械交易网	http：//www. sjxin. com
西部畜牧饲料兽药信息网	http：//www. nsfeed. com. cn
畜产饲料网	http：//www. xcslxx. com
中国大豆网	http：//www. soybeanchina. com
中国玉米网	http：//www. maize. com. cn/
中国玉米淀粉网	http：//www. jsec. com. cn/
天下粮仓网	http：//www. cofeed. com/
中国谷盟网	http：//www. gm178. com
中国畜牧业协会	http：//www. caaa. cn
中国动物保健品协会	http：//www. cahpa. org. cn

注：排序不分先后。

饲料行业信息网站情况（二）

网 站 名 称	网 址
北京市饲料工业协会	http：//www. bjslxh. com
上海市饲料行业协会	http：//www. sfta. org. cn
安徽省饲料工业协会	http：//www. wsx. ahagri. com
江苏饲料信息网	http：//www. jsfeed. org. cn
陕西饲料网	http：//www. siliao. sn. cn
湛江畜牧饲料网	http：//www. zjfeed. com
湖南兽药饲料信息网	http：//www. hnsy. gov. cn
黑龙江省兽药饲料网	http：//www. hljsy. cn

（孙志强　李　菲）

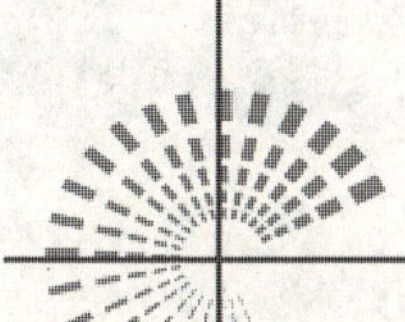

地方篇

北京市饲料工业

【发展概况】 截至2003年底，全市在册建档备案的饲料企业635家，其中饲料加工企业460家，经营企业151家，在饲料加工企业中，已取得农业部生产许可证的饲料添加剂或添加剂预混料企业183家。2003年全市饲料总产量210.9万t，因受SARS影响，比上年减少30万t。其中配合饲料152.6万t，减少26.4万t；浓缩料30.6万t，减少4.6万t；预混料27.7万t，与2002年基本持平。饲料销售额51亿元，利税不到1亿，均比2002年下降。

2003年是北京市饲料工业发展历程中比较艰难的一年，上半年SARS北京首当其冲，原材料进不来，产品、业务人员出不去，影响最大，下半年又遇豆粕、氨基酸等饲料原料大幅度涨价，企业承受了巨大压力，不少企业承担了内部消化原材料涨价因素，稳定饲料产品价格，支持畜禽饲养业生产，企业经济效益大幅度下滑，甚至亏损。但是，即使在这种情况下，也有不少企业，励精图治，精打细算，勤俭办企业，求生存、求发展，有10多个企业的生产基地喜迁新址，新建厂房，购置更新设备，扩大生产规模，上档次、上水平，标志着北京市饲料工业服从城郊总体规划，从区域布局到厂房设备、规模、管理等，呈现出调整、提高、日趋规范的发展趋势。

第一个发展趋势是：饲料产销量市场份额逐年向为数不多的大、中型企业集中。这从4年来北京市饲料企业产销量排序中可以看出，以2003年上报数字为依据分析，在400多家饲料加工企业中，不到10%的企业饲料产销量占全市总量的67%，25%的预混料生产企业产量占全市预混料总产量的90%。2003年全市预混料年产销量在1 000t以上的企业达40来家，而2001年超过1 000t的才20家。由小变大，上规模、上档次，已成为北京市预混料生产企业发展趋势。

第二个发展趋势是：连结共性，保持个性的联合体或企业联盟，开始自愿组合。这是形势发展的必然选择，面对竞争激烈、困难重重、风险不断的复杂局面，各自为战、单个抗争，恐难顺利过关，因此发挥群体优势，增强竞争实力，增强克服困难和抵御风险的能力，就成了企业管理者们需要思考和探讨课题了。因此，北京伟嘉、大北农等企业依托中国农业科学院饲料研究所建立了“7+1”联合体，实现了强强联合。为降低成本，首先从联合采购大宗原料为突破口，开始运行，初见成效。北京的中小企业，特别是专业化预混料生产企业，也开始考虑在自愿的基础上，在联结共性、保持个性的原则下，联合起来，组成联盟。先从联合采购共同所需的几个主要添加剂品种入手，探索一条联合对外、联合推介、扩大企业知名度和品牌、扩大市场份额、共同增产增效之路。

第三个发展趋势是：为促进饲料和畜产品安全，充分开发利用天然植物及其提取物饲料添加剂或预混料，已成大势所趋，人心所向。在市饲料工业协会天然物添加剂专业委员会指导帮助下，继丰科汇、绿科生物、天福莱等企业之后，北京虹福威、康华远景、澳瑞斯、富宏天绿、锦绣大地、塔轩植物等企业，相继研发生产用于不同畜禽养殖、能起不同功效作用的天然植物及其提取物饲料添加剂或预混料效果很好，很受用户欢迎。《天然植物饲料添加剂通则》国家标准一旦发布后，必将加速这一发展趋势进程。

【存在问题】 目前北京市饲料行业存在主要问题：一是企业数量不少，规模较小，300家配合料、浓缩料加工企业平均年产7 000t左右，180多家添加剂、预混料生产企业，平均年产1 000多t，企业发展差距悬殊，整体水平不高，不少企业勉强维持，几年不见长进，不少企业仍存在重生产轻管理、重公司轻基地的现象，主要表现在生产基地管理松懈，制度不严，管理不善，车间粉尘、噪音严重超标，库房、车间物料码放杂乱，安全设施不到位，化验室操作规程、手续不规范，包装、标签仍存在不符标准要求的现象，特别是在检查中发现有的企业原料质量，尤其是动物性鱼粉的质量问题突出，在检测的21个样品中鱼粉卫生指标和营养指标不合格的样品就有12个，占57%。因此，严格把住进厂各种饲料原料或添加剂的质量关，是保证饲料产品质量合格稳定的关键。

【管理绩效】 主要有如下几个方面：

1. 优化环境，认真做好行政审批工作。在2002年规范北京市饲料行政审批程序的基础上，2003年又进一步简化了饲料行政审批手续。一是将饲料添加剂和添加剂预混料产品批准文号的审批申报材料由原来的10项精简为4项；二是将产品批准文号的审批时限由原来30个工作日缩短为15个工作日；三是将企业登记备案时限由原来的25个工作日缩短为1个工作日。审核新申报生产许可证的添加剂和添加剂预混料企业29家，报请农业部为26家企业颁发了生产许可证，全年共核批产品批准文号823个，并对全市423家饲料企业重新进行了登记备案。

2. 认真开展饲料添加剂及添加剂预混合饲料生产许可证年检工作。根据农业部农办牧〔2003〕4号《关于开展2003年度生产许可证年检工作的通知》要求，市农委向各区县政府和全市饲料添加剂及添加剂预混料生产企业，下发了《关于开展2003年度饲料添加剂及添加剂预混料生产许可证年检工作的通知》（京政农发〔2003〕10号），并于2月24日召开了全市饲料添加剂及添加剂预混料生产企业，市饲料工业协会、市饲料监察所及区县农委参加的年检工作会议，专题部署年检工作。在对170家企业上报的年检表进行审核的基础上，对9个主要区县的不同规模、不同条件的24家企业进行了现场核查。经过年检，报请农业部取消了11家自动放弃年检的、1家未找到的和2家不合格企业的生产许可证，对4家存在问题企业提出了限期整改，并于10月份进行了复查。

3. 加强和开展饲料产品质量安全检查和违禁药物专项治理工作。为加强饲料产品质量管理，根据农业部办公厅农办牧〔2003〕23号《关于2003年度全国饲料产品安全监督检测工作通知》要求，市农委下发了《关于2003年北京市饲料产品质量安全监督检测工作通知》（京政农发〔2003〕43号），对249家饲料和养殖企业的564个样品进行了产品质量和违禁药物的检测，结果有16家企业的21批次样品不合格，企业合格率为93.6%，样品合格率为96.3%。在开展饲料及畜产品中违禁药物的专项治理中，对78家饲料和养殖企业的172个样品进行了检测，并配合国家饲料质检中心和国家畜产品质量检测中心，对5家屠宰企业的490个生猪尿样进行了"瘦肉精"专项检测。除此之外，2003年共组织市区出动执法人员600多人次，对全市257家饲料和养殖企业进行了产品打假，对6家被举报的企业依法进行了查处，对饲料质量检测不合格的企业及产品在市农委网站上进行了公开曝光。

4. 克服SARS和原料涨价影响，帮助企业度过难关。SARS期间，积极协调市有关部门，帮助企业克服困难。一是采取开辟绿色通道，帮助饲料和养殖企业尽量保持原有供货渠道畅通；二是明确专人负责，积极组织本地区可供货源，为规模畜禽场和饲料厂供应饲料原料（如房山区粮库、市西郊粮库分别向所在区饲养企业和华都肉鸡公司饲料厂供应玉米）；三是对各区（县）总公司需要市里统一帮助解决饲料原料的进行了详细调查，并由市粮食局与本市及外省12家供应商进行了落实，共为4个区县和华都、大发、三元3个总公司的34家企业协调玉米3.3万t，豆粕1.3万t，麸皮2 994t。

5. 加强行业协会建设，更好地为行业和企业服务。为贯彻落实市政府《关于促进行业协会和中介组织发展工作会议》精神和要求，市饲料工业协会召开了两次常务理事扩大会议，传达讨论市政府《关于促进行业协会和中介组织发展工作会议》精神要求和市领导讲话指示，对照要求总结协会发展历程，工作经验教训，找出差距和不足，并对协会副会长、秘书长、常务理事、理事进行了个别调整，并按照市政府新的要求，提出整改计划。

6. 继续坚持特有工种培训鉴定工作。年内对检化验员和设备维修工进行培训考核鉴定，其中检化验员3期110人参加，88人合格，取得了资格证书，设备维修工1期29人参加，全部合格取得了证书，并参加了全国鉴定站考评员总结表彰大会。北京5个考评员评为先进，同时举办了统计员培训班，完成了2002年度的统计汇总上报工作。

7. 为促进饲料和畜产品安全，由国家饲料标准化委员会委托北京市饲料工业协会天然物添加剂专业委员会牵头起草制订的《天然植物饲料添加剂通则》国家标准，几经讨论修改，下半年参加了国家质检总局组织的最后一次审定会，获得通过批准，年终终于发布（GB/19424－2003），并将于2004年6月1日实施，这一国家标准通则的颁布实施，为推进饲料安全和畜产品安全做出应有的贡献。

8. 为加强行业信息交流资源共享，更快更好地为行业为企业服务，市饲料工业协会于10月份建立并开通了北京饲料行业信息网，为逐步实现行业联网创造条件。年底已有10多个企业协办，连接了企业网站或在网上设立了网页，不少外省市企业或单位，从北京饲料行业信息网上了解了北京饲料行业动态和企业情况。

9. 协会所办《饲料与畜牧》杂志，一直坚持给全国贫困县科委免费赠阅，很受欢迎，河北省平山县科委多次来函来电，邀请协会和编辑部、杂志社前往座谈交流。2003年下半年，协会在顺义区北石槽镇南石槽村委会设立了图书杂志阅览室，免费赠阅，定期更换，受到村委会和村民的欢迎称赞。2003年下半年协会又设立了服务热线（63518890）。自此，协会将通过一刊《饲料与畜牧》刊物、一站"北京饲料行业信息网"站、一线"饲料行业服务热线"为行业、为企业提供多方面服务。

（北京市农委养殖业管理处）

天津市饲料工业

2003年是"十五"规划实施的第三年，也是促进天津农业现代化建设和实施跨越式发展目标的重要一年。市饲料办在市农委直接领导下，按照行业管理工作目标和权责范围，认真开展工作。总的指导思想是：高举邓小平理论伟大旗帜，党的十六届三中全会精神指引下，认真实践"三个代表"重要思想，按照市农村工作会议提出"抓好标准化"工作，切实保证饲料质量，依照市无公害产品的计划要求。工作基调是"与时俱进，抢抓机遇，依法治饲，加大饲料行业监理力度"，提高饲料及饲料添加剂的质量，促进饲料工业和养殖发展。

【发展概况】

1. 生产情况。截至2003年底，天津市有不同规模的饲料加工企业327家，其中：饲料加工企业229家，饲料添加剂生产企业72家，饲料原料生产企业25家，饲料机械生产企业1家。年生产加工能力分别为饲料254.9万t，饲料添加剂5.1万t，饲料原料9万t，全市产量254.9万t，产值51.2亿元，同比235.7万t和43.7亿元分别增8.1%和17%。其中，配合饲料212.2万t，同比196.3万t增8%。包括（猪料59.1万t，蛋禽料64.7万t，肉禽料22.2万t，水产料39.5万t，反刍料15.4万t，其他料11.2万t），浓缩料29.7万t，同比27.4万t增8.2%，增加添加剂预混料12.8万t，同比11.9万t增7.5%。

2. 简单分析。由于养殖业与饲料业关系密切，养殖业生产好坏直接影响饲料工业，2003年在突发SARS的不利条件下，养殖仍然实现较大增长，生产形势好于2002年。全市生猪存栏245.1万头，出栏462.4万头，比上年增长14.0%和17.1%；蛋鸡存栏1 945.2万只，比上年增长2.7%；肉鸡出栏

8 326.2万只，比上年增长14.8%；肉牛存栏29.6万头，出栏32.8万头，比上年增长9.2%和20.3%；肉羊存栏106.5万只，出栏142.4万只，比上年增长11.7%和15.0%；奶牛存栏13.3万头，比上年增长35.8%。全市肉、蛋、奶类产量分别达到56.1万t、25.4万t和43.2万t，比上年增长17.6%、1.6%和29.1%。畜牧业产值77亿元，占农业总产值的比重由2002年的38.9%提高到41.4%。

全市水产养殖产量28万t。由于养殖业生产实现跨越式发展，养殖业占农业产值的比例达到51.7%，比上年提高3.7个百分点，成为农民受益面最广、增收速度最快的大产业。提前完成市委、市政府提出的“三五八十”计划指标，极大地保证了城乡多层次消费要求的变化和增长。饲料生产为养殖业发展起到了促进作用并有新的突破，呈现出三大特点：一，产业结构继续调整，按市农委主要领导提出扶大扶优扶强的指导思想，国营、集体、个体、私营经济类型在平等竞争下，同生存、同发展；二，产品质量和科技含量进一步提高；三，饲料企业法制观念增强，为在市场经济大潮中占领市场，做好产前、产中、产后系列化服务奠定良好基础。

【存在问题】 首先是制标力度不够。按照建立健全饲料工业标准化体系表的要求，应制定800多项项目，目前由标准化主管部门和有关行政主管部门发布的国家标准和行业标准共218项。其中国家标准80项，行业标准138项，国家标准中有9项为国家强制性标准，其余为推荐性标准，并且《饲料卫生标准》不完善，覆盖面小，只涉及到猪、鸡两种动物的配合饲料原料，对有毒有害物质也只涉及16种，急需修整完善。农业部第318号已公布了允许使用的饲料添加剂品种目录，共12大类191种，但允许使用量标准尚待判定和完善。主要是数量少，有些重要的检测方法标准尚未修订，如饲料中药物饲料添加剂药物含量的检测方法等标准制订；通用规程急需指定。由于以往的饲料工业标准制定工作，主要侧重生产标准和检测方法标准的制定，故缺少对饲料产品及生产企业综合评价标准。

其次是标准宣贯力度不够，根据《中华人民共和国标准化法》及其《实施细则》和饲料工业有关标准，大部分饲料企业已按标准组织生产，基本杜绝了无标生产现象，但在标准执行中发现很多不完善之处。如饲料标签中药物饲料添加剂标注及屠宰前停药期标注不规范，有的只标注添加了药物，而不注明药物名称、使用量、注意事项等，都不符合标签标准要求。

再次是监督检查力度不够，目前在我国监督检查中，主要针对饲料营养成分，如粗蛋白、粗脂肪、粗纤维、粗灰分和个别卫生指标的检测，而重点放在前者，对饲料安全卫生的监督检查力度不够，致使一些企业和养殖户缺乏饲料安全意识，任意使用添加剂。

【发展趋势】 目前，养殖业大发展的趋势决定了对饲料需求还会有大幅度增长，天津市饲料工业的未来，必须要走一条规模效益发展之路。因此，扩大一些企业，以构筑强大的规模体系，仍是今后长期需要唱好的重头戏。由于日趋激烈的市场竞争必然对天津市饲料工业提出更高的要求，天津饲料工业发展趋势，必然是规模基础上的企业现代化、科技化。因此，提高产品科技含量，强化现代化管理为重点的科技进步，将是天津饲料工业发展中的核心任务。

基于规模、水平的要求，天津市现有的产品结构格局将面临严重的挑战，适时调整产品结构，尤其是进一步强化主导产品的竞争力度，构筑产品多元化布局，将是未来工作的重要环节。

（天津市饲料工业办公室）

河北省饲料工业

【发展概况】 2003年，全省建成时产1t以上（含1t）的饲料生产企业1 060家，其中时产5t以上（含5t）的饲料生产企业170家，分别比上年增加92家和22家，增幅为9.5%和14.9%，大型企业比中小型企业增长幅度快。全省总生产能力达2 920t/h。饲料产品总产量722.6万t，比上年增加22.2万t，增长3.2%。其中配合饲料561.9万t，浓缩饲料140.6万t，添加剂预混合饲料20.6万t，配合饲料比上年增加11.7万t，浓缩饲料比上年增加10.5万t，幅增2.1%和8.1%。饲料加工业总产值达120亿元，比上年增加10亿元，增幅9.1%。

全省共有饲料添加剂生产及分装企业117家，各种饲料添加剂总产量12万t，其中维生素类0.5万t，微量元素类0.6万t，氯化胆碱9.1万t，其他类1.8万t。

全省共有单一饲料生产企业156家，产品总产量280万t，其中鱼粉6.8万t，骨粉、肉骨粉4.7万t，磷酸氢钙11.9万t，其他原料近196.9万t。

全省共有饲料机械制造专业和兼业厂家20多家，其中能生产成套饲料机械的骨干企业3家，共生产饲料机械909台（套）。

【发展特点】 2003年，在农业部畜牧兽医局（全国饲料工作办公室）的亲切关怀和正确领导下，按照国家及省委、省政府“一手抓抗击SARS，一手抓生产”的要求，经过全省各级饲料管理部门的共同努力，全省饲料管理工作取得了显著成绩，饲料工业继续保持了健康发展的态势，并呈现以下几个特点：

1. 饲料产品产量继续稳步增长，质量进一步提高。2003年，农业部对全国饲料、饲料添加剂产品进行抽检，合格率在98%以上，比2002年有了较大幅度的提高。

2. 饲料产品结构进一步优化合理。浓缩饲料、添加剂预混料及节粮型的奶牛、肉牛、肉羊及水产饲料比重增加，肉兔、肉狗等特种动物饲料从无到有。产品逐步向高档化方向发展。

3. 饲料添加剂发展形势看好。以华北制药为代

表的维生素 B_{12}，以沧州为代表的氯化胆碱等饲料添加剂产品品种、质量及价格有了较大改观，国内外市场份额逐步扩大；大蒜素、益生素、酶制剂等绿色饲料添加剂发展势头迅猛。

4. 饲料生产企业规模化、集团化进程加快。全省有近 50 家饲料生产企业新增生产线，扩大生产规模，年产饲料在 10 万 t 以上的企业增加到 10 个。

【主要工作】 主要有以下几个方面：

1. 全面贯彻《国务院办公厅转发农业部关于促进饲料业持续健康发展若干意见的通知》精神。按照农业部《关于贯彻落实促进饲料业持续健康发展若干意见的通知》要求，河北省全面贯彻落实。一是将国务院、农业部的文件及时下发，并要求各市制定落实方案。二是根据全省饲料生产及管理实际，2003 年 6 月，省政府办公厅以冀政办函〔2003〕12 号文件颁发了《关于促进河北省饲料业持续健康发展若干意见》。全省各级饲料管理部门，以贯彻落实国务院及省政府《发展意见》精神为主线，及时召开宣贯会、新闻发布会议，宣传贯彻部署。并在全省掀起了学习宣传、贯彻落实《条例》、《发展意见》的热潮。据统计：全省共出动宣传车辆 350 多辆（次），出动宣传人员 1 300 多人（次），印发宣传材料 12 万份，书写、悬挂宣传标语、条幅 4 000 多条，其中永久性墙体标语 1 300 多条，布条幅 700 多条。通过广泛地开展宣传活动，饲料《条例》、《发展意见》已逐步深入人心，家喻户晓。

2. 治理整顿饲料生产、经营秩序取得显著成绩。按照国务院《条例》和《发展意见》的要求，全省加强了对饲料和饲料添加剂生产、经营企业的规范化管理，结合对饲料和饲料添加剂生产、经营许可证年检，加强了对饲料添加剂和添加剂预混合饲料生产企业的跟踪检查，规范了饲料标签、检验合格证、产品检验记录、产品留样和留样记录等，制定和完善了各项规章制度。对不符合条件的企业限期进行了整改。通过规范治理，全省饲料和饲料添加剂生产、经营企业有了较大改观，质量意识增强，产品质量明显提高。全年共核发饲料添加剂及添加剂预混合饲料生产许可证 28 个，产品批准文号 519 个，审核饲料生产企业审查登记证明 160 个，饲料、饲料添加剂经营许可证 344 个。

3. 饲料执法力度进一步加强。为了加强饲料执法力度，2003 年，省饲料办举办了两期饲料执法培训班，并组织饲料执法人员到外省参观学习。要求各市、县饲料管理部门加大监督检查力度，市每季、县每月要检查一次，检查要有档案记录，要实行规范化管理。据统计，2003 年全省共出动饲料执法人员 21 840多人（次），检查饲料生产企业 1 126 个（次），经营企业 6 248 个（次），查出无证生产企业 32 个（次），无证经营企业 112 个（次），无批准文号生产企业 25 个（次），受理群众举报 234 起。立案查处 182 起，涉案人员 165 人，查处假劣饲料和饲料添加剂 315.5t，货值 61.8 万元，罚没款额 58.2 万元。通过加大执法力度，有力地打击了非法生产经营假劣饲料和饲料添加剂的违法行为。

4. 查处非法销售和使用“瘦肉精”等违禁药品取得新突破。根据农业部“2003 年饲料及畜产品中‘瘦肉精’等违禁药品专项整治计划”的通知精神，河北省加大了对非法销售和使用“瘦肉精”等违禁药品查处力度，主要采取以下措施：一是及时制定并下发了打击非法销售和使用“瘦肉精”等违禁药品的专项整治计划；二是坚持了各市普查与省局抽查相结合的基本原则；三是对重点区域进行拉网式突击检查；四是积极发动群众进行举报；五是与北京、天津、上海等周边省市密切配合；六是对查出“瘦肉精”阳性的养猪企业加大处罚力度。2003 年，全省共检查了 21 307家养猪场（户），332 个屠宰厂（点），采集猪尿、猪肝、料槽料及动物饮用水 1 200 批（次），其中：猪尿有 33 个阳性，涉及 12 个养猪场户，全部按照国家规定进行了严肃处理。

5. 为企业服务的质量明显提高。2003 年，河北省把扶持大型饲料企业、改善服务态度作为全年一项重点工作，并采取了以下措施：一是召开大型饲料企业联系会，帮助企业分析饲料发展形势和存在问题，探讨应对措施。二是开展评选饲料企业二十强活动，调动企业争优创先的积极性，促进了饲料企业上规模、上等级。三是有计划地培植大型饲料企业，使之尽快做大做强。四是积极向省政府有关部门推荐名牌产品或优质产品。

6. 饲料统计工作不断规范和完善。按照《全国饲料工业综合统计报表制度》的要求，结合全省实际情况制定了《河北省饲料工业综合统计报表制度》，下发到各市，并将饲料统计软件分发各市，要求统一使用饲料软件报表，在各级统计人员的共同努力下，圆满完成了 2003 年四个季度的季报及年报、基层年报和重点跟踪企业报表工作，并在 6 月份完成了中国饲料工业协会信息中心布置的饲料企业使用机械品种的调查工作。

7. 职业技能鉴定工作取得突破性进展。协会 2003 年职业技能鉴定工作采取了先重点、后普及、按市分步实施、由各市负责组织落实、鉴定站负责鉴定的办法，收到了较好的效果。全年共开展鉴定 9 期，鉴定人数超过了前 4 年的总和，占全国饲料行业当年总鉴定人数的 1/4，使全省饲料检化验员达到了全员持证上岗。为此，河北省鉴定站被评为了全国饲料行业优秀鉴定站，并且在全国 29 个省级鉴定站中名列第一，也是在全国饲料行业职业技能鉴定经验交流会上第一个作典型发言的省份。

（河北省饲料工作办公室）

山西省饲料工业

【发展概况】 2003 年是饲料工业发展史上不平凡的一年。上半年受 SARS 的严重影响，下半年遭遇豆粕、玉米等重要原材料价格高涨的打压，把饲料行业推向进退两难的风口浪尖上。在各级党组织和政府的坚强领导下，广大干部职工以理智的心态和科学的发展观念，齐心协力，同舟共济，积极采取应对措施，千方百计地化解不利因素，使饲料工业保持了稳步发展的局面，收到了产量稳中有升、产品结构灵活多样和社会声誉明显提高的效果。

2003年全省饲料总产量达到150.1万t，比上年增加8.5万t，增幅6%，其中配合饲料100万t，占总产量的66%，产量比上年减少5.4万t，减幅5.4%；浓缩饲料50万t，占总量的33%，产量比上年增加14.8万t，增幅29.6%；添加剂预混合饲料0.7万t，占总量的0.5%；产量比上年增加0.1万t，增幅8%。饲料添加剂曾是山西省饲料工业的薄弱环节，2003年有了较大的提高，主要添加剂产品氯化胆碱和甜菜碱分别达到3 000t和200t，比上年分别增加1 600t和100t，这两种产品在SARS和原材料涨价阶段发挥了明显的优势作用。

由于市场经济优胜劣汰的机制和国家不断加大质量监督检查力度的原因，企业的质量观念和安全卫生意识也在随之提高，经对260个企业的365个产品进行质量检测，平均合格率达到90%，全社会普遍关注的“瘦肉精”检出率继续保持了阴性记录。

山西的饲料工业在历年的发展过程中，基本处于平稳发展的态势，而2003年却连续遭遇了两起比较突然的事件，即非典型肺炎和原材料价格大幅度上涨，这两起形式不同的事件都对行业发展产生了巨大的冲击效应，使全行业经受了一场严峻的考验。

SARS流行严重的4～6月份，山西属于重灾区之一，为防止疫情扩散，从城市至乡村，都采取了相对封闭的措施，阻断了饲料的流通渠道，使大、中型企业蒙受了巨大的损失，如山西威科、山西正大、山西预配、山西鲲鹏等销售面积较大的企业，其产品出不去，原料进不来，生产经营基本处于停顿状态，前半年的饲料产量比上年普遍下降20%以上。而一些距离养殖场（户）较近的小型饲料企业，却利用自己就地就近的优势，使产销量得到很大提高，对缓解饲料不足和稳定养殖业发挥了积极的作用。

进入秋季，以豆粕、玉米为代表的原材料价格几乎直线上涨，饲料加工企业特别是小型企业和自配料的养殖场（户）受到了沉重的打击，由于他们资金和原料存量不足，应对涨价的能力明显降低，从而使规模效益型企业有了较广阔的用武之地，蓄势勃发，产量销量大幅度提高，尽管利润明显下降，但企业从长远利益考虑，冒着亏损的风险，多方筹集资金，坚持生产，稳定了饲料、养殖市场秩序。

随着多种原料价格逐步回荡，加上临近新年、春节两大消费旺季，大、中、小型企业抓住这一利好时机，开足马力，加紧生产，全面恢复了饲料行业的勃勃生机。

【组织机构】 在组织建设和机构设置上，2003年新增了阳泉市饲料工业办公室和太谷县、文水县饲料工业办公室。一些尚未设立饲料工业办公室的市、县，当地政府为畜牧局或牧草饲料工作站增设了饲料行业管理职能，在管理体制上确立了依法治饲的主体地位。省饲料工业办公室在人员上做了小幅调整，省畜牧兽医局局长李广兼任主任，副主任由省饲料工业协会副秘书长、农业037号特有工种职业技能鉴定站站长吕世秀担任。饲料办、饲料协会及特有工种职业技能鉴定站实行三块牌子、一套人员合署办公，有利于不同职责的工作机构相互协调、配合。

【主要工作】 针对2003年特殊的环境，各级饲料管理部门和饲料生产经营企业以“三个代表”重要思想为指导，在加强自身建设的同时，认真履行职责，促进了饲料行业的全面发展。

1. 坚持一手抓防控SARS，一手抓生产经营，维护正常的市场秩序。突如其来的SARS，给饲料生产、经营造成了严重影响。各级饲料管理部门一方面通过各种方式与企业保持联系，沟通信息，一方面积极引导企业树立抗击非典的信心，帮助企业解决力所能及的困难。在出入机关受到限制的情况下，饲料办的工作人员以高度的责任感和使命感冒着危险在门口接待办事人员，帮助他们解决工作中的问题，保证正常的办公和生产经营秩序，以实际行动表达沉着应对、共渡难关的决心。有的企业在艰难地开展业务的同时，还积极进行防控SARS的宣传和形式多样的公益活动，为国分忧，为民解难。在全体同仁的共同努力下，全省600多个饲料企业，5万多从业人员无一例感染SARS疫情，安全渡过危险期，为全面抗击SARS和保证饲料业可持续发展做出了应有的贡献。

SARS疫情平息不久，省饲料工业办公室立即组织饲料管理部门和企业代表对SARS给饲料业造成的损失进行调查，并以此为鉴，研究应对突发事件的措施和具体办法，形成调研报告向上级有关部门反映情况，提供建议。

2. 警钟长鸣，不断加固饲料安全防线。饲料安全工程是全行业长期而艰巨的工作，尤其是查处违法使用“瘦肉精”，超量超范围使用兽药和药物添加剂的行为，是各级饲料管理部门的一项重要工作。为消除饲料、畜产品乃至人类健康的隐患，各级饲料管理部门全年出动260人（次）对564个饲料企业、115个饲料市场进行了检查、整顿。抽取183份饲料和饲料添加剂样品，抽取饮用水、猪尿、内脏共171份进行饲料安全卫生检测和“瘦肉精”专项检测，对不合格产品和企业依法进行了查处，在全社会形成了饲料安全长抓不懈的气氛。省饲料办还出台了《山西省“瘦肉精”中毒突发事件防范预案》，初步确立了饲料安全的监督和预防突发事件的长效机制。

3. 积极推行就业准入制度，提高行业整体素质。实施职业培训和鉴定，推行就业准入制度是全面提高行业整体素质的重要举措。山西各级饲料管理部门一直对此项工作予以高度重视，各级领导率先垂范，带头宣传、组织职业培训和鉴定，并积极参加考评员资格培训，各项工作取得了很大成绩，被中国饲料工业协会评为全国饲料行业职业技能鉴定先进集体，吕世秀、张艳梅、赵祥、李振京、杨宏兵等5人被评为先进个人。

4. 抓典型，树榜样，培育名牌企业。为弘扬先进企业开拓进取的工作精神，培育、扶持潜力企业，打造名牌企业和名牌产品，激发行业争先创优的工作热情，提高行业的核心竞争能力，由省饲料协会牵头开展了为期半年的强势企业评选活动，经逐级审查、推荐、专家评选，评出15个企业为全省2003年强势企业，对推动行业进步发挥了积极的作用。

5. 积极清理行政审批项目，为实施“行政许可法”做好准备。《中华人民共和国行政许可法》颁布以来，为进一步优化行政行为，各级饲料管理部门对此进行了学习和宣传，并主动征求饲料企业和有关部门的意见，认真清理现行的审批项目，对继续保留的事项制作成标准板面悬挂在办公场地，郑重承诺：坚持规范性、民主性、公开性和时效性原则，欢迎社会各界监督。并将承诺变成行动，在全省行风评议活动中受到好评。

【存在问题】 纵观全年的行业表现，除常规性或普遍性问题外，突出的问题：一是多数企业没有危机意识，有危机意识的，却没有危机管理的概念，当出现危机时即手忙脚乱，应对乏术，甚至措施失当；这一问题也同样存在于行业管理部门。二是省、市、县三级管理机构长期处于无办公经费状态，行业日常管理特别是紧急情况下的职能发挥举步维艰。

回顾一年的发展过程，尤其是经历了两起突发事件，留下了几点深刻的启示：①在全国或全省建立预警机制和防范预案的必要性和紧迫性；②饲料行业应设立风险资金，一旦发生突发事件可启用风险资金，保护行业的正常发展，稳定市场秩序乃至社会秩序；③国家应在政策和经费上对饲料管理机构予以支持；应进一步协调各有关部门的职能关系，从源头上杜绝多头管理和乱收费滥罚款现象，从根本上优化企业发展环境。

（山西省饲料工业办公室）

内蒙古自治区饲料工业

随着内蒙古畜牧业的不断发展，以及科学养畜水平的不断提高，全区的饲料工业也得到了长足的发展。饲政管理、规范化生产、产品质量检测等各个环节已逐步得到改进和完善。饲料工业的发展，促进了种植业的多元化及其与农牧业的结合，同时在产业结构调整、振兴农村经济、实施禁牧舍饲、加强生态建设工程中发挥着十分重要的作用。

【发展概况】 全区12个盟市都有饲料生产企业，大中型企业主要集中在呼和浩特市、包头市、巴彦淖尔市、赤峰市、通辽市等地。企业所有制形式基本上为私营、合资、股份制企业三大类。2003年，全区登记注册饲料和饲料添加剂生产企业177家，饲料产品产量达到130.1万t，其中配合饲料86.3万t，浓缩饲料41.6万t，添加剂饲料2.3万t。饲料企业从业人员16 871人。年工业总产值42.2亿元。

【组织机构】 内蒙古自治区饲料工业办公室挂靠内蒙古农牧业厅，主管全区饲料工作。全区现有1个部级饲料检测中心，5个市级饲料监察所。2003年，经国家劳动部和农业部批准，建立了饲料工业特种行业职业技能鉴定站。各盟市都建立了饲料工作办公室，饲政管理和饲料检测体系基本建立。

【主要工作】 2003年主要抓了以下几点工作：

1.《内蒙古自治区饲料和饲料添加剂生产经营企业审查登记证管理办法》已于2001年底发布并实施。根据新发布的《饲料和饲料添加剂管理条例》以及一年来的实施情况，于2003年3月，又对该《办法》进行了修改，此举主要是规范企业行为，保证产品质量，掌握行业动态。截至目前，已有260家企业进行了审核登记。

2. 根据农业部《2003年饲料及畜产品中“瘦肉精”等违禁药品专项整治计划》的部署和要求，自治区饲料工作办公室立即制定了“实施方案”，并以自治区畜牧业厅内牧草字［2003］41号文下发各盟市。各级饲料办非常重视这项工作，组织了专门人员进行检查。通过专项整治，发现并纠正了一些违规行为，进一步规范了饲料生产经营市场。

3. 根据2003年农业部对全国饲料和饲料添加剂质量监督检查结果，将检测不合格的企业，通知各盟市，要求对不合格企业进行整改。切实加强对辖区内的饲料产品质量的监督管理。

4. 2003年内蒙古畜牧业厅首次下达了《2003年饲料、饲料添加剂产品质量监督检查计划》，对饲料市场进行全面监督检测。

5. 全区现已有41家企业获得了农业部颁发的《添加剂预混合饲料生产许可证》，有4家获得《饲料添加剂生产许可证》。有19家企业办理了批准文号，累计发放86个批准文号。

6. 国家对饲料生产企业实行了特种行业职业技能鉴定证书制度。全区在这项工作上起步晚，2003年建立特种行业职业技能鉴定站。并对全区饲料生产企业的检验化验员（中级班）进行了培训，共有150人参加，144人获得农业部颁发的饲料检验化验员中级证书。

7. 为了加强队伍自身建设，于2003年9月举办了饲料行政管理培训班，参会代表主要是各盟市、旗县饲政管理人员。在加强管理力度的同时，也为饲料工业营造了规范、宽松的发展空间。

【存在问题】 主要有以下几个方面：

1. 由于部分饲料生产企业规模小，技术落后，产品科技含量低，质量安全性差，产品配料不严格执行标准，影响了养殖效果。这一状况不仅阻滞了行业自身发展，也对养殖业提质提效产生了一定的不利影响。

2. 饲料原料生产、加工环节薄弱。饲料粮的生产在农业生产体系中没有作为一个专项，饲料粮品种培育、种植区域规划没有列入计划。饲料原料产地与饲料生产企业布局不合理，且品种不全，产品质量亟待提高。

（内蒙古自治区饲料工作办公室）

辽宁省饲料工业

【基本概况】 2003年是不平凡的一年，年初受SARS疫情的影响，造成饲料流通受阻、原料短缺、市场萎缩，下半年又遇到前所未有的原料价格暴涨，豆粕、赖氨酸等原料价格涨幅创历史最高水平。但在饲料行业全体员工的共同努力下，沉着应对，科学决策，努力拼搏，全面战胜了困难，使饲料工业生产继续保持稳定健康发展，饲料产量稳定增长的好势头。

1. 饲料产量增加，企业效益下降。随着人们对畜产品需求日益增加，养殖业加快了产品和产业结构调整的步伐，产品结构调整更加趋于合理，畜牧、水产养殖业的集约化、规模化程度迅速提高。因此，对工业商品饲料的依赖程度也越来越高。据统计，2003年全省肉、蛋、奶、水产品产量分别为295万t、170万t、40万t、405万t（其中养殖产量257万t，比上年增长13.7%），与上年相比分别增长9%、7%、30%、8%。尤其是2003年畜产品价格较高，肉、蛋、奶、鱼价格稳定，养殖效益明显增加，促进了畜牧、水产养殖业的发展。对饲料需求量迅速增长，大部分企业克服了上半年SARS的影响，下半年原料价格暴涨的困难，在饲料价格增长远远比不上原料价格增长的比率同时，造成企业产量增加、效益下降的局面，使一些小型企业停产或倒闭，部分大中型企业勉强维持生产或限产。

2. 产业化经营取得突破性进展。从整体上看，随着全球经济一体化的到来，饲料市场竞争也将更加激烈，具有抵抗风险能力的大型产业化龙头企业作用也将明显增强。从投资环境来看，各市先后制定各项优惠政策，改善投资环境，进行招商引资，广泛吸引民间和外域资金，投资畜牧饲料养殖业。各市饲料办积极争取，主动协调，热心服务。如沈阳市的辽宁大成农牧有限公司“公司+农户”的产业化经营稳步发展壮大；韩国希杰公司投资150万美元在沈阳建成年产10万t饲料生产规模企业；辽宁禾丰牧业有限公司在原有15个分公司的基础上又投资2 000万元在沈阳市建成年产15万t的以饲料加工业为龙头的产业化生产基地；阜新市的上海大江集团、上海光明乳业集团先后建成以饲料生产为龙头的肉鸡繁育、屠宰加工、奶牛饲养、乳品加工为一体的产业化生产加工基地。据不完全统计，全省已建成以饲料生产、畜禽养殖、畜产品加工产业化龙头企业达30多家。

3. 饲料产品结构得到进一步优化。自年初以来，各市饲料管理部门认真贯彻党的“十六大全面建设小康社会”精神和《饲料和饲料添加剂管理条例》，围绕各市养殖业产业结构的调整，指导饲料企业适时调整产品结构。如营口市充分利用13万hm^2浅海滩涂、2 000hm^2淡水池塘、6 700hm^2可利用养殖水面，指导企业重点生产鱼、虾、蟹等水产饲料；大连、抚顺、朝阳等大型饲料加工企业及时抓住“封山禁牧、牛羊实行舍养”的机遇，大力开发生产牛羊饲料。据统计，在配合饲料中，猪料为22.1万t，占8.8%；蛋禽料157.3万t，占62.9%；肉蛋禽料50.6万t，占20.3%；水产料14.5万t，占5.8%。

4. 饲料产品质量有所提高。为确保饲料产品安全，在全省开展全面整顿和规范饲料生产和饲料流通市场。一是按农业部《关于查处饲料及畜产品中“瘦肉精”等违禁药品专项整治通知》要求，组织各市饲料办开展饲料违禁药物专项整治工作，采取普遍检查与重点抽查相结合的办法，通过对422批饲料/水检测，其合格率为87.8%。二是加大对流通领域产品监管力度。根据全省实际情况，各级饲料管理部门积极争取资金，增加对生产、流通领域检测资金的投入，以保证饲料产品安全。2003年省市两级安排检测经费180多万元，抽检样品达2 100个批次，生产领域产品合格率为92%，流通领域产品合格率为80%，提高了10个百分点。

【生产情况】 2003年全省饲料产品总量继续保持增长势头，年产量突破500万t。据统计，2003年年末双班生产能力达1 400万t，与上年相比增长12%。总产量为523.8万t，与上年相比增长5.5%，其中配合饲料250万t，增长3.0%；浓缩料269万t，增长7.3%；添加剂预混料为5.3万t，增长55.8 %；全年实现工业总产值为108.7亿元（现价），增长7.9%。职工人数为18 875人，其中博士20人，硕士73人。

饲料原料生产有增有减。据统计，饲料原料总产量为487 780t，其中鱼粉23 507t，下降25%；骨粉、肉骨粉产量为4 384t，增长12.3%。

饲料添加剂工业正稳步发展。据统计，2003年饲料添加剂双班生产能力为5.5万t，总产量为9 620t,其中维生素2 250t，维生素K_3 130t。销售总额达1.6亿元。

饲料机械制造工业产量大幅度增长。据统计，2003年饲料加工机械总产量为1 858台套，同比增长4.8倍。其中时产10t以上成套机组95套，同比增长4.3倍；时产5～9t成套机组382套，同比增长6.8倍；时产1～5t成套机组320套，同比增长9.3倍。

【行业管理】

一是饲料行业的持续发展得到省政府的高度重视。2002年国务院办公厅《关于促进饲料业持续健康发展的若干意见》的发布实施，得到省政府高度重视，省长薄熙来及几位副省长都做了重要批示。省饲料办根据全省饲料业发展现状，在充分调研的基础上起草了《关于促进全省饲料业持续健康发展意见的通知》，经省计委、省农业厅、省财政厅、省地税局会签后，省政府办公厅于2003年6月2日以“辽政办发〔2003〕32号文件”转发省畜牧兽医服务总站“关于促进全省饲料业持续健康发展意见的通知”，向各市、县人民政府转发。为全省饲料行业健康发展提供了政策支持。

二是企业生产经营行为得到规范。①根据《辽宁省饲料生产企业登记管理办法》要求，各市以核发《饲料生产企业审查合格证》为契机，引导企业文明生产、合法经营、诚实守信，全面规范饲料生产行为。如铁岭市在审查过程中严把三关，即企业条件关、产品质量关和安全生产关；沈阳、锦州、辽阳、阜新、营口等市对没有化验设备的企业采取先委托检验，限期完善检验化验设备，对不符合条件的企业不予核发《饲料生产企业审查合格证》。通过对全省1 100家饲料生产企业登记审核工作，其中880家符合条件，核发了《饲料生产企业登记审查合格证》。其中有检验化验设备企业占65%。②根据《饲料添加剂和添加剂预混合饲料生产许可证管理办法》要求，对两证企业进行了年检，通过对106家124个生产许可证的年检，有91家107个生产许可证符合条件，有15家17个生产许可证不符合年检条件，经农业部批准，注销了其生产许可证。通过年检净化了市场。

三是饲料行政执法水平有所提高。2003年是辽宁省饲料行业行政执法走向正轨的一年，各市饲料管理部门在认真宣传贯彻《饲料和饲料添加剂管理条例》的基础上，加大饲料行政执法力度，进一步完善饲料行政执法制度，提高办案人员水平。如锦州市饲料办通过开展行政执法，自查、完善和建立了13项行政执法制度；阜新、盘锦饲料办申请了饲料行政执法资格，并起草了行业执法规章制度和注意事项。铁岭市饲料办印制800多册《饲料兽药法规文件汇编》，并将小册子发放到各饲料生产企业和经销饲料兽药企业。全省培训各级各类管理人员1 260人次，编印下发法规资料34 000多册。全省共查处各类饲料违法案件151个，涉案金额达80多万元，罚没款累计近30万元。

四是成功处理了辽阳市发生部分市民食用残留“瘦肉精”猪肉中毒事件。2003年10月18日，辽阳市发生部分市民食用怀疑残留“瘦肉精”猪肉中毒事件。残留“瘦肉精”猪肉中毒事件发生后，局领导十分重视，直接部署工作，参与处理。省饲料办得到辽阳市的报告后立即赴辽阳调查处理。听取汇报后，提出了：①追查来源。要求辽阳、沈阳对相关养殖户、屠宰场、饲料经营企业及兽药经销店进行封存、取样、送检，以便查清“瘦肉精”来源。②立即将样品送国家有关部门做盐酸克伦特罗的确认检验。③调省畜产品有害物质检测中心的专家到辽阳参与指导检测工作。④建议在确认检验结果未作出之前，注意报道口径；并积极配合农业部调查组的工作；及时对沈阳、辽阳两市的工作给以指导。同时将事件进展情况向省政府、主管省长、农业部作了报告。省政府领导对省畜牧局处理辽阳市发生部分市民食用残留“瘦肉精”猪肉中毒事件的工作给以了充分肯定。胡晓华副省长批示：“此突发事件救治及时，处理恰当，保持了平稳态势。请继续落实好工作措施。(2003.10.27)”；藤卫平副省长批示：“省畜牧局、省卫生局和辽阳市政府对本次“瘦肉精”中毒事件处理得当，采取措施果断有力，工作细致深入，是我省处理突发公共卫生事件的一次成功尝试，应予表扬。(2003.10.28)”。

五是饲料工业协会作用得到发挥。省饲料工业协会挂靠到省兽药饲料监察所以来，力量得到了加强，职能得到了拓展，作用得到了发挥。积极协助省办开展行业管理，参加企业登记审查、审核产品批准文号、饲料统计、审查认定无公害畜产品产地认定等工作。主动开展饲料生产企业调研，沟通行业信息，反映企业呼声，热心为企业解决疑难问题和困难，受到了企业的赞誉。饲料行业职业技能培训与鉴定工作长抓不懈，辽宁省职业技能鉴定站被评为全国饲料行业职业技能鉴定先进集体；协助完成了中国饲料工业协会组织的南京饲料博览会和全国饲料百强企业的组织评选工作。辽宁禾丰牧业有限公司、巴斯夫维生素有限公司、农标普瑞纳（抚顺）饲料有限公司都被中国饲料工业协会评为全国饲料行业百强企业。

（辽宁省畜牧局饲料办）

吉林省饲料工业

2003年是全省饲料行业遭受严峻考验的一年。上半年遇到SARS疫情冲击，下半年又遭遇饲料原料大幅度涨价。使全省饲料业发展严重受阻。但是，吉林省饲料工作办公室在省牧业局党组正确领导下，在全国饲料工作办公室的关怀指导下，采取措施，积极应对，坚持一手抓抗击SARS，一手抓饲料行业质量安全监管工作，帮助生产企业调整结构，薄利多销，扩大市场占有率等，最终克服了各种不利因素的影响，促进了全省饲料业持续发展。

【基本概况】 截至2003年年底，全省注册饲料生产企业总数为405家，其中生产添加剂预混合饲料的企业20家，生产饲料添加剂的企业10家。按经济类型分：国有企业1家，集体企业2家，私营企业331家，联营企业8家，股份企业37家，港澳台资企业1家，外商企业5家，其他企业20家。从业人员为27 699人，大专以上技术人员7 722人，占职工总人数的27.9%，其中博士4人，硕士8人，大学本科4 031人，大学专科3 679人。

生产企业设备生产能力达到600万t。据2003年末统计，全省饲料生产总量达到260.5万t，比2002年增长2.2%，饲料工业总产值达到62.5亿元，比2002年增长4.7%。

在260.5万t饲料产量中，配合饲料142.1万t，浓缩饲料114.8万t，添加剂预混合饲料3.6万t。在配合饲料中，猪的配合饲料16.3万t，蛋禽的配合饲料50万t，肉禽的配合饲料是54.8万t，水产的配合饲料7.8万t，其他配合饲料13.2万t。在浓缩饲料中，猪的浓缩饲料75.4万t，蛋禽的浓缩饲料19.9万t，肉禽的浓缩饲料17.5万t，其他浓缩饲料2万t。在添加剂预混合饲料中，猪预混合饲料1.4万t，蛋禽预混合饲料0.7万t，肉禽预混合饲料0.7万t，反刍动物预混合饲料0.2万t，其他预混合饲料0.6万t。

【主要工作】 2003年，为了深入贯彻国务院《国务院办公厅转发农业部关于促进饲料业持续健康发展若干意见的通知》(国办发〔2002〕42号）精神，确保饲料质量安全，省饲料办着重抓了以下一些工作：

1. 制定饲料质量安全管理办法。为全面贯彻国务院办公厅国办发〔2002〕42号文件精神，确保饲料安全，促进全省饲料业持续、健康发展，省饲料办结合全省饲料业发展实际情况，起草了《关于进一步做好饲料工作的通知》，提出了饲料质量安全管理的具体意见，省政府办公厅以吉政办明电〔2003〕25号明传电报，下达到全省各市、州人民政府，把饲料管理工作纳入各级政府议事日程，从而有力地推进了饲料业工作的深入。

2. 对饲料业进行全面整顿。为了贯彻、落实好国务院国办发〔2002〕42号文件和吉林省人民政府办公厅吉政办明电〔2003〕25号明传电报精神，省饲料办草拟了《吉林省全面整顿饲料业实施方案》，并会同省公安厅、省工商局、省财政厅、省质量技术监督局和省环保局，以六厅局的名义，下达了《关于印发〈吉林省全面整顿饲料业实施方案〉的通知》(吉牧饲联字〔2003〕82号)，对全面整顿饲料业进行了具体部署，通过整顿规范，取得了阶段性成果。据统计，在这次整顿规范行动中，全省共出动检查人员780人次，检查饲料生产企业135家，经营企业2 216家，取缔售假饲料窝点8个，查处伪劣假冒饲料案件5起，没收、销毁伪劣饲料、饲料添加剂4.3t，责令整顿企业176家，吊销《饲料经营企业审查登记证》169家，从而进一步净化了全省饲料生产、经营环境。

3. 严格规范饲料生产企业。为了不断提高全省饲料生产企业的生产、技术和管理水平，省饲料办对获得“生产许可证”的饲料生产企业进行年度检查。遵照农业部办公厅《关于开展2003年度生产许可证年检工作的通知》(农办牧〔2003〕4号)和农业部第26号令《关于修改〈饲料添加剂和添加剂预混合饲料生产许可证管理办法〉的决定》精神，对部分企业进行了实地抽检。全省共有饲料添加剂生产企业10家，添加剂预混合饲料生产企业20家，年生产饲料添加剂5.1万t，生产添加剂预混合饲料1.4万t。通过核查，有个别企业存在着不足，责令限期改正，并将审核情况上报了全国饲料工作办公室。同时，省饲料办还对全省的配合饲料、浓缩饲料及饲料原料生产厂家进行了年度检查，对企业进行了全面规范。

4. 狠抓饲料质量安全监管。根据农业部农办牧〔2003〕23号文件及国家饲料质量监督检验中心国检字〔2003〕24号文件精神，省饲料办依据《2003年度全国饲料和饲料添加剂安全检测实施意见》，会同省兽药饲料监察所，共同开展了饲料产品抽检工作，分别深入吉林、长春、四平、辽源4个地区抽检了饲料和饲料添加剂120批次，饲料/水60批次，动物性饲料60批次。通过抽检，进一步加大了饲料行业行政管理部门对饲料质量安全的监管力度。

5. 积极推进饲料产品防伪工作。随着吉林省畜牧业的不断发展，饲料产品需求量逐年增加，但同时假冒伪劣产品也在一直干扰着饲料业的发展。为了从源头上解决这一问题，促进饲料业健康发展，进一步规范饲料市场的经济秩序，切实保障饲料生产企业和广大养殖户的利益，吉林省牧业管理局和吉林省质量技术监督局根据《国务院办公厅转发农业部关于促进饲料业持续健康发展若干意见的通知》和《国务院关于整顿和规范市场经济秩序的决定》精神，结合吉林省实际，决定在全省饲料生产行业中建立吉林省饲料产品防伪管理信息系统。使全省生产、销售的饲料产品在全国率先应用了防伪技术，并收到了较好的经济和社会效益。

(吉林省饲料工业办公室)

黑龙江省饲料工业

【基本概况】 2003年是黑龙江省畜牧业历史性跨越的一年，在省委省政府的正确领导下，大力实施种植业与畜牧业主辅换位战略，从而为饲料工业的发展带来强大的动力。截至年底饲料生产能力达800万t，生产企业已达630家，经营企业4 000多家。饲料生产总量达到450万t，增长8.4%，其中：配合饲料产量226万t，增长0.4%；浓缩料产量197万t，增长23.9%；添加剂预混料27万t，增长1.5%。饲料添加剂产量达到1.4万t，增长210%。产值103亿元，同比增长7.2%。青贮饲料达1 404万t。2003年饲料工业发展出现如下新特点：

1. 不利因素。一是上半年出现的SARS给企业在经营和效益造成了巨大的损失，特别是3～6月份给一些大型企业带来的损失更重。上半年利润额比同期下降27%，还有一些企业比同期下降60%多，由于SARS影响，上半年有85%企业销售额不如2002年同期，特别是150家大中型企业销售额下降17%，利润额比上年同期下降37%。二是下半年饲料原料涨价，给企业造成一定困难。2003年，黑龙江省遭到前所未有的旱灾，使全省粮食产量只能达到五成，由于北部和西北部大豆和玉米产区产量只能达到2～3成，原来大豆产区成为了进口地区。10月份豆粕2 800元/t，玉米1 100元/t，国内豆粕价格要高出进口价格35%，使饲料企业受到难以承受的压力。

2. 有利条件。一是饲料出现了前所未有的好机遇。2003年是畜牧业发生历史性变化的一年。7月，省委、省政府做出大力实施种植业与畜牧业主辅换位战略决策，以奶牛为主导的优势产业带已经形成并得到快速发展，以龙头企业建设为重点的产业化经营有了新的突破。截至年底全省奶牛存栏达 115 万头以上，较上年增长 18%，肉牛和生猪分别达到 230 万头、1 515 万头，分别增长 8.7%和 8.9%。畜牧业地位的提升，为饲料工业的发展扩展了空间：全省各地通过招商引资、社会融资、合资合作等建设了一批大中型饲料厂，产品结构调整也日趋合理，产品质量也稳步提高，新建了饲料企业 27 个，牡丹江绿津公司赖氨酸厂也于 8 月投产。二是饲料供应体系逐步完善，产业保障和安全水平有了明显提高。随着畜牧业的发展，加大饲料种植原料结构调整力度。全省青贮饲料达到 1 400 万 t，秸秆饲料生产将达到 230 万 t，有力地支撑了畜牧业的大发展、快发展，为 2004 年全省畜牧业和饲料业的发展创造了有利条件。

【主要工作】 2003 年主要抓了以下几点工作：

1. 产品质量监督检查。按期完成农业部农办牧〔2003〕23 号《关于 2003 年度全国饲料产品质量安全监督检测工作的通知》和农牧发〔2003〕8 号《关于印发〈2003 年饲料及畜产品中“瘦肉精”等违禁药品专项整治计划〉的通知》要求的监督检测工作任务，对全省中小生产和经营企业、重点地区进行了专项打假和监督检查。全年二次饲料监测合格率达 95.2%，饲料和动物饮用水中药物残留合格率为 98.4%，分别比上年提高了 3.6%和 3.3%。通过监督检验工作，有利地提高了全省饲料安全质量，确保了畜牧业的安全与生产。

2. 饲料监督体系建设。按照饲料安全工程方案，组织、协调建立农业部饲料质检中心（哈尔滨）和分布于哈尔滨、齐齐哈尔、牡丹江、佳木斯等市的省级饲料质检站。在省饲料兽药监察所基础上建设“农业部饲料质检中心（哈尔滨）”，项目总投资 741 万元。哈尔滨市饲料质检站项目总投资 450 万元，正在建设之中。齐齐哈尔、牡丹江、佳木斯等市已能开展常规检验。目前，已初步形成以黑龙江省饲料兽药监察所为中心的饲料产品质量监督体系。

3. 法律、法规和职业技能鉴定培训。组织哈尔滨、齐齐哈尔、佳木斯、牡丹江、大庆等市及肇洲、阿城等县法律、法规培训班 7 期，参加人数达1 400 余人。开展二期化验员、设备维修工职业技能鉴定工作，又有 167 人获得国家职业技能鉴定证书，做到了持证上岗。

4. 审发生产许可证和批准文号。依据《饲料添加剂和添加剂预混合饲料生产许可证管理办法》，共审发饲料添加剂生产许可证 9 个、添加剂预混合饲料生产许可证 13 个。根据《饲料添加剂和添加剂预混合饲料产品批准文号管理办法》，共审批黑龙江东荣农业物技有限公司等 8 家企业饲料添加剂批准文号 16 个、哈尔滨市双马饲料厂等 24 家企业添加剂预混合饲料批准文号 83 个，核发饲料生产企业许可证 196 个。

（黑龙江省饲料工业办公室）

上海市饲料工业

在农业部畜牧兽医局（全国饲料工作办公室）的直接指导下，根据上海市人民政府食品安全监管工作的要求，上海市饲料办加强了对饲料质量安全监管工作，上海市饲料行业发展有关情况如下：

【主要工作】 2003 年主要抓了如下工作：

（一）加强饲料检测工作，确保畜产品安全。

1. “瘦肉精”监测工作。为了保证畜禽产品的安全，市政府要求把“瘦肉精”检测纳入长效管理，2003 年本市全年出栏生猪抽检猪尿样品 33 718 批，覆盖本市规模养殖场 1 689 家，散户 9 804 家。阳性率为 0.04%，比上年下降 1.3%。屠宰场采样 220 批，监测到 6 批次进沪生猪“瘦肉精”呈阳性，及时进行处理，确保了市民食用畜产品安全。在对“盐酸克伦特罗”监测的同时，开始对“莱克多巴胺”和“沙丁胺醇”等替代品的检测工作，2003 年已检测 4 000批样品。

2. 饲料专项检测。完成全国饲料安全质量监督检测任务 380 批，全年共抽查了 148 家企业，抽检企业总合格率为 89.2%；抽检产品总计 393 批（完成计划 103%），合格产品为 369 批，总合格率为 93.9%。完成国家饲料中心组织的对比实验，2 批 20 项目检测，检测结果得到国家饲料中心好评。

（二）加强饲料监督执法，净化饲料市场。

1. 饲料打假工作。贯彻农业部等五部局下达的《关于做好 2003 年农资打假工作的意见》（农市发〔2003〕2 号文），全面开展本市饲料市场的专项打假整治工作。2003 年的饲料打假工作是以长效管理与集中性专项打假相结合，全年检查了 115 家企业，查处生产、经营假冒饲料行为 7 起，罚没款 11 万元；没收饲料 8.7t，案值 8 万元；查处了饲料质量不合格企业 2 家，罚没金额 1.6 万元，对 2003 年农业部质量监督抽检中涉及到不合格的饲料和养殖企业进行了相应的行政处罚。

2. 专项整治工作。①水产饲料专项检查。对 11 家水产饲料生产、经营企业进行检查，发现涉及无证经营兽药 4 家，大部分经营的水产饲料包装和标签不规范，责令限期整改。②进口饲料专项检查。上海市对 25 家进口饲料经营企业的乳清粉、血浆蛋白粉等动物性饲料及其他产品进行了专项检查，发现无中文标识和标签的责令改正，对进口的宠物饲料无进口登记证的企业责令限期申办，通过此次检查加强了对进口饲料准入管理和标签的规范。③养殖场饲料检查。共检查了 117 家企业，发现使用无批准文号饲料 14 起，使用违禁药物 10 起，分别予以没收及处罚。

（三）加强行业管理，引导企业管理上台阶。

1. 贯彻国务院文件精神，推动地方规范性文件出台。根据国务院办公厅转发农业部关于促进饲料业持续发展若干意见的通知（国办发〔2002〕42号）精神，上海市下发了《上海市贯彻国务院办公厅转发农业部〈关于促进饲料业持续发展若干意见的通知〉的意见》，为本市饲料业持续发展打下了基础。

2. 做好对饲料许可证企业的年检。按农业部办公厅农办牧〔2003〕4号文《关于开展2003年度生产许可证年检工作的通知》要求，上海市饲料办召开许可证年检工作会议，同时与上海市兽药饲料监督管理所对15%的许可证企业进行现场检查，加强了监管力度。2003年有103家企业符合年检要求，14家企业未通过年检，不合格率12%。对连续2年未申报年检、停产1年以上的上海禾丰环境技术发展有限公司，经向农业部申请，注销了该企业的生产许可证。对生产设备不符合要求、计量器具不按期检定、产品质量检验频度低的25家许可证企业，发出限期整改通知书。

3. 加强饲料免税工作。2003年根据沪国税流〔2003〕7号《关于2003年饲料产品增值减免税管理工作的通知》，上海饲料办要求所有配合饲料生产企业在申请免税前必须重新登记，经审核组现场考核合格后方可受理免税，有90%的企业申报，并100%进行了现场考核，不合格率为8%。

4. 加强培训，提高职工素质。按照全国饲料工业职业技能鉴定指导站要求，市饲料职业技能鉴定站开展多层次的培训并做好技能鉴定工作，2003年共有84人取得农业部、社会劳动保障部颁发的检验、化验初级工技能鉴定证书，79人取得检验、化验中级工技能鉴定证书，近200名检化验人员通过鉴定站技能鉴定。

5. 推进饲料标准化工作。根据市技监局下达的《畜禽饲料的安全卫生要求》和《水产饲料的安全卫生要求》两个强制性地方标准，上海市饲料办与上海市饲料工业标准化委员会组织起草小组，开展标准的起草和调研工作；参与制订农业部禁用物质快速测定方法；参与制订药物饲料添加剂的检测方法标准；"动物饲料中牛成分检测"、"动物饲料中羊成分检测"作为本市地方标准正式立项；市科委技术标准专项"饲料和畜禽产品中违禁要区检测标准研制"进展顺利。

（上海市饲料工作办公室）

江苏省饲料工业

【发展概况】 2003年，饲料产业发展克服了SARS、苏北地区特大洪水、原料价格大幅上涨的三大困难，一手抓内部挖潜，调整结构，依靠科技进步，化解原料涨价成本；一手抓外部拓展，强化技术服务，增加销售渠道和覆盖面。全省饲料产业健康稳步发展，饲料工业总产量为266万t，与上年持平，其中配合饲料201万t，比上年减少7万t，下降3.3%；浓缩料34.3万t，比上年增加6.6万t，增长24%；添加剂预混料30.1万t，比上年减少1.5万t，下降4.7%；饲料工业产值80亿元，比上年增加13亿元，增长20%。全省共有各类饲料生产企业548家，其中生产配合饲料有262家，生产浓缩料有124家，生产预混料有292家，生产饲料添加剂有53家，生产单一饲料有27家，生产饲料机械3家（213家兼产）。

【发展特点】 2003年江苏省饲料工业发展，主要呈现以下几个特点：

1. 资产结构重组调活。随着经济体制改革的不断深入，股份制企业、民营企业不断发展壮大，显示了强大的生命力，经济运行质量提高。湖南正虹集团、唐人神、四川通威相继在沭阳、邳州、淮阴、无锡投资建设饲料生产企业，有力地推进了全省饲料产业的发展和机制的改革，增强了产业活力。省内企业也加快了资产重组和产品结构调整。初步统计，近3年全省累计投入饲料工业的资金达3 9647万元，其中民资18 407万元，工商资本6 034万元，省外资本10 700万元，境外资本4 642万元，加快了产业结构的优化组合。

2. 产业结构充实加强。全省2003年申请增建的各类饲料生产企业有113家，其中审批核发配合饲料登记企业79家，34家饲料添加剂和添加剂预混料企业获得了农业部生产许可证。新增企业的低聚木糖、烟酰胺等饲料添加剂产品的开发生产，增强了江苏省添加剂工业的竞争实力。

3. 产品结构适应调优。根据全省养殖业发展的实际需要，2003年浓缩料、预混料生产发展迅速，配合料中禽料和水产饲料继续保持良好的势头，浓缩饲料占饲料工业产量的比重为12.9%，比2002年增加了2.5个百分点；配合饲料中肉禽料和水产料的比例分别为35.3%和29%，比上年分别增长了5个和1个百分点。

【组织机构】 省农林厅为全省饲料行业行政主管部门，内设省饲料站，负责饲料管理工作，列事业编制8人，在编5人。市级由各市农林（农业、林牧渔业）局畜牧处或市畜牧兽医站、市饲料站负责饲料管理。

【主要工作】 2003年主要抓了以下几点工作：

1. 理清饲料产业的发展思路，充实产业发展规划。制定了"加快全省饲料业发展的意见"，由省政府办公厅印发各市、县人民政府和各部门。"意见"分析了饲料业在国民经济发展中地位，提出了"十五"期末和2015年全省饲料产业发展目标，在优化饲料生产结构布局，推进饲料业科技进步，加快饲料质量检测体系建设，加强饲料质量安全监管力度，加快饲料企业机制创新，加强对饲料工作的领导等方面提出了要求，为全省饲料产业发展奠定了政策基础。

2. 加大打击生产经营使用违禁药物力度，确保畜产品安全。围绕省人大常委会关于在畜禽生产中禁止使用违禁药物的决定，加强宣传与贯彻实施，认真开展"瘦肉精"查处工作。加强"瘦肉精"的监控，开展对饲料、水和猪肝、猪尿的“瘦肉精”残留检测。据初步统计，两年内省、市两级共抽样检测饲料企业成品库和加工搅拌过程中的饲料样品 1 025 个，抽样检测养猪场料槽饲料和饮用水样品 388 个，抽检屠宰场和超市猪尿、猪肝样品 3 866 个。抽检结果，配合饲料和预混料产品均未发现有瘦肉精残留；猪场饮用水中未检出有瘦肉精残留；猪尿、猪肝样品有少量呈阳性，多数来源于外省调入生猪。2003 年底，全国饲料产品质量安全监督检测结果显示，全省抽检畜禽养殖企业的 339 个猪、鸡配合饲料及畜禽饮用水样品，未发现有盐酸克伦特罗等违禁药品检出和药物残留超标情况，产品中违禁和限量药物残留检测合格率达 100%。

3. 开展饲料质量监督检测。2003 年，全省共抽检 416 个饲料生产、经营企业和畜禽水产养殖企业的 539 个配合饲料、预混料、动物性饲料和饮用水样品。根据抽检结果，及时组织有关部门及企业查摆问题，认真整改，加强饲料从业人员法律法规和职业道德教育，帮助技术力量薄弱的企业查找产品不合格原因，提出整改意见。对在抽查中不合格产品数量多、质量问题严重的企业按照《条例》的有关规定给予处罚。

4. 实施饲料市场综合整治。查处“四无”饲料产品及其企业，打击假冒伪劣饲料。2003 年省、市、县三级共出动执法人员 2 200 多人次，检查饲料企业 623 个，清理整顿市场 50 个，捣毁制售假窝点 3 个，查获、没收假劣饲料 15.6 万 kg，查获一批痢特灵、氯霉素等违禁药物，进行集中销毁处理，并对一批制售假劣饲料的单位和个人实施了相应的行政处罚。通过宣传和查处，在社会上形成了广泛影响，有效地净化了饲料市场，促进了养殖业健康发展。

5. 强化日常监督，实行长效管理。继续做好饲料生产的准入管理，开展配合饲料生产企业的登记发证、添加剂和添加剂预混料生产企业的考核，以及登记证和许可证的年检工作。2003 年共有 79 个企业经市、县现场考核验收，省站审核，核发登记证，并向社会公告。严格把住添加剂和预混料企业审核、审批关。2003 年共受理并考核合格报农业部核发生产许可证企业 34 个。与此同时，加强添加剂和预混料企业的年检工作，对一些条件差、生产不正常、产品质量有严重问题的企业，坚决要求关闭，有 23 家饲料添加剂和预混料企业在年检时因存在问题而被报请农业部注销生产许可证。对产品批准文号的审批，认真审核药物添加剂使用的范围、剂量，杜绝禁用药物，加强产品标签的审查。全年共审批核发添加剂和预混料产品批准文号 960 多个，有效地规范了饲料产品生产经营行为。

6. 搭建饲料平台，展现行业形象。接受农业部畜牧兽医局及中国饲料工业协会要求，协助举办了在南京举行 2003’中国畜牧业暨饲料工业交易会，为交易会取得圆满成功作出了贡献。交易会共设展位 1 850个，近万家大中小企业相聚一堂，累计参展参观人数 9 万多人次。会上参观踊跃，会间交流频繁，会外交易活跃。据初步统计，现场交易额达 10 亿元，协议合同交易额达 25 亿元。交易会期间，还举办了 30 多场次专题技术讲座，有近 6 000 人次参加听讲。从而使该届交易会成为国内至今规模最大、水平最高、人气最旺的畜牧业和饲料工业的一次大型盛会，也得到农业部领导和各省同行的高度评价。本次交易会上，江苏饲料企业展位 71 个，较好地展示了企业形象，取得了令人欣喜的成果。

【存在问题】 主要有以下几点：

1. 行业利润空间缩小。大宗饲料原料缺口大，原料价格居高不下，国内市场波动和国际市场冲击以及国家饲料进出口政策都会给江苏省饲料工业带来不可预见的冲击。饲养成本高，养殖业效益低，生产呈徘徊态势，饲料行业利润空间缩小，制约着饲料产业的进一步发展。

2. 大型企业优势不突出。近几年来配合料生产企业、大型饲料生产企业普遍效益不佳，浓缩料、预混料生产准入要求较低，生产企业发展较快，中小型企业经营活跃。在市场竞争尚不够规范的情况下，大企业优势不甚明显，不利于产业做大做强。

3. 饲料市场有待进一步规范。管理经费不足，影响了各项工作的开展，饲料管理有待提高。对一些生产条件较差企业，缺乏有效的管理手段和帮扶措施。

（江苏省饲料站）

浙江省饲料工业

【发展概况】 2003 年，在农业和农村经济结构战略性调整过程中，随着畜牧业的进一步发展，浙江省饲料行业在前几年稳步发展的基础上，经受住了 2003 年初 SARS 的严峻考验，生产又上了一个新台阶。2003 年，全省饲料和饲料添加剂生产企业 611 家，其中饲料添加剂和添加剂预混合饲料生产企业 205 家，配合饲料生产企业 307 家，饲料总产量为 347.9 万 t，其中配合饲料产量 333.2 万 t，浓缩饲料 6.4 万 t，添加剂预混合饲料 8.3 万 t。同时，维生素类产品有了长足的发展，产量达到 3.8 万 t。全省饲料和饲料添加剂工业总产值达到 98.8 亿元，比 2002 年度增长了 48%。

1. 饲料总产稳中有升，水产饲料比例增加，产品质量进一步提高。进入“十五”期间后，浙江省从提高企业规模化和产品专用化、高效化、标准化、系列化生产水平入手，以配合饲料为主，保持饲料总产量稳定，同时大力开发和提高水产系列饲料的比重，使产品种类和质量走上新台阶。2003 年，饲料工业又有了新的发展，饲料和饲料添加剂生产企业比上年增加了 90 家，其中饲料添加剂和添加剂预混合饲料生产企业增加 29 家，饲料总产同比增长 2.2%，其中配合饲料略有增加，添加剂预混合饲料同比增长

19%。同时，饲料产品质量继续保持较高水平，根据2003年度农业部质量安全监督抽查结果显示，全省饲料生产企业合格率达93.5%，饲料产品合格率达95.6%，居全国前列。

2. 饲料添加剂继续保持快速增长，在占领国内市场的同时，逐步向国际市场推进。浙江省饲料行业发展较早，特别是饲料添加剂产业发展较快，已成为全国饲料添加剂主要生产基地之一，尤其是维生素类添加剂。2003年，浙江省台州地区新上了两家较大规模的维生素类生产企业，浙江医药股份有限公司维生素类产品品种和产量也在增加。2003年度饲料添加剂产量又有较大幅度的增长，在全国的占有份额也逐步增大，从饲料级维生素E、维生素A、维生素D_3、维生素K_3及烟酸、泛酸钙等主要产品的生产，发展到生物素、肌醇、维生素B_6等产品的开发和利用，这些产品也已成为全省饲料添加剂行业的当家产品和支柱产业，在全国乃至国际都具有举足轻重的地位。到目前为止，全省共有10多家添加剂原料生产企业已将产品推向了国际市场，全年创汇近2.5亿美元。同时，一些规模较大的维生素生产企业正积极通过HACCP等方面的论证，以期进一步得到国际市场的认可，增加国际市场份额。

3. 饲料行业从业人员和企业法制意识、科技意识得到进一步提高。2003年度，全省饲料行业从业人员总数与上年基本持平，但大专以上文化程度的人员比例有大幅度提高，仅博士就新增了20多人，饲料行业从业人员的整体素质在逐步提高。同时，随着市场公平竞争机制的不断完善和监督管理工作的不断加强，企业为了求得生存和发展，法制意识和科技意识明显加强。为提高竞争力，企业注重科技投入，涌现出了一批生产设备先进、技术力量雄厚、质量保证体系完善、产品上档次的骨干企业，部分大型骨干企业技术装备已接近国际水平。目前，全省已有近50家企业通过了ISO质量体系认证，在全国饲料行业居先进水平。

4. 加强了交流合作，充分展示了企业风采。2003年8月，由省饲料与动物保健品协会牵头，组织30多家饲料和饲料添加剂企业参加了由全国饲料工作办公室和中国饲料工业协会主办的2003'中国畜牧业暨饲料工业（南京）交易会。在交易会上，浙江展区吸引了众多的参展者，人气始终很旺，浙江的新技术、新成果得到了充分的展示。

【主要工作】 为促进饲料工业的稳步发展，维护市场经济秩序，确保动物产品的安全，全省认真贯彻执行《饲料和饲料添加剂管理条例》、《浙江省饲料和饲料添加剂管理办法》和农业部的一系列《公告》精神，切实加强管理，加大行政执法力度，查处大案要案，取得了明显成效：

1. 进一步做好宣传工作，提高法制意识。从多数案例中可以看出，一些违法行为的产生并非从业者有意而为之，问题大都出在对饲料法律法规和国家的有关规定不了解，生产、经营者自认为已成惯例的行为往往已违反了某些规定。针对这一点，各级饲料管理部门充分利用报纸、电视、广播等新闻媒体，以及举办培训班、发放宣传资料等多种形式对《饲料和饲料添加剂管理条例》、《农业部公告（第176号）》和《农业部公告（第193号）》、《两高司法解释》等进行更深入地宣传贯彻，切实提高企业法制意识，让从业者自觉规范自身行为，对规范生产、经营秩序、减少安全隐患具有重要的作用。

2. 加强监督管理，加大行政执法力度，坚持打假扶强，维护饲料市场秩序，促进行业健康发展。根据农业部农牧办［2003］21号、23号及农业厅《2003年度饲料和畜产品中违禁药物残留监控计划》等文件精神，浙江省全面开展了饲料、饲料添加剂和畜产品质量安全的监督检查和抽检工作，同时，完成国家饲料统检434批次。根据检测结果，对抽检不合格的产品及时进行调查处理，并查找原因进行整改，促进企业产品质量提高。

3. 净化饲料市场，彻底杜绝在饲料中添加违禁药品和生产经营假冒伪劣饲料的违法行为。浙江省先后组织了在春节前以畜产品安全为主、3月份以绿剑打假保农业为主、9月份以规范兽药饲料市场为主、10月份确保节日安全为主的4次专项整治活动，在每次专项整治活动中都将整治饲料市场作为重要专项活动的重点内容。4次专项整治活动全省共出动执法检查人员达10 000多人次，基本清理了违禁药品和非法饲料。尤其是9月份的专项整治活动，根据农业厅《关于开展全省兽药饲料市场专项整治活动的通知》，各地结合本地实际，制定实施方案，组织力量，全面开展整治活动。全省共出动执法人员5 000多人（次），共查获伪劣饲料53 958kg，伪劣饲料添加剂21 442kg，“瘦肉精”等违禁药品4.3kg，有效地净化了畜牧业投入品市场。

4. 延伸管理，继续推行绿色畜产品行动计划，确保畜产品安全。随着管理工作的不断深入，饲料行业管理工作已逐步从源头管理延伸到源头、市场和使用三者管理并重的阶段，使饲料管理工作更加有效，这也是全省实施《绿色畜产品行动计划》的重要保证。2003年是浙江省实施《绿色畜产品行动计划》的第二年，为了推进该计划的全面实施，举办了全省有关畜牧兽医站管理人员和无公害生产基地技术人员共150多人参加的“绿色畜产品生产技术研究会”。同时，加强了对养殖场（户）使用添加剂、药物的监督管理和屠宰生猪“瘦肉精”的监测工作，不仅被监测的饲养场（户）、屠宰厂（场、点）增多，被抽检的生猪比例加大，而且提高了抽检的频率。除农业部统一组织的抽检外，浙江省对重点地区先后组织了4次地毯式的生猪饲料和尿样“瘦肉精”抽检。杭州、嘉兴、衢州等地也实行了常年监测制度。据统计，农业部组织的抽检样品有饲料84份，饮水58份，生猪尿样226份，猪肝等畜产品253个；省里组织抽检了15家屠宰场，25个经营单位和16个养殖场的猪肉（猪肝）样品73个，生猪尿样218个，饲料80个。

杭州、嘉兴、湖州、衢州等市共抽检了屠宰生猪和饲养场（户）生猪4万多批（群），近6万个尿样。结合无公害畜产品生产基地和绿色畜产品的认证工作，除“瘦肉精”检测外，在饲料和畜产品还开展了其他多种药物残留的监测，先后抽检了近600个畜产品样品，同时还完成了市、县送检的400多个样品的检测工作。通过饲养和屠宰环节的检测工作，不仅为有效开展监督工作提供了依据，规范了药物的使用，确保了畜产品的安全，而且还有效地遏制了非法饲料和违禁药品的生产、经营和使用，净化了饲料市场。

（浙江省饲料工作办公室）

安徽省饲料工业

【基本概况】 2003年全省饲料工业产品总产量159.5万t，其中配合饲料137万t，浓缩饲料13.5万t，添加剂预混料9万t；赖氨酸4 650t，酸化剂、香味剂1 750t；骨粉、肉骨粉956.5t，磷酸氢钙3 023.0t;饲料生产能力达到295万t。配合饲料中猪料、禽料、水产料所占比例分别为49%、41%、5%；浓缩饲料中猪料、禽料分别为63.9%、27.0%；添加剂预混料中猪料、禽料分别为46%、47%。饲料企业203家，其中时产5t的51家。呈现如下特点：一是产量下降。原因一是水灾的影响，畜禽被水淹死，导致需求量下降；其次，饲料原料大幅度上涨，而饲料产品价格不能同步上涨，迫使饲料企业惜售；再次，粮食减产，大宗饲料原料供应紧张；最后，SARS的阶段性影响。二是企业效益下滑。2003年虽然养殖效益较好，但饲料企业效益普遍下降，主要原因是饲料原料价格猛涨，饲料价格上涨较难，出现许多不正常现象。三是饲料企业得到整合。受原料价格猛烈振荡的影响，许多小企业因无充足的流动资金，无法采购原料，尤其是价格高位时，更是担惊受怕。而一些大的企业却凭着资金雄厚，批量采购，价格低廉且渠道畅通，有的原来库存丰厚，或者与供应商签订了常年合同。通过这次整合，饲料企业进一步优化组合，优胜劣汰。

在国家秸秆养畜示范项目、畜牧业结构调整的带动下，全省上下掀起利用农作物秸秆的热潮，2003年全省青贮秸秆936.4万t，氨化秸秆305.0万t，秸秆处理利用率达27.8%，秸秆饲用率达44%，为全省发展草食型畜牧业和农区畜牧业奠定了很好基础。2003年末羊存栏1 031.1万只，当年出栏1 316.4万只；牛存栏469.0万头，出栏244.1万头，牛羊肉总产48.1万t，占肉类总产13.3%。

【主要工作】 2003年主要抓了以下几个方面工作：

1. 饲料法制建设取得进展。国务院《饲料和饲料添加剂管理条例》颁布后，结合全省实际，参考原先的办法，重新起草了《安徽省实施〈饲料和饲料添加剂管理条例〉办法》，并会同省政府法制办，完成了初审、预审，立法调研工作，政府分管秘书长已签字同意上报政府常务会，不久将出台。

2. 饲料标准审查、制定工作成效显著。全年召开标准审定会7次，对21家企业48个标准500多个标签进行了认真审定。组织全省饲料科研、教学、检验等单位的专家起草了《非营养性饲料添加剂使用规则》、《饲料产品成分标注内容》、《饲料产品营养成分含量变幅推荐值》、《畜禽饲料药物添加剂使用指南》等地方标准，目前，这些标准已经通过省质量技术监督局组织的专家评审。

3. 饲料产品监测与市场打假。分别于春季派出4个组、秋季派出5个组分赴全省17个市督查，并采用暗访为主。全省各地加强领导，成立组织，广泛宣传，精心组织，效果明显。据统计，全省共发动宣传车500多车次，发放宣传资料20 000余册，悬挂宣传横幅4 360幅，查处饲料案件350起，查获劣质饲料产品230余t。全年共检测饲料及动物饮水、尿样、内脏等1 140批次，其中饲料和动物性产品450批次，饮水50批次，生猪尿样258批次，动物内脏382批次。饲料样品合格率为98.0%，不合格原因主要为铜指标超量；动物性饲料合格率54.6%，不合格原因主要为砂分和铬指标超标；“瘦肉精”检出率0.3%，主要在生猪尿样及肝脏中。安徽省饲料办对所有检出不合格产品的生产、经营单位限期整改，并予以处罚。

4. 饲料产业专项调研。针对2003年的SARS，开展了SARS对饲料工作的影响调研；下半年的原料价格大幅度上涨以及洪涝灾害的发生，根据省农委工作的安排，省饲料办和省兽药饲料监察所赴全省6个市开展行业调研，重点是开展饲料生产形势、饲料执法工作、饲料行业的扶持政策等内容，并形成了书面材料分送有关领导。

5. “瘦肉精”专项整治活动。2003年全省共发现2起“瘦肉精”非法使用现象，一起是临泉县在供广州市生猪中被告之检出含有违禁药物盐酸克仑特罗，我省高度重视，立即会同市、县畜牧局、饲料工业办公室组成联合调查组，在当地镇党委、政府的支持下，对“瘦肉精”生猪来源地——韩文学猪场的饲料进行两次抽检和一次突击检查，发现“瘦肉精”来自该场在饲料中非法添加的人用“克喘素片”（盐酸克仑特罗）。该场当时饲养了1 000多头育肥猪，为了治猪哮喘病，场主在不知盐酸克仑特罗就是“瘦肉精”的情况下，从临泉县药材公司新特药门市部一次购买了320瓶，抽查时已使用了35瓶。对韩文学猪场做出了如下处罚：①责令停止使用违禁药物；②没收剩余的285瓶克喘素片（盐酸克仑特罗片）；③对存栏育肥猪留圈饲养，待尿样检测结果为阴性后方允许出栏；④罚款人民币10 000元。另一起是在农业部组织的2003年饲料及畜产品中“瘦肉精”等违禁药品专项整治计划中，定远县定远镇定东村缪炳新养殖户的生猪尿液和定城镇定点屠宰场杨品所户的猪肝中都被检出“瘦肉精”，接到农业部通报（农牧办〔2003〕80号）后，省农委下发了《关于查处定远县畜牧业生产中非法使用“瘦肉精”行为的紧急通知》（皖农牧函〔2003〕466号），并抄送该县政府，责成该县采取措施立即查处相关企业和责任人，加强对全县养猪企业非法使用“瘦肉精”的监测。事件发生后，定远县政府高度重视，县长亲自到省饲料办汇报情况，并召开了打击“瘦肉精”专题工作会议，采取强有力措施，防止再次发生，并分别对上述两名当事人作出10 000元和5 000元的处罚。

（安徽省饲料工作办公室）

福建省饲料工业

【发展概况】 2003年，福建省饲料生产遇到了近年来严峻的考验，一是春天发生的SARS造成对鸡鸭等家禽的消费需求锐减，使上半年家禽饲料的生产和销售受到极大影响。二是5月份以后，日本以在我国出口的鳗鱼产品中检出“恩诺沙星”为由，对来自中国大陆的鳗鱼产品实行了“命令检查”，为了减少损失，我国于2003年7月份起自主暂停了对日鳗鱼产品的出口。鳗鱼产品出口受阻，与鳗鱼行业密切相关的鳗饲料生产也受到了很大影响。三是下半年以来，饲料原料价格大幅上涨，饲料生产企业的生产成本上升，许多饲料生产企业出现了严重的亏损。面对这种局面，饲料生产企业通过采取加强内部管理、调整饲料配方、改变生产时间等措施，降低了生产成本，维持了饲料生产的稳定局面。全年饲料和饲料添加剂产品产量169万t，比上年增长7.5%，但饲料企业的经济效益下滑比较明显，全年总产值55亿元，比上年下降了12.7%，一些管理较差、实力较弱的饲料生产企业被迫停产。

1. 饲料企业改革步伐进一步加大。随着饲料生产企业改革的加快，股份制企业由上年占全省企业的7.4%上升到47%，私营企业占20.7%，而国有、集体企业仅占8.9%，全省企业活力明显增强。

2. 规模企业突显优势，弱小企业淘汰出局。随着饲料生产成本的提高和饲料监督管理工作的加强，市场竞争更加激烈，对企业的管理水平和产品质量提出了更高的要求，生产设备先进、技术力量雄厚、质量保证体系完善、产品上档次的饲料生产企业在市场竞争中越来越具有优势，而一些管理较差、实力较弱的饲料生产企业的生存空间越来越小，有的被迫停产。

3. 水产饲料生产企业特别是鳗鱼饲料生产企业的管理水平得到全面提升。为确保鳗用饲料的安全卫生，有利于全省烤鳗出口，省饲料办和省出入境检验检疫局联合对申请报备的鳗鱼饲料生产企业的生产条件、原料采购、生产管理、产品质量检测监控等环节进行了严格的审查，规范了企业的生产行为，提高了生产、经营者的守法意识，使之认清了确保饲料安全的重要性和紧迫性，从而带动了全省水产饲料企业的整体水平。

【工作情况】 2003年，福建省饲料管理部门认真贯彻落实《国务院办公厅转发农业部关于促进饲料业持续健康发展若干意见的通知》，通过对饲料企业的年检、考核，无公害饲料产品的认定以及鳗鱼饲料企业及产品的报备等，从源头上规范企业的生产经营行为；加大执法力度，加强监督管理，保证饲料产品质量安全，促进养殖业发展，保障人民身体健康，取得了一定成效。

（一）关口前移，从源头上保证饲料业持续健康发展。

1. 加强饲料企业标准化工作，严格企业产品标准备案制度。2003年，省饲料办按照要求对全省饲料添加剂和添加剂预混合饲料生产企业进行年检，在以往检查生产条件的改善、检测手段的加强、管理制度的健全和执行情况等的基础上，特别强调了制标的重要性，督促企业按照要求进行标准备案以及修订；各市饲料管理部门在审核饲料生产企业过程中，也将标准化工作作为审核的重要条件，严禁无标准生产，促进企业增强产品质量意识，使企业自觉建立标准化体系，健全原料进厂、生产工艺流程、产品出厂的全过程检查制度，规范企业生产行为，提高产品质量和安全。

2. 继续规范饲料生产企业的行为。继2002年开始对全省的饲料生产企业按照《饲料和饲料添加剂管理条例》的要求，进行饲料生产企业生产条件的综合审核工作以来，2003年9个设区市的饲料管理部门又组织力量，对2002年审核过程中条件不完全符合要求限期整改的35家生产企业进行复审，帮助企业规范管理生产，提高产品竞争力。

3. 积极参与无公害饲料生产企业的认定工作。根据农业部“无公害食品行动计划”的要求，省饲料办和省绿色食品发展中心把推广无公害饲料列为“无公害食品行动计划”的一个重要内容。从2002年下半年开始开展无公害饲料产品认证的前期工作，组织饲料和饲料添加剂生产企业举办了两期无公害饲料生产和申报培训班，制定了较为详细的标准和认证程序。2003年，一些设备比较好、管理比较规范、饲料产量比较大、技术力量较好的饲料生产企业纷纷申请无公害饲料产品的认证，到目前为止，已有4家饲料生产企业的112个产品获得了“无公害农产品”标志的使用权。

4. 积极配合福建出入境检验检疫局搞好鳗鱼饲用饲料生产企业的报备工作。由于日本苛刻的“命令检查”使我国鳗鱼产品出口受阻，但同时也暴露了我国养鳗业自身存在的严重问题。为了改变福建省鳗鱼产品出口的严峻局面，福建出入境检验检疫局从8月份起，对全省的鳗鱼养殖场、烤鳗厂和鳗鱼饲料厂进行了登记备案工作，其中，根据《出口食用动物饲用饲料生产企业登记备案管理办法》的要求，商请省饲料办配合参与鳗鱼饲料厂的备案工作。省饲料办认为这是一项十分重要的工作，尽管人手少，也积极给予配合。从9月份起，省饲料办和福建出入境检验检疫局共举办了两期鳗鱼饲料生产企业有关饲料安全培训班，并对提出备案申请的企业进行实地考核，从源头上保证鳗鱼饲用饲料的安全。对符合要求的企业以及产品进行报备并向鳗鱼养殖厂推荐使用，对不符合要求的企业限期整改，否则不予报备和推荐。到目前为止，已经向社会推荐了38家企业的121个产品，为解决全省鳗鱼用饲料的安全问题创造了有利条件。

（二）加大监管力度，保证饲料产品安全。

1. 开展“打假”工作，加大对假冒伪劣饲料和饲料添加剂的生产源头、经营场所、养殖场户等实行全方位监控，特别是加大对中、小饲料生产企业和经营场所的监管力度，加大对“瘦肉精”等违禁药品添加和使用，以及对无产品质量标准、无标签、无产品质量合格证、无生产许可证和产品批准文号的饲料和饲料添加剂产品的查处。在监督抽查龙岩饲料市场过程中，发现龙岩两家企业无证无号的生产行为，即责成龙岩市饲料办查处，没收产品，停止生产。漳州市对5家无生产许可证、无批准文号的饲料添加剂和添加剂预混合饲料生产企业的产品进行没收销毁，并责令其停止生产销售。

2. 开展专项检查。在全省范围内对配合饲料、浓缩饲料、饲料添加剂和添加剂预混合饲料、饲料/水以及动物源性饲料产品的生产、经营企业进行质量监督检查，共抽检了28个单位的62个产品，合格率达87.1%。

（三）大力扶持饲料添加剂工业的发展。

1. 实现饲料用酶制剂零的突破。福建省的饲料工业企业大多是畜禽和水产配合饲料的生产企业，饲料添加剂工业一直比较薄弱。2002年以来，福建省采取积极措施，扶持福州大学、福建师范大学的饲料酶制剂开发项目，2003年全省有两家企业获得农业部颁发的饲料酶制剂《生产许可证》，现在福州大学的百特公司已成功开发生产了饲用植酸酶，福建师范大学与福建麦丹集团合作开发的饲用复合酶制剂也成功投放市场，结束了福建省不能生产饲料用酶制剂的历史。

2. 督促、指导预糊化淀粉生产企业申办生产许可证。大力宣传《饲料和饲料添加剂管理条例》以及相关法规，通过向预糊化淀粉生产企业发文，限期申办生产许可证；对鳗鱼饲料生产企业进行报备等措施，促使预糊化淀粉生产企业及时向国家申报生产许可证。省饲料办严格按申报许可证的要求帮助指导企业，做好申报许可证的有关工作，目前已有7家企业获得了预糊化淀粉的生产许可证。

3. 做好新办生产企业的审核工作。全年上报农业部19家饲料添加剂和添加剂预混合饲料企业申报21个生产许可证，已获农业部批准的有20个生产许可证，其中预混料生产许可证11个，添加剂生产许可证9个。及时为饲料添加剂和添加剂预混合饲料企业核发产品批准文号，2003年共核发29家企业116个批号。

【存在问题】 主要有以下几个方面：

1. 机构不健全，缺人员、少经费，监管难到位。饲料业在发展农村经济中的地位虽然很重要，但是，由于饲料业是在管理缺失、竞争无序的环境中发展的，积累了许多问题亟待解决，1999年国务院《饲料和饲料添加剂管理条例》的出台，虽然结束了饲料管理无法可依的局面。但是，再好的法律法规都得有机构去贯彻、有人员去执行才能落到实处。从福建省饲料管理的现状看，市、县两级政府还没有把饲料管理工作放在与其对社会经济发展相适应的地位上来，仅从贯彻《意见》的工作来看，只有省饲料办和设区市饲料管理部门组织了《意见》的宣传贯彻工作，县级以下没有进行贯彻落实，主要原因是县级的饲料管理工作没有抓牢，在机构设置上，福建省只有省、市两级有饲料管理机构，县级的饲料管理工作十分薄弱，截至2003年7月底，全省还有36个县（市、区）的饲料管理职能没有明确由哪个部门负责；在已落实饲料管理职能的地方，单独设立饲料管理机构的只有省饲料工作办公室属省政府的办事机构，挂靠省农业厅，厦门、莆田、南平、三明、龙岩5个市在农业（畜牧）局内设立了饲料办；在人员编制方面，除省饲料办3个行政编制，莆田、南平和三明各有2个编制外，其余的都没有人员编制；饲料管理的工作经费都没有列入各级财政预算，没有工作经费，履行饲料执法职能时，没有基本的执法装备。由于饲料管理上存在以上这种无机构、无人员、无经费、无监管手段的“四无”现象，造成全省的饲料管理工作难以有效开展，上级下达的任务没法落实，对全省309家的饲料生产企业和2 000多家饲料经营单位连最起码的日常监管也无法正常开展，造成饲料生产企业的产品质量不稳定，经营企业经营无生产许可证、无产品批准文号、无产品质量标准和无质量合格证的饲料添加剂和预混合饲料的局面无法得到有效改变，饲料市场的秩序得不到有效的整顿，饲料安全得不到保证。

2. 单纯重“瘦肉精”整治，忽视了其他非法使用饲料添加剂和药品所引起的危害。这几年从中央到地方都把会引起人急性中毒的“瘦肉精”整治摆在维护饲料安全的非常重要的位置上，动员了大量的人力物力，取得了较大的成效，这是十分必要的。但是，对其他潜在的慢性危害人体健康和危害环境的添加剂和药品，在饲料中滥用的情况却没有引起足够的重视，比如重金属的污染问题、饲料药物添加剂超量超范围使用、砷制剂对环境的污染、随意在饲料中添加未经农业部公告的饲料添加剂等问题还没有引起应有的重视。长此下上，由于动物产品中的重金属和药残问题，对人体健康造成的危害，动物排泄物中的重金属对环境造成的永久性破坏将逐渐显现出来，待问题严重了再进行治理，就要付出更为沉重的代价。

3. 饲料工业统计报表制度落实难度大。自上年开始实施《全国饲料工业统计报表制度》以来，全省费了很大的力气抓这项工作，但每季度的报表都难以收全，上报的统计数据并不能全面反映全省饲料工业生产的实际情况。主要有两个因素造成：一是对没有上报统计报表的企业没有制约手段，饲料企业将上报统计报表当作一种负担，没有将这项工作作为企业应尽的义务；二是上报数据准确度不高，少报、漏报的现象比较普遍，汇总的数据偏离真实情况，达不到建立《全国饲料工业统计报表制度》的目的。

3. 饲料企业退出机制没有建立，不利于提高饲料生产企业的整体水平。我国的《饲料和饲料管理条例》是在饲料工业发展到比较高的水平后才出台的，全国大多数的饲料生产企业在《条例》出台前已经建立，且管理落后、设备简陋、规模小的企业为数不少，要推动这些企业更新设备，扩大规模，提高饲料业的整体竞争水平，需要通过饲料管理部门的推动才能完成。但是，现行的《条例》只规定了饲料生产企业的设立的5个条件，而没有制定饲料生产企业的退出条件，在行政执法过程中遇到违反《条例》的企业，需要取消饲料生产资格的情况，由于没有法律依据，处罚只能进行罚款，严肃性不够。

（福建省饲料工作办公室）

江西省饲料工业

【发展概况】 2003年，江西省饲料工业克服SARS及原料大幅涨价等不利因素的影响，通过全行业职工的共同努力，保持稳步发展。全省饲料加工双班生产能力330万t；饲料总产量240万t，增长4.3%；产值66.7亿元，增长3.3%。各级饲料管理部门与质量检测机构不断加强依法监督管理力度，确保了饲料产品的安全与质量。全省饲料生产经营主要呈现以下几个特点：

1. 饲料生产经营向规模化、专业化方向发展。随着饲料监管工作的加强和饲料平均利润下降，一些小企业越来越难以生存，被迫关门。据统计，2003年全省饲料生产企业总数为394家。一些规模较大的企业通过兼并、联合、重组等形式，实行低成本扩张，形成大型企业集团。江西正邦集团6月收购民星兽药厂，9月收购江西省种猪育种中心，产业链得到很好延伸；赣州华利饲料有限公司兼并原赣州大通饲料有限公司后，组建了金苹果科技牧业有限公司，市场竞争力显著增强；江西加大实业有限公司还走出去，在广东南海兴办了分厂，并收购一家万头猪场，积极开拓广东市场。

2. 预混料发展势头强劲。截至2003年底，全省有97家饲料生产企业获得添加剂预混合饲料生产许可证。2003年预混料产量31.6万t，比2002年增长6.8%。全省预混料发展势头好的原因主要有二：一是单位预混料利润相对较高；二是预混料适应全省规模养殖快速发展需求现状。

3. 饲料生产经营企业质量安全意识大大增强。随着宣传和监管工作的到位，特别是饲料管理部门严厉查处经营、使用禁用药品典型案例的警示教育，全省广大饲料生产者、经营者、使用者对国家的有关法律、法规有了进一步的了解，认清了确保饲料安全的重要性和紧迫性，意识到了生产、经营和使用禁用药品的危害和后果，增强了依法生产和经营的自觉性。

【主要工作】 2003年主要抓了以下几点工作：

1. 积极宣传国家有关饲料法律、法规，提高饲料生产（经营）者依法生产（经营）的自觉性。2003年，省饲料办充分利用各种媒介广泛宣传《饲料和饲料添加剂管理条例》、《禁止在饲料及动物饮水中使用的药品品种目录》以及《最高人民法院、最高人民检察院关于办理非法生产、制售、使用禁止在饲料和动物饮用水中使用的药品等刑事案件具体应用法律若干问题的解释》等相关法律法规和规定。广大饲料生产（经营）者法律意识显著增强，绝大多数企业做到了依法生产和经营。

2. 依法行政，严格审批事项。依照《饲料和饲料添加剂管理条例》有关规定，省饲料办对2003年1月1日以前取得饲料添加剂和添加剂预混料生产许可资格的106家企业进行了年检，对其中不符合条件的16家企业予以“年检”不合格处理，并建议农业部吊销（注销）了6家企业生产许可证；组织有关专家组成评审组对12家企业的申报材料进行了审核和实地考核，有10家企业通过考核，获得了农业部颁发的生产许可证；核发产品批准文号68个。

3. 依据《饲料和饲料添加剂管理条例》严厉查处违规企业。2003年省饲料办按照农业部和省农业厅的安排和部署，组织了3次饲料“打假”专项斗争和4次违禁药品专项整治活动。在调查摸底、掌握饲料生产、流通及养殖领域中违规行为的基础上，组织优势力量进行突击查处。为督促指导各地的饲料“打假”和违禁药品专项整治行动，省饲料办还4次抽调有关人员组成检查组，赴全省11个设区市，对各地的工作进行了督促检查，并着重检查了重点饲料市场、中小饲料生产企业、规模养殖场（户）。据不完全统计，2003年全省共抽检猪饲料、饮水、尿液样品800余批次，检查饲料生产、经营企业（户）、规模养殖场（户）700余家，对3家使用违禁药品的养殖场，都责成当地饲料管理部门根据《饲料和饲料添加剂管理条例》进行了处罚。

4. 积极开展饲料工业职业技能鉴定工作。加强职业技能培训和鉴定是全面提高行业职工素质，保证饲料工业持续、稳定、健康发展的一项重要基础工作。为搞好此项工作，省饲料办做了大量深入而细致的工作，成功举办了中级饲料检验化验员职业培训及职业技能鉴定培训班。已有131人通过理论考试和操作技能考核，获得职业资格证书。

【存在问题】 主要有以下几个方面：

1. 经费不足。全省各级财政预算中，没有饲料和畜产品监管方面经费，难以满足监管工作的需要。

2. 机构不健全，监测手段缺乏。部分县的饲料管理职能部门尚未明确，导致部分地区饲料监管力度不够。饲料及畜产品质量检测机构不健全，省以下大多没有饲料及畜产品检测机构，有的虽有机构和人员，但监测手段特别是饲料及畜产品安全监测手段缺乏，不能有效开展工作。

3. 饲料管理体制不顺。有的部门越权介入饲料行业管理，造成"政出多门"，大大降低了《饲料和饲料添加剂管理条例》和饲料管理部门的权威。

（江西省饲料工业办公室）

山东省饲料工业

【发展概况】 2003年，山东省畜牧、饲料业发展进程极不平凡，一是遭受了SARS和禽流感等疫病的严重影响；二是受豆粕、赖氨酸等原料价格大幅涨价的直接冲击；三是由于日、韩封关，禽肉出口受阻，使畜牧业、饲料业发展经受了严峻考验。面对各种困难，全省上下团结一致，积极应对，认真研究变化的市场，冷静分析利弊得失，化解不利因素，把损失减少到最低程度。畜牧、饲料业仍保持了平稳发展。2003年全省肉类总产量达到662万t，蛋类总产量425万t，奶类总产量148万t，同比分别增长了5.6%、6.3%、27.1%；畜牧业产值745亿元，同比增长6.3%，约占农业总产值的29%左右。工业饲料产量910万t，饲料工业总产值达236亿元，仍保持了稳定增长。

全省饲料业发展特点：一是饲料质量和安全水平稳步提高。配合饲料产品合格率90%以上，预混料产品合格率85%以上，目前在饲料环节还未发现"瘦肉精"。二是产品结构得到较好调整。各企业根据市场变化，注重开发新产品，增加花色品种，据统计，饲料产品品种达150多个，特别是奶牛、肉牛、肉羊、水产饲料品种增多，产量也在逐步加大。山东省氨基酸生产实现了零的突破，寿光金玉米公司，年产3万t的赖氨酸生产线已经投产，韩国希杰公司在聊城赖氨酸生产线已经开工建设。赖氨酸、氯化胆碱、磷酸氢钙等产品出口形势良好。微生态制剂、酶制剂、大蒜素等科技含量较高、发展前景好的产品，其品种和产量增长迅速。三是新上饲料生产企业的数量明显减少，停产半停产的企业增加。由于市场波动、原料涨价、管理不善等原因，不少中小企业处于停产半停产状态，大企业迅速占领市场，扩大了市场份额。饲料行业进入了一个新的时期，将面临一次重新洗牌，重新调整，重新组合。四是一些企业开始注重塑造企业形象和品牌效应。通过引进和更新装备，培养和吸纳人才，建设企业文化，借鉴先进管理技术，开展质量体系认证等，推进了企业档次的提高，企业整体开始向高素质转化。这对饲料行业的发展具有战略性意义。五是行业监管力度加大，各级饲料管理部门在提升饲料行业整体素质，强化饲料质量安全监管，加强执法监督和监测体系建设，依法行政，规范生产经营秩序，维护公平竞争环境等方面，做了大量工作。

【主要工作】 2003年主要抓了以下几点工作：

1. 贯彻法律法规，制订地方规章。国务院转发农业部《关于促进饲料业持续健康发展的若干意见》下发后，及时召开会议，转发文件。认真组织学习，深刻领会，进行了各种形式的宣传活动。对农业部新修订的《饲料添加剂和添加剂预混合饲料生产许可证管理办法》(26号令)、《饲料添加剂品种目录》(318号公告)进行了全面宣传贯彻落实。为完善法规，进一步加强饲料和饲料添加剂管理，组织人员起草了《山东省饲料和饲料添加剂管理办法》，广泛征求了有关单位的意见，组织了专家论证会，《办法》草案已报送省法制办。先后下发了关于"加强企业审查登记的规定"、"加强饲料企业年检的规定"和"加强饲料行业职业技能鉴定工作"等通知，规范了企业管理。

2. 突出重点，加强饲料质量安全监管。一是举办了饲料执法人员培训班，重点培训县级饲料执法人员。经考试，对168名合格者发放"山东省饲料执法监督员"证、牌。树立了行业形象，提高了执法人员素质。二是认真落实农业部等五部委关于农资打假工作部署，连续三年开展了饲料执法大检查活动。重点查处制假售假和非法经营、使用"瘦肉精"等违禁药品的行为，重点查处无生产许可证、无产品批准文号、无产品质量标准和无质量合格证的饲料和饲料添加剂产品，特别是加大了对中、小饲料生产企业和经营网点的监管力度。结合大检查，省饲料监察所抽检了2 500多批样品，对饲料产品监督检查结果进行通报，对有关企业依法进行了处理。两年来，全省共出动1 000多人次，出动车辆200多辆次，对1200多家生产企业、5 000多家经营企业、200多个养殖场以及部分屠宰场进行了检查，查没非法饲料和饲料添加剂、违禁药物200多t，货值100多万元，进一步规范了饲料市场，为企业创造了良好的市场环境和发展空间。三是对六和、中基、宝来利来、齐鲁动保等4家全国饲料安全承诺企业的产品质量进行跟踪监督，检查了企业生产情况，抽查了产品，并将结果及时上报农业部。四是落实农业部《饲料及畜产品中"瘦肉精"等违禁药品专项整治计划》，组织开展饲料及畜产品中"瘦肉精"等违禁药品专项整治行动，实施饲料生产、经营和使用全程监控。省饲料所对全省饲料厂、屠宰场、养殖场的饲料、饮水、猪肝、猪尿样抽检，共抽检1 100批，均未检出"瘦肉精"。2003年，各地都进行了"瘦肉精"等违禁药品检查。有1个县在对全县养猪场进行普查中，发现某养猪户从医药公司非法购进"瘦肉精"，在饲喂时添加，畜牧饲料管理部门及时发现并进行了处理，有效避免了食品中毒事件的发生。五是组织开展了行业自律活动。充分发挥大型饲料企业联谊会的作用，组织企业开展饲料安全承诺活动。向社会公开承诺：严格遵守国家法律法规，绝不在饲料产品中使用"瘦肉精"等违禁添加物，确保产品质量安全。六是认真处理举报案件。省饲料办先后受理了20多次举报，件件都做了认真的调查处理。七是加强质检机构建设。重点是完善省饲料所，部分重点区域性饲料质检机构开始筹建。

3. 抓大促小，全面提升企业素质。扶持大企业，规范小企业，引导企业联合、兼并、重组，调整产品结构，实施标准化生产，全面提升企业素质。一是举办了两期共600多人参加的企业管理培训班，加强了法律法规、饲料安全、企业管理、企业文化、标准化等方面的培训，参会企业反映良好。二是组织推荐大型企业参加中国饲料百强企业评选活动，全省11家企业获得全国饲料行业百强称号。三是加强企业信息交流，促进企业科技创新。两年来，先后召开5次全省大中型饲料企业联谊座谈会，就开发抗生素替代产品，扩大添加剂产品出口，应对豆粕等主要原料涨价等热点问题进行交流探讨。鼓励和推动饲料行业科技进步和科技创新，组织开展争创全国饲料行业科技进步先进集体和先进个人活动，全省有8家单位和10名个人获得全国饲料行业科技进步先进单位和先进个人称号。组织全省饲料和饲料添加剂企业参加全国畜牧饲料博览会，参展展位40多个，展示了山东省饲料企业的风采。四是大力推进饲料行业职业技能鉴定工作，实施就业准入制度。先后进行了饲料化验员、中控工、维修工的鉴定工作，共鉴定“一员两工”1 274人。在全国农业行业职业技能鉴定经验交流会上，山东省作了典型发言，受到农业部领导和与会人员的好评。山东省饲料职业技能鉴定站2次获得农业部农业行业职业技能鉴定先进单位，有8名同志获得先进个人称号。

4. 规范管理，严格市场准入。按照申办生产许可证和审查登记证的条件和资质标准，规范审批程序，在审查、验收、年检、批证、办号过程中，严格把关。对510多家获得生产许可证的企业进行了年检，对430家申请办证的企业生产条件进行了考核、审查，审查饲料企业标准150个。对产品批准文号明确了一品一号的管理原则，使之更加规范，核发产品批准文号970个。收集整理饲料法规、标准、证、号等资料，编辑出版了《饲料法规与标准》、《山东省饲料证号汇编》。

5. 完成了饲料信息统计工作。饲料统计工作纳入饲料处后，先后完成了2002年饲料统计年报、2003年月报、季报和年报统计工作，举办了饲料统计与软件应用培训班，对全省十几家大型饲料企业进行信息跟踪。

6. 开展调查研究，提供决策服务。省饲料办多次组织有关人员对饲料工作、饲料生产调查研究，根据变化了的新形势，及时改进工作，并向省政府提交了加入WTO后山东省饲料工业面临的机遇和挑战以及应对措施的调研报告。就SARS疫情对饲料业发展的影响，向农业部写了调查报告。并对全省饲料机械的现状、饲料粮利用情况、饲料行业HACCP认证试点等方面的情况进行调研。为下一步山东省饲料工业发展，提升饲料工业发展水平的宏观决策提供了依据。

【存在问题】 主要有以下几个方面：

1. 结构不合理。首先是产品结构不合理，饲料添加剂品种和数量少，如单项维生素，蛋氨酸目前还是空白；其次是企业结构不合理，龙头企业、知名企业少，中小企业多；三是地区发展不平衡，总的看东部地区企业密集，大中型企业多，市场空间趋于饱和，中西部地区大中型企业少，发展饲料工业的潜力还没有挖掘出来。

2. 饲料企业抗风险能力差。饲料企业总体上起步较晚，大部分企业是在20世纪90年代以后新上的，现在整个饲料行业还非常年轻，基础也比较薄弱。在遭遇SARS、禽流感、原料涨价等突发问题时，抗风险能力差，经不起市场的冲击。

3. 饲料的研究、开发、利用不够。在饲料添加剂开发、非常规蛋白饲料的开发、青粗饲料的利用、环保饲料、动物源性饲料的安全等方面，工作做得还不够。

4. 饲料安全还存有很大隐患。如添加违禁药品的现象仍未根除，滥用药物饲料添加剂的情况仍很严重，有毒有害物质超标现象仍有发生，动物源性饲料产品安全堪忧。

5. 在饲料管理上仍存在有法不依、执法不严的现象。有的地方工作不到位。有的搞市场封锁，地方保护主义还比较严重。有的地方执法越位、错位，乱检查、乱收费、乱罚款。

【组织机构】 2000年机构改革后，在省农业厅内设立省畜牧办公室，主管全省畜牧业和兽医、饲料工作。省畜牧办公室设饲料处，对上可使用“山东省饲料工作办公室”的名义。

其性质为行政机关，经费来源为财政拨款，编制为5人。

（山东省畜牧办公室饲料处）

河南省饲料工业

【发展概况】 2003年，虽然遇到了SARS打击和原料市场的风云突变，河南省饲料工业从整体来看受到一定影响，但仍呈平稳发展态势。全省饲料工业总产量达到560万t，产值达到119亿元，分别比2002年增长9.5%和15.4 %。其中配合饲料总量达354.4万t，浓缩饲料总量达196.9万t，添加剂预混合总量达8.7万t，反刍动物饲料由2002年的3.1万增长到4.5万t，增长38.7 %。

到2003年底全省共登记注册的饲料生产企业705家，职工总数20 490人。其中国有和集体饲料企业52家，比2002年减少12家；私营、联营和股份饲料企业554家，比2002年增加78家。饲料企业中生产配合饲料的有396家；浓缩饲料的有562家；预混合饲料的有112家；饲料添加剂的有24家。

【组织机构】 河南省畜牧局饲料处（河南省饲料工业办公室）作为全省的饲料行业管理部门，成立于1995年，现有工作人员6人。河南省饲料工业协会成立于1996年，设有秘书处负责日常工作，现有团体会员单位147个，个人会员60余人。2003年7月由国家劳动和社会保障部批准成立了河南省饲料行业职业技能鉴定站，现挂靠在协会，下设培训部、办公室等办公机构。

【主要工作】 2003年主要抓了以下几点工作：

1. 加强行业管理，完善各项规章制度，增加办公透明度。为进一步促进全省饲料工业的持续健康发展，加快全省畜牧业的快速发展，按照国务院办公厅《关于促进饲料业持续健康发展若干意见的通知》的要求，省政府办公厅起草发布了《关于促进全省饲料业持续健康发展的意见》。按照省政府的要求，重新整理了饲料行政审批项目，完善了《首问责任制》、《首办责任制》、《限时办结制》、《服务承诺制》、《责任追究制》等5项规章制度。增设了饲料行政服务大厅，并将这项行政审批项目公示上墙，规范了工作程序，增加了办公透明度和社会各方面的监督。

2. 加大饲料市场规范整顿工作。依照国家五部委《关于印发〈2003年全国农资打假专项斗争工作方案〉的通知》文件精神，在全省范围内加大了饲料市场整顿力度，开展了以打击制售假劣饲料，非法销售、使用"瘦肉精"等一系列整治活动。全省18个省辖市154个行政县绝大部分做到了市场检查市级一年4次、县级每月一次的目标任务。2003年饲料市场整顿全省共查处饲料生产企业585家，经营企业7 464家、整顿市场450个，取缔违法经营门市部20家、饲料生产企业4家，查处违禁经营饲料添加剂案件2起，查获没收过期霉变、假冒和不合格饲料532t，货值122万元，捣毁制售假窝点36个，受理举报案件81件，其中案值5万元以上案件1件，立案查处340个，查处结案317个案件，挽回经济损失180多万元。

3. 打击"瘦肉精"整治专项斗争。为了严厉打击制售和使用"瘦肉精"等违禁药品的违法行为，确保饲料和食品安全，全省继续轰轰烈烈地开展打击"瘦肉精"的专项整治斗争工作，各级饲料管理部门共出动执法人员9 000人次，印发宣传资料90 000多份，购买试剂盒或试剂纸1 510多套，检查养殖场、户3 600多家，抽取库存料、槽料、畜禽饮用水和生猪尿样、动物肝脏等12 087份，检查运销企业120家。同时，为了全面实施"无公害食品行动计划"，省饲料办制定了《河南省2003年饲料及畜产品中"瘦肉精"等违禁药品专项整治方案》和《河南省"瘦肉精"中毒突发事件防范预案》。"瘦肉精"的使用在全省得到了有效的遏制：在农业部2003年对河南省2次突击式拉网抽检中，共检查养猪场267个，共抽取猪尿样1 606个、猪槽饲料样130个、猪肝50个，经最终确认呈阳性的有8个，"瘦肉精"检出率为0.5%，低于全国平均0.8%阳性率的水平；在全国14个省会城市畜产品中"瘦肉精"抽检中，郑州市被抽检8次500个样品，经检验确认仅有1个阳性；本省外调生猪"瘦肉精"被检出的次数从2001年的50多次降到今年的10多次。

4. 加大饲料产品监督抽查力度，确保饲料产品质量安全。按照农业部"关于2003年度全国饲料产品质量安全监督检测工作的通知"要求，全年抽检饲料生产、经营企业231家，抽检样品376批次，合格209家和354批次，合格率分别为90.5%和94.1%。

5. 做好无公害饲料产品标准的制定工作。饲料产品的质量安全直接涉及到畜禽产品的质量安全，关系到广大人民群众的身体健康、人身安全，推行无公害饲料产品对保证畜禽产品的质量安全和人类的身体健康有着重要意义。目前，国家尚未有无公害饲料产品的国家标准和行业标准，制定全省无公害饲料产品地方标准是十分必要的。省饲料办组织农大、省农科院、郑州牧专的专家教授经过深入细致的调查研究和论证，制定了《无公害猪、禽配合饲料》、《无公害猪、禽浓缩饲料》、《无公害猪、禽预混合饲料》3个地方标准，目前该项工作已经省质量技术部门备案出台，进入宣传实施阶段。

6. 开展了全省饲料行业20强的评选活动。2003年开展河南省饲料行业20强企业评选活动。经过大量的调查、评比，评出了河南饲料企业20强。这对催生饲料企业名牌，推动全省饲料工业向更高层次、更高质量的方向发展必将起到一定的推动作用。

7. 搞好饲料行业的统计和调查研究工作。按照农业部新的饲料行业统计制度的要求，省饲料办认真组织有关人员开展工作，圆满完成了2002年度全省饲料工业统计的年报工作和前三个季度的季报工作，完成了中国饲料信息中心临时布置的饲料企业使用机械品种的调查工作，并派人参加了全国饲料工业统计培训班，学习了新的饲料行业统计软件的使用方法。省饲料办相继参加了SARS时期对畜牧养殖和饲料生产的影响调研、"畜牧生产资料市场整顿"督查调研、"黄河滩区奶业发展、种草养畜"等进展情况等调研工作，并将调研结果及时反馈给各有关部门，为各级领导的决策提供了一些很有建设性的建议。

8. 大力推行就业准入制度，提高饲料行业人员素质。河南省饲料行业职业技能鉴定站虽组建较晚，但也做了大量工作。到2003年底共举办培训班8期，培训合格人员92人，其中初级检验化验员37人，初级维修工21人，中级中控工34人。职业技能鉴定工作的开展对于提高饲料行业从业人员素质，提升整个行业管理水平，确保产品质量，规范经营行为，维护消费者、劳动者、经营者的合法权益，确保饲料行业的健康发展具有重要意义。

（河南省饲料工作办公室）

湖北省饲料工业

【基本概况】 2003年全省饲料总产量为340万t，总产值为76亿元，比上年分别增长3.3%和2.7%。其中配合饲料 273 万 t，浓缩饲料 61 万 t；预混合饲料 7 万 t。截至目前，全省已有 3 家饲料企业通过了无公害标志认证，另有 10 多家企业正在申报。开发生产无公害产品，已成为饲料行业一种发展趋势。

2003 年年初受 SARS 影响，畜禽社会消费需求萎靡不振，饲料生产受到很大冲击。到 9 月下旬，又受国际市场影响，国内豆粕价格一路攀升，最高时涨幅近 1 倍，并同时带动其他饲料原料价格大幅上扬，由此导致企业成本大幅上升。

尽管有以上两种不利因素影响，但全省饲料企业积极想对策，通过调整产品结构，加强售后服务，让利于农，有力地稳定了饲料生产，对全省养殖业发展做出了贡献。

【主要工作】 2003 年主要抓了如下几点工作：

1. 根据国务院《关于促进饲料业持续健康发展若干意见》文件精神，湖北省农业厅向省政府递交了《关于促进湖北省饲料业持续健康发展若干意见》，该《意见》得到了省政府的高度重视，很快便以鄂政办［2003］11 号文批转各地执行。

2. 省饲料办以鄂农牧发［2003］24 号及鄂饲办［2003］1 号、［2003］3 号向各市、州发文，要求规范整顿饲料市场，提高产品质量，打击伪劣违禁产品，并对此次专项整治活动进行了全面安排部署。7 月至 8 月，省饲料办组织省饲料监测所、有关市州饲料办等单位，完成了武汉、黄石、黄冈、孝感、宜昌、荆州、仙桃、潜江等 8 个重点地方的饲料产品监测抽样工作。同时还协助国家饲料质量监督检测中心完成了农业部下达的全国饲料、湖北省抽样任务。经对所有批次的样品检测，全省抽检的样品"瘦肉精"检出率为零。对此，上级部门给予了充分肯定。

3. 2003 年初，省饲料办以文件形式向全省饲料企业发出了《关于狠抓质量管理，全面提高饲料和饲料添加剂产品质量的意见》。

4. 省饲料办向各市州下发了《关于开展行风建设的通知》（鄂饲办［2003］6 号），要求各地端正作风，严格依法行政，坚决杜绝不良执法行为，并收到了较好的效果。这一活动深受基层和企业的欢迎。

5. 参加 2003 年由国家农业部、司法部组织的在秭归县开展的"送法下乡"活动，并印发了 2 000 多份饲料法规宣传材料。

6. 3 月下旬，湖北省饲料工业协会在武汉召开了协会换届暨第三届全员大会。大会选举产生了 268 名理事，其中常务理事 74 名。大会一致推选陈柏槐同志为协会会长。

7. 4 月下旬，完成了湖北省标准化协会饲料专业委员会换届工作。通过了《湖北省标准化协会饲料专业委员会章程》，选举产生了第二届标委会主任委员、副主任委员、秘书长、副秘书长、专家委员及委员单位。

8. 继续开展职业技能培训和鉴定工作。2003 年 10 月，全省又有 60 人参加了职业技能培训和考核，其中 59 人顺利通过鉴定。至 2003 年底，全省饲料行业已有 413 人通过了培训和考核，获得了国家劳动部颁发的职业资格技术等级证书。这项工作得到了农业部好评，并被评为全国饲料行业职业技能鉴定先进单位，全省有 5 位同志被评为全国职业技能鉴定先进工作者。

9. 组织参加农业部 11 月在南京举办的中国畜牧业暨饲料工业交易会，全省共有 20 多家饲料企业参展，160 多人参会。

10. 在原《湖北省饲料管理办法》的基础上，结合全省饲料行业发展实际情况，起草了《湖北省饲料和饲料添加剂管理办法》，经多次征求企业和有关部门意见，反复斟酌修改，已将草案报送省政府，待省长常务会议批准通过。

（湖北省饲料工作办公室）

湖南省饲料工业

【发展概况】 2003 年，全省生产各类商品饲料 427.3 万 t，其中配合饲料 265.6 万 t，浓缩料 149.9 万 t，预混合饲料 10.9 万 t；年总产值 122.7 亿元。与 2002 年比较，饲料产量、产值分别增长 6.6% 和 17.5%。

【组织机构】 湖南省饲料工业办公室、湖南省饲料工业协会两块牌子一套人马。编制 15 人，正处级。隶属于湖南省畜牧水产局。

【主要工作】 2003 年主要抓了以下工作：

1. 完成了饲料行政职能划转交接工作。2 月 20 日，省机构编制委员会办公室以湘编办［2003］6 号下发"关于省饲料管理行政职能划转的通知"，将湖南省饲料管理行政职能从省计委调整到省畜牧水产局。截至年底，除岳阳、益阳外，已有 12 个市州的饲料管理职能划转到畜牧水产局。

2. 全面贯彻落实国办 42 号文件精神。全面贯彻落实这一文件精神是全年工作的重点。一是组织学习文件，深刻领会文件精神，并制定了学习文件、组织汇报、召开会议、检查落实的四步贯彻方案。二是两次召开市州饲料办主任会议，专门研讨全省饲料监管措施。三是向省委副书记戚和平、副省长杨泰波和省农业厅、省畜牧局领导作专题汇报，取得领导重视和支持。戚和平副书记听取汇报后说："饲料业与'三化'进程关系十分密切，与城乡居民生活关系十分密切，与农民增收关系十分密切。因此，一定要进一步提高认识，进一步加强领导，进一步深化改革，进一步加快发展。"杨泰波副省长批示同意以省政府办公厅名义发个文件；以省政府名义召开一次分管秘书长、畜牧局长、饲料办主任参加的饲料工作会议。四是为规范行业管理，加强饲料监管工作，代厅局起草发出了 4 个文件。五是组织督促检查把文件精神落到实处。

3. 组织引导企业应对 SARS、"禽流感"以及饲料原料涨价带来的挑战。7 月底，全国饲料办和中国饲料工业协会SARS调研小组抵湘，省饲料办和协会组织省内20多家具代表性的饲料企业在长沙座谈研讨。会议调查了SARS对饲料业造成的影响，研讨了应对的措施：一是宣传引导，坚定发展养殖的信心，促进饲料业发展；二是严格执行国家政策，不得越权制定限制性规定；三是鼓励开展网上采购与销售、银行信用卡付款。网上招商等新型交易方式；四是建立饲料突发事件应急机制，形成信息准确、预警及时、资源整合有力、指挥运转高效的危机处理体系。10月上旬以后，玉米、豆粕、鱼粉、赖氨酸等饲料原料，都在短期内大幅上涨，豆粕9月份还是2 200元/t，10月中旬涨至3 100～3 500元/t；鱼粉每周上涨300～400元/t，11月上旬涨至6 200元/t；赖氨酸从20～25元/kg涨至50～55元/kg。饲料生产企业效益急剧下降，为此，省市各级饲料协会多次组织研讨对策，搭建市场信息平台，提前采取措施，增减库存，推行"公司＋农户"的模式，与养殖户联营，形成利益共同体；按市场原则普遍上调饲料销售价格；组建企业间采购联盟，增加抗风险能力。

4. 依法实施饲料产品质量监管。①组织评审小组进行现场审核，上报农业部批准：全年申领饲料添加剂和添加剂预混合饲料生产许可证企业38家，其中预混料企业26家，添加剂企业12家。因增加品种、地址变更和企业名称变更的企业有15家，其中添加剂企业8家，预混料企业7家。②全年核发56家企业的产品批准文号333个，其中17家添加剂企业38个产品，39家预混料企业295个产品。同时，帮助企业制修订产品标准90余套，制订、修改、审核标签650余个。③按农业部办公厅4号文"关于开展2003年度生产许可证年检工作的通知"精神，省饲料办对164家获生产许可证的企业进行了年检。通过年检的147家，没有通过的17家，其中预混料生产企业3家，添加剂企业14家。④年内开展打击"瘦肉精"专项整治行动两次，协调配合多方面力量查处了几起大案，并对标签不合格或无标签的产品及时下达整改通知。⑤根据农业部统一安排，对饲料产品进行突击抽查。全年共抽检饲料生产、经营以及养殖企业310家，抽检样品总数403份，合格单位282家，合格样品375份，合格率分别为91%和93.1%。

5. 检查就业准入情况，开展职业技能鉴定。根据农业部办公厅［2003］39号文件精神要求，饲料管理部门对饲料生产企业就业准入制度落实情况进行检查。据统计，全省饲料生产企业饲料检化验员、中心控制室操作工、加工设备维修工总计1 226人，持证上岗的比例还很低。11月11～15日，在长沙举办了饲料检验化验职业技能鉴定培训班，全省有110名检化验员报名，88名参加了培训鉴定，全部通过了理论考试和实际操作考核。

6. 协会工作。省饲料工业协会年内组织两次"科技下乡"活动；举办了SARS问题、饲料原料涨价问题两次专题研讨会；组织了全省饲料粮价调查，编写了调研报告；编辑发行《湖南饲料》杂志6期。

【存在问题】 主要体现在以下几个方面：一是饲料企业、养殖场滥用药物现象时有发生；二是饲料企业参差不齐，散、小、效益差的企业比例仍然较大；三是政府个别职能部门对饲料企业抽检收费，企业对此怨言颇多。

（湖南省饲料工作办公室）

广东省饲料工业

2003年，在各级政府的领导和上级业务主管部门的指导、支持下，全省各级饲料管理部门和饲料行业的广大干部、职工同心协力，团结奋斗，开拓创新，扎实工作，努力克服了SARS疫情、饲料价格异常波动等影响，认真贯彻执行《饲料和饲料添加剂管理条例》、《国务院办公厅转发农业部关于促进饲料业持续健康发展若干意见的通知》精神及农业部和省农业厅制定的一系列加强饲料管理的政策和措施，取得了可喜的成绩。

【概况和特点】 主要表现在以下几个方面：

1. 饲料产量持续稳步增长，产品质量进一步提高。据统计，2003年全省饲料工业总产值225亿元，工业饲料总产量911.8万t，与2002年度比，分别增加了26.5%和3.6%。按产品类别分，其中配合饲料876.9万t，添加剂预混料18.4万t，分别比上年度增长3.7%和3.9%；浓缩饲料16.5万t，比上年度减少7%。2003年全省饲料产品质量进一步提高，据省质量监督部门抽查结果：饲料生产企业的合格率达98.9%，检测饲料产品的合格率达99.2%。

2. 产品结构随市场变化不断调整优化。全省饲料生产结构调整步伐加快，水产饲料继续保持强劲增长势头。由于受SARS影响，消费者对肉食品的消费从猪、禽转移到水产品，水产养殖增长较快，水产饲料产量猛增，且增幅较大，达147.5万t，比上年度增长23.7%。畜禽饲料产品结构随市场的变化作进一步调整，其中配合饲料中猪料的增幅较大，达191.6万t，比上年度增长6.9%；禽料增幅较小，禽蛋料为89.7万t，肉禽料为460.2万t。

3. 饲料加工生产能力继续增加，趋于饱和。全省饲料市场仍然兴旺活跃，一批饲料企业经过并购重组扩大生产能力，多家企业增加饲料品种，努力拓展省内外市场。2003年全省批复筹建、扩建饲料生产企业60多家，饲料加工生产能力达3 955.6t/h（年单班生产能力达891万t），饲料生产能力基本趋于饱和状态。2003年全省有40多家饲料添加剂和添加剂预混料生产企业申领《生产许可证》。核发饲料添加剂产品批准文号50多个，添加剂预混料产品批准文号100多个。

4. 饲料生产区域发展不平衡，粤西进展较快。与上年度相比，全省大部分地市饲料工业产量呈增长之势。粤西的湛江、茂名，粤北的韶关、清远、河源，粤东的惠州、梅州、汕头、汕尾等市的饲料产量增幅达5%～10%不等，珠三角地区广州、珠海、中山、江门、东莞、佛山继续保持增长之势。而肇庆、揭阳、深圳、阳江等市饲料产量有所下降。

5. 深入改革，企业的市场意识进一步增强。按现代企业制度的要求，全省饲料企业改革进一步深入，按规范化，科学化进行改造，突破小而散的经营格局，实行规模化集约化经营，有效地提高企业的综合效益和抗风险能力。广东恒兴集团实行资产优化重组，兼并了部分经营不善的饲料厂，并新建水产食品加工厂、冷冻厂，从养殖户中收购成虾进行加工，还为捕捞为生的渔民转产转业开辟了一条就业门路，受到省委书记张德江的表扬。广州海大饲料有限公司坚持科技为本，以相当股份的形式吸纳了一大批高科技人才，他们以极大的热情投入到企业管理和经营之中，取得了成功，集团式的经营越做越大，越做越强。10月份召开的全省大型企业厂长经理座谈会上，面对饲料原料价格暴涨，企业家们没有怨天尤人，而是以沉着冷静的态度去分析市场，应对风云变幻的市场价格。许多企业家学会了直接从网络上分析CBOT等国际市场原料信息，及时掌握市场动态，取得主动权。广东新粮实业有限公司、广东省广弘九江饲料有限公司的产品2003年再度被确认为“广东省名牌产品”，他们利用名牌知名度扩大市场份额，取得了较好的效果。2003年全省又有十多家企业通过了ISO系列质量体系认证。在日益激烈的市场竞争中，全省饲料企业整体素质得到了进一步提高。

【主要工作】 2003年主要抓了以下几个方面工作：

1. 抓好饲料政策法规宣传和地方配套法规的立法准备工作。为了宣传饲料法规，增强行业遵法、守法的意识，省饲料行业管理部门重印了《饲料和饲料添加剂管理条例》、《饲料药物添加剂使用规范》、《饲料卫生标准》和《饲料标签》、《禁止在饲料和动物饮用水中使用的药物品种目录》等政策文件和国家强制性标准，分发给各市县饲料管理部门和饲料生产企业。各地也以办学习班、发放小册子等多种形式向饲料生产、经营和使用者大力宣传饲料管理政策法规，宣传饲料和畜产品安全的重要性，使饲料从业人员守法意识大大提高。积极配合省政府法制办对《广东省饲料和饲料添加剂管理办法》（草案）进行反复审议，目前起草、征求意见、修改等前期工作基本结束，力争2004年能由省政府颁布施行。2003年是全省开展以“三创新，一优化”为主题的机关作风建设年活动，省饲料工作办公室提出“依法行政、秉公办事，勤政、廉政，加强服务和监管”的指导思想，做到正确认识和行使权力，保持艰苦奋斗，实现廉洁从政。树立为企业服务的意识，多为企业着想，修订了办事程序，进一步简化办事程序和手续，缩短办事时间，提高管理水平和工作效率。为方便企业，把全部申报表格及申证指南在广东农业信息网（http://www.gd.agri.gov.cn）上公布。

2. 进一步加强饲料安全管理工作。全省各级饲料管理部门认真指导企业制定饲料添加剂和添加剂预混料产品标准，在卫生指标等方面严格把关。根据农业部要求制定了饲料及畜产品中“瘦肉精”等违禁药品的专项整治计划，各地市结合实际，制订本地的专项整治计划，对“瘦肉精”等违禁药物进行整治。定期到饲料生产经营企业检查，组织人员到屠宰场、养猪场对肉猪进行猪尿抽样检验。对“瘦肉精”检出阳性者采取扑杀或隔离饲养、限制进入市场等处罚措施。对在饲料中检出盐酸克伦特罗的广州翠竹饲料添加剂厂，除吊销其全部产品批准文号外，还建议由农业部吊销其《生产许可证》。通过省和各市饲料管理部门的共同努力，2003年全省组织抽查的“瘦肉精”检出率较上年度大幅度降低，只有0.7%，控制在1%以下。

3. 认真检查监督，确保饲料产品质量。2003年全省共抽查了292个企业，抽查配合饲料、浓缩料、预混合饲料、饲料添加剂、饲料/水等样品512批次，合格率为94.5%（不合格原因主要是饲料中药物超标或部分重金属超标）。检查了169个饲料标签，100%合格。2003年10月，欧盟组织的专家组对我国部分省市的兽药经营、使用及饲料厂加药饲料的生产情况进行考察。在省政府部署和重视下，经有关部门共同努力，圆满完成了任务，专家组对所考察的广东省饲料厂的质量管理表示满意。

4. 加强技术培训，促进科技进步和技术创新，提高行业素质。全省饲料企业的绿色环保意识逐步增强，他们严格按国家有关规定规范使用饲料添加剂尤其是药物添加剂，确保饲料安全。许多企业十分注重开发无公害和绿色饲料，在饲料配方中更多地运用生物技术产品和天然物饲料添加剂，极力打造自己的绿色品牌。不少企业重视自身素质的提高，注重建立自己的企业文化，他们舍得花钱学习进修EMBA管理，不少企业家还尽量抽出时间参加全国性的专题高级论坛活动，拓宽视野，提升企业的层次。2003年全省组织3期饲料检验化验员、饲料中控工等职业技能鉴定班，来自各地企业的80名检验化验员、20名中控工经培训考试鉴定合格，取得国家职业资格证书，促进了饲料行业就业准入制度在全省的实施。农业部和中国饲料工业协会的领导对广东省的职能培训鉴定工作给予肯定，全省4名鉴定站工作人员被评为全国饲料行业职能鉴定先进工作者。

5. 提高服务意识，开展信息交流。一是完成饲料生产季度和年度统计报表，在此基础上分析整理，指导行业生产；二是每季度组织召开全省大型饲料企业厂长（经理）座谈会，交流行业动态，分析形势，研究对策，指导和引导饲料生产企业以市场为导向，及时调整产品结构，应对市场变化；三是省饲料协会继续举办多种形式的科技交流活动，如召开研讨会、新产品和新技术交流会等，组织与芬兰、菲律宾、美国大豆协会、加拿大豆类协会等相互交流，推动全省饲料企业迈出国门，加快与国际接轨；四是省饲料协会积极组织企业参加农业部畜牧兽医局（全国饲料工作办公室）、中国饲料工业协会等在南京举办的2003

中国畜牧业和饲料工业交易会，广东省38家饲料企业在79个展位上作了展示，近400人参会，显示了广东省饲料行业新风貌，帮助企业扩大影响，拓展省内外市场。

（广东省饲料工作办公室）

广西壮族自治区饲料工业

【总体概况】 2003年，全区饲料工业行业认真贯彻党和国家有关饲料业发展的法律法规和方针政策，坚持发展不动摇，统筹兼顾，突出重点，狠抓落实，克服了SARS疫情冲击和饲料原料价格上涨等不利因素，饲料业继续保持了全面增长的良好势头。2003年全区饲料工业产品产量达281.6万t，其中配合饲料245.5万t，浓缩饲料30万t，添加剂预混合饲料6.1万t，饲料添加剂10.9万t，同比增长5.7%、6.2%、0.1%、15.3%、10.9%；产值63.8亿元，增长8.3%。全区有饲料生产企业355家，其中，饲料加工企业252家，添加剂预混合饲料生产企业91家，饲料添加剂生产企业34家，2003年末双班饲料生产能力454.7万t。在生产持续发展的同时，行业管理的各项工作也取得新的进展，全面完成年初确定的工作目标，组织实施专项整治非法经营使用“瘦肉精”突击行动，取得明显成效，“瘦肉精”检出率比年初大幅度下降，得到自治区人民政府分管领导的肯定。

【发展特点】

1. 饲料企业产业化运作初见成效。大型饲料企业发挥资金、技术等方面的优势，从单纯饲料生产向饲料加工、养殖一体化方向发展，延长产业链，走“公司＋农户”产业化经营路子，取得初步成效，在自治区2003年公布的31家农业产业化重点龙头企业中，南宁百洋饲料集团有限公司等五家饲料企业名列其中，贵港万千饲料有限公司等4家饲料企业被评为先进农业产业化经营组织。

2. 水产饲料发展迅猛。2003年自治区人民政府提出要大力发展罗非鱼、对虾养殖，自治区掀起了罗非鱼、对虾养殖热，也拉动了水产饲料的需求，全年水产饲料产量达12.4万t，比上年增长40.3%。

3. 饲料业仍为投资热点。2003年，全区新建成投产饲料企业5家，新增双班生产能力60万t。此外，湖南岳泰饲料有限公司在防城港市投资1.2亿元的饲料生产企业正在加紧建设，大海粮油工业（防城港）有限公司也投资2 000多万美元建设二期工程，日加工能力增至7 500t，由美国洛杉矶国际贸易公司、吉林四平市红嘴油脂有限公司共同组建的大洋粮油有限公司，投资3亿多人民币、年加工大豆80万t项目落户钦州市，已开工建设。

4. 饲料安全监管力度加大。2003年初，自治区人民政府办公厅两次行文，一是转发自治区水产畜牧局关于促进全区饲料业持续健康发展若干意见的通知，对明确饲料管理执法主体、加强监管提出了明确的意见；二是自治区人民政府组织开展了“瘦肉精”专项整治突击行动，各级党委、政府切实加强了对该项工作的领导，饲料管理部门充实了管理人员，追加了项目经费，扎扎实实开展了专项行动。

【主要工作】 2003年主要抓了以下几点工作：

1. 严厉打击“瘦肉精”等违禁药物。在生猪饲养环节违法使用“瘦肉精”问题，事关食品安全和百姓生活，也与农民增收和社会稳定密切相关，已成为全社会关注的热点，必须坚决予以打击。2003年2月中旬，自治区人民政府组织开展了专项整治非法经营使用“瘦肉精”突击行动，全区打击“瘦肉精”行动声势大，效果好。一是各市党委、政府领导高度重视，玉林、贵港、贺州、梧州、百色、河池、桂林、来宾等市制定了整治非法经营使用“瘦肉精”突击行动实施方案，各市、县、区成立了查处领导小组，分管副市长、副县（区）长分别担任市、县（区）领导小组组长，玉林市专项行动的打击力度最大，市人民政府要求水产畜牧部门把打击“瘦肉精”当作重点工作来抓。二是大造宣传声势，营造专项整治的社会氛围，自治区饲料办印制了5 000张“两院司法解释”分发到专项整治重点地区，张贴在集市、村头、养殖场等人员集中的地方；各市县也从自身实际出发，开展多种形式的宣传活动，据不完全统计，全区共派发宣传资料19.7万份，悬挂横幅802条，张贴标语17 495条；新闻媒体专题宣传34次（篇）；举办养猪场业主培训班62期次，培训人员5 020人。三是多部门配合，依法严厉打击违法行为，根据监督抽检结果，畜牧饲料管理部门对55家违法使用“瘦肉精”的养猪场作出行政处罚，累计罚款超过60万元，依法吊销在饲料中添加“瘦肉精”的南宁岳大浓缩饲料厂生产许可证和产品批准文号，博白县、八步区公安部门依法拘留违法经营“瘦肉精”犯罪分子3人，玉林市水产畜牧局在市政法委支持下，对违法使用“瘦肉精”的养猪场申请法院强制执行，8月中旬，玉林市中级法院、玉州区和博白县人民法院出动警车13辆、执法干警80多人对两家拒不缴交罚款的养猪场实施强制执行，有力震慑了违法分子。四是在自治区财政的大力支持下，加大了监督抽检力度，全区抽检生猪尿样3 648批，饲料样121批、生猪饮用水91批，猪肝50批，监控养猪场789家，屠宰场7家，生猪饮用水中没有检出“瘦肉精”，饲料中检出“瘦肉精”1批，猪尿样中检出166批，违法使用“瘦肉精”猪场55个。全年重点地区猪场“瘦肉精”平均检出率7%，其中第三季度抽检猪场253家，检出6家，检出率为2.4%，与年初的11%相比，下降了8.6个百分点，达到了预期目标。此外，还针对水产品中药物残留问题，开展水产饲料药物监督抽查，在沿海的北海、钦州、防城港3市饲料经营和使用领域，抽检了10个品牌的虾配合饲料和添加剂，没有检出氯霉素。

2. 饲料市场整治有序开展。积极贯彻落实农业部等部委关于整治农资市场的通知精神，与有关部门密切配合，协同作战，突击检查与经常性检查相结合，认真开展饲料市场专项整治工作。据不完全统计，全区出动饲料执法人员 2 355 人次，出动车辆 654 台次，整顿饲料市场 307 个，检查饲料经营单位 4 398 个，检查生产企业 93 个，受理举报投诉案件 54 起，查获假冒伪劣饲料产品 175.5t，货值 30.6 万元，销毁假冒伪劣饲料产品 137.2t，货值 6.3 万元，责令停业整顿企业 2 家。

3. 饲料安全质量监测体系建设进展顺利。加快饲料安全质量监测体系建设，逐步形成监管网络，是 2003 年的重点工作之一，积极筹措资金，配套国家饲料安全工程项目，开展地市级饲料监测站建设。自治区饲料监测所积极实施国家饲料安全工程项目，实验室改造扩建已告完成，部级饲料监测中心已进入试运行。百色、河池、玉林、贵港 4 市饲料监测站已通过自治区质量技术监督局组织的计量认证；桂林市饲料监测站也已完成化验室改造扩建、检验设备安装调试，正在紧锣密鼓进行人员培训等工作，贺州市饲料、兽药和畜产品检测中心也在建设中。结合“瘦肉精”专项整治行动，还在玉林等 6 市建设“瘦肉精”速测实验室，检测仪器已通过政府招标采购。三是培训了一批饲料检验机构管理和检验人员，据统计，全区共培训检测人员 17 人。

4. 组织行业发展调研起草促进饲料业健康发展意见。协助自治区人民政府发展研究中心开展饲料行业发展调研，完成了《构建“安全链”促进饲料生产持续健康发展》调研报告，该报告主送自治区四大班子主要领导，使有关领导对饲料业、饲料安全重要性加深了认识。起草了《关于促进广西自治区饲料业持续健康发展的若干意见》，在 2 月份由政府办公厅转发。这对促进饲料业健康发展均有较强指导意义。

5. 推进行业科技进步。广西作为西部欠发达地区，经济、科技、教育等相对落后，通过举办学术报告会、研讨会、专题讲座等形式，着力引进、消化吸收国内外饲料及相关学科科技成果，培训饲料企业科技人员，2003 年共举办有关会议 8 场，邀请区外专家 26 人作专题报告，参会人数逾千人。2003 年 10 月中旬举办的广西动物营养与饲料学术年会，邀请了区外 16 位专家作专题报告，全区饲料企业技术人员 380 多人参会，有力促进了全区饲料行业科技进步。

6. 饲料行业日常管理工作。饲料添加剂生产许可证、饲料准产证及产品批准文号的审核发放、免征增值税审批、企业标准审查备案、职业技能鉴定、饲料行业统计等工作也进展顺利，全年审批发放饲料准产证企业 30 家，上报农业部申办生产许可证企业 24 家，有 17 家取得生产许可证，审批发放了 330 个产品批准文号。组织开展了生产许可证年检工作，上报农业部建议吊销 5 家企业生产许可证；免征增值税抽检饲料企业 320 家，为 309 家企业办理免税审核；认真审核企业产品标准，积极贯彻执行《饲料标签》标准，审核企业报送的产品企业标准 369 个，企业标准修改单 58 份；饲料行业职业技能鉴定工作虽受 SARS 影响，但也举办了饲料检（化）验员和中央控制室操作工考核鉴定各 2 期，近 150 人参加培训鉴定，有 129 人拿到了资格证书；正常开展饲料行业统计工作，月报、季报、年报等工作得到顺利开展。举办了饲料管理执法培训班，共培训管理执法人员 105 人。

7. 为企业服务，协调行业自律。服务也是管理，努力为企业服务，不定期组织召开大中型饲料生产企业厂长经理会，通报国内外养殖业生产形势及政策，分析研究原料和产品市场形势，还邀请国内管理专家作培训，以提高厂长经理的管理水平。SARS 期间，通过电话为企业通报有关信息，为企业决策提供依据。进入 9 月份以来，原料价格大幅上涨，饲料企业举步维艰，区饲料办 4 次组织大型饲料生产企业厂长经理开会，会后及时印发会议纪要，并要求企业下发提价通知时同时报区饲料办，由区饲料办汇总后印发企业，协调各企业同时提高产品售价，制止恶性竞争，有力推进了行业自律，维护了企业利益。

（广西壮族自治区饲料工业办公室）

海南省饲料工业

【基本概括】 2003 年是海南省饲料行业发展较快的一年。根据海南省委和省政府提出的三年肉食自给、四年肉食出口和做大做强畜牧水产业的工作要求，在省农业厅的直接领导和国家饲料办的指导下，省饲料办认真贯彻执行国务院《饲料和饲料添加剂管理条例》和《国务院办公厅转发农业部关于促进饲料业持续健康发展若干意见的通知》，以确保饲料安全和维护畜水产品质量为工作重点，切实研究和完善行业管理，引导企业调整产业结构，扶持企业开展产业化经营和积极实施行业产业链延伸战略，使全行业取得了较好的成绩。

1. 饲料总产获得持续稳定增长。据统计，全省饲料产品产量 83.3 万 t，销售收入 18 亿元，同比分别增长 5.1%和 3.1%；其中：配合饲料产量为 82.4 万 t，同比增长 10.8%，饲料添加剂和添加剂预混合饲料 441t，水产饲料 12.1 万 t，同比增长 91.9%。

2. 饲料产品质量明显提高。2003 年全省共对生产企业和经营企业抽检饲料产品 346 批次（包括配合饲料/浓缩料、动物性饲料和维生素预混料），合格率达 99%，其中生产企业 210 个产品，合格率达到 100%；经营企业 136 个产品，合格率达 97.4%，但是饲料标签合格率不高，仅达到 80%左右。标签存在的问题仍然是一些产品标签不规范、标签上标示的内容不真实，甚至无号无证和无批准文号现象。

3. 饲料添加剂生产蓬勃发展。几年前海南的饲料添加剂和添加剂预混合饲料产品几乎是空白，到 2000 年全省仅有 1 家生产企业。2003 年发展较快，全省又有 3 家企业获得了部颁生产许可证，至此全省共有9家获证企业。其中海南东方大慧饲料制品有限公司生产预糊化淀粉（主要用于水产饲料黏合剂）、海南正强生物工程有限公司、海南进步创新饲料添加剂厂和海南银基实业有限公司生产的生物类添加剂，其产品畅销省内外，部分产品还出口到东南亚。饲料添加剂生产发展前景很好。

4. 水产饲料生产大幅增长。海南发展水产养殖业有着得天独厚的自然条件。2003年全省水产养殖面积达6万余 hm^2，水产品产量达30.5万t。水产养殖业的快速发展较好地推动了饲料市场的有效需求，这也是全省水产饲料生产快速增长的主要原因。虽然近年水产品出口受国外技术壁垒的影响，但海南水产养殖有无公害和冬季生产的优势，因此水产饲料市场仍产销两旺，其增长势头并没有受多少影响。

5. 产业化经营发展迅速。到目前为止，全省共有8家饲料生产企业分别被评为省和国家级重点企业。由于饲料行业具有饲料生产、产品销售和技术管理的优势，全省饲料生产企业纷纷改变营销策略，主动与农民结成利益体，通过兴办基地与农户挂钩，实行“公司＋基地＋农户”产业模式，将产业链延伸做大，并取得了较好的成效。海南裕泰饲料科技有限公司、海南大海水产饲料有限公司、海南恒兴饲料实业有限公司、海南罗牛山饲料股份有限公司、文昌歌颂畜禽饲料有限公司、海南红丰畜牧公司和海南东方大慧淀粉制品有限公司等企业通过这一模式，从饲料、种苗、管理方式、饲养技术和产品收购等方面对农民进行扶持，与农民结成稳定的利益连结机制，使大批农户走上了养殖致富之路，农民传统的生产观念、生产模式也发生了深刻的变化，企业也在激烈的市场竞争中获得了较好的发展。

6. 行业员工素质得到进一步提高。2003年全省饲料生产企业年末职工总人数1 928人，其中博士9人，硕士30人，大学本科296人，大学专科398人，占38%；技术工种人员有272人，占14.1%。

【组织机构】 海南省饲料工作办公室隶属于海南省农业厅，是农业厅的一个行政处室，与畜牧兽医处合并编制，但独立办公，级别为正处级单位，畜牧兽医处编制8人，其中饲料办编制2人，经费由财政拨款。

海南省饲料工业协会成立于1998年，现有团体会员41个，个人会员157人，下设有秘书处，负责日常的工作。

【主要工作】 主要抓了以下几个方面：

1. 制订地方配套法规。根据国家有关法律、法规和结合全省的实际，省饲料办组织起草《海南省饲料和饲料添加剂管理办法》。该办法于2003年8月22日经省政府第16次常务会议通过，10月1日正式施行。该办法的颁发实施，有效地解决5个问题。一是明确了省农业厅是全省饲料管理工作的执法主体地位，解决了省内一些部门和单位在此问题上的不同认识；二是明确了饲料生产企业办的行政审查权限，将全省饲料生产企业的登记由原来的先照后证，改为先证后照，强化了行业管理职能；三是加大了对自配饲料管理力度，使自配饲料这一块由过去无法可依变为有章可循；四是加强了对动物源性饲料的管理；五是杜绝了以往政府有关部门抽检收费的错误做法。

2. 继续查处违法使用“瘦肉精”等违禁药物养殖的行为。一是为了保证饲料产品安全和养殖业的健康发展，根据农业部办公厅《关于2003年度全国饲料产品质量安全监督检测工作的通知》（农办牧〔2003〕23号）要求，省饲料办制定了《2003年海南省饲料和饲料添加剂质量监督检测实施工作细则》，对全省饲料和饲料添加剂质量监督检测工作进行了具体的部置和安排，分别对生产、经营和使用环节的配合饲料、浓缩饲料、预混合饲料、饲料添加剂、动物性饲料及饲料/水样品进行抽查及检测。全年共抽检样品346个，对存在和发现的问题及时予以纠正和整改；二是布置开展专项取缔“瘦肉精”等违禁药物活动。根据农业部下发的《关于印发2003年饲料及畜产品中“瘦肉精”等违禁药品专项整治计划的通知》（农牧发〔2003〕8号）要求，结合全省存在的问题，省饲料办制订了《海南省2003年饲料及畜产品中“瘦肉精”等违禁药品专项整治实施方案》，并成立了专项整治工作领导小组，对全省开展此项工作进行了具体的布置和部署；其中对海南万昌发牧业有限公司违法使用违禁药品“安定”养猪的行为，正式立案调查，并对其做出处以停业整顿和罚款的行政处罚，同时还在新闻媒体曝光。此举对整个养殖业震动很大，收到了较好的教育效果。

3. 切实抓好动物源性食品残留物质的监控工作。为从源头上把好水产品质量关，打造海南无公害环保生态品牌和增强全省水产品在国内国际市场上的竞争力，根据农业部、国家质检总局有关规章规定，为了应对美国新实行的《食品注册法规》，省饲料办以省农业厅的名义与海南省进入境检验检疫局、海南省海洋渔业厅联合发文，对出口食用水生动物养殖场及动物饲料加工企业实行注册登记管理制度。同时，结合省政府迎接欧盟残留监控考察团的工作要求，及时研究和布置本行业备检工作，制订了《海南省饲料和饲料添加剂生产经营企业迎接欧盟残留监控考察团备检工作要求》和《海南省饲料和饲料添加剂市场整顿实施方案》连同有关的法律法规文件标准等发到市县和备检单位，并深入基层对备检单位进行具体指导。

4. 引导企业开展质量管理体系认证。海南是水产养殖大省，其产品大部分都是销售欧美及日本市场。2003年全省水产品出口额占全省出口总值的38%。为使全省出口水产品达到国际市场的要求，饲料生产必须做到规范和无公害。根据国家有关要求，省饲料办积极协助企业开展质量管理体系认证工作。2003年全省有海南大海水产饲料有限公司、海南海跃水产饲料有限公司、海南新希望饲料厂等5家企业先后通过瑞士、英国ISO9000和ISO14000国际质量管理体系资格认证，不但使企业的管理水平和产品质量得到有效提高，而且也为下游企业和产品进入国际市场竞争打造了较好的基础。

5. 抓好安全生产，防止生产事故发生。饲料生产是安全生产事故易发行业，粉尘、锅炉、原料自燃都是安全事故隐患。《海南省饲料和饲料添加剂管理办法》颁布实施后，省饲料办将安全生产列入企业生产条件年审内容，不合格的企业不予通过。由于从严把关，年内没有安全生产事故发生。此外，年内还组织专家对海南兴牧饲料有限公司和海南正大饲料厂等企业申请生产添加剂预混合饲料进行考核，并将相关材料上报农业部申办生产许可证。全年为已获证企业办理产品批准文号 61 个。

6. 充分发挥协会的作用。2003 年省饲料办指导协会先后完成了行业从业人员岗位资格培训、企业质量认证、企业维权、行业统计和企业产品标准评审等多项工作，在政府职能转变方面做了有益的尝试。

(1) 2003 年 6 月由协会发起，全省 12 家水产饲料生产企业与省饲料办签订《饲料安全责任状》，向社会公开承诺在生产中认真执行国家有关法律法规和饲料卫生标准，从严把好原料和产品质量关，坚决杜绝使用抗生素等任何违禁药物。并向全省广大养殖户发出倡议，要求大家共同遵守养殖技术规范，恪守职业道德，不使用抗生素、激素等违禁药物，做到无公害养殖，保证海南水产品质量。

(2) 布置饲料生产企业做好防 SARS 工作。根据省委、省政府对 SARS 预防工作的要求和部署，为确保全省饲料行业广大职工的身体健康和生命安全，省饲料办与协会一道先后 2 次召开行业有关单位领导会议，及时布置 SARS 预防工作，SARS 期间，全行业人心稳定，工作秩序井然。

(3) 帮助企业开展维权活动。《海南省饲料和饲料添加剂管理办法》颁布实施后，省饲料办针对个别部门抽检饲料产品仍然收费的错误做法，以协会名义及时召集全省饲料企业负责人研究对策。依据国家和省有关法律、规章规定，据理力争，集体抵制，使企业的合法利益得到了有效的保护。

【存在问题】 主要有以下几个方面：

1. 对有毒有害物质的监控工作亟待进一步加强。由于近年来在饲料生产经营环节的监管力度加大，不法分子为谋取暴利使用违禁药物的方式、手段和途径大都转向养殖环节，由于有毒有害物质都具有残留特性，因此查处工作难度较大。为确保饲料安全和保证畜水产品质量，建议国家制订"饲料/水"标准监控的具体规定。

2. 管理体制问题。畜、水产品要实现无公害生产，必须重新整合现有管理力量和资源，集中管理。当前各地的管理状况是，兽药、饲料管理相对分开，有的甚至各自为营，这种状况难以适应市场经济发展的需要。在国外这方面的好经验和做法很多。如美国 FDA（食品药物化妆品管理局）就将兽药、饲料归为统一管理。建议国家进一步理顺现有兽药饲料管理体制，以尽快与国际管理水准对接。

3. 检测经费和机构问题。海南是水产养殖大省，又是国家建设的动物无规定疫病示范区。海南的畜水产品生产主要是瞄准国际市场供应出口。尽管国家饲料办每年下达给海南检测任务不多，但为了保证全省的畜水产品出口质量，省政府在这方面提出了极高的要求，因此，海南的饲料安全任务极为艰巨，建议国家在经费上给予大力支持。同时，鉴于海南的畜牧水产业是以出口型为主，且发展迅速，建议将海南省兽药饲料监察所升列为农业部重点检测中心之一。

4. 行业产业化经营问题。饲料行业是最具产业化经营的行业之一。海南省和国内不少地方的饲料企业在这方面都做了很好的探索。当前在饲料行业开展产业化经营机遇较好，一是国家重视，把它当作扶持农民增加收入的有效途径；二是企业客观上也有此发展要求。建议国家有关部门要充分利用当前这一机会，进行专题调研，提出相关方案，争取国家投资，以此推进行业做强做大。

（海南省饲料工作办公室）

四川省饲料工业

【发展概况】 2003 年，四川省有饲料加工企业 1 020 家，年双班生产能力近千万吨，饲料行业职工人数 41 300 人。从生产产品类别看，配合饲料企业 262 个，浓缩饲料企业 594 个，添加剂预混料企业 234 个，饲料添加剂企业 139 个，单一饲料企业 84 个；从企业性质看，国有 35 个，集体 35 个，私营 776 个，联营 11 个，股份 134 个，港澳台 5 个，外商 11 个，其他 13 个。2003 年，全省饲料工业持续健康发展，工业饲料总产量达 452.6 万 t，同比增 5.9%，产值 154 亿元。工业饲料中配合饲料 381 万 t，浓缩饲料 48.8 万 t，添加剂预混料 22.7 万 t，同比分别增长 4.4%、14.8%和 10.7%。配合饲料中，猪料 195 万 t，占 51.2%；蛋禽料 79.8 万 t，占 20.9%；肉禽料 63.1 万 t，占 16.6%；水产料 35.3 万 t，占 9.3%；反刍料 5.5 万 t，占 1.4%。饲料添加剂继续保持良好的发展势头，磷酸氢钙产量在全国继续保持领先地位，产量达 146 万 t，同比增长 39%；微量元素添加剂、赖氨酸等添加剂较 2002 年均有不同程度的增长，为全省乃至全国饲料工业的发展作出了贡献。

2003 年，四川省饲料产品质量安全继续保持较好水平。继续加大对饲料和饲料添加剂的抽检力度，并将违禁药物的检测情况定期向社会公布，接受社会监督。全年共抽检饲料样品 1 587 批次。结果表明，饲料产品合格率达 90%以上，盐酸克伦特罗的检出率为 0，药物检测的合格率达到了 99.1%，与 2000 年相比提高近 50 个百分点，卫生指标的不合格率也有大幅下降。全省饲料质量安全水平明显提高，企业使用药物和饲料添加剂更加规范。

【主要工作】 2003 年主要抓了以下几个方面：

1. 抓国家政策落实，加快饲料行业发展。一是认真做好国务院《关于促进饲料业持续健康发展的若干意见》的贯彻落实，并结合四川实际，通过与省财政厅、省人事厅等有关部门协调和调查研究，组织起草了全省的具体贯彻落实意见，并报省政府批转。省政府办公厅于2003年3月以川府办［2003］6号文件批转了畜牧食品局的贯彻意见，为加快全省饲料业的发展指明了方向。二是认真落实国家税收政策，积极与省国税部门协调，改变审查方法，分类型确定审查截止时间，方便了企业。2003年共完成了全省650家企业近6 000个饲料产品的免税审查工作。

2. 抓法律法规的贯彻，加大执法力度，保障饲料安全。一是搞好饲料管理执法人员培训，为贯彻好法律法规，加强执法工作奠定基础。2003年把对全省饲料管理执法人员的培训工作作为一项重要工作来抓，分别分攀西、川南、川北、川西、川东片区5个片区18个市州的市级县级饲料执法人员共计400多人次进行了培训。以《条例》及四川省实施办法、《行政处罚法》等相关法律法规为主要内容，并结合案例，运用多媒体分析讲解，面对面进行答疑交流，深受执法人员欢迎，普遍反映效果良好。二是认真开展饲料专项打假，严厉打击违法违规行为。2003年全省继续将“饲料打假”作为工作重点，年初就制定了《饲料打假工作实施方案》，对全省开展饲料市场专项大检查进行了安排布置，从3月份开始，历时7个月，在全省21个市州开展了大规模的专项整治工作。10月份又专门组织了6个督察小组赴各地进行督察。通过专项整治，进一步规范和净化了饲料市场，对保障饲料安全和人民身体健康起到了积极作用。据统计，全省共出动执法人员23 441人次，检查生产企业649家，经营户37 603家，检查集贸市场4 456个，印发资料220 321份，立案查处案件1 231个（其中10万元以上案件2个），涉案商品4 647t，案值824.7万元，罚款金额54.8万元。三是加强对违法违规企业的整改教育和群众举报案件的查处。针对2002年在各级监督抽查中存在的问题，2003年初，专门组织召开了质量不合格企业整改培训会，对不合格企业进行相关法律法规培训，帮助他们查找问题，落实整改措施，取得了很好的效果。为了进一步跟踪落实的效果，9月，又专门对不合格企业进行了跟踪检查和抽检，进行相应的处理。同时，认真处理群众来信来访及举报案件，对群众反映的问题，认真调查，及时反馈，做到了件件有回音。上年，共查处举报案件20余件。通过举报，发现了一些违法违规行为的线索，进而通过查处，规范了市场，保障了安全。如凉山州甘洛县查处的经营含违禁药物（安定）的饲料案件，眉山东坡区查处的颗钙冒充川化集团生产的赖氨酸案件，内江、乐山等地的假冒赖氨酸案件，泸州泸县无证生产饲料酶制剂案件，以及遂宁部分企业质量低劣、乱编批准文号案件等。

3. 加强对饲料生产企业的规范化管理，提高饲料产品质量。一是规范管理。对新办企业的考核审查，做到条件成熟一个发展一个。2003年共发展87家饲料企业，64家饲料添加剂和预混料企业；加强对全省饲料企业的年检工作，对有违法乱纪行为、管理不规范、产品质量不合格的企业，年检定为不合格。2003年有18家企业因不符合规定，报请农业部注销许可证，在行业内起到了极大的震慑作用。强化产品制标工作，严把产品质量标准关。二是提升行业准入条件，促进行业整体素质的提高。2003年，在调查研究的基础上，组织制定了《全省饲料和饲料添加剂生产、经营企业基本条件》并下发各市州和部分企业征求意见。这个《基本条件》包括了对从业人员要求、厂房要求、设备要求、检化验设施要求到管理制度等5个方面，要求更加具体、更加明确，进入饲料行业的门槛比过去有较大提高。2004年所有新建企业均必须按基本条件要求进行筹建。

4. 转变作风，加强服务。一是组织制定并公开了有关审批许可的办事程序，公开了办事服务承诺，增加办事透明度，规范行政行为，做好窗口示范作用。二是积极发挥协会的作用，举办了《饲料新技术培训班》和《利用期货市场规避价格风险报告会》，帮助全省饲料企业不断提高技术水平，降低生产成本，提高产品质量；组织了全省20多家饲料企业参加11月份在南京举办的全国饲料交易会，落实参展摊位33个，加大对全省饲料企业及产品的宣传；汇编了《全省饲料企业通讯录》，方便了企业间的联系、交流与合作。三是及时向会员和广大饲料企业传递信息和技术。全年出刊《西部饲料》杂志12期，先后开辟栏目29个，发表各类技术文章200多篇，加大了信息量，增强了实用性，加强了全省饲料科技成果和先进技术的推广和应用。

【重要事件】 2003年3月，省政府办公厅以川府办［2003］6号文件批转了省畜牧食品局关于贯彻落实促进饲料业持续健康发展的若干意见，为加快全省饲料业的发展指明了方向。2003年3月至10月，省饲料工业办公室分攀西、川南、川北、川西、川东5个片区，首次直接对全省农区18个市州的市级县级饲料执法人员共计400多人次进行培训。2003年8月，在绵阳江油市召开的全省饲料工作会议上，首次对全省饲料执法先进集体和先进个人进行了表彰。屈坤宁局长、唐宗长副局长、舒军书记以及全省21个市州饲料管理部门的负责同志出席会议。农业部畜牧兽医局秦亚兵副局长，全国饲料工作办公室杨振海处长专程到会指导。会议交流了执法管理经验，对近几年执法打假工作中涌现出的先进集体和个人进行了表彰，极大地调动了基层饲料管理和执法工作者的积极性。

【存在的问题】 一是行业整体素质仍需进一步提高，行业科技含量和科技水平需进一步提升；二是饲料质量安全隐患仍然存在，行业监管力量弱、经费缺，行业安全监管和执法难度大，需要国家进一步重视和支持。

（四川省饲料工业办公室）

重庆市饲料工业

【发展概况】 全市现有各类饲料生产企业321家，其中饲料添加剂预混料生产企业57家。年双班生产设备能力140万t，其中时产5t级以上的饲料企业16个。2003年尽管受到上半年突如其来的SARS和下半年原料价格急剧上涨的双重影响，仍然生产饲料、饲料添加剂80.8万t，比2002年增长9%，实现工业产值18亿元。

【组织机构】 重庆市农业局主管全市饲料工业，重庆市饲料工业办（与局畜牧兽医处两块牌子、一套人马）负责日常管理。

【主要工作】 2003年的主要工作：

1. 充实完善行业法制。自《重庆市饲料和饲料添加剂管理条例》发布后，起草、讨论、修订、出台了贯彻《条例》所急需的“重庆市饲料准产证管理办法”、“重庆市饲料产品批准文号管理办法”、“重庆市饲料和饲料添加剂经营条件审查暂行办法”，以及“关于审查核发饲料准产证、饲料产品批准文号、经营条件合格证有关问题的通知”等4个配套性文件，为市农业局以及区县饲料管理部门切实履行管理职能提供了必不可少的基本条件。代市政府起草了《关于促进饲料业持续健康发展的若干意见》。

2. 逐步施行各项制度。着力推行和完善国务院《条例》以及重庆市《条例》确立的基本制度，如生产许可证制度、准产证制度、产品批准文号制度、产品标签制度、监督抽查制度、产品质量发布制度、经营条件审查制度，同时，有计划、有步骤地为推行经营市外产品书面告知制度、产品质量举报受理制度、生产记录和产品留样观察制度作了不同程度的准备。

全年共报请农业部审查批准了15个企业的“生产许可证”、核发了180多个“饲料准产证”、约1 000个饲料产品批准文号。

3. 深入基层调查研究。调研、起草了《非典对饲料加工业的影响》和《2003年饲料工业生产形势分析》，为领导决策发挥了应有的参谋作用。起草的9个饲料行政执法案例全数收入《全国饲料行政执法案例汇编》。

4. 依法查处违法行为。结合农资“打假”工作，组织查处或者指导区县查处违法案件30余起，涉案金额200多万元，维护了法律法规的严肃性，树立了管理部门的权威性，确保了饲料产品的安全性，保护了用户的合法权益。2003年11月份，国家畜产品检测中心来重庆市突击抽查来自3个屠宰场6个区市县近200头生猪的尿样，无1例“瘦肉精”阳性。

5. 积极推动业务培训。在人少事多、工作繁杂、又无经费的情况下，积极推动各县举办业务、法规知识培训班并尽可能满足区县要求参加讲解，共派出人员参与了4个县近2 000人的培训。大多数企业已基本熟悉《条例》确立的制度和部令中关于设立生产企业必备的厂房设施、生产设备、检验仪器、人员素质等条件以及《饲料标签》标准的规定。还采取请进来、走出去的办法，组织人员参加有关大专院校、科研单位以及美国大豆协会等举办的技术讲座，受到企业的普遍欢迎。

6. 初步建立报告制度。按照有关规定，已初步建立起重大事项报告制度和信息采集、反馈制度。为领导机关决策、指导饲料工业发展发挥了应有的作用。

【存在问题】 主要表现在以下几个方面：

从微观的企业角度讲，主要有：一是企业条件亟待完善；二是产品科技含量较低；三是违规经营时有发生；四是经济效益持续下滑；五是区域发展不太平衡。

从宏观的管理角度讲：一是管理队伍有待稳定；二是主动作为的积极性亟待增强；三是职能错位现象必须纠正。

产生这些问题的原因，除了思想认识水平有待提高外，主要在于“四个不适应”：一是机构设置不适应；二是财政投资不适应；三是管理队伍不适应；四是业务培训不适应。

这“四个不适应”中，核心是财政投资不适应，建议上级对此予以足够重视。

（重庆市饲料工业办公室）

贵州省饲料工业

2003年，贵州省饲料工业在农业部、全国饲料工作办公室和农业厅、畜牧局领导下，全行业同志齐心努力，紧紧围绕省委、省政府“将贵州建设成生态畜牧业大省”这一主题，从增加农民收入、确保食品安全工作着手，按照“规划、协调、监督、服务”的宗旨，克服了机构、人员、经费等诸多困难，以整顿和规范市场经济秩序为契机，加强行业管理和执法力度，严厉打击假冒、伪劣饲料产品及违禁药品，对保证饲料安全，提高养殖业的科技水平和经济效益，对农民增收、畜牧增效发挥了积极的作用。

【发展概况】 2003年度，由于受SARS疫情的影响，全省饲料工业受到了一定的影响，与上年相比，饲料产量略有降低，但饲料级磷酸盐及菜籽粕产量大幅上升，全年工业总产值9亿元。全省共生产配合、浓缩饲料26.3万t，比上年下降8.6%，其中配合饲料14.9万t，比上年增长1.4%，浓缩饲料11.3万t，比上年下降18.8%，添加剂预混合饲料550t。

单一饲料工业产品产量37.7万t，比上年增长150%，其中：生产饲料级磷酸氢钙23万t，比上年增长54.9%，菜籽粕13.8万t，比上年增长125.1%，肉骨粉0.9万t。

全省共有146个饲料生产加工企业（比上年增加3个），年末双班生产能力120万t，时产5t以上配合饲料加工企业15个，添加剂预混合饲料加工企业1个，磷酸氢钙生产企业11个，饲料企业从业人员总计4 498人，其中博士2人，硕士13人，大专以上工程技术人员928人。

【组织机构】 贵州省饲料工作办公室原属贵州省农业厅管理，与厅畜牧兽医局合署办公，局长兼任饲料办主任，2003年根据《中共贵州省委贵州省人民政府关于加快畜牧业发展的意见》（黔党发［2003］14号）："为加快畜牧业发展，省委、省政府决定在省农业厅畜牧兽医局的基础上，组建贵州省畜牧局，为贵州省畜禽管理的副厅级事业单位。"贵州省畜牧局下设4个处级职能处室，调整后"贵州省饲料工作办公室"和"草业饲料处"合署办公，人员编制5人。

全省9个市（州、地）均建立了饲料工业办公室和饲料监察所（站），另有60多个县以不同形式建立了县级饲料工业办公室和饲料监察所。

贵州省饲料工业协会2001年11月从省经贸委划转省农业厅，为使协会正常开展工作，充分发挥协会职能，促进贵州饲料工业发展，2003年在省民政厅重新审核换发了《社团登记证》，变更了法定代表人，在省质量技术监督局换发了《组织机构代码证》，并于2003年10月23～25日在贵阳召开了贵州省饲料工业协会第二届会员代表大会。来自全省饲料生产、管理、科研、教学等单位的176名代表参加了会议。省人民政府副省长禄智明、省政协副主席莫时仁、中国饲料工业协会秘书长刘同占、省农业厅副厅长熊文中在会上作了重要讲话。会议通过了新修订的《贵州省饲料工业协会章程》、《贵州省饲料工业协会会员会费管理办法》，聘请了省政协副主席莫时仁担任贵州省饲料工业协会名誉会长，贵州省农业厅厅长陶性潜、副厅长熊文中担任协会名誉副会长。选举产生了由94人组成的第二届理事会，40人组成的第二届常务理事会，选举产生了协会第二届理事会副会长、秘书长、副秘书长，讨论通过了120个单位为协会团体会员。为下一步协会工作奠定了基础。

贵州省饲料行业职业技能鉴定站已正式开展工作，现已举办了一期饲料行业检验、化验员职业技能鉴定工作，共培训合格23人，并正在筹备其他三个职业的鉴定工作。

【主要工作】 2003年主要抓了以下工作：

（一）认真宣传贯彻《饲料和饲料添加剂管理条例》，加强制度建设。

为加强行业管理力度，在国务院新修订的《饲料和饲料添加剂管理条例》颁布实施以后，省饲料办通过各种新闻媒体和途径进行了大力宣传和贯彻实施，组织全省各级饲料管理部门管理人员认真学习《条例》及相关的法律法规和政策性文件，提高行业管理人员的执法水平，建立一支政治素质强、法律水平高、业务技能精的专业队伍，要求行业管理人员不断学习，树立全局观念，克服地方保护主义，摆正执法与服务的关系，纠正重执法轻服务的现象，以服务促执法。

为提高饲料从业人员的守法意识，规范生产经营行为，贵州省多次举办饲料行业从业人员培训班，学习《条例》及相关的法律法规文件和专业知识，目前已培训饲料生产、经营企业管理和质检人员约6 000人。向农民宣传普及饲料安全和科学用药知识，强化养殖产品质量安全意识。

按省农业厅"关于加强我省饲料行业管理的意见"，对饲料生产、经营企业实行《登记证》管理制度、产品标签备案制度、经营人员培训持证上岗制度、生产经营情况季报制度。全省现已核发《饲料生产企业登记证》190个、《饲料经营企业登记证》4 150余个，为规范全省饲料生产、经营、使用起到了积极作用，对贵州省畜牧业和动物食品安全起到了保障作用。

（二）全面加强行业管理工作，确保饲料产品质量安全。

1．加强打假执法领导，认真清理整顿市场。根据国务院、农业部及贵州省人民政府关于整顿和规范市场经济秩序的一系列文件要求，全省农资市场的打假工作由厅长亲自负责，各行政执法单位密切配合，组成农业行政综合执法队伍。各地、县也有一位分管领导亲自抓，联合各农业专业执法部门，组成农业行政综合执法队伍，针对本地区农资市场存在的问题进行集中清理整顿，并建立打假工作领导责任制和打假工作通报制，明确要求各级农业行政部门要加强对农业执法工作的监督检查，严格执法，杜绝有法不依、执法不严和执法犯法的现象。

2003年，全省各级饲料管理部门在农资市场的打假工作中，积极与工商、技监、公安和新闻等部门配合，以整顿和规范饲料市场为突破口，加大执法和宣传力度。在资金紧缺、人员不稳定、经营户多，位置分散、交通不便的情况下，克服种种困难，在坚持经常性清理整顿的基础上，相继组织了4次全省性的集中整顿饲料市场活动，对饲料生产、经营、使用环节进行全面清理整顿。

各地查处"四无"生产、经营户，取缔无证、无批准文号的饲料添加剂和预混料产品，查处假冒伪劣、未附具产品合格证或标签不规范的饲料产品，重点清查滥用违禁药品及超量、超范围使用药物饲料添加剂情况，并严格按照《条例》等有关法律、法规处理，确保饲料市场的公平有序竞争，确保畜牧业安全，确保人民身体健康。全省共出动饲料行业管理人员1 350人（次），车辆250辆（次），深入开展法律法规宣传和打假工作，清理饲料市场1 240场（次），没收、销毁发霉、变质饲料、饲料添加剂185t，4 250袋，价值人民币45.5万元。取缔无条件经营点155个，责令4家无《饲料添加剂生产许可证》添加剂厂停产并进行了处罚。

2．全面完成全国饲料产品质量安全监督检测工作。按农业部《关于2003年度全国饲料产品质量安全监督检测工作的通知》要求，省饲料办下发了《贵州省2003年度饲料和饲料添加剂安全监督抽检计划》，组织全省各地严格按照有关规定，按时完成了统检抽样工作：

各级饲料监察管理部门共抽查各类饲料生产、经营企业102家，合格82家，合格率80.4%。其中，配合饲料生产企业11家，浓缩饲料生产企业24家，动物性饲料生产经营企业18家，饲料经营企业49家。抽检各类饲料及饲料添加剂样品131批，合格107批，合格率81.7%。

3. 积极开展兽药残留和饲料安全检测工作。按农业部《关于下达2003年动物性产品中兽药残留监控计划的通知》，下发了《关于下达2003年饲料及畜产品中"瘦肉精"等违禁药品专项整治计划的通知》，要求全省对饲料生产、经营、使用环节进行监督检查，并抽取猪肝样、猪尿样、猪饮水、鸡肝样、鸡肉样、饲料和饲料添加剂进行检验。省饲料监察所共检测各类兽药残留样品305批，合格296批，合格率97.0%，检测项目为盐酸克仑特罗（"瘦肉精"）、己烯雌酚、金霉素、土霉素、二甲硝咪唑等。其中，猪尿液样品54批，猪用饮水50批，猪肝样品50批，鸡肉样品25批，饲料及饲料添加剂样品30批，养殖场自配料20批，合格率均为100%。鸡肝样品76批，合格67批，合格率88.2%。

4. 启动饲料安全工程，建立饲料安全监测体系。根据农业部统一布置和安排，全省开始逐步实施饲料安全工程，建立完善的饲料安全监测体系。饲料安全工程的主要内容为：以省级饲料安全监测机构为中心，各级饲料安全监察部门相配合，完善和建立饲料安全监测网络信息平台，实行微机联网，形成全省范围内的饲料安全监测网络体系。省级中心主要负责各类饲料产品中的违禁药物、有毒有害物质、各种病原微生物以及动物性产品中的兽药残留等各种微量级指标检测工作，达到年检测能力6 000个项次以上；各地区级饲料安全检测中心主要负责开展一些固定资产投资少、检测快速的检验项目；县级饲料监察机构具体负责生产和经营企业的监督管理工作，对可疑产品进行抽查送检，进行不合格企业的整改、处罚等工作。

目前，省级饲料安全监测中心正在建设过程中，省级中心项目总投资291万元，主要用于改造实验室和购买原子吸收分光光度计、气相/质谱联用仪、近红外分析仪、酶标仪、旋转蒸发器等部分大型精密仪器。实施饲料安全工程，使监控区域由少数重点地区扩大到全省各地，形成覆盖全省的饲料安全监测网络体系，必将促进全省饲料安全工作开展，确保动物性产品的安全可靠。

【存在问题】 主要有以下几个方面：

1. 无行业管理和整顿市场专项经费，各地工作难以深入开展。省内交通不便，县以下饲料经营户小而分散，零售游动摊点多，"配方门市"多，由于各地财政困难，无饲料行业管理和整顿市场专项经费，工作难以深入开展。

2. 管理与服务、监督与协调的关系尚未理顺。行业管理人员素质不高，执法偏差大，未摆正执法与服务的关系，重执法轻服务，出现明显的地方保护主义，不利于贵州饲料市场统一开放体系的形成与发展。当前行业管理还存在两种倾向，一是不作为，二是越权执法。

3. 饲料管理法规不完善，行业管理和执法工作难度大。由于饲料管理法规不很完善，对饲料处罚的规定没有细化，可操作性不强，造成行政管理和执法工作难度加大，在查处假劣饲料案件时，由于打击力度不够，制假售假行为屡禁不止。

（贵州省饲料工作办公室）

云南省饲料工业

【发展概况】 2003年云南省饲料工业仍保持了快速发展的良好势头，工业饲料总产量再创历史新高。截至2003年底，全省现有饲料生产企业298家，其中已获生产许可证企业58家（饲料添加剂企业31家、添加剂预混合饲料企业27家）。工业饲料年双班生产能力达273.5万t，工业饲料产品总产量达到158.3万t，全省饲料工业总产值达36.4亿元，饲料工业从业人员达22 335人。2003年云南省饲料工业发展呈现以下特点：

1. 工业饲料产品产销量增幅大而且产品质量有明显提高。2003年云南省饲料工业生产虽然一度受到SARS疫情和饲料原料价格暴涨的严重影响。但饲料生产企业仍克服了重重困难，薄利多销，保本微利，扩大市场份额。不仅使全省工业饲料产销量继续保持了持续增长，而且增幅较大。工业饲料总产量2003年达到158.3万t，比2002年净增22.8万t，增长16.8%，其中配合饲料总产量达114万t，净增12.1万t，增长11.8%；浓缩饲料总产量达43.2万t，净增10.4万t，增长31.7%；添加剂预混合饲料总产量达1.1万t，净增0.4万t，增长59.5%。全省饲料磷酸氢钙总产量达24.8万t，比上年净增9.6万t，增长63.5%。

在激烈的市场竞争中，饲料生产企业普遍坚持了全面加强质量管理、以质量求生存的经营理念，不仅使工业饲料产量保持了较快增长的良好势头，而且产品质量也有明显提高。从2003年全省抽检的1 067个饲料样品看，抽检合格率达92%，比上年上升4.5个百分点，饲料产品质量抽检合格率基本达到全国平均水平。

2. 饲料产品结构调整力度加大，市场适应能力加强。2003年，全省饲料生产企业面对激烈的市场竞争，重视捕捉市场信息，继续抓好饲料产品结构调整和新产品开发，使全省饲料产品结构发生了一些新的变化。

2003年全省工业饲料总产量中，配合饲料占72%，比上年下降了3.2个百分点；浓缩饲料占27.3%，比上年增加了3个百分点；添加剂预混合饲料占0.7%，比上年增加0.2个百分点。

配合饲料中：猪配合饲料占26.9%，比上年下降0.4个百分点；蛋禽配合饲料占23.2%，比上年上升6.2个百分点；肉禽配合饲料占31.8%，比上年下降4.8个百分点；水产配合饲料占15.5%，比上年上升0.1个百分点；反刍动物配合料占1.7%，比上年下降0.1个百分点；其他动物配合饲料占0.8%，比上年下降0.9个百分点。

浓缩饲料中：猪料占92.9%，比上年上升0.4个百分点；蛋禽料占3.1%，比上年上升0.5个百分点；肉禽料占2.6%，比上年下降1.4个百分点；水产料占0.6%，比上年上升0.3个百分点；反刍料占0.5%，比上年上升0.3个百分点；其他饲料占0.2%，比上年下降0.1个百分点。

饲料企业通过产品结构的调整，不仅增加了企业饲料产品市场占有份额，提高了产量和效益，更重要的是使企业产品更适应市场经济和养殖业发展的需求。

3. 饲料工业生产向规模化、集团化方向发展迈出了可喜的步伐。云南饲料工业生产小型企业居多，制约了饲料工业的发展。近年来饲料市场竞争更加激烈，企业利润空间越来越小，不少企业认识到只有向规模化、集团化方向发展，企业才有出路。采取投入资金进行技改，扩大生产规模。有的采取租赁、兼并、收购、联办等低成本扩张。截至2003年底，全省时产5t以上的企业已发展到39家，其中年生产设计能力在10万t以上企业有9家，2003年昆明正大有限公司总产销量达18.3万t，比上年增长23.6%，昆明黄龙山饲料（粮油）工贸总公司产销量达13.1万t，比上年增长79.6%，云南神农饲料集团产销量达11.5万t，比上年增长21.8%。同时，云南惠嘉饲料有限公司（年生产能力36万t）、云南农生饲料有限公司、云南优耐特动物食品有限公司、昆明新希望农业科技有限公司等大型饲料生产企业已基本建成投入试生产，云南首家饲料集团公司云南神农饲料集团宣告成立（下属7个子公司）。这些饲料生产企业向规模化、集团化方向迈出了可喜的步伐，为全省饲料工业的发展奠定了良好的基础。

4. 饲料工业的发展地区间仍处于不平衡状况。2003年全省饲料总产量80%以上集中在昆明地区，其次是分布在玉溪、曲靖、大理、红河等地州市，其他地区产量很小，应加快发展饲料工业，以适应养殖业发展的需求。

【组织机构】 2000年省级国家机关机构改革后，饲料工业行政管理职能由省经贸委划归省农业厅，省饲料工作办公室与省农业厅畜牧兽医处合署办公。2003年12月13～14日，省委、省政府在昆明联合召开全省畜牧工作会议，会上省委、省政府决定重新组建云南省畜牧局（云南省饲料工作办公室），下设3个处：综合处、兽医处、产业处，隶属于省农业厅，副厅级行政编制，现已挂牌正式运行，各地州市、县也将作相应调整。

【主要工作】 2003年主要抓了以下工作：

1. 做好饲料添加剂、添加剂预混合饲料生产许可证和产品批准文号的评审和申办工作。根据《饲料和饲料添加剂管理条例》及其配套法规的规定，对饲料添加剂和添加剂预混合饲料实行生产许可证和产品批准文号制度管理。截至2003年底，对全省已申报的69家企业，组织专家现场评审68家，农业部已审批发证58家（生产添加剂企业31家、添加剂预混合饲料企业27家），为获得生产许可证的44家企业224个产品办理了产品批准文号。对已获生产许可证和产品批准文号的企业完成了年度检查。

2. 认真做好饲料和饲料添加剂生产、经营前置条件审查工作。为认真贯彻落实《云南省人民政府办公厅关于加强饲料和饲料添加剂生产、经营管理有关问题的意见》，在有关地、州、市饲料工作主管部门的大力支持和配合下，截至2003年底，经审查为全省152家饲料生产企业颁发了饲料生产条件合格证。各地州市、县饲料工作主管部门经审查合格为当地饲料和饲料添加剂经销商颁发了经营条件合格证。

3. 较好地完成了2003年饲料产品质量安全监督抽查任务。根据农业部《关于2003年度全国饲料产品质量安全监督检测工作的通知》（农办牧［2003］23号）的要求，省饲料工作办会同省饲料监察所安排了具体实施计划。在全省各级饲料主管部门、饲料检测单位的共同努力下，全省共抽检饲料样品1 067批，抽检合格率为92%，比上年有明显提高；从屠宰场及养殖户中抽检动物尿样176批，检测结果未检出"瘦肉精"，总的情况好于上年。但从检测中也发现一些不容忽视的问题，如鸡、鱼饲料中违规添加喹乙醇、超量用药、卫生指标超标、饲料标签使用不规范等问题仍有发生，已责令其企业进行整改，省饲料监察所还举办了技术培训，以便消除不安全隐患。

4. 继续举办了饲料检化验从业人员职业技能培训和鉴定，取得了较好成绩。2003年8月22～28日在云南农业大学省动物营养与饲料重点实验室继续举办了饲料检化验从业人员职业技能培训和鉴定。参加培训和鉴定的检化验人员共63人，其中通过理论考试的63人，合格率为100%；通过技能考核的有62人，合格率为98.4%。

【存在问题】 2003年云南饲料工业虽然有较快发展，但与兄弟省市区相比仍有较大差距。主要表现在：饲料工业地区之间发展不平衡，大型企业少，产业化程度低，企业自主创新能力差，新产品开发及新技术推广应用不力，饲料安全仍存在一定隐患，工业饲料产品覆盖面不广。饲料工业的发展仍滞后于畜牧业发展，影响了云南畜牧业资源优势、品种优势、区位优势的发挥。

（云南省饲料工作办公室）

西藏自治区饲料工业

西藏自治区饲料工业是一项新兴产业，长期以来以草原畜牧业为主，依靠天然草地发展畜牧业生产。

农区畜牧业和城郊畜牧业长期处于家庭副业地位，依靠加工饲料来发展畜牧业的观念较为淡薄。加快饲料工业的发展进程，是形势所迫。新形势、新阶段要大力发展畜牧业，就必须从全面出发，更新广大干部、群众的旧观念，普遍提高农牧民的养殖意识，相信科学，以“科技兴农”的原则来积极推动畜牧业的发展。自治区饲料加工业从无到有、从小到大发展迅速，是农区发展畜禽养殖业、牧区抗灾保畜必不可少的产业。饲料工业的崛起定可带动城郊畜牧业的发展，在加快高原牧区畜牧业的发展、减少自然灾害所造成的损失、增加农牧民的收入等方面起到了极为重要的作用。

【发展概况】 目前，自治区在日喀则、山南、那曲等地区中小型饲料加工厂的基础上，进一步扩大生产干粉型混合饲料的生产能力，提高饲料品质，降低生产成本，开发加工原料的利用率。全区现有4家中小型饲料加工厂，从业人员约49人，年生产各种饲料1 820余t，年产值1 000余万元，年企业获利400万元左右。随着农区和城郊畜牧业的快速发展，部分乡村和农户也有了小型的饲料粉碎机、混合机，农牧民也基本掌握了简单的饲料配方和加工技术。4家饲料加工厂建立以来，大大提高了高寒牧区冬春季节预防灾害的能力，极大地促进了农区和城郊畜牧业的发展，为区饲料加工体系的形成奠定了良好的基础。自治区畜牧业正由粗放型向集约型转变，其中饲料工业是一个重要部分。

【组织机构】 自治区的饲料工业起步较晚，2001年机构改革后，在区农牧厅畜牧处设置了全区饲料办公室，主管全区的饲料加工业工作。7地（市）农牧局负责本辖区的饲料加工业工作，各县农牧局负责本县的饲料加工业工作。

【主要工作】 一是认真贯彻落实农业部一系列文件精神，狠抓饲料质量，促进农牧民增收，确保食品安全。二是制定西藏畜禽营养标准等基础工作。三是逐步通过引进饲料加工设备，提高饲料工业的生产能力和经济效益。四是利用科学技术扶持建设一批起点高、上规模、有示范带动作用的饲料加工业。五是对目前现有的饲料加工业进一步加强管理，确保饲料安全。

【存在的问题】

1. 目前自治区饲料加工业的发展不能适应畜牧业发展需要，配合饲料、全价饲料和畜禽各个生长阶段的饲料生产几乎是空白，这严重制约农区和城郊畜牧业的发展。畜牧业的生产一直处于粗饲粗放的经营状况，饲草饲料的利用率不高，给畜牧业生产造成的损失很大，尤其是遇上自然灾害，牲畜的死亡率更高，抵御自然灾害的能力极为薄弱。

2. 现有的饲料加工厂，设备简单、老化，生产能力差，管理方式、营销策略、原料基地建设等存在诸多问题；严重缺乏饲料加工业专业人才，缺乏对饲料加工业发展的研究和饲料配方等。各地发展饲料业不平衡，有些地方还没有，饲料资源没有很好地开发利用，配、混合饲料的质量不高，蛋白质不足，例如动物的血、骨等是很好的动物蛋白，由于综合利用不好浪费极大。饲料添加剂生产大都是空白。西藏畜禽营养科研人员少，且又分散，不能充分发挥其作用；对饲料成品无法进行检验、监测和监督。这些问题，严重制约西藏饲料工业的发展，应尽快解决。

【发展方向】 针对饲料工业在自治区还是一个新兴行业，发展本地饲料工业，必须从本地区实际情况出发，走符合市场经济的道路。依靠本地资源，抓好农牧业结构调整这个主线和大力发展农区畜牧业的机遇，生产符合自治区实际的各类全价饲料和混合饲料，充分利用骨、鱼资源，生产骨粉和鱼粉，为农区养殖业的发展提供饲料保障。

（西藏自治区农牧厅畜牧兽医水产处）

陕西省饲料工业

【发展概况】 主要呈现以下8个特点：

1. 饲料工业产量、产值继续保持快速增长势头。全年全省饲料工业总产量191.6万t，比1997年翻一番，其中浓缩饲料71.5万t。推广配合饲料430万t，实现饲料工业总产值达68.3亿元，分别增长19.4%和14.7%。

2. 规模企业发展速度强劲。陕西石羊（集团）股份有限公司被认定为国家重点龙头企业，陕西汉宝科技发展（集团）有限公司和陕西省饲料厂被认定为省级重点龙头企业。同时这3家企业还是全国饲料行业百强企业，年生产能力达到95万t，生产推广配合饲料达71万t，生产饲料添加剂和添加剂预混合饲料达14 000t，产销收入达15.6亿元，分别占全省饲料工业的19.8%、16.5%、5.6%和22.7%。目前，全省饲料加工企业年生产能力1万～25万t的企业发展到87家，年产销量突破1万～5万t以上的企业32家。这些骨干企业的产销量达到95万t，占全省总产量的45%，带动和促进了全省饲料工业的迅猛发展。

3. 饲料工业产品结构进一步调整。随着省委、省政府《关于加快畜牧产业化建设的决定》不断深入人心，全省养殖业继续保持良好的发展势头，随着奶牛业、水产业和养猪业的迅猛发展，奶牛配合饲料推广量达到56.4万t，比上年同期的42.5万t增长32.7%，水产料13.6万t，比上年同期11.9万t增长14.7%；猪料168万t，比上年同期136万t增长23.5%，创历史新高。

4. 新建和技术改造企业步伐继续加快。上年新建和技术改造的25家企业全部投产，且产销两旺。2003年新建饲料企业26家，其中年生产能力3万～9万t的企业9家，西安康大饲料科技有限责任公司等20家企业先后投产，使全省饲料工业生产企业总体规模进一步扩大，给饲料工业可持续发展带来新的活力和推动力。同时，陕西省饲料厂等13家企业对原有设备和生产工艺进行了技术改造，扩大了生产能力，提高了生产工艺水平。全省用于新建项目和设备技术改造资金1.9亿元，新增颗粒饲料生产设备16台（套），年新增生产能力85万t，为不断加快全省饲料工业现代化发展夯实了基础。

5.市场营销拓展力度加大。企业积极调整市场营销策略，从属地市场跳出陕西，向国内、国际两大市场拓展，全省1/5的产品已销往全国，氯化胆碱、苹果粕等产品已走出国门，出口创汇。

6.饲料产品质量稳步提高。随着《饲料和饲料添加剂管理条例》等法规及“饲料产品质量安全年”活动深入实施，监管力度的加强，饲料生产企业和经营者及使用者的饲料安全意识、质量意识不断增强，有效地防止了饲料安全事故的发生，促进了饲料工业和养殖业的健康发展。从全省饲料生产企业定期目录抽检结果看，425个样品，合格率达到87.3%，比上年提高了2.3%。同时按照农业部和陕西省饲料工业办公室的安排，全省先后两次抽查450家企业，995个经营点，1 623个养殖场（户），均未发现“瘦肉精”。

7.企业整合发展意识增强，新产品开发与时俱进。陕西汉宝科技发展（集团）有限公司、陕西石羊（集团）股份有限公司、渭南壮须饲料添加剂集团有限公司、陕西省西荆实业集团有限公司、陕西省饲料厂、深圳康达尔（高陵）饲料有限公司、陕西省军区副食品生产基地、高陵县达利饲料有限公司、陕西龙首油脂有限公司、西安新希望产业有限公司、汉中希望饲料有限公司、西安通威饲料有限公司、陕西杨凌富仕特饲料有限公司等企业，经过整合，企业的品牌知名度随着市场份额的不断扩大，得到社会和广大用户认可。全省反刍动物饲料产品、高活性蛋白饲料、苹果粕、生物活性饲料开发、销售步伐加快，辐射面不断扩大，为广大城乡居民吃上“放心肉”、喝上“放心奶”提供了保证。

8.饲料工业社会效益显著。全省推广配合饲料430万t，仅此一项，可为农民增加收入8.6亿元；节约粮食129万t，每吨粮食按1 000元售价计算，这一项又可为农民节约养殖成本12.9亿元。全省饲料工业上缴各种税金达3.5亿元，直接拉动社会效益28亿元。饲料工业的发展，推动了一、二、三产业的快速发展，为社会解决城镇和农村剩余劳动力25万多人次；促进了粮食的转化，全省饲料工业年转化玉米260万t，粕类、麸皮和矿物等副产品160万t，有效地促进了粮食结构的调整。无偿培训农民科学养殖技术人员达到13万人次，提高了农民科技文化水平。

【主要工作】 2003年主要抓了以下几点工作：

1.加强饲料行业执法力度，促进行业规范发展。在省委、省政府的重视下，受养殖业快速发展的拉动，饲料工业得到了全面发展。但是，部分饲料生产、经销企业和养殖场（户）受利益的驱动，违法生产、经销和使用假冒伪劣饲料产品的现象时有发生，直接影响了广大农户的利益，给养殖业发展带来严重危害，甚至影响广大消费者的身体健康。为此，坚持把饲料行业的执法检查作为经常性工作来抓，定期不定期地在全省范围内开展专项检查，按照农业部《2003年饲料及畜产品中“瘦肉精”等违禁药品专项整治计划》要求，陕西省饲料工业办公室以省农业厅名义下发了《陕西省2003年饲料及畜产品中“瘦肉精”等违禁药品专项整治计划》，专项安排由省饲料监测所、西安、渭南、宝鸡、铜川和户县等6家饲料监测所（站），对全省饲料和饲料添加剂生产企业进行了一次目录抽查，其中饲料加工生产企业产品合格率达到91.3%，省内未发现违禁添加“瘦肉精”现象。其次在全省开展了两次饲料行业专项整治工作。全省饲料行政执法共出动人员2 574人次，车辆647台次，印发资料32.9万份，检查市场995个，检查企业450个，抽查养殖场（户）1 623个，查处违规违禁及不合格产品484个，立案57件，结案53件，查处产品数量达173t，价值人民币47.3万元。三是为了加强管理，规范企业有序生产，从源头上把好产品质量关，按照农业部《饲料添加剂和添加剂预混合饲料生产许可证管理办法》和省农业厅颁发的《陕西省饲料生产企业资格审查办法》要求，全省共完成了299个饲料生产企业资格审查合格证、103个饲料添加剂和添加剂预混合饲料生产企业许可证的审核、审报和年检工作。通过对企业的严格审核和年检，进一步促进了企业的制度建设，加强了生产工艺和检化验设备的建设，改善了厂区环境和生产条件，为生产安全饲料产品提供了可靠保证。四是根据农业部《关于2002年下半年饲料和饲料添加剂质量监督检测情况的通知》和《关于2002年第三次饲料和饲料添加剂质量监督检测情况通报》要求，对不合格产品的企业集中进行了专项整改学习，按《条例》规定，依法做出吊销咸阳金路畜禽营养制品厂等6家生产企业的18个产品批准文号的决定，维护了法律的严肃性和公正性。

2.强化质量管理，确保饲料安全。为了加快陕西饲料工业全面发展，进一步引起各级饲料管理部门、饲料生产、经营企业和养殖场（户）的高度重视，警钟长鸣，共同努力，相互监督，切实增强质量安全意识，加强质量管理，全面提高饲料产品质量，确保养殖业的持续健康发展。为了严格控制饲料生产、经营和使用环节，开发研制无公害、无污染、低残留的饲料产品，确保“放心肉”、“放心奶”工程的实施，2003年首次在全省开展了“饲料产品质量安全年”活动，向全行业发布饲料安全倡议书和饲料产品安全宣言，向全省饲料行业发布了饲料安全倡议书，并组织了50个具有一定规模的企业向社会庄重承诺：“重信誉、讲诚信、守承诺，不售假，共同规范陕西饲料市场秩序”，接受社会监督，整体推进行业产品质量的提高。并对2002年在饲料安全工作中成绩突出的陕西汉宝科技发展（集团）有限公司等36家企业进行了表彰。三是与全省农业系统“创佳评差”活动相结合，树立陕西饲料行业新形象。继续在全行业开展了“十佳饲料企业”、“文明饲料办”、“文明饲料监测站（所）”、“饲料执法先进个人”和“优秀营销员”评比活动，对2002年评出的3个“文明饲料办”、4个“文明饲料监测站（所）”、6个“执法先进个人”和30家“十佳饲料企业”进行了表彰。四是制定了《陕西省饲料质检机构资格认可管理办法》，先后对商洛市饲料质量监测站等9个质检机构进行了机构资格认可，加快了全省质量检测工作的步伐。五是8月份举办了“全省饲料产品质量管理培训班”，参会代表150人，重点对饲料原料质量控制、饲料配方技术与饲料质量控制、饲料生产企业产品质量控制、饲料监督管理法规及执行现状等内容进行了学习培训，加强了行业质量管理水平。六是对饲料级碳酸钙企业进行了治理，并对6家获得生产许可证企业进行了公告，有力地打击了非法生产企业，对获证企业进行了保护。

3. 进一步充分发挥政策扶持优势，为饲料行业营造良好的发展环境。良好的发展环境是促进饲料工业加快发展的关键。年初，为了认真做好饲料产品免征增值税工作，在调查研究的基础上，陕西省国家税务局下发了《关于2003年度饲料生产企业免征增值税产品年度审验工作有关问题的通知》，陕西省饲料工业办公室协调30多家企业在免税过程中发生的问题，确保了全省饲料产品免征增值税工作的顺利进行。仅此一项可为企业提供500多万元的发展基金。其次继续做好企业所得税减征工作，使此项政策进一步得到了实质性的落实，有力地促进了饲料企业的发展壮大。

4. 深化企业改革，加快整合步伐。根据十六大精神，积极引导企业在解放思想中更新观念，在调整中加快发展，在发展中加快调整，饲料工业要走科技含量高、经济效益好、资源消耗低、环境污染少、人力资源优势得到充分发挥的新型工业化路子。首先，重点开展了“5551”工程活动，即50家饲料添加剂和添加剂预混合饲料生产企业的综合整改，50家饲料产品安全宣言企业的依法生产规范，50家饲料企业生产信息调查，10家饲料企业规范化管理试点。其次抓好20家大中型饲料生产企业实施走新型工业化道路的整合工作，引导企业加快完善创新机制，适应做强做大市场的需要，努力提高企业创新水平，增强企业挑起全省饲料工业强劲发展的大梁。三是召开了两次全省大中型饲料企业季度生产形势分析会，指导饲料企业把握市场脉搏，加快发展步伐。四是同台湾旭格有限公司和美国大豆协会联手举办“微生态制剂”和“现代化养猪技术”讲座，为陕西省饲料企业加快发展创造了深造机会。

5. 加强行业培训，推进整体技能。一是为了认真贯彻落实农业部《关于修改〈饲料和饲料添加剂预混合饲料生产许可证管理办法〉的决定》，全面推进全省获得生产许可证企业进一步达标，举办了饲料添加剂和饲料添加剂预混合饲料生产许可证年检培训班。其次根据国家农业行业实行就业准入的职业目录，结合陕西饲料生产企业持证上岗情况，对饲料检验化验员、饲料厂中心控制室操作工和饲料设备加工维修工开展了两次技能培训和鉴定工作。在职业技能培训和鉴定工作中，陕西省饲料工业办公室和全省5名同志分别被中国饲料工业协会评为全国饲料行业职业技能鉴定先进集体及先进工作者。

6. 做好行业宣传，提高信息化水平。一是利用《陕西饲料报》和《陕西饲料网》重点对有关规定要求和相关法规进行宣传报道。一年来，全省饲料行业共印发宣传法规政策资料达32.9万份，促进了全行业自觉遵守法规政策的意识。二是组团参加“两展”，扩大陕西饲料行业知名度。11月15～19日，组团参加了南京2003中国畜牧业暨饲料工业交易会，15家企业参展，展位17个，参会企业达70多家，参会人数超过200多人；11月5～9日组织18家饲料企业参加第十届杨凌农业高新技术博览会，收到了良好的社会效益，达到了双赢。三是举办了陕西省饲料行业第二届中国象棋大奖赛，活跃了行业员工的文化生活，增强了企业间的凝聚力，加强了行业的两个文明建设。四是先后两次在《陕西日报》上宣传饲料工业，4次在《陕西农牧信息专报》上重点报送饲料工业情况，引起了各级领导同志和各级政府部门对饲料工业的高度重视和支持，提高了全民重视饲料工业，收到了显著效益。

【存在问题】 主要有以下几点：

1. 行业发展整体观念滞后。传统式的经营思想仍是制约陕西省饲料工业发展的最大障碍，因此，饲料工业要整体升级，必须跳出陈旧的思想观念，与时俱进，才能发展。

2. 产品标签或包装不规范，生产许可证、产品质量标准标注混乱，无证无号、假证假号、有证无号、有号无证、新证老号、老号新证等现象仍然存在。

3. 产品引用标准混乱，企业标准水平低，作废的产品标准仍继续引用生产。

4. 企业结构不适应产业发展。首先企业生产规模偏小，不适应全省新时期饲料工业发展要求，形成了“小企业、大面积”的发展格局。产品结构不合理，全省真正规模生产饲料添加剂的生产企业并不多。奶牛和特种饲料虽从无到有，但比重还小，不适应目前发展的需要，而且新开发的新型饲料和新型饲料添加剂的发展缓慢。

5. 市场发育不完善，企业行为不规范。一些企业在销售上继续采用加大回扣、买料赠物，违标低成本生产等不正当竞争手段扩大产品销售，造成赊销和履行合同引起的纠纷仍有发生；部分企业受畸形消费因素的影响，违规使用添加品，一些企业不按标准随意性生产，甚至冒用别人的标准、标签；市场流通原料质量差，有毒有害指标超标；少数企业领导法律知识欠缺，企业产品质量自我保护意识差，造成少数用户谁价低就买谁的产品等。这些问题能否得到尽快解决，不仅关系到陕西省饲料工业的健康发展，而且关系到陕西饲料工业做大做强的进程。

（陕西省饲料工业办公室）

甘肃省饲料工业

【发展概况】 2003上半年，由于受SARS的冲击，人流、物流受阻，饲料运营受到一定影响，下半年，饲料原料波动剧烈，部分饲料企业被迫停产，生产利润空间下降，企业结构进一步调整。总体上讲，饲料运营相对平稳，产销量持平，其中反刍动物饲料、草产品饲料前景良好，增幅可达30%。饲料产品合格率比上年提高5个百分点。总体特点：一是受需求量、价格、品种结构等诸方面的影响，抑制了发展的速度；二是大宗饲料原料价格普遍上涨，冲击中小企业，促进了饲料业结构调整；三是饲料市场竞争激烈，为维持市场份额，部分生产企业调整配方和营养指标，选择低价原料相互替代，降低饲料档次。但是，长远看，随着国家加快发展畜牧业战略的实施及规模养殖的蓬勃发展，甘肃省饲料业市场容量进一步扩大，饲料产销量稳步增长的总体态势没有改变。

从产量方面看，上半年，产销量有所下降，降幅近10%，受SARS影响，个别地方下降了两成左右。占配合饲料总产量近50%的猪饲料和肉鸡饲料下降幅度较大，蛋鸡饲料及其他品种饲料基本持平。其中，浓缩饲料、添加剂预混合饲料有升有降。牛羊饲料、草产品饲料市场前景好，产量进一步提高。下半年，饲料生产有一定程度回升，猪料、鸡料均出现反弹，略有增长，牛羊饲料、草产品饲料继续保持了增长势头，全年饲料总产量保持上年水平。

从价格方面看，今年饲料原料和畜产品价格，均出现了先抑后扬的态势，然而畜产品价格上涨，却迟于饲料价格上涨。比如生猪生产，6月以前，活猪价格在4～5元/kg，猪肉价格为7.5元/kg，猪粮比价为1∶4，均为近年来较低水平。自11月份开始价格回升并出现大幅上扬，目前已近11元/kg。而饲料原料价格，自4月份开始不断上涨，豆粕已由2 300元/t上涨到3 300元/t，赖氨酸价格由3万元/t，上涨到5万元/t。下半年饲料大宗原料普遍出现上涨，均早于畜产品价格上涨。

从效益方面看，上半年比较突出的表现是饲料企业受SARS影响，饲料产销量均下降，5、6月份出现了恢复性反弹，但效益难以得到完全弥补；下半年，受原料涨价和畜产品涨价之后的影响，饲料产品价格难以相应增长，部分中小企业出现亏损，甚至停产、停业，大型饲料企业为保住客户，让利维持生产，但普遍开工不足，不能实现规模效益，致使总体收益利润空间下降。

【主要工作】 主要有以下几点：

1. 贯彻落实《国务院促进饲料业持续健康发展若干意见》。2003年9月，国务院转发农业部《关于促进饲料业持续健康发展的若干意见》。对此，省政府和厅里高度重视，加大了对饲料工业发展的关心、支持和领导力度，积极开展贯彻落实工作。一是通过举办培训班、撰写通讯稿、送科技下乡等活动，组织全省各级饲料管理机构和饲料从业人员认真学习《若干意见》，宣传相关法律法规，统一思想，提高对持续健康发展饲料业重要性的认识。参与厅里组织的送科技下乡活动，组织饲料管理和技术人员开展了送饲料科技下乡，共接待群众咨询500多人次，印发宣传资料2 000余份，向广大农民传授饲料科技安全知识与实用技术的同时，进行了普法宣传。二是参与筹备全省畜产品安全会议，在开展调查研究的基础上，分析了全省饲料工业现状，梳理了发展思路，提出了贯彻落实《若干意见》的设想，并在会上进行了研讨、酝酿，为贯彻落实《若干意见》作了思想动员和工作准备。三是按照厅专题研究贯彻落实《若干意见》的总体贯彻思路，起草了“甘肃省贯彻落实促进饲料业持续健康发展若干意见的实施意见”，并经省政府批准贯彻落实。

2. 组织开展整顿规范饲料市场专项行动。一是在元旦、春节期间，根据厅党组的部署安排，为严厉打击制售、使用“瘦肉精”等违禁药品的违法行为，保证食品安全，在全省范围内开展了打击违禁药品的专项整治行动。对饲料和饲料添加剂生产、经营企业和个人，畜禽养殖场（户），畜禽购销单位和个人，畜禽屠宰场（户），畜禽产品销售市场，进行了重点整治。二是春节前，为了防止含有“瘦肉精”等违禁药物的猪肉上市，根据甘肃省农牧厅党组的部署安排，配合有关处室，开展农资打假活动，对兰州市饲料市场进行了突击检查。三是以省农牧厅名义下发了“关于加强饲料行业管理全面提高饲料和饲料添加剂产品质量的通知”，针对2002年对全省范围内饲料和饲料添加剂生产、经营和使用企业以及动物饮用水等进行监督抽检中发现的问题，进行了生产经营环节的整治。各市、州、地结合辖区内饲料生产经营的实际，审查了生产经营者的资格，整顿了饲料产品的证、号、标签，检查了企业生产条件和生产设备。力求从根本上解决饲料产品质量问题，进一步加强了饲料监管的执法力度和市场准入管理。四是开展监督检查活动。靖远县北湾镇和临洮县是甘肃省农民养殖的集中地，畜产品产销对兰州市场影响力较大，如何保护饲料生产经营的积极性，引导企业有序生产，规范经营，保证饲料质量安全，是饲料管理部门亟待解决的一项课题。2003年饲料办，联合当地饲料管理部门，会同省饲料兽药监察所，对上述地区进行了联合执法检查。针对存在的问题，提出了企业和各级饲料管理部门的治理整顿要求。这次规范饲料生产经营和使用的做法，对确保当地畜牧业健康发展产生了积极意义。

3. 饲料产品质量监督抽查工作。准确掌握生产、经营、使用各环节的饲料质量状况，有利于有效开展规范整顿饲料生产经营秩序，打击违法违规行为行动。根据农业部《全国饲料和饲料添加剂质量监督检测实施细则》的要求，继续开展全省饲料和饲料添加剂质量监督检测。全年分两批抽检饲料产品共 244 批次。饲料产品合格率达 73.8%，比上年提高 5 个百分点。在对农业部抽查结果通报转发时，结合全省情况，提出了具体监督管理措施。一是切实加强对生产、经营企业的管理。二是整顿加药饲料生产，确保饲料安全。三是规范经营活动，打击伪劣、假冒饲料产品。四是继续严厉打击饲料生产、经营、使用过程中的违法、违规行为，杜绝违禁药物的添加使用。

4. 加强制度建设，强化保障体系，推进标准化管理。为了探索新形势下良好的行业监管措施，结合工作实际，与企业、基层进行了交流、调研，了解生产形势，掌握市场动态，以便加强制度保障体系建设，推动饲料业持续发展。一是在总结实践经验基础上，探索完善甘肃省管理措施和办法。草拟了“饲料企业生产条件审查管理办法”和“饲料产品标签管理办法”文本，并对照管理实践加以完善。收集资料，为进一步整理完善“加药饲料管理办法”等有关规定作了准备工作。二是按照《若干意见》关于各有关部门和各级人民政府要切实履行饲料管理和监督职能，制定饲料安全突发事件防范预案，建立有效的预警机制的要求，为防范全省饲料及畜产品不安全事件，组织起草了“甘肃省防范饲料和动物饮水中违禁药物应急预案”，并组织专家论证。三是由饲料办承办的甘肃省无公害饲养生猪、产蛋鸡、肉牛、肉羊饲料标准，已完成文本起草工作，正在进一步修改完善和论证准备工作。

5. 秸秆养畜示范工程项目建设。目前，全省在建的国家级秸秆养畜示范工程项目县市是：镇远县、平凉市、广何县、高台县、徽县、泾川县。其中，镇原县和平凉市国家级秸秆养畜示范工程项目是农业部 1999 年下达的，经过 3 年实施，到目前基本完成各项建设任务。平凉市，在 16 个项目实施乡（镇）的 82 个村，建成青贮氨化池与塑料膜暖棚圈舍相配套示范户 2 169 户，辐射带动 1 030 户，新建青贮氨化窖池 4 338 座，69430m^3，暖棚牛舍 4 530 间，81 757m^2，建黄牛改良点 16 个，购置了人工授精仪器、液氮罐，投放铡草机械 109 台，共创造直接经济效益 1 114.6 万元；镇原县项目区建青贮氨化窖池 5 800个，2.3 万 m^3，占计划的 96%，改建羊舍 160m^2，饲料加工调制、人工授精、兽医防治室 210m^2，购置铡草机 60 台，占计划的 120%，购进种公羊 126 头，占计划的 113.2%，全县羊存栏 28.6 万只，占计划的 102%，出栏 13.6 万只。目前，两县市已开始准备验收材料，接受检查。其他县均按设计计划进展正常。

6. 开展饲料业务培训。2003 年举办了两期业务培训班。一是按照国家有关特殊工种持证上岗要求，举办检化验人员职业技能培训；二是为了规范饲料业统计工作，举办了饲料统计人员统计培训班。

（甘肃省饲料工业办公室）

青海省饲料工业

【发展概况】2003 年青海省畜牧业的稳定发展，促进了饲料工业的健康快速发展，全省饲料工业发展呈现以下几个特点：

1. 饲料生产稳中有升，饲料工业生产持续增长。2003 年上半年受 SARS 等因素的影响，前两季度饲料生产比上年同期下降 38%，进入第三季度，全省相继实施的“西繁东育工程”、“退牧还草工程”和“青南牧区越冬饲料贮备项目”，有力地拉动了配合饲料的生产，特别是牛羊配合饲料等反刍动物的饲料增长较快，需求旺盛，产销两旺。据不完全统计，2003 年全省饲料产品产量 10.5 万 t，比上年同期增长 5%，其中配合饲料产品产量 7.4 万 t，菜籽饼（粕）2 万 t，饲料添加剂 0.4 万 t，肉骨粉 0.5 万 t，实现工业产值 1.1 亿元。

2. 饲料产品质量稳定，质量安全总体形势良好。全年抽查饲料生产企业 50 家，合格 40 家，合格率为 80%。抽检饲料产品 100 批次，合格 87 批次。合格率为 87%。本次抽查饲料生产、经营和养殖企业的饲料产品中未检出盐酸克伦特罗等违禁药品，饲料产品质量较好。

3. 生产企业生产规模不断扩大，骨干企业的影响和作用更加明显。2003 年全省实际生产配合饲料 7.7 万 t，其中两家骨干企业生产配合饲料近 4.3 万 t，占全省总量的 56%，产品辐射到西宁、海东和环湖地区以及周边省区，饲料产品的市场份额呈逐步扩大的态势，而小型饲料加工厂（车间）的低档混合饲料市场呈逐渐萎缩趋势。

4. 饲料企业向集团化、规模化和畜牧业产业化方向发展。全省一些骨干企业在发展好主营产业的同时，以饲料为依托，积极与省内科研部门、技术推广部门以及某些地区开展多种形式的合作，进行牛羊良种繁育基地建设和饲草料种植等合作项目。同时积极与跨地区、跨行业的乳业、肉食品加工企业进行合作，形成强强联合，走畜牧业产业化发展之路。

【主要工作】全省饲料工业行业主要工作如下：

（一）认真搞好饲料产品质量的监督管理工作。

1. 饲料产品质量安全监督检测工作。根据农业部《关于 2003 年度全国饲料产品质量安全监督检测工作的通知》（［2003］23 号）精神和全国饲料工作办公室《2003 年度全国饲料和饲料添加剂安全检测实施细则》的工作要求，结合本省实际，制定下发了《2003 年度青海省饲料产品质量安全监督检测工作实施方案》，分两阶段组织实施了全省 1 州、1 市 1 地 8 县饲料生产、经营和畜、禽养殖场的饲料及饲料添加剂产品抽检工作，其中检出 7 家不合格饲料生产、经营企业。按照农业部有关要求，分两次召集不合格企业负责人，通报了全省饲料产品质量安全监督监测的结果，传达学习了国家有关政策、法规，分析了不合格产品的原因。针对企业存在的问题，分别提出了具体整改意见。通过整改，大部分整改企业强化了内部管理，完善各项规章制度，规范了饲料生产、经营行为，保证了产品的质量。但有两家饲料企业经整改，仍达不到要求，根据《饲料和饲料添加剂管理条例》有关规定，责令停止了饲料生产和经营活动。

2. 全面开展饲料及畜产品中违禁药品的专项整治工作。为了从源头上加大全省非法销售和使用“瘦肉精”等违禁药品的工作力度，提高全省畜产品的安全质量，巩固已取得的成果。组织有关部门在全省范围内开展了大规模的整治行动。全省共出动执法人员400人次，车辆53台次，对全省1市、1地和2州19县（市）的32家饲料生产企业（饲料加工点），35个畜禽养殖场，69个饲料（包括兽药）经营点进行了重点检查，没收了国家已明令禁止使用的呋喃唑酮等食品动物禁止使用的兽药及劣质兽药31种，总价值约2 388元，清理了一批无饲料标签、无产品合格证、无饲料标准和无生产许可证的“四无”饲料添加剂及其预混合饲料，总价值为20 100元。通过专项整治，初步规范了全省饲料及饲料添加剂生产、经营秩序，有力地推进了全省安全、优质饲料的生产、经营和使用。另外，根据整治方案，分别抽取25个饲料生产、经营企业的饲料及饲料添加剂50批次、7个养殖场畜禽饮水25批次和3家生猪屠宰场的猪肝60批次、猪尿65批次，共计200批次样品中，未检出盐酸克伦特罗违禁药品。

3. 认真开展青南牧区牲畜越冬饲料产品质量监督管理工作。根据省农牧厅《2003年青南牧区牲畜越冬饲料贮备项目实施方案》，组织饲料生产定点企业和饲料质量部门负责人，对项目所需的饲料产品质量监督检测工作进行了具体的安排布置，要求各项目实施单位严格按照《青南牧区牲畜越冬饲料贮备项目管理办法》，做好饲料产品的生产管理和质量监督检测工作。根据饲料生产的进度，省饲料办定期或不定期地深入饲料生产企业监督检查反刍动物饲料产品中禁止添加使用动物性饲料和饲料药物添加剂使用情况。经过各部门的紧密配合，项目实施的饲料产品没有出现漏检和不合格现象发生，顺利完成项目的质量监督工作。

4. 积极组织动物源性饲料产品监督抽样工作。按照农业部的安排部署，组织有关单位，在西宁市及3个辖区县和海东地区4个县的55家动物源性饲料生产、经营和使用企业中按期完成了抽样任务，确保了全国动物源性饲料产品检测工作的顺利开展。

（二）加强《条例》的宣传工作，开展执法监督检查工作。

1. 积极搞好饲料管理执法人员培训工作。充分利用人员培训、科技下乡等活动，广泛向基层宣传《饲料和饲料添加剂管理条例》等有关法规，使《条例》人人皆知，家喻户晓。9月份，举办了一次全省饲料和饲料添加剂管理培训班，全省农牧（饲料）管理部门和饲料生产经营企业的负责人100多人次参加了培训。11～12月份组织人员参加了两次科技下乡活动，共展出展板和实物32份，发放《饲料和饲料添加剂管理条例》、饲料药物添加剂和饲料安全及畜产品安全知识的宣传资料1 500份。通过培训和宣传，增强了全省饲料行业从业人员的法律和质量安全意识，提高了饲料管理人员的政策水平，规范了饲料生产经营行为。

2. 认真开展饲料执法检查工作。2003年初，与农牧厅法规处和牧医处联合组成执法检查组，对西宁地区的生猪、牛羊屠宰点，农贸市场，超市，饲料兽药生产、经营、使用单位进行执法大检查，共检查了西宁市及3个辖区县的18家兽药经营单位、15家饲料生产和经营单位、6家养殖场（户）。对查出的违禁药物、过期兽药进行了处理，对生产、销售无标签和无证、无号、无执行标准的“四无”产品的饲料生产、经营企业进行了整治，收缴了一批假劣饲料添加剂。

（三）制定配套规章和政策，建立长效监管机制。

1. 加强调研工作，制定出台《青海省饲料业发展的若干意见》。国务院办公厅转发《农业部关于加快饲料业持续健康发展的若干意见》后，根据全省饲料工业的发展现状，起草了《关于青海省加快饲料业发展的实施意见》上报省人民政府。2003年11月，省人民政府向全省进行了转发。该实施意见对于强化省饲料管理部门的职能，整顿和规范饲料生产、经营企业，合理调整饲料生产布局，优化产品结构，加强饲料安全质量体系建设，把全省饲料工业做大做强，具有重要的指导作用。

2. 加快起草青海省饲料生产经营企业管理办法。国务院颁发的《饲料和饲料添加剂管理条例》实施5年多来，对于规范饲料生产、经营秩序有了很大的改善，全省根据饲料工业发展的实际需要，参照兄弟省市先进的管理经验，起草了《青海省饲料生产、经营企业审查登记管理办法》（草案），该管理办法进一步修订完善，报有关部门登记后印发实施。

【存在的问题】主要表现在以下几个方面：

1. 饲料行业管理和执法机构亟待加强。目前青海省仅设立了省级饲料管理机构，州（地）、县两级农牧主管部门对饲料行业管理职能尚不明确，也没有相当的监督管理机构，影响了饲料生产、经营市场的监管。

2. 饲料管理经费缺乏。由于青海省饲料管理部门的工作经费没有列入财政部门的预算，上级部门下达的任务无法落实。使饲料的管理工作难以有效的开展，其次是饲料检测经费不足，使饲料产品质量监督检测工作无法全面开展，市场上伪劣饲料产品得不到有效遏制，饲料生产的安全质量难以得到保证。

3. 饲料质量检测职能不明确。有的部门重复抽检并对企业收取检验费，企业颇有怨言。

（青海省饲料工作办公室）

宁夏回族自治区饲料工业

【基本概况】2003年宁夏饲料工业，在自治区党委、政府的领导关怀下，全行业同心协力，奋力拼搏，经受住了SARS疫情对饲料行业的严峻考验，在市场低迷的重压下，保持了全区饲料产品产量稳定增长。

2003年全区共生产饲料产品47.7万t，其中配合饲料41.4万t，浓缩饲料5.3万t，添加剂饲料1.0万t，实现工业总产值11亿元，营业收入10亿元。饲料加工企业213个，其中时产5t以上饲料加工企业11家，5t以下（含1t）饲料企业202家。年生产能力双班达62万t。全区肉类总产量达到23.4万t，奶类产量38.7万t，禽蛋产量8.7万t，水产品产量5万t。青贮饲料85万t，其中全株玉米青贮15万t。

【组织机构】宁夏饲料工业办公室，编制5人；处级单位；隶属于宁夏回族自治区农牧厅；2003年由自治区编制委员会界定为依照公务员管理；职能为统筹、规划、协调、管理全区饲料工业工作。宁夏饲料工业协会和宁夏饲料工业办公室，两块牌子一套人员；1986年成立，1994年3月6日换届为第二届理事会。

【主要工作】2003年主要抓了以下几点工作：

1. 贯彻落实行业法规政策，促进饲料管理工作规范化、法制化。自治区饲料工业办公室，依据国家《饲料和饲料添加剂管理条例》，针对当地实际，会同有关部门制定了地方法规《宁夏饲料和饲料添加剂管理办法》，由自治区人民政府49号令颁布实施。为了进一步规范企业生产、经营行为，根据《办法》，自治区农牧厅制定了《宁夏回族自治区准予生产证暂行管理办法》。依据《条例》，和地方性法规《办法》进一步规范全区饲料和饲料添加剂生产、经营，以法治饲，为行业生产、经营创造健康有序的竞争环境，促进当地饲料工业的发展。

2. 开展了饲料生产和经营企业资质审查登记。根据农业部农办牧［2003］4号文件及《饲料和饲料添加剂管理条例》和《饲料添加剂和添加剂预混合饲料生产许可证管理办法》的有关规定，2003年4月份，对全区饲料添加剂和添加剂预混合饲料生产许可证进行了年检。对于新建饲料添加剂预混合饲料生产企业进行生产条件审核，符合要求上报农业部审发生产许可证。核发具有生产许可证资格的饲料添加剂和添加剂预混合饲料产品批准文号6家，审批发放了配合饲料、预混合饲料生产经营登记证200家。备案了全区饲料和饲料添加剂生产经营企业。

3. 开展饲料质量监督检查工作。2003年，为确保饲料产品质量安全，保障人民身体健康，自治区农牧厅根据农业部办公厅《关于2003年度全国饲料产品质量安全监督检测工作细则的通知》（农办牧［2003］22号）文，开展了全区饲料质量安全监督检测工作，由自治区饲料工业办公室负责检测工作的组织和监督管理，自治区饲料监察所承担检测任务，各地饲料管理部门和质量检测机构密切配合，分工协作，共检查饲料生产、经营企业60家，样品100批次，抽查结果显示，全区动物源饲料（主要是外来鱼粉），因无标签判为不合格外，其他配合饲料、浓缩饲料合格率均为100%，产品合格率同比提高了4个百分点，全区未发现含有“瘦肉精”的饲料，通过抽检，有效地净化了市场，提高饲料产品质量，保证了畜产品的安全，确保人民身体健康。

4. 开展农资市场大规模清查整顿。为了净化农资市场，保护广大农民群众的合法权益，维护正常生产经营秩序，自治区农牧厅于2月15至3月15日组织饲料、兽医、药监等有关部门，对全区农资市场进行大规模清理整顿，清理整顿查处的主要产品包括饲料、饲料添加剂、鱼粉、兽药、兽用生物制品和动物疫苗等。重点查处伪劣农资产品、国家明令禁止的兽药、饲料中滥用违禁药品。检查中发现2家饲料企业不符合生产条件，限期整改，仍未达标，责令停业整顿。对经销企业中18个不合格产品进行了查处。此次大规模的清理整顿，有力地打击了坑农、害农、危害畜禽发展的不法行为，进一步规范了全区饲料生产和经营秩序，促进全区饲料工业健康稳步的发展。

5. 开展“农业科技年”活动。为了有效、扎实地开展此项活动，自治区农牧厅组织有关专业处室、厂、站，制定“农业科技年下半年活动实施方案”，科技推广项目：①饲料资源紫花苜蓿丰产栽培技术推广。全区有天然草场200多万公顷，其中海原及卫宁山区以紫花苜蓿为主，大力发展以紫花苜蓿为主的生态型草产业，尽快实现南部山区生产建设和产业结构调整的步伐，为发展全区现代化畜牧业创造了必要的物质条件。②饲料甜菜切块机研发，为饲料甜菜资源合理利用提供了快捷方便条件。③科技培训。2003年第三季度，开展了对全区市县兽药、饲料管理人员和专业技术人员进行了为期2周轮回培训，培训的内容是饲料安全、兽药监督、无公害畜产品的基本知识，动物产品有毒有害物质检测，共计200人次。④饲料资源调研。对宁夏固原市提交《3万吨TD蛋白饲料生产项目建议书》进行了调研工作。拟通过项目启动，充分利用当地饲料饲草资源，以加快南部山区生态建设和产业结构步伐，扶持农民脱贫致富。

【发展特点】宁夏自治区历史上是一个传统的农牧区，由于人口增长，变为以农为主生产格局，但发展畜牧业、水产业、饲料工业的优势依然存在，按照国家《优势农产品区域布局规划》和《关于加快西部地区特色农业发展意见》的要求，自治区以实施“三个十工程”为突破口，集中力量发展以羊产业、奶产业为主的优势产业，做精做细淡水渔业特色产业。畜牧水产业的发展，带动了全区饲料工业的发展，封山禁牧，舍饲圈养，天然草原承包到农户、联户。建立了肉羊为主的羔羊育肥基地，开发了羔羊代乳料；启动奶牛品种改良计划，推广了奶牛预混料、浓缩料及精料补充料，2003年全区反刍动物饲料同比增长26.4%，保持了产量上升的好势头。种植业生产着眼于增强全区农产品市场竞争力，为养而种，为加工而种，为销而种，力争2003年全区饲草饲料种植面积占耕地面积30%以上。全区渔业通过优化品种结构，扩大规模，拓展区外市场，2003年，全区名优特优水产品产量达1.8万t，占水产品总产量比重同比提高10个百分点。

（宁夏回族自治区饲料工业办公室）

新疆维吾尔自治区饲料工业

【发展概况】截至2003年底，新疆有各类饲料企业324家，其中饲料加工生产企业166家（每小时生产能力524t），单一饼粕类的生产企业158家。饲料加工生产企业按产品的类型分（有重复计算）：配合饲料企业119家，浓缩饲料企业40家（兼产），添加剂预混合饲料企业25家，饲料添加剂企业19家。按企业登记注册类型分：国有企业31家，集体企业47家，私营企业106家，股份合作企业22家，中外合作合资企业3家，其他企业115家。

2003年全区生产各类饲料120.7万t，比上年增长5%。其中配合饲料107.9万t，浓缩饲料11.9万t，添加剂预混合饲料0.9万t，分别比上年增长3.9%、25.3%和2.3%。各类饲料中商品饲料占59.4%。各饲料所占比例见下表：

各类饲料所占比例（%）

饲料类别	猪料	蛋禽料	肉禽料	鱼料	反刍料	其他料
配合饲料	14.9	21.5	33.4	10.4	12.8	6.9
浓缩饲料	45.2	32.5	19	0.4	2.0	0.9
预混合饲料	27.8	25	16.8	7.8	16.2	6.5

添加剂生产企业生产碳酸钙3.2万t，微贮活杆菌1t，微生素C 8.1t，磷酸氢钙25.5t，骨粉、肉骨粉约1.3万t。全区生产各类饼粕53.7万t，其中豆粕4.5万t，棉籽粕41.4万t，菜籽粕3.2万t，其他饼粕4.6万t。

2003年，全区饲料工业总产值22.1亿元。年末从业人数为5 659人。其中博士13人，硕士38人，大学本科生584人，大专生919人，其他4 105人。饲料特有工种职业技能岗位人员581人，其中饲料厂化验员216人，维修工189人，中央控制室操作工176人。

【生产特点】主要表现在以下几个方面：

1. 企业继续增加。2003年新疆饲料生产规模不断扩大，在昌吉州新建的新疆天博饲料有限责任公司和新疆天正泰饲料有限公司企业，小时生产能力均为10t，对饲料企业相对集中的天山北坡经济带来说，无疑加大了市场竞争。全区中小型企业继续扩建，扩大了行业的饲料生产能力。同时大中型油脂加工企业纷纷建成，油脂原料竞争激烈。

2. 产品结构趋于合理。从饲料产品结构看，配合饲料、浓缩饲料、添加剂预混合饲料全面增长，浓缩饲料增长较大，产品结构趋于合理。各饲料企业加大了新产品开发力度，牛羊精料补充料成为新产品开发的重点。产量比往年有了较大幅度的增长，牛羊复合营养舔块成为企业开发的新项目。

3. 影响因素增加，企业利润减少。第一季度，饲料原料的总体价格水平属近年来的较高水平，玉米和豆粕等大宗饲料原料价格上扬，进口鱼粉价格稳中有升，尽管饲料原料价格较高，但由于畜产品消费不旺，猪禽产品价格较低，饲料消费需求紧缩，饲料价格未能和原料涨价同步，尤其是进入5月以后，SARS给企业原料的采购运输和饲料生产、销售带来了更大的困难，企业的原料供应、产品销售不畅，销售市场无法拓展。同时，由于运输过程的严格控制，使饲料原料的供应产生了趋紧的态势，运费上涨，生产成本增加，各企业经营盈利状况普遍较2002年有所下降。

【组织机构】新疆2001年政府机构改革，确定畜牧部门负责全疆饲料和饲料添加剂管理工作，具体业务由自治区饲料工业领导小组办公室（简称新疆饲料办）负责，饲料工业办为依照公务员管理的事业单位，具有行政执法管理职能，定编5人，领导职数2人。

全疆14个地州市，已有13个地州市成立了饲料管理机构并有专人负责，全疆饲料行业管理工作步入正轨。

【主要工作】2003年主要抓了以下工作：

1. 办理饲料生产企业生产许可证、批准文号、免税审核、设立条件审查等业务。2003年，新疆有5家饲料生产企业获得了农业部颁发的饲料添加剂和添加剂预混料生产许可证，办理批准文号16个。有51个配合饲料、浓缩饲料、精料补充料及单一大宗料的生产企业取得企业设立条件审查合格证，核发饲料产品登记文号431个。办理和重新办理饲料产品免税审核的企业84家。组织专家审查了68家饲料企业产品标准，有151个饲料产品标准通过审查。同时完成了行业季报年报工作。

2. 饲料添加剂和添加剂预混料年检工作。2003年，按照《饲料添加剂和添加剂预混合饲料生产许可证管理办法》，对全区26家添加剂预混合饲料及18家饲料添加剂生产许可证获证企业进行了年检，在对年检报表认真审核的基础上，组织人员对部分获证企业进行了现场抽检，经检查，全区大部分添加剂和添加剂预混合饲料生产企业能够遵守国家有关规定，规范生产，产品质量普遍提高，2003年没有接到对这44家获证企业的产品质量投拆。同时对个别企业存在的问题提出了限期整改意见。

3. 饲料产品质量检测工作。2003年新疆完成饲料统检抽样891批次；定期监督检验抽样99批次，全部合格；行业检验67批次，其中合格63批次，不合格4批次；饲料委托检验286批次，其中合格91批次，不合格37批次，含量测定158批次；免税检验201批次，其中合格174批次，不合格27批次；合同检验2批次，其中合格1批次。

4. 加强了饲料行业规范及管理。根据国务院《饲料和饲料添加剂管理条例》和《新疆维吾尔自治区实施〈饲料和饲料添加剂管理条例〉办法》的有关规定，2003年，区饲料办对全疆已纳入饲料行业管理的各类饲料和饲料添加剂生产企业（包括生产单一大宗原料企业）进行了规范，要求其所生产的各类饲料必须证号齐全方可生产和经营，从而有效遏制了市场上各类饲料产品的鱼目混杂和恶性竞争的现象。

5. 饲料执法工作。2003年，区饲料办共受理饲料产品质量举报案件9起，其中立案追查3起，结案2起。伊犁伊环公司生产的牛羊育肥料因添加国家禁用的药品盐酸克仑特罗，经区饲料办组织人员现场抽样，自治区药检所检测，农业部质检中心复检确认，被依法查处。

6. 组织开展全疆饲料行业行政执法管理观摩学习活动。为加强饲料行业行政执法工作，总结交流各地在依法管理饲料行业中的经验，10月饲料办组织南北疆饲料管理人员20余人赴伊犁、乌鲁木齐市、巴州、阿克苏、喀什等地参观学习。此次活动达到了统一认识，提高管理水平的目的。

7. 开展特有工种职业技能培训鉴定。12月举办了第五届饲料行业特有工种职业技能鉴定培训班，同时开班3个，对3个准入工种饲料检验化验员、饲料厂中央控制室操作工、饲料设备维修工进行理论授课和现场授课，鉴定考核也分为理论考试和现场考核，共有94人次参加，有80人取得等级资格证书。

（新疆维吾尔自治区饲料工业办公室）

大连市饲料工业

【工业概况】至2003年底，大连市已有饲料和饲料添加剂生产企业120家，其中饲料添加剂生产企业4家，添加剂预混合饲料生产企业12家，浓缩饲料、配合饲料和饲料原料（饲草）生产企业70家，鱼粉（骨粉）生产企业34家。2003年饲料和饲料添加剂总产量为50万t，总产值为10亿元。其中添加剂和添加剂预混合饲料产量为6 540t，浓缩饲料产量85 461t，配合饲料产量371 911t，饲料原料（饲草）产量20 300t，鱼粉15 788t。经过几年的发展，大连从最初只能生产简单的配合饲料，发展到现在已能生产饲料添加剂和添加剂预混合饲料、浓缩饲料等畜禽、水产动物、特种动物所需各类饲料。大连市饲料工业经过不断深化企业改革，推进技术进步，调整产业和产品结构，初步形成了以饲料加工业为主体，饲料原料工业、添加剂预混料工业、饲料质量监督检测协调发展的饲料工业体系，饲料工业整体素质全面提高，总体实力显著增强，生产能力大幅提高，饲料产量和产值均有新的突破。饲料总产量和产值分别比上年增长了14%和9%。

【主要工作】2003年主要做了以下几点工作：

1. 加强法规政策宣传。大连市饲料工作办公室组织区市县饲料管理部门和生产企业认真学习和贯彻《饲料和饲料添加剂管理条例》、《辽宁省饲料生产企业登记管理办法》等法律法规，利用简报、会议等形式，宣传讲解和印发饲料行业有关规定，以此提高从业人员的思想认识和法制观念，取得了较好的效果。

2. 积极热情为企业服务，促进饲料业健康发展。2002年末，国务院转发了农业部《〈关于促进饲料业持续健康发展若干意见〉的通知》，大连市委市政府对大连市饲料业的发展高度重视，市委书记孙春兰在《关于扶强做大大连市饲料产业的建议》中做了重要批示。大连市饲料办本着“以促进饲料行业的发展为中心，以提高饲料产品质量为重点，以搞好服务为主要工作内容”，积极、真诚地为企业服务，吸引外地和本地的企业家到饲料行业投资创业，全年新办饲料生产企业38家，投入资金8 800余万元，比上年增长35%。促进了大连市饲料行业的快速发展。

3. 加强饲料行业内部自身建设。2002年初大连市饲料管理工作由大连市计委移交给大连市农村经济发展局，为提高饲料行业管理人员的素质，市饲料办多次组织各级饲料管理人员和企业负责人到外省市学习和考察；各区市县的饲料管理部门也普遍开展了有针对性的培训和学习，提高了行业整体素质和管理水平。

4. 加强行业监督管理，全面提高饲料产品质量。为保证饲料产品质量和畜产品安全，按照《饲料和饲料添加剂管理条例》要求，大连市各级饲料管理部门，加大了对饲料生产企业、经营单位和养殖户的监督检查，并与工商、技术监督局等部门积极配合，重点检查“三无企业”。全市共抽检饲料376批次，合格率为86%，整顿和规范了饲料行业的生产与经营秩序，增强了生产经营者的法律意识。

5. 全面开展饲料生产企业换发（核发）《审查合格证》工作。为进一步加强饲料生产企业的监督管理，促进饲料工业持续健康发展，根据《辽宁省饲料生产企业登记管理办法》，市饲料办对全市辖区内的饲料生产企业普遍开展了换发（核发）《饲料生产企业审查合格证》工作，并按照《管理办法》要求，对全市饲料生产企业进行了年检，加强和规范了饲料行业的管理工作。

【存在的问题】虽然大连市饲料企业发展较快，但部分企业规模小，设备简陋，科技含量低，缺乏产品技术创新和应对市场竞争能力，产品结构仍不尽合理；饲料加工机械生产还是空白；在管理方面，地方规章和企业标准体系还不很健全，企业的管理和检验化验设施还不完善，市场秩序还需进一步规范。

（大连市饲料工作办公室）

青岛市饲料工业

【基本情况】2003年，在青岛市饲料行业发展的进程中是重要又很不寻常的一年。遇到的困难比预料的大，取得的成绩比预料的好。

上半年突如其来的SARS疫情，使饲料销售、生产几乎停滞；下半年饲料原料出现了历史上罕见的价格暴涨，豆粕、赖氨酸等饲料原料价格涨幅创历史最高，饲料产品不能同步涨价，饲料企业承受了巨大压力；对外出口又遭到国外提高进口技术标准、构筑技术壁垒，使饲料市场的规模和数量等诸方面受到了较严重的挤压和冲击等。面对重重困难，全市各级饲料管理部门与饲料生产、经营及使用企业积极应对，负重奋进，在科技进步、结构调整、与国际接轨、提高经济效益和社会效益、积极发展具有国际竞争力的大企业集团、搞活具有市场活力的中小企业、加大饲料市场经济秩序的整治力度、用创新的精神培植发展新优势和进一步构建龙头城市大饲料工业架构的新格局等方面，都取得了新的成绩，在发展速度和发展质量上，又取得了新的突破。

2003年全市饲料产品总产量113万t，实现销售收入28亿元，同比增长8.9%，增幅高于全国平均水平。各类添加剂和添加剂预混料、浓缩饲料、水产饲料，均比2002年有新的增长，各种配合料增幅也有了新的突破，与全国同类城市相比，青岛市总量增幅以及其他主要经济指标均位居前列，进一步保持和增强了青岛市饲料工业在全国的先进水平和在全省的龙头地位。

【主要工作】回顾2003年，主要做了以下8方面工作：

1. 深入开展“瘦肉精”等违禁药品专项整治及饲料市场秩序清理整顿工作。在严厉打击“瘦肉精”及违禁药品的违法犯罪行为中，各级饲料管理部门会同有关部门，按照职责分工，紧紧抓住饲料生产、经营、使用的关键环节，实行全程监管。首先，以查处“四无”饲料添加剂为重点，开展了饲料打假专项行动；其次，继续实施药物残留监控和检测；再是加强了饲料生产、经营和使用3个环节的统检和抽查。因此，国家、省抽检青岛市饲料生产企业和养殖企业25家，抽检饲料样品26个，动物饮用水样品14个及猪尿样，无一检出“瘦肉精”和违禁药物，达到100%的合格率。饲料市场秩序清理整顿活动中，各区市饲料管理部门认真贯彻《2003年饲料市场秩序清理整顿活动方案》，并根据青岛饲料办统一部署，在清理整顿领导小组和分管领导直接组织领导下，依法、有序、有力地开展工作。全市共发放《须知》、《办法》、《条例》、相关法规等宣传材料17 700多份，《办证指南》、《购料指南》等明白纸15 600余份，出动车辆700余次，人员2 200余人次，行车里程5万余km，跑了1 843个乡镇和村庄，2 636个饲料生产、经营和使用企业，取缔非法经营企业45个，限期整改饲料生产企业21个，饲料经营企业196个，立案88起，没收25个品种3 200余kg非法饲料，查处违禁药品16kg，清退过期饲料10余t，罚款6 000余元。经过上下共同努力，2003年的饲料市场清理整顿活动达到了“净化市场、震慑违法、规范秩序、良性发展”的预期目标。

2. 加强饲料原料的管理。饲料原料是饲料安全的源头，其质量直接影响到饲料产品的质量安全。在饲料原料质量监管方面，重点依法查处无证、无号、无标准产品11宗，无标签或标签与实物不符产品23宗，非饲料级动、植物蛋白质原料7宗，没收掺杂使假、假冒伪劣原料4宗。由于监管得力，从源头上杜绝和控制了安全隐患。

3. 严格饲料生产、经营市场的准入。对新建饲料和饲料添加剂生产企业，严格按国家和省规定的条件进行验收。发放饲料生产、经营企业办证指南，使企业办证简单明了，特别是在专业人员、生产设备、化验室配备等否决项方面，指导和规范企业不搞花架子，切实从实际水平上达到规定要求。同时，大力规范了饲料经营企业、经营人员的资格条件，不符合要求的不得从事饲料经营。经严格规范和审查，2003年又有83户饲料经营企业、23户饲料生产企业达到了验收要求，获得了省或农业部饲料生产和经营审查登记证。

4. 完善饲料标准体系，进一步推行标准化管理。针对青岛市饲料生产采用企业标准多的实际，积极引导和帮助企业从经济全球化和国内、国际两个市场着眼，采用与国际接轨的饲料标准体系。在此基础上，进一步推动饲料企业实施ISO系列标准和HACCP管理体系，2003年又在部分企业已实施认证的基础上，组织青岛大海跃水产饲料有限公司、青岛新雅农牧发展有限公司与中饲协咨询认证中心进行了ISO认证的前期准备工作。下一步将按计划、有步骤地在ISO认证的基础上，逐步在全行业推行HACCP管理认证，进一步提高全行业标准化管理水平。结合年检、免税抽检、市场整顿、企业登记审批等工作，加强《饲料标签》、《饲料卫生标准》的执行与管理，现在全市100多家生产企业已经全面贯彻落实了《饲料标签》和《饲料卫生标准》。

5. 实行饲料产品质量承诺制度，打造诚信品牌。组织全市已发合格证照的饲料和饲料添加剂生产、经营企业共849家全部进行质量安全承诺，新验收合格的饲料生产、经营企业也签了承诺书，并用随机抽查、年检自检等方法加强了日常监督和监管，确保了这些企业生产和经营优质安全饲料产品。

6. 加大饲料市场抽检力度。本着省部级抽检为主、市级抽检为辅的原则，在配合完成省部级抽检任务的基础上，充分发挥青岛市饲料检测机构的作用，加大了饲料产品质量抽查，2003年在流通领域抽了50个产品，其中46个是外地的，外地产品不合格率达到70%多，下一步将对不合格产品进行通告和处罚；饲料免税抽样275个，有的产品指标也存在不合格隐患，要加强跟踪监督措施，从根本上解决这些企业存在的质量隐患。

7. 充分发挥大型饲料企业的龙头带动作用。在这项工作中，以宣传推广“九联模式”为工作主线，大力推介六和集团“两头延伸”战略。新特瑞等有条件的饲料企业借鉴“九联”经验，从单纯饲料生产向养加销产业化经营转变，已有13户饲料企业与养殖场户建立了稳定的产销和利益关系，提高了青岛市饲料行业安全及产业化经营水平。

8. 加强饲料业务工作培训。采取上下结合、分级培训的办法，各区、市饲料执法和管理人员由市饲料办集中统一培训，共培训了120人次。然后以各区、市为单位分别分级培训，重点是提高执法队伍管理人员掌握行业管理政策和执法规定要求，培训人员共计350人次。培训效果十分明显，大家都反映在掌握政策和规范执法等方面有了很大提高。同时，狠抓了饲料职业技能鉴定工作。2003年鉴定饲料检验化验员44名，饲料中央控制室操作工10名，饲料加工设备维修工37名，合计91名，进一步提高了饲料企业重点岗位人员素质。2003年青岛市饲料行业职业技能鉴定站荣获全国先进集体称号并在全国会上做典型发言。

【总体思路】下一步青岛市饲料行业发展的总体思路是：以党的十六大和十六届三中全会为指导，认真贯彻中央经济工作会议和中央农村工作会议精神，牢固树立和落实全面、协调、可持续发展的科学发展观，努力实施“科技兴饲”、“企业名牌”、“纵横发展”和“走出去”战略，切实加强行业管理，强化市场监督，推进科技进步和技术创新，加快调整步伐，促进产业化进程，推动外向型企业发展，增强国内外市场竞争能力，进一步加强和提高全市饲料行业在全国的先进水平和在全省的龙头地位。

（青岛市饲料工业办公室）

宁波市饲料工业

【发展概况】2003年，宁波市全年生产配合饲料23万t，浓缩饲料3 312.7万t，添加剂饲料2 832t，鱼粉1.1万t，实现销售收入5.8亿元，几年来饲料工业总体保持相对稳定。2003年新申请成立配合饲料生产企业2家，目前全市有各类饲料生产企业32家，其中时产5t以上配合饲料生产加工企业7家，产品涉及猪、肉禽、蛋禽、牛、兔、淡水鱼、海水鱼、虾、蟹、鳖和鳗鲡等畜禽、水产及部分特种经济动物系列，饲料品种齐全。2003年，宁波舜大股份有限公司获得了中国绿色食品发展中心颁发的“A级绿色食品生产资料认定推荐证书”，至此，宁波市已有宁波舜大股份有限公司、宁波天邦股份有限公司和宁波联合生物有限公司3家公司成为获得绿色证书的企业，其中宁波联合生物有限公司生产的糖萜素饲料添加剂是国内第一个AA级绿色饲料添加剂，宁波天邦股份有限公司是国内水产饲料生产企业中首家获得绿色证书的企业。

【组织机构】2003年，经宁波市机构编制委员会批准，宁波市畜牧兽医站升格为宁波市畜牧兽医总站，同时增挂宁波市饲料工作办公室牌子。饲料工作办公室具体承担以下几方面工作职责：编制全市饲料行业发展规划，承担饲料行业的监督管理，负责全市饲料监测、饲料质量标准的制定并组织实施等工作。

【主要工作】有以下几个方面：

（一）深入开展《饲料和饲料添加剂管理条例》等法律、法规宣传教育活动，提高全社会特别是行业从业人员的认识。

2003年，全市各级农业部门通过开办培训班、科技下乡、联场联户等活动，并结合省、市无公害绿色农产品和农产品基地认定，借助《生猪产销协会通讯》、《兔业信息》等行业协会内部发行刊物和其他新闻媒体，着重围绕如何规范使用饲料和饲料添加剂、绿色畜产品生产和应用等主题内容，分阶段、有重点地开展了广泛性的宣传和教育活动。

（二）开展调研工作，做好参谋。

2003年上半年，受SARS疫情和持续“高温”的影响，全市畜牧生产受到了较大的冲击，并影响到了饲料企业的正常生产。为此，宁波饲料办专门对畜牧生产企业和饲料生产企业进行了详尽的生产调研，积极为有关领导和部门决策提供参考。

（三）以提高畜产品质量安全为目标，进一步规范饲料、饲料添加剂的生产使用。

1. 制订和修改有关畜禽养殖地方标准，明确饲料、饲料添加剂使用规范。为适应畜牧业标准化发展需要，2003年，宁波市有关县（市）、区共对6个标准进行了制订和修订，这6个标准分别为《浙东白鹅系列标准》、《余姚番鸭系列标准》、《万头猪场工厂化养殖建筑设计规范》、《余姚黄鸡系列标准》、《舜余王鸽系列标准》、《绍鸭镇海青壳蛋鸭系列标准》和《无公害鸭蛋系列标准》等，新标准进一步完善了饲料、饲料添加剂和兽药等使用内容。各县（市）、区在修订和新制定发布标准的同时，以畜牧龙头企业和养殖大户为示范点，带动周边及有关养殖场、户按照标准进行养殖。

2. 结合绿色农产品和基地认定工作，强化对饲料和饲料添加剂使用监控。近几年来，随着宁波市畜牧业产业链的延伸和适应城乡居民生活水平提高的需要，全市畜产品加工业得到了快速发展，2003年，全市有被认定为市农业龙头企业的畜产品加工企业家（包括养殖加工一体化生产企业）12家，有15个产品被认定为浙江省绿色农产品，有24个产品被认定为市级绿色农产品，有10个生产基地被认定为市级绿色农产品基地，2003年市级农业龙头企业行列中，以畜产品为原料的加工企业产值达10亿以上。在省、市绿色农产品和基地认定过程中，宁波是把饲料和饲料添加剂使用情况作为认定的重要内容之一，对规范饲料和饲料添加剂使用起到了积极的作用。

3. 开展饲料生产和经营市场秩序整顿，加强饲料行业监督管理。一是按照《浙江省饲料生产企业审核登记办法》，对全市未申请过饲料生产登记证的饲料生产企业进行了登记审核。对不符合要求的饲料生产企业，责令其限期整改，并关闭了一些家庭作坊型的小规模饲料生产加工企业。二是积极引导有关饲料生产企业开展绿色认证，加大品牌建设力度。比如2003年，宁波舜大股份有限公司继宁波天邦股份有限公司和宁波联合生物有限公司之后，成为宁波市又一取得绿色畜禽饲料认证证书的企业。三是对全市饲料和饲料添加剂生产企业检化验员是否持证上岗进行了摸底调查，并组织无证上岗技术人员进行培训，进一步提高了检化验员素质。四是开展兽药、饲料和饲料添加剂、种畜禽等专项整治活动，加大农资市场整顿力度，严厉打击各种违法生产经营假冒伪劣饲料、饲料添加剂和兽药及β-兴奋剂等行为，有效地起到了规范和整顿农资市场经济秩序的作用。据统计，2003年全市检查兽药、饲料和饲料添加剂企业232家，涉及饲料和饲料添加剂品种近60余个，兽药品种350个，查获违规案例43起，其中罚款25起，涉案金额近20万元。五是开展抽样监测工作。2003年，全市共对10家配合饲料和浓缩饲料生产企业、2家鱼粉生产企业和10家养殖场进行了抽检，并对规模牧场和屠宰场抽样检测282头份β-兴奋剂检测，对发现的问题及时进行了处理。

【存在问题】主要有以下几点：

1. 现阶段行业管理和监督手段较为单一。由于管理职能调整时间不长，目前宁波市、县两级管理部门都未建立起专门的饲料化验和检测实验室，除了β-兴奋剂能够依托兽医实验室开展检测外，其他饲料分析、化验工作尚不能开展，制约了饲料和添加剂选定管理和监督工作的开展。

2. 饲料生产企业开工不足。宁波市畜牧业生产规模化程度较高，饲料和饲料添加剂在畜牧生产上普遍应用，对饲料和饲料添加剂需求量较大。但全市多数饲料生产企业处于不饱和生产状态，既造成设备闲置，又影响企业经济效益。造成饲料生产企业开工不足的主要原因有：一是大量外来的饲料和饲料添加剂打入宁波市，饲料和饲料添加剂市场竞争激烈；二是相当一部分畜牧生产企业自购饲料原料，自行配方，自行生产，影响了饲料市场的供求状况；三是一些家庭作坊式的饲料代加工点的代加工行为对饲料市场的不良影响；四是饲料款赊欠现象，影响了企业正常生产。从今后管理工作来看，如何处理好饲料生产企业和畜牧生产场、户两者关系，实现两者的互动发展，是今后需重点研究和解决的问题。

3. 饲料和饲料添加剂市场秩序尚需进一步规范。随着管理工作力度的加强，个别饲料经营户及养殖场、户经营和使用违规产品的手段越来越隐蔽，对管理工作造成新的挑战。

（宁波市饲料工业办公室）

厦门市饲料工业

【发展概况】截至2003年底，厦门市有饲料工业企业45家，从业人员2 000多人，全年实现工业总产值近40亿元，年总产量达50多万t，其中猪料9万多t，蛋禽料12万t，肉禽料14万t，水产料15万t，浓缩料0.4多万t，预混料1万t，其他1.4万t。全年饲料工业生产发展势头强劲，结构调整步伐加快，全年工业生产总值比上年翻了一番。厦门市饲料工业立足于国内空白点，面向国际尖端技术，发展高新技术，重点开发预混料生产和各种饲料添加剂。2003年厦门市有4家企业获得市科技创新资金的支持，以科技创新支持企业，用科技引导生产，加快了厦门市企业生产的科技含量。同时厦门市已有多家企业向市、省、国家申报农业化“龙头”企业，在“银祥”“浦头”率先获得厦门市著名商标之后，2003年银祥集团公司又荣获福建省2002年“福建省名牌产品”称号，成为了福建省十家名牌产品企业之一；浦头饲料有限公司也正在积极申请“福建省名牌产品”；汇佳盛水产饲料有限公司的水产饲料也正在申请厦门市著名商标。可以说企业在立足发展的同时，也正在通过重视品牌效益，以获得企业更大的发展空间。

【组织机构】2004年，厦门市饲料及饲料添加剂管理工作将由厦门市计委转到厦门市农业局主管，市饲料工业办公室挂靠在市农业局畜牧兽医处，由于没有专职人员，行业管理的日常工作由职能部门主管和市饲料工业协会协作相结合。各区目前没有饲料管理部门。

【主要工作】2003年主要作了如下几点工作：

1. 加强生产审核，规范饲料生产。2003年市饲料工业办牵头，组织饲料生产企业审核验收专家小组及相关人员，完成了对32家生产企业的审核工作，及时帮助办理福建省饲料生产企业综合审核证明。

2. 强化服务意识，继续代办免征增值税工作。认真按照国家对饲料产品的免税政策、免税程序，核对应免饲料产品名称、类别，严格把关，为45家企业办理了免税合格证明，促进了饲料生产企业健康发展。

3. 强化行业管理，狠抓源头污染。按照厦门市委市政府提出的治理“餐桌污染”建设“食品放心工程”的总体要求，通过执法检查与质量抽检相结合方式，严把源头质量关，确保养殖业的安全生产和保护人民身体健康。同时，厦门市全年共组织了4批人员进行培训，至今厦门市饲料行业已有28人通过职业技能培训和鉴定获得国家劳动部颁发的《中华人民共和国职业资格证书》，为保证产品质量提供了人员技术保证。

（厦门市饲料工业办公室）

深圳市饲料工业

【发展概况】2003年，深圳市认真贯彻落实农业部《关于促进饲料业持续健康发展的若干意见》，以抓饲料质量安全为重点，以为企业服务为宗旨，在上级饲料管理部门的指导下，认真执行《饲料与饲料添加剂管理条例》等有关法规条例，扎扎实实做好饲料管理工作，为企业创造了良好的发展环境，全市饲料工业在市场竞争激烈、原料不断涨价的严峻形势下，保持稳定的发展态势。2003年深圳市饲料工业的生产情况及特点如下：

（一）饲料生产情况。

2003年全市共有饲料生产企业31家，饲料生产总量80.6万t，与上年同期相比减少7%，其中配合饲料产量为67.5万t，同比减少2%；浓缩饲料产量为8.9万t，同比减少12%；添加剂预混合饲料产量为4.2万t，同比减少14%。配合饲料中禽饲料产量为43.7万t，同比减少2%；猪饲料产量为18.6万t，同比减少3%；水产饲料产量为3.4万t，同比增加13%。饲料工业总产值可达17.2亿元，同比减少21%。

（二）饲料生产特点。

1. 主要饲料原料价格比2002年大幅增加，导致饲料生产成本不断提高。饲料原料中玉米平均价为1.2元/kg，比上年同期增加了5%；豆粕平均价为3.1元/kg，同比增加了8.1%；小麦麸平均价为1.2元/kg，同比增加了6.9%，饲料主要原料中只有进口鱼粉全年平均价格与上年相比有所下降。上述主要饲料原料的提高，导致饲料成本也大幅提高。

2. 饲料产业结构和饲料品种结构进一步优化。2003上半年受SARS影响，各养殖企业损失较大，缩减饲养量导致对饲料的需求减少，因此2003年配合饲料总生产量下降了7%，其中禽及猪的配合饲料分别减少了2%及3%，浓缩饲料、添加剂预混合饲料产量分别比上年减少了12%和14%，但水产饲料却增长了13%。表明深圳市的饲料产业结构进一步优化，饲料品种日益增多，微生物制剂产品等环保型饲料品种不断涌现，配合饲料中猪、禽料所占比重呈下降趋势，水产饲料所占比重稳步上升，且增幅较快。随着市场调节作用的增大，饲料品种结构也随着市场的需求而不断改变，这与全市农业结构变化趋势相符合。

3. 许多饲料生产企业注重技术创新，提高了产品的科技含量，从而加大了自己的市场占有率，保持了本企业的产品在同类产品中的领先地位。另外，不少企业经营规模不断扩大。2003年全市有5家饲料企业为寻求新的发展而搬迁新厂，从而使企业的生产规模、生产技术等得到提升，提高了企业的市场竞争力。

4. 饲料安全及产品质量进一步提高。2003年，通过开展安全生产，饲料及畜产品中“瘦肉精”等违禁药品专项整治行动，饲料质量监督检测，配合国家、省市开展畜牧业生产资料打假等措施，对全市饲料产品质量进行监管，较好地保证了全市饲料产品的质量安全问题。

【主要工作】2003年主要抓了以下工作：

1. 认真贯彻宣传《饲料和饲料添加剂管理条例》等法规条例。2003年，为使全市的生产企业进一步熟悉并执行《饲料和饲料添加剂管理条例》等有关配套法规，举办了全市饲料企业管理人员及技术负责人参加的饲料质量安全及管理培训班，邀请国家及省的专家讲课，共有近70人参加，取得了较好的效果。

2. 加强饲料管理工作，把好市场准入关。认真按照《饲料和饲料添加剂管理条例》等配套法规，加强对企业资格审查，严格把好饲料企业市场准入关。2003年配合省饲料办对6家符合生产条件的饲料添加剂和添加剂预混合饲料生产企业办理了审核手续，完成2003年饲料添加剂和添加剂预混合饲料生产许可证的年检申报工作。办理饲料添加剂、添加剂预混合饲料产品批准文号15个。根据饲料标签标准的要求，把好饲料标签的审核关，2003年按国家标准审核了9家饲料生产企业的共300多个饲料产品的饲料标签。

3. 抓好饲料质量监测工作，开展多项专项整治行动，确保全市饲料产品的安全卫生。2003年，一是开展了安全生产检查、饲料及畜产品中“瘦肉精”等违禁药品专项整治行动，共出动60多人次，对全市的饲料厂及饲料门店进行检查。二是依法开展饲料产品质量监督检测工作，根据农业部《关于2003年度全国饲料产品质量安全监督检测工作的通知》精神，对全市饲料生产企业、养殖场及饲料门店等进行质量抽检，共抽取样品80个，合格率达到100%。在检测中，对个别企业的不作为判定指标的超标项目，也及时对企业提出了警告，并责成其整改。三是配合国家、省市开展畜牧业生产资料打假等行动，较好地保证了全市饲料安全及产品质量的提高。

4. 严格把好免征增值税的审核关。与市国税局联合按照国家、省有关饲料企业的免征增值税精神，对28家生产企业申报的100多个样品进行了审核，对审核合格的给予享受免征增值税。

5. 按照省饲料办的通知精神，认真做好饲料企业生产条件和质量保证体系的考核工作。严格按照通知要求，组织考核评审小组，采取实地考察、查阅资料、询问有关人员等考核方法，今年对4家搬迁的配合饲料、混合饲料和浓缩饲料生产企业进行了考核验收。

6. 做好饲料工业信息的统计工作。按照省饲料办的要求，认真做好季报、年报的数据收集、整理、汇总，并及时将统计数据上报省饲料办。

7. 根据饲料企业的要求及深圳市实际需要，成立了深圳市饲料工业协会，进一步为全市饲料企业做好服务工作。

【存在问题】 主要有以下 3 个方面：

1. 一些饲料生产企业和养殖场对产品质量和安全重视不够，有些企业的实验室形同虚设，检验人员和检测仪器设备都不能满足保证产品质量的要求。

2. 部分饲料生产企业对饲料管理法规条例不了解，未能及时办理有关审批、审核手续。

3. 对饲料企业的监督管理还不是很到位，有待于进一步加强。

（深圳市饲料工作办公室）

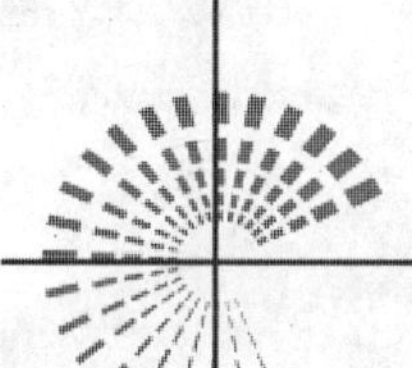

企 业 篇

全身心的投入　让生命更美丽

——北京英惠尔生物技术有限公司

像一颗冉冉升起的新星，一个充满生机与活力的，不断为合作伙伴创造快乐的企业，引起了饲料行业精英们的关注。她就是位于北京中关村的高新技术企业——北京英惠尔生物技术有限公司。

英惠尔公司成立于2000年11月，是中国农业科学院饲料所在国家科技体制改革的形势下，为变革科技成果的推广方式而成立的战略性窗口，是饲料所科技实力和科研作风的代表。秉承国家级饲料研究所提升国内饲料企业产品科技含量，引导行业健康发展这一宗旨，英惠尔公司以科技服务于农业，全身心致力于行业先进技术的研究和新产品的开发，在为行业发展做出自己贡献的同时，自身也获得了令人瞩目的业绩。现公司经营业务范围包括饲料添加剂、饲料预混料、新型饲料原料、动物保健品，以及与上述产品相关的进出口贸易，相关业务分别由北京英惠尔生物技术公司、英惠尔农牧科技公司和英惠尔动物药品有限公司进行专业化运作。

英惠尔公司快速而稳定的发展，得益于对科研的不断投入和对经营管理模式的不断优化。

在科研上公司树立了基础研究与应用技术相结合的研发思路。公司技术力量源自中国农业科学院饲料所资深科研人员，现有博士5名，硕士10名，专业范围涵盖动物营养与饲料科学、生物化学、精细化工、养殖和疾病防治、仪器分析等学科，为公司技术与产品的研发奠定了坚实的人才基础。公司主要技术专家一直承担着国家饲料方面的重大科技攻关课题和重点实验室“国家水产饲料安全评定中心”的建设与管理工作。曾经和正在承担的课题包括：国家自然基金项目适用于鲤科鱼类的中性植酸酶的研究；“九五”、“十五”攻关课题鲤鱼预混料配方技术研究、鱼虾及反刍动物营养参数研究、牛至油抗仔猪腹泻和抗肉鸡球虫效果研究、鲤鱼用38种饲料原料消化率测定；农业部丰收计划全植物蛋白鱼饲料的推广应用、浮性饲料的推广应用、国际国内横向合作课题黄霉素对鲤鱼生产性能的影响、磷生物利用率和生物学实验；以及自立研究课题氧化鱼油的营养价值及其对鲤鱼机体的影响、对虾饲料配方模型研究、牛至油和壳寡糖对改善猪肉质的研究、鱼浆蛋白开发利用等34项各类课题，取得了水产动物原料生物利用率数据库、乳仔猪腹泻综合解决方案、乳仔猪配合饲料关键技术、英惠尔水产饲料配方通、惠尔C、植酸酶、壳寡糖、纯品鱼浆肽蛋白等重要科研成果。结合这些科研成果，公司承办了第三届中国水产动物营养与饲料研讨会、第一届中国水产饲料配方师培训班、华东华南地区水产饲料配制技术培训班等一系列技术交流活动。这些技术的研发与推广为我国饲料工业的发展做出了重大的贡献，也为英惠尔公司的可持续发展奠定了坚实的科研基础。

在经营管理方面，英惠尔设定了“建立一流的农业高科技企业”这一发展目标。围绕着这一目标，公司牢固树立了精品意识、服务意识和科学管理意识。

企业是由人组成的，英惠尔公司将人才的引进、培养和管理放在了工作的首位。公司的管理层具有多年行业管理经验和现代化的管理理念，有10人毕业或进修于清华大学、北京大学、中国人民大学、中央财经大学，这些管理人才为公司建立科学的管理模式提供了宝贵的经验。为了不断提升个人价值，促进个人和公司的同步发展，英惠尔将员工培训作为人力资源管理工作的重点，在公司内部营造了浓厚的学习氛围。针对不同的岗位、不同的个人发展需求，公司制定了相应的培训计划。通过引进和送出的培训方式，使员工不断地接受到最新的、最有效的知识和技能。

企业的发展建立于客户和市场的认可之上。英惠尔在提供优质产品的同时更突出了服务的优势。公司现有资深畜禽水产配方师12名，各类服务专家19名。英惠尔公司是客户技术主管的朋友：提供配方设计思路；是品质主管的知己：采用最新技术指导饲料企业和养殖场选择正确的饲料原料和添加剂；是技术服务员的帮手：提供市场应用技术支持，使合作伙伴的产品得到完美的体现；是营销队伍的顾问：协助进行营销和技术服务培训；是总经理的参谋：提供企业管理、策划和咨询；是行业技术和信息交流的载体：组织、协调、承办行业技术研讨、培训会。通过这支优秀的服务团队，英惠尔公司的品牌不断地深入到了客户的心中。

企业的稳定发展要靠科学的制度和制度的严格执行来保障。英惠尔公司不断吸取行业内外的先进经验，通过对成功企业的分析，学习其精神实质并结合自身的特点加以科学的应用，制定最适合自己企业的管理制度。通过自上而下的严格执行，将企业的制度化管理贯彻到每一个岗位，保障了英惠尔公司快速而稳定的发展。

通过企业管理层有意识的强化和广大员工辛勤工

作的沉淀和发扬，英惠尔公司确定了“全身心的投入，让生命更美丽；终身学习，执行至上；尊重个人价值，鼓励首创精神；精益求精，为合作伙伴创造快乐”的企业核心理念。通过对核心理念的贯彻执行，英惠尔公司将会以更优质的产品和服务回报社会和客户。

勇于进取　敢于拼搏
与时俱进　追求卓越

——北京挑战集团

挑战是一种精神，挑战是一种信仰，挑战是推动企业持续发展的一种动力。挑战集团正是凭借着“自强不息、奋斗不止”的挑战精神，充分发挥自身独特的技术、人才和资源优势，短短几年，现已逐渐发展成为以饲料添加剂、预混料、兽药和国内外贸易为主要发展方向，集科研开发、生产经营、技术服务为一体的大型、现代化、国际化的高科技农业集团公司。挑战集团拥有1个核心企业、3个投资企业；挑战集团的产品科技含量高，应用效果好，深受用户好评，其中植酸酶、甜菜碱、肉美佳等高科技产品已远销欧美及东南亚地区；挑战集团还在行业内率先倡导绿色安全饲料理念，为我国畜牧业的发展和人类的健康做出了积极的贡献。

挑战集团能创造今天的辉煌，有着她独特的经营之道和文化理念。

一、整合资源，明确企业经营和发展的方向

逐步把挑战发展成为大型、现代化、国际化的高科技农业集团公司，是挑战集团始终坚持不渝的奋斗目标。围绕这一目标，挑战集团积极整合各方资源，以其大股东——中国农业科学院饲料研究所为依托，以国家饲料质检中心、国家饲料工程中心等为坚实后盾，大力巩固和发展其主营业务——添加剂和预混料事业，以北京挑战农业科技有限公司为核心企业，随后又投资成立了北京未来金秋科技有限公司、温州海螺挑战生物工程公司和天津市挑战生物技术有限公司，最终形成了饲料添加剂、预混料、兽药和国内外贸易的四大支柱产业，从而明确了集团的经营重点和发展方向。

围绕这四大支柱产业，挑战集团成立了相应的事业部和分公司，逐渐建立健全销售网络，目前集团的销售范围遍及全国25个省（市）、自治区，完善的销售网络和健康的销售体系为集团的发展奠定了坚实的基础。

二、强化管理，健全集团组织机构设置

根据市场开拓和业务发展需要，挑战集团成立了以两个事业部为主体的营销团队，加强总部的宏观管理与指导，并对各分公司“授权留责”，进行相对独立的管理，使得上下两层的积极性得到有效的发挥，从而在巨大的市场压力面前大家充分运用自己的勤劳和智慧，赢得了市场，同时也锻炼了队伍，使一大批优秀的营销及管理人才脱颖而出。

同时，集团专门建设成立专家服务体系，走技术营销道路；集团成立资信管理控制中心，严格控制应收款，保证了公司拥有良好的现金流；集团在原有技术服务部和产品研发中心的基础上，又与饲料研究所联合成立了生态饲料研究室暨挑战集团生物饲料研究中心，这为挑战集团在酶制剂领域保持国内领先、国际一流的地位奠定了坚实的基础。

健全的组织机构为挑战集团规范化、科学化的管理奠定了坚实的基础。

三、以人为本，强化人才队伍建设

企业的发展，是人才的发展，企业的竞争，归根到底是人才的竞争。有了优秀的人才，公司才能发展；同时公司发展了，才会吸纳更多的人才，这种良性循环是挑战集团所信奉和追求的。挑战集团把“以人为本、量才适用”作为坚持不渝的人才战略。挑战集团希望自己成为一个大家庭，每位员工都是家庭中的一员，在挑战工作和生活有一种家的温馨和甜蜜，全体挑战人亲如家人，密如挚友，从而迎接挑战，共享成功。

对于人才的选拔和培养，挑战集团有着自己独特的办法。“能力可锻炼，热情是关键”，挑战需要的是“忠诚、能干事、肯干事、能合作”的优秀人才；“用其所能，量才适用”是挑战集团的用人原则；合理有效的人才激励、竞争和成长机制以及人才发展的中长期规划和详细的员工培训计划是培养和固化人才的基础；“实在、实际、实干、实效”是挑战集团对员工的基本要求。

挑战集团现在已经形成了知识层次较高、人员配置相对合理的领导团队和营销队伍。实践证明，注重人才开发，是提高企业核心竞争力的关键，是促进企业可持续发展的保证。

四、注重质量，积极推进质量管理控制体系

以质量求生存，以质量求发展，这是现代企业的一个普遍共识。在众多的竞争者中，挑战集团之所以能成为市场上的主导者，得到了饲料行业众多著名企业的认可，这与挑战集团拥有高质量的产品和优质的售后配套服务是分不开的。

挑战集团严格按照ISO9001、GMP标准建立从原料采购、生产工艺流程控制、贮运、检测、客户服务和投诉处理等整个质量管理体系的规范化的作业流程，严格遵守国家法律、法规，科技为本，不断创新，“为客户提供优质安全高科技产品，最大限度满足顾客要求”的质量方针和“确保公司进厂原料100%合格，确保公司出厂产品100 %合格，确保客户投诉处理满意率达100%”的质量目标。同时按照标准要求完善集团管理制度，做到决策科学，用人得当，管理规范，有高的效率和高的效益，使集团的质量管理工作迈上新的台阶。

五、与时俱进，注重产品和科技创新

产品创新和科技创新是企业生存的基础，是企业发展的核心和源动力，是企业长盛不衰的不变真理，也是挑战集团区别于同行其他企业的根本点，是挑战集团走差异化经营的出发点。

2003 年挑战集团专门成立了新产品研发委员会，加大了对产品研发方面的投资力度。集团现已拥有一支博导 2 名、博士多名的专业产品研发队伍。他们始终以市场为导向，坚持技术创新，不断地开发新产品。他们深刻认识到，适销对路的产品是企业的支撑，没有坚持技术创新不断研制开发新产品，就没有企业旺盛的生命力，就没有企业的持续发展。

挑战集团现已牢固树立以新产品带动发展，靠科技力量实现突破的观念，将其贯穿于整个公司发展的全过程，始终把科技含量作为产品的灵魂，坚持以用户为中心，本着持续改进的原则，以产品升级为主题，瞄准国外先进技术，坚持技术创新，坚持高起点，不断提高研发的资金投入，提高研发人员的地位待遇，提高产品的技术水平，促进产品不断升级换代。

六、注重文化，提高集团知名度和员工凝聚力

创建优秀的企业文化一直是挑战集团发展的重要部分。“自强不息、奋斗不止”的挑战精神，“迎接挑战、共享成功”的企业理念，成为塑造集团形象和凝聚员工思想的核心理念。

挑战集团崇尚脚踏实地、苦干实干、不畏艰难、坚持不懈的拼搏精神；培养积极进取、刻苦学习、务实创新、办事高效的开拓精神；培养顾全大局、严于律己、团结同事、热爱公司的团队精神。把追求顾客满意作为一切工作的出发点和归宿，教育员工以顾客为衣食父母，持续稳定地为顾客提供优质产品和优质服务。要力求使潜在客户变成公司的客户，使现有的客户成为永久客户。并要求员工要居安思危，注重细节，强化执行，培养创业意识和艰苦奋斗的精神。

挑战集团充分利用集团网站、《挑战报》、宣传专题片等展示集团形象和文化，让客户，同时也让社会了解挑战集团，较好地宣传了集团形象和企业文化。

在新时期下，挑战集团把在发展过程中逐渐形成并得到大家认可和赞同的“高科技、高效率、高标准”、“创新、团队、分享”等作为培养集团核心竞争力的指导方针和新时期企业发展的核心理念，为企业的发展起到了积极的推动作用。

“把挑战发展成为大型、现代化、国际化的高科技农业集团公司”是挑战集团始终坚持不渝的奋斗目标。坚持走国际化发展的道路，积极发展对外贸易，着眼国际市场，与世界上著名的企业集团合作，积极把具有国际竞争力的产品推向世界，这是挑战集团的国际化发展战略。

挑战集团的理想是成为行业内领头的科技型企业，并实现添加剂、预混料、兽药和养殖加工一体化的综合企业集团，代表国内最高的科技发展方向，成为国内最大的科技型企业集团，并最终成为大型跨国科技集团公司。“努力打造世界级酶制剂制造商”，“做一流产品，创世界名牌”，是新时代挑战人梦寐以求的远大理想和崇高目标，也是挑战实现腾飞的有力保障。

挑战集团用质量、用品牌、用诚信赢得了市场，走上了迅速崛起的康庄大道，成为我国企研成功结合的典范。在“挑战”未来的发展蓝图中，新一届领导班子的豪迈气魄和现代企业家的运筹帷幄，相信挑战集团的明天一定会更美好！

科教兴农的典范
产业经营的龙头

——大北农集团

大北农集团成立于 1993 年，是一家以研发、生产、推广高科技饲料（预混料），动物保健品为基础产业，协调发展种业、种猪、农用化工、农业教育、农业信息和养殖服务咨询等多种产业的大型农业高科技企业。公司立足北京中关村，产品推广和技术服务辐射全国。现已成为拥有 20 名博士、50 名硕士组成的跨部门的综合研发队伍，近 5 000 名员工、40 多家生产企业、分公司和 1 000 多个县级服务站的农业高科技企业集团。是农业产业化国家重点龙头企业、中关村经济二十强企业、中国饲料工业协会副会长单位、中国畜牧业协会猪业分会副会长单位、中国动物保健品协会常务理事单位等。2003 年 10 月，集团总裁邵根伙博士当选“中关村十大优秀企业家”。

多年来，大北农始终坚持以“科教兴农”为己任，以促进“三农”事业和大北农企业共同发展为目标；以种业—种植—饲料加工—养殖—肉制品流通等有机结合的产业链为基础；以良种繁育、饲料科技、动物疫病防治、生产环境控制、农业与畜牧业机械设施引进、市场信息和经营管理等相结合的配套服务为纽带，稳步建立了一个产、加、销一条龙；科、工、贸一体化的产业化经营格局。如今大北农北京、郑州、郴州饲料科技园建设，北京、韶山、福州动保科技园建设均已接近尾声，大北农县级服务站、专营店建设稳步推进，大北农规模化生产优质产品，服务现代养殖日趋成熟。

大北农集团在成立之初，针对我国农业人口众多、人均占有耕地少、单一依靠种植业获取社会平均利润能力低的国情，坚持认为吸纳农民广泛就业，并实现农民普遍致富最有效的途径是发展畜牧业；未来我国畜牧业的发展出路在于适度规模经营与分散经营相结合，以分散经营为主；同时，由于我国养殖业的组织化程度和全新理念的市场化意识低，加之技术水平低，导致了农民收益程度低。有鉴于此，大北农集团经过十年多年的探索、详细调查、分析和论证，确立了以下产业经营模式：

一、“紧密型”带动模式

以带动地方经济发展、企业与农民共同受益为基础；以向农民提供优质产品的产前、产中和产后全方位技物结合的服务为纽带；以组织终端商品生产为目标，使得经营体制不断完善。比如在江西新干成立养殖协会、四川成都成立养殖俱乐部等，通过公司加协会实施了“紧密型带动农户”的产业化经营模式：由企业向农户提供优质种猪、种鸡、高科技预混合饲料和动物保健品，并免费提供养殖技术服务，帮助农户发展养殖业生产，再根据市场对产品质量和数量的要求，组织产品购销。通过这种“一揽子”式的全程服务，使农户获得最大的经济效益。这样既将农户的劳动力和初级产品的资源优势转变成为终端产品优势，实现了产品增值，农民增收，又培育了大北农各种产品稳定的客户群体，实现了产品生产和企业规模快速发展，也使企业与广大农户的经济效益显著提高。大北农集团拥有的由20多名博士、50多名硕士和3 000多名营养师、兽医师组成的研发和技术服务队伍，常年为广大农户提供技术服务，每年参加大北农集团组织的各类培训活动的农户上百万人；大北农预混料产销量连续多年全国名列第一，动保产业发展势头强劲，大北农兽药日渐成为“绿色、环保、优质高效”的代表，受到养殖户的广泛青睐！大北农种业产业发展迅猛，成为我国种业行业一股不可忽视的力量。这些产品和服务有力地拉动了地方农村经济的发展，也为农民致富提供了有利的物质和技术保障。

二、“订单型”带动模式

公司与农户之间签署订购合同，使两者之间最为直接和稳定的一种利益连接机制，大北农在这一方面也进行了很多尝试。大北农集团控股的两家种业公司，实行与制种农户之间订单合同制。公司与县、乡政府协商，规划种子扩繁区域，由种业公司向农户提供亲本和种植技术服务，实行封闭管理，全程技术指导。以合同的形式约定合作关系，使公司与农户成为利益共同体，有力地拉动了制种农户经济效益的提高。例如，北京金色农华种业科技有限公司、南京两优培九种业有限公司采取“公司＋基地＋农户”的产业化运作模式，在江苏盐城地区安排制种，累计面积已达3 900hm^2，新增经济效益5 780万元，带动2万农户致富。

三、“标杆”带动模式

公司通过县级服务站和大北农专营店的建设，广泛开展大北农示范村、大北农示范户工程，大北农人积极参与当地的经济建设，争当当地的“优秀村民”，树立养殖致富标杆，从而以点带线，以线带面。与此同时，通过县级服务站建设，逐渐充实、完善和培训提升县、乡、村三级畜牧服务体系的职能作用，与大北农技术人员一道组成技术服务队伍，推行各项标准，共同协调开展规范化、标准化生猪生产和技术服务工作，保障无公害安全肉食品供应。通过标杆带动，形成一种资金共筹、收益共享、风险共担的经济共同体，造就从初级产品到终端消费品的新型产业链，从根本上解决农民增收的核心问题。

农业产业化是农业结构战略性调整的重要带动力量，是提高我国农业国际竞争力的有力措施，是在家族承包经营基础上实现农业现代化的有效途径，是党和政府从国情出发、带领亿万农民走向富裕、实现现代化的基本理念。中国加入WTO、北京申奥成功也给中国农业带来了前所未有的发展机遇，大北农集团将继续在市场经济条件下发展农业产业化经营，逐步摸索出一条适应时代要求、推动农业事业发展、更能够让广大农户走向致富的产业化之路！

创伟嘉集团品牌
兴民族农牧大业

——北京伟嘉集团

伟嘉集团创立之时便意识到：要面对激烈的市场竞争和企业的生存压力，企业必须构造自己的核心竞争力，为企业的长期发展打下基础——创建优秀的企业文化是一项长期而艰巨的任务。也正是由于伟嘉集团有优秀的企业文化，才使伟嘉集团在激烈的市场竞争中立于不败之地。

伟嘉集团企业文化分为3个层次：物质文化、制度文化和核心文化。

核心文化是企业文化的根本出发点，是制度文化和物质文化的最终归结；制度文化是核心文化的延伸，是核心文化得以实现的保障；物质文化是核心文化和制度文化的有形体现，物质文化的实现程度直接反映出核心文化的科学性，体现了制度文化是否忠诚于核心文化。伟嘉首先确立了“创伟嘉集团品牌、兴民族农牧大业”的企业宗旨，以及“为企业创造利润、为员工创造机会和未来、为客户创造价值和服务、为社会创造税收”的核心价值观。在发展过程中逐步培育“以客户为中心、以人为本”的企业文化。这就是伟嘉集团的核心文化，其他一切形式的明文制度以及物质文化都是以这一核心文化为中心，直接或间接体现并为核心文化服务的。

伟嘉集团在初创之时就确定了其企业宗旨——“创伟嘉集团品牌，兴民族农牧大业”。伟嘉集团是在农业部倡导、鼓励和支持下创立的科、工、贸一体化高新技术企业，肩负着制定国家饲料标准和承担国家“八五”、“九五”、“十五”科技攻关课题及农业部“丰收计划”项目推广的重任。这决定了伟嘉集团的创业使命是“以科技为发展手段，以产品质量立足市场，引领饲料工业推动畜牧业迅速发展，振兴农牧行业。”伟嘉集团创立至今已将近10岁，数年来由创业初期浑身冲劲的牛仔至展翅腾飞的蛟龙，再至2003年创收近亿元的民族强企，无不归结为“创伟嘉集团知名品牌”的企业远景目标。科技能带来高精度、智能化的生产线，科学的产品配方和高标准的质量体系，但科技不能将产品贯彻到市场，落实到每一位用户手里。而由“品牌效应”构造出的产品运营方式、资本运作策略以及售后服务体系却能够将高质量、信誉好的产品送到农民手中。这正是伟嘉集团文化建设转化为实际生产力的战略思路。从而获得集团3～5年产业结构新调整，生产管理年年上新台阶，产品运营战略、服务团队建设全面丰收，集团核心竞争力明显提升的成果。同时，又延伸出企业精神、人事理念、经营理念等理念文化和徽标、司旗等标识文化。在核心文化的熏陶和理念文化的指导下，伟嘉人团队精神、务实创新精神、勇争第一精神、艰苦奋斗精神和无私奉献精神得以全面培养和发扬。产品生产规模迅速扩大，产品质量、服务质量占有明显优势，市场占有率稳居龙头地位，效益随之提高。从而实现企业的物质文化。回报社会，为国家创造税收；回报客户，为养殖朋友、经销伙伴创造利润价值；回报员工，为员工创造机会和未来。伟嘉集团三部分企业文化相互依存、相互促进，实现了集团发展的全面提速。

其中，“以客户为中心，真诚服务于客户”，是伟嘉集团发展以来较为典型的企业文化点。以产品推广、抢占市场为主要运营环节的企业往往容易忽略产品的售后环节，认为产品质量过硬是提高产品竞争力的惟一手段，而导致服务环节“后院起火”，烧尽市场优势。伟嘉集团在成长的过程中同样遇到过此类问题，并接受过深刻的教训，挫伤了迅速壮大的锐气，从而错失过许多机遇。集团决策层经过调研思考，决定以加强企业文化建设为突破口，用统一的思想指导员工的观念和行为。由“品牌”理念延伸出“客户是集团运作的中心，产品必须贯彻到底，以真诚打造一流的服务团队”等服务理念，强调“信誉”、“品牌口碑”和“让客户完全满意”。这就要求全体伟嘉人牢固树立客户意识和服务意识，为客户提供周到、满意的服务；同时在企业内部工作链中，下游岗位是上游岗位的“客户”，每个岗位都要建立起为下游岗位服务的意识，远离“本位主义”，以保证工作高效、有序的运行。通过CRM系统的建立，由专门的部门集中管理“客户档案”和“业务数据”。重视多种渠道（网站、Email、电话、市场活动等）的每一条客户意见、请求和需求信息。不断收集和研究目标客户群的产品和服务需求，并积极而有效地反馈、融入到自身的产品中去——“想客户之所想，急客户之所急，干客户之所需”。通过设立总裁电子信箱，要求总裁第一时间清楚客户需要什么，遇到了哪些问题；主动收集客户信息并分流至各职能部门，作为人力资源部门的一项重要工作；要求中层管理者以市场作为自身主要办公场所；不定期不定点举办科技下乡活动，将科技信息送到农户家门口，积极扶持贫困地区发展畜牧养殖业。服务团队的建设促成了伟嘉在饲料、动物保健品、生物工程以及草业等多领域业务的拓展，实现了企业中长期的稳定成长和发展。

同时，“任天下之智力，争天下之归心”的人事理念也是伟嘉集团最为先进的企业文化要点。伟嘉集团把“人”看作企业中最重要的资源，“尊重人、理解人、培养人、开发人、服务人”是伟嘉集团人力资源工作的指导思想，伟嘉企业的一切管理活动都是围绕着人来开展的。孜孜以求企业、客户、员工、供应商等各方目标与利益的共同实现——共赢、多赢。公司实行尊重人、理解人、帮助人的文化；破除“打工意识”的文化；倡导员工自主化管理的文化；实施“无天花板式管理”的文化；公平竞争的文化；建立学习型团队的文化等。

伟嘉集团让员工在工作中继续学习、接受培训，不断提高个人素质。通过不定期举办各类技术、管理培训班，让员工在本岗位基础上提高专业素质；中层管理者均有机会参加各类管理培训；新员工和基层员工有机会接受晋级培训；向员工赠送图书，鼓励员工换岗锻炼，并支持员工进行继续教育。

集团经常组织各类员工文化活动，丰富企业生活文化，在重大节日发放节日礼品并致语问候。了解员工生活状况，对困难者提供物质帮助，同时鼓励他们积极面对，克服困难。

在这样的文化氛围中使员工看得见、摸得着，在实践中丰富了企业文化的内容和表现形式，也有力地推进了企业的发展。

在此过程中，伟嘉集团深切地感受到企业文化的重要性：

一、对企业有形和无形的影响力，并由此而影响企业的经营竞争水平

企业创造了企业文化，企业文化也成就了（或影响着）企业。企业的经营水平和竞争能力由技术、先进设备、资金、人才、营销能力、管理能力和企业文化等方面构成和决定。这其中，尤其宝贵的是企业文化、管理和营销能力等“软性”的企业资源，因为这些资源别人无法复制，它是在企业特定的成长历程中逐渐形成的，离开了特定的企业环境，它们的作用就很难显现，特别是企业文化，它跟构成企业群体的这些“人”有关、营销原理、管理方法还有规律可循，而由企业人创造的企业文化只与这群特定的企业人有关，它由这些人创造，又在不断地影响着这个群体的人，并进而影响着由这些人构成的企业和新加入这个企业群体的人，它通过影响企业人的价值观念、行为准则、习惯模式等，进而影响着主要由人决定的企业核心竞争力。

二、结盟取胜，互惠多赢

只有做到企业、客户、员工、经销商、供应

商、养殖户等各方的共赢、多赢、取长补短、扬优避劣、达成共识，形成结盟取胜、互惠多赢型的企业文化，企业才更具生命力、凝聚力和竞争力。在粮食流通体制面临机制改革的今天，伟嘉集团华东公司与蓬莱市于庄粮管所的合作共赢，可谓闯出了一条粮食部门再创业的新路子。粮管所职工抛开陈旧观念，接受伟嘉的技术和管理培训，学习营销管理知识。骑着摩托车穿梭于乡间小道，下到养殖户家里推广饲料技术，讲解产品知识，征求建议，提高服务。短短一个月时间，在当地引起了巨大的反响。于庄粮管所工作得到了开展，效益有了明显的提高，不仅职工的工资有了保障，而且表现好的职工受到了嘉奖。到目前为止，所里已摆脱了以前的困境，并且有了良好的经济效益。在粮食局召开的“解放思想、跨越发展”会议上，对于庄粮管所进行了大力的表扬，作为典范进行宣传、推广。其后，蓬莱潮水粮管所与伟嘉的合作也顺利地进行着，并取得了良好的效果。

三、培养了良好的学习氛围

学习型组织，它不仅仅被视为业绩最佳、竞争力最强、生命力最强、最具活力，更重要的是使人们在学习的过程中，逐渐在心灵上潜移默化、升华生命的意义。随着知识经济的到来，企业组织形式向扁平式的灵活方向发展，随着其管理的核心为发挥人的主观能动性，实现从线性思维到系统思维和创造性思维的转变，对个人及企业的知识结构和知识水平提出了更高的要求。学习对组织的持续发展至关重要，学习型组织在企业文化建设中的作用日趋重要。只有个人及团体都不断学习，才会对企业产生一股强大的发展动力，从而推动企业的迅猛发展。

四、树立了良好的企业形象

优秀的企业文化，树立了良好的企业形象。企业形象直接与企业的兴衰、优劣相关，企业的知名度与美誉度有机结合，构成了企业在公众中的形象。良好的知名度与美誉度，是企业一笔巨大的无形资产。如果声誉卓著，有利于企业招揽到更多的优秀人才和顾客，能吸引到更多的投资，能得到社会各界的支持和帮助。如在进行项目应标投标、项目投融资、寻找投资伙伴、发展规模经济、招聘高素质和专业人才、兼并扩张、推广、销售商品、扩展融资渠道以及政府公关等各项活动中，是否拥有良好的企业形象将起到很大的作用。同时，谁最先发现消费空档，并以良好的形象深入消费者之心，谁就能抢占市场，不断扩大经营效益。

五、企业精神与企业价值观的人格化

价值观是企业文化的核心。企业通过培育“生死与共”的价值观，使企业全体员工增强主人翁意识，能与企业同呼吸、同成长、同发展、共生死，做到企业精神与企业价值观的人格化，实现“人企合一”。

科技开创致富路 万里真情来帮助

——山西万里饲料有限公司

山西万里饲料有限公司是一家以饲料生产、销售为主营业务，同时经营良种羊繁育、良种猪饲养、粮食加工的大型股份制企业。公司现有职工 108 人，其中，具有各类专业技术人员 35 人。

公司实行由总经理领导的部门经理负责制。下设市场部、技术部、生产部、原料部、品管部、售后服务部、财务部、办公室、种羊场、种猪场等 10 个部门。

公司现有固定资产 4 480 万元，饲料生产能力 20 万 t/年，年产种羊 1 000 只，年销售收入达 10 026 万元。是山西省和晋中市龙头企业，农业 AAA 级信用企业。

一、重人才、抓科技，使公司发展充分活力

每年，山西万里饲料有限公司都要从山西农业大学、太原畜牧学院等大专院校招聘一些有知识有理想的新人补充到公司的各个岗位上，公司每月都要组织有关专家、教授来公司讲解新知识，传授新思维，增长了员工的知识，开拓了员工的视野，更新了员工的观念，为公司的革新和进步奠定了良好的基础。除此之外，还与农业部饲料工业中心建立了合作关系，聘请山西农业大学有关专家，指导新产品的研制、开发、生产工作，走校企结合之路，走产、学、研一体化之路。

公司技术部配备有专职技术研发人员，在新产品上市之前，要进行市场调查，广泛征求意见，充分进行论证之后，进行科学的饲养试验，对动物的生长速度、料肉（蛋）比、产蛋率、产投比等多项技术经济指标进行严格考察，使企业的发展真正建立在科技进步的基础上，让群众真正在“万里”的真情帮助下致富。

二、重质量、抓服务，使公司与养殖户真正实现“双赢”

公司以质量为生命，建立了完善的质量管理体系，成立了以总经理负责的品管领导组，严把质量关，生产的产品经检验合格后方能出厂。5 年来，经过各级省、市、县等质检部门的监督、检查，无一项不合格记录。为了保证广大养殖户的经济效益，公司还专门设立了售后服务部，配备专人、专车、专用工具，基本做到省内各销售网点发现的问题有可能在 24h 内解决，并且还与省防治站、山西农业大学等专家、教授建立长期合作关系，遇到重大问题，能及时为养殖户提供科学合理的解决办法。

以市场为导向，注重市场营销，生产的蛋鸡系列饲料已辐射至太谷、平遥、文水、太原南郊等周边，并形成一个由50余人组成的送货销售队伍，2000年以来，山西万里饲料有限公司在农业部饲料工业中心的支持下，开发生产了猪、牛系列饲料，在市场部12名专职销售人员的努力下，销售遍及全省各县市，形成了一个有80多位县市级经销商稳定的销售网络。2003年销售额已达7 260万元。其中蛋鸡全价料34 000 t,猪浓缩料4 500 t。

为更好地服务于养殖户，公司建立了三级培训体系，一是聘请专家教授下乡，重点解决疑难问题，对水平较高的养殖户进行专业培训，二是业务代表下乡上门服务，解决一般的技术问题，为养殖户提供经常性的技术服务，并建立用户档案，定期回访。三是与山西农业大学联合成立大学生服务队，定期定乡串户，开展大规模的科技知识宣传教育活动。公司自编《为您服务》、《欢迎您来问》等小册子，为用户答疑解难，定期在乡镇村举办科技讲座、有奖知识问答、上门服务等活动。自2001年以来，万里饲料在各地开展多种形式的送科技下乡活动达1 000多场次，改变了用户的养殖观念，提高了养殖水平，使他们获得较大的养殖效益。

三、重龙头、抓带动，为农民增收贡献力量

山西万里饲料有限公司是省、市农业龙头企业，为了带动周边地区农民致富、增产增收，做了以下工作：

一是饲料生产企业的扩建。2002年公司在政府的支持下进行了饲料生产企业项目扩建，厂房及配套设施共投资580万元，投资275万元的饲料专用设备是江苏牧羊集团引进英国UMT生产的国内先进设备，能满足市场所需要的乳猪料、特种养殖饲料及宠物饲料的需要。

二是多方筹措资金3 400万元，建立了种羊场。从澳大利亚引进纯种波尔山羊473只，无角道塞特50只，萨福克8只。与此同时，公司改扩建羊场5 000 m^2,建设饲草（紫花苜蓿）基地67hm^2。建成2 500 t钢板仓，厂房新建3 500m^2，安装50kV·A变压器1台，1 t蒸汽锅炉1台，现已进入全面投产。

三是成立养羊协会，带动农民快速致富，公司无偿提供良种羊精液，对本地3 600只低产羊进行人工授精。据统计，杂交羊体态大，生长快，比普通羊增加体重14 kg，增加收入200元/只。公司无偿提供200hm^2优质草籽给农户，其中祁县6.7hm^2，左权133hm^2。公司和农户签定合同，负责回收牧草，使农户每公顷地增加收入12 000多元。采用公司＋农户的合作方式，把种羊发放给经过选择的农户，为农户提供配种、饲料和疫病防治等项服务，负责回收农户的育肥羊并制定保护价，农户严格执行公司制定的饲养标准、饲料配方和免疫程序，并按时将育肥羊出售给公司，双方紧密合作，从而加快肉羊产业化的发展进程。2003年，“万里”公司直接带动1 000户农民发展养殖业及牧草种植业，每户新增纯收入3 000元，人均增收800元。

四是应用高科技胚胎生物技术，扩大种群。应用高科技胚胎生物技术，对80只纯种供体波尔山羊，1 010只受体奶山羊进行胚胎移植手术。可用胚单只最多达到35枚，平均16枚，超过国内可用胚平均12枚、胚胎移植成功率60%的最好水平，达到国际最新水准。现已生产种羊1 000多只。

五是企业具有1 200头母猪的良种猪场，5个存栏10 000头猪的养猪基地，以公司＋农户的形式，公司提供种猪、饲料和防疫免疫技术，每年可向社会提供20万头猪，带动200余户农户走出一条可持续发展的致富之路。

六是拟建环保酒精厂。公司与北京工业大学合作建设一座消化玉米60多t酒精厂，酒精渣用于饲料生产，酒精废水经过技术处理，形成有机肥。酒精厂建成后，年消化粮食21 900多t，安排农民就业50余人，符合农业产业化经营思路，通过粮食深加工提高企业和农民收入。此项目正在积极的筹建中，预计2005年底可投入生产。

科学管理　引领迅跑

——太原市潞威动物保健品有限公司

太原市潞威动物保健品有限公司，成立于1995年，是在太原潞威动物保健品厂的基础上，引进现代企业制度，建立健全组织机构，实行董事会领导下的总经理负责制。

公司主要生产饲料添加剂、预混合饲料、复合多维等系列30余种产品。产品畅销全国28个省、市、自治区。

太原潞威动物保健品公司是具有现代化制剂技术、医学技术的国家级高新技术企业，多项技术达到国际先进水平。畜禽用系列液体复合维生素——维他金液，填补了我国在维生素添加剂领域中的空白，已被国家科技部列为2002年国家级星火计划项目。

公司现有员工大中专以上学历占43%，中级职称占22%，高级职称人员占9%。是本地区缴税大户。

潞威动物保健严格按照国际标准规划和建设，拥有生物发酵、粉剂、口服液等生产线，采用最先进的工业微机自动化控制，并配备有全套质量检测设备和数据处理系统，以国内外资深专家组成的科研队伍，以市场为导向，不断向市场提供技术含量高、见效快的新产品，形成了一系列知名品牌。

太原潞威动物保健品公司，从起步到成为同行业的优秀企业，整个过程都渗透着省、市行业各级领导的引领与关怀，因为有了他们大力支持与正确领导，“潞威动物保健”在行业中享有一定的知名度，自1995年以来已连续获得山西农业畜产品金奖、山西省兽药生产先进企业、山西省农业跨世纪新产品、农业部用户喜爱的名优产品等荣誉称号。2000年，公司被评为中国质量万里行定点单位，被中国动物保健品协会表彰为抽检产品质量信得过会员单位，以及经国家经济联合会和中国调查统计事务所联合调研评选为全国十大名牌企业等多项光荣称号。2001年被评为山西省民营科技企业，并获得山西省民营科技企业创新奖、山西省科技进步先进企业；畜禽用液体维生素——维他金液系列产品、维生素专用多维被列为省级金奖；2003年被评为山西省饲料行业强势企业等。

畜禽用系列液体复合维生素——维他金液，采用世界上最先进技术并以生物膜包埋理论为基础，通过瞬间纳米化超微粉碎，使不同酸碱度的各种维生素共处于同一液体中，而互不干扰。通过透皮快速吸收，使维生素吸收利用率高达99%以上，不会堵塞乳头饮水器，使畜禽能以最快的速度补充营养物质，在行业内引起了轰动。

功能性复合维生素补液——双歧维他、氨维特补在液体复合维生素的基础上加入双歧因子等，使其快速补充维生素、氨基酸、电解质，快速增殖双歧杆菌，健肠、洁肠，提高动物的免疫力。

多维电解质、蛋鸡专用多维、猪专用多维、速补-18、电解多维等产品，多次获得全国、省、市金奖，并成为正大系统和草原兴发绿鸟鸡多个养殖集团长期的合作伙伴。

微生态制剂——粪链球菌的绿色添加剂产品益康宁、益仙明（拌料型、饮水型）具有过胃保护、肠道释放等功能，能使菌群有效地作用于动物体内，提高动物的抗病能力，从而杜绝了抗生素对动物机体的侵害和药残对人体的威胁。它是一种不产生耐药性、无污染、无残留的安全保健药物。微生态制剂能够在数量和种类上补充肠道内减少和缺乏的正常微生物，调整、维持肠道内微生态平衡，增强机体免疫力，促进营养物质消化吸收，从而达到防病治病、提高饲料转化率和畜禽生产性能的目的。经专家验收，一致认为“研究结果数据详实，技术工艺先进，设计合理，试验严谨科学，有较明显的创新性，资料翔实，经济效益显著。”该项目属国内领先水平并拥有自主知识产权，市场前景极为广阔，已申报国家科委产业化项目。

同时该公司积极响应农业部办公厅关于开展饲料行业HACCP安全管理体系及产品认证工作的通知精神，在公司内全面开展了产品全过程安全管理体系。

一、人员管理

太原潞威动物保健品公司对各类机构和人员进行了定岗定编，制定了岗位职责，并特别对生产人员和质量管理人员、检验人员分别进行专业培训，经考试合格，执证上岗。公司也对全体员工组织了定期、不定期的全方位培训，因为员工的素质决定了产品的质量，只有不断提高员工的素质，才能为稳定地生产出合格的产品打下坚实的基础。

为确保产品的生产质量，公司每年定期对员工进行健康体检，并建立了员工健康档案，凡不符合要求的人员均立即调离与产品直接接触的岗位。

二、厂房与设施管理

公司辅助生产设施包括原辅料库、成品库、包装材料库、退货库、纯水制备间、空调机房等。

生产区域有各自的着装要求，工作服定期清洗、消毒。

三、设备管理

车间的生产设备和检验设备均为国内外先进设备，生产设备配有必备的捕尘装置。

制水系统采用二级反渗透装置，纯化水储罐、输送管道均采用不锈钢材料。

公司对设备的选型、采购、调试、验证、运行、使用、检修、维护、保养，到鉴定、报废全过程均制定了相应的设备管理制度和付诸实施的措施，从而确保设备完好，符合生产及工艺卫生要求，以最佳状态运行，顺利生产出安全、均一、有效的产品。

四、物料管理

公司建立了物料管理制度，从对物料供应商的质量审计到制定采购计划、采购、入库、贮存、发放使用和退货处理都有相应的管理制度和管理规程。建立供应商质量档案管理，坚持物料进厂取样制度。物料按不同种类和性质分别存放，并有状态标示。标签、包装袋等印刷品设专柜按品种、规格存放、保管。并且公司严格要求做到不合格物料不得发放使用，不合格半成品不得流入下一道工序，成品必须有质量管理部签发的成品放行审核单才可予以放行销售。

五、卫生管理

公司对环境、工艺、厂房、人员等都制定了卫生管理制度，并责任到人，所有厂房、设备、管道等都按生产和洁净要求制定了清洁规程。

直接接触生产的人员每年进行一次体检，传染病、皮肤病患者和体表有伤口的都调离直接接触生产的岗位。

六、文件管理

公司制定了一套完整系统的管理文件，其中包括技术标准文件、生产管理文件、质量管理文件、工作标准文件（SOP）和各类记录，对每个岗位进行培训，确保每个岗位都严格遵守管理文件。

七、生产管理

生产的每一个品种都制订有一套完整的工艺规程，每个岗位都制定了岗位标准操作规程和各种记录文件。每一设备均有各自的标准操作规程、清洁规程及维护保养规程。所有生产与质量检验用计量器具都进行定期校验，确保计量的准确性。生产人员都经过专业技术和岗位操作规范的培训，严格按标准操作规程进行生产操作。对车间内部管理真正做到标准化、规范化、系统化。

八、质量保证体系管理

为确保生产的产品质量，公司设立质量管理部，由总经理直接领导，负责公司的质量管理和质量检验工作。质量管理员主要负责产品生产过程中质量监督与控制，包括批生产记录的审核和产品的放行，对产品拥有质量否决权，负责各产品生产用原辅料、包装材料、半成品、成品、工艺用水和洁净生产区的环境监测和质量标准、检验操作规程的制订及其管理工作。质量检验员主要负责原辅料、包装材料、半成品、工艺用水和洁净生产区的环境的质量检验工作。

公司负责质量管理、质量检验人员共5人，其中大学以上学历3人。质量检验人员上岗前都经过了专业培训，其中2人按照省饲料办的要求，取得饲料检验化验员职业技能鉴定证书。

九、产品的销售与收回、投诉与不良反应报告

潞威公司销售的每批成品都有详细的销售记录，使产品销售具有可追溯性，建立了完整的产品收回制度，在市场上能及时、有效地对产品实施收回。对用户的产品质量投诉或产品不良反应建立有不良反应监察报告制度，并有详细的记录。按规定及时向上级主管报告。

目前，潞威公司饲料 HACCP 安全管理体系认证的相关工作正在紧张进行中,在通过 HACCP 安全管理体系认证后,将使该公司管理更加标准化、系统化、规范化,将提高公司产品安全性和产品质量,使公司质量管理体系更具有可操作性和有效性,树立良好的企业形象,提高员工素质,使公司更具有市场竞争力。

同时潞威公司拥有一支素质高、专业性强的销售服务队伍和遍布全国的销售网络，积极、科学地推行现代营销理念，服务社会、服务民众，心贴心、零距离，引导、传播科学养殖，为广大用户提供更多更好的产品，扩大经济效益。潞威公司表示，将从高标准、高起点、高科技、现代化出发，为我国畜牧养殖业的发展做出更大贡献。

资源优势　科学管理
打造饲料业的“航母”

——内蒙古通辽岳泰（集团）股份有限公司

内蒙古通辽岳泰（集团）股份有限公司是湖南岳泰集团在内蒙古投资的大型饲料企业，公司成立于1997年6月，总投资2亿元，经过7年的发展，通辽岳泰公司发展成为内蒙古自治区最大的饲料企业、中国饲料行业百强企业、内蒙古自治区高新技术企业、内蒙古自治区农牧业产业化重点龙头企业、内蒙古自治区管理创新先进企业、全国饲料工业科技进步集体。岳泰公司的主要做法是：

一、以技术改造为重点，推动企业不断发展

企业要做强，首先要做大。7年来，通辽岳泰公司依靠技术改造，不断扩大企业规模，通过扩大规模，不断降低产品的生产成本，从而不断提高产品的市场竞争力。1997年公司刚成立时，原饲料生产线是1989年由通辽市胜利饲料公司引进的一条饲料生产线：一是工艺落后，生产的饲料在市场上无人问津；二是生产能力低，年生产能力只有2万 t，每小时只能生产 5 t。当年下半年，公司投入500万元对该生产线关键设备进行了改造和更新，将生产能力提高到了5万 t。但这条生产线只能生产猪饲料，制约了公司产品的拓展。1998年，公司又投入800万元新建一条年生产能力为10万 t的生产线，既能生产猪饲料，同时也能生产鸡饲料和牛饲料，公司销售从此迅速提高。2000年下半年，公司投资3450万元，与通辽大华面粉厂合资，建立了在通辽的第二个工厂，将公司生产能力提高到 20 万 t。2002 年 6 月，公司投资9 400万元新建年产30万 t海洋生物饲料项目，饲料生产设备由江苏牧羊集团成套安装，关键设备从美国引进，是国内最先进的海洋饲料生产线之一。2003年6月，该项目正式投产。2003年底，通辽岳泰公司的年生产能力达到了 50 万 t，成为我国饲料行业的特大型企业。

从通辽岳泰公司近7年的发展来看，小改造，小发展；大改造，大发展。通辽岳泰公司及时抓住市场机遇，及时进行技术改造，把产品做活了，也就把市场做大了。

二、以技术创新为基础，不断推出高新产品

企业的可持续发展，关键就在于产品技术的持续创新。通辽岳泰公司给企业确定的三大战略，其中之一就是技术创新战略。在技术创新方面，岳泰公司的做法是：

1. 有专门的部门和专业的人才从事技术创新工作。公司成立时就成立了技术部，由技术部统筹公司新产品的开发。后来，随着公司的发展壮大，公司在原技术部的基础上组建了产品研发中心，从事新产品的研发工作。2001年，公司又对产品研发中心进行整合，成立了岳泰营养与生物技术科学研究所，由岳泰营养与生物技术科学研究所根据行业发展和市场状况来制定产品开发战略和产品研发工作。目前，岳泰科研所共有技术专家28名，全部都是微量元素、动物营养、生物技术、畜牧兽医方面的专家教授。同时，公司从江南大学聘请了2位博士生导师和3位教授担任技术顾问。因此，通辽岳泰公司的整体科研实力在国内饲料行业是走在前列的，这也是通辽岳泰公司的产品能持续在国内保持领先水平的重要原因。

2. 有充足的产品研发经费。通辽岳泰公司领导层高度重视产品研发工作，公司规定产品研发经费可以达到上一年度销售收入的6%，2000年上半年，公司产品研发中心根据市场调查，认为随着人们饮食结构的改善，对水产产品的需求量会越来越大。于是，公司产品研发中心提出开发海洋生物饲料（包括水产饲料）的方案，被公司采纳，公司给予海洋生物饲料研发经费1 000万元，经过半年的努力，海洋生物饲料于2000年底研发成功，2001年又成功完成中试，2002年公司投资9 400万元新建30万 t海洋生物饲料生产线，实现产业化生产，2003年6月，公司年产30万 t海洋生物饲料生产线正式投产，自投产以来，该产品一直供不应求，为公司创造了新的经济增长点。

2001年初，岳泰营养与生物技术科学研究所根据调查认为：随着国家大力实施舍饲禁牧政策，牛羊的养殖将由放养向舍饲、半舍饲转变，牛羊饲料前景看好。而国外的牛羊饲料都是不含抗生素、无药物残留的生物饲料。因此，岳泰科研所把新产品锁定为牛羊生物饲料。由于牛羊生物饲料要解决很多技术难题，在国内又是首创，因此，岳泰科研所的专家又赴美国、德国、澳大利亚调查学习，经过一年的努力，先后进行了100多次配方设计，于2002年初成功研发出牛羊生物饲料。2002年，公司在内蒙古东部区、黑龙江、河北进行1万 t牛羊生物饲料中试，产品的技术指标和生产性能非常出色。该产品从初期研发到完成中试，总共投入2 500万元。2002年11月，由于公司在生物饲料领域的研发取得了重大突破，公司被中国饲料工业协会授予全国饲料工业科技进步先进集体；2002年12月公司被自治区科技厅授予高新技术企业。2003年2月，岳泰牛羊生物饲料通过了内蒙古科技厅的科研成果鉴定，产品技术水平经专家鉴定为处于国内领先水平。2003年4月，岳泰牛羊生物饲料被国家科技部列为全国重点新产品。

三、以优秀的经营理念，不断树立良好形象

日本企业家、经营之神松下幸之助曾经讲过：企业没有理念，就好比盲人摸象。通辽岳泰公司的发展，也得益于企业有明确的个性鲜明的经营理念。通辽岳泰公司的经营理念是“诚实诚信”，要求做人要诚实，做事讲信用。怎样做到“诚实诚信”呢？

首先，公司对自己的商业运作链有一个准确的认识：公司认为商业运作链是一个多方利益体，涉及到用户、经销商、员工、公司、供应商和社会等多方的利益。用户的利益怎样保证？经销商的利益怎样保证？员工的利益怎样保证？公司的利益怎样保证？供应商的利益怎样保证？怎样为社会创造效益？都是公司要解决的问题。在用户、经销商、员工、公司、供应商、社会等多方利益之间，公司首先要保证用户的利益，让广大用户使用公司的产品能物有所值。公司的产品刚投放市场时，当时老百姓觉得价格太贵，但通过试喂对比后发现，还是用岳泰饲料更合算。现在，农村的老百姓自己编起顺口溜，说：“比一比，算一算，还是岳泰饲料更合算。”

在用户、经销商、员工、公司、供应商和社会多方利益之间，为社会创造效益又是一个非常重要的使命。怎样为社会创造效益呢？这是一个比较抽象的概念，公司认为企业做得越大，发展得越好，提供的就业机会越多，带动相关产业越多，为社会创造的效益也就越大，所以，公司通过科学管理不断把企业做强做大，为社会创造更大的效益。

众所周知，企业的最终目的是追求利润的最大化，但一定要看怎样最大化。通过多年的实践，公司把赚钱划分为以下3种类型：

第一种类型是“昨天的钱”：这种钱公司已经分配完毕，已经不可改变了，不去再想了。

第二种类型是“今天的钱”：这种钱是目前公司正在赚的，因此一定要努力挣。“今天的钱”，公司通过提升销量、降低成本或改进技术而获得。

第三种类型是“明天的钱”：这种钱是明天才能去赚的，不允许现在去赚。岳泰讲诚信，其中重要的一点就是公司从来不去赚明天的钱。例如1997年底，饲料原料特别是进口鱼粉和豆粕价格飞涨，这时，一些饲料厂用国产鱼粉代替进口鱼粉或者降低豆粕档次，但岳泰没有那样做，一如既往地采用进口鱼粉和优质豆粕。如果公司不用进口鱼粉而采用国产鱼粉的话，每吨可以节约几十元上百元，1万 t就能多赚几十万到100万元。但如果那样干的话，就是“赚明天的钱”，结果，到了明天就无钱赚了，企业也就无法生存了。

其次，公司对企业应该怎样创造利益有一个准确的认识。大家都知道，企业的目的是赚钱。但应该怎样去赚钱呢？公司是通过以下3种途径来做的：

一是降低成本：主要是通过集团采购和高效率的生产来实现。

二是减少费用：主要是靠加强内部管理和勤俭节约来实现。

三是扩大销量：主要是靠先进的营销模式和营销手段来实现。

岳泰“诚实诚信”的经营理念融入到了岳泰员工、岳泰用户、岳泰经销商、岳泰供应商的心灵之中，成为指导他们的共同行为准则，也成为岳泰发展的动力之源。

四、以严谨的生产管理，不断提高产品质量

公司认为：质量是产品的生命，产品是企业的命脉。在产品生产和管理方面，公司采取“全员品控管理”的做法。

第一，优选料。在原料采购上采取一票否决制，不管什么原料，只要有一项指标经化验室化验达不到标准，就坚决不能使用。

第二，精作业。公司将饲料生产工艺流程分为20道工序，每道工序执行各自的工作标准，下一道工序对上一道工序进行严格监督。产品从生产线下来以后，由化验室进行抽检，检测合格后，才能发货。

第三，严监控。产品装运时，装运饲料的车辆还要接受无污染源检查，出厂时，还要对产品的外包装、定量包装进行复核，只要有一项不达标，就不允

许出厂。因此，公司出厂的每一批产品合格率达到100%，没有发生过一次质量问题。岳泰产品成为老百姓真正的“放心产品”。1999年，“岳泰”牌饲料荣获农业博览会名牌产品，这是饲料产品的最高荣誉。2001年，岳泰饲料再次荣获农业博览会名牌产品。2003年，国家饲料质检中心在该公司抽检了5个样品，每个产品都大大优于国家标准，令国家质检中心的专家感到很惊讶，称赞能生产出这么好的产品真是了不起。

五、以先进的营销手段，不断开拓产品市场

现代企业，销售是龙头。面对竞争，公司惟一不变的做法就是变。从最初的推销，到随后的销售再到以后的营销，后来又发展为服务营销，2001年，岳泰在全国饲料行业创造了“知识营销”的新营销模式。即公司组织畜牧兽医方面的专家组成岳泰科技下乡服务队，以村屯为单位，一个村一个村进行科技讲座，向养殖户传授养殖知识，解答养殖难题。通过科技讲座，转变了养殖户的养殖观念，提升了养殖户的养殖水平。以前，大部分养殖户习惯散养，一是规模小，一家养个2～3头；二是猪种差，普遍选用土杂猪，出栏时间长，一般出栏都要4～5个月时间。公司在进行“知识下乡”过程中，由专家从学术上讲授养殖要有效益，就要有规模，用良种猪比用土杂猪效益要好，用好饲料比用低档饲料效益要好，同时公司在养殖户中进行试点，进行对比试验。事实证明：一头良种猪比土杂猪能多卖80～90元钱，能多挣50～60元钱。用好饲料比用低档饲料效益要好，这是公司反复证明的结果。现在，大部分养殖户对科学养殖有了一个基本的认识，这对自治区养殖业的发展必将产生推动作用。

目前，岳泰饲料已畅销内蒙古东部区、吉林、辽宁、黑龙江、天津、北京、河北等地，并在东北和华北地区设立了销售分公司60家。今后，公司将开发内蒙古西部区、山西、陕西、青海、甘肃等市场。准备在以上地区设立销售分公司50家，条件成熟的地区建厂。预计到2005年，公司在外设立的销售分公司将达到200家，年销售饲料达到50万t，饲料年产值达到12亿元。

六、以卓越的育人机制，不断优化员工队伍

面对快速变化的知识经济时代，通辽岳泰公司在管理中走在前沿，致力于构创学习型组织，把企业当作大学来办。这也是通辽岳泰实施人力资源全面开发的重大策略。

公司倡导工作学习化，学习工作化，干中学，学中干，强调从自己和他人和个案中反思学习。通辽岳泰公司徐顺总经理常讲，最简单的问题就是最容易忽视的问题，最容易忽视的问题就是最影响成功的问题。所以该公司特别要求员工从大处着眼，从小处着手，时时反思，即要调整心态，更要改善行为，不断完善自我，向更高的目标迈进。

公司成立伊始，便将“揽一流人才”作为公司人力资源的宗旨。为了广招贤才，公司人力资源部经常到北京、沈阳、大连等大城市去参加人才交流会，而且还常年到东北、华北的知名院校举行专场招聘会，广纳英才。公司每年投入培训经费在100万～200万元，从人民大学、同济大学、中南大学等高等院校请来知名学者教授对员工进行专题讲座和培训。公司还与内蒙古民族大学、东北农业大学等大专院校建立了长期的合作关系，定期在学校开办讲座，设立奖学金，把学校当成企业的人才摇篮，把企业办成学校的学习基地，实现双向受益。在拥有了优秀员工队伍基础上，良好的工作环境也是育人、留人的关键。于是，公司创造性地提出“快乐工作原理”，即坚持人情化和制度化管理相结合，强调“家”的氛围，倡导轻松愉快的工作，使每一位员工将工作不再视为一种压力和负担，而是作为实现自我价值的一个过程和一种乐趣。所以，岳泰员工在这种“快乐工作原理”中，热情极为高涨，效率显著提高。在对待员工的生活方面，人性化管理也是公司的又一突出特点。每逢员工生病、婚、丧等，公司领导总是亲自或及时派人慰问并送去慰问金。俗话说，点滴之处见真情。员工没有了后顾之忧，生活过得舒心，工作干得也尽心。

公司以宽松的环境和优厚的待遇使一大批高素质、高学历的人才纷纷慕名而来加盟岳泰。企业随时在注入新鲜血液，运行起来自然充满活力。公司现有员工700人，80%以上具有大专以上学历，其中博士2人，教授5人，研究生22人。公司科学“选人、用人、育人、留人”的人才机制，全面提升了岳泰员工的职业素质和职业技能。丰富的人力资源，为公司未来的发展奠定了坚实的基础。

七、公司今后发展规划

1. 把饲料主业继续做强。计划到2005年12月，公司20万t牛羊生物饲料项目投产。到2005年，公司生产的饲料产品销量达到50万t，饲料产品年产值达到12亿元。

2. 投资1 000万元建设岳泰客户关系管理系统，使企业管理全面实现信息化。目前，公司初步实现了信息化管理。对内，建立了内部局域网；对外，建立了岳泰专业网站（www. ytfeed. com），以信息化推动企业的可持续发展。

3. 投资1亿元建设嵌入式网络产品产业化项目，该项目形成年产100万套家庭网络系列产品（IP网关、IP连接器、家庭网络适配器）的能力，使信息产业成为通辽岳泰公司的第二大支柱产业。

争做中国牛饲料第一品牌

——内蒙古牧泉元兴饲料有限责任公司

内蒙古牧泉元兴饲料有限责任公司是伊利集团原

奶事业部下属企业，2000 年 7 月成立。位于呼和浩特市东郊河西路 13km 处，占地面积 91 102 m^2，是以生产各种畜禽饲料，特别是反刍动物饲料为主的国内大型饲料加工企业。

公司成立 3 年多来，遵循集团公司"做中国乳业第一品牌"的总体战略目标，树立"奶户的利益就是公司的工作目标"的经营宗旨，主要生产奶牛、肉牛、羊、鸡、鸭饲料，拥有"元兴"牌奶牛饲料 4 大系列 30 多个品种，占领着内蒙古地区 70%的市场份额，并畅销京、津、晋、鲁、冀和东北等地区，成为国内目前最大的奶牛饲料专业化生产企业之一。

"元兴"生物饲料以其产品的绿色、环保、技术含量高、质量稳定等特色，取得了骄人的业绩：产品销量逐年翻番，2000 年销售量 1.5 万 t，2001 年 3 万 t，2002 年 6.8 万 t，2003 年 15 万 t，产值突破 2 亿元大关。2002 年 3 月，被内蒙古家畜改良站指定为种畜专用料惟一定点生产企业；2002 年 6 月，"元兴"品牌被内蒙古品牌协会评为"特色品牌"称号；2002 年 10 月，牧泉元兴饲料公司被中国饲料工业协会评为"先进集体"；2003 年，国家"十五"12 个专项课题之一的"农牧交错区奶业产业现代化生产技术集成与产业示范"专项中奶牛精饲料 12 万 t 的项目落户元兴。

牧泉元兴饲料公司之所以取得可喜的业绩，究其原因，可归结为以下几个方面：

一、把集团公司先进的管理、人才理念和企业文化，作为公司发展的动力支持和智力保障

1. 以人为本的管理思想。坚持以人为本，以团队为前提，平等信任，以制度为保障；在此基础上，依靠人、培育人、激励人、注重人才，为每一位员工提供施展才华的大舞台，同时，为用户提供高品质的产品和一流的服务，为供应商提供最大程度的方便。通过大家的共同努力，最终实现企业的目标，体现每一位员工的人生价值。

2. 创建有效团队。通过大家扮演不同的角色，从事各自不同的生产经营活动，最终达到共同的目的——追求整体的合力、凝聚力和最佳的整体效益。在元兴，提倡将个人目标融入公司整体价值观；提倡永不满足，不断超越自我，开拓、拼搏、进取的精神；提倡齐心合力，团结协作，具妥协意识的合作精神；提倡良好的沟通与协调意识。沟通主要是通过信息和思想上的交流达到认识的一致，协调是取得行动的一致，以保证各项活动的衔接与配合。

3. 创新是企业发展的原动力。在员工自发的、朴素的内在素质的积累和核心层领导人的人格魅力和敬业精神感召下，公司形成了团结拼搏、合作奉献的企业精神；敢为人先、大胆尝试、立志创新是企业不断进步的原动力；不断否定自我、勇于挑战新的高度是屡创佳绩的制胜法宝。

4. 不讲诚信，其道不正，其财不远。诚实正直，坦率待人；业务运作遵守法律的文字规定和内涵精神；在采取每一个行动、做出每一次决定时，始终坚持公司的价值观和原则；坚守并履行公司的承诺，对公司忠诚，对客户真诚，对同事坦诚。同时，长期坚持在员工中开展"假如我是用户"、"产品在我手中，质量在我心中"的教育活动。

二、科技是第一生产力

1. 雄厚的技术力量是"元兴"饲料畅销的支柱，与区内外多家科研院所的合作，形成了"元兴"的坚实技术基石。公司现有畜牧、兽医、动物营养、饲料加工等专业技术人员 150 余名，并与加拿大国际奶牛开发署、中国农业大学、内蒙古农业大学、内蒙古畜牧科学院等区内外多家科研院所建立了长期的技术合作关系，及时引进国内外最新科研成果，结合当地的资源优势，不断研制开发符合市场需求的新产品，在奶牛营养配方、饲料生产方面具有国内一流水平，特别是在微生物饲料和膨化饲料技术的研发上，处于国内同行业领先地位。

2. 技术创新，为提高产品的品质建立了平台。公司研制开发的"元兴"生物饲料，是国内外目前最新的饲料产品，也是东南亚、欧美十分流行使用的环保产品。利用现代生物技术所生产的"元兴"生物饲料，属于无污染、安全、优质、营养保健型的绿色饲料，富含酵母、芽孢杆菌和乳酸杆菌，是一种复合生物活菌制剂，可以调整动物体内的微生态平衡，改善消化道环境，使动物最大限度地发挥生长发育能力，同时，可提高动物的应激能力，提高幼畜的成活率。

通过膨化技术对原料进行预处理，以达到灭菌消毒、抑制抗营养因子、提高蛋白利用率、增加适口性等目的，从而确保了奶牛饲料产品的优质稳定。

三、强化内部管理，保证产品质量

1. 产品质量是企业发展的先决条件，公司时刻把产品质量当作企业发展的头等大事。2001 年组织实施了 ISO9000 国际质量体系的认证工作；2003 年实施了自治区饲料行业首家绿色产品认证工作，为公司的发展提供了有力的保证。

2. 先进的工艺。公司前期引进的澳大利亚饲料生产设备，其工艺实现了饲料生产流程的集散式电器自动化控制，达到国内同行业先进水平。

2003 年 8 月，投资 400 多万元呼和浩特市分公司二期工程引进的江苏正昌设备，在国内居先进水平。这项工程是国家"十五"12 个专项课题之一的"农牧交错区奶业产业现代化生产技术集成与产业示范"专项中奶牛精饲料 12 万 t 的项目。这一项目的顺利实施，标志着公司的发展又跨上了一个新的台阶。2003 年 11 月，年产 6 万 t 的杜尔伯特分公司二期工程正式投产，这为公司的长足发展奠定了良好的基础。使公司逐步走上规模化、产业化的良好发展轨道。

3. 完备的检验设施。公司先后投资 300 多万元引进国内最先进的饲料化验分析系统，拥有国内饲料行业最先进的实验中心，对原料及成品中的粗蛋白、粗纤维、钙、磷、灰分、脂肪、水分等营养指标及重金属、黄曲霉毒素等卫生指标进行严格的测定，保证了产品的品质。另外，公司是内蒙古地区惟一一家拥有规模化试验牛场的饲料企业，专门进行饲料的饲喂试验。只有使营养指标检验和动物饲喂试验合格后，品质保证、安全优良的饲料成品才能正式出厂。

四、完善的售后服务

“为奶户服务，不以赢利为主要目的，提高地区科学饲养水平，保证原奶的优质安全”，是饲料公司不变的宗旨。公司组建以来，经常派出由畜牧兽医方面的专业技术人员组成的奶牛科学饲养技术服务队，走村串户，以集中讲课和现场指导相结合的形式，为奶农宣传奶牛科学饲养知识，传授饲养技术。到目前为止，服务队共在呼和浩特市、包头、巴盟、伊盟、乌盟、山西朔州、河北张北、大庆、海拉尔、杜蒙、肇动等地的 2 000 多个养牛村进行了 3 轮技术服务，受培训奶农达 15 万人次，同时发放养牛光盘 1 万余张，技术服务手册 10 万余册，对地区奶户养牛技术的提高起到了很大的促进作用。

五、公司发展

随着公司的快速发展，为了能够更好地为广大奶源基地的养殖户服务，先后在异地组建了杜尔伯特、包头、北京、西安、赤峰等分公司，同时为了提高产品的技术含量，增强市场竞争能力，还先后筹资组建了生物饲料厂和膨化饲料厂，以能够为奶户提供优质的绿色环保型饲料，使公司逐步走上规模化、产业化的良好发展轨道。

六、公司远景目标

面对入世挑战和激烈的市场竞争，牧泉元兴公司并没有停止前进的脚步。在“狮子与羚羊”经营理念促动下，逐年向更高的目标追求。“争做中国牛饲料第一品牌”是公司的总体发展目标；产量在未来几年内逐年翻番，成为一个产品上乘、质量稳定、服务一流并享有良好口碑的大型饲料加工企业是公司的总体规划。伴随着伊利集团的不断开拓与进取，牧泉元兴饲料公司将以一流的产品和服务，在中国乳业的广阔天地做出更加辉煌的贡献。

振兴民族饲料工业
志创中国饲料名牌
——禾丰牧业有限公司

禾丰的团队是由这样一群人组成的：这群人是爱国主义者；这群人是英雄主义者；这群人是理想主义者；这群人是乐观主义者；这群人是浪漫主义者；这群人拥有专业化、专家化形象；这群人忘我劳动，被人称做工作狂；这群人有着精益求精和创新精神；这群人已经站在这个行业甚至这个时代的前列。

据有关专家认定，年销售额在 1 000 万～1 亿美元的企业，其年增长率在 80%以上即为快速成长企业，如果用这种标准衡量，金卫东和他的禾丰团队所领导的禾丰牧业（集团）股份有限公司就可称得上是快速成长企业。他们总是在寻求突破、不断设立目标并立即采取行动。目前，禾丰集团拥有 20 余家全资及控股的预混料、浓缩料、全价料生产厂，1 家原料贸易公司，1 家生物技术公司及正在建设中的 GMP 车间，1 家饲料机械加工企业，1 家牧草加工企业，1 家境外企业。集团中 R&D（饲料研发）和 HR（人力资源）两大中心为整个集团的快速增长提供技术保障和人才支持。遍布整个东北地区的 4 500 个销售网点，保证禾丰集团在整个东北饲料行业中市场占有率第一。近几年来，随着华北、华东、西北等区域实体企业的快速增加，禾丰已迅速成长为中国北方最大的饲料企业集团之一。

9 年所取得的业绩并没有阻止金卫东和他的禾丰团队前进的脚步，他们在继续投资建厂或与同行强强联合，以便能迅速推进在东北、华北、华东以及西北的市场销售。这种业务的迅速拓展态势不仅仅存在于禾丰最擅长的饲料加工行业，而且在原料贸易、生物技术等领域企业的裂变、加盟、合作也呈快速上升势头。当金卫东和他的禾丰团队成功运作了一个又一个企业的同时，也赢得了合作伙伴的认可和尊重，创造了更多的机会。每当谈到与禾丰集团的合作，海城北方机械工程有限公司的吴立民总经理总会会心地一笑。吴总和禾丰共同投资的海城禾丰经过 6 年的运作，由一家只有一间办公室的小饲料厂，成长为资产 800 万、年销量 5 万 t、年销售额 1 亿元人民币、运营状况非常良好的企业。双赢、多赢一直是金卫东和他的禾丰团队在经营企业中所追求的目标。

金卫东和他的禾丰团队在创业的过程中，也吸引了行业中最优秀的人才加盟，最初的 7 位创业者在金卫东的提议下将每个人名下的 20%股份作为公共股份奖励给那些有贡献的后来者，股东已由过去的 7 位增加到 25 位。他们每个人都身怀绝技，各有所长，在事业追求上有着常人难以理解的团结与默契。目前，那些最具经营能力、德才兼备的年轻管理者已走上重要的管理岗位。随着事业的迅猛发展，在吸引业内精英的同时，禾丰集团将招募更多方面的人才。

为了保证企业健康稳定的发展，2002 年禾丰集团进行了股份制改造，所有的经营活动严格按照上市公司模式运行，实行所有权、经营权、监督权三权分立，董事会、监事会、管理层各司其责，现代的经营管理体系已经形成。

9 年来金卫东和他的禾丰团队克服重重困难，打造了一支过硬的团队，在奋斗中实现了创业之初的誓言“振兴民族饲料工业，志创中国饲料名牌”。2003 年，他们提出未来 10 年内成为世界顶级饲料供应商，公司将加快全国扩张的步伐，将全力以赴冲击目标。

以玉米开发为龙头 志在全球最大赖氨酸供应商

——长春大成实业集团

长春大成实业集团是以全球经济一体化市场为导向，以玉米工业开发为龙头，以集团带农场、联农户为原料基地，以技术创新、转化增值为目的，通过实施玉米产业化经营战略，推进树型结构、系统工程的玉米产业经济向精深方向发展。历经7年的建设，基本实现了定向育种、定向种植、定向收购、定向加工、定向销售的玉米产业化链条的对接。

树型结构的树冠工程，主要是以玉米初加工产品的淀粉为原料，在开发区内是以淀粉乳为原料，依托高新技术将淀粉转化增值为技术含量高、附加值高的淀粉深加工产品，以玉米淀粉为原料可加工几十个大系列、几千种产品。根据国内外市场的需求，公司重点实施了对变性淀粉、氨基酸、淀粉糖、酒精、生化药、生化饲料、淀粉树脂、淀粉纤维等8大系列产品的开发。大成集团还建成了长春玉米工业研发基地、德惠玉米生物化工基地、锦州玉米精深加工基地、上海玉米甜味剂基地，福州氨基酸基地5个加工基地。到2003年底，集团已形成年加工玉米180万t，建成年加工玉米60万t的工厂3座；深加工产品已建成4大系列，淀粉糖工厂4座，年产淀粉糖50万t；赖氨酸工厂3座，年产赖氨酸12万t，谷氨酸工厂1座，年产谷氨酸10万t；变性淀粉厂2座，年产变性淀粉24万t；生化饲料工厂2座，年产生化饲料20万t；生物肥料工厂2座，年产生物肥料20万t。

赖氨酸是长春大成集团的一个重要支柱产业。长春大成生化工程开发有限公司隶属长春大成实业集团，是国家重点玉米深加工龙头企业，2000年建成投产，目前是亚洲最大、世界第三大生产饲料级L-赖氨酸的专业生产厂。

公司成立伊始，定位于饲料添加剂的研发与生产，坚持在新产品和新市场开发方面加大科技投入，依靠科技进步和技术创新，使产品在激烈的竞争中建立起核心竞争优势。使公司各项经济指标一年一个新台阶，为企业的生存和发展增添了后劲。公司狠抓管理、产品研发和员工培训。以争先实干、奉献为民为企业文化，树立“以人为本、严细实恒”的管理理念，全体员工齐心协力，团结拼搏，在5年的时间里，公司在管理、研发与技术、销售等方面取得了辉煌的成绩，成为饲料行业的领头羊。

作为一个以应用技术研发为方向的科技型企业，长春大成生化工程开发有限公司拥有许多优秀的领导人。公司法人代表刘小明，曾出任一香港集团副总经理，持有华南理工大学化学工程学士学位。负责企业总体业务发展及制定公司政策及策略。公司总经理褚维成，有多年企业管理及生产的丰富经验，曾就任一国营大型企业总经理。企业研究开发带头人王德辉，是国家饲料工程研究中心赖氨酸专业中心主任，主持攻克了多项发酵技术难题。企业还拥有一批由中外籍专家组成的科技开发梯队，并已建成具有国际水平的菌种驯化装置和生化实验研究中心，配以标准的生产工艺与严格管理和完善的营销网络，引进德国、美国等国外先进的生产设备，形成了年产10万t饲料级L-赖氨酸的生产能力。2001年末被中国饲料协会评为“重承诺守信用”企业。

强大的技术力量推动了长春大成生化工程开发有限公司在短时间内开发出多个适应市场需要的产品。目前，公司在生产饲料级L-赖氨酸盐酸盐的基础上，又成功开发出新型65%赖氨酸、苏氨酸和谷氨酸等产品。尤其是65%赖氨酸新产品的开发更是受到客户的一致好评。这种新型赖氨酸是指赖氨酸含量在51%以上，相当于盐酸盐的65%，是一种以赖氨酸发酵液为原料的复合赖氨酸颗粒料的生产方法。颗粒料中除含有一定量的赖氨酸外，还包含发酵液中的其他19种氨基酸。其制造方法是以赖氨酸发酵液为原料进行杂质分离，再经过蒸发浓缩、制种、喷雾造粒、机器搅拌整形、包衣等工序制备出由赖氨酸和具有营养价值的发酵副产物共同组成的复合颗粒料。65%赖氨酸生产工艺与传统98%赖氨酸工艺相比，缩短了工艺流程，降低了基建投资，节约了大量水、电、汽消耗，污水处理量减少95%，基本实现清洁生产，提高了产品收率，降低了生产成本。目前，全世界只有德国某公司拥有65%赖氨酸生产技术，与国外产品相比，大成65%赖氨酸具有以下优势：①颗粒特征更适合作饲料添加剂（均匀性好）；②开发了包衣剂，产品稳定性高；③产品中有效赖氨酸含量高。此项技术已经过国内有关专家的反复论证，研究成果已经通过吉林省科学技术厅的科技成果鉴定。由于长春大成集团65%赖氨酸新产品的问世，引起了广大饲料企业的浓厚兴趣，产品推出后，广大客户定货积极踊跃，在全国兴起了应用65%赖氨酸的高潮，使规律性的市场淡季变成了销售旺季。

当今饲料原料紧张是全球性的，为提高饲料利用率，世界各国都很重视发展和生产赖氨酸。65%赖氨酸作为绿色环保饲料添加剂更是受到世界各国的重视，具有广阔的市场前景，65%赖氨酸的产业化必将代替赖氨酸盐酸盐，成为今后赖氨酸发展的新趋势，长春大成集团为振兴生态型绿色农户品加工产业基地作出了应有的贡献。

目前，集团正在走一条国际化道路，大成集团以“香港大成生化科技集团”的名义在香港成功上市。刚上市的大成生化股票，市值13亿元，每股仅0.84元左右。而近几年来随着公司的业绩不断攀升，最新市值为100亿港币。

大成的奇迹是靠大成人的大成精神创建的，大成人的大成精神是在大成艰苦创业实践中塑造的。相信经过大成人不断的奋斗，长春大成集团必将与时俱进，走向世界，走向未来！

顾客满意　社会受益　企业盈利

——吉林德大有限公司

吉林德大有限公司饲料企业，是吉林德大有限公司所属的重要企业之一。吉林德大有限公司坐落于吉林省德惠市，是吉林省松辽禽业联营公司与泰国正大集团合资兴办的大型肉鸡“一条龙”企业。公司始建于1989年，1991年正式投产运营。

德大公司系集种禽繁育、肉鸡饲养、饲料加工、肉食加工、油脂加工、粮食采购与贮存于一体、多种优势于一身的多元化经济实体。公司现有9大企业，即商贸企业、种禽企业、肉鸡代养企业、肉鸡自养企业、饲料企业、油脂企业、食品企业、物资企业、粮食企业，另外还有大米加工业和酿酒业。

公司有祖代种鸡场5座，年饲养祖代种鸡6万套；父母代种鸡场16座，年饲养父母代种鸡102.4万套；孵化厂6座，年孵化商品肉鸡雏10 300万只；现代化商品肉鸡饲养场16座，年饲养商品肉鸡4 000万只；肉食加工厂4座，年屠宰加工肉鸡1亿只，年加工火腿肠及熟食制品9.5万t；饲料厂2座，年生产各种全价配合饲料72万t；油脂厂1座，年加工大豆50万t；粮库2座，并有公司自己的原粮基地1.2万hm^2。其中，肉食加工厂、油脂厂、饲料厂和孵化厂在国内同类厂家中单体规模最大。

德大公司饲料一厂始建于1989年，1992年正式投产，该厂占地面积为67 500 m^2，建筑面积19 014 m^2，年可生产各种全价配合饲料36万t。为适应企业发展和市场需求，公司于1998年兴建了第二饲料厂，该厂占地面积为30 200 m^2，建筑面积7 774 m^2，年加工能力与饲料一厂等同。

德大公司饲料厂全套生产设备从美国豪孚公司引进，质检化验设备分别从瑞士、日本引进。采用泰国正大集团的先进工艺、配方和管理办法，整个生产均由电脑自动控制，机械化、自动化水平居世界前列。

德大饲料企业自建厂以来，始终奉行“顾客满意、社会受益、企业盈利”的宗旨，恪守“忠诚、积极、严明、扎实”的企业精神，贯彻“以绿色、营养、安全的卓越产品，持续满足国内外的顾客需求”的质量方针，通过十几年卓有成效的努力，赢得了广大客户的信赖和良好的社会口碑。

该企业现有员工136名，其中大中专以上人员57名。高级职称人员3名，中级职称人员18名，初级职称人员36名。企业有健全的人员培训机制，对员工进行经常性的有计划培训，使员工素质得以不断提高，建立了有效而健全的人力资源系统，为企业的发展壮大和实现先进的科学化管理奠定了坚实的基础。

贯彻质量体系，实行名牌战略，是该企业一贯的经营理念。企业以顾客为上帝，视质量如生命，始终把诚信放在生产、营销、服务的第一位。从原料入厂开始，即进行百分之百的质量检测，生产中的过程控制则更加严格缜密，确保产品出厂合格率达到了100%。

该企业于2000年通过ISO9002质量体系认证，2003年通过ISO9001：2000年版质量体系认证，同时企业实行了“5S”管理。现代的科学化的管理体系和模式，有效地保证了产品质量的稳定和提高，从而最大限度地践行了持续满足客户需求的承诺，受到广大客户的青睐和好评。

该企业饲料一、二厂，分别于1997年和2001年建立了全脂蛋白饲料生产车间，年产全脂蛋白饲料12万t，其优良的品质，得到国内众多大中饲料加工企业的欢迎。

德大饲料企业，现生产的“德大”牌饲料产品有：肉鸡系列、猪料系列、牛料系列、鱼虾系列等40余种优质产品，畅销全国各地并出口到俄罗斯。该企业2000年被中国工业企业联合会、中国调查统计事务所评为1999—2000年中国同行业十大名牌产品；2002年，被中国饲料协会评为全国饲料行业百强企业和重承诺守信用企业。

以德执业　以能立本

——吉林正大实业有限公司

饲料是饲养的基础，在畜牧业快速发展的今天，尤其如此。

饲料企业，作为玉米的转化者和饲料产品的提供者，在全面建设小康社会的进程中，特别是在振兴吉林老工业基地进程中，其重要性更是无以复加。

吉林正大作为吉林粮食集团与泰国正大集团投资兴建的吉林省第一家中外合资企业，1984—2003年，共产销各种饲料产品150万t（其中预混料7万t)，产品覆盖全省45个县（市）及辽宁和黑龙江部分地区。外销饲料量占全省饲料销售总量的第一，“吉大”牌系列饲料被认定为吉林名牌、质量免检产品、全国十大名牌。转化玉米500万t。产销鸡苗4 573万只，实现销售收入31亿元，实现利税2.1亿元，固定资产达2亿元。公司被认定为农业产业化省级重点龙头企业，吉林省和长春市外商投资先进技术企业，1999—2003年度长春经济技术开发区50强企业，被中国饲料工业协会认定为全国饲料行业科技进步先进集体，被认定为国家级“守合同、重信用”企业。2003年通过ISO9001：2000系列质量管理标准体系认证。

多年来，吉林正大作为吉林省饲料行业的一面旗帜，有力地推动了养殖业的发展，促进了农村经济结构的调整，为增加农民收入、丰富城乡居民的“菜篮子”做出了积极贡献。

一、严格质量管理，打造名牌精品

20年来，吉林正大始终把质量作为企业安身立命之本，兴旺发达之源。把不断提高产品质量作为培

育吉林正大品牌的基石。公司从英国、日本、德国、瑞典等国家进口先进的化验设备，并依据严格的质量检测标准及先进的检测手段，可以进行30多个项目的分析测定，达到了专业化检测中心的技术水准。不断建立健全质量责任机制和质量保证体系，使生产全过程质量控制有章可循，将质量管理纳入吉林正大目标绩效考核办法，实行以“质量否决权”为主要方式的个人收入分配与质量挂钩制度。重点抓住3个环节：一是严格技术标准，吉林正大的配方由泰国正大集团营养学博士根据国际先进的动物营养技术，精心设计；二是严格工艺操作，配料准确，加工精细，混合均匀；三是严格监督检查，坚持把好原料进厂关、配方关和销售关。同时，吉林正大注意品牌的继承保护与开发创新的有机统一，注重在产品开发上寻求突破，先后开发推广了母猪料、乳猪料、奶牛料、鱼料等系列新产品，用新技术、新产品为老品牌增添新的活力。依靠严格的质量管理和技术创新，打造出“吉大”牌系列精品，得到用户的信赖和社会的好评。

饲料安全是畜禽产品安全和食品安全的基础。吉林正大向社会庄严承诺：不制假，不售假，绝不在饲料产品中使用违禁添加剂，确保饲料安全，被中国饲料工业协会授予“饲料安全新世纪宣言重承诺、守信用企业”。“让使用吉大牌饲料的饲养户富裕起来，让经营吉大牌饲料的经销商发展起来，让使用吉大牌饲料的地区繁荣起来”的企业宗旨不断得到充分验证。

按照《吉林省生态省建设总体规划纲要》（吉政发［2001］31号）“发展绿色饲料工业，扩大肉、禽、蛋、奶等绿色食品产出规模，重点发展分割肉、冷却肉、肉肠等精、深加工终端绿色产品”的发展方向和重点，从2003年开始，吉林正大采取“公司＋农户＋基地”的形式，已在长春市设立多个吉林正大肉品连锁店，推出“安全、放心、新鲜”的冷却排酸猪肉，“吉大”牌猪肉同时被国家农业深加工产品质量监督检验中心和吉林省产品质量监督检验院认定为“绿色产品”。

二、依托技术服务，赢得忠诚客户

吉林正大坚持“客户呼声是第一信号，客户需求是第一选择，客户利益是第一考虑，客户满意是第一标准”的经营理念，引进大批畜牧兽医专家和相关专业的大学毕业生，设立了技术服务部，建立客户资源档案和回访体系，制定了“主动、亲切、有效、合理”的服务标准。20年来，公司坚持采取走出去——送科技下乡和请进来等方法，免费对经销商和饲养户进行技术培训，并赠送由公司专家主编的饲养手册和公司光盘、公司报刊等相关资料。公司配备了20多台营销服务车，由近百名技术服务人员负责各自区域内的客户服务工作，做好产前、产中和产后全方位的跟踪服务，帮助客户联系畜禽良种，指导客户饲养管理。通过为客户提供全面化、个性化的优质服务，将客户满意度转变为忠诚度。本着“双赢、多赢”的原则，在长期的买卖关系中与广大客户建立了长期、稳固的质量效益命运共同体，使企业与客户的感情距离越来越近。

三、培育企业文化，奠定发展基石

“问渠哪得清如许，为有源头活水来”。20年沧桑，20年创业，吉林正大发展的活水之源是什么——是坚持不懈的企业文化建设。多年来，吉林正大始终把塑造企业文化作为变革管理方式、提升管理水平、提高整体竞争力的关键来抓，把企业文化建设纳入企业发展战略，同步规划，同步实施。

素质培育，形成永无止境的教育文化。多年来，公司每年都选派大批管理和技术人员到泰国正大集团设在上海复旦大学的培训中心去学习；先后多次从泰国、英国、香港、台湾地区请来专家、教授、博士到公司讲学；在公司内部常年开展岗位培训活动。并制定了《吉林正大员工手册》，用手册的内容进一步激励和约束员工的思想和行为。通过培训和学习，员工的素质和水平始终保持着较高的水准，使得吉林正大能够跟踪管理和科技进步的潮流，并有效地运用到工作实践中去。

健全机制，形成务实、创新的管理文化。吉林正大根据市场形势的变化，结合企业发展的实际，以求真务实的态度和脚踏实地的作风，不断对企业管理制度和经营制度进行改革和创新，变革管理方式，实施企业“再造工程”，特别是对企业运行机制和基础管理体系进行再造，保证企业的管理模式与企业的生产经营相适应。建立起工作流程系统化，每一岗位责任化，员工工作数量化的管理模式，为提高管理水平、培育竞争能力和进行二次创业奠定了坚实的基础。

发展中提升，形成实业报国的理念文化。面对经济全球化和知识经济的浪潮及加入世界贸易组织的挑战，吉林正大坚持与时俱进的理念，从2001年开始建立并逐步完善了以“财富、创新、团队、价值共享”为核心的理念文化：

践行企业使命：吉林正大秉持创业永无止境的信念，始终关注人类健康并致力于相关产品的完善，以增进人类健康源的有效构成为己任。吉林正大尊重资本并增值资本，开发资源更维护资源，与所有的事业伙伴分享财富与成功。通过科技与服务的不断创新，成为本行业最值得信赖的健康人类、营养人类、造福人类的专业公司。

明确企业远景：吉林正大以深厚的历史积淀和卓越的团队合作，通过管理的不断提升和经营的持续创新，不断实现成长旅途中的超越，把企业经营成为区域市场乃至行业的领袖，使之成为团队每一名成员创造财富、发展事业、享受生活、光彩人生的境地。

四、弘扬“以德执业，以能立本”的企业精神，倡导“说到做到”的企业作风

20年来，吉林正大立足饲料工业，坚持走产业报国之路，积极回报社会，公司（包括员工个人）先后捐资200多万元用于帮残、扶贫、助教、抢险救灾、文化建设和希望工程等社会公益事业。这些具有一定规模、多层次、多形式的社会公益活动，赋予了吉林正大品牌以人性化和丰富的文化底蕴。使吉林正大在社会公众中树立起责任型、贡献型的形象，在客户中树立起优质、真诚的形象，在员工中树立起公平、信任的形象，在股东认可上树立起发展型、效益型的形象，在行业中树立起守法经营、竞争双赢的形象。

闯振兴路，兴创业潮。吉林正大将抓住东北老工业基地振兴战略的历史机遇，进一步发挥农业产业化重点龙头企业的带动作用，加快技术创新，提高员工素质，打造绿色品牌，培育竞争能力，实现龙型企业的发展目标。运用双赢智慧寻求发展空间，实施规范管理激活创新机制，容纳多种声音构筑和谐环境，追求个人梦想，创造吉大奇迹。给客户以精品和满意，给员工以机会和发展，给股东以业绩和回报，为促进饲养业的发展和农民致富奔小康做出更大的贡献！

给质量管理注入生命力
产品注入竞争力　营销注入活力
企业文化注入凝聚力

——哈尔滨美龙饲料有限公司

哈尔滨美龙饲料有限公司系黑龙江省生物制品二厂与香港利亨（农业）有限公司共同投资兴建的专业化、现代化产业。公司始建于1993年，主要生产畜、禽、动物用各种系列预混合饲料、复合预混合饲料及A级绿色饲料计95个品种/规格。年设计生产能力单班生产5万t。公司拥有国外进口的自动化生产设备和先进的检验仪器，由美国著名的动物营养学博士提供适合当地饲养特点的电脑配方技术。

经过十多年的发展，目前公司已开发并投入市场的各种畜、禽、动物饲料、A级绿色饲料已达10个品种/规格。销售网络覆盖东北三省及内蒙古部分地区，并远销朝鲜，年销量近万吨。

“美龙”牌饲料具有营养均衡、质量稳定、效果明显的优势和特点，其信誉久远，不但得到广大用户的普遍认可，而且曾先后获得：首届中国饲料博览会认定产品称号；农业部全面质量管理达标证书；黑龙江省著名商标；黑龙江省及哈尔滨市饲料行业十强企业：中国饲料工业先进科学技术先进集体等各种奖励及殊荣。

为了进一步强化产品质量管理，实现与国际接轨，公司率先在黑龙江省饲料行业中通过了ISO国际质量体系认证。目前又开发了肉鸡、蛋鸡、猪、牛四大系列A级绿色预混合饲料，经国家绿色食品中心批准、发证，现已批量生产投入市场，在饲料行业，美龙公司首家做到了让老百姓吃上放心肉、放心蛋，为“倡导绿色文明，创建绿色家园”，为“无公害”事业做出了应有的贡献。

入世后，随着全球经济一体化的发展，中国企业将快速融入世界经济舞台。饲料行业已进入到依靠人才、科技、管理、物流、营销、资本等综合优势，实施微利经营的新时期，历史将要求每一个希望发展的饲料企业，尤其是大中型企业，以发展的眼光，定位竞争，确立和调整本企业的战略定位，培育核心竞争力，去促进企业的发展。

为了应对入世，快速跟上世界经济发展的步伐，美龙人的定位思考和作法是：

一、给质量管理注入生命力

如果说标准化、程序化和规范化管理是经营企业的一门科学，那么质量管理就是企业管理中的精髓。中国进入国际市场后，竞争的结果必然迫使企业在质量管理的领域中快速进步。

为了加快竞争的步伐，就必须给企业的质量管理注入新的生命力。公司经过半年的试运行工作，于2000年初实现了ISO国际质量体系认证，步入了管理工作的规范化、标准化和程序化的进程。

在质量管理上，美龙人追求的目标是：质量第一，服务一流，产品出厂合格率百分之百。为了实现这个目标，公司建立了明确的“规章制度、操作细则”、“质量手册”及“程序文件”等3层文件，把要求的标准写入文件当中进行控制。在运行体系中每个操作环节都要定期考核，每台设备、检验仪器都要定期检定，为产品达标奠定坚实的基础。

企业在推行目标管理的基础上，建立以总经理为第一责任人的层层责任制，明确企业各部门、各级人员在保证和提高企业质量管理中的职责、任务和权限，做到办事有程序，检查有标准，考核有指标，奖罚有依据。

在管理上，美龙人学人之长，避其之短，不断完善企业的各项规章制度。在推行目标管理的基础上，又实现了网络技术化和现代化管理手段，使企业的质量管理步入了一个新的台阶，为了不断提高技术人员的素质，公司每月定于25～28日为专业技术培训日，由主管技术总经理和技术人员讲课，宣传饲养、饲料、家禽、家畜、疫情、疾病知识，让业务员把这些知识运用到实践中，去展现自己的技术才干，增强应变能力。此外，公司采取外培形式提高部门经理经营水平。走出去学习、参观、考察的形式和分期分批或单独教练的形式，让总经理及中层管理人员外出学习取经，学人之长，补己之短。几年来，美龙人先后到正大集团、四川希望集团等有关饲料企业参观学习。通过学习，进一步增强了竞争意识，美龙人在观念上有了大幅度的更新，在管理上也有了很大的改善。过去观念守旧，固步自封，总认为浓缩料是美龙独家的特产，在市场上竞争力较强。走出去后，眼界开阔了，饲料行业飞速发展和日益竞争的局面，使他们认识到，不学习不行，不发展不行。邓小平说：“发展才是硬道理”，这是千真万确的真理。不发展，就是倒退，终究会被历史淘汰。

二、给产品注入竞争力

科学管理是企业管理的精髓，产品质量则是企业的灵魂。

在饲料行业实施微利经营的新时期，如何把握时代的信息，向社会、向市场投放高品质、高标准、符合用户需要的产品，是摆在企业面前的严峻课题。

美龙人深知质量是企业命运的主导，没有质量要求，就会失去用户的需求。美龙公司全体员工树立质量第一的意识和观念，提出“谁砸了美龙的牌子，就砸谁的饭碗”的口号，在公司程序化管理中明文规定：“原料进厂要进行必要的标准检验和测定，不合格原料不能投入生产，不合格产品不准出厂，严禁使用伪劣原料以次充好，不破包、散包，不缺斤少两”，操作工人经培训，持合格证上岗，在体系控制中，从生产到检验每道工序都有严格的记录，实行严格的产品跟踪追溯，对违章违规造成质量事故者要追查责任，限期整改或纠正。程序化管理有效地规范了生产工人和技术人员的生产行为，人为地强化了员工们良好的质量意识观。

在产品检验上要求做到了一吨一抽检，一批一化验，抽样留存半年以上备查。从生产投料到产品入库都有生产检验记录，经责任人签字，存档备查。由于公司实行严格的层层监控手段，很好地把住了产品质量关，几年来公司生产有条不紊，产品信誉不断提高；用户满意地说：“美龙饲料产品稳定，用着放心，饲喂效果好。”

伊春友好养鸡场用美龙饲料后，种鸡产蛋率、孵化率达到国际水平，生产的无公害、无药残的肯德基也采用“美龙”牌绿色饲料。哈尔滨市郊和外市县用该厂553蛋鸡料均反映，产蛋率可高达98%，高峰期可达8个月之久，蛋鸡养500多天后，产蛋率还近八成。因此，在饲料市场中，尽管价格竞争激烈，但是美龙牌产品质量占优势，而销量始终不减。

三、给营销注入活力

企业市场营销是企业生存和发展的依托，其营销方式的选择，营销观念和营销管理方法的定位，决定企业营销活力的旺盛与衰败。要做好市场营销，首先要加强市场调研，提高产品质量信息反馈。公司重视市场调研工作，公司明确要求业务员和总经理只要有机会外出，就要带回市场情报，看产品在市场中反映如何，在品种上还有何缺欠，是否适销，在质量上是否让用户满意。每次外出的业务员，都要认真填写出差报告单，这些报告单由内勤人员整理汇总，形成档案记录。公司领导人员，根据这些记录在案的信息，每月一例会、总结，研究改善产品内涵、外观质量的方法和途径，向市场投放适销、畅销、质量稳定的产品。

在产品质量上，美龙追求的目标是：美龙饲料永远不会让用户失望。服务也是产品质量的体现，以服务态度感动人，是企业质量管理工作的重要环节。服务态度的优劣，直接作用于用户心理的承受能力，一个好的产品，要靠好的服务质量去宣传、去推销。美龙人深知服务态度是首位的规定要求，公司要求从后勤服务到销售，每个员工都要做到以礼待人，热情服务，用户的需要就是他们的工作，诚信、友情第一，业务员和用户交朋友，把用户的困难视为自己的困难，只要他们提出来，即使是份外的工作也寻求解决途径，尽力代办。这些事从小到给孩子买玩具，买生日礼物，大到帮助子女升学，读电大、业大，给用户亲属办出国手续，都竭诚协助，为用户排忧解难，把用户看作是上帝，让用户从进厂门一直到货物出门都感到美龙人的亲切，美龙人的诚实。

在与用户交朋友的基础上，公司还舍得花大力气帮助用户养好鸡、养好猪，让用户走脱贫致富之路。公司由外方总经理亲自带队，巡回在乡镇农村之间，到处宣讲饲养、管理、禽畜疫情、疫病的防治工作，让养殖户尽快掌握科学饲养管理知识、技术，用好美龙饲料，养好禽、畜。多年来，授课上百次，培训人数达 4 000 多人。除此之外，公司还聘请两位兽医专业技术人员，登门为用户进行售后技术服务，只要用户需要，随叫随到。帮助养殖户做好禽畜疫情防治工作，使用户尽快走上致富之路。用户广泛称赞，美龙公司的服务是一流的，是任何饲料厂家难以做到的。

四、给企业文化注入凝聚力

企业文化是企业发展的生命线，它是企业整体形象的定位与展现。

公司在管理上强化质量意识，体现质量标准，强调整体效应，美龙人不说不利于团结的话，不做有损于美龙利益的事。在美龙公司，从清新整洁的厂容厂貌，到车间、仓库有条不紊的管理，无处不体现质量管理的深入、严格，领导班子的团结协作，管理层人员和生产人员爱岗敬业，尽职尽责的工作场面，使每一个步入美龙公司的用户深深地体会到，美龙公司的管理是正规的，美龙公司的质量是可靠的，美龙人的团队精神是可贵的。

美龙牌浓缩饲料已得到了用户的普遍认可。美龙公司的名牌效应赢得了饲料行业的广泛关注，目前，美龙人正信心百倍地迎接饲料行业新纪元的挑战，美龙人有决心学习同行业之长，站在巨人的肩膀上，放眼二十一世纪饲料工业发展的壮观前景，为我国畜牧业的发展，为黑龙江省的“半壁江山”再创辉煌。

以“创新谋发展”为企业发展的永恒主题

——双城市荣耀饲料生物技术开发有限公司

双城市荣耀饲料生物技术开发有限公司始创于1997年，经过近几年的发展建设，已经成为一家集精、粗饲料研制、生产、销售和服务，农牧业机械研制、开发和制造为一体的高科技、现代化畜牧业企业，初步形成了具有一定规模的反刍动物饲料工业体系。公司总部位于黑龙江省双城市，厂区占地面积3万 m^2，自有铁路专用线，交通运输便利。公司始终坚持“发展饲料工业、振兴民族经济、干一番事业、富一方人民”的创业指导思想和“社会效益、生态效益、科技效益、人才效益、服务效益、管理效益、规模效益”的创业原则，取得了显著的成效。

荣耀公司及其生产的“荣耀”牌奶牛、肉牛、肉羊和生猪等营养型浓缩料、预混料，裹包青贮粗饲料和农牧机械达40多个品种，在省、市主管部门、质量技术监督部门的检查考核中，全部合格，先后被评为全国饲料行业百强企业、全国饲料工业科技进步先进集体、黑龙江省著名商标、重合同守信用企业、质量信誉保证单位、农民致富科技产品，并通过了ISO9001：2000质量管理体系认证等，在用户中久享盛誉。其中奶牛浓缩料的生产为全国主要生产厂家之一，公司被农业部定为农业部畜牧兽医局重点跟踪企业，产品销往黑龙江、吉林、辽宁、河北、内蒙古、天津等5省30多个市县。

市场如战场，成败靠质量，发展靠创新。荣耀公司在日常工作中，一手抓质量，一手抓管理，创新产品，创新人才，用优质的产品，优质的服务，赢得了用户。

一、以科技创新为品牌战略的切入点

任何一个品牌的形成都是以科技创新作为支撑，只有不断创新的产品才会赢得不断变化的市场，荣耀概莫能外。在企业发展的过程中，荣耀人提出了品牌战略的“三创新”原则：荣耀品牌必须以科技创新为依托，以体制创新为保障，以管理创新为手段。

荣耀公司充分发挥在行业内技术和信息方面的优势，与中国农业大学、东北农业大学、中国科学院东北地理与农业生态研究所等多家科研机构合作，针对不同地区、不同地理环境，结合各地饲料资源和奶牛不同时期营养需求的不同，适当调整产品成分的配比，研制出多元化的适合奶牛不同阶段的饲料产品，改变了以往养殖户饲料品种单一、利用率低的现状，使养殖户养牛综合经济效益得到很大提高，做到产品功能与市场需求相适应。

随着奶业的发展，青贮玉米由于其丰富的营养价值和显著的经济效益，以及在提高奶牛单产、完善饲料产品结构、减少畜牧业对粮食依赖、调整种植结构、改善生态环境等方面的积极作用而大受欢迎。2002年荣耀公司结合双城奶牛的饲养状况，广泛考察和市场论证，分析和研究提高奶牛单产的可行措施，积极与市农业开发办合作，走公司＋农户＋养殖户的运作模式，实施青贮粗饲料的商品化、产业化。研究、引进和消化先进的玉米青贮技术和生产设备，提高饲料产品的科技含量，提高青贮玉米种植户和奶牛养殖户的经济效益，做好双城青贮玉米和粗饲料的宣传推广工作，并开发其配套的浓缩饲料和精料补充料产品，促进青贮饲料的工厂化生产，推动农牧经济效益的优化组合。这也是对国家饲料科技攻关产业化项目的补充和完善，标志着荣耀公司产业化发展迈进了新的历程。

二、优质产品、优质服务是实施市场战略的根本保证

质量是企业的生命，一个企业如果没有一个稳定的产品质量，就很难在竞争激烈的市场大潮中站稳脚跟，这为很多企业家所共识。然而，要确保产品的质量，必须要强化管理，荣耀公司在质量管理上，全面实施ISO9001质量管理体系和HACCP安全管理体系，从完善的管理制度入手，在工艺、标准、技术配方和生产各个环节开始，健全各级质量和安全责任制，把责任落实到人，抓好质检工作，确保产品质量。

一流的产品质量需要一流的售后服务去不断完善。服务是连接生产和用户的纽带，是沟通企业和用户的桥梁。有专职的营销服务队伍，分线分片、负责质量跟踪和信息反馈，指导农民进行饲养管理和疾病防治，组织技术人员到农村进行科技讲座、科技推广，免费赠送资料，给农民进行科技示范，帮助农民提高科学养殖水平，解决农民的疑难问题，扭转了奶牛饲喂不科学的局面，解决了奶户中奶牛发病率高、奶量不稳、奶脂率低的问题，大大提高了饲料的利用率，保证了奶牛的营养需求，延长了奶牛的生产寿命，增加了奶户的经济效益。并且公司内部还设立了24h服务热线电话，对用户反映的问题及时给予答复，一时解决不了的逐一登记下来，想方设法予以解决。并且荣耀公司与当地移动通信公司联合推出企业短信服务业务，由服务专家、服务专员为养殖大户发送有关奶牛饲养常识、疾病防治问题、新产品宣传和使用说明等信息，利用现代化、信息化手段解决用户的疑难问题，使服务体系的建设更进一步。

荣耀公司在重视售后服务的同时，更加重视售前服务工作，在饲料销售前，对于销售网点如何做到布局合理，方便用户，都有一番细致研究。特别是宣传、推广饲料新产品，介绍养殖技术，开展经验交流，指导用户选购使用饲料，帮助农民养殖致富，想客户之所想，急用户之所急，做到预约送料上门，在广大用户中树立了良好的企业形象。

三、“以人为本”是实施人才战略的根本思想

企业之间的竞争归根结底在于人才的竞争。新产品的开发，市场的开拓、维护和运作，企业的经营和管理都离不开高素质人才，人才是成本转化的重要因素。荣耀公司在经营稳步发展中，形成了“以人为本”的现代企业人力资源管理文化，并渗透于企业管理运行的全过程。“以人为本”成为荣耀公司文化建设中实施人才战略的根本思想，只有最大限度地调动人的积极性，最大限度地扼制其消极性，才能保证企

业的活力。

为贯彻“以人为本”的管理思想，有效地调动人力资源，提高公司的信誉度，荣耀公司更加注重提高员工的政治素质，引导员工树立正确的人生观、价值观和道德观，根据员工文化水平、年龄和岗位职责的不同，有的放矢，加强教育，针对每个层面采用不同的培训方式,在企业内部努力形成奋发向上、协力合作的团队精神,激发员工的积极性和创造性,增强内聚力,从而使荣耀公司保持旺盛的竞争力。并且在企业的管理模式上,由单一的垂直领导改为以流程或系统为纲的垂直横向的扁平式管理,促进部门之间团结协作,最大限度使用劳动力资源,从而提高劳动生产率。

荣耀公司多年来重视员工管理,培养出适合企业需求的技术队伍和管理骨干,确保各项策略得以正确的贯彻和执行,提高了公司的管理效率。并且逐步提高员工的收入水平,建立健全养老保险、医疗保险、失业保险、意外伤害保险和住房公积金等社会保障,解决了员工的后顾之忧,有助于稳定员工队伍,调动工作积极性。

四、企业文化的不断丰富是企业生存和发展的基石

企业文化是企业精神的象征，不断发展的企业文化能够不断调整员工心态，规范员工言行，净化工作和学习环境。荣耀公司就好比一条驶向市场经济大潮的大船，全体员工发扬荣耀“正气、正义、时效、创新”的企业精神，倡导做事先做人，坚持“以顾客为关注焦点，提高顾客满意度”的原则，始终不断发展利人利已的“双利”原则，处理好企业、员工、客户和社会的利益关系，在企业发展中在物质和能力方面得到不断回报，讲奉献也讲回报，讲竞争更讲合作，不仅加强外部协作服务，更注重内部各部门同事间的合作与服务，使荣耀的企业文化不断丰富和发展，提高了员工素质，成为企业生存的根本、发展的基石。

荣耀公司始终坚持“科教兴牧、产业报国”的企业理念，以创新谋发展，指导实践，解决问题，推动工作，紧跟科技发展步伐，调整产品结构，加大人力资源开发力度，全面推行招聘、考核、试用、正式上岗的方式，按素质、凭业绩考核任用，坚持“以德为先、以能为基”的用人原则，运用新科技、新思路、新规划，重开发、重创新、重发展的经营思路，实施科教兴牧和可持续发展战略，创造竞争优势，与时俱进，坚持速度与质量、效益相统一，向着“农牧科技企业”的目标前进。

健步走向国际化

——上海迪赛诺维生素有限公司

一、公司简介

1. 基本情况。上海迪赛诺维生素有限公司位于上海市南汇区滨海工业区北首，占地面积 10.6 余 hm^2，于 2002 年 1 月由上海迪赛诺实业有限公司（现已经更名为上海迪赛诺医药发展有限公司）与上海永信维生素有限公司共同建立，注册资本 1 亿元，是上海迪赛诺医药发展有限公司维生素产业的核心企业，2003 年被认定为上海市高新技术企业，主要从事维生素产品的研究开发、生产和销售，同时拥有自营进出口权。上海迪赛诺医药发展有限公司始建于 1998 年，经过几年的发展，公司现已成为在医药和功能食品原料及食品添加剂领域内迅速发展的高科技企业集团。迪赛诺建立了先进的研究开发中心，拥有总占地面积达 30 万 m^2 的 5 处专业化的生产基地。迪赛诺目前资产总额为 5 亿元，年销售额 5 亿元以上，员工合计 1 400 余人。其中迪赛诺维生素有限公司现有各类员工 500 多人，其中科技人员达到 87 人，管理人员 52 人，大专以上学历达到 137 人，硕士以上学位有 8 人。

2. 产业方向。迪赛诺维生素有限公司主要致力于以下两个产业领域发展：维生素相关产品的生产、研发和销售；其他功能食品及药物中间体生产、研发和销售。

3. 发展历程。1996 年，上海永信维生素有限公司成立，从事维生素产品的生产，维生素 B_2 生产线顺利投产。2002 年，上海迪赛诺维生素有限公司成立，从事医药中间体和维生素产品的生产，维生素 B_2 扩产至 700t/年，维生素 H 顺利投产。2003 年，上海迪赛诺维生素有限公司通过 ISO9001：2000 国际质量管理体系认证。

4. 研究开发。迪赛诺医药发展有限公司建立了完善的研究开发机构，包括化学合成技术研究开发中心、生物工程技术研究开发中心和药物制剂研究开发中心。

迪赛诺研究开发中心总占地面积近 4 000m^2，拥有各类科研技术人员 100 余人，全部具有本科以上学历，其中高级工程师、博士、硕士占 20% 以上。配置了高压氢化系统、液质分析系统、红外分析系统。可以完成格氏反应、高压氢化反应、光气化反应、超低温反应、手性不对称合成、乌兹反应、重氮化反应等。同时，公司研究开发中心与国内外的诸多科研机构建立了良好的合作关系，几年来，先后完成了数十项产品工艺的创新和改进，为公司的发展提供更加坚实的技术保障。其中维生素公司还独立建立了自己的研发中心，拥有博士或硕士等 6 人。目前，正在积极开发维生素类其他产品。

公司始终把技术创新作为企业发展的核心动力之一，几年来，公司先后完成国家级重点新产品 1 项、国家级火炬计划项目 1 项、国家科技型中小企业技术创新基金项目 2 项、上海市高新技术成果转化项目 7 项和上海市重点新产品 1 项，同时还申报了国家发明专利 5 项。其中国家发明专利“生物素中间体的生产方法”为维生素公司申报。公司拥有的生物素生产技术为上海市 2002 年高新技术转化项目。

5. 生产制造。公司目前建有年产 700 t 的维生素 B_2 生产线，可同时生产 BP2002/USP26 核黄素、96%饲料级核黄素、80%饲料级核黄素，为中国最大的维生素 B_2 生产商之一。建有年产 25 t 生物素的生产线，为中国最大的维生素 H 的生产商，位列世界前三位，可同时生产 98%EP4.6/USP26 生物素、喷雾干燥法生产饲料级 2%生物素和食品级 1%生物素。同时还建有年产 20 t 的生产线、300 t 维生素 B_6 生产线、60 t 齐多呋啶中间体和 50 t 胞嘧啶的生产线。公司 2002 年完成总产值 2.3 亿元，2003 年完成 3.1 亿元。

6. 市场营销。迪赛诺维生素公司可提供 BP2002/USP26 核黄素、96%饲料级核黄素、80%饲料级核黄素，98%EP4.6/USP26 生物素，2%、1%生物素，USP26/BP2002 核黄素 5-磷酸钠，USP26/BP2002 叶酸、USP26/BP2002 维生素 B_1 盐酸盐或硝酸盐和 USP26/BP2002 维生素 B_6。其中核黄素拥有全球 10% 的市场份额。目前，公司维生素产品 70%～80%销往国际市场，在世界维生素领域具有一定的声誉和影响。

迪赛诺公司拥有一支具有丰富国内国际市场营销经验的销售队伍。几年来公司与众多国内外用户建立并形成了稳固的合作关系，构建了国内国际市场营销网络，积累了丰富的市场营销经验，成为诸多世界级企业的原料合作伙伴。

迪赛诺致力于海外市场的推广，已经在美国芝加哥、意大利米兰、印度孟买和巴西圣保罗分别建立了分公司，近期将继续在非洲、欧洲建立其他相应的营销机构，进行市场推广和项目合作，构建国际化的市场营销网络。

7. 质量保证。公司视产品的质量为生命，目前已经通过 ISO：9000 国际标准化质量体系认证，从原材料入厂到成品出厂，包括仓储、运输、生产环节、中间体的质量控制、产品包装等均按照严格的标准化体系运作，并且定期进行员工质量管理培训。公司拥有一支专业的质检队伍，配置了多台液相分析仪器，HP 气相色谱仪，各种常规的药典分析仪器，包括熔点分析仪器、水分分析仪器、灰分分析仪器、各类光电子分析天平等。

8. 产业发展。迪赛诺还计划扩建现有生产基地，完成番茄红素、β-胡萝卜素、精氨酸等新产品的开发和投产，进一步拓展保健品成品的市场和品牌，初步形成企业在国际市场和国内市场的市场地位和品牌知名度。

9. 人力资源。迪赛诺维生素有限公司始终坚持以事业发展吸引人才，以企业文化凝聚人才，致力于为员工创造良好的工作环境，在公司内部营造一种互相尊重、互相理解、公平竞争、和谐共进的文化氛围，使每一位员工发挥出自身最大的潜能。

二、发展和规划

1. 发展目标。迪赛诺公司以人类健康产品为核心领域，以实业发展为基础，以资本发展为提升，构建在国际相关产业领域内具有雄厚实力和品牌影响力的可持续发展的企业集团。

2. 发展战略。

产业发展战略：产业发展是迪赛诺公司发展的基础。目前，中国以其资源和人力的优势，正在成为世界的制造中心。迪赛诺公司作为中国的企业，已经形成了初步的技术和产业基础，具有进一步发展的空间。迪赛诺规划在每一个产业方向上，在现有产品基础上，不断开发扩展产品线，增强产品竞争能力和市场份额。在原料产业上逐步与国际相关产业前列的大公司结成战略合作伙伴，在终端健康产品上扩展品牌影响，成为国内位居前列的企业之一。

资本发展战略：资本运营是迪赛诺公司迅速发展的有效提升手段。迪赛诺规划通过在国内证券市场借壳上市，初步打造产业发展的平台，并创造进一步发展的空间。在条件成熟时，通过国际资本市场的私募、公开上市、企业并购等多种手段，拓展产业基础和品牌影响，完成公司国际化的战略目标。

品牌战略：品牌是企业的灵魂和全部价值所在。迪赛诺公司将以“迪赛诺”为核心品牌，通过产业和资本的发展不断扩展品牌的影响力和价值。随着产业发展的实际需要，探讨分品牌战略。

国际化战略：目前，由于主要产业为外向型，迪赛诺经过第一阶段的发展，已经初步形成外向型和国际化的基础。随着产业的进一步发展，资本运营对企业的进一步提升，公司走向国际化是必然趋势。迪赛诺规划在 5～10 年内，完成公司国际化发展的构架，逐步提高国际业务的比重，初步形成跨国运作的公司势态。

何惧严冬风霜寒　搏得枝头满眼春

——上海东方希望公司

2003 年是饲料业不平凡的一年。上半年 SARS 肆虐，全国上下人心惶惶；下半年原料价格疯涨，涨幅创近 5 年来之最。有媒体说，饲料业在 2003 年步入了漫漫严冬。

有资料显示，2003 年全国 12 000 家左右的饲料企业中，50%的小型饲料企业、超过 20%的中型饲料企业已经被迫停产，全行业整体利润下滑到零以下。

拥有 60 余家饲料公司的东方希望集团也经历了这个漫长的“冬天”。不过，与一般的饲料企业不同的是，东方希望 2003 年有 6 个月销量创历史同期最高纪录，有 29 家公司突破历史月销量最高纪录，集团利税得到同步增长。

东方希望是如何走过 2003 年的呢？

一、用品质打造竞争力

“品质”二字，几乎是每一家企业都爱提的口头禅，但东方希望不仅说在口上，更落实在行动上。20多年的饲料经营经验告诉他们，惟有过硬的品质，才能赢得客户最终的支持，投机取巧必将遭到市场报应。

一年前在中央电视台曾介绍过一张刘永行董事长亲口尝饲料的照片。一般人可能认为这不过是企业家做秀而已。事实上这是董事长的一个普通工作镜头。到工厂闻原料，尝饲料对他并不是什么稀奇事。有人问董事长，你为何亲口尝饲料呢？他风趣地说："我可以帮动物先把把关，因为适口性、气味等用仪器不一定能检查出来。"

随着饲料行业进入整合期，竞争的加剧、技术的趋同化和市场的透明化，拼到最后只剩下品质和价格两个关键因素。为了稳步提升集团饲料产业竞争力，继2002年之后，集团再次提出了"优质产品服务年"。为此，集团从多方面予以保证。

1. 从制度上的保证。为了保证统一质量，东方希望集团规定子公司品质管理部门属总部直管，产品配方属于总部直管。任何总经理没有权利让品管部经理在质量上打折扣，违规将受到直至开除的处分。为了保证质量和服务，每个子公司均配有专业的品质管理人员和售后服务人员，一是为用户解决遇到的困难，二是常年义务为养殖户进行知识培训。同时，集团还派多名技术专家在各子公司间流动服务，解决重大疑难问题。

再好的工艺和技术如果没有好原料的支持，也生产不出好的产品。为此，东方希望制定了严格的原料收货标准。为确保万无一失，对重要原料，除子公司化验外，还必须邮寄样品到总部，待总部化验通过方可使用。2003年，东方希望总部共检测出11种43批1161 t掺假原料，并对查出掺假供应商实行"黑名单"制，一旦查出一次掺假，他将永远失去与东方希望任何子公司做生意的机会。

2. 从硬件上保证。为了保证品质，东方希望花巨资购进了氨基酸自动分析仪、原子吸收分光光度计、高效液相色谱仪等先进的分析仪器，现在东方希望是我国分析仪器最全的饲料企业之一。在东方希望的每一个子公司，均建有专业的化验室，配备有齐全的专业检验设备。一些不法的原料经销商想通过分析一般检测方法的漏洞，试图逃过质检人员的眼睛，东方希望不断分析造假行情，摸索出一套自己的检测方法，并充分运用高档仪器，让假冒伪劣产品无处藏身。

3. 从人才上保证。东方希望高度重视技术人才。每年的品管经理会议是日程最长的集团性会议，主要内容就是技能培训，一般为1周以上。2003年2月，集团在品管经理会议期间，专门邀请全国多位知名技术专家进行技术讲座。同时，年内还由总部组织多次分片区进行的化验、质检人员培训，确保训练出一支过硬的品质管理队伍。为了增强技术信息交流，总部专门办有技术简报，同时，《东方希望集团报》第三版为技术专版，常年对基层技术人员和养殖户进行培训。

二、精心经营出成果

1. 精细化管理创效益。早在1995年集团快速发展时期，刘永行董事长就曾提出过"今天浪费掉的钱，明天就是我们的利润来源。"为此，集团推行了多年的精细化管理。现在，集团的各个岗位均有相应的岗位要求和控制标准，对企业管理中能够量化考核的，全部进行了量化。每年的年末，集团均由部长带头，组织近百名中高层干部，对所有的子公司进行为期半月的规范化检查。通过检查，又把一些子公司优秀的做法推行到全集团共享，把一些教训反馈到所有子公司进行防范，极大地利用了集团化管理的资源优势。同时，集团还常年派出数十名监察审计人员在各子公司间监察，一来传播企业文化，二来监督制度的执行。因为建立了良好的运行机制，有不少子公司，尽管董事长多年不到，运转依然良好。

2. 良好的管理控制系统。集团对数字管理特别在意，董事长常说，要"读懂数字背后的意义"。每天，子公司均将相关数据报总部分析。为了确保企业良好运行，集团特别制定了一系列的管理工具，比如价格决策表、原料采购树、销售控制表等。支持这些工具的，是刘董事长提出的"导弹式管理"理论。如果一个炮弹发射之后，它只会根据发射之初既定的路线运行，是否能命中目标全靠运气，而导弹则不一样，它可以综合运行过程中的各种因子进行反馈和调整，市场在变化，谁调整得快，机会或许就会被谁抓住。这些管理工具正好起到了校正和反馈"导弹"运行的目的。

三、用文化管理企业

小企业做事，大企业做人，优秀的企业做企业文化。无论管事还是管人，总还有管不到的地方，但优秀的文化则像灿烂的阳光，可以照耀各个角落。一个具有优秀文化的企业，谁都知道事情应该如何做，即使一个总经理做错了，员工也会站出来告诉他，这与企业文化不符。

1. 学习型的企业。永不停步的学习精神是东方希望不断成长的原因之一。集团创业不久就提出了"向外企学一点、向国企学一点、向个体户学一点、自己总结一点"的学习理论。集团要求总经理是"校长"，办公室主任是"班主任"，干部是员工的"榜样、教师、教练"。每个子公司必须定期进行员工综合素质培训，各公司均组织有读书会，设有阅览室等，让东方希望真正成为人才成长的摇篮。

2. 做大众文化价值的提供者。东方希望认为，消费者都希望"得到多一点，付出少一点"，希望得到品质更好的、价格更低的产品，一个企业，只有迎合消费者的观点，才能长久生存。为此，要求干部员工付出多一点，贡献多一点，坚信得到是付出之后的结果，而不是前提。正是这样的"付出"文化，让更多的消费者选择东方希望，而干部员工则在这种良性的付出文化中不断成长。

3. 诚信、正气、正义。诚信、正气、正义是东方希望企业文化的根基。在东方希望，如果有干部蒙骗客户，无论他是否给公司带来利益，都要受到严厉处分。

关于诚信经营，刘永行董事长说过一句很经典的话："如果总经理让员工骗客户，员工为什么不可以骗总经理呢？如果员工可以骗总经理，总经理为什么不可以骗我呢？所以，我们谁都不骗谁，大家都必须坚持诚信，包括对原料客户和销售客户。"

2003 年，尽管遇到 SARS 的困难，由于集团长期诚信经营，客户最终和集团共度难关。在下半年原料大幅涨价时，也因与原料客户长期的诚信经营，未出现原料客户因眼前利益与集团反目的情况，平稳地度过了原料疯涨的非常时期。

同时，为了树立良好的饲料行业风气，东方希望还积极响应中国饲料工业协会的号召，带头在《人民日报》上发布公开承诺，不生产销售假冒伪劣商品，不损害消费者的利益。

4. 强势思维观。集团认为，困难孕育机会，天助自助者。每遇到一次挑战，集团干部员工从不抱怨，从容面对，乐观积极，主动进取。这种强势价值观，带领集团一次次走向成功。

四、建设高素质的人才队伍

1. 灵活的人才选拔机制。东方希望有中高层干部 600 余人，全部为职业经理人。东方希望提倡不拘一格选人才。在集团，有炊事员成长起来的总经理，也有驾驶员成长起来的总裁。为了更大范围发现人才，2003 年 6 月，东方希望集团有 59 家公司举行了中层干部竞聘会，自由竞争上岗当中层干部，到目前为止，已有近 30 名普通员工在竞争中展现出才华，走上了中层以上管理岗位。同时，集团还举行高层干部竞聘会，通过自由竞争，已有 6 人从中层岗位走上高层岗位。

2. 专业的人才培训中心。为了提高干部员工的综合素质和管理能力，东方希望成立了自己专门的培训中心——希望干专。培训课程均经过精心设计，主要为对人思维方式的训练，受训对象为中高层干部和优秀员工，现已开中期、短期班 20 余次，通过培训班、会议以及到工厂训练等方式，培训干部超过 1 000人次。培训后的干部把新的思想和方法带回子公司，让强势文化在每一个公司开花。

3. 做好人才成功的载体。刘永行董事长曾经说过：东方希望发展的目的之一，就是为不断成长的人才提供成长的空间。如果大家在这里都不能发展了，那是我的责任！东方希望的人才成长主要有两个渠道，一个是在原来的岗位上做得越来越好，二是在更高的平台上承担更大的责任。基于这样的发展观，一批又一批的干部在东方希望的发展平台上不断成长起来。

五、发展展望

东方希望一贯的诚信经营作风，不断赢得社会的尊重。2003 年，东方希望已连续 3 年被上海市国家税务局、上海市地方税务局评为 A 类纳税信用单位。同年，还被上海市评为重合同、守信用单位，被全国工商联评为 2002 年上规模企业第 39 位。

2003 年末，刘永行董事长被《中国企业家》评为 2003 年中国最有影响力的企业领袖之一，同月，被"21 世纪经济论坛"评为 2003 年中国十大民营企业家，并名列第一。

希望集团曾在 1995 年就立下 2010 年实现产销 1 000万 t、做世界最大的饲料工厂的宏愿。为了实现这个宏伟蓝图，东方希望一直不断探索：1998 年以前，整个希望集团实现国内 100 家饲料工厂的布点；2003 年，饲料上游高技术含量产品赖氨酸工厂在包头开工建设；为了探索国外发展，集团特地在越南、朝鲜等地建设工厂。为了增强抗风险能力，东方希望仍在不断地试验：自建玉米烘干塔，在原料产地设立办事处，探索建立上下游相关工厂等。

东方希望人正满怀激情，沿着规划蓝图，大踏步行进！

争做中国规模化猪场
饲料第一品牌

——上海新农饲料有限公司十年发展

全国饲料行业百强企业
全国饲料工业科技进步奖
全国青年文明号集体
上海市私营企业百强
上海市 A 级守合同重信用企业
ISO9001 质量管理体系认证单位
……

"梅花香自苦寒来，宝剑锋从磨砺出。"10 年发展路上，上海新农饲料有限公司博得了社会及行业的认可，获得了诸多荣誉。1994 年 5 月，上海新农饲料有限公司在上海市松江区注册成立，注册资金 50 万元，从租赁松江农校闲置厂房仅从事畜禽预混料的生产起步，逐步发展为今天注册资金 3 000 万元，净资产逾亿元，销售额 3 个亿，享有多家合资股权，拥有 3 座工艺流程先进花园式现代化饲料厂、1 家原料贸易公司、1 家饲料研究所、1 个种猪场、4 个试验示范猪场的科工贸结合，以专业化饲料生产为主业的多元化产业经营的现代化管理公司。人员规模由创业初的 3 人，发展壮大成现在的 200 余人，公司管理层员工中具有博士学位的 3 人，硕士学历 1 人，本科学历 50 人。2003 年 7 月，公司总部搬迁到自筹资金2 000多万元建造、坐落在松江开发区内的新厂房，这个新厂房的落成标志着新农公司又迈上了一个新的台阶，标志着上海新农的发展又向前迈进了可喜的一步。

上海新农饲料有限公司是主要针对规模化猪场研究、开发、生产、销售配合饲料、复合预混合饲料和浓缩饲料的专业化饲料公司。围绕规模化猪场展开以直销为主的顾问式营销是新农公司的主要销售模式，针对不同厂家的不同需求提供新农解决方案是新农全方位个性化服务的表现形式，专业、稳定、高效、安全是新农饲料的经营特点，踏实、专业、诚信、创新是新农公司的经营理念。

在向中国规模化猪场饲料第一品牌迈进的过程中，上海新农在积极地努力着。上海新农有由多位博士组成的武汉新农饲料研究所，以保证产品的技术含量和“领先一步”的创新策略。与高校积极合作，借助高校等科研力量，加快上海新农科技进步和人才培养。上海新农从2001年起在农业类院校的重点学校华中农业大学设立“上海新农”奖学金，奖学金金额5万元，奖励学习勤奋、热爱畜牧兽医工作的学生；倡议华中农业大学成立企业家论坛，搭建用人企业与学生间交流的平台，将职业教育、职业素质培养提前灌输到学生的心中。2002年起每年为武汉工业学院教学和科研提供资金帮助，累计已逾30万元。

上海新农拥有全程使用新农全价料的原种猪场、扩繁场和规模化商品猪试验示范场，它们在新农研究开发新产品的过程中，不仅承担了大量试验任务，而且为全程使用新农全价料，执行新农猪场饲养管理及防疫、繁育模式树立了成功的典范。

上海新农于2000年斥资500万元成立上海和畅实业有限公司。上海和畅实业有限公司是一家以服务于饲料业为主的综合性农牧服务企业。依托上海新农雄厚的技术力量和人力资源，不断引进世界先进的养殖技术和原料产品，保障上海新农选用高档进口饲料原料，不断提升产品品质，保证了产品的高效稳定，同时又方便和满足了不同客户的需求。

上海新农与华中农业大学联合组建的动物疾病诊断中心，设备齐全，技术先进，人员专业，经验丰富。可为他们的客户提供现场解剖、采血、采病料、血清检测、细菌分离培养、药敏试验、寄生虫检测及免疫指导、疫病预警、疾病诊断、综合防治对策等专业化的服务，为解决规模化猪场的疫病困扰提供了强力技术支持。

上海新农的预混料厂，占地3.3多 hm^2，投资2 000余万元，设备一流，管理严格，质量稳定。新农配合饲料厂投资1 500万元，占地2.6多 hm^2，自1999年便推出了高科技产品——“310”系列早期断奶乳猪料、“311”系列乳猪料，其市场占有率名列上海饲料企业前茅。工厂具有工艺流程科学、合理、实用，自动化程度高、粉尘少等特点。设备均选用目前国内先进产品，充分保证了加工质量；路线简短，物料按类专线输送，避免了物料间的交叉污染及物料的残余。厂区占地面积大，有适宜的操作空间和场地，合理放置设备和原料；生产区、办公区、仓储区、生活区独立分开，规划合理，整个厂区绿化宜人；生产区有适当的通风除尘、清洁设施。生产部技术人员90%以上都是大专以上文化程度，具备一定的专业知识、生产经验，熟悉动物营养、产品技术标准及生产工艺，特有工种从业人员都取得相应的职业资格证书。并且上海新农经常在全体员工中深入开展“食品安全”的宣传教育，使公司上下对质量问题都极其重视，保障公司对质量方面的要求得以全面认真贯彻落实。让生产中的每一个环节成为“中国规模化猪场饲料第一品牌”的坚实保障。

确保饲料安全更是上海新农永远追求的目标。上海新农饲料有限公司企业文化的价值观是：在追求客户、员工、公司三方共同提高的同时，促进行业发展，回报社会。秉承这一理念，不断锐意进取的上海新农饲料有限公司多年来一直非常重视饲料的安全生产，一直致力于无公害饲料的研究开发和推广，积极与政府主管部门联系寻求指导，投资高校科研院所进行产品开发，组织公司相关人员学习讨论，在不断的生产实践中总结提炼等，寻找在新形势下高效、长期保证饲料生产符合食品安全管理需要的措施和办法。

专业、高效、安全、稳定是新农饲料特点。上海新农十分重视产品生产过程的管理，在生产过程管理方面，上海新农一贯执行“质量一票否决制和总经理垂直管理制”。为了维护和保障新农牌饲料良好的声誉，公司严格要求生产部门执行ISO9001质量控制体系，严格执行国家相关的法律法规和供港猪饲料生产企业质量控制规程；强化原料检化验，成品检化验，生产、仓储、物流等环节的质量控制；选择绿色安全的饲料添加剂并专人负责使用剂量的控制。明确原料采购标准，凡是化验指标不合格原料，一律退货处理，不准入库。每批成品生产后即进行化验，不达标产品坚决不予出厂。按照HACCP体系对供应商评选标准选择添加剂供应商。在供应商生产线上抽取样品，送样品到国家级饲料检测机构检测，对化验结果全部符合国家规定的理化指标的、经考察该供应商质量稳定有保证、业内口碑佳的，方允许采购、使用该供应商的产品；并且每季度复检一次，复检不合格的产品列入供应商黑名单数据库，今后不再选用。2003年被《中国畜牧报安全专刊》推荐为全国安全饲料推荐品牌。

本着“踏实、专业、诚信、创新”的经营理念，上海新农不断提升产品品质，勇于进行管理创新实践，在2001年率先通过ISO9000质量体系认证。

生产经营安全高效的饲料产品是所有新农人坚定不移的信念和奋斗目标。上海新农饲料有限公司庄重承诺在重视产品品质的同时，时刻注意提升产品的安全性；不断完善生产过程的控制，健全以“安全、稳定”为核心的各项管理制度，确保产品质量。积极响应上级部门关于食品安全的管理举措，认真贯彻HACCP认证的要求，为饲料行业发展做出应有的贡献。

争创中国规模化猪场第一饲料品牌的过程中，新农人坚信，通过大家不懈的努力，一定能够达到这个目标，可以掷地有声地对社会说：无论新农的产品、新农的服务还是新农的技术和理念，都是您理想的选择，选择了新农，您便选择了成功。

一切以顾客为中心

——连云港正大饲料有限公司

一、公司基本情况

连云港正大饲料有限公司是泰国正大集团与连云港经济技术开发区工业发展总公司合资兴建的现代化农牧企业。公司成立于1992年2月15日，总投资额为1 250万美元，注册资本500万美元，1993年7月正式投产，年设计生产能力为18万 t。公司经过第一期、第二期建设，现有两条畜禽料生产线、一条淡水鱼料生产线和一条特种水产料生产线；产品使用对象涵盖猪、鸡、鸭、牛、鱼、虾、蟹、贝等，拥有四大品牌100多个品种。目前正在筹备第三期扩建项目。

连云港正大自成立以来，在集团总部、连云港市政府及社会各界的扶持、关怀下，得到了快速、稳健的发展，截至2003年底，已累计销售饲料97.6万 t，实现销售收入20.5亿元，利税10 881万元。公司先后荣获江苏省优秀企业、江苏省先进技术企业、江苏省食品饲料工业百强企业、江苏省 AAA 级信用企业、连云港市质量管理先进企业、连云港市十佳外商投资企业等多项荣誉称号，被中国出入境检验检疫局批准为“出口食用动物饲用饲料生产企业”，2000年通过了 ISO9002国际质量管理体系认证，并于2003年3月成功转版为ISO9001：2000。产品入选《江苏名牌录》，被确认为江苏省重点保护产品、江苏省质量信得过产品，并连续多年被评为连云港市质量免检产品。

二、完善现代企业管理制度

公司积极推行“四化”管理体制，即管理制度化、制度书面化、书面表单化、表单电脑化；以此为准则，公司将正大集团先进科学的管理模式与当地的政治、经济、文化背景有机结合，逐步建立健全了一套包含先进理念、具备地方特色、适合本企业发展需要的现代管理制度。针对企业生产、经营和管理的关键环节，公司先后成立了管理委员会、采购委员会、行销委员会、信用委员会、奖惩委员会，各委员会主要成员由公司领导层、各部门负责人、工会及职工代表组成，群策群力，集体讨论，以充分民主的形式行使企业决策和管理的权利。“全民参与”管理决策体制的有效实施，充分调动了公司上下关心企业、共商大计的积极性和创造性，形成了企业内部高度统一、协调进取的经营氛围，增强了公司员工贯彻落实企业决策和遵守规章制度的自觉性，加快了企业经营决策和内部管理的民主化和科学化进程。

三、健全人力资源管理体制

公司积极探索现代人力资源管理的新举措、新思路，在选才、育才、用才、留才等环节大胆创新、阔步改革。立足行业，放眼全国，通过现场招聘、高校联合、岗位轮换等形式公开甄选各类人才，对公司内部优秀人才及时提拔，委以重任。同时，重视对员工的培养教育，不定期聘请国际知名跨国集团的专家对员工进行专业培训；把员工选派到大专院校及行业协会举办的有关研讨进修班学习深造；并与南京农业大学、上海水产大学、江苏省农业科学院、中国鱼类研究所等单位开展交流合作；从全方位、多角度提高员工的业务素质与专业技能。

公司始终遵循“以人为本”的人性管理理念，坚持“把正确的人放在正确的位置，用正确的方法做正确的事”的用人原则，推行人力资源科学的“进入退出机制、激励约束措施、培养发展计划”，充分开发利用公司内部的智能资源；公司按照员工的技术水平、工作业绩进行综合考评考核，晋升相应的职务系列，享受相应的薪资待遇；严格执行“能者升庸者降、优者胜劣者汰”的用人制度，在公司内部营造了“能上能下、能进能出、人尽其才”的良好氛围。公司各项人事管理措施的有效运作，使公司的专业技术人才和企业管理人才迅速成长，人才结构趋于合理。目前，公司共有员工180人，平均年龄31周岁，年纪轻、素质高、技能强，为公司各项工作的有效开展奠定了坚实的基础。

四、推陈出新企业文化

文化是企业的灵魂，在十年的发展历程中，该公司立足于正大集团优秀的企业文化理念，融合公司员工深厚的文化底蕴，随着客观环境的变化，与时俱进，逐步构建了自己独特的文化体系，并不断发扬光大。公司提出了“不分中外方，办好企业都有光”，着力建设企业内部良好的团队精神，每一个问题、每一处矛盾，都着眼于企业的根本利益，通过民主协商的机制加以解决。

1993年，面对成立之初管理薄弱的局面，公司倡导了“全面提高管理水平”的创业思想，要求所有员工“艰苦奋斗、勇挑重担”。在此文化的熏陶鼓舞下，各部门团结协作、齐抓共管，从1994年开始公司效益逐年上升，步入了良性发展的轨道，连续实现年利润超千万的可喜局面。对此，公司没有盲目乐观，针对市场的变化，立足长远发展，改变经营思路，旗帜鲜明地提出了“顾客需求是我们的机会，顾客满意是我们的追求”的工作目标，向全体员工灌输“一切以顾客为中心”的综合服务理念，创造“学、赶、帮、超”的工作氛围，全力建设顾客满意度工程。公司历次随机调查顾客满意度的结果显示，得分一直居于95%以上。1998年后，饲料销售逐步由卖方市场向买方市场转变，为了应对饲料行业整合时期的不利外部环境，公司又及时提出了“第二次创业”的口号，号召全体同仁按照“团结一心、共渡难关、开拓进取、再创辉煌”的十六字方针开展工作，确保公司持续发展。

强本固业　规模优势

——常州神龙饲料有限公司

2003年在遭遇 SARS、饲料原料价格猛增等不利因素影响下，常州神龙饲料有限公司依靠调整结构，依靠科技进步，依靠不断改革，依靠凝聚合力，强本固业，构筑企业发展新优势，开拓市场，争创饲料产销新成绩。2003 年全年实际完成饲料产销量 78 430 t，比 2002 年增长 16.13%；销售收入 11 176 万元，比 2002 年增长 19.38%，实现了饲料产销量和销售收入的双增长。

一、营销策略——依靠产品结构的调整占市场

面对上年各方面的负面影响，常州神龙饲料有限公司按产品市场进行了细分，对用户进行走访，注重营销策略，提出了加快产品结构调整、构筑市场新领域的发展思路，首先明确市场定位，准确把握养殖业发展脉搏，确立了以有效拓展水产饲料市场来扩市场、以有力递增禽畜饲料来增销量的产品结构调整方向。经过努力，达到预期效果。2003 年全年水产饲料产销量达 49 974 t，比 2002 年增长 10%；禽畜饲料产销量达 28 465 t，比 2002 年增长 30%。其次调整营销组织，实现了在统一销售目标基础上的专业分工。率先对销售队伍进行了大的调整，选拔优秀人才巩固改组其队伍，对每一个销售人员实行按实绩考核，对销售量与销售费用进行总包干，有效地开拓了市场销售工作。第三调整营销策略，按照一地一策、一事一策的灵活经营方式，积极有效地发展市场。如采取走出去，请进来的办法，在养殖现场、生产实地进行产品宣传和技术服务，拓展了外地市场，培育了若干个养殖示范点。2003 年常州神龙饲料有限公司的水产饲料经过大量的售前服务工作，年内开办养殖技术培训班 23 批次，听课人员 600 多人，不仅指导了养殖户科学养殖和防病治病，又稳定了一大批现有市场，同时又在现有区域内结交了许多新客户，使全年水产饲料的增幅高达 10 个百分点。在禽畜饲料方面，积极应用拳头产品肉鸭饲料开拓外部市场，合理布设营销网络。至年终，在扬州地区的销量达 1 800 t，江阴市场同比 2002 年也有一定增长。实现了老市场稳中有升、新市场活力凸现的发展目标。

二、品种质量——依靠科技投入和技术进步争效益

2003 年常州神龙饲料有限公司加大了科技投入力度，建立了科学养殖试验场，围绕产品质量的提高、品质的改善和品种的增加，开展了富有成效的科研工作。第一，针对能量饲料玉米价格居高不下、饲料生产原料成本偏高的情况，常州神龙饲料有限公司开展了肉鸭饲料中糙米代替玉米的课题，通过配方的科学设计和生产车间的技术改造，使产品的营养成分和颗粒外观得到了保证，其养殖效果能使肉鸭的料肉比下降 5%，增重率提高 3%，每吨饲料成本下降了 30～40 元，该成果从 2003 年 4 月份应用生产以来，产销量已达 2 万 t，为企业创造了良好的经济和社会效益。第二，从改善肉鸭饲料适口性，提高肉鸭食欲出发，开展了新型促生长剂在肉鸭饲料中的应用，取得了较好的效果。水产饲料的新品种开发，一直是常州神龙饲料有限公司的重要科技工作，是企业提高产品市场竞争力的关键。2003 年，从提高鱼体抗应激能力和改善起捕及耐运输性能出发，在中高档水产饲料中应用新型饲料添加剂，经过合理调整配方，科学养殖试验，鱼体在快速生长的同时，体表黏液异常光滑，活力充足，显著优于其他品牌饲料养殖效果，该成果已全部应用于生产。第三，重点注重产品的质量管理。企业全面实行了 ISO9001 质量体系管理，员工的质量意识有了较大提高，确保了产品质量。原料进厂检测率达 100%，原料采购合格率达 95%以上，成品检测率与合格率达 100%，基本实现了客户零投诉。2003 年上半年经江苏省质量保证中心的复查和审核，达到 ISO9001 质量体系要求。

三、企业管理——依靠改革的不断深化求实效

2003 年的工作中，常州神龙饲料有限公司针对企业生产成本偏高、基础管理薄弱、体制缺乏活力等不利因素，提出了在继续推进经济结构调整、进一步营造新的竞争优势的基础上，加大力度，加快步伐，使企业内部改革和机制创新有新的突破的具体要求。对于投资公司，以企业改制与企业改组相结合为契机，适当调整了母子公司体系，初步实现了投资主体多元化，经营机制民营化，企业管理科学化的格局。对第四粮库，根据产权制度改革的要求，经市有关部门批准，通过了企业公司制改造，新的股份制公司已注册成立，该企业 2003 年以来，在新的体制下，积极利用原有仓储功能，合理调整布局，勇于参与了社会物流，多渠道吸收社会储备和仓库出租业务。如 2003 年 4 月份与新科集团达成了租赁协议，5 000m^2 的仓库成为新科空调的中转库，20 000 多套空调已存储在库中。对金苹果食品公司，采取了存续分立改制的办法，外方股本金全部退出，在保留原商号、品牌的基础上，成立了由原金苹果公司业务骨干与神龙饲料共同出资的内资企业，有效地提高了组织化程度，增强了体制活力，各企业的资本优势得到了合理配置。对于企业主体，2003 年以来，强化产供销三条经营主线的管理。

在销售主线上，将销售部门划为水产销售部、禽畜销售部、市场开发部、科技发展部 4 个部门，并分门别类实行了与个人收益密切相关的经济承包责任制，全面引入了竞争机制，大大提高了营销人员的工作积极性。

在生产主线上，充实一线管理队伍，重视生产全过程管理，加强了成本意识和考核意识，按照 ISO9001 体系中的产品质量管理要求，加强部门与部门之间的沟通，同时为了提高原料成品的装卸速度，有效压缩大批农民工、临时工，开源节流并举，在生产上添置了 6 台装卸叉车，既加快了装卸速度，让用户随到随装，又减轻了员工的作业强度，节省了一定的农民工开支。

在供应主线上，公司董事长、总经理亲自挂帅，千方百计组织优质价廉的饲料原料，保障生产，2003年不仅在原料组织上开展了网上采购，应用饲料信息网络了解市场行情，分析价格走势，随时掌握原料动态，同时又初步涉足了期货交易，对大豆、豆粕进行了一定的套期保值。2003年申报取得了陈化粮购买资格认定证书，全年拍得陈化粮2万余t，大大降低了饲料生产成本，为全年经济目标的完成创造了良好的条件。通过上述工作，在一定程度上优化了企业经济运行质量，提高了企业管理水平。2003年企业资产负债率、净资产增值均有改善和增加，临时工工价由原来的5.4元/t下降至4.8元/t，预计全年可节约用工费用数十万余元。

四、两个文明建设——依靠凝聚党员职工的合力创佳绩

2003年以来，在企业谋求发展的同时，常州神龙饲料有限公司坚持以党的十六大精神和“三个代表”重要思想为指导，以改革和发展纵揽全局，以精神文明建设取得的成果来促进企业物质文明建设的健康发展，开创了双文明建设的新局面。一是凝聚班子合力，充分发挥党组织的政治核心作用。特别是在企业改制过程中，党委以“保证、监督、融入”六字方针积极领导、指导并参与了企业改革改制方案的制订和重大决策，使企业的改革改制工作顺利推进且取得了预期效果，公司领导班子连续2年被市局评为创建“好班子”优胜单位。二是激发党员活力，充分发挥党员的先锋模范作用。企业评选出优秀共产党员8名，局优秀党员2名。通过多形式、多渠道广泛宣传这些先进典型的先进事迹，充分发挥其形象示范和辐射作用，激发广大员工的积极性。三是适应发展要求，形成新的思想政治工作机制。

为了增强企业的凝聚力和向心力，公司在民主管理、厂务公开等方面进行了全方位的探索创新。对于企业重大经营决策，先组织职工代表讨论，听取他们的意见，并进行补充完善，然后召开股东大会表决；对于涉及职工切身利益问题，先由职工会讨论审议，征求职工代表的意见，然后由董事会、股东大会通过决定。尽管2003年人员分流动作较大，由于工作到位，保持了企业的平稳。对于企业聘用干部，先召开职代会进行民主评议，然后把评议情况交董事会、监事会和经理层作为评价和聘用干部的参考依据。做到了企业有大事，职工早知道，增强了职工主人翁责任感。通过两个文明建设的开展，企业正朝着稳步、健康、协调的道路迈进。

以仁处世　以德育人

——宜兴市天石饲料有限公司

宜兴市天石饲料有限公司位于风景优美的太湖之滨，素有“陶都”、“茶洲”、“竹海”、“洞府”之美誉的宜兴市官林镇。企业创建于1998年，主要以生产饲料添加剂为主，是江苏省饲料添加剂生产重点企业，在全国生产添加剂产品的企业中也名列前茅。企业与天津大学、江苏省农业科学院、南京农业大学、江南大学等院校长期进行合作，先后研制成功生产了40%甜菜碱粉剂（国家星火计划项目，已达产验收）、98%甜菜碱盐酸盐、大蒜素、抗氧宝、防霉宝、复合抗氧宝、乳酸宝、肉碱宝、速效红、速大素、微生物制剂等20多个系列产品。企业占地面积52 800m^2，固定资产800多万元。企业员工150名，现有科技人员45名，其中教授3名，副教授5名，工程师7名，高工2名，高级经济师2名。产品市场前景较好，畅销全国各地，企业在外地设立了18个办事处。2003年销售收入3 000多万元。其中有3个产品属国内首创，一个产品为省高新技术产品，企业被评为“江苏农资市场信得过单位”，获农业部全面质量管理达标证书。企业成立了添加剂研究所，江南大学产、学、研基地，有一整套的质量管理网络和技术管理体系。检测仪器设备齐全，能严格控制产品质量，生产符合标准要求的合格产品。其中，合成乙氧基喹啉、抗氧宝-30粉剂、包膜缓释型酸化剂（乳酸宝）3个产品都申报了专利，专利申请受理通知书分别是03132092.9、03131718.9、20310106338.7。包膜缓释型酸化剂填补了国内空白，获得了用户的好评。添加剂产品市场覆盖面遍及全国，外贸出口额逐年大幅度递增，并且获得了中华人民共和国进出口企业资格证书。

天石的企业宗旨是求实、创新、高效、奉献；企业方针是紧跟时代发展，打造百年企业；企业精神是团结勤奋，拼搏进取；企业价值观是提升客户对本企业及产品的满意度，提高员工素质和工作生活质量；企业的理念是以仁处世，以德育人；建一流团队，创行业典范；行为准则是热情、激情、严谨、守信；质量方针是按ISO9001要求管理产品全过程，不断革新工艺，提高产品质量，努力满足顾客的潜在要求；质量目标是生产优质产品，产品一次性合格率达98%。天石有一整套科学的管理体制，有以江南大学为依托的雄厚的技术力量队伍，有现代化的生产、管理模式，有完善的质量检测手段，有花园式的生产工作环境。这些给企业的发展带来了有利条件。6年来，企业从无到有，从小到大，不断地扩展壮大。天石特别注重引进人才，开发高新技术产品。加入WTO后，饲料行业的发展必须与国际接轨，饲料行业，特别是添加剂系列产品应结合自身特点，开发研究科技新产品。这样也就更需要人才，无论是市场的竞争还是产品的竞争，归根到底是人才的竞争，人才是企业的生命线，天石从外地引进人才，组成科研组（设在宜兴市天石添加剂研究所内），不断开发新产品、新项目。人才问题解决了，天石就着重抓信息网络工作、品牌效应工作及营销策谋工作。

一、信息网络工作

建立INTERNET国际互联网和企业内部的IN-

TRANET是完善企业各体系的重要环节，企业的各项工作都可通过INTERNET/INTRANET来解决，使全球各地的用户、同盟了解熟悉企业，获得有效的信息服务，发出定单乃至参与产品的设计，跟踪项目的发展。传统的企业价值观念往往只注重那些可计量的效益和资产，而忽视非计量因素，随着信息技术应用的普及，人们的价值观也随之变革，在现代企业中竞争力的象征不再只是办公楼、厂房、设备和产品，人们更重视企业获取信息的能力以及企业的信息资产。经营＋信息＝财务的价值观正再被越来越多的企业所接受，也就是说信息将成为企业不断升值的无形资产。本企业就是运用这一工具开展一系列的工作。

二、品牌效应工作

品牌是企业产品质量和信誉的标志，是高质量、高效益、高市场占有率、高信誉度的集中表现。所以天石非常注重科技产品的开发。先后申报了江苏省高新技术产品——抗氧宝30粉剂；国家级星火计划项目、国家级新产品——二次包膜缓释型酸化剂（乳酸宝）。天石认为企业只有不断开发出适销对路的品种，才能被广大用户接受，才能取得客户的信赖。天石做到了销售一代，生产一代，储备一代，试制一代，开发一代，使新产品源源不断推向市场，满足市场需要。再就是以广告为手段来提高品牌的知名度，好的品牌不仅要有优良的质量，还要有产品气势，为了让更多的人了解企业产品，天石在全国各地20多种杂志上刊登广告，使产品在市场上更深更广拓展。

三、营销策谋工作

企业的运作大致是两个问题：一个是对厂房、设备、技术的投资形成的生产功能；一个是对销售管理和营销网络投资形成的销售功能。市场营销网络是一个企业最大的无形资产，谁先拥有完善、强大的市场营销网络，谁就能在竞争中立于不败之地。首先拥有市场主动权，快速收集第一手市场信息，了解全国使用本企业产品有多少客户，对客户的所有信息资料收集汇总，进行逐个探讨，研究出一个完整的营销策略。再就是收集全国有多少企业生产本企业的同类产品，以及他们的主攻客户，把这些信息收集汇总，真正拟制一个营销方案，进行逐步实施。第一，树立企业形象，与用户直接接触，消除用户对企业产品质量保障及价格的顾虑，提高产品可信度，显示公司实力，增强用户对企业的信赖；第二，使客户了解本企业产品，而且当面提供咨询服务，使他们最大限度了解企业产品；第三，实施服务战略，一有用户求助或投诉，立即派技术人员以最快速度在第一时间到达现场，及时处理问题，把损失降到最低，让客户的满意超乎想象；第四，建立完善的客户档案，然后全面跟踪管理，服务于每位客户；第五，选择有一定经验的经销商，进行业务培训，对他们实行价格优惠，扩大销售面，拓展市场。

以人为本抓管理 技术创新促发展

——江苏正昌集团有限公司

江苏正昌集团有限公司是江苏省省级集团，国家级高新技术企业，江苏省首批企业博士后技术创新中心。公司被评为国家级守合同重信用企业，并获得全国食品工业科技进步优秀企业奖、江苏省质量管理奖、江苏省名牌产品、常州市免检企业等荣誉称号。正昌城市生活垃圾焚烧处理系统一次性通过国家检测环境分析测试检测和专家组鉴定。ISO9000认证体系顺利升级，企业经济发展出现了快速、高效发展的好成绩，这些都为企业今后的发展注入了新的活力。

自2003年6月份集团完成所有制改制以来，公司重新调整了组织结构，成立了新的领导班子，并大胆启用新人，真正做到任人唯贤，人尽其才。改制后企业的激励政策和人本氛围大大调动和提高了员工的积极性。全体员工降本增效挖潜力，开拓市场创业绩，使企业呈现出新的生机和活力，并跃升到一个新的发展平台。2003年集团实现5.53亿销售额，创下历史最高水平。目前，集团科协拥有各类专业技术人员400多名，约占集团总人数的50%左右。集团所属的江苏正昌集团科研设计院，是江苏省集“产学研”于一体的省级技术中心，目前该中心已有各类工程技术人员300余名，其中高级工程师10名，工程师65名，享受国务院政府特殊津贴3名，江苏省有突出贡献中青年专家1名，江苏省“333工程”学术带头人1名，常州市“831工程”培养对象2名。

一、以人为本，充分发挥科技人才作用

1. 开展在职人员继续教育。一方面充分利用“联姻”的科研院校力量，邀请江苏理工大学科研处的教授来公司进行计算机图形控制、西门子810P数控系统用于生产线控制、生物发酵技术用于环境工程、真空淬炉在机械制造中的应用等专题讲座；邀请清华大学刘博士作环保技术讲座等。另一方面组织开展自主培训和选送人员参加专题培训。组织开展CAD/CAE优化设计、CAD等计算机培训，WTO专题知识培训，英语技能培训等，选送相关人员参加专利管理实务、工业产品外观设计、信息管理等培训。三是为加强科技人才的交流，还多次选派不同层次科技人员出国进行考察学习。

2. 开展学历升位教育。公司鼓励和组织各类专业技术人员进行学历上的业余深造、更新知识，提高企业科技人员的知识层次。对于各方面表现优异、为企业作出重大贡献的专业技术人员，直接组织选送参加在职研究生学习；对于一般专业人员的在职学历提高培训，采取个人先交学费，毕业后视学习业绩全额或部分报销的政策。同时，把省“333工程”、常州市“831工程”培养对象和“溧阳市享受政府津贴的中青年拔尖人才”等作为重点培养对象，制订了“江苏正昌集团有限公司中青年专业技术人才选拔培养实施意见”，进一步规范了中青年专业技术人才培养选拔的范围、条件和要求，并针对公司各级科研机构提出了明确的选拔培养目标。

3. 加强对各类专业技术人员的管理使用，充分发挥他们的最大潜能。一是规范对科技人员的培养任用。公司制定了“江苏正昌集团干部任用、考核、培训、激励工作办法”，把对专业人才的培养、任用工作提上重要位置，并坚持“政治上关心、事业上放手、生活上关心”的理念，时时关心科技人员的成长。同时还大胆启用各级专业技术人员，目前35岁以下的科技人员中已有30多名优秀分子走上集团公司的各级领导岗位，其中5人被提拔到集团下属企业总经理的重要位置。

4. 完善激励机制。公司投资装修了现代化办公大楼，改善了科技人员工作环境，为科技人才健康成长和施展才华营造条件。同时强化激励与约束并重的机制。逐步改善旧的分配模式，科技人员的收入与工作实绩直接挂钩。为激励科研人员开发出最适应市场需求的新产品，促进销售，获取更高的效益，全面完成各项立项课题，公司制订了“新产品开发承包奖、产品科技成果奖等各类科技奖励规定”，真正体现了多劳多得、知识就是财富的精神原则。

目前，集团已有50多名各类专业技术人才分别获得常州市、省、部以上先进科技工作者、新长征突击手，全国“五一”劳动奖章，省、市劳动模范，溧阳市“十佳青年”、“百名文明职工标兵”等荣誉。

二、加强技术创新，提高产品核心竞争力

结合企业改制健全了组织结构，加强了内部管理，完善了各项管理制度，落实科研人员责任制。并根据年度开发计划，每月下达到每位设计人员，加强对设计人员的素质教育，保持科研所的凝聚力，培养科技人员的责任心和勤奋、敬业精神。公司健全了各项技术管理和技术保密制度，严格按ISO9000标准加强设计控制，做好设计评审工作，制定设计质量控制点，加强技术文件的审批控制，确保输出文件的正确有效。同时定期召开技术人员会议，及时沟通技术问题和技术人员对奖金制度、考核制度等的意见和建议，对各类技术人员聘请专人进行培训，使技术人员的整体素质有所提高。

不断加强新产品开发。公司通过大量的市场调研和分析，每年编制年度新产品开发计划。几年来，共完成新产品开发约50项。如：SZLH678（768）制粒机、SZLHx系列虾料制粒机、SZLH558b制粒机、SYKH510和850压块机、STZG630和930强化调质器、STZG40和46夹套调质器、HFJZ160化肥振动筛、SJLC20牧草料仓、系列谷物干燥机、牧草干燥机、丰神系列粮食干燥机、双轴差速调质器系列等。2003年度由正昌制造的日处理60～80 t城市生活垃圾焚烧系统主要指标一次性通过国家环境检测中心检测，其主要设备HFSL250立式垃圾焚烧炉也通过专家组的专门鉴定，被一致认为该系统工艺设计合理，自动化程度高，焚烧彻底，烟气净化效果好，具有很多创新之处。此外，正昌秸秆颗粒饲料加工技术与设备的引进——SZLP780平模制粒机，也于2003年年底通过农业部948项目办的验收，经过专家的认真鉴定，认为正昌780平模制粒机性能优于引进样机，多项技术获得国家专利，填补了国内大型平模制料机的空白，在秸秆颗粒饲料、牧草颗粒饲料、有机肥及其他农业工业废渣的制粒领域具有良好的推广前景。

三、依托科技进步，积极培育新的经济增长点

1. 环保产业。在深化企业机制改革的同时不断调整和优化产品结构，将环保这一新兴的行业列入主导产业，并不断向高新技术领域拓展。自1995年以来，正昌集团已先后承建了以养殖场的畜禽粪便、污水处理厂的生活污泥、垃圾处理厂的有机垃圾、糖厂的滤泥等废弃物加工成环保型绿色肥料（生物肥、有机肥）成套工程50余座，受到客户一致好评。同时公司在引进国际先进技术及环保管理经验的基础上，依托国外先进科技和自身雄厚的科研开发及建造几百座各类成套工程的设计经验，通过与西欧数家大公司、国内十余家科研院所的通力合作，推出了适合大中城市（60万人口以上）的生活垃圾综合处理、适合县市级城市（6～30万人口）的生活垃圾焚烧处理、医疗垃圾焚烧处理、餐厨余物垃圾处理设备等数十项具有国内外领先水平的环保项目。

2. 牧草行业。进一步加大啤酒花、苜蓿草、烟叶、棕榈叶等加工工艺的开发和宣传工作力度，正昌苜蓿草深加工成套设备的开发研制成功，仅在甘肃张掖就投产3条生产线，其中的关键设备SYKH510压块机达到国际先进水平。2003年度的国际牧草大会上正昌优质的牧草加工设备更是吸引了众多的国内外客户。

3. 特种水产及膨胀膨化设备，已经形成了比较成熟的工艺设备、小机组、模具、520、600、660虾料机及微粉碎机、后熟化设备，得到了广大用户的认可。世界上最大的泰国正大集团北海有限公司总承包水产工程，越南5个虾料厂都是2～6条高档虾料制粒生产线和膨化鱼料生产线；广东湛江粤华水产饲料有限公司年产18万t虾饲料工程以及上海年产6万t高档虾料工程。

4. 干燥工程引进德国先进的生产技术，与国内外著名干燥生产企业进行技术交流与合作，对干燥不断进行技术革新和新产品的研制开发，目前已在四大干燥领域中具有26个品种100多个产品品种供客户选择使用。

5. 饲料配方技术。每年根据市场需求，开发多种有针对性的新配方，从事动物营养专业的工程技术人员，经常走访养殖户，把科学养殖知识送到农民手中，并现场诊断在养殖中出现的疫病、水体污染等问题，使养殖户放心养殖，增效创收。

创行业一流　铸牧羊金牌

——江苏牧羊集团

一、由小变大，由弱变强，走规模化发展之路

牧羊集团创建于1967年，前身是邗江粮食机械修配厂，经过30余年的艰苦创业，企业已发展成为我国一流的饲料机械及成套工程大型骨干企业，产品有30余个系列、300个规格品种，形成了以粉碎机、混合机、制粒机、膨化机为拳头产品，以输送设备、饲料成套工程为优势产品的完整的饲料机械产业链。企业经营组织形式也通过不断的改革与创新，从一个国有独资企业到国资控股的股份制企业再到一个民营企业，规模效益不断提高。总资产从1991年的500万增长到2002年的4.7亿元，销售收入从1991年的1 023万元增长到2003年的5.445亿元。企业坚持做精做强主业，适时配套延伸的发展战略，从一个企业发展成一群企业，从一个产品扩大到一系列产品，从一个市场开拓出一片市场。现在已发展成为拥有饲料成套工程、仓储工程、粮食、环保工程、钢结构工程、油脂工程、自动化控制、饲料机械制造等10个分(子)公司的集团化企业。企业已先后被评为江苏省高新技术企业、国家重点高新技术企业，并荣获江苏省名牌产品、质量信得过产品、江苏省著名商标，全国饲料行业科技进步先进集体、全国饲料行业百强企业、国家专利先进企业、省专利百强企业、江苏省知识产权重点保护单位。

二、依靠科技，坚持创新，走集约化发展之路

1. 创新机制，放大企业生存空间。优化股权结构，形成高效决策机制。通过对企业股权的不断调整优化，企业从一个完全的国有企业，通过增资扩股、内部流转等方式，国有股比例逐步下降，从78.32%降至4.84%，自然人股东比例由以前的10.49%升至83.97%，其中经营班子持有股权74.84%，明晰了企业产权，实现了经营者持大股。股权结构的合理优化，不仅让经营者成为责权利的统一体，而且调动了企业高层管理一班人的积极性，形成了有力的决策核心，逐步实现了所有权与经营权相分离，建立了比较完善的现代企业制度。按照一切面向市场的原则，初步建立起了以集团公司为核心、4个控股公司为主力、其他投股公司相辅助的紧密-半紧密-松散型组织体系，形成了“核心产品带动配套产品，配套产品拉动核心产品”的良性发展格局。

2. 创新技术，放大企业发展空间。总结牧羊发展的经验，一个主要的特点就是始终坚持把产品的技术革新和改进放在第一位，积极抢占技术制高点。坚持以高薪政策吸引人，以事业成就人，以感情留住人。近四五年来，每年从国内各知名大专院校及科研院所引进大批人才，目前在公司458名员工中，具有本科以上学历的有240人，直接从事产品和工艺设计的126人。大批能人志士的加盟为牧羊的发展添上了翅膀，牧羊成为国内惟一的饲料工程技术研究中心。公司每年推出30多项专利成果和20多个新产品，2003年还被国家专利总局评为全国63家之一的专利成果先进单位。牧羊共开发国家级高新技术产品8项，国家级重点新产品6项，承担国家火炬计划项目5项，省级火炬计划项目3项，获省部级以上科技进步奖13项，拥有专利技术92项。在坚持引进技术的同时，还十分重视与科研院所的合作，走产、学、研相结合之路。先后与中国农业大学、无锡粮科院、武汉粮科院、江南大学等单位合作开发推广膨化机等产品。牧羊还非常注重消化吸收国外先进的技术，在引进颗粒机、膨化机等一二个产品的同时，通过消化吸收，迅速系列化，掌握了市场竞争的主动权，增强了企业的综合竞争能力。这些科技成果的取得和新品的推出，使企业始终走在了同行前列，其中广东、厦门、淮安通威、浙江天邦、湖南唐人神、正虹股份、山东六合、天津大成等企业的工程，全部采用了牧羊的新工艺、新设备和最新控制技术，充分体现了目前我国饲料机械工业的最新科技成就，代表了国内目前最先进的饲料加工工艺和自动化控制技术。不断的技术创新为企业赢得了国内外市场，实现了由技术制高点向市场制高点的突破。在2003年南京饲料工业交易会上，牧羊推出的165单螺杆水产挤压膨化机、146×2双螺杆挤压膨化机、熟化器、1610颗粒机，以及即将推出的200型膨化机，都是具有世界先进水平的、当前中国饲料机械最高水平的代表，必将进一步推动我国饲料工业与世界水平的接轨。

3. 创新管理，放大企业利润空间。一是实施人本工程，确立“让我们共同前进”（与客户共同前进、与员工共同前进、与社会共同前进、与时代共同前进）的企业内涵。让员工树立起强烈责任感、使命感和归属感，使员工心中自然产生“我是最好，我要做最好”的意识，构筑起“敬业、奉献、合作、前进”的牧羊企业文化。二是实行员工绩效考核。打破干部与工人、全民劳动合同制工人与临时工的界限，按照民主测评、竞争上岗、一年一聘的办法，对中层干部进行一年两次的综合考评，有效促动了员工工作积极性。三是推行制度化建设。在中国，很多企业推行人治式管理，缺乏制度管理，而在牧羊，通过人性化管理与制度化管理相结合，使企业走向规范化，使企业基业长青。四是推行企业文化建设。

4. 创新营销，放大企业扩展空间。实现利润最大化，是一切企业追求的目标。我国目前有300余家饲料机械生产企业。在激烈的竞争中，谁能赢得客户的信赖，占有更多的市场份额，谁就能获得更多的利润。这里如何赢得客户的信赖是关键。饲料机械企业的客户，是饲料生产企业。目前我国饲料工业处在稳定发展阶段，微利运行，饲料生产企业的市场竞争也很激烈。为饲料生产企业服务的饲料机械企业，必须充分关注客户的利益，与客户“双赢”，这也是牧羊集团市场营销的理念。

三、着眼未来，制订战略，走国际化发展之路

实现最终将牧羊打造成“拥有多元领先业务的著名机械制造和工程安装”企业的战略目标和“创国际一流品牌，铸牧羊百年不衰”的企业追求，牧羊人必须坚持的四条道路，即管理现代化之路，生产规模化之路，经营多元化之路，市场国际化之路。

1. 现代化管理之路。管理现代化的要求很丰富，目前牧羊最需要的就是做好制度化建设，实现牧羊管理水平的新跨越。从 2003 年上半年开始，牧羊加大了制度建设的力度，对工作中需要制度加以规范的，形成文字化的程序，让一切工作有法可依。

另一方面，在推进企业的管理现代化的过程中，牧羊还充分发挥科技进步的力量，充分运用先进的信息通讯手段，建设数字化牧羊，目前，牧羊正在筹划网上办公系统的实施，同时积极筹建扬州地区第一家网上内部银行。

2. 规模化之路。要充分发挥饲料机械、饲料工程主业的竞争优势，走规模化和专业化道路。在多年的市场竞争中，牧羊总结出来的生存法则就是要不断扩大自己的市场份额，实现规模化经营，没有一定的市场份额，就不会有竞争力。要实现规模化，就必须走好专业化道路。企业只有在自己的专业领域真正做专、做强，才能实现企业的长盛不衰。

3. 经营多元化之路。目前公司已初步具备了多元化经营的基本条件。首先是确立了比较明确的市场发展方向。2002 年公司确立将牧羊打造成“拥有多元领先业务的著名机械制造和工程安装”企业的战略目标，而 2002 年开始的牧羊工业园项目，为公司实现二次飞跃打下了坚实的基础。

4. 市场国际化之路。结合规模化和专业化，公司将坚定不移地走国际化道路。牧羊已确立了进一步巩固和发展核心主业，以稳定的核心业务带动成长性业务的发展，共同培育新兴业务，最终将牧羊打造成为“拥有多元领先业务的著名机械制造和工程安装”企业这一战略目标。根据这个发展目标和中国已加入 WTO 的现实情况，国际化是牧羊的必然选择。目前，牧羊的产品已经销往世界 20 多个国家和地区，继续走出国门，扩大自营进出口，始终是牧羊的工作重点。

因专业而发展

——浙江医药股份有限公司维生素厂

一、企业简介

浙江医药股份有限公司维生素厂兴建于 2001 年，地处绍兴袍江工业区，规划用地 $62hm^2$，按照总体规划、分期实施的原则进行建设，目标是高起点、高水平、高效益的现代化大型企业。

一期已征地 $20hm^2$，主要生产维生素类、抗肿瘤药物、饲料添加剂，计划总投资 5 亿～6 亿元，一期项目全部建成投产后预计可年增销售 20 亿元。至今企业已投资 3 亿元，建成维生素制品等 4 个生产车间及配套水、电、汽、罐区、污水处理站等公用工程。

企业现有员工 300 多人，大中专生占 40%以上。2003 年实现销售收入 4.8 亿元。

二、质量保证体系

维生素厂建立了十分完善的质量保证体系。厂长直接领导下的质管部现有专职人员 12 人。质检中心面积 300 多 m^2，下设仪器室、化学成分分析室、微生物测定室、中间体检验室等。质检中心负责全厂成品的检测、进厂原辅料的检测以及中间体的检测。拥有世界上先进的分析仪器。质管部按 GMP＋HACCP 的要求来进行全厂的质量管理，制定了质量管理文件及标准操作规程，完善的 GMP＋管理体系保证了维生素厂生产的每一批产品，无论从原料采购，还是到车间生产、产品化验和入库出厂，各个环节均得到了有效控制，确保出厂产品的质量。

三、独立的研发中心

维生素厂成立企业研发中心，紧扣市场脉搏，使新产品的研究与开发瞄准潜在市场；确立“三高二低一结合”（高科技含量、高附加值、高市场占有率，低污染、低消耗，原料新产品上规模与制剂产品上档次相结合）的产品发展战略。

研发中心有研究人员 35 人，主要研究方向是饲用维生素原料和制剂产品的开发和工艺改进。

四、饲料添加剂方面业绩

在维生素类饲料添加剂的研发生产方面，主要取得的成绩有：

1. 维生素 E 年生产能力 15 000 t，维生素 E 粉年生产能力 12 000 t，生产量排在全球第二位。新建的维生素 E 车间的生产能力达到了 15 000 t，维生素 E 制品车间的维生素 E 粉的生产能力达到 12 000 t。在此技术改造过程中，有许多工艺还申请了专利，带动了整个维生素行业的技术进步，打破了国外几大公司对维生素产品的垄断。

2. 维生素 D_3 和维生素 D_3 粉完成产业化。维生素厂 2001 年开始实施维生素 D_3 的研究开发工作，历经 3 年时间，于 2003 年 11 月份维生素 D_3 油生产车间投入生产，各项指标处于国内领先水平。

3. 成功开发维生素 A 和维生素 A 粉。维生素 A 是与维生素 E 在维生素产品有同样地位的产品，维生素厂和新昌制药厂合作，成功地开发出维生素 A 和维生素 A 粉，并实现了产业化。

五、环保体系

企业是社会生态中的一分子，企业的生存与社会环境和自然环境息息相关，作为一家医药企业，保护

环境、造福人类是公司的理想，也是公司义不容辞的责任。维生素厂以“标本兼治”作为环境治理的原则，通过技术进步减少废物排放以求治本，投入近2 000万元建成污水处理站一期工程。

在创业中创新　在创新中创业

——百世腾牧业集团

一、传奇的创业历程

“九”在中国是一个吉祥数字，它意喻着天长地久，博大精深！在中国有一个“九人”创办的民营企业，她就是重新整合新亮相的“百世腾牧业”。百世腾牧业集团诞生于1995年，由江西农业大学的9名校友一起创办南昌天地人牧业有限公司，随着公司的发展壮大，先后成立了上海小骏马牧业科技有限公司、北京天地正发饲料有限公司、厦门天马科技饲料有限公司、南昌天地人生态技术开发有限公司，于2003年10月成立了百世腾牧业集团，下辖：南昌百世腾牧业有限公司、上海百世腾牧业有限公司、北京百世腾牧业有限公司、厦门百世腾牧业有限公司、南昌百世腾生态技术开发有限公司，以及新成立的广州百世腾饲料有限公司、江西省疾病诊断中心、上海百世腾奶牛事业部和正在筹备的育种中心。

二、在产品质量过硬的基础上，不断创新

百世腾牧业集团是一家以生产销售畜禽预混合饲料为主的牧业集团企业。该公司有8名教授、3名博士组成的专家队伍，每年承担上百个科研实验，拥有牧羊、正昌的最先进工艺和设备，美国BRILL配方软件，使百世腾的产销量迅猛增长，2003年已突破2万t!

多年来，百世腾不断引进吸收国内外动物营养的最新技术，广泛与美国普度大学、英国曼彻斯特城市大学、江西农业大学、华南农业大学、南京农业大学、Dr. Enfiealth、GmbH（FarEast）Limited等国内外研究机构合作，为用户设计出一代又一代引领市场的新科技产品，如南昌百世腾的“金霸王”和“腾飞”系列、上海百世腾的“爱母利”和“维C”系列、北京百世腾的“天地正发”、厦门百世腾的“健美乐”、广州百世腾的“比你肥”和“益母利”、上海奶牛事业部的“泰牛”等。此外，百世腾还根据不同的区域、不同的牧场、不同的季节量身定做，真正做到了事无大小，件件皆精。每一个产品系列饱含百世腾科技人员丰富的知识和永恒的创新精神，客户的满意是百世腾永恒的追求！百世腾一直认为，为客户创造更多价值才是百世腾存在的理由。所以9年来，百世腾的技术人员兢兢业业，从市场调查到试验观察、统计，到终端用户使用。百世腾关注的是：客户的效益能增加吗？可喜的是，从百世腾收集、统计的数据来看，百世腾科研人员的努力是令客户满意的，卓越的生产数据使百世腾始终保持技术领先。科技的进步，让百世腾不断创新，“追求卓越品质，为客户创造更多”是百世腾人永恒的目标！

三、人才培训与储备

集团人力资源部面对集团经济实体和各公司市场的迅猛扩展，在聘请职业经理人的同时，积极采用传、帮、带和定期培训的方式培养了一大批年轻的中层管理干部。为此，集团总部人力资源部每年举办一期“集团市场人员营销培训”和“中层干部培训”，选派技术和技术服务人员参加专业培训和各种交流会，各公司各部门每月都要举行内部培训和交流，百世腾还聘请技术专家、营销精英和同行高级主管来公司讲课，并积极鼓励员工攻读硕士、博士学位以及参加职称及专业资格等级考试。

百世腾的每一位员工自从正式成为百世腾一员开始，人力资源部和相应的主管部门就已经按每一个员工的爱好及特长纳入百世腾人才储备库，并列入相应的岗位培养计划。

四、强大的技术服务体系

百世腾每个公司都设立了技术服务部，还在特定的区域或牧场设置了专职的技术服务人员，能够及时、高效地为用户解决技术难题，也很好地保障了市场所需的售前、售中和售后服务。集团总部还成立了集团直属技术服务部，由兽医临床和预防专家、动物繁殖专家、动物营养专家、牧场管理专家等3位博士8位教授组成。技术服务部为集团直属，负责协调集团所辖各公司、各市场的高层次技术服务、技术推广和各公司技术服务人员及营销人员的技术培训工作。动物疾病诊断中心为广大牧场提供畜禽疫病的实验室检查和疫情监测服务。技术服务部、动物疾病诊断中心、7个分公司技术服务部、许多的专职区域或专职牧场服务人员组成的强大技术服务体系，使百世腾牧业更具竞争力，也是百世腾人为中国农牧业服务的真实体现。同时公司网站和服务热线的开通，缩短了百世腾与用户和朋友沟通的距离。

百世腾牧业集团编辑部为满足广大牧场和养殖户的需要，编写了《百世腾养殖技术手册》、《百世腾养猪流程图》、《百世腾种猪卡、防疫卡》。百世腾还创办了自己的内部刊物——《百世腾牧业通讯》，每月出刊1期，每年出2期特刊，及时为用户介绍百世腾企业文化、当前的动物疫病流行情况、最新动物科技、新产品、牧场管理的先进经验以及饲料原料和畜产品行情等。在理论指导、技术操作、生产流程、危情处理、信息获取和技术咨询上给予用户强力支持。

百世腾坚信卓越服务源于服务理念，源于人才素质，源于不断创新，源于快速行动！

五、浓厚的企业文化

百世腾人继承和发扬了原“天地人”的浓厚企业

文化内涵。企业的生命不仅仅在于企业的营业利润，更在于企业血液的沸腾度、企业的分子间相互感染、寻求共同互利的途径和同舟共济的集体意识。百世腾人用简单的游戏创造不简单的精神，用不高深的驳论谋求至深的理论。百世腾用洒汗的运动培育事业的硕果。使员工快乐地工作，快乐地学习，快乐地生活，快乐地娱乐！

百世腾以“自信、专业、更好，为客户创造更多”为经营理念，以“诚实守信、热忱自信、成就自我、服务社会、精益求精、追求卓越”为价值观，以“服务农牧、创造效益、共享健康”为使命，以“争创中国牧业集团前十强”为志向，把握激情，创造氛围，携手团结攀登事业颠峰！

把小公司做成大公司
把大公司做成大家的公司

——正邦集团

正邦集团有限公司从成立至今，一直坚持“把小公司做成大公司，把大公司做成大家的公司”的核心价值观，企业发展较快，短短7年的时间，已发展成为拥有31家子公司、净资产总额达3.8亿元、销售收入达17.8亿元，涵盖了农牧（饲料、种畜种禽、畜禽水产养殖）、农化（农药、兽药）、科技贸易、食品加工（乳品、肉食品）四大产业的全国型企业集团，并开始进军房地产、教育、金融投资等综合领域。公司现有员工2 300多人，累计向国家纳税数千万元，带动和支持了企业所在地种养殖业发展和农民增收，为国家为社会作出了一定的贡献。2002年被国家九部委联合定为“农业产业化国家重点龙头企业”。

一、坚持求实创新，不断提高企业竞争能力

正邦集团的前身是原江西省临川县粮食局下属的一个小型饲料厂，创办于1984年，当时仅有20名员工，10万元资产，年产饲料6 000 t。时任厂长现任集团总裁的林印孙敏锐地意识到饲料生产将给中国落后的养殖业带来质的飞跃，但落后的设备却给发展造成了瓶颈。于是他带领工人对设备进行了多次技术改造，虽然在一次技术改造中被机器切去了大拇指，但产量却从6 000 t提高到了10 000 t，成功的喜悦超越了他的失指之痛。

成绩是辉煌的：5年间，还清了建厂时的全部贷款，还上交粮食局60万元利润，“永惠”牌饲料已经小有名气，企业也被授予省级先进企业称号。

1990年以后随着改革开放的深入，企业抓住几次发展机遇，得到了飞速发展。1993年，在现抚州市兴建年产6万t的永惠饲料厂，适应了饲料市场需求剧增的要求，提高了市场占有率。1994年，根据国家政策的调整，原国有饲料厂成功改制，由加拿大外商入股组建中外合资企业，体制变革带给永惠巨大的发展活力。

1997年正邦集团成立，由此拉开了大发展的序幕。1997年向农化行业扩张，1999年向省外市场拓展，2000年涉足食品加工领域，2001年投资动物保健品生产。2002年，集团各大产业都取得了突破性的进展。2003年，围绕产品结构调整、产业链延伸的战略目标正稳步推进，2003年6月成功收购民星兽药厂，为集团在兽药行业的发展再添虎翼；2003年9月又成功收购江西省种猪育种中心，10月进军肉食品行业和畜禽养殖行业，农业产业链得到了很好的延伸。

所有这些莫不与正邦人敢于创新、勇于创新密不可分。正邦集团的这种求实创新精神源自于浓厚的学习氛围，集团自办工商管理学院，聘请国内外名师自办EMBA班、本科营销班，不但高层主管成为首届学员，普通员工也积极参与，使得全体员工的观念不断更新，创新意识不断增强，提高了正邦集团的整体竞争能力。正邦不惜巨资，进行百万智力大投资，将中高层送往中欧、北大、清华等知名机构学习，树立了个人品牌，同时也提升了集团的综合竞争力。

集团已经在人本管理方面进行了如何量化资本，实施员工持股计划（ESOP）和股票期权计划的探索，以进行“资智股份化”运作，从而实现“把小公司做成大公司，把大公司做成大家的公司”的核心价值观。

二、实施差异化经营，做强做大做百年老店

多年来，正邦集团在成本控制、产品研发与技术服务上倾注了全力。

集团成立了信息部，专司信息工程建设，不断探索管理流程、生产流程现代化和网络化。成立集团采购中心，实行集团采购，在所属子公司推行5S规范化生产管理，最大限度地降低采购、生产和管理成本。

成立北京信息中心，获取世界先进的管理经验和科技信息，使集团科研工作始终站在一个较高的层面上，及时进行产品的研发换代，不断推出适应市场需求、满足客户需要的产品。

所属子公司都聘请了技术服务专家进行完善的售后技术服务，举办了数百场技术服务讲座，20 000多人受到了各种类型的专业培训；发放各类技术服务手册、报纸1 000多万份，提高了客户的致富能力，改变了他们的经营观念。

推行“公司＋农户”的经营模式，推进农业的产业化、工业化和规模化经营，建设与客户的利益共同体，进行农产品的统一收购销售，使数万个家庭脱贫致富。

通过股份制改革，最终实现“生产基地＋销售公司”的运作模式，最大程度激发个人潜力，减少过程管理，培养专业化的精英团队。

正邦的经营策略、品牌建设、市场开拓模式已经引起越来越多经济界人士的关注。

三、坚持绿色产业建设，为政府菜篮子工程作贡献

2001年3月份，由全国35家大型饲料企业发起、中国饲料工业协会主办的“饲料安全新世纪宣言”新闻发布会在北京举行，正邦集团成为与会的惟一一家江西企业。在会上，正邦集团表示在饲料生产中以往从未使用、今后也决不使用违禁药物与激素，支持政府的菜篮子工程，保证让消费者吃上放心肉、放心菜。当年底，顺利通过了中国饲料工业协会的监督检查，并被评为“重承诺、守信用企业”。

正邦化工有限公司自运作以来，一直坚持高效低毒、低残留、无污染的无害农药生产，市场占有率、客户忠诚度得到了同步提高，企业获得了迅速发展，成为江西省农化行业效益最好的企业之一；云南广联畜禽有限公司与云南当地广大养鸡户签订养殖合同，也得益于正邦集团的绿色饲料生产，不但为企业找到了一个新的经济增长点，也为当地养殖业带来了发展的机遇；维雀乳业有限公司自2000年底运作以来，由集团饲料生产企业向奶牛养殖户提供绿色饲料，维雀乳业负责收购鲜奶生产合格乳品推向市场，实现了生产的良性循环互动，已经占领了省会南昌及周边县市的部分乳品市场，并迅速向省外市场进军，品牌价值与市场占有率节节攀高，被批准成为南昌市政府的“菜篮子工程”。

目前，正邦集团正在积极进行绿色饲料和绿色乳品的申请认证工作，后续绿色产品的研发生产工作也在紧锣密鼓地进行。

四、关注社会公益事业，奖学重教无私奉献

2001年2月11日上午，江西省滨江宾馆一号楼内由江西省青少年基金会、共青团江西省委组织的“希望工程1+1助学金行动”首捐仪式正在举行。集团林印孙总裁举起了向希望工程捐赠100万元的牌子，他的眼睛里带着激动带着欣慰。在接受记者采访时，林印孙仿佛了却了多年的心愿：“让贫困失学的孩子重回校园，让失学的孩子充满希望，这是我早就想做的一件事，今天终于如愿以偿了！做企业为什么？作为企业的经营者所有者也是社会的一分子，应该承担更多的社会责任，这才是我追求的目标所在。”

早在1996年正邦集团还很弱小的时候，就在临川二中设立了奖学金，至今已经有数百名学生获得了资助。2000年起，正邦集团又陆续在江西农业大学、江西财经大学、南昌大学、华中农业大学、云南农业大学等10多所院校设立了总额达1 500万元的奖学助教基金，几年来，数百名高校师生获得了正邦奖学金的资助奖励。2001年暑假期间，江西师范大学开展三下乡活动，正邦集团给予了全力赞助。2002年起，正邦集团每年在南方希望中学设立2万元的奖学金资助品学兼优的贫困学子。2002年，集团又捐款2万元给进贤县下埠集乡中心小学修路，解决该校师生行路难的问题；向遭受洪涝灾害的临川区捐赠1万元；向新建县金桥乡塘下村捐款5万元修路等。

人生无涯，奉献无悔，以林印孙为首的正邦人正用实际行动实践着他们的人生追求，“把小公司做成大公司，把大公司做成大家的公司”，立志为中国的农业产业化贡献自己的力量。

致力打造中国乳猪料的第一品牌

——江西金苹果农业发展有限公司

江西金苹果农业发展有限公司是一家集饲料研究、生产、销售及技术咨询服务于一体的现代化大型中外合资企业。公司地处江西省赣州市经济技术开发区105国道2 136km处，距京九铁路赣州南站仅3km，赣粤高速公路10km，黄金机场13km，交通便利，再加上一流的人才队伍、一流的管理手段、一流的生产设备和一流的企业文化，使金苹果公司在残酷的市场竞争中纵横驰骋，一路领先，焕发出勃勃的生机和活力。

金苹果公司现有员工481名，其中各类科技人员93名，高、中级科技人员30名。公司先后荣获江西省优秀饲料工业企业、江西省用户满意企业、江西省农业银行AAA级信用企业、赣州重点扶持企业、赣州市明星私营企业、首届赣州市“五一”劳动奖状、赣州市质量管理先进单位、赣州市黄金开发区农业龙头企业和2003年度赣州市创建学习型组织先进单位。公司总裁刘贤荷2002年度荣获江西省优秀厂长经理，2002和2003年连续2年荣获赣州市优秀厂长经理、2003年度赣州市创建学习型经理先进个人。

金苹果人深知，质量就是企业的生命。为此，公司在建立健全“以总裁为第一质量责任人，技术总监、品管部经理、生产部经理为第二质量责任人，生产班长、品管员、检验员为第三质量责任人”的“金字塔”式质量保障体系的同时，积极适应市场的变化和企业发展的要求，重新修订并规范了更为严格的原料质量验收标准、检测化验标准和生产各岗位操作规程；成立了以品管部为龙头的28人品质保障队伍，每天24h对原料进厂、生产全过程进行监控。并采取“铁纪律、铁心肠、铁手腕”抓质量，把质量当成是一根“高压线”，促使公司全员提升质量意识。近年来，公司产品合格率始终达到100%，优质品率保持在99.8%以上。公司产品先后荣获中国饲料工业协会推荐产品、江西省免检产品、江西省重点保护产品、江西省用户满意产品、江西名牌产品等10多项省级以上殊荣。

金苹果公司在确保产品质量的同时，确立了“把服务作为金苹果的第一品牌和信誉，先卖信誉后卖产品；只卖价值，不卖价格，以及产品销到哪里，服务就做到哪里”的营销新思路，竭力做好售前、售中和售后服务，千方百计地为用户排忧解难，帮助养殖户实现养殖效益最大化。公司聘请专家教授，每月对营销员进行一次兽医知识强化培训，把营销员由纯业务员转化成为科普服务型营销员和营销工程师。公司成立包括4名高级畜牧兽医师在内的技术服务部，服务人员足迹遍及广东、湖南、福建、江西、贵州、安徽、云南等地，年行程20多万km，举办科学养殖等各类培训班240多期，建立科学养殖示范基地600多个，发放各类技术资料60多万份，解决各类技术难题2000多个，同时提供了大量市场需求信息，公司服务部也被广大养殖户亲切地称为“流动的兽医站”。

为解决广大仔猪养殖户最头痛的仔猪拉稀这一“老大难”问题，使广大母猪养殖户从繁重的劳动中解放出来。2003年，金苹果公司积极主动地对接市场，打破市场平衡，在全行业率先研制开发出新一代乳猪料“双胞胎乳猪料”，并独创出“1∶4”（即一碗双胞胎乳猪料＋4碗温开水，浸泡5～10min就可饲喂）的新模式。该模式的最大好处，一是不要煮稀饭，二是乳猪不拉稀或很少拉稀，每窝仔猪仅药物成本即可节省50～100元。产品一投放市场即深受广大养殖户青睐。该模式的推广打破了传统的“煮稀饭养仔猪”的格局，进一步解放了养殖户的劳动强度，也大大帮助了广大养殖户提高养殖效益，真可谓“双胞胎乳猪料，省时省力不拉稀”。为了杜绝不法厂商仿冒“双胞胎乳猪料”，公司即时对“双胞胎乳猪料”采取了向国家知识产权局申请国家专利（专利号：ZL033368465）、向国家商标局申报“双胞胎”和“三胞胎”商标，以及向江西省工商行政管理局登记注册“江西双胞胎饲料有限公司”等“三重”保护措施，以确保养殖户和公司的利益不受侵害。“双胞胎乳猪料”的问世，标志着中国饲料工业发展进入了一个崭新的阶段。如今，“双胞胎乳猪料”不仅以势不可挡的态势发展成为了江西省乳猪料的第一品牌，而且无论走到哪里都具备了极强的竞争力，产品畅销广东、湖南、福建、安徽、云南、贵州、江西全省市场，红遍了半个中国。2003年下半年投放市场以来，产品一直供不应求。

一个产品的竞争力如何，折射出一个企业的管理如何。为了加强管理，金苹果公司以岗位目标绩效考核为主线，致力于企业基础管理建设。公司把所有管理岗位的全部职责进行详细描述，然后将职责细化成2 620多个考核指标，并制成考核表量化至每个岗位员工身上，考核表根据每个职责的权重配上考核分。公司再成立考核小组，每月对各岗位目标考核指标的完成情况进行严格的审核和绩效评估，最后打上考核分。在金苹果公司，考核分就是工资。由于金苹果公司把工资收入与目标管理紧紧地捆绑在一起，从而极大地促进了员工工作观念的转变，变过去的“要我干”为现在的“我要干”，员工的工作热情和效率由此得到显著提高。与此同时，公司大力推进学习型组织建设，通过“走出去请进来”的办法大力开展技能培训，以提高员工素质。为了激发员工参与企业管理的积极性、主动性和创造性，公司出台创新激励机制，广泛征求员工的创新提案，对为企业创造经济效益的提案进行重奖，大大激发了员工的创新热情，每个月都能够收到员工的各类创新提案30多项。

“路漫漫其修远兮，吾将上下而求索。”面对饲料竞争进入白炽化阶段，江西金苹果农业发展有限公司以把“双胞胎乳猪料”做成中国最好的乳猪料为目标，全力打造“双胞胎乳猪料”的品牌形象，力争把“双胞胎”做成中国乳猪料的第一品牌，全力树立江西企业新形象。

饲料是老实人的事业

——江西省加大实业有限公司

一、公司简介

加大实业1993年11月从江西宁都起家，经过10年的发展，由单一的加工型企业发展成为一家以高新技术为主导，集科研开发、生产、经营为一体的大型科技型农牧企业集团，下属广东加大实业有限公司、中外合资赣州美园畜牧有限公司、抚州赣大饲料有限公司、赣南方大饲料有限公司、江西赣州加大种猪场、广东高要加大种猪场等6家全资子公司和一家合资企业，占地面积近万亩，固定资产1亿多元，可生产“加大”、“赣大”、“大汉”、“美园”5大金牌饲料、预混料，年饲料生产能力100万t，预混料5万t。2003年，加大产销饲料20多万t，销售收入5亿多元。产品畅销江西、福建、湖南、广东、广西等南方地区。

加大以“企业、经销商、养殖户三方有利”为经营宗旨，在符合共同利益的原则下，获取合理的利润。“做对自己、对别人有好处的事，绝不做对自己有好处、对别人有坏处的事”是加大的行为准则。公司致力于提高产品品质及生产力，降低成本，开发新产品，向科技要效益，同时满足消费者不断变化的需求，在自身不断进步的过程中，带动了一大批养殖产业的发展和繁荣。从1998年以来，加大牌、赣大牌饲料连续6年3次被评为江西省重点保护产品，2001年，加大饲料被中国质量检验协会授予质量放心品牌称号，被江西省科委授予科技型企业称号，2003年，加大商标被认定为江西省著名商标。

二、全力发展高科技饲料

1996年，加大结合我国南方地区养殖业的实际情况，率先在全国开发研制出乳猪熟化浓缩料，为全国首创，并掀起了饲料企业生产、销售乳猪浓缩料狂潮。经过多年的市场证明，加大乳猪熟化浓缩料目前国内销量最大，质量最好，品牌最响，受到了广大农村养殖户的热烈欢迎。

加大乳猪熟化浓缩料适应了南方广大农村散养户用粥配饲料养乳猪的特点，能最大限度地满足乳猪生长的各种营养需要，乳猪喜吃爱睡，不拉稀，皮毛红润，生长快，能最大限度降低养殖成本，帮助养殖户多赚钱，从而受到养殖户的广泛欢迎。在农村，用加大乳猪熟化浓缩料配自家的大米粥喂养乳猪，比用乳猪配合料喂养，每窝乳猪可增收200～300元。

加大人认为必须以质量求生存，为客户提供有价值的服务，为客户创造效益，确保产品物有所值、物超所值。“饲料是老实人的事业”，饲料可以骗人，但是骗不了猪、鸡、鸭、鱼，因为它们吃了饲料后是要长肉、生蛋的。公司制定了通俗、易记的《加大质量宣言》，完善了“上道工序对下道工序负责制”，倡导“质量是生产出来的而不是检测出来的”，并于2001年4月全面推行以“整理、整顿、清扫、清洁、素养”为主要内容的5S活动，牢固树立质量观念。2001年4月，加大认真贯彻《饲料和饲料添加剂管理条例》，承诺产品安全，受到了中国饲料协会领导的高度赞扬，《中国饲料》第8、9期还对加大产品质量管理观念作了相关报道。

面对目前养殖规模化发展趋势，加大又在乳猪料研发领域领先一大步，加大养猪专家消化吸收了国内外最新科技成果，精心研制出最新科技饲料产品——加大“猪宝宝/宝宝欢”代乳料开食料、“加大宝”早期断奶乳猪料，成功地解决了乳猪早期断奶消化机能不完善、抗病力差、易拉稀的问题，能有效防止乳猪早期断奶综合症的发生，促进乳猪在出生4～7天提前开食，对良种规模猪场特别适用。

为了满足养殖户的不同需求，加大还根据猪在不同阶段的生长特点，开发、生产出一系列质量稳定、饲养效果好的猪配合饲料、浓缩料和预混料等产品，并结合自己万头猪场的饲养经验，总结出一套最大限度降低养殖成本、提高养殖经济效益的乳猪科学饲喂模式。

三、立足江西，面向全国

逆水行舟，不进则退。在激烈的市场竞争中，企业必须做强实力，取得规模效益。公司在已有赣南方大公司、抚州赣大公司的基础上，2000年5月，与外商合资成立赣州美园公司。2001年5月，公司又走出省门到广东南海兴建广东加大。广东加大占地7hm²，计划年饲料产销量达到50万t。

珠三角活跃的思想观念、发达的交通条件、丰富的人力资源、快捷的信息资讯、巨大的市场容量，为加大企业发展壮大提供了广阔的空间。目前广东加大初战告捷，月产销饲料1万多t，员工队伍成长迅速，企业管理水平上了一个新台阶。加大正积极谋划全国布局，下一步将向原料产地长江以北、东北、内蒙古发展。

四、走产业一体化的发展道路

2003年初，公司制定了产业一体化的发展蓝图，以公司种猪场为核心，建立公司+养殖场（户）的产销联合体，推动养猪业的发展，帮助更多养殖户发家致富。为此，公司提出中、短期目标是做成3个加工厂，即：“饲料加工厂”，为客户提供优质高效的饲料产品；“仔猪加工厂（种猪场）”，为养殖户提供高品质的种猪苗；“肉制品加工厂”，收购肉猪，为养殖户创造财富。

2003年2月，加大集团成功收购了山台商在广东南海投资经营了8年的一个现代化万头猪场，这是加大集团在饲料企业稳步发展的基础上，向养殖业延伸所开发的第一个重大项目，标志着加大产业一体化上了一个新台阶。

五、坚持以人为本，发展加大事业

没有最好，只有更好。公司除了每年投入几百万元更新设备、改善员工生产生活条件外，更把队伍建设当成头等大事，孕育形成了具有加大特色企业文化，把“诚正、勤奋、创新、一流”定位为企业精神，要求员工诚正做人，勤奋做事，并把“创新”精神当成企业发展的持续动力，鼓励员工不满足现状，对现有的工作方式、方法、业绩进行重估，大胆地使用新方式、方法，不断探索，积极进取，超越自我。同时，公司承诺愿意为员工成长付学费。

尊重人、相信人，加大集团视员工为企业最宝贵的财富，认为信任是企业的管理基础，不断培训员工，以公司长期办理“现代企业管理培训”为主，结合参加外界的短期培训及送入大学深造，还定期邀请美国谷物协会、礼来、建明、罗氏、诺伟司等国际一流管理水平的跨国公司的管理专家到公司讲学，开阔员工视野，提高管理水平。把“尊重人、善良仁爱、谦虚好学、感恩合作”定为加大人才观，已经培养造就出一支综合素质较高的人才队伍，加大集团也因此得以走在竞争者的前列。

顾客第一，员工第二。服务于员工，为员工创造好的生活、工作环境，是加大决策者坚持不懈的追求。公司不仅投巨资美化、绿化环境，营造鸟语花香、绿草茵茵的休闲场所，而且在硬件设施上狠下功夫，兴建了篮球场、乒乓球室等，并为每个员工宿舍配备了贮藏室、卫生间、热水器，购买了彩电、洗衣机，安装了电话、空调等，广东加大还特意为出门在外的员工设立了网上聊天室，丰富员工的业余生活。

待遇留人，是加大视员工为财富的具体表现。加大进一步完善了人才培养制度、奖励制度与福利制度，不断提高员工待遇，以保证员工的收入水平位居社会同期的领先地位。1999年1月，加大成立员工互助基金会，扶助生活有困难的员工；2000年7月，加大公积金计划正式实施，提高员工收入；2002年12月，加大又启动了员工购房援助计划，旨在帮助那些想买房又暂时有资金困难的员工能买得起住房。

加大的目标是立足国内，面向世界，第一步做中国最优秀的农牧企业；第二步走出国门，参与世界经济的大发展，做世界的加大。

农牧行业的黑骏马

——蓬勃发展的江西宏通实业集团

江西宏通实业集团创立于2000年12月，是以动物营养与饲料科研、生产、销售和原料贸易为主业，集科研、生产、贸易为一体的现代化企业集团。宏通集团秉承“诚信、学习、拚搏、创新”的企业精神，以“创世界一流品牌，造民族百年企业”为己任，不断吸纳优秀人才，努力提高工艺技术和配方水平，推行先进管理理念，产品自投放市场以来，一直受到广大用户的青睐。从2000年至今，年年荣获江西省质量信得过产品、省级免检产品、重质量讲诚信特别宣传单位等称号，被誉为饲料行业的一匹“黑马”。

宏通:宏运博识,通达八方。集团从创业伊始就深深地懂得,一个企业没有实力就没有地位,没有文化则没有品位。21世纪是文化管理制胜的时代,是文化创新致富的时代。因此,宏通文化的建设一直伴随着企业的发展而不断推进,并为企业的壮大起到非常重要的引领作用。宏通集团以“创世界一流品牌,造民族百年企业”为己任,立志科技兴农,产业报国,成就自我,追求卓越!具有历史责任感和使命感的宏通人,将终身致力于改进我国传统、落后的农村面貌,致力于农业产业化,把宏通集团建设成为客户信赖、员工满意、社会尊敬的世界一流的现代化实业集团。

宏通人顺应时代的潮流,集智兴业,超常发展,规模推进。先后创办了江西宏通实业有限公司、江西宏通畜禽有限公司、江西宏通饲料有限公司、江西广太饲料有限公司、江西宏通畜牧科技有限公司、南昌宏通实业有限公司、抚州日太饲料有限公司等7家子公司,成为江西同行业发展速度最快的企业。其中,创立于2001年的江西宏通实业有限公司成为江西饲料行业销量增长最快的企业;位于赣州“脐橙之乡”信丰县的江西宏通畜禽有限公司仅用了139天就完成了同等规模企业需要半年时间才能完成的筹建工程,成为江西省厂房最漂亮、环境最优美、设备最先进的饲料企业之一,创下了江西饲料行业建厂速度的奇迹。集团以省会南昌为中心,在赣州、宜春、抚州3地市建成了规模较大的生产基地。“宏通”、“日太”、“威群”等3个品牌100多个种类产品,远销湖南、湖北、广东、河南等多个省市。到2003年底,月销量达16 000多t,位居江西饲料同行业前茅,跻身于全国大型饲料企业行列,是全省、全国同行业中发展速度最快、销量上升最快、效益增长最快的企业,2003年,销售额突破4.5亿元人民币。从2000年至今,连续3年荣获江西省质量信得过产品、省级免检产品、江西省农业银行AAA级信用企业等荣誉称号。

地处赣南信丰的江西宏通畜禽公司，占地4hm^2，总投资2 000万元，系江西宏通实业集团全资子公司，是集团投建过程中建厂速度最快的企业，主要生产“宏通”牌猪、鸡、鸭、鱼等系列配合饲料。江西宏通畜禽公司的建成，满足了赣南地区畜禽饲养的需要，对发展赣南农牧业起到了举足轻重的作用。正是依靠着团队的智慧和勤劳的汗水，集团上下领导员工齐心协力，仅仅用了139天，就完成了全部厂房的建设和设备安装工程，比计划完成工程时间提前了41天，成为江西饲料行业建厂速度最快的企业。不仅创造了江西省饲料企业建厂速度的奇迹，还为信丰县中端工业园区树立了一个样板工程、一个样板企业，为实现江西在中部地区崛起贡献了一份光热。

人类因梦想而伟大，宏通因文化而繁荣。

随着人类迈入二十一世纪的紧张步伐,我国已进入了知识经济高速发展的时代,进入了信息传播高度发达的时代,宏通人意气风发,编辑出版了属于自己的报纸《宏通人》,从文化和传播的角度上,把宏通推向了更广阔的天地,《宏通人》(月刊)的应时诞生,是宏通集团由小到大、稳步发展的结晶,是宏通集团不断做大做强的象征,标志着宏通文化起来了!《宏通人》报是宏通集团所有员工、所有客户、养殖户和各界朋友共有的报纸,得到了广大读者朋友热心的指导、大力的扶持和帮助。自《宏通人》报创刊至今,已经成功创办了5期,秉承“记录宏通集团发展历史、弘扬宏通企业文化”的宗旨,准确、快速地传递着集团领导的精神,传达员工的心声,架起了上下、内外沟通的桥梁,成为了读者朋友乐意驻足的精神园地。

宏通人相信，努力就有回报。在不断的拼搏进取中，开拓前进，随着网络时代的来临，宏通人已精心建成属于自己的网站——宏通集团网站(www.jxhtjt.com)。旨在以信息传媒为载体，采用高科技的技术支持，发挥网络的便捷、快速、全面、形象等优势，把宏通推向一个更高的高度。在宏通网站的建设过程中，不管是集团领导还是网站的建设者们，乃至上下员工都对这颗新星给予了高度的重视，投入了满腔的热情。从网页的设计，到各个细节的推敲；从每张图片的整理，到各个标识的选择，公司的同仁们无一不是精雕细琢，斟酌再三。宏通网站的建成，对于宣传企业形象、扩大产品影响、完善销售体系、促进贸易交流，以及在网上招聘、信息反馈等，都有极为重要的作用。

宏通人也爱唱歌，在宏通，人人都会唱这样一首歌：“神州春雷滚，改革大潮新，农牧行业的黑骏马，驰骋万里云，……，不怕路途远，何惧风雨淋，我们是豪迈的宏通人，‘三农’系我心，……，我们携手并肩高歌猛进，奏响新时代的最强音；我们意气风发满怀信心，奔向光辉的锦绣前程!”这就是宏通之歌——《我们是豪迈的宏通人》。每当唱起这首歌时，集团上下领导员工都倍感自豪，就像宏通誓词中说的那样——“宏通，宏运博识，通达八方，是我学习进步、大有作为的天地！我工作！我发展！我快乐！YEH！正是因为集团上下团结一心，才能把这个属于大家的家建设得更好；正是因为宏通人不断孜孜以求，拼搏创新，才能成就宏通今日的辉煌!”

在改革开放的大好形势下，在全面建设小康社会的新征程中，不少优秀的企业和企业家积极投入到支持社会公益事业、促进社会发展进步的活动中来，他们不光努力追求自身利益的发展，也尽力追求自身利益与社会利益的和谐统一，通过多种方式担负起社会责任，做出了重大贡献。宏通领导深谋远虑，高瞻远瞩，在发展宏通的过程中，不忘记关注公益事业，不管是赠资建校，还是捐款扶贫，宏通人都不甘人后，舍得斥巨资。以黄祥真董事长为首的江西宏通实业集团，堪称“落实‘三个代表’、倾力回报社会”的典型代表。宏通集团一贯坚持“立足社会、服务社会、回报社会”的经营理念，秉承自身利益与社会利益相统一的博爱精神，回报社会，惠及子孙。

潮平两岸阔，风正一帆悬。历经市场风雨洗礼考验的宏通人，或许还很年轻，但宏通人朝气蓬勃，敢于直面饲料行业激烈的竞争和挑战，以“创世界一流品牌，造民族百年企业”为己任，继续弘扬“诚信、学习、拼搏、创新”的企业精神，扬鞭策马，奔腾不息。天高任鸟飞，海阔凭鱼跃。在宏通发展的新征程中，有充分的理由相信，宏通这匹黑马必将跑得更快，跑得更远。

提升企业竞争力 为饲料工业做贡献

——河南宏展集团

河南宏展集团成立于1998年10月，由开始的一家宏展实业有限公司发展到今天，经过5年的发展历程，现拥有10家子公司和1个大型养殖繁育基地，集团总部坐落郑州财富大道经三路金成国际广场，是河南省政府重点扶持的跨行业、跨省区的大型农牧企业集团，集团以饲料生产为主业，并相继拓展到饲料原料、添加剂、种畜禽繁育、动物保健品、国际贸易、软件开发、文化传播、新科技产品研发等产业，现已成为河南省饲料行业典范企业，年销售额7亿元。集团注重以人为本的企业文化建设，积极探索和应用现代科学人力资源管理，建立学习型组织，打造高绩效团队，在成立的5年时间里，取得了业界难以置信的优异成绩，总结归纳为以下5个方面：

一、建立宏展企业学习型组织

宏展集团各分公司曾有过辉煌的发展历史，也曾取得过阶段性的成功，这归结于集团在工作中建立了学习型组织。学习型组织是当今企业管理中最前沿的理论，惟有学习型组织理论在今天更能焕发出它的生命力，成为当今企业管理中最重要的理论。

学习型组织要求企业着眼以下六方面打造更完善的企业文化：学习文化，快乐文化，创新文化，反思文化，共享文化，速度文化。要建立学习型组织，首先要熟悉学习型企业的六大特点：

1. 精简与扁平化。宏展各分公司目前机构简捷，组织扁平化。在初办的几个企业中尤其如此，这样的组织机构有利于快速沟通、快速反应和快速做出决策，学习的成本低，效率非常明显，充分让各部门、员工掌握多项技能，为企业运转提高效率。

2. 有弹性和不断创新。摩天大楼之所以能抗地震，是因为大楼本身设计就不能摇摆，企业能抗击各种突发事件，是因为企业有弹性经营管理。学习型组织要求学习型企业能够学习得快、改造得快、创新得快，创新是企业发展之魂。

3. 善于学习。企业学习要有系统、有方法，要善于学习，学习时懂得取其精华，去其糟粕，要使企业学习产生正面的作用，不能使学习无效或将引起破坏力的学习引入企业中。

4. 自主管理。学习型企业必须实施自主管理。宏展集团各分公司基本上属于董事会指导下各分公司总经理负责制，拥有完全的自主管理权。这样能充分发挥各公司的智慧和创造力，让他们充满活力的激情和智慧得以淋漓尽致的发挥，这样才不辱企业使命。

5. 战略清晰、准确。将战略思想运用于企业经营管理之中，便产生了企业战略，它决定和提示企业的目的和目标，提出实现目标的重大方针与计划，确定企业应该从事的经营业务，明确企业的经济类型与人文组织类型。因此，战略是一种计划、一种计策、一种模式、一种定位、一种观念。学习型企业必须战略清晰、准确，这样企业的全体人员才有统一的价值观，企业才能完成它的战略目标。

6. 强有力的执行力。

执行是将商业的3个主要流程——人员、战略、管理和运营计划结合起来，创造成果的过程，学习型企业具备强有力的执行力。根据战略设定制定运营流程，然后跟进与应变，最后实现企业的追求目标。

二、宏展企业的多公司复合型品牌战略

宏展从成长的第一天就致力于追求，多公司复合型品牌的发展战略，这也是现今河南省饲料业占领市场的最佳发展模式。

企业集团化发展策略的中心工作是人才的储备。企业首先是培养人才，然后才是生产产品。在集团前期扩张发展的阶段，培养出了很多高级管理人才，这为以后各分公司的相继成立奠定了坚实的基础。事实上，集团公司扩张就是宏展公司组织管理模式的复制过程。也正是因为集团决策层的战略清晰、决策及时准确，使得宏展公司在短短几年内发展成为旗下10家分公司、年生产总量达30万t的大型集团公司，拥有16个注册商标和7个专利产品。如此快捷的速度，与集团多公司复合型品牌发展战略是绝对分不开的。

三、用智慧和营销网络赢定市场

对于营销网络的布局，宏展公司采取了“市、县集中布点，乡、镇拉网式布局”的网络格局，大大提

高了网络的反馈速度和网络的有效覆盖面，既节约了成本，又有利于巩固市场。另一方面，宏展公司不断地更新、完善销售渠道，同时，不断淘汰部分衰落的、没有生命力的旧渠道。让宏展的销售渠道永远保持新鲜和朝气。如今，宏展的销售网络已遍布河南、河北、安徽、山东、山西、陕西、湖北、内蒙古、黑龙江、吉林等10个省、市、自治区，拥有2 770位一级经销商，10 600个二、三级销售网点，13万终端养殖用户。

四、POS服务，终端就是企业的生命之虹

河南省的畜牧业与其他省份相比，虽然起步较早，发展较快，但绝大部分从事养殖业的农民没有过硬的养殖技术与管理经验。因此河南饲料工业的发展底子相对还较薄弱，具有民族责任感的饲料企业经营者，必须具备服务农民、教育农民、培养农民养殖技术、懂得饲料营养并且应用于养殖等全方位的素质，为畜牧业的快速健康发展尽心尽力，只要抓住机遇，疏通渠道，河南饲料工业将仍是具有极大潜力的产业。宏展集团注重送科技下乡，对经销商、养殖户实施POS服务，5年来在全省讲课近7 000多场次，培训农户近1.2亿人次，树立了宏展集团的品牌，让终端养殖户走上了富强之路，宏展集团坚信，只有经济的腾飞，才有企业的致胜。

五、坚持不懈地追求发展目标

宏展集团是以致力于成为饲料行业典范企业为目标的企业，在遵守市场游戏规则的基础上，从品牌规划设计、产品质量、全程服务、价格、产品创新、诚信经营及企业的组织管理模式等方面争取走在民族饲料工业企业的最前端，这也是宏展人致力饲料工业长期不懈追求的目标！

宏展集团坚持走专业化畜禽饲料为主业的企业发展之路，肩负民族厚重的责任感和强烈的使命感，快速发展集团管理、技术、文化、品质，增大研发能力，打造一个极具实力的集团公司，将河南现有的市场资源、人力资源有效组合，激发这些资源的最大活力，走在竞争的前列，为企业未来开拓一个持续发展的健康之路，为国家、为民族效力，推动生产力不断发展，树立饲料行业的典范！为河南省饲料行业的美好发展前景增辉添色！

质量第一　注重信誉
用户至上　优质服务

——开封正大有限公司

开封正大有限公司创建于1986年8月，地处河南开封西区经济开发区，是河南省投资最早、规模最大的大型中外合资企业。

1986年8月由开封市粮食局运输贸易公司与正大（中国）农牧有限公司（泰国正大集团）合资经营，总投资3 500万美元，注册资本1 410万美元。包括饲料厂（2座）、大豆制油厂、种鸡厂（3座）和孵化厂共计7个配套企业。公司厂区占地68.4万m^2，拥有总资产3亿元人民币。采用国内外先进技术、工艺、设备及畜禽品种，从事饲料加工、大豆制油和繁育良种肉鸡苗，年生产各种畜禽、水产优质配合饲料和浓缩饲料36万t，加工大豆12万多t（日处理大豆450 t），生产优质色拉油、高级烹调油、二级豆油1.8万t，优质膨化豆粕9.5万t，饲养美国艾维茵父母代肉种鸡21万套，年产种蛋2 878万枚，年孵化商品代肉鸡苗2 116万羽。公司在设备、技术、产品等方面居同行业领先地位。

开封正大有限公司自1986年8月创建以来，从工程破土动工到竣工投产及开展生产经营活动，在省、市县政府及各职能部门鼎力支持关怀下，在泰国正大集团大力支持下，公司中外双方以诚相待，友好合作，齐心协力，始终坚持“质量第一、注重信誉、用户至上、优质服务”的企业宗旨，确立“真心、坦白、公平、合理”八字经营方针，发扬“一流企业、一流质量、一流速度、一流效益”的企业精神，以产品质量为中心，不断强化企业管理和全面质量管理，做好产品的售中、售后跟踪服务，积极开拓产品销售市场。2001年公司ISO9000质量管理体系标准化认证后，全面推行计划管理、目标管理、质量管理、现场管理和全面经济核算等现代化管理方法，企业管理水平和整体素质不断提高，企业规模和生产经营有了长足发展，取得了良好的经济效益和显著的社会效益。

自创建以来，公司累计销售饲料121.5万t，豆油、高级烹调油17.04万t，豆粕82.8万t，肉鸡苗15 266.5万羽，共实现销售收入601 057.6万元，利税8 548万元。公司现以成为国家、省、市饲料、油脂、养殖行业的中坚力量和排头兵。

开封正大有限公司不仅为开封乃至河南省的饲料加工业、食油工业和畜牧养殖业的发展起到了推动作用，成为河南省“三资”企业中的大型骨干企业之一，并跻身于先进企业行列。先后获得了中华人民共和国行业50家最大工业企业、全国外商投资企业500强、全国饲料行业百强企业、全国三资企业双优模范单位、全国优秀家禽企业、河南省工业企业行业十强、河南省饲料行业八强第一名、河南十佳三资企业、河南省经贸系统先进单位、河南省最佳家禽企业、河南省先进技术企业、河南省外商投资高利税先进企业”等众多荣誉和桂冠。产品也频频获奖，如饲料获全国名牌饲料第一名、全国用户信得过产品、中国第二届农业博览会银奖、河南省农业科技博览会金奖、河南省免检产品等称号；油脂产品获首届中国国际食品博览会金奖、河南省农业博览会金奖、95首都市场消费者认可的生活用品等称号。

为满足社会的需求，开封正大有限公司以精良的设备、先进的技术、优质的产品积极促进农业、畜牧养殖业的发展，繁荣市场，改善人民生活，竭诚为广大客户提供最优质的服务，公司全体员工将用勤劳智慧的双手，团结奋进，描绘开封正大更新更美的画卷，浓彩挥就，再创新的辉煌！

科技领先　质量为重

——郑州牧鹤集团

河南郑州牧鹤饲料集团——是中原地区饲料行业生产规模最大、科研力量最强、专业人员最多、市场覆盖最广的高新技术企业集团之一。从1998年创立至今，已经走过了7年的历程，7年来，牧鹤人始终坚持以科技为先导、以质量求生存、以信誉求发展的宗旨，使牧鹤得到稳步、健康、有序的发展。几年来，牧鹤坚持开发高科技含量产品，实施多品牌发展战略，先已形成了以牧鹤为主导，集创富、宝来、金利德、大智、亿农、丰田等品牌，并以良好的信誉、卓越的品质、优良的服务赢得了中原大地的各业界和亿万父老乡亲的赞誉。牧鹤主要有以下几方面的发展经验：

一、坚持以人为本

人才是企业发展的根本，先进的科学技术是企业发展的基础，企业竞争的核心是优秀人才的竞争。牧鹤公司秉承古人“仁、义、理、智、信”的精髓，一直努力营造现代企业制度的人才构架，创造一种公平、公正、开放包容的施展才华的舞台氛围，吸收大量的优秀专业人才，不断开拓，不断创新，以多种形式共谋发展。

始终坚持以人为本的管理，不断完善企业营运机制，练好企业内功，为培育一支高科技人才队伍，牧鹤广纳贤才，同高校建立科研项目关系，为牧鹤的发展共谋良策，加强对员工的开发及培训，不断提高管理队伍的科学技术素质，选拔先进知识型人才，到高校深造学习。

建立了牧鹤畜牧学院，培养、提高职工和经销商专业技术及综合素质，集团设备一流的多功能大厅和多媒体培训室，不定期组织员工进行电子教材培训，以使员工融入这个学习型组织的大家庭中。牧鹤集团是全体员工成长的学校，自我实现的舞台；牧鹤给予它的员工发挥其天赋和才能的机会，鼓励它的员工勇于创新、超越自我并勇敢地坦露自己的雄心；帮助它的员工展示他们对社会、对家庭、对自己负责的态度。全体牧鹤人拥有共同的价值观和每个人都愿意遵守的行为准则：勤劳、务实、诚信、奉献。

二、坚持以质量求发展

质量是企业的生命线，质量是企业求发展的基础，营造高科技含量、多品牌差异化系列是企业持续、稳定、健康发展的关键，产品的质量是由原料、配方、生产设备、生产工艺、保证措施等几个方面决定的，公司主要抓以下几点：

“工欲善其事，必先利其器”，一流的产品需要一流的制造机器。为此，公司投入巨资，从具有“粮油饲料机械、工程之先锋”称号的江苏牧羊集团引进了全套生产设备。

从原料进厂到成品出厂，每一个环节都经过严格把关。

对饲料的生产汇集最新的科研成果，选用优质原料，营养全面均衡，符合动物的各个生产阶段所需的营养成分，并采用了目前最先进的动物保健技术和肉质改善营养计划，使饲用动物处于良好的健康状态，是养猪用户的最佳选择。

三、建立质量保证体系，建立一流的检测中心

为了保证牧鹤饲料品牌的美誉度、诚信度，公司投巨资引进国家一流的检测设备，各类化验设备全部被河南省计量研究所鉴定为一级化验设备，保证为各类检测项目提供精确度和可信度。目前，牧鹤公司的检测中心能够检测的项目有：常规检验项目、微生物、氨基酸、单项维生素、微量元素和药物成分含量等项目，特别是从大连依利特购进的高效液相色谱分析仪，能够检测17种氨基酸成分含量，这项检测项目在省饲料行业中首屈一指。同时树立正确的质量意识，建立、健全了质量管理体制和质量管理制度，有效保证了产品质量。

四、加强售前、售中、售后服务，提高牧鹤品牌知名度

近几年来，随着饲料行业的无序竞争和养殖终端产品的滞销，饲料企业的经营已进入了微利时代，饲料企业要想生存，就只有向规范化、集团化方面发展。牧鹤集团始终遵循企业战略指导思想，坚持销售管理公司化，产品生产基地化，细分市场品牌差异化，树品牌，调整产品结构，决胜终端，集中资源，做好行业技术含量最高的产品开发与推广，把追求效益为企业的最高目标，以服务“三农”确立经营范围，通过产品服务为客户创造价值，先做强再做大，逐步实现原料＋饲料＋贸易＋兽药的销售模式，打造牧鹤的产业链，向终端延伸，提升销售半径。针对饲料企业的发展趋势，集团高层迅速调整企业的发展，把技术含量高、品质好、安全高效的饲料作为实现规模化养殖的物质基础大力发展，扩大产品市场份额。

为加强集团的整体运作，实现“多厂家、创名牌”的战略决策，原则上各公司统一协调行动，一致对外开展竞争。集团为各公司提供了一个公平竞争的舞台，力求促使各公司在集团“三定、一划、一统一”（定价格、定质量、定品牌、统一市场划分和管理）的基础上，充分施展各自的竞争优势。及时进行市场整合，严格处理违规分公司及经销商，以利集团和各公司快速健康发展，达到建立巡洋舰机制，实现多厂家协同作战，提高市场绝对占有率的市场扩张目的。

牧鹤创造的奇迹，并非偶然，牧鹤走过的路程，令人激奋。多年来的“零”缺陷追求，赢得了收获。在企业发展的征程中，牧鹤将不负众望，更将乘风破浪，昂首阔步，高举“树民族饲料雄风、创世界饲料名牌”的产业大旗，向着成为世界顶级的饲料、动物医药供应商迈进，将以创新产品质量加系列化服务回报客户对牧鹤的选择！

强化核心竞争力 促进企业持续发展

——岳阳岳泰集团

岳阳岳泰集团创建于1993年，在短短的9年时间内，该公司已经完成了资本的原始积累，由数量的扩张、快速发展的阶段，转向优化结构、稳步提高的阶段。企业组织向大型化、集中化方向发展，产品向名牌化、系列化方向发展。目前，岳泰集团已先后在湖南、内蒙古、山东、广西、上海设有10家子公司。年饲料加工能力达120万t，公司产值连年增长：2001年年销售额达18个亿，与1997年相比，产值增长13个多亿，成为湖南饲料工业的领头雁。岳泰集团以独特的企业文化、先进的人本思想、高效的管理体制，以务实的技术、服务创新意识，形成了企业的核心竞争力，实现了快速、稳定的可持续发展。2001年度被中国饲料工业协会授予全国饲料工业百强企业荣誉称号。

一、导入企业文化，发展绿色食品

以“诚实、诚信”为企业文化理念的岳泰集团，抱着对社会负责，对消费者负责的态度，严格遵守国家各项法律法规，坚持以推动和发展绿色食品事业为使命。锁定公司经营战略，在食品链条上求发展，专心致志地生产安全饲料，一心一意地推广绿色食品事业。在饲料产品中绝不使用违禁药物，保证饲料安全。1999年，由于整个饲料工业、畜牧业不够景气，一部分养殖户和经销商挡不住金钱的诱惑，纷纷要求添加违禁药品，社会上也出现了各种违禁药品的使用，但岳阳岳泰集团顶住了来自内外的压力，确保了饲料产品的安全，并且在维护生态平衡、推广绿色事业方面获得了良好的业绩，取得了宝贵的经验。2001年成为全国56家饲料安全新世纪宣言承诺企业之一。

岳泰集团认为，仅仅饲料生产厂家不使用违禁药品，是不能确保肉食品安全的。因为肉食品的生产链条上有许多环节，每个环节都做到了“绿色”，才能确保肉食品的安全。饲料的“上游”是种植业，种植业的“绿色”程度影响饲料原料的农药残留量；饲料的“下游”是畜牧业，畜牧业的畜禽鱼品种、养殖过程中的药物使用等，影响动物体内的药物残留；位于畜牧业“下游”的肉食品加工业、零售业、物流业“绿色”操作程度，影响肉食品的卫生和安全。因此，岳泰集团第一个向全国的饲料业界、畜牧业、渔业界、肉食品加工业界、零售业界、物流界提出强强联合，推动“肉食品”安全链的倡议。各个环节确保绿色，以确保肉产品的卫生和安全。岳泰集团的200多个分公司和经营部派出小分队进村到户，传播科学知识和饲养技术，提高养殖户的绿色意识，从饲养环节严格控制养殖户对各种违禁药品的使用，指导科学用药，与畜牧业同仁共同创建畜牧绿色小区，确保为社会提供绿色食品，提高人民的生活质量。

二、注重人力资本投资，建立高效管理团队

中国加入WTO后，各行各业将面临着更严竣的竞争。竞争，说到底是人才的竞争和学习力的竞争。岳泰集团在管理方面紧跟世界新的理念和模式，致力于构创学习型企业。岳泰集团于2001年5月启动创建学习型企业工程，全国著名的学习型组织研究专家张声雄教授到集团总部和子公司讲学和辅导，现在岳泰集团已成为国务院学习型组织领导小组跟踪范围单位之一。把企业当作大学来办，这也是岳泰集团实施人力资源全面开发的重大策略。公司支持员工攻读博士、工商管理硕士。自己创办岳泰大学。2001年10月岳泰集团启动了“EMBA教育工程”，与国内名牌大学MBA专业著名教授、名企专家联合举办在职工商管理研究生（EMBA）课程班，集团、公司和各部门各层组织对员工进行培训，造就了一批高素质的人才队伍。岳泰集团优秀的企业文化、先进的管理模式以及较大的发展空间，吸引了一批大集团的精英人才和畜牧饲料业科技人员、大专院校学生、有识之士纷纷加盟岳泰。到目前为止，公司共有员工2 640人，其中教授和博士9人，硕士60人，占员工总数的2.3%；本科学历的1 128人，占42.7%；专科和中专学历1 275人，占48.3%，是饲料业界人力资源最雄厚的企业之一。

三、加大科技投入，强化技术优势

岳泰集团一直坚持以“高科技、高质量、高效益”为目标，实施“名牌企业、名牌产品”战略，形成多个品牌，多种产品的系列化、多元化生产格局。公司在实施目标和战略的过程中，严格遵守国家的各项法律法规，在饲料科研方面狠下功夫，形成了以教授、博士、硕士为领导群体的科研队伍。另外，公司为了提高企业的技术竞争力，与江南大学等院校及科研所实行强强联合，成立了岳泰江南大学生命科学研究所，岳泰江南大学博士后科研工作站。建立企校科研和学生实习基地，岳泰集团与原料供应商、国际一流公司的博士们进行技术合作。这样，从技术角度保证了岳泰集团领先的地位。岳泰集团专家群体所独创的动态模型化营养平衡配方技术，克服了线性规划和多元目标规划计算饲料配方固有的缺陷，能根据不同

生产性能的追求及成本的要求，筛选出能最大限度发挥遗传潜力、获得最佳饲养经济效益的配方。通过最优化筛选的配方，在不添加任何违禁药品的同时，能发挥动物最大生长生产潜能，这样虽然在饲料成本方面有所增加，但确保了饲料产品的安全，进一步增强了企业的社会责任感。通过这项技术研制出的泰氏精品2000，获得了由国家专利局颁发的专利证书，克服了传统浓缩料针对不同生长阶段营养需要仅仅改变浓缩料添加比例的缺陷，降低了养殖成本，对社会作出了贡献。公司不仅在配方上狠下功夫，在抓产品质量时还以市场为导向，以用户需求为宗旨，实行原料采购、生产过程控制和产品最终检验层层把关。岳泰集团的原料供货渠道稳定，各种原料都是从最具权威性的饲料原料生产厂家如瑞士的罗氏公司、美国的礼莱公司等订购；在生产的每一个环节建立了严格的质量责任制，把产品生产和销售过程中的质量责任落实到每个人的头上，认真把好每个关卡。公司品控部经理是由集团直接任命，不受各分公司总经理的支配，在品质控制方面把关很严，做到了不合格的原料坚决不用，不合格的产品坚持不卖，把质量问题控制在萌芽状态。这样，既保证了质量的不断提高，又创立了消费者所信赖的品牌。现在岳泰集团以其品牌优势和高品质的产品赢得了社会各界的认可，深受广大养殖户的喜爱。1995年获得农业部惟一最高奖农业部第二届农业博览会金奖，1999年被中国社会事务调查所确认为中国公认名牌产品，2002年岳泰集团被中国技术监督情报协会授予3.15质量无投诉、服务无投诉诚信企业。

四、推行技术服务，架构全新营销体系

岳泰集团长期以来一贯恪守“诚实诚信”的经营理念，坚持对消费者负责，对社会负责。赢得了社会各界和养殖户的认同，但随着公司的发展，要想在经营规模上有一个质的飞跃，必须在经营模式上进行创新。创新是一个企业得以发展的源泉，但创新最关健的是公司领导具有强烈的创新意识和全新的经营观念。岳泰集团高层领导锐意创新，于2001年独创了一套以“传播岳泰科技与文化＋技术服务＋客户满意”的知识营销模式。知识营销活动的开展，为用户解决在养殖过程中遇到的养殖难题提供了有力的技术支持。科普组织从畜禽品种的选择、饲料选择到饲料配料、畜禽的饲养管理等方面，帮助养殖户提高养殖水平，使养殖户的技术水平得到大幅度提高。公司为了使这种知识营销活动更深入更快捷地为全社会服务，创建了遍布全国的销售服务网络，到目前为止，在全国设立分公司达200余家，各分公司均有大学生和科普员技术服务团队以最快捷的方式服务于广大养殖户。公司还组建了一批具有多年实践经验的畜牧科技工作者，长期服务于全国各地，对养殖户进行现场指导；常年开通的咨询热线随时为养殖户排忧解难。另外，公司还设立有以博士、专家为主要群体的服务团队。这样，从专家服务团队到现场技术指导服务团队到大学生、科普员技术服务团队，使技术服务体系更加趋于完善，能够满足不同层面和不同规模养殖者的技术需求。正因为岳泰集团高素质的人才队伍以其先进的营销和服务模式深入基层，走村串户，吸引了一大批立志从事养殖业的农民朋友学习岳泰科技，并与岳泰公司建立起了良好的合作关系。据不完全统计，到目前为止，岳泰集团已为养殖户提供专业技术资料达2 000多万册；培训专业人员达500多万人次；建立岳泰科技示范场（户）20多万个，对提高整个社会的养殖水平作出了卓越的贡献。2002年4、5月在整个市场滑坡的情况下，岳泰集团销售量还稳中有升，成为湖南饲料工业的龙头企业之一，创造了饲料界的一个奇迹。

核心竞争力，是企业长久发展的动力之源。只要不断强化这种能力，就会不断适应各种变化，实现快速有效的调整，为公司不断注入成长的活力，就可确保企业高速可持续性发展。岳泰集团不断强化企业文化“诚实、诚信”的核心理念，让其深入员工的心灵，落实到各项工作中，体现在各种经营活动里；不断强化推动和发展绿色食品事业的使命，锁定经营战略，体现战略优势；不断强化人力资源投资，充分体现集团的人才优势；与国际国内相关机构强强联手，不断强化核心的技术优势；不断完善服务体系，强化全国性的营销网络优势。由于岳泰集团始终坚持强化核心竞争力，促进了岳泰集团的可持续性发展，使得岳泰集团日趋壮大。“雄关漫道真如铁，而今迈步从头越。”岳泰集团将以昨日的顶点作为今天的起点，用岳泰的智慧和勇气，灼燃岳泰明天的辉煌。

情系“三农”　倾力打造农业产业链

——湖南正虹科技发展股份有限公司

湖南正虹科技发展股份有限公司，是一家以生产销售饲料产品为主营业务的农业产业化国家重点龙头企业，也是中国饲料行业最早上市的股份制公司，全国饲料行业第一个获得“中国驰名商标”的明星企业。正虹公司自1986年创业以来，始终围绕饲料主业，以发展农业产业化为已任，情系“三农”、服务“三农”，与农民结成联合体，帮助农户提高养殖效益，增加农民收入，促进农村经济发展。

一、心想“三农”，全力研制名优产品

1986年，中国的养殖业基本上还处于传统熟料和大混合粗饲料的喂养方式上，国外品牌饲料乘机打入中国市场。他们不仅赚了很多钱，同时也改变了我国传统粗放养殖方式。受其启发，现任正虹公司董事长兼首席执行官吴明夏，怀着振兴民族饲料工业的宏伟大志，尝试研制自己的民族产品，以改变农村落后的养殖现状。他埋头苦学，刻苦钻研，顽强拼搏，终于研制出能替代国外知名品牌的“正虹 QF－001”猪用高蛋白浓缩饲料。为了使“QF－001”的饲喂效果赶上和超过国外品牌饲料，吴明夏深入农村，住农户、蹲猪圈，细心观察、耐心询问、反复对比试验，不断改进和优化配方，使“QF－001”的料肉比、性价比、瘦肉率和养殖效益都超过了国外名牌产品，并在荒芜沉寂的禾鸡山建起了湖南省第一家自己研制、生产民族品牌的饲料企业，而且企业越办越红火，产品年销量由 300 t 增加到 60 万 t，企业总产值由 32 万元增加到 15 亿元，正虹公司因此被国家各部委授予国家高蛋白浓缩饲料技术推广中心、国家火炬计划重点高新技术企业、农业产业化国家重点龙头企业、国家级高新技术企业。“正虹”牌猪浓缩料获全国同类产品最高质量奖、农业部优质产品、中国饲料行业第一个驰名商标；吴明夏也因此获得了享受国务院特殊津贴的动物营养专家、国家农业技术推广研究员、全国星火明星企业家、湖南科技兴企名人、湖南省劳动模范等多项殊荣。

二、关注“三农”，创建“公司＋农户”订单养殖模式

饲料工业是一个支农产业，它一头连着农业，一头连着工业；一头连着种植业，一头连着养殖业；一头连着农村的“米袋子”，一头连着城市的“菜篮子”。正虹公司作为生产经营饲料的涉农企业，正处在这个交汇点和轴心上，可以借此编织自己的发展蓝图，走农业产业化发展道路。

为了稳定有效地实施产业化，正虹公司根据本地的产业特点和市场环境，于 1988 年投资 1 亿元组建以“公司＋农户”为经营模式的“兴农公司”。公司和农户组成利益共同体，联合发展饲料业和养殖业。形式是“公司＋农户”，方针是“双赢”（即公司盈利，农户赚钱）；目的是用工业化手段开辟一条面向“三农”、服务“三农”，帮助农村经济、区域经济发展的农业产业化之路。具体做法是：无息贷放饲料，扩大农户养殖规模；保价回收生猪，规避农户市场风险；实行强制防疫，抵御农户养殖风险；搞好科技服务，提高农户养殖水平；公司规范运作，政府保驾护航。在这个模式中，参与农业产业化的有企业、农户和政府。其中，企业是农业产业化的实施主体，农户积极参与，政府给予政策引导。通过三者的互动，农业产业化得以顺利实施。正虹公司的“公司＋农户”运作模式，前不久被新华社、人民日报、经济日报、科技日报、中华工商时报、中国经济时报等中央 6 大媒体记者称之为“正虹模式”。

三、情系“三农”，打通农业产业链

正虹公司董事长吴明夏来自农村，深知“三农”问题的重要性。他经常告诫公司员工：正虹作为一个涉农公司，就要热心“三农”事业，就要时刻为农民增收着想，就要坚定不移地走农业产业化道路。他和他的同事们十分清楚，仅以“公司＋农户”形式运作，虽然农户眼前风险不大，但公司无力抗拒外部环境带来的经营风险，养殖农户的长期利益也就难以得到保证。惟有打通农业产业链，把利润和风险分散到产业链的各个链条中去，企业发展与农民增收才能相得益彰。经董事会研究决定，一系列打通农业产业链的项目相继投入运营。1998 年，公司投入 3 500 万元，建起了全国一流的现代化种猪场，为农户提供优良种猪，帮助农民提高粮食转化率，缩短养殖周期，从而提高养殖效益；1998 年，投入 5 000 万元，设立商贸公司，专门从事饲料原料进出口业务，以降低饲料生产成本；2001 年，投入 5 000 万元，在公司本部兴建了一条年产 40 万 t 的现代化饲料生产线，公司年饲料加工能力达到 150 万 t，有效地满足了农业产业化发展的需要；2001 年，投入 1.2 亿元，创办海原绿色食品有限公司，兴建了年屠宰 100 万头生猪的肉食品加工生产线，解决了农民卖猪难的问题；2002 年，投入 2 900 万元，创办北京虹福威生物技术发展有限公司，研制绿色纯天然植物提取物饲料添加剂，代替长期使用、并有明显副作用的抗生素类药物添加剂，开辟了一条绿色饲料—绿色肉食品的安全通道。至此，正虹公司以“饲料为主业，涵盖添加剂生产、饲料加工、畜禽良种繁育、入围农户养殖、肉食品加工销售”的农业产业链已经全部打通。

四、农业产业化已初见成效

正虹公司实施农业产业化方略 6 年来，实现了公司盈利、农民增收、财政增长，经济效益、社会效益、生态效益同步提高。

一是促进了农民增收。2003 年，正虹公司所在地屈原管理区生猪产值达 5 亿元，占农业总产值的 81%，其中加入公司的农户，每头出栏猪获纯利 150 元以上。

二是确保了财政增长。2003 年，正虹公司上交税收 2 000 多万元，加上股份分红，公司能为屈原管理区财政增收 4 500 多万元，占全区财政收入的 70%～80%，正虹公司已成为当地政府的经济支柱和财政支柱。

三是带动了三产发展。目前，屈原管理区已成为湖南省内最大的饲料和活大猪生产基地，因而有力地促进了区域内的人流、物流和资金流，有效地带动了运输业、餐饮业、文化娱乐业等服务行业的快速发展。2003 年，屈原管理区营田镇的三产业产值已达 1.2 亿元，是 10 年前的 15 倍，且每年还在以 10%左右的速度增长。

四是提供了就业岗位。随着正虹公司的产业扩张，不断为社会提供就业岗位。自公司创办以来，已为社会提供了 10 000 余个就业机会。如去年投产的正虹海原绿色食品有限公司，一次就安置就业人员 1 000多人。

五是提高了农业的综合效益。“公司＋农户”经营形式使入围农户充分发挥猪多、肥多的优势，发展

"猪—沼—稻"、"猪—沼—蔗"、"猪—沼—渔"等生态农业，促进了种植业与养殖业的有机结合，提高了农业的综合效益。

正虹公司还在不断描绘农业产业化发展蓝图。随着农业产业化的不断发展和完善，正虹公司必将推动当地的农业结构、农村经济、农民收入更上一层楼。

依靠科技创新 做大做强农业产业化

——唐人神集团

唐人神集团是以"骆驼"牌饲料和"唐人神"肉品为主导产业，依靠科学管理、科技进步和不断创新快速发展起来的综合性农业产业化企业集团。自1988年投产以来，经过16年的艰苦创业，现已成为总资产5.5亿元，年销售收入18亿元，下属40家子公司的农业产业化国家重点龙头企业。16年里，企业的销售收入由1988年的800万元增加到现在的18个亿，平均每年增长1个亿以上。企业现有员工近3 000人，其中具有大学本科、硕士、博士学位的专业技术人员占员工总数40%以上。年饲料生产能力已达180多万 t，肉制品的加工能力已达4万 t，年生猪屠宰能力260万头，拥有万头种猪场。集团已形成了种苗、饲料、动物保健、肉品加工、连锁销售一条龙经营的发展格局，成为湖南最大的农业产业化一条龙经营集团之一，并跨入成为全国饲料行业百强企业前列、全国肉类行业五十强企业第十一位。

一、坚持科技领先，打造强势产业

2003年，对于饲料行业来说是极不寻常的一年。在这一年里，遇到了突如其来的SARS疫情和原料大幅度涨价的困难局面。面对这种严峻的形势，集团并没有被暂时的困难所吓倒，而是坚定信心，积极应对，及时在配方研究、原料采购、工艺技术、市场营销等方面大胆创新，寻找新的途径和办法。集团把科技领先作为企业战略发展的重要方针和动力。坚持科技创新的原则，依靠科学技术，提高企业的竞争能力。为此，先后与中国农业科学院饲料研究所、中国农业大学、华中农业大学、南京农业大学、湖南农业大学等高等院校广泛开展技术合作与交流，不断提高产品的科技含量，不断开发新的原料、新的产品，以满足市场新的需求。集团新开发的骆驼富民、帮民饲料深受广大农民养殖户的青睐，广大农民兄弟喊出了"骆驼富了民，不忘唐人神"的赞誉声，骆驼牌饲料畅销全国15个省市，成为广大农民养殖致富的当家饲料，广大农民通过使用骆驼牌系列饲料，仍然保持了每头猪盈利50元以上。新产品开发，新技术的使用，为集团的发展注入了新的动力，带来了良好的经济效益和社会效益，有力地促进了企业的发展。

二、围绕一条龙经营，加快肉类产业发展

湖南是养殖大省，每年出栏生猪6 000多万头，有一半存栏压库，农民增产不增收。若不解决卖猪难的问题，饲料工业和养殖业难以获得大规模的发展。因此，经过认真分析后认为：企业要稳步发展，必须走饲料、养殖、屠宰、加工、销售一条龙的经营之路，才能增强竞争能力。而一条龙要"舞"活，肉制品加工是重要环节。唐人神公司在肉制品加工业方面走了4步棋：

第一步，打基础。公司利用兼并的原肉联厂的闲置设备，投资3 000万元创办唐人神肉制品公司，从生产传统的腌腊制品入手，锻炼人才，培育市场。

第二步，创名牌。在传统的腌腊制品上，把传统的生产工艺与现代高科技相结合，引进美国无烟熏工艺，使生产的腌腊制品既保持了传统的烟熏风味和诱人的色泽芳香，又消除了影响人们身体健康的有害物质，提高了产品的科技含量和市场竞争力，产品投放市场后，深受广大消费者的欢迎。同时，通过广告宣传、免费品尝、"唐人神生态农业观光一日游"提高产品知名度。如今，"唐人神"肉品已成为我国肉类行业的名牌产品。

第三步，上规模。随着人们生活水平的提高，营养、卫生、味美、快捷的低温肉制品深受人们的喜爱，公司在腌腊制品开发成功后，又从德国、丹麦、波兰等国引进了先进的低温肉制品生产线，形成了年产4万 t肉制品的生产能力。公司坚持"西式技术、地方风味、开袋即食"三位一体的加工理念，既能生产传统的腌腊制品，又能生产低温熟肉制品。由于设备工艺先进，产品质量领先，为唐人神肉品注入了新的科技含量，产品以其安全、放心、营养、味美、便捷等特点而深受老百姓的青睐，市场发展迅速。

第四步，连锁销售。为了从销售环节确保产品的安全放心，建立牢固的营销网络，集团先后在株洲、长沙等地建立了几十家唐人神连锁店，走连锁经营之路，进一步做大做稳市场。目前，肉制品加工产业已成为集团的重要产业之一。

三、实施服务营销创新，带动农民致富

在市场经济条件下，为了在日趋激烈的市场竞争中赢得一席之地，并且引领农民面向市场，特别是在SARS疫情和原料大幅涨价的困难局面下，集团上下齐心协力，迎难而上，奋力拼搏，及时推出了服务营销5大创新工程，找到了低成本战略和差异化战略的准确定位，解决了营销推进中多年的困惑和销量徘徊不前的局面。在困难的形势下，唐人神进一步强化市场营销意识，树立全员营销观念，实施5大创新工程，由卖产品向卖技术、卖服务、卖信息、卖文化、卖价值转变，公司以"致力农家富裕，打绿色食品"为使命，真心实意帮助农民发展养殖业，增加养殖效益。为此，公司采取"公司＋农户＋市场"的方式，使农户与公司结成利益共同体，充分发挥种苗、饲料、动物保健、肉品加工、连锁销售一条龙的经营优势，通过向农户提供优质饲料、优良的畜禽品种、科学的饲养技术和疾病防治等各项服务，待农民喂养大后再收购上来进行屠宰和肉制品加工。为了改变农民传统落后的饲养方式，提高农民的养殖水平，公司每月花30多万元，免费向农民传播科学养殖技术，告诉农民如何进行饲养管理，如何选择畜禽品种，并向农民提供动物保健措施和畜禽供销信息。公司还把当地的一些猪贩聘为公司的特别技术服务员，以略高于市场的价格专门负责收购喂骆驼牌饲料的生猪，一部分送到公司进行屠宰加工，一部分组织运往广东等外地销售，以解决农民的卖难问题。为了加快科学技术的普及推广，公司按照“义利相融，养义生利”的经营哲学，自1998年以来，已捐赠720万元饲料给农民实施骆驼饲料科技养殖示范工程，使一批乡、村的广大农民通过使用“骆驼”牌饲料和享受公司的技术服务而走上致富道路。公司已在湖南大部分地区培养了一大批“骆驼示范”村，并在“骆驼示范”村设定了扶贫帮困基金，支助贫困家庭的孩子上学和贫困农民的生活。公司这种既帮助农民发展养殖业，又资助困难农村家庭的做法受到农民的高度称赞。通过5大创新工程和一条龙经营，公司的品牌知名度和市场占有率不断提高。同时，也带动了一大批农民走上养殖致富的道路。

四、重塑企业文化，实行战略转型

企业文化是企业管理的重要一环，也是企业的核心竞争力之一。多年来，集团一直非常重视企业文化建设，把企业文化作为企业的重要核心竞争力培育。去年以来，集团进一步深化提升唐人神企业文化，重塑了唐人神文化的核心理念，提出了“和谐、制度、科学”的文化内涵，为百年唐人神的发展奠定了文化理念基础。同时，集团在战略管理上进行了重大转变，推出了由“个人驱动”向“流程驱动”的重大转变。建立了企业的战略流程、营运流程和人员流程，打造了强有力的战略执行力，为集团的发展找到了科学管理的路径。

唐人神集团经过这几年的发展，已达到了一定的规模，产生了一定的影响力，但与全国饲料行业和肉类行业的大企业相比，规模还太小，特别是近年来国际上一些大企业、大财团进来后，企业的规模则显得更小，因此，必须不断扩大规模，做大做强，才能迎接新的竞争与挑战。下一步，唐人神将继续加大技术创新力度，加大对品牌的培育力度，努力把“骆驼”和“唐人神”品牌做成全国的品牌、世界的品牌；继续走种苗、饲料、动物保健、肉品加工、连锁销售一条龙经营之路，做实一条龙产业链，全面推进饲料、肉品安全工程建设；继续加大对种苗、饲料、动物保健、肉品加工、连锁销售5大产业的投资力度，全面推动5大产业的均衡发展；积极加大对国际市场的开拓力度，努力使产品进入国际市场；积极探索在国外投资办、走国际化发展之路，不断提高企业综合竞争力，为加快我国畜牧业的发展和推进农业产业化进程作出更大的贡献！

从心沟通　伙伴成长

——广东旺大饲料新技术有限公司

饲料企业的发展与其服务质量息息相关，综观全国各大强势饲料企业，不难看出各自都有独特的服务方式和较完善的服务体系，而做不大的饲料企业几乎都未能建立服务体系，可见，“服务体系建设”是饲料企业发展不可缺少的重要环节。广东旺大饲料新技术有限公司之所以能快速发展，与他们优质的服务体系建设密不可分。

一、心心相印才能体会“服务体系建设”的必要性

饲料企业与客户和用户的关系是企业的命脉，不要维系表面关系（即单纯的卖买关系而无鱼水情深），那样的关系很脆性，随时都可能断裂，只有从心沟通、将心比心、用心做事、诚心待人，才能将关系发展至心心相印，才能真实了解客户和用户需求，才能悟出方法对策，为客户和用户解决实际问题，这些都需要用忠诚服务去体现，所以一定要建设好适用各自企业发展的服务体系，这样命脉才坚固、才有活力。

二、建设“伙伴关系”客户服务体系的重要性

客户不是上帝，也不是老虎，更不是敌人，应建立企业与客户的伙伴关系，才能共同发展、共同成长。没有共同的利益和目标，企业难以壮大。所以旺大始终把“让客户最满意”作为企业的宗旨，“让养殖户多赚钱”是旺大人不懈的追求；只有处处为客户着想，才能长久维护战略伙伴关系；失去了伙伴关系，就等于失去了客户，失去了市场竞争力，失去了品牌效应。客户不仅仅是购买优质产品，更多的是能够得到产品相关的服务增值，而饲料企业惟有建成和客户的伙伴关系，才有可能让客户得到的增值放大。

三、进行服务体系建设，促进饲料企业的可持续发展

1. 确立企业的发展目标和方向。根据发展目标的大小配置服务力量，根据发展方向确立服务主题和内容以及服务形式和方法。旺大公司以“24小时至善服务”为主题，进行多种形式的服务，内容更全面，速度更快捷，质量更有效。

2. 建立服务体系框架。以市场部为基础的客户服务部是服务体系的主体，以技术中心为依托，各部门积极配合，实行全员服务。教授博士专家团→公司技术总监→客户服务部经理→片区服务主任→小区服务专员，视服务对象和内容进行分层次的技术服务和相关服务，最终让客户满意。

3. 不断健全和完善服务体系内容。旺大公司结合各层次客户的需求而建立的11项"服务样板工程",目前是消费者公认的广东省同行业最具实力、最健全的服务体系模块，具体内容有：①电脑配方；②原料检测；③疾病诊治；④兽医药房；⑤VCD及资料；⑥旺大养猪协会服务网站；⑦养殖全员培训；⑧种猪测定；⑨经营管理；⑩厂房设计；⑪最新信息库等。要求能做到客户大问题派出专家团，小问题能做到代客户购一件小物品、发一条有效短息。公司还结合ISO质量体系，送货及时率达100%，客户反馈及处理率达100%，从而使客户更满意。

四、强有力的实施才能确保"服务体系建设"的有效性

实施的关键在于投入，根据中国的养殖现状，饲料企业的服务还做不到有偿服务。各类养殖技术服务公司的发展还处于低级或单一状态，无法满足养殖户各种生产技术需求，大部分养殖户主要靠饲料企业提供的各种技术服务的帮助，并且出现了一定程度的依赖性，而且这种依赖越来越强烈，这种状况也迫使更多的饲料企业加快建立健全服务体系，以致不被市场淘汰，有些企业的滑坡正是忽视服务的见证。

为此，旺大公司本着伙伴成长的思路：客户成长，公司发展，而投入了大量的人力、财力和物力来确保服务体系建设的有效和高质。率先在省兽医所建立"旺大饲料技术服务点"，提供各种便利服务；聘请了各地动物营养、畜牧、兽医、肉品等相关专业教授、博士、高级工程师等28人，组建了"旺大教授博士专家服务团"，并组织部分专家和本公司的高中级专业人员10余人组成讲师团，激情为客户及各地养殖业共谋发展之路，推广先进和实用技术及产品服务，为广东及周边地区养殖技术水平的提高和畜牧业的发展作出了巨大的贡献；公司还配备了10余辆货车和服务专车，为客户提供了快捷优质的服务；为了贴近市场，公司招聘了80余名有猪场多年工作经验的专业技术人员做服务专员和科普员，走村串户，随叫随到，为客户做细致的服务，难怪一些客户敢言：买旺大产品就等于买了保险，每头猪至少多赚10元钱；公司与许多猪场签订了"技术服务协议书"，目的在于规范服务操作，由专家团和高级畜牧兽医师、服务经理或主任定期和不定期地上门进行各项技术服务，让猪场更放心、更有保障；公司每月派出讲师团轮回在各地举行一次大型养猪技术讲座或研讨，为各地客户和养殖户带去急需的技术及资料，解决各种疑难问题；各片区每月由部分畜牧兽医师和服务专员举办多次中、小型养殖技术座谈和新产品推广，为养殖户解决实际难题并亲临现场指导；公司还每月出版一期《旺大科技报》，派发给客户和养殖户，提供各种信息和技术资料，指导客户养殖生产。有条不紊的强有力服务体系建设的实施，给客户带去更多的实惠，充分体现了旺大"从心沟通、伙伴成长"的市场运作理念，更密切了客户的伙伴关系，客户离不开旺大的帮助，旺大需要更多客户的支持，旺大与客户关系就是在服务体系上建立起的紧密而又牢靠的关系，而且在服务体系建设实施过程中可以不断发现和纠正市场上存在的诸多问题，使企业步入良性有序发展的轨道，为企业快速发展奠定了坚实的基础。

五、员工素质对服务体系建设至关紧要

不断提高员工素质，是旺大长期坚持"以人为本"的发展策略。只有一流的员工才能做出一流的服务、一流的企业。公司定期派出员工到各地参观、学习和培训，提高专业理论知识和专业操作技能，还经常请进行业教授、博士、专家及相关行业知名人士到公司授课培训员工，公司内部培训也时常进行，使员工能吃苦耐劳、勤奋肯干、业务精益求精。旺大员工素质在广东同行业成为佼佼者，员工素质的提高，企业知名度相应得到提升，客户对公司的信任度也不断增强。公司几位高级兽医师成为众多客户的保护神和财神，一般服务专员都能成为客户的好帮手和知心良友；公司不断收到客户的好评和对员工的赞誉；感人之事屡见不鲜：一位高级兽医师晚间接到客户求援电话，连夜搭车400多km第二天清晨赶到现场诊断疫病并及时采取了有效措施控制疫情，帮客户挽回了巨大损失；一位普通服务专员深夜接到客户电话，立即冒着倾盆大雨骑着摩托车行驶50余km赶至现场给一头母猪助产，保全了母仔平安，客户当场感动流涕；一位中层干部走访客户时，听说客户的工友不慎摔伤住院，猪场缺人忙不过来，立即留下来干了几天饲养员并自己掏了300元钱送给工友疗伤。

六、服务体系建设不断提升，饲料企业明天会更美好

旺大不断完善服务体系建设，才能有今天骄人的成绩。今后还将建设客户绿色安全猪肉生产基地、客户猪优良基因传播中心、客户猪场保健配套计划及客户培训学校等服务项目。相信旺大客户赚钱法宝"优良品种+优质饲料+优秀服务"将带给广大客户无穷的财富，更多的客户会朝着旺大优秀的服务体系而来，旺大也将朝着华南乃至中国一流的预混料企业目标而努力奋斗。

深化改革　开拓进取
众志成城　勇创新高

——广东省农业科学院畜牧研究所及广东智威畜牧水产有限公司

广东省农业科学院畜牧研究所创建于1952年，位于广州市天河区五山，是从事畜禽遗传育种、动物营养与饲料科学、水产科学、动物生物技术等研究、相关产品与技术研发、成果转化及产业化开发的专业研究所。该所拥有强大的科技优势、人才优势和资源优势。全所现有职工160多人，其中大专以上科技人员116人，博士19人，硕士40多人，中、高级职称的科技人员80人，科技人员平均年龄仅32岁，是一支学历高、专业多样化的青年科技队伍。所内建有省级重点实验室——广东省畜禽育种与营养研究实验室，配备一批具有国际先进水平的仪器设备。先后获得国家、部（省）级科技成果奖励80多项，其中国家科技进步二等奖8项。申请国家专利5项。仅“十五”前三年已承担国家863、国家重大科技攻关、国家科技成果转化基金、国家科技开发项目、农业部重点科技项目、科技部中小企业技术创新基金、省自然科学基金重大项目、省高新技术产业发展资金、省科技攻关重大专项、重点项目等国家、省（部）级及其他科研项目共60多项。开发新产品100多个，部分产品填补了国内外空白，10多个产品被评为国家级、省级重点新产品，并19次荣获中国国际农业博览会名牌产品等荣誉称号。岭南黄鸡Ⅰ号、Ⅱ号两个配套系获得农业部颁发的“畜禽新品种（配套系）证书”。每年发表科技学术论文100余篇。主办有《养猪业》、《广东畜牧兽医科技》、《饲料科技通讯》、《飞禧特通讯》等专业科技期刊。

改革开放以来，广东省农业科学院畜牧研究所坚持以科学技术促进我国畜牧水产业发展为己任，不断追求科技创新和体制创新。“瞄准市场搞科研，利用成果搞开发，搞好开发促科研”，以“出成果、出效益、出人才”为目标，大胆改革，勇于开拓，综合科技实力位居全国农业科技系统前列。被评为全国自然科学三百强研究所、全国农业科研开发综合实力百强研究所、全国农业技术开发十强研究所、全国优秀农业科研单位、全国饲料工业科技进步先进集体、广东省文明单位、广东省先进集体、广州市花园式单位。依托于该所的广东省畜禽育种与营养研究实验室被评为广东省优秀重点实验室和广东省科技工作先进集体。

为进一步贯彻落实中共中央、国务院、省委省政府关于加强科技创新、发展高科技、实现产业化等有关精神，加快转制科研机构建立现代企业制度的步伐，促进科技和体制创新，更好地发挥研究所的科技优势，促进科技成果产业化，推进我国农业产业化和畜牧水产业的发展，在国家和省各级领导的关怀和大力支持下，2003年广东省农业科学院畜牧研究所投资设立了广东智威畜牧水产有限公司。智威公司整合了原广东省农业科学院畜牧研究所属下的南都饲料营养药品厂、实验饲料厂、岭南家禽育种公司、南都科技公司、飞禧特水产科技公司、大丰生物科技公司、广东省五丰联营动物保健品厂等实体的经营性资产。公司按照现代企业制度组建，科学管理，规范运作。公司下设办公室、财务部、智威研发中心、生产技术部、市场拓展部、岭南黄家禽事业部、南都添加剂事业部、南都预混料事业部、飞禧特水产事业部、生物药业事业部和五丰饲料事业部。

在上级有关部门的正确领导下，公司员工解放思想，开拓进取，在体制改革、科研开发、人才培养、条件建设、科技交流等各方面都取得了长足的进步。科学研究更加深入，学术交流更加广泛，新产品开发取得突破性进展，成果推广和产业化开发成效显著；重视人才引进与培养，不断完善和规范各项管理制度，公司的运作与管理日趋规范化、系统化和制度化；研发、生产条件进一步改善，综合科技实力与运行绩效日益增强，创造了良好的经济效益与社会效益，被广东省科学技术厅认定为广东省高新技术企业。

一、充分发挥高新技术企业在科技创新工作中的主导作用

该所和公司拥有省级重点实验室和智威研发中心，主要开展畜禽遗传育种、水产和畜禽动物营养与饲料科学的应用基础研究和优质、高效、安全的饲料添加剂预混料的研制、配套利用及开发生产等方面工作，在瘦肉型猪、黄羽肉鸡的营养需要、早期断奶乳猪料配制技术、动物应激及生长调控机制、新型饲料资源和环保型饲料添加剂的开发利用、集约化饲养条件下优质配合饲料的生产技术等方面的研究和开发属国内领先水平，部分达国际先进水平。研究所和重点实验室科研工作的提升，促进了公司的建设和发展，促进了公司的专利申请、新产品开发、对外技术交流合作和科技成果产业化等工作，发挥了公司在科技创新工作中的主导作用，有力地推动我国畜牧水产业的发展。

二、切实加强科技成果产业化，推动行业的科技进步

该所和公司培育出的岭南黄鸡已成为我国黄鸡市场的知名品牌，具有节粮、优质、高效的显著特点，科技优势明显，深受消费者和农民喜爱。通过“北繁南养”、“研究所＋公司＋农户”，使岭南黄鸡迅速推广到全国26个省市自治区。公司每年向社会推广岭南黄鸡父母代300万套，商品代鸡苗8 000万羽，占全国黄鸡销售总量的8%以上，与该公司合作的企业和养殖户也取得了良好的经济效益。该所和公司研制生产的各种饲料添加剂、预混料、配合饲料等产品，不但技术先进，质量优良稳定，而且安全、环保、高效，使用价值高。产品的这些特性和优势已得到各地用户的广泛肯定。公司每年向社会提供“南都”、“飞禧特”牌的安全、高效的畜禽、水产饲料添加剂及预混料10 000多t。产品销往全国19个省市自治区350余家饲料、养殖企业。“南都猪宝”系列复合预混料获得了广东出入境检验检疫局审批的“出口食用动物（猪）饲用饲料生产企业登记备案证”（2002－2007），可免检直接销往具有出口能力的猪场。“南都”、“飞禧特”、“五丰”等品牌产品已成为市场的知名产品，成为众多国内著名大型企业的指定使用产品。

三、以优质、全方位的技术服务推动畜牧水产业的发展

长期为饲料企业、养殖企业提供有偿技术服务，先后与全国100多家饲料厂、猪、鸡、水产等大型养殖场进行技术合作，利用自身的科技优势提高合作企业及其技术人员的技术水平和产品的技术含量。其中全国和广东著名饲料企业都使用该所和公司研制的新型饲料添加剂、饲料配方新技术生产猪、鸡、鸭、水产配合饲料，据不完全统计，每年该所的合作企业生产的配合饲料超过300万t，约占全省总产量的1/3，广东省饲料行业中获省、部级优质产品称号的产品有2/3来自该所的合作企业。每年为广东省及华南地区饲料、养殖行业培训技术人员及饲料检测人员近3 000人次。该所的技术服务工作为推动广东省、全国饲料工业、畜牧水产业的科技进步起到了重要的作用，为行业的可持续发展提供了强有力的科技支撑。

四、重视人才的引进和培养，大胆、合理使用人才

年轻同志在实践工作中得到充分的学习和锻炼，迅速成长为科研开发工作一线的新生力量，现已形成了一支学历高、专业结构合理、职称层次恰当的年轻科研开发队伍。同时培养了一批学科带头人、开发带头人、科技骨干和高水平管理人才。为适应公司发展需要，公司加强了人才引进力度。同时，加强科技人员继续教育和培训工作，推荐了10几名科技人员攻读在职博士或硕士研究生，还派出多位科技干部赴国外考察学习。公司派出多名科技管理干部参加高级营销管理培训班，为公司带来了全新的营销管理理念，拓宽公司营销管理的思路，提高公司整体的营销管理水平，对公司的开发管理工作起到重要的推动作用。

五、加强对外学术交流与合作研究，提高科技工作的水平和效率

通过多种渠道、多种方式开展对外科技交流与合作，保持与中国农业科学院、中国农业大学、中山大学、华南农业大学、青岛大学等科研教学单位联合承担国家、省的各类科研项目，开展合作研究工作。积极协助中国畜牧兽医学会、中国饲料工业协会、广东省畜牧兽医学会和饲料工业协会等学术团体和行业协会组织各类学术会议和行业交流活动。同时与美国康乃尔大学、美国大豆协会、美国谷物协会、美国油脂协会等国外行业协会保持着密切的技术合作关系。该所和公司联合承办了国内、省内的多次大型学术研讨会，如与中国畜牧兽医学会动物营养学分会、云南农业大学合作主办“第四届全国猪营养学术研讨会”、与中山大学生命科学院合作，协办“第五届世界华人鱼虾营养学术研讨会”等。这些研讨会档次高、技术新、实用性强，在全国同行及畜牧饲料企业中引起巨大反响，对展示广东省农业科学院畜牧所和智威公司新形象以及科研实力，大力推广公司的科研产品起到良好的推动作用。多次组织科技干部参加国内的各种学术会议，了解国内同行的研究方向和水平，把握国内外市场的最新信息和发展方向，以促进自身的科研开发工作。邀请中国农业大学、吉林农业科学院、中国农业科学院、华南农业大学、美国康乃尔大学、阿尔伯特大学、法国国家农业科学院、加拿大农业部营养食品研究中心、荷兰国家畜牧研究所等国内外动物营养研究领域的20余位知名专家、教授来公司讲学。通过“请进来、走出去”等多方面的学术交流与技术合作，拓宽了公司科技人员的视野和思路，使公司能够从各个层面更加全面深入地了解和把握学科发展的最新动态、饲料行业的发展前景和科技成果、新产品的最新情况，从而不断调整研究、开发工作方向，使自身的科学研究水平、产品开发工作能始终保持国内同行中的领先地位。加快了相关研究成果的推广普及工作，促进了公司科技开发事业的发展。

水产行业一颗璀璨的明珠

——德宁水饲料有限公司

德宁水饲料有限公司是我国近两年崛起的专业化水产饲料行业明星企业，是ISO9001国际质量体系注册认证高新技术企业。专业从事水产添加剂预混料、微生态制剂、水产保健品、鱼虾饲用酶制剂等的研发、生产、销售，以及水产饲料新技术推广和水产前沿科技领域基础理论研究。是目前我国尤其是南方沿海主要的水产饲料添加剂预混料生产和供应商。

德宁公司成立于2002年5月，位于广东顺德容桂高新技术产业开发园。公司占地面积1.3余hm^2，现有职工60余人，其中水产专业技术人员40余人。2年来，依托专业优势、准确的市场定位和清晰的发展规划日益壮大。已建成一个独立的核心研发中心——德宁水生生物研究中心、3个GMP标准化生产车间、2个大型试验基地和1个室内自动水循环实验系统、5个重点实验室。设有行政事业部、财务部、采购中心、生产部、研发部、市场部、信息企划部等核心部门。目前，研究推广的水产多维、矿盐、促长剂、诱食剂、脱壳素、鱼虾抗宝等10多类30多个拳头产品已得到广大用户的好评，市场以两广为中心，迅速辐射华东、华中、北方地区。为包括粤华、海田等上百家知名水产饲料厂提供产品和技术服务，2003年已有150多万t水产饲料应用德宁品牌添加剂。形成了较完善的水产苗种供应、配合饲料原料筛选和饲料配制、养殖新技术示范推广以及水产品贸易的配套服务网络。很快在全国水产饲料添加剂行业占居了重要的一席之地。企业发展已经走上一条健康的快车道。

一、专业化的人才储备和学习型企业文化

德宁董事长兼总经理曹双俊系暨南大学水生生物

研究所教授、鱼类营养硕士，曾经是科研人员，做过养殖场的技术指导，当过教师，搞过新产品的推广。其他的市场服务、品控、生产、采购、策划以及试验基地等技术人员都来自水产专业院校，具有本科以上学历，5～20年以上基层工作经验。是一支水产饲料研发、推广和市场拓展的专业化队伍。研究中心由以黄峰为核心的鱼类营养专职博士3名、硕士8名和十多名水产专业工程师组成。

德宁的决策层以多年的市场实践经验和深厚的理论知识，将企业创业和发展归纳为3个必备的基本条件：一是具有在该领域领先的科技人才；二是有一支熟悉专业市场运作、热衷市场拓展的人才；三是一支团结、协作、好学上进的团队。德宁将之作为创业和发展之远景战略。吸引和留住人才，给员工搭建良好的具有竞争力的平台和宽广的发挥舞台，努力创造条件协助员工成就个性化的个人发展目标，提供市场化的酬劳和挑战性的激励机制，倡导尊重知识，尊重人才，德宁因此汇聚了一群重事业、具能力的优秀人才。

德宁坚信能让任何一个品质良好的员工成长为德才兼备的人才。德宁认为企业要对员工明确提出不断学习、总结、提高的要求，这不仅是储备企业发展的源动力，也是在不断提高员工的能力。德宁主要通过订阅全国所有专业报刊和国内外专业网络联动支持；每月一次业务总结交流会，自我剖析、互助提高；每月2天请业界权威授课、专家传经；积极参与各类行业科技交流活动、专题论坛以及每年保送10%的专业技术人员到高等院校深造等措施，来不断提高对员工的要求和培育员工的才能，从而在企业内形成了学习型企业文化。

在用人上，德宁公司的第一原则就是“德”，即道德品质、诚信、为人之理、处事之道，有不断学习、上进的精神源泉；其次才考虑“才”，即能力、技能、业务水平。德宁信奉这样一句话：“有德有才是极品，有德无才是半成品，无德无才是废品，有才无德是毒品”。一个人的道德水平之重要可见一斑，这也是跨入德宁的基本门槛。对企业来说“极品”人才可遇不可求，德宁是通过不断地有针对性地对员工培训，努力挖掘和发挥其自身潜能，达到实现个人价值的提升和企业整体实力的增强。

德宁曹总因此总结出提倡“六个一点、三大反对”，与全体德宁人共勉，即：目标明确一点；惰性少一点；心态好一点；学习多一点；诚信度高一点；创新多一点；反对不思进取，自以为是；反对只讲享受，思想松懈；反对只顾个人，各思其政。

二、以管理赢效益，用创新谋发展

德宁水饲料有限公司成立不久即引进并全面执行日本5S现场管理理念，同时率先在本行业通过ISO9001：2 000质量管理体系认证，从而使企业管理系统化、程序化。

现场管理条理化，减少不必要的资源浪费；从对原料供应商和客户的资质调查，到原料及成品逐批化验，层层把关，提高了生产性能和品质，降低生产成本；具有十几年的大宗原料、添加剂采购经验的专职采购员，加上庞大的期货、网络信息资源，保持对国内外的原材料市场的走势有高度的灵敏性和快速的反应机制。按合同交付、用现金操作，确保质优、价廉的原料适时、批量采购到位，突显产品成本优势。提高市场竞争力，真正做到薄利多销。用规范的管理和诚信务实的作风见证了企业创业和发展的每一步。

生产上，建成国内同行少有的2 500m^2 按制药GMP标准设计的多维车间和超低温、低压多维载体烘干系统和微生物发酵车间，原材料经超微粉碎、三级混合、孔径0.216mm（80目）分筛；采用先进生产设施和以饲料行业HACCP安全管理控制体系进行产品质量危害分析和关键点控制技术为基础的科学生产工艺；对生产工人严格培训，持证上岗。这些措施确保了德宁的产品经得起化验和市场效果检验，使企业走上健康有序的发展道路。

产品创新依托核心研发力量——德宁水生生物研究中心。她成立于2002年8月，是专门从事水生生物及其相关的产品开发和应用的研究机构。有占地面积达800m^2 的全自动室内水循环实验系统，可供水生动物营养与饲料研究；1个25.3hm^2 的水产养殖试验场、1个200个海水网箱试验基地和1个微生物研究室、2个分析测试实验室及1个动物病害防治实验室。中心本着基础理论与应用研究密切结合的原则，以“求实、创新”为科研精神，以市场为导向，以“实用、实效”为指导方针，视“环保、安全、健康”为己任。

中心先后与中国科学院研究所、华南理工大学、华南师范大学以及珠江水产研究所建立了广泛的研究与技术合作。德宁公司每年提供超过150万元的资助，同时政府科技局、农业系统和大型饲料企业也提供资金支持，确保研发工作的高效运转。

三、以促进水产饲料事业健康发展为己任，用战略化和精细化服务规范来提高行业水平

没有一个企业的生存和发展可以脱离和超越行业和社会发展的大环境，促进行业和社会健康发展和全面提升是每个企业、个人的责任和义务，德宁人一直在努力实现共繁荣、齐发展。公司刚刚发展就计划每年承办一场行业研讨会，将企业的生存和发展与行业的进步融为一体。由水生生物研究中心编辑的企业内刊——《德宁水产视窗》，通过总结国内外最新科技成果研究动态和发展趋势，沟通和交流共同关注的信息，推广和传播先进的实用技术和管理经验等，为从业个人、企业发展提供参考。这些都对我国水产事业的发展战略起到积极重要的推动作用。

通过提供环保、高效的优质产品，配以专业的市场服务部专门从事饲料配制新技术、营销技巧、新的养殖品种和模式、终端养殖户的技术指导等服务，协助饲料企业发展。两年来研究中心用自己的试验条件

已协助30多家饲料企业做新产品开发和养殖效果筛选试验上百项；德宁的技术服务工程师足迹遍及全国各地，尤其是水产品主产区的饲料企业和鱼虾池塘以及基层水产技术推广站。2002－2003年承担近30多个乡级水产技术推广站牵头的水产新技术专题讲座50余场次；给100多家饲料企业搞饲料配制、营销和水产养殖专业培训近300次；帮饲料企业进行区域性终端养殖户规范化养殖新技术经验交流、座谈、讲座500场以上。迄今为止，应用了德宁品牌添加剂的水产饲料创产值50多亿元，实现利税4亿多元。为推动我国水产养殖业、饲料业的可持续、健康发展作出了重大的贡献。

德宁因为专业，才有品质卓越；因为勤奋，才不断超越；因为真诚，所以企业与用户风雨同舟。在水产业机遇与挑战同在的时代，水产饲料仍"道远任重"。德宁一如既往视"服务客户，发展自我，回报社会，促进共同的水产事业可持续发展"为不变的准则。

"富丰＋农户"　养殖致富路

——广西富丰集团

一、企业基本情况

广西富丰集团是主要从事饲料生产、畜禽水产养殖、禽种引进改良与禽苗生产、畜禽屠宰加工与贸易，以及城市基础建设等业务的民营集团企业。在南宁、柳州、百色、贵阳等地共拥有5家饲料厂（子公司）、1家畜牧公司、1家禽苗孵化厂、5个种鸭养殖场（基地）、一个家禽屠宰加工食品项目部、一家拆迁工程公司及一家建筑公司，有净资产1亿多元，总注册资本近6 000万元，现有员工1 100多人（其中管理技术类人员约420人，95%的管理技术类人员具有大中专以上文化，具有中、高级职称者69人，拥有博士2人，研究生3人）。年饲料生产能力达50万t，年禽苗孵化能力1 500万羽，2003年实现总产值4亿多元。

富丰集团的核心企业（母公司）——广西富丰集团有限公司于1999年11月设立，前身为创办于1992年的南宁市富丰饲料厂，公司占地面积2hm^{2}多，建有全电脑控制的年产18万t的饲料生产线（车间）及现代化的综合办公楼；属下有1家年孵化禽苗能力1 500万羽的孵化厂、5个大型的种鸭养殖场、1个家禽屠宰加工食品项目部。现有员工295人，注册资金3 000万元，2003年产值1.48亿元。生产的"富丰"牌猪、鸡、鸭系列饲料于1998年和2000年分别被评为广西优质产品，其中"富丰"牌鸭系列饲料于2002年被自治区人民政府确定为广西名牌产品，是广西惟一获此殊荣的鸭饲料，属于国家免检产品。生产的"春江"牌优质鸭苗畅销广西、广东、湖南、云南、贵州等地，供不应求。企业还拥有进出口自主经营权。近3年来，富丰集团公司先后荣获广西农业产业化重点龙头企业、广西先进私营企业、自治区农业产业化经营先进组织、广西水产畜牧行业重点龙头企业、南宁市优秀私营企业、南宁市农业产业化重点龙头企业、南宁市重点扶持的私营工业企业、南宁市销售工作先进单位、广西区连续6年重合同守信用企业、广西和南宁市消费者信得过单位等各级各类荣誉称号。

二、企业实施产业化运作的情况

1. 产业化的历程及运作模式。富丰集团在董事长、总裁陈继志的领导下，以"富丰事业—带领农民致富的事业"为企业宗旨，以引导广大农民走养殖致富之路为己任。2000年，公司开始实施第二次创业战略：以饲料生产为龙头，引进品种改良为根本，无公害养殖为基础，集中屠宰与加工贸易为出路，进行畜牧产业化发展的探索与实践，拉长产业链。集团根据广西尤其是南宁市养殖业的发展趋势和市场现状，结合企业自身在人才、资金、饲料、技术、服务上的综合实力。从发展养鸭业入手，从改良鸭品种入手，建立绿色食品养殖基地，以及建立品牌鸭连锁销售店，以绿色食品供应市民。从2002年下半年开始，富丰公司斥巨资先后引进了12万羽英国SM3樱桃谷父母代种鸭苗，同时组织科技人员对品种进行改良，培育出了适应我国西南地区饲养的，具有增重快、饲料报酬高、瘦肉率高、脂肪低、肉质鲜嫩等特（优）点的"春江鸭"。公司在邕宁、武鸣等县建立了5个上规模的生态型种鸭养殖基地，并陆续在南宁、柳州、百色、钦州等市周边县区建立了近10个生态型肉鸭养殖基地（养殖水面积600多hm^2）。通过"公司＋基地＋农户"的产业化模式与农户合作开展"一条龙养鸭"。由公司负责提供优质鸭苗、饲料、技术和服务，农户在自备饲养场地及部分抵押金的基础上负责饲养管理，公司按协议保价回收种蛋和肉鸭。

2. 产业化的经验与成果。富丰公司依据"公司负责市场销售、农民负责养殖管理"的合作原则与农户共同发展"一条龙养鸭"项目，一方面既充分发挥了公司的鸭系列饲料是广西惟一荣获"广西名牌产品"的品牌优势与市场优势，另一方面又充分利用了广西山塘水库星罗棋布、水资源比较丰富、农民养鸭历史悠久而广泛的环境与资源优势。"一条龙养鸭"项目实施至今已取得了较大的社会效益和经济效益。截至2003年底，公司养殖基地共存栏SM3樱桃谷父母代种鸭11.2万羽，共出栏肉鸭956万羽，与近1 100户养殖农户联营养殖种鸭和肉鸭，2003年公司与农户联营养殖的总产值5 600万元，其中农户户均养殖收入12 363元，户均增收1 862元。2003年上半年公司还建立了一个年孵化能力达1 500万羽的大型鸭苗孵化厂，目前日孵化商品鸭苗近4万羽，年出售商品鸭苗1 200万羽，可带动各地养殖农户26 400户。实现了"农户养殖致富，企业发展壮大"的双赢目的。

实施产业化经营　促进企业发展

——广西南宁百洋集团有限公司

广西南宁百洋集团有限公司组建于1995年，是一家以投资、水产畜禽种苗繁育、养殖、饲料加工、水产品加工销售出口以及有着独立进出口经营权的现代化大型企业，是广西自治区农业产业化重点龙头企业。公司集团总部位于美丽的南国绿城——广西南宁市。集团公司的全资公司及控股公司有：香港百洋投资有限公司、广西南宁百洋饲料科技有限公司、广西南宁北粮饲料有限公司、南宁大大饲料有限公司、桂林百洋饲料有限公司、广西南宁百洋养殖有限公司、广西钦州百洋养殖有限公司、广西南宁百洋食品有限公司等8家企业。公司注册资金6 340万元，现有员工912人，其中博士3人，硕士8人，大中专以上专业技术人员506人。公司技术力量雄厚，并在产品研发、种苗繁育、养殖技术等方面同青岛海洋大学、湛江海洋大学、上海水产大学、中国农业大学、广东省农业科学院等教学科研院所有着长期广泛的合作，是自治区科技厅认定的广西民营科技企业，公司提供的种苗及饲料产品被评为广西名优产品，“百洋”牌对虾配合饲料、膨化海水及淡水鱼饲料填补了广西水产饲料工业无高档水产饲料的空白，并成为广西最具市场影响力的品牌。2003年，公司生产水产、畜禽饲料近18万t，总产值2.4亿元；通过合同制帮助和组织对虾及罗非鱼养殖销售1万余t，实现产值2.36亿元。除免征增值税和部分所得税外，公司在饲料方面累计为国家创税460余万元。近年来，在产业化运作中，广大养殖户每年为国家创造水产及牲畜交易税、农业特产税2 200万元以上。

实施产业化经营的主要做法：

一、繁育和提供优质种苗，积极推广健康养殖

公司现有大型海水和淡水养殖、种苗繁育基地4处，面积达500多hm^2，另外，还有1 330多hm^2的合同养殖基地。对虾和罗非鱼是国家农业部确定的广西重点发展出口水产品优势养殖品种。但是，苗种退化、药物残留、有害物质超标、养殖管理不规范、养殖水平低下等问题已成为扩大出口的主要障碍，同时也使农户的养殖利益受损。为此，集团公司积极推行“公司＋基地＋农户”、“公司＋经销商＋农户”等模式实施健康养殖和质量安全控制，引导、规范、扶持、组织农户开展健康养殖，走“外向型”养殖之路，实施产业化经营。

种苗供应及良种建设。在虾苗方面，从亲虾来源及培育、虾苗孵化及培养等生产环节入手，为虾农提供优质健康无特定病原的虾苗。两年来，公司共为虾农提供虾苗120多亿尾。在罗非鱼苗种方面，公司与无锡淡水渔业中心合作从国外引进尼罗罗非鱼亲本种苗22万尾，奥利亚罗非鱼亲本种苗8万尾，通过良种基地建设，为农户提供高雄性奥尼杂交罗非鱼苗种。

基地建设。以公司为轴心，以公司养殖基地作示范和带动，吸纳养殖单位和个人与公司合作，签订养殖回收合同，由公司提供种苗、饲料、药物和养殖技术服务，在北海、钦州、防城、南宁建立标准化无公害养殖基地，并为养殖户建立养殖档案，合作经营，实施健康养殖。

全程技术指导、品质控制。在对虾及罗非鱼产业化经营过程中，技术跟踪与技术指导是健康养殖的根本。公司始终以农户为中心开展工作，技术服务到每个村镇、每位农户、每个池塘。两年来公司组织健康养殖技术培训80多场次，培训农户16 000多人，发放技术手册20 000多份。

二、以饲料生产为龙头，以技术和销售服务为纽带，实施产业化经营，带动农民致富

通过饲料加工后环节带动农户13.6万户。目前，集团公司通过提供种苗、饲料、技术服务、回收产品直接带动对虾养殖户0.8万户，户均增收1.2万元，通过提供种苗、饲料和技术服务，辐射带动农户12.8万户，其中对虾养殖户0.2万户，罗非鱼养殖户0.2万户，胡子鲶及海水鱼等名优水产养殖户0.3万户，养猪11万户，养鸡1.1万户，养殖罗非鱼、胡子鲶、海水鱼户年均增收0.6万元，养猪户年均增收0.2万元，养鸡户年均增收0.1万元，有力促进了广西养殖业的发展。

在饲料加工前环节辐射带动农户1.5万户。2003年集团公司在广西区内收购玉米6.4万t，木薯1.5万t，购进北海本地鱼粉0.6万t，户均增收1 520元以上，促进了广西种植业结构由二元向三元型转变。

保护价回收产品。公司与农户签订产品回收合同，约定产品收购标准及价格，实行保护价回收。与养殖户风险共担，利益共享。2003年公司对虾产业化经营面积1 533hm^2，其中参与“公司＋经销商＋虾农”运行模式中虾农0.4万户，养虾面积1 067hm^2，参与“公司＋基地＋虾农”运行模式24个，联系带动虾农1.2万余户，养殖面积467hm^2，对虾总产量1.4万t，实现产值3.36亿元，其中公司回收产品供应湛江、海南水产品加工厂8 000t，销售产值2.2亿元。

三、延伸产业链，积极开拓国际市场

广西南宁百洋食品有限公司拥有占地14 000m^2的大型加工车间，3个独立的车间可同时加工鱼、虾、贝类等系列水产食品和生熟调理食品，食品生产工艺严格按欧盟标准和HACCP程序进行，设备工艺先进，生产加工能力大，年最大加工生产能力为加工原料对虾3万t，罗非鱼4万t。

广西南宁百洋集团公司经过几年的产业化运作，已形成了从种苗繁育、养殖，提供种苗、饲料和养殖技术服务，到养殖产品回收加工出口完善的农业产业

化经营模式，为国家和地方经济的发展，为水产畜牧业的发展，为农民的增收做出了很大的贡献！

依托科技创新　扎实服务 做大做强企业

——桂林市漓源粮油饲料有限责任公司

一、企业基本情况

桂林市漓源粮油饲料有限责任公司是广西大型饲料加工企业之一，2003年饲料产量达18.3万t，主营业务收入3.436 1亿元，实现利润951万元。公司在创新和发展中紧紧依靠科技进步和科技创新，不断调整和优化产品结构，企业在激烈的市场竞争中不断得到发展。企业多次获自治区、国家等部门嘉奖：企业品牌“漓源”牌商标荣获广西著名商标称号；“漓源”牌鸡、鸭、猪系列产品荣获广西优质、名牌产品称号，广西高新技术产品称号。2003年漓源饲料公司被评为广西高新技术企业；“漓源”牌系列产品被评为全区用户满意产品。

公司现有员工178人，有近50名优秀企业管理人才和高级技术专业人才，其中专业技术人才占全公司总人数的29%。有较好的经营机制，投资主体多元化，股东大会、董事会、监事会规范运作，各项制度健全，激励和约束机制比较完善。公司科技实力雄厚，生产工艺先进，技术领先，3条生产线全部使用美国CPM公司的制粒机、破碎机、冷却塔等，以及荷兰飞利浦公司的配料电脑等全套先进生产设备。设有动物营养科研所，长期与参加国家级饲料攻关项目的广东农业科学院进行技术协作，有管理完善的采购中心，与国际接轨的质量保证体系，门类齐全的生产设备及高科技的网络工程管理等。主导产品有“漓源”、“金漓源”、“桂新”、“山水”等猪、鸡、鸭、鱼4大系列336个品种。

二、依靠科技进步，确保产品质量领先

1. 依靠科技进步，不断调整和优化产品结构，打下良好的产品基础。公司与广东农业科学院畜牧研究所合作，联合开发运用最新科技成果，使公司在最短的时间内研究适应市场需求、具有开拓市场和夺取市场能力的新产品，形成了“生产一代、试制一代、调研一代、构思一代”的研发能力。主导产品“漓源”牌小鸡料121＃、乳猪料551＃是根据广东农业科学院提供的高科技配方进行批量生产，通过市场使用、试验后并根据市场需求全面革新配方而形成的，该产品自1996年投放市场后获得成功，各销售区域的市场占有率增加10%以上，产品具有适口性好、增重快、肉质好、料肉比低、抗病能力强、成活率高、性能稳定、创收高等特点，深受广大客户的好评，在全区同类产品中市场占有份额居高不下，产品销量连续3年位居广西第一。

企业新产品有品牌优势，企业拥有高知名度的饲料品牌“漓源”、“金漓源”、“桂新”、“山水”等猪、鸡、鸭、鱼4大系列共336个。仅2003年就开发“漓源”“金漓源”“桂新”品牌的新产品达56个，确保了公司在行业竞争中的批量优势、质量优势和成本优势。

2. 应用生物技术，加快生态饲料的研制。公司于2002年投资196万元创建了桂林市漓源佳益生物有限公司，从事微生物菌种的选育、培养及工业化生产。目前，生物公司已能够生产益生菌、酵母培养物等多种产品，并已用于禽、畜料中的大猪料、大鸡料、蛋鸡料、蛋鸭料、肉鸡料、肉鸭料等几十个品种。目前企业技术水平可与国内的外资、合资同行企业抗衡。如国内同行业企业的产品经过本厂实验基地对比及客户反馈等，一致认为公司的产品性能价格比优于其他厂家，故该公司的销量高于本地合资企业4～8倍。2003年“漓源”牌系列猪浓缩料、蛋鸭料、小鸭料、中鸭料、大鸭料、大鸡料、中鸡料、小鸡料被评为广西高新技术产品。

3. 企业现执行企业标准，是参照美国畜禽营养标准而制定的，各项指标均达到国际先进水平。

4. 企业实施信息网络工程管理，已投资300万元建成信息网络工程，使采购、销售、仓储、产品、客户资源等信息在局域网络上共享，发挥越来越重要的作用。

三、以市场为导向，拓宽营销渠道，建立营销网络

1. 信息网络技术已进入商品流通的每一个环节，实现了对传统商业管理的根本变革。企业以市场为导向，拓宽市场营销渠道，建立了强大的营销网络。一是实施对外适应市场、对内严细管理的“价值贡献”策略；二是确立以销售管理为中心的营销体系；三是实行“网络工程管理”；四是“科技到家”的服务原则。公司有较强的市场营销规模，80多人的营销队伍，在云南、贵州、湖南、广东等地拥有10多个分公司和办事处及全自治区300多家区域代理商，健全的销售网络和一大批忠实客户，确保产品销售全国5个省区、200多个大中城市和广大农村市场。公司主导产品鸡配合饲料在桂林市市场占有率达62%以上，在广西区内占11%以上。

2. 企业实行“公司＋农户”的产业化运作模式，成立了3个科技养殖公司，实行科技养殖。科技养殖公司经过3年的营运已打开了局面，深受广大养殖户的好评，经济效益也连年递增，为公司产业链发展拓宽了路子。

四、强化服务意识，提高企业信誉，创造良好营销环境

1. 企业坚持“用户第一、质量第一”的方针，重质量、讲信誉、守合同，对客户有明确的产品和服务承诺，在工商合同信誉中取得了较佳的成绩。建立了用户访问制度和质量审核制度，积极开展用户监督、评价、咨询和服务活动，在用户中树立了良好的企业形象。企业多次获质量信誉奖，客户满意度达100%，产销量连续3年位居广西前列。

2. 公司领导及售后服务人员经常深入市场进行调查研究与质量访问，收集用户意见，不断更新产品结构和提高产品质量，以满足广大用户的要求。公司有产品售后服务人员共110名，售后服务车50多辆，分布至各销售网点及饲养场，售后服务人员每天都对各销售点、饲养场、饲养户进行产品质量跟踪调查，发送征询意见书，及时了解和掌握市场信息，征求用户对公司产品的使用意见，对销售点、饲养场、饲养户反映的有关产品质量信息意见，做到及时妥善解决。凡经查明确属产品质量问题的做到三包，即包产品质量，短斤两包退包换。除此之外，公司还配备多个兽医，到各养殖场义务帮客户的牲畜诊疗、打预防针、送兽药上门，帮助客户解决疑难问题等，实行产品质量服务一条龙，深受广大客户的好评，几年来的质量服务调查表中客户满意度达100%，在全区同行业中名列前茅，并荣获全区用户满意产品奖。

五、企业发展方向

公司本着“顾客至上、品质第一、以客为友、助客成功”的经营宗旨，竭诚为广大用户提供优质的产品和一流的服务。漓源人真诚地希望与各界朋友紧密团结，携手共进，再创辉煌！

与客户共享成功　与员工共求发展　与社会共同进步

——海南新希望农业有限公司

海南新希望农业有限公司，是四川新希望集团在海南省投资兴办的大型综合性饲料企业，是四川新希望农业股份有限公司下属子公司之一，为海南省重点企业。

公司成立于1998年9月，占地面积3.3余hm^2，总投资4 000万元，地处海口市美兰区灵山镇，交通十分便利。公司现有员工100余名，畜牧兽医、动物营养、水产养殖、质量控制等专业人员占30%，大专学历以上的员工占50%，技术力量雄厚。

公司采用国内先进的生产设备，全电脑自动控制系统，配套最新防潮通风设施，运用最先进的生产技术工艺，独特的营养配方，生产希望牌、南国牌猪、鸡、鸭、鱼配合饲料、浓缩饲料，品种齐全，年产能力达20万 t。

公司奉行“与客户共享成功，与员工共求发展，与社会共同进步”的企业理念，实行规范化、精细化、制度化、科学化管理，立志于建“百年老店”，长期坚持产品质量不动摇，创业以来，用优质的产品、良好的信誉、完善的售后服务，产销量连年上台阶，业务遍及海南全省，牢固树立了希望、南国品牌的市场地位，赢得了广大养殖户朋友的信任。

在生产经营中公司始终围绕一个中心、突出一个重点、抓住两个关键、解决一个难点开展工作。

一、“围绕一个中心”，即品牌经营

做企业跟做人一样，品牌形象是第一位的，在经营管理公司时，海南新希望围绕品牌经营，着重突出稳定的产品质量、全过程立体式的服务和诚信务实的工作作风。对外向客户提供质稳价优的产品，推行关怀备至的限时购料服务，原料采购执行合同中明礼诚信；对内为员工营造团结和谐的工作氛围，创造优越舒适的工作、生活环境，慈母般的温暖和钢铁般的治厂并重，就是向客户、向员工展现公司鲜明爽朗、正直可信赖的品牌形象，提升了公司无形资产价值，也为公司实实在在赢得了效益，常常在原料价格急升、有些同行有钱都无处买货的关键时刻，仍然能够采购到价格公道的原料。

二、“突出了一个重点”，即预算管理

两年来，海南新希望坚持月度预算管理，每月底公司根据任务指标和市场行情，向销售部下达次月的销售任务，销售部在次月1日前分产品品种向质管部、生产部提交下月销售计划，质管部根据配方确定原料使用计划后传递到原料部，由原料部依据当期合同执行情况、当期原料价格走势、原料库存情况和生产用量确定采购计划后，向财务部提交原料价目表、资金使用额度，财务部在作好采购监督的同时进行资金使用配备，按时兑现，生产部根据销售计划安排生产，根据原料采购计划作好库房规划；其中财务部根据销售计划，测算出边际贡献和优扣支出总额，再结合费用支出情况，对经营效果作出比较详尽的预算，由此公司做到了盈亏早知道，用于指导工作心中有数，上述过程要求在5日前全部完成，同时加强中间过程环节的控制，保证了计划的实现，促进了有效经营。

三、“抓住了两个关键”

关键之一是坚持“经营原料”不动摇。经营饲料就是经营原料，如何经营？海南新希望首先注重“沟通”，与总部领导沟通，与集团办事处沟通，与兄弟公司沟通，与同行沟通，与竞争对手沟通，通过互联网获取更多更迅捷的市场信息，可以说每天打几次电话同兄弟公司（行业人士）交流和早晚上网“充电”已经成了总经理和原料经理的必修课；其次是诚信经营，实实在在鉴定检测原料，认认真真解决处理问题，不乱打棍子随便扣款，已订合同按约遵守，无论价高价低，及时给付货款，赢得了供应商的尊重和信任，结果是有效降低了采购成本，确保了海南新希望在海南岛采购原料的比较优势，实际操作中基本踩准了市场节拍，把握住了原料行情走势。

关键之二是咬定质量不放松。公司坚持“依法兴饲倡导行业风范，技术创新推动牧业发展，品质卓越追求顾客满意，产业经营实现社会效益”的质量方针，始终致力于提供客户满意的产品和服务，早在1999年10月就顺利通过ISO9001国际质量管理体系认证，并于2003年1月经四川三峡认证有限公司评审质量管理体系符合标准，再次通过认证，并予注册。质量是企业的生命，不管是SARS肆虐时期行业的整体滑坡，还是动物疫病的阴影下市场的恐慌，或者原料价格高涨时沉重的成本压力，公司始终坚守质量大堤，对产品的过程控制严格按照质量保证体系的要求执行，对损害产品质量的行为决不手软。在对产品调价的过程中，还适当增加投入，以此更加坚定经销商、养殖户用希望料的信心。稳定牢靠的品质也正是公司产品高出竞争对手2～4元/包的基础，也正是公司价量齐升的保证。

四、“解决了一个难点”，即人员整合的问题

集团的迅猛发展、员工个人的理想抱负、海南的高温天气和逆水行舟不进则退的竞争淘汰机制，形成了员工队伍的流动，这其中涉及人员整合的问题，稍有不慎，即会给工作带来很大的不利影响，这些年公司进进出出几百人，来的能安心工作，自然地融入到大集体中；去的能安然而走，没有任何不愉快的事发生，靠的是什么？靠的是公司中正仁和的管理气氛和对企业核心竞争力的建设，对干部能给位置，敢压担子，给予充分的信任，平时工作中始终强调“一荣俱荣、一损俱损”的理念，6个部门不分主次，给予同等重要的地位，都是构成生产经营不可缺少的主体，淡化或模糊部门之间的界限，一切以更好地服务于市场为出发点，在不违犯原则制度的情况下，简化、优化工作流程，使工作简单明了，如此团结和谐的氛围首先凝聚了干部人心；对普通员工也不偏颇，从工作上时时关心进步，从生活上努力营造公司如家的氛围，从而带动了全体员工努力工作。

在企业核心竞争力的建设上，海南新希望认为最重要的是人，人心齐，泰山移！人心是企业的核心竞争力。但做企业干事业，光有一颗热诚的心是远远不够的，有心还须有力！力从何来？海南新希望认为，首推当然是加强员工培训，做好员工队伍的梯队建设，尤其是经理助理一级干部的储备和培养，对已经是干部的让他们多接触具体的工作，尽快锻炼成长起来；普通员工中有培养潜力的，尽可能让他们多熟悉相关事务，适当压压担子，尽快有所突破。这样，才能使公司人才更加充足，需之能用，用之能胜任。给企业发展以可靠依托。

坚持服务导向　以“三赢”求发展

——海南恒兴饲料实业有限公司

海南恒兴饲料实业有限公司成立于1997年，主要从事禽畜、水产饲料加工、种禽养殖、种苗培育、饲料产品研发的生产经营活动。下属公司有：海口恒兴饲料厂、文昌恒兴种鸡场、琼海恒兴种鸡场、恒兴饲料配方试验场等子公司。现有资产9 600余万元，职员365人，已开发生产的禽畜饲料有鸡、鸭、猪、鱼等系列全价配合饲料80多个品种，水产饲料有斑节对虾、南美白对虾、海龙鱼、青蛙等系列饲料50多个品种，年产销禽畜、水产饲料25万t，种鸡苗550万只，商品蛋430 t，产值56 000万元。公司生产的“恒兴”牌饲料及其他产品已覆盖海南全岛，产销量位居海南饲料同行之首。

以市场为导向，紧贴市场脉搏，依靠科学技术进步，不断加强内部管理和调整产品结构，并与客户始终坚持“双赢”作为公司持续发展战略方针，是海南恒兴饲料实业有限公司的创业之道和立基之本。公司在发展过程中，主要从以下几方面工作着手：

一、加强全员质量意识

公司始终教育员工，产品质量是企业的生命，没有好的产品质量将无法参与市场竞争，公司每个员工所从事的每一项工作都要围绕产品质量来开展，从原料抽样检验、批量采购、验收入库到加工生产的每个环节都进行严格的把关，确保了产品质量满足要求。2002年公司导入了ISO9001：2000质量管理体系，2003年通过了ISO9001：2000质量管理体系认证。

二、增强全员服务意识

饲料行业发展越来越成熟，各生产厂家对产品质量要求越来越重视，产品质量区别愈来愈小，市场竞争愈来愈激烈。在保证产品质量的同时，为增加产品竞争力，海南恒兴公司从增强全体员工的服务意识开始，要求员工对待客户就像对待父母一样，把客户是企业的衣食父母的意识时刻记在心中，融入日常的行动中。由于公司采取了规范与情境有机结合的管理战略，以及员工、客户和企业“三赢”的原则来应对市场竞争，有效地将三者结成利益共同体，构建起一个能平等沟通的平台，让员工更直接地了解客户需求并通过行动来满足客户需求。

三、引导和帮助农户养殖科学化

海南恒兴公司把广大养殖户当成合作伙伴，结成利益共同体，推行“三赢”方针，在谋取企业效益的同时帮助农户获利。公司在帮助农户提高养殖技术水平、改进养殖方法方面投入了大量的人力和物力。近几年公司先后请来美国、加拿大、泰国和国内高等院校的专家教授及本公司的科技人员经常深入市场和乡村，为广大农户举办养殖技术培训班，并编著各种养殖技术手册7类之多，免费赠送1.6万多册（本），付出经费130多万元。

四、帮助农户实现养殖利润最大化

为帮助农户降低养殖成本，谋取最大的经营利润，海南恒兴公司致力于科技创新和产品创新，注重加大科技投入。为了实现这一目的，海南恒兴公司对生产设备、配方设计、制作工艺和企业管理等，均用高标准、高起点要求。主要生产设备和工艺均达到当今国内领先水平。产品开发和制造按ISO9001：2000国际质量管理体系严格控制，内部管理走上了规范化、标准化、程序化的运作轨道。与此同时，与众多高校和科研单位建立合作关系，聘请40多位专家教授担任公司顾问，研制和生产出一大批科技含量高的饲料品种，降低了料肉比，缩短了养殖周期，使养殖户得到了丰厚的回报。

五、营销方式顾问化

内容包括养殖户对养殖场地的选择、养殖品种的遴选、投资规模的确定以及市场前景分析等，利用公司本身的技术优势和管理优势给养殖户提供科学、合理的养殖方案。此外，还设立咨询专线电话，坚持24小时值班服务，对客户提出的各种养殖技术难题进行及时解答，帮助他们提高养殖技术和经营能力。

六、发展资金扶持化

就目前情况来看，不论是搞畜禽养殖还是海水养殖，都要投入大量的人力、物力和资金。为此，海南恒兴公司对那些初涉养殖而又资金不足的农户、遇到特殊困难需要资金支持的经销商、养殖户予以扶植，实行现金借给、赊销饲料、种苗等，待他们获得收成后，逐步返还资金。目前，海南恒兴公司共为农户和经销商提供援助资金3 500多万元，扶持他们进行养殖和经营。

七、切实加强售后服务工作

海南恒兴公司在服务中所配备的优秀技术人员数量多、技术精，在行业中具有较好的声望和实力。除每个片区配备一名售后技术员跟踪服务外，还建立了3个中心：一是兽医服务中心。由高级兽医师主持兽医服务工作，方便和帮助养殖户前来做各种活体解剖分析及防病治病的咨询，平均每年免费服务养殖户2.5万多人次，付出人工成本180多万元。二是对虾病害监测中心。配置先进仪器和专职技术人员，平均每年免费为广大虾农做对虾病毒细菌分析1.8万多人次，并且提供防治措施和医药服务，付出人工成本200多万元。三是养殖试验中心。对公司所有的饲料产品均做养殖试验，掌握第一手资料，为完善产品质量、提高售后服务质量奠定基础。

八、积极推广“公司＋基地＋农户”经营模式

近年来，海南恒兴公司利用自身在种苗、饲料、技术、资金等方面的优势，与养殖户广泛合作并结成利益共同体。由公司提供饲料、资金、技术，农户按照预定的品种、规格和数量进行养殖，最后收购产品委托合作单位加工。实行“生产、销售、收购、加工”一条龙的经营运作。在收购农户的产品时，制定了保护价，不管市场价格如何变动，始终给农户提供利益保障。如由海南恒兴公司牵头、地方政府和农户共同推行的“公司＋基地＋农户”经营模式的扶贫计划已取得良好效果，目前已带动农户3 780多户，其中畜禽养殖户2 950多户，水产养殖户430多户，肉猪养殖户400户。经带动扶持的养殖户，上年平均每户增收约9 000元。

公司在不断壮大发展的同时也取得了较好的经济效益和社会效益，并获得了众多的荣誉：1999年被海南省技术监督局、省质量检验协会和质量协会评为质量管理先进单位；2000年、2001年均被中国饲料工业协会评为优秀团体会员单位；1998年和2003年连续被海南省经贸厅和统计局评为海南省50强工业企业（2003年海南省50强工业企业排名名列第11位）；1999－2000年度被海口市工商局评为重合同守信用单位；2001年被海南省评为文明诚信企业；2001年获得湛江科学技术进步奖；连续多年被海南省经贸厅定为省重点工业企业。“恒兴”牌饲料被海南省质量服务中心树立为推荐产品；2003年在海南省不分行业的企业排名中名列第18位。

海南恒兴公司表示，虽然为推动海南省饲料工业发展作出了一定努力，但与公司目标尚有很大距离，他们将继续努力，为振兴和推动国家饲料工业发展作出更大贡献。

以农为本　以诚为本

——华西希望集团

1982年底，陈育新和他的3位兄弟先后辞去公职，回到青少年时代曾经生活过的新津县顺江乡古家村，依靠党的富民政策，依靠科学技术，依靠全体员工，经过22年的艰苦拼搏，从养殖业起步，逐步将一个名不见经传的良种场，发展成为位居“中国饲料工业百强第一”、“中国民营企业500强第一”，并荣列中国大陆富豪榜之首的希望集团，成为中国民营企业的一面旗帜。

希望集团现由陈育新总经理直接管理的新津基地（拥有中国西部最大的饲料厂和肉食品加工厂）和分别由刘氏四兄弟（刘永言主席、刘永行董事长、陈育新总经理、刘永好总裁）统领的大陆希望、东方希望、华西希望、南方希望（新希望）四大二级集团组成。除了在饲料工业领域继续保持领先地位之外，希望集团还在其他产业领域，如食品、乳业、金融、酒店、房地产、空调、铝业、化工、电子、药业、商贸等行业有所成就。截止2003年底，全集团员工总数超过28 000名，年销售收入超过180亿元。

华西希望集团创办于1997年，是希望集团四大二级集团之一，由希望事业创始人、希望饲料核心技术研制者、希望集团总经理陈育新任董事长。

华西希望集团有两大特点：一是在主导产业的选择上坚持以农为本，不跟风，不赶潮，二十多年如一日，躬身耕耘于大农业领域，矢志为中国农业的振兴尽心竭力；二是在选人用人上坚持以诚为本，并认为企业的发展本质上是人的发展，诚实做人、精明做事、勤奋工作、追求美好的核心思想已在全集团深入人心。

目前，华西希望集团共拥有全资、控股、参股企业30多家，总资产约20亿元，年利税近2亿元，员工总数近5 000名，年销售收入超过30亿元。除了在主导产业——饲料工业领域持续保持行业领先水平之外，还在动物药业、现代农业和零售业领域进行了探索性投资。

一、以农为本，在以饲料工业为主导产业的大农业领域躬身耕耘

到目前为止，华西希望集团的所有饲料企业，所在省市区的党政一把手均曾亲临视察，并将其树为当地企业学习的榜样。投资3 500万元在小平同志家乡兴建的广安万千饲料公司，被誉为全国饲料行业最漂亮的企业，并成为义利兼顾、德行并重的“光彩事业”样板工程。该项目被四川省委、省政府确定为“致富思源，共建广安”的重点工程，四川省委书记张学忠、省长张中伟在前后不到两个月时间内，先后两次前往视察，其中第二次他们分别率领参加省委工作会议的200多名代表前往。之后，全省各地市州组织的参观团更是络绎不绝。内江万千饲料公司是内江市为数不多的销售收入超过2亿元的企业，由于产品供不应求，目前正在加紧二期工程；贵港万千饲料公司、漯河万千饲料公司、保定万千饲料公司等企业都是当地高档饲料产品的代表企业，均为当地有名的样板企业、明星企业。投资2 000万元兴建的华西希望农业科学技术研究所被誉为全国投资最大、环境最佳、设备最好的饲料企业研究机构之一，她是华西希望集团的技术研发中心、新产品推广中心和技术人才培训中心。她与四川农业大学动物营养研究所共建的博士工作站，除了正常的科研工作之外，还承担了不少国家标准的制定工作。她还与四川省饲料质量监督检疫站所、美国大豆协会等机构建立了密切的合作关系，经常与国内外的专家举办学术交流活动。作为集科研开发、养殖试验、生产经营为一体的企业，她生产的“健珠”牌预混合饲料面市仅仅半年，即在所进入的市场跃居同类产品之首，令人鼓舞。华西希望集团还投资6 000万元，从高起点切入动物药业。目前，集团与全国最大的养猪研究机构——重庆市养猪科学研究院实现强强联合，双方共同组建的动物药业企业——重庆渝西希望动物药业公司，以生产著名的“川牌”系列兽药和饲料添加剂为主，运营半年多来，形势喜人；再加上正在兴建的重庆希望动物药业公司，使华西希望集团开始健步迈向全国动物药业第一方阵。投入500万元，在我国著名的渔场——舟山群岛兴建的舟山希望鱼品公司，生产质量与进口鱼粉相当，而价格更加合理，供给更加稳定的“希望”牌鱼粉，作为重要的饲料原料，为树立“万千”牌系列饲料产品高质量、高稳定的形象做出了重要贡献。投资1亿元，在希望事业的发祥地——新津县兴建的四川希望农业博览园项目，目前正在紧锣密鼓地进行中。这个独具特色的项目建成后，必将成为四川的新亮点，成都的新看点。此外，作为中国民生银行的发起股东和新希望农业股份公司的第二大股东，华西希望集团还涉足金融、乳品、化工等行业，经营业绩十分喜人；与大陆希望集团共同投资8亿～10亿元兴建的美好花园及家园国际酒店，以其独具特色的魅力赢得了广泛赞誉，自2003年9月开业以来，各种大型活动接踵而至，经营形势令人鼓舞。

二、以诚为本，将“诚实做人，精明做事，勤奋工作，追求美好”的核心价值观作为企业发展的灵魂

自改革开放以来，我国各行各业的私营企业不断涌现，但多数为没有“得道”的企业，私营企业真正的“长青树”实在屈指可数，而华西希望集团正是这为数不多的企业之一。回顾希望集团，尤其是华西希望集团22年来的成长历程，人们不难发现，由一个名不见经传的育新良种场发展到希望集团四大板块（大陆希望、东方希望、华西希望、南方希望）260多家企业，由川西坝子的新津小县扩展到除台湾和西藏以外的全国各省市区以至国外，由养殖专业户到横跨几大产业的大型企业集团，人们所能看见的一切有形的东西都在变，但企业“诚实做人，精明做事，勤奋工作，追求美好”的信念却始终没有变。从1982年的育新良种场到如今的华西希望集团，人们看到的是“形”的变化，但支撑它健康成长的“神”——以诚实、精明、勤奋、美好为核心的企业文化却常常被人们所忽略。实际上，正是这一核心思想在支撑着华西希望集团长期健康发展。

陈育新认为，希望集团长盛不衰的根本原因就是诚实。他说，诚实是做人之本、经商之本，并坚信“诚实是有回报的”（这种回报往往是以无形资产增值的方式出现）。他说，诚实可以使下属有安全感，增强企业的凝聚力；诚实还可以创造、积累优势，而优势又可以使诚实得到回报。他说，诚实体现在工作中，就是深入实际，刻苦钻研，总结经验，寻找规律，丰富自己。他指出，工作浮在面上也是不诚实的一种表现。在日常工作中，他要求不能让老实人吃亏。他说，诚实的人不精明很难成就大业，就会总是有“老实人吃亏”的感觉。精明可以使诚实的信念更加坚定，而诚实又会使人更加精明起来。没有诚实作基础的精明就会滑向小聪明，也很难成就什么大事。在诚实基础上的精明是在不损害他人利益前提下的一种操作，在与优势企业的合作中，这种操作效果更好。

陈育新认为，勤奋首先是一种积极进取的状态，是一个人工作道德的具体体现。没有勤奋工作，再美好的理想都只能是空谈。它不是一时的冲动，它需要用诚实的品格来支撑，用精明的技巧来激励，用美好的追求来引导。对真善美的追求是人与动物的本质区别，也是公司努力追求的方向与目标。美好也是企业经济效益与社会效益高度统一的体现。美好是对诚实的一种升华，是对精明的一种约束，是对勤奋的一种引导。

陈育新将诚实列在第一位，他认为这是一个企业家能否长期立足于社会的起码要求。此外，认真、学习、创新、利他、互助、和谐、自尊自爱、扶弱济贫等，也是华西希望集团企业文化的重要组成部分。这些观念实际上也是陈育新董事长人生信仰浓缩后的精华。

科技领先　质量取胜

——四川省畜科饲料有限公司

四川省畜科饲料有限公司（原四川省畜牧兽医研究所饲料添加剂总厂）创立于1985年，经过十多年的艰苦努力，目前已发展成为集科研开发、生产经营、技术服务、进出口国际贸易于一体的科技型股份制企业。近年来，在日益激烈的市场竞争中，公司依靠雄厚的科技实力，先进的生产检测设备，高素质的员工队伍，逐步完善的管理体制以及多年建立起来的强大的营销网络得以稳步发展，成为全国同行业中的佼佼者，被有关部门评为四川十佳饲料企业、四川十大饲料企业，中国农业银行AAA企业，国家海关便捷快速通关单位。2003年，全公司职工以科技为中心，上下一心，共同努力，全年产销各种预混料及添加剂25 000 t，产值3.2亿元，上交国家税收1 900多万元，创历史新高，被农业部、中国饲料工业协会评为中国大型饲料企业、全国百强饲料企业、重点高新技术企业、全国饲料工业科技进步先进集体。这些成绩的取得是公司一贯重视科技、依靠科技的必然结果。

四川省畜科饲料有限公司的前身是原四川省畜牧兽医研究所下属的一个科技型实体，由于产品结构单一，技术力量薄弱，设备陈旧老化，使产品缺乏市场竞争力，产值也一直在300万元水平上徘徊，这种状况严重阻碍了企业的发展。1992年，新的领导班子走马上任后，及时准确地发现了使企业停滞不前的症结所在，针对我国和本地区畜牧业生产和饲料资源的特点，通过对市场充分的考察分析、论证，确定了“依靠科技，发挥优势，大力开发新技术产品，向产品要效益”的企业发展思路，积极着手充实技术力量，更新生产设备，调整产品结构，加大产品开发力度，在短短几年间研制出20多种适合于不同动物、不同生产目的、不同生长发育阶段、不同生产水平的“畜科”牌超级快长素、中华饲料王、中华美味香等系列添加剂预混料，成为四川省第一家能提供各种畜禽和水产动物预混料的专业生产厂家。

21世纪是一个以知识经济为主导地位的世纪，对于一个企业来说，谁科技领先，谁就把握未来，公司决策者深深懂得这个道理。1995年，凭着对市场脉搏准确地把握，公司决定进一步调整产品结构，使产品上一个档次，把对复合维生素的研究和开发当作主攻方向，这一决定得到了省科委的高度重视和大力支持，将其列为全国重点科研项目。两年后，“中华多维”复合维生素预混剂问世，随后，“中华多维”猪用、鱼用、禽用系列产品也相继出笼，并在四川大规模推广应用。在产品推广过程中，公司组织技术人员在成都、夹江、峨嵋、昆明等地召开产品研讨会，培训技术人员1 300多人次，分送资料5万多册，将1 300多 t中华多维推广应用到四川1 000多个饲料厂、养殖场，创产值8 000多万元。试验证明该系列产品质量稳定，效果显著，在国内同类产品中处于领先地位，具有良好的市场前景。为此，“中华多维复合维生素的研制与应用”项目荣获1998年度四川省政府科学进步三等奖，1999年、2001年在中国国际农业博览会上连续两次被评为中国名牌产品。高技术的产品不只使企业出现生机，也给予企业带来可观的经济效益。

产品质量是企业的生命。为了确保产品质量，公司通过了ISO9001国际质量体系认证，积极推行企业全面质量管理制度，强化质量保证体系，严把质量关。对凡不符合生产标准的原料一律不准入库，凡不合格产品一律不准出库，从原料入库到产品出库，都要经过一整套系统的质量监控程序。公司配备了先进的双轴桨叶式混合机，在国内首次引入烘干设备，解决了预混料生产中载体的干燥问题，还大幅度提高了生产效率。除此外，公司还建造了国内第一家由国产设备组装，年单班生产能力2 000 t的复合维生素预混料车间；建立了复合维生素预混料检测技术，在国内首次应用MAXATASE酶处理技术测定脂溶性维生素。与此同时，公司按照ISO9001质量保证体系进行管理，严格进行生产过程的控制，通过使用高效液相色谱仪、原子吸收分光光度计等先进仪器，确保了原料、预混料及浓缩料中微量元素、氨基酸、维生素、卫生指标和部分添加剂的质量。

一流的产品需要一流的技术服务。为了巩固和发展已有的市场份额，在抓品质管理的同时，公司十分重视产品的技术服务，把为养殖户服务作为一项主要工作。公司要求技术人员和营销人员通过不定期的走访对客户进行跟踪调查，收集他们对产品的反馈意见，了解客户的真实想法和生产过程中出现的各种技术问题，通过送资料、搞培训、开研讨会等形式，宣传推广养殖技术，为他们解决了大量生产实际中遇到的各种技术难题。多年来，公司为客户提供了大量饲料配方，饲料生产加工，原料、预混料、浓缩料检测以及养殖技术讲座咨询等多项服务，使客户获得了实实在在的利益。优质的技术服务使公司与众多饲料生产企业、养殖场建立起广泛的伙伴关系，大大提高了公司的信誉度。

为了在激烈的市场竞争中扩大市场份额，公司始终重视引进具有高科技含量的优质进口饲料添加剂。多年来，公司先后与美国、法国、英国、瑞士、德国、荷兰、日本等世界著名企业合作，及时引进代理了赖氨酸、蛋氨酸、乳清粉、酸化剂、抗氧化剂、防霉剂、着色剂、有机微量元素等百余种优质饲料添加剂，大大提高了公司在竞争中的应变能力。2003年，公司在原有基础上进一步扩大了国际贸易渠道，使进口代理产品增加到200余种。目前，公司是美国ADM、ALLGCH、德国BASF、瑞士ROCHE、荷兰AKZO NOBEL等公司在中国西南地区或西部地区的总代理商，产品销往四川省及全国十多个省、市、自治区，成为西南经营规模最大、销售量最大、品种最多的饲料添加剂进口商，极大地提高了企业的国际信誉，也使企业效益逐年增长。

重视学术研讨，加强科技交流。随着国际贸易渠道的进一步扩大，公司与一些外国企业的各种学术、技术交流活动也日益增多。仅在2003年，公司就分别与美国奥特奇、瑞士罗氏、德国巴斯夫、荷兰英特威、意大利威尼达、德国安迪苏等公司共同在成都、云南、绵阳举办了9次国际饲料新技术、新产品研讨会，西南地区大中型企业的负责人、技术总监、品管部经理先后有1 450余人次参与会议。公司先后18次参加外国公司在南京、上海、广州、昆明、杭州、长春、西安、舟山等地举办的学术研讨活动。组织参加了国际生物技术在美国召开的学术交流会和赴澳大利亚学习考察活动。通过以上这些交流活动，增进了相互间的了解，加强了相互间的合作，更加重要的是它有力地促进本企业和四川饲料养殖业的科技进步，有效地提高了企业的知名度，并在全国树立了一个良好的企业形象。

为了适应饲料科学技术的高速发展，加强高新技术的研究与应用，促进科研与生产的紧密结合，经上级有关部门批准，四川省畜牧科学研究院在四川省畜科饲料有限公司科研开发的基础上，成立了四川省畜牧科学院动物营养研究所，专门从事动物营养、饲料应用科学及生产实用关键技术的研发与推广，承担国家级、省级重大科技攻关项目，与国外大专院校、科研单位和畜牧饲料企业开展技术交流、技术咨询、技术服务、技术转让和科技成果转让等合作。

在新的历史时期，面对机遇和挑战，公司提出“依靠科技，立足市场，全面实施产品开发”的发展战略，引进技术人才，充实研发队伍，加强技术创新，争创名牌产品，进一步调整产品结构，加快新产品研制的步伐，在中华多维、中华美味香、中华动力酸的基础上，又研制出“中华红又亮”、“中华富铁康”、“中华甜蜜蜜”等新技术产品。充分利用具有外贸进出口权的优势，继续扩大国际贸易业务，在抓好进口产品的同时开辟产品出口业务，积极参与国际间访问考察和学术交流，加强与国内大中型饲料企业的业务往来，进一步扩大影响，提高知名度。四川省畜科饲料有限公司表示，依靠逐步建立起来的以科技为先导、以市场为契机的科学的营销管理机制，将会使企业再创辉煌，实现新的腾飞。

争朝夕　更争百年

——前进中的成都大地饲料有限公司

成都大地饲料有限公司成立于1992年3月，是我国创建最早、规模最大的从事饲料调味剂研究和生产的民营企业。拥有一个由博士、硕士、归国学者组成，多年从事管理、动物营养和香精香料研究的人才网。具备先进的生产、检测设备，严格按照ISO9001：2000国际质量管理体系的要求，建立了完善的质量保证体系。

成都大地还生产甜味剂、大蒜素、酶制剂、酸化剂等饲料添加剂及浓缩饲料和复合预混料，同时开发生物技术产品。

成都大地在全国形成了比较完善的服务体系，产品远销东南亚。十多年来，该公司的饲料调味剂产品的质量和销量一直位居同行业之首，为中国民族饲料工业的发展做出了巨大贡献。

一、精于专业，致力于将企业锻造成“饲料调味剂专家”

成都大地董事长喻麟先生是国内饲料香味剂的著名专家，系四川大学生物工程学院博士研究生，自1988年6月起着手饲料香味剂的研究。先后在多家学术刊物上发表论文，引起了国内外同行的瞩目。由此往后，喻麟就一直致力于饲料调味剂的研究、开发与应用。作为一个学者型企业家，一个将知识转化成财富的成功代表，在企业运作的过程中，他将饲料调味剂的专业与安全视为企业的生命。

在成都大地的人员组成上，其核心力量是一支以博士、硕士、归国学者组成的并且多年从事动物营养及香精香料研究的专业队伍。其中高级职称17人，中级职称20人。博士4人，硕士7人，留日、留德、留美学者各1人。从事研发与技术服务工作的员工100％系高等院校动物营养与饲料工业相关专业的毕业生。成都大地员工经常在《饲料工业》、《饲料博览》等一些专业杂志上发表学术论文，并与国内外进行广泛的学术交流。同时，在加拿大UBC实验室、美国伊里诺斯大学、中国农业大学、四川农业大学等大专院校和科研机构，均有公司的技术顾问。

成都大地非常注重与科研机构及大专院校的合作与开发。先后与中国农业大学的专家进行饲料调味剂的合作与开发；与四川省农业科学院进行香味剂的产品分析并对作物花香成分进行生物合成过程研究，在四川大学进行合作研究，利用其生命科学院的尖端仪器开展生物工程研究；通过克隆香料基因表达，导致特定香料成分的产生；在美国伊里诺斯大学进行技术使用，利用基因工程技术研究蛋白质表达，并得到该大学专家Gibert R. Hollis教授在饲料调味剂方面的技术建议；公司还在加拿大UBC大学利用GC-MC-O分析仪，进行天然化合物及中药作用效果的研究。

成都大地严格按照国家标准和企业标准，对每一批次的原料、半成品和成品的抽样进行检验，由专家评香并留样备案。严格按照“不合格原料不入库，不合格产品不出厂”和“一票否决”制度。严格贯彻ISO9001：2000国际质量管理体系，确保产品质量。

成都大地质控部现有员工15人，其中高级职称4人，岗位分工严格而明确，香料专家评香师2名，现场质量监督3名，仪器分析2名，理化指标测定3名，包装与载体质量检验2名，成品质量评定3人。

为了保证香味剂产品质量的稳定，成都大地成立了富有经验的10人评香小组，在生产部门还专门设立了成品检验室。质控部现有评香室2个，分析室3个，仪器室1个。除化学分析外，还用气相色谱仪（毛细管柱）、751分光光度计、数字熔点仪、体视显微镜、阿贝折射仪等常规仪器进行分析。

二、诚于服务，完美奉献，为客户创造无限价值

成都大地自成立之日起，就以“根植大地、服务上帝”为公司的服务理念，如今这一理念已经随着公司的产品与服务传遍了大江南北及东南亚一些国家。成都大地认为，只有基于用户的满意，社会的满意，才有公司自己的满意。

“个性服务”的全程服务模式是成都大地产品品牌的重要内涵，服务意识已融入成都大地运作的血液，也深入了每个员工的心中。目前，成都大地的服务已经达到能够根据客户的饲料（或添加剂）配方情况、饲喂对象、区域气候以及生产工艺等，像设计师设计服装一样为每一个用户设计出他们自己最满意的产品。

成都大地公司通过经常性地举办一些饲料调味剂的技术研讨会，传播公司的服务理念，让客户更好地掌握饲料调味剂的应用，并指导性地提供一些能够创造更大价值的应用技术。除此之外，成都大地公司还经常邀请行业的知名专家进行相关知识培训，提高公司技术人员的技术服务水平及专业技能，公司成立了专门的技术服务部，定期走访客户，解决客户的疑难问题。

成都大地公司内部出版物《大地之声》成了连接公司与客户的桥梁，《大地之声》辑录了不少专业的技术服务文章，定期与客户进行一些技术交流，收到了较好的成效。

成都大地公司的主要产品有“大帝®”牌、“飘®”牌系列饲料香味剂、甜味剂、大蒜素、酸化剂；同时还生产酶制剂、预混饲料、浓缩饲料。其中“大帝香”被中国饲料工业协会确认为首届中国饲料工业博览会认定产品，“大帝香”奶香型产品获'99中国东北国际农业博览会名优产品奖，“猪用饲料香味剂”被认定为2001年中国国际农业博览会名牌产品，2003年7月被确认为主营业务属于“当前国家重点鼓励发展的产业、产品和技术目录”，并于2002年2月通过ISO9001：2000国际质量管理体系认证。

三、勇于创新，锐意进取，求强并不失时机地求大

在全世界范围内，尚未发现适合的量化标准检验饲料调味剂的情况下，成都大地公司的科研人员创造性地建立了饲料调味剂应用效果和评价体系。这属于行业内一个大的创新项目。这个体系的主要指标有偏嗜指数、愉悦度、透发力及耐高温性等。以动物饲养实验测定偏嗜指数，衡量调味剂的诱食效果；以专家评香小组评定调味剂加入饲料后对不良气味的掩盖能力；以模拟不同地区和不同季节的气候特点，测定香气的稳定性；以高温烘烤实验，测定香味剂的耐高温性。在上述测试的基础上，综合评定饲料调味剂产品是否对某种饲料具有应用价值和商品特性。利用这个评价体系和丰富的实践经验，为客户提供他们各自最为满意的产品。

2002年，成都大地公司借十周年庆典的东风，在成都投资购买了2余hm^2土地，建立了科技研发及实验中心，修建了猪、牛、羊、禽和水产动物的实验养殖场，配备了高科技的成套实验设备。利用这些软硬件措施突破性地采用24h连续摄像技术，对动物的采食行为和过程进行跟踪和研究。

成都大地公司还以大胆创新作为企业文化的重要内容，以员工的创新能力和创新成果作为员工考核的重要指标，设立创新奖，在这一思想的指导下，员工以公司为家，为公司的发展大胆地献计献策，极大地发挥了员工的主观能动性和创造力。

成都大地公司目前正朝集团化方向发展，集团公司由成都大地饲料有限公司、成都智能春生物技术有限公司、四川美意达贸易有限公司、四川美意达食品调味品有限公司、饲料原料公司（筹）、加拿大免疫化学品公司（入股）等6个子公司组成。现相关工作已经全面展开。

伴随着民族饲料工业的发展，大地公司已经逐步走向成熟并日益强大，她仍以“争朝夕、更争百年”的企业精神，不断前进，实现企业的可持续发展，为国家、为社会、为人类创造更多的财富，做出更大的贡献。

与客户共享成功 与员工共求发展 与社会共同进步

——重庆国雄饲料有限公司

一、企业概况

重庆国雄饲料有限公司隶属于全国政协常委、全国工商联副主席刘永好先生为董事长的新希望集团，于1998年在渝投资兴建的大型现代化饲料生产企业，是沙坪坝区政府重点引资企业，位于沙坪坝区上桥工业园区内，距上界高速公路肖家湾入口处、火车东站0.5 km。

公司配置了先进的膨化、颗粒和粉料生产线，自动清理、测温、通风的立筒仓，具有年产销配合和浓缩饲料10万 t、产值2亿元的生产能力。2000年12月通过了ISO 9001：1994质量体系认证，2003年通过了ISO 9001：2000转版。先后获重庆市用户满意产品、重庆市沙坪坝区骨干企业等荣誉。

二、主要产品

公司产销"国雄"、"奇佳"、"高远"牌系列配合饲料和浓缩饲料，猪、鸡、鸭、鱼、鹌鹑、兔、奶牛、其他特种动物的饲料产品近150个品种规格，能满足不同动物品种、不同养殖模式的需求。密切关注、研究动物品种改良，关注和研究引进优良动物品种的生产性能、营养需要、饲养管理、疾病防治技术，为规模化养殖场"量身定做"实用的技术方案。

三、经营情况

集团和公司实施了"深化片区管理，优化资源配置，简化业务流程，量化激励机制，坚持优质优价的产品路线，实现公司价值最大化"的经营方针；贯彻重庆片区关于"整合资源，产销分离，提升品质，优化结构，技术营销，深度细分"的24字方针；对克服行业不利因素、充分利用商机起了积极的作用。2003年与2002年相比，销量持平，销售收入增加5%。

四、质量管理

公司于2003年顺利通过了ISO 9001：2000转版。同时，在质量管理中应用了HACCP的管理思想。质量方针是：依法兴饲，倡导行业风范；技术创新，推动牧业发展；品质卓越，追求顾客满意；产业经营，实现社会效益。公司不断优化质量管理体系，从管理体制、机构建设、资源配置、产品和工作标准、产品定位、供方评审、原料采购、生产过程控制、质量检验、人员培训等方面抓"管理点"和落实，不用国家违禁药品，控制微量元素和饲料药物添加剂添加，加强饲料卫生指标的检测（如霉菌、霉菌毒素、沙门氏菌、大肠杆菌），确保产品质量，保障饲料安全；同时，倡导经销商、养殖户、兽医、药品经销户不用国家违禁药品，不超量使用、滥用抗菌药物，共同维护和培育健康的饲料和养殖市场，促进动物源性食品安全。

五、发展展望

公司的企业理念是：与客户共享成功，与员工共求发展，与社会共同进步。公司与粮食、油脂、贸易、畜牧、兽医、添加剂、农业、运输、行业科研与管理等相关方有广泛的合作和交流。致力于培养员工、经销商和养殖户，以及动物营养、饲料原料、生产工艺、质量管理、养殖技术研究和应用，生产和推广优质饲料产品，传播先进实用的畜牧业生产技术和经营管理思想。

公司将为促进养殖业发展，提高农民的科技意识、知识和经营能力，增加农民收入，繁荣地方经济，丰富菜篮子工程，做出更大的贡献。

富裕农村　服务大众

——贵阳处处春饲料有限公司

贵阳处处春饲料有限公司是由四川川泰集团投资2 000万元，在贵州省兴建的一家大型饲料生产性企业，自1997年创建以来，已走过了6年征途。6年诚信服务，6年拼搏进取，这支充满生机和活力的团队，在党的十六大精神指引下，与时俱进，正在为全面建设小康社会、促进贵州经济发展而奋力前行。

贵阳处处春饲料有限公司以"富裕农村、服务大众"为企业宗旨，立足贵阳，面向全省发展。引进英国西蒙公司的先进设备，针对贵州省畜牧业的养殖实际，逐步推出了猪、鸡、鸭、鱼、牛等5个系列80余个品种的"川泰"、"处处春"牌高档浓缩料和全价颗粒饲料，深受广大养殖农户欢迎。年产销量为3万t，产值近6 400万元，创利税百余万元，为推动贵州省畜牧业的发展做出了自己应有的贡献。先后被相关部门评选为贵阳私营二十强、贵州省饲料工业最大生产企业。

6年来，乘着西部大开发的春风，随着贵州省经济的腾飞，该公司在集团的统一领导下，根据企业的实际情况，开创并形成了一整套有企业特色的企业文化：

一、以人才为企业之本

贵阳处处春饲料有限公司坚持人才立业，人才兴业，尊重知识，尊重人才，公司员工200余人，其中大中专以上文化程度的占80%以上，专业人员达50%以上。该公司立足于实际，坚持以能量才的用人精神，根据各岗位的工作需要及员工的实际情况，制定了一套严格、灵活的用人机制：公司的人力资源部根据各位员工的综合能力、爱好和特长，引导他们进行科学的职业生涯规划，并依此安排到合适的岗位，使每一个员工都能爱岗敬业，最大限度的展示自己的才华。

二、以科技为企业之根

始终坚持科学技术是企业发展的第一生产力，坚信科学技术是产品品质的保证。该公司从建立之初就从英国西蒙公司引进了先进的饲料生产设备。并斥巨资配置、完善检测化验设施（公司拥有贵州省饲料业惟一一台"色谱仪"检测器），以确保品质、配方指标数据之准确性。公司的生产全部由中控操纵，配料系统全部由电脑操作，螺旋喂料由数码调控，蒸汽调节、物料糊化、杀菌除毒均由数控装置监测。企业不断更新装备,加强技术改造,在行业内率先引进了熟化料的生产设备,使原材料经过熟化后再进入正常的饲料加工工艺流程,提高了饲料的消化率、减少了用户对抗生素类药的使用和猪、鸡、鹅、鸭等动物体内的药物残留,真正是绿色环保饲料,并降低了产品成本,提高了产品档次,增强了市场竞争力。只进无退的科学技术,使贵阳处处春饲料有限公司从不停步,使代表先进生产力的科学技术迈上一个又一个新的台阶。

三、以质量为企业之源

贵阳处处春饲料有限公司之所以能在群雄逐鹿、强手如林的贵州饲料市场竞争中占据一席之地，一个最根本的因素就是坚持以产品质量求生存。公司所有产品的配方都由国内著名动物营养学专家进行设计，追求营养指标上限化、全面化。同时，建立了全员质量管理体制，树立全员品控意识，让每一位员工都参与到质量管理中来，每一个工序就是一个质量管理单位，员工有权拒绝上道工序不合格的产品，形成了“从每一位员工做起、从每一道工序做起、从每一个细小环节做起”的“三每”监督制度，严格维护产品质量，不合格的原料坚决不能进厂，不合格的成品坚决不能出厂。为此，使贵阳处处春饲料有限公司在全省范围内拥有了一大批忠实的经销商和用户，也使公司销量一路攀升。

四、以诚信为企业之魂

市场经济的竞争法则与公司的经营经验，使贵阳处处春饲料有限公司进一步确立“诚信”为企业之魂的地位。公司遵守一切合同，履行一切承诺，建立健全了畅通的市场营销网络和良好的售后服务体系，与全省近千名经销商建立了真诚守信的合作伙伴关系，企业的知名度、美誉度不断提高，产品的竞争力、辐射力不断增强。近年连续被金融机构评定为AAA级信用单位，被技术监督部门评定为质量信得过企业，产品亦被评为消费者喜爱的商品和中国质量万里行推荐产品。

饮水思源，贵阳处处春饲料有限公司在发展的同时，也不忘回报社会，为了彻底改变贵州省畜牧业现状，提高养殖户的养殖技术水平，振兴地方经济，投资50余万元与相关单位合作，在全省范围内开展送科技下乡活动：

1. 组织当地懂科学、有潜力、规模较大的养殖户开办技术讲座，提高其养殖水平。

2. 聘请省内外畜牧业专家，在各乡、镇、县举行专家讲座会，向广大养殖户全面、系统、详细地讲授科学养殖技术及防病抗病方法，全面提高全省的养殖技术水平。

3. 在条件成熟的乡镇建立“处处春科技养殖示范村”，以带动广大养殖农户走科学养殖致富路。聘请40名养殖技术人员，长驻“处处春科技养殖示范村”，解决养殖户在养殖过程中所遇到的各种问题，使广大养殖户能把所学到的养殖技术运用到实际生活和生产中，同时印制大量的《农村养殖实用手册》发放到养殖户手中，以帮助其增加养殖知识，提高养殖效益。

4. 协助当地政府业务部门，开展品种改良工作，提高畜禽商品的转化率，增加农民收入，促进农村经济发展。

5. 协助当地业务部门，从国内外引进改良猪种，进行品种改良。同时向养殖户提供成品猪的销售信息和渠道，以提高养殖的市场回报率，在增加农民收入的同时也有利于地方经济的建设。

以上工作正在有条不紊的开展中，并初见成效。公司内部经过不断的调整，也实现了各种资源的优化配置。在邓小平理论和“三个代表”重要思想指引下，在党的十六大精神指引下，在贵州省委、省政府提出建造畜牧大省的战略思想号召下，处处春人开拓创新，锐意进取，与全省、全国人民同步，将努力开创新局面，建立新业绩，公司的前程将更加辉煌，公司的明天将更加美好！

以信为本　以智拓展

——贵阳新希望农业科技有限公司

贵阳新希望农业科技有限公司是四川新希望农业股份有限公司借西部大开发东风，为满足贵州省广大养殖户的需求，在贵州兴建的饲料生产及农业开发的综合型现代化企业。公司占地4余 hm^2，紧邻321国道和贵黄高速公路，距贵阳市城区10 km，交通便利。公司是贵州省目前最新最大的饲料生产企业，设备一流，配置了当前贵州省惟一的膨化饲料设备，运用先进的饲料后熟化及后喷工艺，具有年产30万t优质畜、禽、鱼饲料生产能力。

一、人才是基础

贵阳新希望农业科技有限公司员工60%以上具备中专以上文化程度，公司管理层员工70%以上具备本科以上文化程度，公司拥有一支具有丰富实践经验的畜牧兽医专业服务队伍，同时公司在全省各地有5 000多个实力雄厚的销售商，他们具有多年的销售、养殖和服务经验。

1. 坚持德才兼备、择优录用的原则，严格人才招聘程序，从社会上广招贤才。

2. 加强对企业员工的在岗培训，强力打造学习型团队。团队学习的方式无处不在，贯彻于日常工作的始终。团队学习融化在每一次谈心、每一次会议、每一项工作布置、每一次总结、每一篇日记、每一次培训等日常工作中。

3. 建立考核激励机制，干部能上能下，员工能进能出。重业绩，讲奉献，惟才是举，一切干事业、求发展的人都能在公司找到施展抱负的舞台，发挥一技之长。崇尚进取，崇尚高效率。

二、质量是根本

质量是企业的生命。长期以来，该公司始终坚持“以质量求生存”，严格按ISO9001国际质量管理体系的要求，确保产品质量的稳定，以产品质量的稳定确保市场的稳定。

贵阳新希望农业科技有限公司产品“希望”、“恒博”、“新珠”、“展望”、“好人”等5种系列饲料，是动物营养专家根据国内外饲料行业最新研究成果，结合贵州养殖实际，通过电脑精细配方推出的新品牌，具有适口性好、饲料转化率高、迅速提高饲养对象健康水平和免疫功能等特点，使饲养对象生长迅速且肉质细嫩，是广大养殖户致富的好帮手。

三、服务是保障

加强对客户的培训，是贵阳新希望农业科技有限公司始终能赢得客户的法宝。该公司每月组织专家对客户进行培训，培训内容包括：养殖技术、疾病预防、营销策略、网络设置、养殖动态，增强客户经销公司产品的信心和决心。

及时解决客户投诉。对客户提出的投诉，必须在24h给予解决，帮助客户分析原因，提出纠正和预防措施。让农民对公司产品买得放心，用得称心。

组织专业化的技术队伍走村串寨，做养殖示范，手把手教农民养殖技术，转变农民的养殖观念，使其做到科学养殖，从而扩大养殖规模，帮助农民发家致富。

四、管理是关键

管理是一门学问，来不得丝毫的随心所欲。一个管理的错误是多少纠正措施也无法挽回的，它会留在人们的心里。就像钉在木板上的钉子，即使是将钉子拔去，而伤口却永远留在木板上。

规章制度是人制订出来的，人具有亲和力，制订出来的规章制度也要具有亲和力，这样的规章制度就可能更容易执行。公司强调制度管理，减少随意性。

贵阳新希望农业科技有限公司遵循建设“百年新希望”的目标，奉行“诚信永恒，博采众长”的企业理念，打造“以信为本、以严治厂、以智拓展、以博超群”的企业活力，对经销商、合作者和用户以诚相待，讲求信誉。

贵阳新希望农业科技有限公司秉承“依靠政策，发展事业，服务人民，回馈社会，报效祖国”的企业宗旨，“与社会共同进步，与员工共求发展，与客户共享成功”，努力为“兴黔富民”作贡献。

西部大开发的弄潮儿

——贵州台农饲料有限公司

贵州台农饲料有限公司是台湾正源集团董事长李昭宏先生在贵州省投资的一家集种植、养殖、饲料研究、生产、销售为一体的大型公司。李昭宏先生看准了贵州地区养殖业的巨大市场潜力和远大的发展前景，在西部大开发的号召下，于1998年5月在贵阳市三桥成立了贵州台农饲料有限公司。公司以帮助农民走出困境，带动和帮扶农民致富为发展目的，由于有一套较为完整的科学的管理方法，成立不到一年，便取得了良好的社会效益和经济效益。随着公司的快速发展和市场需求的不断扩大，三桥公司规模已经远远不能满足市场的需求，为进一步拓宽市场，扩大投资规模，台农公司于1999年6月，在贵阳市高新技术开发区投资近800万元，重新组建了一个年产能力近3万t的大型饲料公司，并相继研制开发生产了多种禽、畜、鱼用系列全价颗粒饲料、浓缩饲料等十余个品种的各型饲料。与此同时，公司还开展技术咨询、管理咨询、饲料配方服务等，在实践中不断创新，在创新中不断发展，在发展中不断壮大。在各级政府领导的关心支持下，台农公司通过自身努力快速成长起来，产品在市场的占有率不断上升，销售量一跃成为贵州省饲料公司的前几名，并于2002年4月5日被贵阳市政府评定为贵阳市农业产业化重点龙头企业。

台农公司之所以能在贵州的饲料、养殖市场扎根发展获得成功，并取得骄人的社会效益和经济效益，与其自身产品的特点密不可分。该公司结合贵州省动物的生长需要，配以美国、日本及台湾菌种研究所研制的“优酪酸生物活性菌”融于饲料中，使产品具有极为卓越的品质，对猪、鸡、鸭、鱼的生长能产生突破性的效果，而且“优酪酸生物活性菌”的运用，台农公司在全国的饲料行业还是首例。现在公司所生产的饲料主要有5大系列：①猪料系列。适用于不同阶段猪的颗粒全价配合饲料、浓缩饲料。②鸡料系列。蛋鸡、肉鸡、土杂鸡地方品种改良饲料。③鸭料系列。商品肉鸭、蛋鸭、麻鸭饲料。④鱼料系列。鲫鱼、鲤鱼、草鱼、池塘混养鱼饲料。⑤牛料系列。牛生物饲料，特别是美国、日本及台湾菌种研究所研制的“优酪酸生物活性菌”，经研究所总部和贵阳养殖实验基地反复试验论证。最后，终于研制出全新浓缩饲料产品——“优酪酸蛋白浓缩饲料”。将“优酪酸”蛋白的独特使用效果与台农饲料的产品特点合二为一，融合了二者的优点，这种优酪酸浓缩生物饲料，富含多种有益活性菌，对家畜的消化、整肠健胃及促进生长有明显效果，而且，饲料转化率高，增重快，可缩短饲养周期，节省饲料，提前上市，取得满意的经济效益。

台农公司并没有满足在生产饲料上所取得的成功，饲料业是养殖业发展的基础，日趋发展壮大的台农公司为公司发展养殖业打下了坚实而有力的基础，于是，公司相继于2000年10月和2001年底，分别在贵州龙里新建了一个投资800万元的集种植和养殖为一体的大型综合农场。随后，在2002年，又一个投资近1 100万元的大型万头猪场落户开阳。猪场占地面积33hm²，第一期工程于2002年3月正式动工，采取边建边投产方式，建成猪舍11栋约7 000m²，建有产仔床400张，保育床1 300m²，母猪定位栏1 700个。目前，全场已存栏生猪8 000余头，其中存栏能繁母猪1 400头，后备母猪600头，种公猪60头。年可创造生产总值1 200万元，实现销售利润250万元，带动农户3 000余户养猪致富，第一期工程已于2003年全部完工。

台农公司首先考虑到改变贵州落后的养殖水平必须从源头做起，改变猪种结构，发展优良的“三元”杂交仔猪，以此提高养殖效益，没有好的仔猪品种，再好的养殖条件和管理水平都不能有效提高养殖效益。因此，台农公司大力发展长白、大约克二元能繁母猪，配杜洛克公猪，每年可为农户提供“三元”仔猪3万头，同时，公司还采用科学的饲养方法，将公猪、母猪、仔猪分别饲养，母猪产仔时要进入专业的产舍中进行专门的护理，优良的猪种再加上优质的饲料，养殖效益将会更上一个新台阶。

台农公司采取的“公司＋农户”这一运作方式，带动广大农户走上致富之路。从2001年起，公司先后在白云、乌当、开阳、修文、息峰、龙里等地实施“公司＋农户”方案。该方案是由公司有偿发放优良三元杂交仔猪及优酪酸浓缩饲料给农户，4个月后，公司以保护价回收农户饲养的商品猪，当市场价低于保护价时，公司必须以保底价回收，保证了农户每头猪至少有50元的收入；如果当市场价高于保护价时，则随行就市，以市场价回收，农户在毫无风险的情况下保证了每头猪能有50～200元的纯利可赚，这样就极大地提高了农民的养猪积极性。目前，台农公司采取“公司＋农户”的推广已取得了很好的成绩，并带动了3 000余户农户受益。它的成功，关键在于优良的三元仔猪加上绿色环保的优酪酸浓缩饲料，并配以台湾先进的养殖管理技术。并且，在“公司＋农户”的实施过程中，公司实行全程服务，通过产、供、销的有机结合，无需农民再考虑风险问题，为农民带来了巨大的实惠。

台农公司从1998年落户贵州至今，经过5年历程，终于从幼稚走向成熟，从弱小走向壮大。贵州省省委副书记黄瑶曾几次亲临台农公司开阳万头猪场进行调研，对公司的发展给予了高度评价，副省长禄智明、市委副书记罗大林、市长孙国强、常务副市长许朗、副市长罗筑云等省、市领导也多次来到开阳县万头猪场，为公司的发展谏言献策，排忧解难。同时，台农公司在贵州省的辉煌业绩也受到了中央及省市媒体的高度关注，2003年3月国务院台湾事务办袁寒冰部长曾亲自率中央电视台国际频道《两岸万事通》栏目组，对台农公司进行采访，开阳县委、县政府于2003年2月还授予台农公司非公有制经济先进企业称号等。

面对成功和荣誉，回首创业的艰辛，台农公司还将一如既往，奋勇直前，正如公司董事长李昭宏所说的：一个企业的成功不算成功，上千农户走上致富路不是最终目的，台农公司追求的是整个贵州因有台农公司存在而快速提高养殖水平，望贵州所有的养殖朋友都能加入到台农公司的队伍中来。

延伸产业链　力争饲料十强

——云南神农农业产业集团

云南神农农业产业集团（原云南神农饲料有限公司）创建于1994年，是一个以饲料生产为主，涉足育种、养殖、种殖、畜产品加工、贸易等领域的农牧科技集团企业，是农业产业化国家级重点龙头企业、全国饲料百强企业、省级和昆明市农业产业化重点龙头企业、云南私营百强企业以及云南省最大的农牧民营企业、云南省农业银行授信为AAA级企业。

集团下属云南神农农业产业集团有限公司（原云南神农饲料有限公司）、云南大力生饲料有限公司、云南农生饲料有限公司、云南优耐特动物食品有限公司、广西东方红饲料有限公司、云南东方红饲料科技有限公司、云南远山食品有限公司和云南神农育种有限公司（中美合作石林PIC种猪场）、云南神农PIC示范养殖场9个全资子公司。集团总资产超过1亿元。2003年饲料产销量已经突破20万t，销售额达5亿元，实现税利上千万元。2002年其子公司广西南宁东方红饲料有限公司被南宁市政府评为优秀私营企业。

董事长何祖训，生于1965年，1987年毕业于华南农业大学，曾就职于陆良县畜牧局、深圳康地正大有限公司，目前是官渡区人大代表、云南省饲料工业协会副会长。

神农集团公司现有员工769人，其中博士1人，教授3人，研究生8人，大中专毕业生400多人。另外，还负担着1999年兼并的国有昆明中安实业有限公司的265名下岗职工。

一、企业发展历程

1994年创建于陆良马街，3万元起家，一口大锅拌料，作坊式加工生产。

1995年搬迁至昆明关上租赁倒闭小厂生产经营。

1996年再租赁昆明肉鸡厂生产。

1998年又租赁第三个加工厂——官渡区食品公司饲料厂生产。

1999年自建年产10万t的云南神农饲料有限公司（现云南神农农业产业集团有限公司），神农开始有真正属于自己的饲料厂。

2001年走出云南在广西南宁新建年产12万t的南宁东方红饲料有限公司。

2001年在大理新建年产3万t的云南大力生饲料有限公司。

2003年在昆明新建年产18万t的云南优耐特动物食品有限公司。

2003年在石林新建云南神农育种有限公司（中美合作石林PIC种猪场）。

2003年收购原金穗集团昆佳饲料有限公司，成立了云南农生饲料有限公司。

企业在不到十年的时间里，每年以50%以上的增长速度快速发展，经过了由作坊式私营企业到规范化、制度化、程序化的现代企业，再到以企业文化为核心的价值管理型企业的发展历程。

二、企业快速发展的体会

一是抓人才与素质建设。始终坚持以为社会和客户创造价值为己任，热爱客户，善待员工，奉行利人再利己的原则，重视人才，引进人才，不惜代价发掘人才、储备人才，以开放的心态从全国各地高薪聘请了一批有真才实学的人才，以求企业更大发展；实行价值型管理，领导充分授权，做到人人有事做，事事有人做，领导做正确的事，员工正确地做事，使员工对公司有归宿感和认同感；采取挑战、激励、鼓舞和奖励等方式，创造一个公正公开的平台，让所有员工都有同等成长、发展和提升的机会；重视人才的培养，这既是学校的责任，又是企业的责任，不向员工承诺提供终身就业的机会，但要努力培养员工终身就业的能力。

二是长期坚持“代表广大农民的利益”这样一个根本出发点。神农集团在云南省陆良、宜良、江川、石林、施甸、腾冲等市、县建立了养殖示范基地，带动和扶持了一大批农户发展养殖，并达到增收致富的目的，仅在昆明地区养肉鸡500只规模以上的专业户就有800多户，养殖肉鸭500只规模以上的有500多户，养商品猪100头规模以上的有150多户。

三是坚持用“现代神农”的理念培养知识型农民。神农集团除了对公司员工每月培训5天之外，还要求公司每个技术员每月必须到农村开5次培训会，拜访50家农户，同时建有5家示范户，每次培训的人数不少于30人。这样的培训制度已坚持了四五年，每年培训的农民超过30万人次。2003年仅在陆良县就培训了7 000多户农户，培养重点养殖户近千户，仅集团技术总监和教授先后在祥云、弥渡、保山、丽江就作200多场次的技术讲座。

四是依托技术和质量造就品牌优势。将畜禽需求、养殖户要求与兽医知识、动物营养、原料价值等综合在一起，将饲料配方作为一个系统工程，进行无数次的推敲、尝试与筛选，研究、开发出在同行业具有领先水平的系列饲料配方；质量管理方面，坚持视产品质量为企业求生存、求发展的基础，是云南省第一家通过ISO9001（2000版）国际质量体系认证的饲料企业。

五是有先进的企业文化。神农是中国远古神人之一，是炎黄子孙，炎帝乃神农氏，神农为人类从狩猎经济走向农业经济作出重大贡献。植百蔬、种五谷、以养万民；尝百草、研医术以救苍生；育蚕丝、制铜器教化天下。神农之所以取名为神农，寓意要有开拓、创新、勤劳、奉献的精神，做现代神农——改变农村传统的生产模式，致力发展优质、高效农牧业；用科技武装农民，造就知识型农民。神农文化主要体现在以下几个方面：

(1) 相对社会，神农企业是社会的一分子，因此必须融入社会。企业的一切活动必须遵守国家的法律法规。企业的发展方向必须促进社会繁荣，为社会创造财富。

(2) 企业的主体即神农天地＝客户＋员工＋自我。

(3) 客户是企业生存与发展的土壤基础。

(4) 员工是企业自下而上发展的主体。

(5) 自我是企业生存与发展的代表。

因此，企业要善待员工，员工才会善待客户，客户才会善待企业，自我才能体现价值。

六是有先进的营销理念。神农公司从创立之初就确立了公司的事业目标：改变农村传统的生产模式，致力于发展优质、高效农牧业；用科技武装农民，造就现代知识型农民；神农代表广大农民的利益；神农不是为卖产品而卖产品，不是追求眼前的短期利益，不是停留在“王婆卖瓜”型的销售推广模式上，而是建立在现代企业、现代营销推广管理模式上，以求得长远发展。神农的市场在农村，广阔的农村市场赋予神农生存与发展的空间，农民是企业的衣食父母。为此，建立了3种营销理念：

(1) 文化营销。深知畜牧业在三农中的重要地位，了解三农、分析三农、发展三农。知贫、言贫，为的是脱贫、洗贫。神农文化的推广感动了广大农民，得到了农民的认可，奠定了广大农村的市场文化根基。

(2) 观念营销。公司及营销人员针对农民见识少、受教育程度低的特点组织大量的培训来改变传统思想、习惯思维，帮助制定家庭财务计划，教会子女学习的方法、投入产出概念、传统农牧业与高效优质农牧业的区别、养殖从肥田到赚钱的质变、产品有效成分分析等等知识。通过量的培训，参与式研讨会，使广大农民开拓了视野，增长了见识，增强了自身生存与发展的能力。

(3) 服务营销。神农认为产品＝实物＋服务，没有服务的产品不是产品，神农公司以客户满意度为中心，实行服务营销。规定每个销售人员每月必须拜访50家农户，发展5户示范户，做8个门市宣传和3个产品技术推广培训会。由于大量的产品推广工作，神农产品得到越来越多农户的认可与信赖，神农品牌深入人心。

三、企业发展方向、目标和措施

集中力量发展优势产业（饲料），逐步延伸产业链，向养殖和畜产品加工延伸，建立以食品加工业为龙头、饲料工业为基础、良种繁育作为产业支撑的农牧科技产业化集团企业；同时进行股份制改造，选择全部或部分上市进入资本市场，使企业实现社会化。

总发展目标：到2010年进入全国饲料十强，饲料销量150万t，年营业额30亿元，利税超过1亿元，向一体化方向发展。

具体措施：

1. 2003年已经与全球最大的种猪育种公司美国PIC合作，在石林县维则乡兴建1 200头祖代猪的扩繁场，面向全省提供优良种猪进行品种改良，同时配套进行标准化父母代、商品代生产基地建设，对基地实行统一供种，统一供料，统一防疫，统一饲养管理标准，统一回收加工。计划3年内发展250家父母代专业户，500家商品猪专业户，100个PIC商品代专业村，目标发展年产100万头猪生产基地，为昆明市民提供真正健康安全的猪肉食品。目前已在石林县、呈贡县、富民县、陆良县、施甸县等地建立了15户示范专业户，饲养效果表明，PIC商品猪不论是从生产性能，还是健康状况、肉质风味等方面均表现出优异的性能。农户每饲养1头PIC商品猪比传统饲养猪多收入50～70元，具有广阔的市场前景。

2. 作为配套项目，投资3 000万元，按无公害标准设计建设的云南优耐特动物食品有限公司已竣工。

3. 计划投资1亿元兴建年屠宰加工100万头PIC生猪的现代机械化屠宰线，按欧共体标准，全套引进荷兰施托克生产线，以高起点生产高品质的冷鲜肉，供应昆明市场。同时在昆明建立50个健康肉标准化的连锁猪肉食品店，真正为昆明市民提供放心肉、健康肉。

目前，年屠宰100万头PIC生猪的现代化机械屠宰线已经通过省农业厅组织的可行性论证，并列入省级畜产品加工“22355”行动计划，现正在为工程开工作积极准备。

神农的发展，正朝着其终极目标迈进，那就是通过龙头企业带动，把“小农户国际标准化”作为畜牧现代化的核心，以高技术改造提升传统产业模式，引导千百万农户进行全球化经济（市场）建立发展中国畜牧产业链框架，以食品加工业为龙头，以饲料工业为基础，以良种繁育作为产业技术支撑，以信息化带动产业化，促进农业现代化等有效手段，增加农民收入——让农民尽快富裕起来，让农民真正神气起来。

握致胜法宝　激流勇进

——奋进中的云南广联畜禽有限公司

云南广联畜禽有限公司在总经理王晓林的带领下，在集团总部的正确指引下，在当地政府部门的关怀及广大客户的支持下，通过全体广联人求实创新、不断总结、团结拼搏、勇于进取，生产经营取得了喜人业绩，并在较短时间内居于云南饲料行业前列。

那么，云南广联的致胜法宝是什么呢？

法宝一——快

公司从破土动工到投产使用仅短短5个半月，创造了昆明建设史上的又一个“深圳速度”。投产以后，云南广联又加快步伐、加大力度进行市场开发。

针对社会上出现的“疯牛病”、“二噁英”及“瘦肉精”等事件，在集团发起“饲料安全质量承诺宣言”并大力倡导“绿色饲料”的前提下，快速推出“绿色饲料”，从而让市民吃上放心肉和放心蛋。

法宝二——准

云南广联也深刻认识到饲料的日趋微利化，于是走“扁平化”之路，使销售网络不断下沉，做终端、“零账款”，从而实现公司销售模式上的变革。

在经营中公司还力求准确把握市场脉搏，以市场为导向，资源为依托，效益为中心，依靠科技，优化配方，积极创新，坚持将产品定位于“高科技、低价位”。这也是公司在云南红土地上赢得竞争的原因之一。

法宝三——狠

公司在生产经营上不满足做大，更追求做强，一刀砍掉亏本经营产品，降低部分非赢利产品的推广力度，将重点放在具有高附加值的乳猪浓缩饲料、预混料、水产料等产品上，同时加大科技投入，提高服务质量，从而使企业从数量型向质量效益型转变。

另外，云南广联畜禽有限公司进一步加强对员工进行企业文化宣传和教育，实施科学动态管理，加大考核力度，在集团实施月度考核的基础上增加了日考核管理，另一方面努力营造“公平、公正、公开”的用人环境，大力引进优秀人才，淘汰不合格员工。

法宝四——好

公司在原料入库时认真抽检、严格把关，杜绝一切“人情料”，同时，在使用中，又层层把关，避免变质原料进入生产流水线。

为了做到“文明生产”、“安全生产”，公司将每年5月份定为年度生产安全月，天天讲，时时讲，大力向员工宣传安全生产知识，使员工牢固树立“安全工作无小事”的思想。与此同时，公司还不断开发新产品，目前，公司已开发了猪、鸡、鸭、鱼、奶牛、特种养殖等6大系列100多个品种的高科技饲料，且合格率达100%，其中如“金广联”、“广联宝”等众多品种还成为云南饲料市场上倍受养殖户欢迎的产品。

经过全体广联人的努力，云南广联畜禽有限公司曾被评为外商投资先进技术企业、省外商投资先进企业和区级文明单位，并在集团中获得 公司进步奖、先进公司、最佳效益奖等集团荣誉。总经理王晓林先生也被云南省饲料工业协会第四届会员代表大会选为云南省饲料工业协会第四届常务理事会常务理事。

法宝五——勤

公司一直重视创建“学习型组织”。充分借助现有设施（如学习中心等）、教育设备、文体器材及邀请外部师资力量为广大员工开展各种有意义的学习性活动。

公司大力开展轮岗培训活动，经过培训，员工素质得到了提高，同时各部门还涌现出一大批“多面手”。

“勤于学习，善于学习，终身学习。”公司一直以集团的学习观来要求自己，并力争成为集团内优秀的学习型团队。

法宝六——精

公司在大力搞企业文化建设的同时，坚持不懈地做好产品的售前、售中及售后服务。较为明显的是窗口服务建设活动开展得轰轰烈烈。工作中，大家都做到“客户的需要就是我们的责任，客户的满意就是我们的追求”，从日常的一言一行、一点一滴做起，用微笑来面对不同的客户。

在狠抓窗口服务建设的同时，公司还大力开展各种部门、个人“争先创优”等活动，设立“值班经理制度”、“表扬批评栏”、“经典建议奖”，开展班前会及工作日记管理，进行不定期的部门环境卫生、宿舍卫生等检查评比及“5S”管理评比，以实现公司规范化管理。

走创新之路 展产业辉煌

——陕西汉宝科技发展（集团）有限公司

汉宝集团是一家致力于饲料及饲料添加剂生产与销售、畜牧水产业发展、苗种改良、生态环境建设、生物制剂生产、基因工程研究和开发的融研发、生产、销售于一体的大型企业集团。陕西汉宝科技发展（集团）有限公司作为企业集团的核心公司，下设西安汉宝生物技术发展有限公司、北京智水生物技术有限公司、上海汉宝生物工程有限公司和广东汉宝生物技术有限公司等4个控股子公司。

公司成立多年来，一直遵循“以股权为纽带，以效益为中心，以创新为依托，以产业发展为重点”的发展方针，在饲料及添加剂、畜牧水产病害防治、苗种研究、基因工程、农副产品深加工等领域求得发展和突破，使企业成为中国同行中的佼佼者。

一、加快企业产业化进程，实现产业“一条龙”

公司现在国家级开发区——西安经济开发区泾河工业园建有西北最大的饲料生产基地，设备全部采用国际上先进的电脑控制成套设备，其中包括全价颗粒饲料生产线1条，浓缩饲料生产线1条，预混料生产线1条，酶蛋白生产线1条，是目前西北地区规模最大、设备最先进、技术含量最高的综合性饲料加工企业。现又已投资按照GMP标准兴建了大型的动物药品生产基地，并已申报开发汉宝品牌冷鲜肉、无公害鸡蛋加工项目，利用集团自身生产猪、鸡等优质无公害饲料和兽药的优势，采用公司供给饲料、兽药及仔猪（仔鸡），并提供科学喂养方式→农户定点喂养（全程疫病监控）→公司按规定标准回收，通过集团带基地，基地带农户的运行模式，实现公司加农户，供、养、加、销一体化经营。

通过公司加农户的方式带动农村养殖业和种植业的健康高速发展，并通过正在组织的农产品加工一条龙项目，扩大畜牧业生产规模，推进农业和农村经济结构的调整，加快畜产品各环节的技术创新步伐和产业化进程，提高产品质量和档次，发展“绿色”农业，保障食品安全，提高农户收入。

二、重管理，保质量，求人才，勇创新

公司自始至终把产品质量的保证和提高放在企业管理工作的首位，公司建立了自己的饲料、药品、生物工程研究中心，拥有一大批具有中高级专业技术职称和大学本科以上学历的技术管理人员，在已通过了ISO9001质量认证的基础上，分别按ISO9000和GMP要求制订了一整套产品质量保证管理制度和员工岗位责任制度，为产品质量保证系统提供了坚实的组织基础。公司的研究人员与多家国内外科研机构及大专院校合作嫁接，及时跟踪高新技术，使企业产品始终处于行业领先地位。

集团注重人力资源的开发、维护、保值、增值，力求实现企业和员工的共同发展，达成“双赢”。公司现已有员工700余人，其中大专以上学历者占到总人数的85%，使集团管理层汇集了一批有丰富管理经验、超前经营理念、扎实专业知识背景的高级人才，充实了公司各层面的管理及技术人才。并先后在上海水产大学设立了“汉宝奖学金”和“汉宝科研基金”，为企业的人才储备、科研开发和科技成果转化提供了良好的保障。

目前，公司已成功地开发研制了畜禽水产饲料、畜禽水产预混料、生物工程酶制剂等200余种产品，其中利用高科技生物技术研制开发的高效能复合酶蛋白饲料是国家惟一复合酶蛋白饲料项目，“汉宝”牌高效能酶蛋白饲料系列产品成为国家同类产品的佼佼者，并获得国家专利及陕西省科技进步二等奖。丰富的产品，合理的产品结构，提供了更多的市场机会，提升了企业的竞争力，也使企业的品牌效益得到了扩大化。

三、发挥集团优势，构筑营销网络，创建国际品牌

集团通过成立子公司、建立直销办事处和经销商，从而确定了固定的客户群，以点带面，形成国内同行业中较理想的销售网络体系。为配合这一网络发挥其优势，又成立了拥有博士、硕士学历和资深专业经验的专业人员组成的技术服务部，定期拜访客户，加强售后服务，举办养殖、营养等方面的技术培训和养殖讲座，并与西北农业大学、华南农业大学、上海水产大学、中国水产科学院及多家科研机构的有关专家联合组成“汉宝科技专家咨询小组”，形成以优质产品为基础、市场信息为桥梁和技术服务为支持的销售网络。

集团子公司之一的北京智水公司，主要负责公司产品在东北、华北地区的总经销，同时和中国水产科学院有着广泛的合作，使众多的科研成果能迅速转化为科技产品，在水产病害防治药物的研制方面具有独特的优势；上海汉宝公司则坐落于水产科研最高学府上海水产大学校院内，是集团公司产品开发和人才培育的基地，同时负责公司产品在华东地区的总经销；广东汉宝公司主要负责公司产品在广东沿海地区的总经销，同时也是产品试验的重要基地；而西安汉堡公司则负责本省及河南、西北西南的经销，是产品研发、生产的重要基地。除此之外，陕西汉宝公司还在山西、河南、宁夏、四川、云南、贵州、湖北、辽宁建立了办事处，在全国各地拥有近千家合作紧密的经销商，经销网络遍及全国主要畜牧水产业集中地区。

四、坚持创业，再展辉煌

集团在不断努力的进程中，先后被中国农业银行授予“AAA”级信用企业客户，并通过了ISO9001质量体系认证，获得中国饲料行业百强企业称号及陕西省产业化重点龙头企业等诸多荣誉。

汉宝集团一直遵循“以高科技为依托，以产业发展为重点，以社会效益为中心”的经营方针，秉承“汉宝的创造源自您难以解决的问题”的价值观。以“诚实、高效、创造”的企业理念为指导，紧抓发展机遇，坚持创新，全面提升产品品质，实施饲料和畜牧水产养殖产业可持续战略，以结构调整为主线，以体制创新为突破，扩大企业规模，培育优势主导产业，加快产品化发展，力求将集团发展成为中国乃至东南亚同行业中最大的股份制企业集团。

创新企业管理　做强龙头企业　促饲料工业发展

——陕西省饲料厂

陕西省饲料厂位于陕西杨凌农业高新技术产业示范区邰城路2号，1990年6月投产，是陕西省农业厅直属的现代化国有饲料加工企业。全套设备从瑞士布勒公司引进，年生产设计能力5.1万t。企业控股公司有：陕西金冠牧业有限责任公司和陕西劲达饲料有限公司。目前企业总资产达到7 000万元。

企业以其先进的水平、严格的管理及优质的服务，向社会提供“华秦”牌鸡、猪、牛、鱼各生长阶段的添加剂（多种维生素、微量元素添加剂）、预混料、配合饲料（粉状、颗粒）等110多个品种的饲料产品，深受广大养殖户的信赖。华秦饲料立足陕西，面向全国，已形成了以陕西为主，向四川、山西、河南、甘肃、宁夏、内蒙古等全国市场辐射的经营格局。华秦饲料先后荣获全国名牌饲料、陕西名牌产品等数十项行业和省级以上大奖，并于2001年7月通过国际质量标准体系认证。企业相继被评为十佳企业、全国饲料行业百强企业和陕西省农业产业化重点龙头企业。

作为陕西省属国有企业和农业产业化重点龙头企业，时刻牢记帮助农民致富的己任和振兴民族饲料工业的使命，始终坚持以质量求生存，以改革促发展，坚持市场化趋向，不断创新，在竞争中走出了一条适应企业发展的路子。陕西省饲料厂始终围绕实现全面小康社会所必须解决的“三农”问题，立足自身发展，放眼社会进步，以帮助万千农民养殖致富为己任，以振兴民族饲料工业为宏愿，全力推进农业产业化的发展。13年来，累计为社会提供各种饲料产品52.9万t，实现产值10.45亿元，每年签订销售合同数百份，省内外有450多万养殖户（场）使用“华秦”牌和“劲达”牌饲料，为社会增添肉、蛋、奶分别为15.3万t、69.2万t和1.85万t，创造社会效益77.5亿元。同时，每年通过订单，直接从农民手中购回玉米5 000多t，黄豆1 000多t，各种粕类原料3万t，从而在很大程度上解决了农产品卖售难的问题，有力地促进了农产品的加工转化、农民增收和农村经济的发展，为大农业的发展做出了积极的贡献。

一、完善内部管理，不断提高企业素质

1.强化管理，不断提高企业质量管理水平。企业在经济市场上竞争力的泉源来自于企业内部的管理是否到位。面对日趋激烈的行业竞争和市场压力，企业领导班子始终坚持从不断加强内部管理入手，及时调整生产经营及各项工作的思路和着力点，本着“一切围着市场转，一切为了市场干”的指导思想，进一步健全和完善质量管理体系，按照国家对ISO9000质量标准换版的要求，2003年3月初起，企业将ISO9002：94版转换为ISO9001：2000版标准，并于8月份顺利通过了转版认证审核。

产品代表人品，质量代表形象。为此，陕西省饲料厂在产品质量安全方面始终做到：

一是严格执行国家及行业部门的法律法规和标准，在配方和原料方面把关，绝不使用任何违禁添加物，绝不使用不合格的原料。

二是积极研发新产品和推广新技术，不断满足市场需求。在企业生存和发展中紧紧地依靠科技进步，不断推出适应广大用户需求的新产品。

三是积极采用新技术、新原料，做好饲料安全工作，不断提高产品的科技含量。在行业中起到了模范带头作用。

2. 以学促进，全面提高员工素质。面对机遇与挑战并存的行业新形势，立足于企业长远发展的需要，厂领导班子深刻意识到加强企业学习、全面提高企业整体素质的重要性和深远意义。为此，该厂坚持把建设“学习型企业”作为企业长期的战略任务，以应对新形势的挑战，不断提高企业的市场竞争力。

围绕企业2003年提出的“素质提高年”目标，加强对干部、员工的培训力度，上年全厂共计举行培训16场次，参加人员180余人。在学习的内容和形式上，陕西省饲料厂坚持领导、管理干部和员工学习相结合；思想政治和业务技能学习相结合；内外培训相结合。在学习方法上，坚持领导带头，引导员工积极参与，同时，采取办专栏的形式进行交流，收到了良好的效果。

二、加强财务管理，提高资金营运水平，促进企业经营效益的不断提高

1. 严格管理，盘活资金。近几年来，随着企业经营规模和市场的不断扩大，为满足企业发展和市场工作需要，陕西省饲料厂立足实际，总结经验，从原料进货、库存到成品出厂，从成本核算、费用支出到账款回收，从量本利分析到账表管理等，制订了一整套合理有序、高效透明的管理制度，用数十项管理措施使企业的经济运行处于受控状态。

在有效盘活资金、提高资金利用效率方面，陕西省饲料厂一是坚持定期盘点，灵活抽查；二是有效处理和利用闲置设备；三是加强货款回收和市场资金回笼的管理，尽量减少资金运作风险；四是通过企业诚信经营树立良好的社会信誉度，不断提升企业形象、品牌形象和管理形象，为企业的发展营造了良好的外界环境。

2. 加强核算，降本增效。生产成本的高低是决定企业经营效益的一个重要因素，既要合理地节约生产成本，又不能降低产品质量，对此，陕西省饲料厂一是通过技术和财务工作人员按配方对生产成本做出精确的核算，以确定市场销售价格。并以此来检查各个操作环节，减少和约束生产经营浪费。既控制了成本，保证了质量，还增强了生产岗位工作人员的责任感。二是改造设备，更新技术，提高员工生产技能，减少生产经营的耗损和浪费。三是通过财务管理所得出的量本利分析等会计信息，为领导决策和各方面工作提供科学的依据，从而减少了管理成本，提高了经营效益。

三、加强技改工作，让技术的不断进步和企业装备现代化为企业的长远发展奠定坚实的基础

企业装备现代化是企业发展的硬件，为了解决设备的陈旧老化问题，自2002年以来，企业先后投入200多万元进行设备的技术改造。先后对预混小机组、总控室计算机自动配料系统、投料除尘系统、前后筛分系统、制粒机生产线、挤压膨化生产工艺等6条生产线和设备进行了更新改造。通过技改，一方面，提高了生产能力、生产效率，节约了生产成本，提高了经济效益。另一方面，改善了产品外观质量，增加了产品种类，使企业产品换代升级，增强了企业在以产品质量为主导的市场搏击中的竞争能力。

四、牢记办厂宗旨，服务“三农”，促进农业产业化发展

1. 注重营销策略，引导农民养殖致富。作为支农企业，不仅要使企业和农民用户双方受益，更重要的是承担起一份社会责任。为“三农”服务，替政府分忧，这是陕西省饲料厂的办厂宗旨和企业工作出发点。该公司的服务承诺是：说到做到，全心全意。只要用户在养殖过程中出现了解决不了的难题，打一个电话，企业售后服务员在24h内上门服务，为用户解决疑难问题。真正做到想用户之所想，急用户之所急。通过深入养殖户当中举办疾病防治、科学养殖讲座等方式，加大售前、售中、售后服务的力度，进一步提升了企业品牌形象，促进了市场销售。

2. 围绕市场需求，积极探索链式经营模式。作为在种植业和养殖业当中起桥梁、纽带作用的饲料生产企业，在致力于农业、畜牧养殖业产业化发展过程中，为了进一步更好地发挥自身作用，陕西省饲料厂一是积极推广、应用新技术，研制新产品、不断适应市场需求，提高科技成果转化率。二是紧紧围绕全省农业产业化发展核心和省农业厅所提出的“白色革命”和“奶牛工程”，该厂提出了初步的设想并将进一步付诸实施：一方面进一步规范企业与广大农户的经济活动和业务行为，严格合同化管理，与用户形成风险共担、利益均享的利益共同体。另一方面在广大农民养殖户中积极推广新技术、新产品，以此来带动广大农民转变观念，走科学养殖致富的道路，从而拉动农村种植、养殖结构的调整。

五、贴近市场，审时度势，积极探索发展新思路

饲料行业2003年因SARS、洪涝、原料涨价的三重影响遭受了很大的损失，但困难和压力同时也给企业提供了非常有益的启迪，公司对今后的发展有了更加清醒的认识。

1. 必须全方位地抓产品安全，全过程地抓产品质量，全流程地抓经营成本。有了质优价廉、安全可靠的产品，有了内部管理的硬功夫，就可以应对任何困难，抵御任何风险。

2. 必须采取新的更加灵活的方式和策略开拓巩固市场，开辟新的天地。

3. 必须加快贸工农一体化，科、产、销一条龙的步伐，提高科研成果的应用与转化率，促进农产品向深加工转化，向产业链发展，加强资源整合，市场整合，通过龙头企业带动基地，带动农户，发挥整体优势，推动农业产业化发展。

4. 必须建立防范风险、应对紧急情况的机制。

在市场发生波动时才能应对自如，不受大的损失。

5. 必须抓好企业3项制度的改革，创新机制，使企业迸发更大的活力，在陕西省农业发展进程中当好生力军。

6. 必须抓好企业文化建设和精神文明建设。把现代文明与现代化管理结合起来，形成有自己特色的企业文化和企业精神，造就一支敢于竞争、敢于胜利的员工队伍，推动企业持续发展。

7. 必须把企业做好做强做大。饲料行业正在经历整合淘汰期的阵痛，正在通过市场竞争，逐步形成以大型企业为龙头、中小企业为支柱的企业群体。在做好龙头企业、名牌产品的基础上加大市场资源整合、配置的力度，加快把企业做强做大的步伐。

面对新形势，陕西省饲料厂表示，华秦人将鼓足干劲，充满信心，沉着应对，趋利避害，抵御和克服前进道路上的各种风险与困难，以服务"三农"、帮助农民致富为已任，不断学习，借鉴其他兄弟单位、龙头企业的先进经验和做法，持续做好做强企业，为促进陕西饲料工业、畜牧业和农业的发展，推动建设西部经济强省和实现全面建设小康社会的宏伟目标而不断做出新的贡献。

紧紧依托饲料 走产业化发展之路

——青海江河源农牧科技发展有限公司

一、企业基本情况

青海江河源农牧科技发展有限公司（原青海江河源饲料发展有限公司）是2001年3月组建起来的集科研开发、饲料生产与销售、牛羊良种繁育等为一体的以饲料加工为主的民营企业。已开发出科技含量较高的牛、羊、鹿等全价饲料50余种。现已通过ISO9001：2000版质量管理体系认证，并相继获得青海公众形象优秀企业、全国饲料工业科技进步先进企业等荣誉称号，被确认为省级农牧产业化重点龙头企业、西宁市民营科技企业，并被青海大学命名为青海大学教学、科研基地。

目前该企业产销两旺，市场占有率迅速提高，产品供不应求，并与乳、肉加工龙头企业合作，已基本形成了畜牧业产业化一条龙生产格局，对青海省畜牧产业经营发挥了较显著的推动作用，也使企业取得了显著的经济效益和社会效益。公司在体制改革、经营机制创新、企业管理、企业文化建设、技术开发等方面已独具特色，为青海省饲料加工企业树立了成功改制和发展的典型。

二、企业的主要经营业绩

1. 积极开拓市场，促进产品销售。近年来，该公司决策层对市场定位准确，新产品开发到位，质量管理严格，市场开发力度强劲，加之全体员工团结一心，使"江河源"牌饲料在市场上有了很高的知名度，深受广大农牧民养殖户及规模养殖场的欢迎与好评，全价配合饲料的入户率明显提高。目前该公司的主导产品有：乳猪开口料、大猪育肥料、牛羊育肥料、鹿饲料、羔羊料、奶牛料等，其中乳猪开口料、羔羊料、小尾寒羊专用精料补充料等系列产品在青海省同行业中首次成功开发并投放市场。这些产品技术含量高，营养全面，其使用效果在青海省市场已高于国内知名品牌的同类产品。

在做好产品科技开发和质量管理的同时，公司更加注重产品的销售和服务工作。几年来公司连续从青海省东部到西部、从城镇到乡村进行拉网式的宣传和服务工作，逐步培育了一批重合同、守信用、懂一定养殖知识的经销商和客户，建立了公司强大的营销网络，为公司产品的销售打下了坚实的基础。为了引导和转变广大农牧民养殖户的养殖观念，提高养殖水平，连续数年公司聘请有关兽医、畜牧专家与公司技术人员一道在东部农业区、海南、海北、海西、黄南等州地先后举办科学养殖、疾病防治等专题讲座500多次，免费赠送《江河源科学养殖手册》40万册、《江河源饲料信息》报30万份，有力地宣传普及了科学养殖技术，转变了养殖观念，所到之处深受广大农牧民养殖户的欢迎与好评，从当初的"公司找培训"成为现在"找公司培训"。

2. 以饲料为依托走产业化发展之路。作为省级农牧业产业化重点龙头企业、青海省最大的饲料加工企业，该公司以饲料为依托，在产业化发展方面主要开展的工作如下：

建立青海江河源牛羊良种繁育中心，为青海省牛羊育肥基地提供优质种畜。该公司投资近300余万元，整体收购了青海省内一家啤酒厂，并改造成存栏5 000只种羊的良种繁育中心，引进具有高繁殖性能的小尾寒羊种公羊和母羊进行纯种繁育，全年已向社会提供种羊2 000余只，并进行养殖技术培训和跟踪服务，所繁育的种羊具有体质好、成活率高、高原适应能力强等特点，得到了广大养殖户的青睐。该中心的建立已取得了良好的效益，并得到各级政府、领导和相关权威专家的肯定和支持，被青海省农牧厅确定为省良种肉用羊繁育中心。

积极与省内外牛羊肉食品大型龙头加工企业合作，建立肉牛羊基地，为肉食加工企业提供肉源，解决了广大养殖户的畜产品销售问题。该公司与青海肉食集团高原绿色食品开发有限公司合作，以"公司+基地+育肥户"的形式建立牛羊育肥基地，现已与青海省内2州4县和国营农牧场签订了31万只肉羊育肥、交售合同，与其他州县的合作正在协商之中。

积极与青海省内外乳品加工龙头企业合作，建立奶站。目前，西宁市区及周边100 km范围内约有奶牛11万头，多数为农户散养，由于运距长和人工挤奶，造成鲜牛乳质量低下、卫生状况差等原因，使鲜牛奶的销售价位低，极大地挫伤了广大养牛户的积极性；另一方面青海省内乳品加工企业又不能得到保质保量的奶源供应。为了解决这一矛盾，公司与乳品加工龙头企业和养殖户达成协议，已开始建立集中挤奶站，通过机械挤奶，既可以解决奶农的销路问题，又为乳品龙头加工企业提供优质、稳定的奶源。

养殖业的发展带动了饲草业的发展。该公司牛羊良种繁育中心与周边农户签订了133hm²亩优质饲草定单，以每千克0.50元的价格全部收购，带动了当地饲草种植业的发展，调整了种植业结构，提高了当地农民的收入。

三、企业取得成功的经验

1. 以人为本，建立特色企业文化。2000年该公司改制以来，坚持以人为本的经营理念，在用人、用工、分配等方面引入全新的观念、全新的机制和全新的运作方式，并建立了以物质文化为内容、制度文化为中心、精神文化为核心的、富有“江河源”特色的企业文化，企业重用德才兼备的人，也关心每一位员工的冷暖，使员工的思想观念已有了一个质的变化，工作积极性有了很大的提高，企业的发展吸引了青海省内外一批懂经营、会管理、业务强的专业人才，企业的生产经营呈现出勃勃生机。

2. 建立现代企业制度，促进企业发展。公司已按产权清晰、权责明确、政企分开、管理科学的要求建立起了“自主经营、自负盈亏、自我约束、自我发展”的现代企业制度，完善了法人治理结构，从根本上转换了公司内部经营运作机制，极大地增强了企业竞争力，取得了显著的经济效益，企业也在市场竞争中迅速崛起。

3. 重视科技，确保产品质量。该公司引进先进的正昌饲料加工成套设备，整条生产线自动化程度高，其加工能力和技术水平在国内同行业中处于领先水平。为了提高原料和产品的检测水平，公司购置配备了相应的检化验设备，对原料及成品中的各种营养成分进行科学检测，以保证产品100%的合格率。饲料配方上，一方面依托企业自身技术，另一方面积极与科研单位合作，充分利用其科研成果，取得了良好的效果。

4. 诚信为本，坚持和广大农牧民共同发展、共同致富。企业在自身发展的同时，没有忘记广大农牧民户，始终坚持和农牧户共同发展、共同致富的经营理念。比如，2003年下半年以来，由于原料价格上涨，导致饲料的成本和价格上涨，公司长期、大范围地让利于广大农牧民养殖户，与大家共渡难关，以诚信为本，赢得了良好的信誉，增加了企业发展的动力。

强化管理机制
拓展企业发展经营空间
——青海丁香粮油集团新禾工贸公司

青海丁香粮油集团新禾工贸公司始建于1983年，主要利用粮油副食品充裕的优势，进行较粗放的饲料加工。1991年又投资立项，重建一座具有一定规模可自动化作业，国内先进的电脑配料、微机控制的现代化饲料加工车间。经过多年来滚动发展，公司已拥有总资产1 387万元，年生产能力超过5万t。目前，公司能科学配制各类畜禽优质的配合饲料、预混合饲料和浓缩饲料，成为青海省的大型饲料生产企业之一。1999年被省畜牧厅确认为牛、羊配合饲料定点生产企业；2001年获得国家ISO-9002国际质量体系认证；2002年被评为青海省农牧业产业化省级重点龙头企业；2003再次通过ISO9001-2000国际质量体系认证。

2003年度，该公司生产经营稳步上升，产销两旺。产品深受市场欢迎，部分产品已开始走向省外市场。特别是该公司的牛、羊类精料补充料的产销量提高30%以上，创历史新高。该公司认真做好主导产业的同时，积极向草产业发展，采用“公司＋农户＋基地”方式，种植优质牧草进行产业化经营，取得了较好的经济和社会效益，已成为今后发展的一个新亮点。

新禾工贸公司的基本经验如下：

1. 规范操作体系，强化管理机制，确保产品质量。新禾工贸公司的经营宗旨是“你的最大回报是我们追求的工作目标”。并以此为契机，强化管理，狠抓产品质量，严格按ISO9001：2000国际质量保证体系的标准要求，规范各工序、各环节的监控生产，建立健全了一整套科学的生产操作程序。为了保证产品质量达标，生产过程实行动态管理，所有生产设备定期检查和维护保养。公司质量部门定期开展内审和质量评审工作，对所有的原料从采购、入库贮存，到生产加工和产品出售等层层把关，做到了不合格原料不准入库，未经检验分析的饲料产品不准出售，确保了销售到市场上的饲料产品100%合格。

2. 加大技改力度，重视设备更新。2000年该公司投资150万元，引进国内先进的部分生产工艺设备，对混合工序和制粒工序再次进行更新改造，使主体混合均匀度与制粒完好率明显提高。同时利用科技实力及先进的设备，对复合预混料的配制采取了严谨的控制程序，从配方制定、原料接受、称量配料、混合包装、明码标识等过程反复检查确认，确保了添加剂产品的高质量和标准性。

3. 研制开发科技含量高的产品，提高市场竞争力。近年来，为使饲料产品上档次，适应市场竞争的需要，该公司聘请省内科研单位专家、教授、动物营养学者担当技术顾问，经过多年的研制，形成了一套成熟的科学配方体系及牛羊育肥技术，开发研制出牛、羊育肥精料补充料系列饲料、猪用浓缩料，1%～5%各类畜禽预混料等科技含量高的产品，在青海省内得到推广利用，充分满足了畜牧业的需求。

4. 注重服务功能，提升品牌形象。为了解决养殖户的后顾之忧，该公司采取了售前、售中、售后全方位的技术跟踪服务。并配备专业技术人员进行各种养殖技术培训，积极搜集市场信息，建全客户档案，免费赠送科学养殖技术手册，现场解决疑难问题，帮助养殖户提高养殖水平，将“新禾”牌各类畜禽系列产品覆盖本省区域，部分产品远销西藏、甘肃境内，有力提高了产品知名度和饲料品牌。

5. 注重员工培训，塑造团队精神。定期培训企业中层管理人员和各岗位员工，使其掌握管理技巧和规范的操作技能。重视企业文化建设，培养员工的团队精神和协同作战意识，增强凝聚力，在员工中努力培育“生死与共”的价值观，并付诸于工作实践当中。

6. 积极与农牧区合作，拓展产业带。该公司面对我国西部大开发战略的实施，按照青海省委、省政府“关于进一步加快牧区发展的意见”精神，为加快高原生态环境建设，改善草地畜牧业生产条件，推进产业化升级中发挥自身的作用。自2001年开始酝酿，经过认真调研，反复慎重研究和论证，大面积种植燕麦、箭筈豌豆和苜蓿等牧草，获得了巨大的成功。并与省草业工程研究中心、贵南县良种畜繁中心签订了贵南县羊产业及集约化畜牧业建设合作协议书，来逐步建立适合青海省特定条件的，以“公司＋农户＋基地”为组织形式的产业链；实施饲草业种植，研发草产品，推广牧草捆裹技术，引导农牧民在牛羊生产中合理使用草料与精料补充料来达到理想的饲喂效果。形成高原绿色畜产品生产基地，以高效益的畜牧业生产推动退耕还草区的生态保护，实现生态改善、牧民增收和企业增效的共同发展目标。

抓质量强管理　促企业全面发展

——青海明胶股份有限公司

青海明胶股份有限公司是“三胶”行业的龙头企业，也是“三胶”行业迄今为止惟一的一家上市公司，享有进出口自营权。公司总资产为3.97亿元，拥有职工736人，其中各类专业技术人员182人，占职工总数的24.9%。公司主要设备从荷兰、德国、英国、加拿大、丹麦、意大利引进，主要生产明胶系列产品、空心硬胶囊产品、软胶囊产品、医药产品及饲料产品等六大系列30多个品种，产品广泛用于化工、医药、饲料、食品、化妆、娱乐等领域。该公司先后共获得国家、部、省、市授予的各种荣誉达百余种，产品多次获得国、部、省优质产品称号，享有较高的信誉和知名度，产品市场占有率不断扩大。

该公司生产的饲料产品主要有磷酸氢钙、肉骨粉等品种。饲料级磷酸氢钙的主要原料是骨明胶生产过程中产生的泛酸水，即用稀盐酸浸泡动物骨，将骨头里的$Ca_3(PO_4)_2$溶解产生$Ca(H_2PO_4)_2$，在一定温度下，加入石灰乳中和后水洗，用离心机离心脱水，进入干燥机干燥、粉碎、计量、包装。该公司生产的磷酸氢钙是骨质磷酸氢钙，质量稳定，含氟量低，被广泛用作饲料的磷钙添加剂，能加速牲畜的成长，故有人称它为催肥剂，还可以使家禽的肉、蛋产量增加，并能治疗畜禽的佝偻病和软骨病等。

该公司肉骨粉是以动物的肉筋、骨、皮渣、蹄、角芯等为原料，经蒸制、烘干、粉碎3个过程加工而制成的产品，主要用于肉、蛋类畜禽的辅助营养品和饲料添加剂。其产品主要以省外市场为主，磷酸氢钙产品通过中间商出口日本等国，深受广大用户的欢迎和好评。

该公司针对饲料产品，积极贯彻执行农业部《饲料添加剂和添加剂预混合饲料批准文号管理办法》和《饲料添加剂和添加剂预混合饲料生产许可证管理办法》以及《饲料标签》（GB10648－1999）等国家法规和标准，并严格按照ISO9002标准进行安全卫生管理，产品的各项指标均符合国家要求，并通过科学、严格的内控指标不断提高产品的质量。

多年来公司强化质量意识，狠抓企业内部管理。为了进一步完善质量工作，与国际先进的质量管理标准接轨，公司根据行业特点及本身实际的质量管理体系，在1999年依据GB/T19000－ISO9000－1《质量管理和质量保证标准第一部分：选择和使用指南》选用了GB/T19002－ISO9002《质量管理体系—生产、安装和服务的质量保证模式》标准，编制了《质量手册》及体系文件，建立了一套行之有效的ISO9002质量保证体系，并于1999年12月通过ISO9002的质量保证体系认证，使本公司产品质量控制有法可依。公司始终坚持三级质量把关制度，运用原辅材料控制、过程控制、最终产品控制手段，不放过任何质量问题。在产品生产过程中严格按照《生产工艺技术标准》和《关键工序作业指导书》控制生产，操作人员均经过培训、考核合格后上岗。同时，依靠科技进步、技术改造提高产品质量。公司一贯注重开展群众性质量管理活动，许许多多QC小组，多年来坚持从实际出发，围绕企业质量方针、目标开展活动，坚持“小、实、活、新”，为解决实际生产中存在的问题，降废减损，降低成本，为提高企业的经济效益和社会效益做出了积极贡献。

该公司不断加强管理，重视科技，视质量为生命，以严细求精优，不断吸纳先进的经营管理机制和理念，注重售后服务工作，实行了“西部生产、沿海开窗、立足青海、东西连动”的经营策略，在全国11个省市设立了分公司，进行原料采购，产品直销。公司营销网络拥有一支经验丰富的售后技术服务队伍，可以为用户提供各种技术支持。定期搜集客户信息，不断改进产品质量，为用户提供一流的产品和一流的服务，从直接快速的客户沟通、精益求精的生产过程到设想周到的交货形式、尽善尽美的售后服务，每一步都为客户周密构想，树立了良好的商业信誉。注重生产、经营的同时，重视人才、保护人才，使公司有了一支稳定、高效的科技人员队伍。该公司不仅力求为每位员工提供平等竞争、宽松和谐的工作环境，而且为员工充分营造施展才华的机会，每位员工不论学历、经验、背景，只要努力工作，都能够获得重用和丰厚的回报。

青海明胶股份有限公司作为全国重点骨干企业，始终以国际先进水平为奋斗目标，坚持高起点、高水平，采用适合本企业发展的新工艺、新技术和新装备，企业素质不断提高。同时坚持科技兴企的可持续发展战略，从而优化了公司的产品结构，提高了公司的整体经济实力。今后，该公司将继续以市场为导向，以科技为动力，充分发挥行业优势，科学管理，强化质量意识，并依靠科技进步、技术改造而不断提高产品质量，为用户提供满意的产品，以高质量产品迎接新的挑战。

同心谋发展　合力铸辉煌

——宁夏大北农

2003年宁夏大北农在各级政府、各位领导的关怀和鼓励下，在大北农集团各位领导、专家的激励和指引下，在公司董事会的坚强领导下，在全体经销商和广大养殖户的信任和支持下，知难而进，同心同德、团结奋进，各方面工作都取得了十分喜人的成绩："大北农"和"泽光"两个品牌竞相绽放，比翼齐飞，六大系列80多个品种的优质产品畅销宁夏及内蒙古、甘肃、陕西四省区，公司美誉度、品牌知名度、产品入户率、市场占有率得到大幅度提高，各项经济指标、社会指标继续稳步增长。

回顾过去的一年，成绩和经验主要有以下几个方面：

一、以深入学习领会大北农的企业精神和企业文化为核心，不断加强企业文化建设，构建大北农事业不断发展的动力源泉，增强企业的凝聚力和向心力，培育一支勇于拼搏、敢于吃苦、甘于奉献的员工队伍

回顾大北农的创业史，"科教兴农、产业报国"的大旗曾经感召和鼓舞着一批又一批富有时代使命感的大北农人，义无反顾地投身于"志创世界一流农业科技企业"的伟大实践，从而造就了大北农辉煌的十年，成就了大北农为中国农业发展所做出的突出贡献。因此，强烈的时代使命感和历史责任感是大北农企业文化的灵魂，是大北农事业不断发展的动力源泉。

2003年是大北农成立十周年华诞，新年伊始，公司就不失时机地号召全体员工在新的一年里，负重拼搏，同铸辉煌，以实际行动和优异成绩为集团成立十周年献礼。一年来，通过不断加强企业文化学习和贯彻力度，企业文化真正成为广大员工团结进步、不畏困难、追求卓越、争创一流的行动指南，大大增强了全体员工的凝聚力和使命感。

二、以人为本，建立人才的吸收和培养机制，不断强化业务培训工作，加强骨干人才队伍建设，切实增强企业的竞争实力，提高企业的市场竞争力

现代企业的竞争说到底是人才的竞争，人才的竞争说到底是知识、技术、能力和综合素质的竞争。为了全面提高广大员工特别是中层干部的综合素质，真正把中层干部队伍建设成为公司劈波斩浪、勇往直前的带头人，先后派中层干部参加了王朝晨、李兆熙先生主讲的"经济转型中企业管理的渐变创新"培训会、林正光先生主讲的"销售管理和领导力"研讨会，刘一秒先生主讲的"高级营销管理战略"研讨会等在宁夏举行高规格专题培训会9次。

三、以集团"业务模式转型"为契机，全面夯实市场基础，转变经营模式，拓展市场空间

所谓"业务模式转型"，就是要转变饲料行业传统的经营模式，不仅要让大北农优质的产品深入农村千家万户，还要让先进的科学养殖技术扎根农村的广阔天地，为农民提供全方位的科技服务。"业务模式转型"不仅是集团总裁邵博士在SARS和市场低迷的双重压力下，审时度势，冷静分析，为大北农事业发展做出的重大抉择，更是大北农"科教兴农"战略的集中体现。为了贯彻落实大北农集团"业务模式转型"的战略思想，宁夏大北农先后派人事、采购、技术、品管等部门负责人参加总部组织的各项学习，从各个层面上真正学透、吃透、悟透"业务模式转型"的精神实质，为全面实施"业务模式转型"奠定基础。

2003年7月，以建立"县级服务站"为标志，宁夏大北农的"业务模式转型"工作进入实质性操作阶段，经过短短5天，就胜利完成从宣传、发动到实施的全部过程。畜禽饲料销售部已按照集团总部关于县级服务站的六大标准，按照"工作下沉、人员下沉、服务下沉、费用降低、业绩提升"的原则，选派精兵强将进驻各县区，全体销售、科普人员满怀激情地"进村落户入猪舍、脚踏实地做网络、就地卧倒搞服务"，斗志昂扬地奔赴新的战斗岗位。通过县级服务站的建立，真正使宁夏大北农的产品和服务贴近市场、贴近农户，赢得了广大用户的认同，提高了产品销量，达到了做大做细市场、做响做亮品牌的目的。在2003年宁夏饲料行业普遍出现低迷的情况下，宁夏大北农的产品产销量继续攀升新高。

四、强化基础管理，有效整合资源，拓展企业发展空间，在困难和挑战面前谋求更大的发展

1. 以业务模式转型和县级服务站建立为突破口，全面开展管理创新。为配合公司业务模式转型和县级服务站建立，宁夏大北农对技术品管、生产制造、人力资源、采购财务等基础管理工作的业务流程进行改革，强化了配套体系的服务和保障职能，建立了更为科学化的管理体系，确保了业务模式转型工作得到了全面有效的实施，极大地增强了公司的竞争实力。

2. 通过加大企业设备技术改造投资力度，强化基础设施建设，不断提高产品研发和加工能力。为了进一步改进生产工艺，强化基础设施建设，稳步提高产品质量，年初，公司投资40多万元，对生产系统的粉碎工艺、调质工艺、制粒工艺以及成品清理工艺进行了全方位的改进和革新，从生产环节的硬件设施上，确保最终产品质量得到大幅度提升。2003年7月，宁夏大北农引进牧羊集团年生产5 000 t预混料生产线一条，全面开展预混料生产销售业务，初步实现了以鱼饲料、猪饲料为核心，以全价饲料、浓缩饲料以及预混料并重发展的产品新格局。

3. 苦练内功，狠抓质量，全力打造过硬的质量形象。宁夏大北农自2001年通过ISO9002质量体系认证以来，按照ISO国际质量体系要求，建立严格的质量保证制度，实行专职管理和全员参与相结合的质量管理模式，形成了既符合国际标准要求又符合饲料行业特点的质量体系。通过严把原料质量关、过程监督关、质量检验关等管理措施的实施，确保了大北农饲料的高品质、高质量。2003年4月，顺利通过ISO9001：2000国际质量体系的年度监督审核。2003年5月，在自治区饲料办和质检站联合组织的饲料质量年度监督检验中，宁夏大北农的产品质量指标全部合格，合格率达到100%。

五、以岗次动态管理为基础，改革完善公司的薪酬管理制度和其他各项管理制度

人是企业中最具活力的资源。为了进一步调动全体员工的积极性、创造性和工作热情，2003年11月，宁夏大北农全面引进著名管理学家张庆仁教授的"岗次动态管理理论"，充分运用"倒逼成本管理法"、"倒逼质量管理法"等新方法和新理论，通过横向设岗、纵向设档以及荣誉岗次的设立，形成了"比、学、赶、帮、超"的内部竞争考核机制，从制度上为优秀人才脱颖而出、大展抱负、献身企业提供了更为广阔的舞台。

六、以市场为导向，以农民增收致富为目的，弘扬"科教兴农、产业报国"的企业宗旨，坚持经济效益与社会效益并重的原则，开展企业的生产经营活动，作大作强企业

饲料行业是一个特殊的行业，产品的销售对象是农民，生产的主要原料又来源于农村，饲料工业的发展可以影响农村、农业的发展和农民的切身利益，甚至改变农民的生产、生活方式，同时，饲料工业的发展又要依赖于农业、农村的发展和农民的支持。所以说，饲料加工业是工业领域中和农业、农村、农民关系最为密切的行业。

在企业原料采购过程中，公司对于直接来源于农民的原料产品，在制定收购价格时始终以收购价高于市场价格20～40元/t的政策，仅收购玉米一项，公司一年就要向农民支出采购费用600多万元，通过企业让利，增加农民收入近30万元。

在面向农村的科技服务方面，公司始终坚持科技营销、服务营销的营销理念，继续组织由区内外知名专家加盟的强大的技术服务和科普人员队伍，配备了3辆售后服务专用车，深入坑塘圈舍，服务千家万户，保证产品销售到哪里，科技服务就跟踪到哪里。

针对近年来自治区黄河水质污染加剧、夏季鱼病多发的特点，公司专门采取预防措施，无偿投入50多万元资金研制药饵料投放市场，对鱼病的预防和控制起到了十分有效的作用。

在新产品开发方面，公司根据养殖户的不同需求，不断完善产品结构，随着2003年7月公司新预混料生产线的建成投产，精心研制开发的3%、5%两大系列的奶牛、蛋鸡专用预混料，以及988等高档次猪浓缩饲料也相继投放市场。"大北农"和"泽光"两大品牌已深入人心，形成了品牌优势。

经过一年的不懈努力，在SARS、原料大涨价和市场竞争白热化的不利条件下，2003年度公司的水产、畜禽两大系列饲料产销量仍然稳居自治区行业首位，产品市场占有率稳健攀升，其中畜禽饲料的产销量比上年度增长35%以上，公司经营实现了经济效益和社会效益同步增长的目标。

脚踏实地　以诚兴业

——昌吉市昌鼎工贸有限公司

一、公司基本情况

昌吉市昌鼎工贸有限公司的前身为昌吉市粮食局饲料公司，成立于1983年，是20世纪90年代初疆内为数不多的正规饲料厂家之一，公司的"雪鹰"牌饲料曾在鲤鱼颗料饲料和动物蛋白的研发方面，为新疆饲料行业作出了重要贡献。1996年，适应市场经济的要求，作为大股东与昌吉州粮食局养殖厂合股组建了泰昆集团，通过4年的努力，将泰昆饲料从一个无人知晓的新生生命做到了家喻户晓的知名品牌。1999年，响应国家政策的要求，顺应搞活经济的需要，昌吉市昌鼎工贸有限公司改制成立。现在公司本部拥有6万t级饲料厂1座，2万t级油厂1座，职能部门7个，公司下设2个全资子公司：昌吉市鼎兴牧业有限公司、喀什昌鼎工贸有限公司。公司现有总资产6 000余万元，其中固定资产4 000余万元，流动资产2 000余万元。公司现有人员180余人，其中博士1名，硕士1名，研究生3名，大中专以上人员102人，占公司总人数的56.7%。公司具有高级职称者2名，中级职称者23名。

二、饲料方面的经营情况

从1983年建厂至今，昌鼎公司已积累了20余年的饲料研发、生产和销售经验。能够很好地结合新疆地区的自然、地理和养殖特点向市场推出饲料品种。

并且，多年以来昌鼎公司人秉承“勤奋好学、不断进取”的精神，学习国际、国内、行业内的先进经验，力求昌鼎饲料品质的精益求精。

尤其进入21世纪以来，适应新疆地区做强做大畜牧业的需要，昌鼎饲料无论在产品开发，还是市场营销方面都有了全面的改进。公司加强了对市场的全面调查和分析，适应养殖业需要进行新产品开发，不断完善营销网络建设，用完善的售后服务体系支持市场的不断拓展和扩大，树立良好的产品形象，快速提高了昌鼎饲料的市场占有率。

同时为了增强企业的市场竞争力，2001年3月，公司高薪聘请了中国农业大学的动物营养专业博士、硕士各1名，与天津畜牧科研所展开技术联合，成立了饲料产业的科技研发核心机构（昌鼎公司第一个全资子公司）——昌吉市鼎兴牧业有限公司。

2002年通过对南疆市场的全面调研，该公司在乌洽会上与喀什疏勒县政府、疏勒县粮食局签定了投资建厂合同。2003年2月喀什昌鼎工贸有限公司正式成立，较好地奠定了对南疆市场的拓展基础。

该公司饲料厂采用电脑配方控制系统和先进的饲料制粒设备，生产的饲料产品达到国内领先水平。产品有肉鸡料、蛋鸡料、猪料、鱼料、牛羊料、马鹿料、兔料、土杂鸡料等11大系列100余个品种，产品包括各类配合饲料、预混料、浓缩料。销售市场已经遍及南到和田、西到伊犁、北到阿尔泰的各农村乡镇和团场，带动养殖户3 000余户，有经销商近200名。该公司的奶牛精料补充料在部分市场的占有率已超过90%，水产饲料在大部分市场的销售占有率超过50%。昌鼎公司的主要市场开拓经验如下：

不断变化是市场营销永恒不变的法则。为适应高速变化的市场需要，确保企业竞争优势的同时，不断拓展公司产品的市场占有率，公司在营销队伍建设和市场营销管理方面都力求精益求精，在创新中得到发展。

1. 营销队伍组成。销售是龙头，昌鼎公司始终坚持把销售工作摆在企业经营管理的首位，副总经理主管销售部门，下设销售部经理1名，片区主任5名和业务员23名，负责南、北疆的产品销售。

在销售市场上营销人员既是销售员又是信息员，同时也是技术服务人员，对所销售产品实施售前、售中、售后服务。他们遵循紧急信息及时汇报、常规信息定期以文字或表格反馈的原则，确保了企业决策层与市场的渠道畅通。同时为了保证对用户的服务水准，公司非常注重对营销人员开展技术培训，定期由技术专家和学院教授对销售人员进行培训。

为了既便于发挥业务人员的积极性，又能有效拓展营销市场，公司营销人员的销售业绩与收入实行多方位挂钩，制定了包括任务量完成情况、市场信息反馈及应变效率、应收账款回款率、组织纪律性等多项内容的提成考核办法。

2. 进行市场调查与分析。客户发展情况和市场竞争状况是企业进行营销管理的基础，公司现有经销商100余名，饲料销售市场遍及南、北疆各地，油品销售市场已达河南、广东等外地省市。竞争对手也日渐增多。为了及时掌握和应对各类市场变化和竞争状况，公司营销部门采用了有效的市场信息反馈及处理程序。

首先，设计了专门的调查表格，定期和不定期地搜集市场信息，每月每个业务员定期上报竞争厂家产品价格统计表、市场畜禽价格统计表、经销商基本资料卡等，并要求业务员每隔两天用电话形式向公司销售部内勤汇报市场变化和公司客户状况。每月底召开销售例会，综合分析当月的市场情况，制定有效措施管理市场和依据市场需求调整产品结构的质量配比。遇市场特殊变化，及时召集临时会议作出处理决定。

3. 公司配备专门的技术服务科，负责公司产品的售前、售中、售后服务，及时处理客户投诉，准确统计产品使用信息，反馈客户对公司产品的使用意见和建议，为技术开发部门提供产品改进依据。

4. 重视销售合同的签订和履约工作。为了规范销售市场的管理，避免与客户发生不必要的纠纷，公司与客户间的合作一律采用先签订书面合同，再履行的方式。为此，公司成立了专门的合同管理小组，并聘请了专业的律师顾问团对公司的大宗或重要合同进行严格把关。并建立了规范的合同档案，以人员和微机双把关，监督合同的执行情况。

5. 采用各种营销策略，提高市场占有率，坚持以销定产，及时回笼货款。为降低企业经营成本，企业及时掌握市场信息，最大程度满足顾客需要的同时，坚持以销定产，实行最低库存甚至零库存管理。在应收账款的管理上，公司建立了专门的应收账款管理办法，实行赊欠款责任到人，在合同执行过程中，能及时催收货款。

公司的经营方式主要是以销定产，产销率达到98.8%。

6. 加强仓库管理，健全产品储运管理制度。

（1）公司制定了严格的原成品出入库管理办法，未经检验合格并开据入库票据的产品不得入库，无合格通知单未开据出库票据的成品不得出库，库房还采用严格的先进先出原则，严格的出入库票据管理和产品码垛标示。

（2）库存产品每月盘库，做到账、卡、物相符。

（3）公司制定了严格的保管员管理制度、职责和装卸货管理办法，规范了储运管理。

（4）公司制定了严格的装卸货管理办法，确保了高效的物流效率和对顾客的服务质量。

三、公司的社会形象树立

作为一个老牌企业，昌鼎始终坚持“合法经营、诚信经商”的原则，在社会上树立了良好的企业形象。公司屡次荣获中国农业银行“AAA”级信用企业称号、昌吉市工商局重合同、守信用企业称号、自治区行业协会放心粮油称号、昌吉市十佳企业称号等多种社会荣誉；并取得了国家质量监督局颁发的食品生产许可证；还因为对地区经济发展和农业农村经济带动方面的突出贡献，2003年被评为新疆自治区农业产业化龙头企业。

四、发展展望

1. 在饲料方面，公司与高级技术人才和科研机构达成合作协议，将通过微生物技术的广泛应用和推广，大力发展生态饲料和添加剂；通过现有生产设备的技术改造，并通过兼并和租赁方式及拓展销售区域全面提高企业的生产和销售规模。

2. 在食用油方面，结合现代市民的营养和保健需要，开发出多档次、多标准的食用油产品，以满足不同消费人群的需求，并结合新疆的原料特点着重研发红花籽和葵花籽的不同油品。

新疆畜牧业的推动者

——乌鲁木齐正大畜牧有限公司

乌鲁木齐正大畜牧有限公司是新疆生产建设兵团与泰国正大集团合作兴办的大型现代化高科技农牧企业，始建于1992年，位于空气清新、交通十分便利的乌昌一级公路28km处。公司实行董事会领导下的总经理负责制，公司下设阿克苏分公司和伊犁正大畜牧有限公司。截至2003年底，公司共投资7 000余万元人民币，生产销售70万 t优质饲料，极大地促进了新疆养殖业的发展，为新疆饲料业的快速发展奠定了基础。目前，公司以饲料生产为主，设备年生产能力26万 t。

乌鲁木齐正大畜牧有限公司属中外合作企业，新疆生产建设兵团占15%股份，正大集团占85%股份。公司全套引进美国豪孚公司的先进生产设备，采用泰国正大集团提供的经专家多年研制的优秀配方，电脑控制生产工艺流程，严格质量管理，全程品质检测。

1993年11月公司试生产，1994年8月29日正式投产。公司以诚信为本，以服务用户、提高人民膳食水平为宗旨。迄今为止生产肉鸡料、蛋鸡料、种鸡料、肉猪料、奶牛料、肉牛料、羊料、肉鸡浓缩料、蛋鸡浓缩料、猪浓缩料、奶牛浓缩料等多个品种40个料号。

公司产品畅销全疆，深受广大客户欢迎，为更好地服务于用户，公司在疆内建立了广泛的销售网络，优质的售前、售中和售后服务工作，随时把“正大”的温暖送到千家万户。10年来，乌鲁木齐正大畜牧有限公司为促进自治区的畜牧业特别是饲料工业的发展做出了贡献，公司充分利用新疆作为畜牧大省和资源丰富的优势，积极将国际先进科技成果和养殖技术植入传统养殖业，一改过去传统落后的生长周期长、料肉比低的养殖现状，为养殖户发展规模养殖，获取规模效益开辟了新路，同时也为促进区内粮食转化，提高各族人民的生活水平，丰富市民的菜篮子，做出了积极的贡献。

质量是企业的生命，在激烈的市场竞争中，乌鲁木齐正大以严密的质量管理措施、严格完善的管理制度，科学的分析方法全面提升产品的品质，从原料进货检验、配方设计、饲料试验、生产加工、产品控制到售前售后技术服务的整个过程进行全面质量管理。

一、把握原料第一关键环节

乌鲁木齐正大始终将品质管理作为企业的生命线，以预防为主，严把原料关，坚决杜绝“病从口入”；加强原料质量管理是配合饲料的第一关键环节，也是确保饲料质量稳定的决定性因素。其中包括：

1. 进货检查。原料取样方式有30%取样和100%取样。取样地点分原料产地（或供应商仓库、厂内过磅前和入库卸货前所在地）。到厂的所有原料先进行30%的取样，即上车在可见部分均取样，所制样品送化验室进行水分、感观、杂质、镜检、掺假等快速检定，只有这些指标都合格了才允许过磅、卸货。在卸货的过程中需取100%的样品，在取样的过程中，如发现异常（雨淋、发霉、结块，水分、杂质超标，有异味、掺假等）都要退货。针对不同的原料样品化验室要做不同的营养指标的检测，如水分、粗蛋白质、钙、磷、盐、粗脂肪、粗纤维、粗灰分、淀粉等。对某些含有毒素的原料要检测其毒素是否超标，如棉籽粕中游离棉酚的测定，菜籽粕中异硫氰酸酯的检测，豆粕中尿素酶、碱溶蛋白的检测，鱼粉中胃蛋白酶的检测，磷酸氢钙中氟的检测，黄曲素毒素B_1的检测，以及微量添加剂氯化胆碱、赖氨酸含量的检测等项目。只有所有的营养指标都合格了，这些原料才能成为生产饲料的优质的原料。

2. 原料仓储管理。原料仓储管理的重点在于避免混料，防止变质及减少损耗。原料的堆放以空气流通好、品质检查方便、易于处理突发事件、易于使用和搬运为基本原则，原料堆上应挂原料库存卡，仓储员和品管员应经常巡视仓库，随时按有关规定处理变质、破损原料。原料的使用须严格按配方进行，严格遵守“先进先出”原则。

3. 成品仓储管理。成品仓储管理的重点在于储存有效期、仓位、卫生等的管理。品管部根据天气、仓储环境、原料品质等因素制定保质期，饲料不得混堆、杂堆，每堆饲料应有饲料堆放卡。成品库只有在品管部化验合格、收到品管部的饲料品质报告后，才能按“先产先出”的原则出库。

二、饲料生产过程中品质管理

品质保证人员监督生产部严格按配方生产，在生产过程中对饲料加工工艺流程严格控制，从原料的贮存、投料粉碎、称量搅拌、制粒混合、成品包装到成品的贮存，每一道工序均按质量管理规程严格把关，层层检查和监督，保证质量点的有效控制，绝对不让不合格品流入下一道工序，使产品质量有了稳定可靠的保证。在生产过程中，所生产的半成品、成品均要送化验室进行营养指标检测，只有这些指标都符合了企业产品质量标准的规定，出具饲料品质报告，才能出售。品管部真正做到了只有合格的原料才进厂，只有优质的饲料才出厂，不合格的饲料坚决不出厂。

三、品质分析管理

品质分析是品质管理的依据，它包括化验室管理、化验室分析管理和分析数据资料管理。

其具体的化验项目有：饲料原料及成品的感观指标、营养成分的含量、卫生指标的检测（即饲料中重金属等有毒有害物质及病原微生物的含量必须符合卫生指标的要求）。根据这些原料的化验数据，由国际上著名的配方博士根据新疆本土水文地质、畜禽疾病的流行特点做成营养科学平衡的饲料配方，以保证生产出营养全面、适口性好、抗病力强、禽畜生长迅速的“金驼”饲料。化验室拥有的设备大部分是欧美进口的，如蛋白测定使用的是瑞典 FOSS 公司生产的凯氏定氮系统，能在 1.5h 测出蛋白质含量；瑞典托卡特的 6060 水分测定仪，能在 30s 中测出原料的水分。化验方法除严格按国标操作外，还吸收了 AOAC（美国化学家会）的方法，如乳清粉中乳糖的检测等，使所使用的设备和检测方法在饲料行业处于领先水平。

四、产品营销质量管理

产品在营销过程中的搬运、装车、运输，经销商和养殖户对产品的堆放、保管、使用，要避免雨淋、直晒、放置地点不安全、不卫生、潮湿而造成产品的变质。行销人员积极深入养殖户了解产品的使用情况，对其进行正确指导、宣传，以作好售后服务。

以上方面涉及多个部门和许多环节，每个部门既相互联系、配合，又相互制约，每一个环节都精益求精地做细做好，从而造就了正大优良的品质。

乌鲁木齐正大畜牧有限公司讲诚信、重质量的经营作风，在公司成立的十余年间得到了政府、社会各界和国际质量管理机构的广泛好评：

1995 年自治区科委审批认定乌鲁木齐正大畜牧有限公司为高新技术企业；

1996 年被评为兵团外经贸系统先进企业；

1996 年 7 月被中国建设银行新疆分行评定为企业信用等级“AAA”级；

1997 年 12 月公司生产的“金驼”牌饲料通过中国兽药市场发展战略调查，被确认为用户喜爱的名优产品；

1998 年 1 月公司生产的 551 仔猪配合饲料（551 乳猪料）被评为中国饲料工业协会推荐产品；

1999 年元月公司被中国质量无投诉活动委员会评为 1998 质量无投诉企业，并颁发荣誉证书；

1999 年被中国工业设计协会、中国调查统计事务所评为中国企业形象 AAA 级单位；

1999 年 10 月 11 日获得了英国国家认证机构（UKAS）颁发的 ISO9002 质量体系认证证书，成为新疆饲料行业首家获得此项认证的企业；

2000 年 6 月公司生产的“金驼”牌饲料产品被自治区人民政府授予 1999 年度新疆名牌产品荣誉称号。

乌鲁木齐正大畜牧有限公司谨以自己的社会责任，积极支持新疆教育事业的发展，多次捐资助学：

1994 年公司向自治区希望工程捐资 10 万元人民币，奉献正大一片爱心；

1995 年 9 月和 1997 年 5 月公司向五一农场职工子女学校捐资 45 240 元；

1998 年公司投资 5 万元人民币在石河子大学、塔里木农垦大学设立奖学金；

1999 年公司向塔里木农垦大学动物科技学院提供 25 000 元奖励基金，向新疆农业大学提供 25 000 元科研基金；

1999 年公司投资 100 万元人民币在地方和兵团兴建了两所“正大希望小学”，实实在在为新疆各族人民做点实事。

乌鲁木齐正大畜牧有限公司成立 12 年来，为新疆的畜牧业和饲料工业发展做出了一定的贡献。公司正以饱满的热情和奋发进取的精神，为新疆畜牧业的可持续发展和经济繁荣再创新绩！

致力于畜牧业的安全化、绿色化、现代化

——六和饲料股份公司

六和饲料股份有限公司，是在六和集团饲料产业基础上改造成立的以饲料生产加工、销售服务为主的股份制企业，自公司成立以来，经过快速发展和不懈努力，先后被授予国家高新技术企业、全国饲料工业百强企业、全国饲料行业科技进步先进集体、农业产业化国家重点龙头企业等荣誉称号。

目前，六和拥有饲料生产企业近 50 家，产品主要有鸡、猪、鸭、牛、水产类等 10 大系列 100 多个包括预混料、浓缩料、全价料在内的饲料品种，市场遍布于山东、河南、江苏、河北、山西、湖北、东北三省等十几个省市区，深受用户好评和信赖。

在经营实践中，公司致力于实现中国畜牧业的安全化、绿色化、现代化，在同行业中具备明显的竞争优势。

一、继续坚定不移地深入实施“三大经营策略”

微利经营、服务营销和近距离市场密集型开发，是六和饲料产业于 1998 年提出并着手实施的三大经营策略。由于三大策略能有效地帮助养殖户降低养殖成本，提高养殖效益，已在业界产生了巨大影响。2003 年，六和从做精做细入手，继续坚定不移地深入实施三大经营策略，并取得良好成效。

在微利经营方面，公司把进一步降低饲料原料成本、配方成本作为重点来抓，从而使微利经营真正建立在低成本基础之上。首先，对原料采购实行了公司化运作，充分发挥了大规模采购优势。其次，高薪引

进专家博士进行配方技术革新，开发使用非常规性饲料原料。特别是在2003年9月份豆粕价格飞涨以后，公司组织专家博士借鉴欧洲配方技术对下属所有饲料生产企业的饲料配方进行科学、有效地调整，在保证满足畜禽生长营养需要的前提下，降低了豆粕、玉米等常规原料的使用比例，从而降低了饲料成本。第三是进一步扩大直销直供的比例，帮助用户减少中间环节上的费用，并对自建、合建标准化养殖场和用料大户，采取在原料成本上仅加微量利润来确定饲料售价，更是受到用户的极大欢迎。

服务营销要求营销队伍必须具有较强的专业服务能力，因此公司在营销队伍的专业化、中龄化、本土化建设上又迈出了新的步伐，先后在各地市、县、乡镇畜牧局、兽医站招收或聘请了一大批“三化”人才，同时对原营销队伍也按照“三化”要求进行了调整和置换，目前各饲料企业“三化”人才在营销队伍中均达到了75%以上。他们不仅懂技术、能防病治病，而且帮助用户买小鸡（猪）、卖大鸡（猪），进行全程服务，真正成为了农民放心大胆搞养殖的主心骨、定心丸。

随着六和饲料厂在省内投建密度越来越大，同时考虑帮助用户节省运输费用，公司早在1998年就提出了近距离市场密集性开发的市场开发策略。实施这一举措后，不仅为用户节省了大量的运输费用，技术服务工作也做得更为快捷及时。2003年，公司按照近距离市场开发原则对各饲料生产企业重新划分了市场区域，并要求各生产厂在各自近距离市场销量达到全部销量的85%以上，目前，这一目标已基本实现。

二、发展绿色饲料，生产安全、健康、绿色畜禽产品

从事饲料生产以来，六和与众多的同行兄弟企业一样，更多关心的是如何通过饲料产品和技术服务去帮助广大农民养殖致富，而对饲料转化出来的肉、蛋、奶产品，相对考虑得少。随着人民大众物质生活水平的提高和对食品健康、安全、绿色的重视，六和越来越深刻地感到，不应把饲料简单地当成一种服务于畜禽养殖的产品来看，而对养殖，更不能仅仅理解为农民脱贫致富的项目，因为不论是饲料生产还是畜禽养殖，最终都与国民大众的健康、安全息息相关。

基于上述认识，在生产过程中，公司通过技术创新，将微生态制品应用于饲料生产，并推行饲料HACCP认证，率先在国内开发生产“绿色”饲料系列产品，市场前景广阔。

六和大力发展和充分利用生物技术，先后从国内外引进了多名生物技术领域里的博士进行联合攻关，开发出绿源生、源康宝、绿健等微生态制品。

目前，六和已将微生态制品全面应用于各配套饲料厂的饲料生产，取代了大部分化学合成药物，并在下属种鸡场、标准化商品鸡场和农民合同鸡养殖场进行了推广应用，均在改善畜禽产品品质、增加养殖收益方面取得良好成效，从根本上解决了饲养源头的品质，进一步提高饲料产品的科技含量和安全性能，为生产绿色、安全、健康畜禽产品提供了基础性的保障。

为了使六和饲料具有持续竞争的能力，公司在每个片区选定一个饲料厂，率先在行业内推行HACCP认证，生产安全高效无污染的新型饲料，在产品升级换代上下工夫，以此为切入点，搭建平台，稳定市场，目前这项工作正在积极推行中。

同时，六和以公司部分饲料厂为支持，分别在省内部分地区建立了绿色鸡蛋生产基地和万亩绿色鸡蛋饲料原料生产基地，从绿色饲料原料、绿色饲料到绿色养殖、绿色鸡蛋，建立起一条绿色鸡蛋全程生产线。2003年上半年，经农业部食品质量监督检验部门测试测验，六和绿色鸡蛋16项检验指标全部达到合格标准，并顺利通过了国家绿色食品发展中心认证，这是从国家从严掌握畜禽产品绿色食品认证以来，山东省第一个通过的畜禽产品绿色食品的认证产品。

三、大力推行发展标准化养殖模式，促进养殖业的升级转型

由于我国农村养殖业一直处于千家万户分散养殖的落后状态，不但养殖效益低下，而且造成养殖环境不断恶化，最终导致畜禽加工产品质量低劣，以及在国际和国内消费市场的竞争力下降。只有从根本上彻底改变广大农村分散养殖的落后状态，加工企业才能冲破国际市场的技术壁垒。基于此，公司率先提出加快实现农村养殖业的规模化、标准化和现代化，并牵头联合省内八家加工企业探讨具体实施方案。2003年，公司又把发展标准化养殖确定为年度和今后所有工作中的重中之重。

首先，公司动员和扶持具有专业知识和实战技能的总经理人员、技术专家等进入养殖业，并从政策和机制上充分调动养殖业主的生产积极性。2003年以来，先后有十几名年富力强的经理人员与公司合资合作投身养殖业，新建标准化商品鸡场十几个，投入正常生产后，取得良好的养殖效益。

其次，充分发挥自建标准化商品鸡场的示范引导作用，并积极争取政府、金融等部门的支持，从而带动更多的优秀人士积极参与养殖业的标准化、现代化建设。六和规定对公司自建或合资合作、担保贷款所建标准化商品鸡场，在饲料、兽药的供应和毛鸡收购上均给予最优惠价格。此外，对投建标准化养殖场的优秀养殖户，公司无偿选派专业人员扶持其管理。政策出台后，已在农村养殖户和社会上引起强烈反响。

其三，努力降低标准化养殖成本和提高标准化养殖效益。从长远观点看，标准化商品鸡场的养殖生产，能够有效地控制药残和疫病，而且毛鸡的成活率和整齐度也有很大提高，但与农民散养大棚相比，由于很多设施设备要从国外进口，而且对建筑和保温材料要求较高，投资相对要大，而且管理成本也高。为此，公司于2003年采取了两项措施，一是与国内知名机械企业合作，成立专门生产养殖机械的畜牧养殖机械公司，利用国外新技术，结合我国具体实际，自行研发生产养殖设备，并在经营中坚持微利原则，可望为标准化商品鸡养殖的设备设施降低1/3的投入。二是组建起一支高水平专业技术服务队伍，为养殖业主保驾护航，帮助他们提高管理水平、疫病防治水平和毛鸡成活率。

全程致力于实现中国畜牧业的安全化、绿色化、现代化，是六和的神圣使命。学习学习再学习，开放开放再开放，发展发展再发展，是六和永恒的奋斗主题。

以质量求生存　向管理要效益

——青岛正大有限公司

青岛正大有限公司是泰国正大集团独资兴办的现代化农牧企业，也是山东省首家注册的外商独资企业。公司自1989年动工兴建，现已发展成为一个拥有饲料厂、祖代种鸡场、父母代种鸡厂、孵化厂、肉鸡屠宰加工厂、食品加工厂、羽毛粉加工厂以及与其配套的商品肉鸡饲养基地的大型企业，是集饲料生产、种禽繁育、畜禽养殖、屠宰加工、肉食品生产、国内外销售一条龙大型联合企业。

经过十多年的发展建设，青岛正大不断发展壮大，截至2003年底已累计投资6 000万美元，为社会创造了10万个就业机会。仅2003年公司实现销售收入11亿元人民币，上缴利税400万人民币，出口创汇达1 300万美元。青岛正大之所以取得这样可喜的成绩，这与公司领导和全体员工共同努力以及客户的厚爱是分不开的，她的成功经验主要在于以下几个方面。

一、引进先进的设备与技术，发展规模经营

青岛正大以“公司＋农场”的饲养模式为指导，与农民合作大规模兴建肉鸡养殖基地，带动大批农民走上了致富之路。为提高公司总体竞争实力，增加鸡肉产品在国内外市场的占有率，公司于2003年投资1亿元人民币兴建了世界一流水平、亚洲最大的熟食品加工厂，该厂均采用荷兰、美国、丹麦等国领先的屠宰、加工、制冷、包装设备，生产过程安全、高效，年加工肉鸡3 800万只，年生产鸡肉产品多达百余种，一直受到广大消费者的信任和喜爱，产品还远销日本、韩国、欧盟、中东等国家和地区，深受海外客户的青睐。青岛正大的一条龙工程是一个投资规模宏大、社会效益显著的工程，为青岛农牧企业的发展做出了巨大的贡献。

建厂于1990年的饲料厂，占地17.3hm^2，引进美国HOUGH、WEM、CPM等公司的世界先进的设备和技术，全部生产过程从原料的输送、过筛、储存、粉碎、配料、制粒、冷却到包装，均由电脑程序控制。公司还从丹麦引进了具有世界领先水平的环形间隙膨化机，其主要用途是用来控制饲料中的沙门氏菌，同时还具有提高淀粉糊化率、饲料利用率及降低料肉比等优点，因此，与传统的制粒系统相比，膨化机可以生产质量更加稳定的高质量产品。饲料厂可生产育肥猪、种猪、肉种鸡、肉鸡、蛋鸡、鸭、兔、奶牛、鲤鱼及鸵鸟等10个系列40多个品种的饲料产品，年产能力达30万t。青岛正大依靠正大集团施行9条职能线垂直管理的先进模式，可迅速获得来自有关采购、配方、生产、品管等方面的先进而全面的信息，从而使许多难题得以有效、迅速的解决，大大促进了成本的降低和效率的提高。

进一步改进营销策略，加强网络建设，推进专业化进程。通过调研分析各地区的饲养特点，公司专门成立了专业化技术服务队伍。此外，还加强对客户的培训与感情投入，培养客户忠诚度，与客户建立平等互利、长期合作的伙伴关系。开展全方位立体化的促销活动：以正大优质鸡苗带动肉鸡料的销售；以品牌蛋带动蛋鸡料的销售；引进正大集团处于世界领先水平的水产饲料拉动水产料的销售；与省内大规模牛场开展合作，提供专业技术服务，拉动牛料的销售。

二、加强品质控制，打造名优品牌

青岛正大视质量为企业的生命，将严格的品质控制贯穿于产品的各个环节，靠质量打造了客户信得过的名优品牌。正大饲料是根据养殖对象在不同生长时期的不同要求，以及原料的营养成分，采用正大集团独特的配方加工制成的，质量稳定可靠，可降低生产成本，获得最佳经济效益。优异的质量来源于以下严格的品质控制：

1. 严把原料关。凡公司购进的原料必须完全符合集团制定的原料使用标准。原料进厂时，由品管人员进行30%抽样化验，合格后方可进厂，进厂后要进行100%化验，完全符合标准后，才可收货。原料进入仓库后，由仓库保管员每天进行检查，在投料时由每班操作人员再把一次关，发现有不合格的原料坚决予以剔除。

2. 严把配方关。每批饲料在生产前，电脑操作人员必须根据生产计划，检查所需要生产的品种是否与电脑配方相符，再看原料品质是否符合营养和配方要求，达不到要求的立即进行调整、修改。

3. 严把加工关。原料必须完全符合配方的要求，由工序负责人把关。更换原料品种时，必须清理设备，防止交叉污染。各操作岗位均有各自的工作标准和岗位责任制，进行规范化操作，以确保每道工序的质量，做到上道工序对下道工序负责，不合格半成品禁止流入下道工序。

4. 严把出库关。每批产品，都必须由专职质量检验人员抽包检查，看配方代号是否与成品相符，产品的外观质量和重量是否符合标准，同时，取出样品，送品管部门进行化验，只有符合质量标准的产品才能出库。产品出厂时，包装上有详细标签说明，便于用户选择使用和执法部门检验。

5. 严把客户终端质量管理关。青岛正大始终秉承“顾客就是上帝”的宗旨，饲料出厂以后并没有完成自己的责任，通过对市场信息的调查与反馈，公司发现客户端是最容易发生问题的环节，由于客户在运输及储存的环节往往会忽视质量隐患。公司针对这种情况，对业务服务员加强了有关运输及仓储方面知识的培训，以便业务服务员将相关知识传授给客户。此外，公司还邀请客户参加公司举办的相关知识讲座，这既增加了客户的知识，同时也建立起了公司与客户沟通的桥梁，深得客户的好评。

伴随着青岛正大企业的不断壮大，质量控制也得到了不断发展，逐步建立并完善了一套由原料进厂到饲料出厂到批发商到零售商最后到农户的全面质量管理体系。

三、强化企业管理，加强员工素质建设

管理，是企业的灵魂，向管理要效益，是青岛正大的坚定信念。为了在激烈的市场竞争中站稳脚跟，谋求发展之路，青岛正大建立起了适合自身发展的管理模式，大力培育企业文化，树立有效经营管理理念，坚持质量第一、用户至上的原则。一流的管理，靠的是一流的人才，青岛正大注重以人为本，树立“尊重知识、尊重人才”的良好风尚，广开招聘渠道，不拘一格降人才。同时将人才引进与培训紧密结合起来，使青岛正大成为培养人才的摇篮，并给予人才以充分发展的空间，将员工的个人发展与企业的发展紧密结合起来，做到了人尽其能、各司其职、各显其能，使企业员工的整体素质得到了极大提高。此外，公司还在以下几个方面改进了管理模式：

首先，转换经营机制。整章建制，深入、强化管理，在员工中树立危机感、责任感、全局观念及遇事先检讨自己的经营观念。全面实行岗位绩效工资制，推行部门、课室首长负责制，升降岗制度及每日考评制度，贯彻“以事定岗、以岗择人、适才适所、绩效定酬、适时调整”的人事方针，全面优化员工结构。同时严格把握好“计划、组织、用人、指挥、控制”的管理尺度。

其次，灵活的市场战略。即以客户需求为导向，及时调整产品结构，改善产品品质，达到农民赚钱、公司盈利的目的。同时全面贯彻全员行销的经营理念，充分发挥行销部的龙头作用，即“行销拉动、其他部门紧跟”的经营方式。

再次，树立良好的企业形象。由于注重了产品质量，注重了售后服务，在客户中树立了重质量、重服务、重信誉的良好企业形象。

最后，注重经营核算。加强资金周转，提高了资金的使用效率，狠抓节能降耗，严格执行物料定额，提高劳动生产率，大大降低了生产成本，保证了产值利润的同步增长。公司自1996年以来就全面推行了ISO9000系列质量保证体系，不断强化现代化管理方式，进一步理顺了作业流程，经营管理全面进入系统化、规范化、程序化运作的轨道。

一分耕耘，一分收获，青岛正大经过十余年的艰苦创业，奋力开拓，取得了巨大的成就：被青岛市政府列为重点菜篮子工程项目，连年被青岛市质量监督检验所推荐为产品质量保证单位，被中国质检协会推荐为中华国产精品，连年被评为山东省饲料免检企业。青岛正大是山东省畜牧发展龙头企业，是中国最大规模500家外商投资企业之一，是畜牧百强企业及农副产品加工50强企业，肉食品加工能力在中国排名第七，被国家确定为出口产品示范工业园。青岛正大顺利通过了ISO9002体系及HACCP认证，标志着各项管理又迈上了一个新台阶，为保证产品质量，更好地开拓国际市场打下了坚实的基础。

“爱是正大无私的奉献”，青岛正大将不负重托，以创新的姿态不断发展壮大，以其雄厚的实力与广大农民共同走上致富之路，为青岛农牧业的发展，为中国人民生活质量的不断提高做出不懈的努力。

以德立人　以品立面　共盈发展

——青岛九联集团股份有限公司

青岛九联集团股份有限公司，位于青岛莱西市牛溪埠镇后庄扶村，是一个集肉用种鸡繁育、商品肉鸡养殖、饲料加工、屠宰加工、进出口贸易于一体的股份制民营企业，曾先后被青岛市人民政府授予青岛市农产品龙头企业，被山东省委、省政府授予农业产业化经营先进龙头企业，被农业部、外经贸部联合授予出口创汇先进乡镇企业，被国家发展计划委员会授予农副产品深加工示范基地，被国家科技部授予国家级星火龙头企业，被国家肉类协会授予国家肉类加工五十强企业等称号，自1996年连年被中国农业银行青岛分行评为AAA级资信企业，并先后通过了ISO9002：1994、ISO9001：2000、ISO14001：1996质量体系认证。2002年完成销售收入8亿元，利税4 000万元，出口创汇2 200万美元。

青岛九联集团饲料公司隶属于青岛九联集团股份有限公司，是集团肉鸡出口一条龙的惟一饲料供应商。下设2个饲料厂，饲料一厂只生产肉用仔鸡配合饲料，饲料二厂只生产肉用种鸡配合饲料。2个饲料厂相距10 km，现有职工260人；具备雄厚的技术力量和先进的检测手段，拥有1个饲料分析室、2个饲料试验场、2个预混料生产车间、3套国内先进的颗粒饲料加工机组，年生产能力15万t。因养殖规模逐年扩大，饲料需求量增加，集团公司决定，在平度市新建一座年生产能力16万t的饲料三厂。饲料厂质量保证体系采用ISO9002的标准，正处在认证阶段，各项管理制度和质量保证的程序性文件齐备，从原料进厂、生产加工到成品出厂各阶段严把质量关，在全厂树立起质量第一、客户利益至上的观念，“九联饲料”的质量品牌已经在广大养殖业户中形成共识，尤其是饲料厂为集团所属肉鸡公司、冷藏厂配套生产的“绿色”饲料，从原料关抓起，无动物性蛋白饲料，无转基因饲料，无药残，为集团下辖冷藏厂生产的“自然鸡”打下了坚实基础，得到日本客户的好评。

近年来，随着人民物质文化生活水平的不断提高，人们对食品的要求已不仅仅是满足温饱和口味，安全、卫生、健康的绿色无公害食品已逐渐成为广大消费者选择食品的基本原则，且西方国家和地区对此尤为重视，同时，各国政府之间的贸易摩擦更是人为地加大了技术要求。由于这些原因的存在，肉食品出口企业必须正视这些所谓的“壁垒”。农业标准化是农业现代化的前提，只有按照国际标准体系组织生产，把农业生产的产前、产中、产后全过程纳入标准生产和标准管理的轨道，保证农产品的高质量和规格的统一，才能打破技术壁垒，取得进入国际市场竞争的通行证。九联集团在新的发展阶段提出，必须把标准化生产和保证农产品的安全放到关系企业生死存亡的高度来认识和对待，参照国际惯例和准则，从实际出发，建立自己的绿色原料基地，抓紧制定和实施主要农产品的质量标准，建立农业标准、农业监测、农产品评价3个体系，突出解决农产品中有害物质残留问题，促进农产品质量的提高。将绿色无公害产品作为九联的宗旨，将安全、卫生、健康作为九联的核心价值观。

从2002年开始，集团公司积极探索新的经营机制，推出“公司＋合作联社＋农场”模式。青岛市政府把这种模式命名为“九联模式”，并作为加入WTO以后，我国农业实施标准化生产与国际接轨的成功典型向全市、全省推广。集团公司通过股份合作的形式建设现代化养殖农场，实行股份制运作、专业化生产、一体化服务，构筑以加工企业为龙头、以合作经济组织为载体、以现代化养殖农场为第一车间的新的产业化经营模式。“九联模式”是推动农业产业化经营实现质的飞跃的重要途径。

一是龙头企业与农民真正形成了利益共同体，使产业链条不断延伸。在市场经济条件下，所有市场主体都应当坚持等价交换的原则。但由于目前绝大多数农民还不是独立的法人和市场主体，且生产规模过小，在“公司＋农户”的组织形式下，龙头企业与农户难以真正实现地位平等，农户与企业不可能形成紧密连接，同时也大大增加了企业和农户双方的生产风险。采用“公司＋合作联社＋农场”的“九联模式”，农户通过入股的形式与公司紧密连接在一起，使公司员工和农户成为企业的股民，农户与企业通过合作联社真正实现了地位平等，并通过分红实现了利益均沾。

二是实现了农产品的规模化、标准化生产，增强了国际竞争力。饲料生产今后的发展方向将趋向区域化，因为使用饲料的客户——养殖户正在逐渐向集约化、规模化、标准化生产方向发展。这是确保农产品质量安全的重要途径。药残、农残及重金属超标问题，通过这一方式能够得到很好的控制。

公司对养殖户（场）实行“五统一”服务，即统一供应鸡苗、统一供应饲料、统一供应药品疫苗、统一进行技术服务、统一回收宰杀；同时还使整个肉食鸡产业形成了从饲料加工→鸡苗孵化→养殖生产→屠宰分割→熟食加工→包装→分储运输→出口销售的完整链条。在这一产业链条中饲料加工起着基础性作用，也是非常关键的一步。对于饲料公司的生产管理来讲也有一定的促进作用，通过建立大原料采购基地，加强原料检测力度，严格控制药残、重金属等有毒物质，商品肉鸡饲料中不添加任何动物性饲料、抗生素、激素类、化学着色剂、化学黏合剂等原料，引入低聚糖、益生素、酶制剂等绿色添加剂，完全实现绿色素食配方，并将种鸡饲料和商品肉鸡饲料分厂生产，完全杜绝了交叉污染的可能。充分保证了供料的安全性。产品质量过关后，销量就会上涨，进而饲料的需求量会大增，企业效益才会越来越好。

三是拓宽了农民的就业渠道，增加了农民收入。采取“公司＋合作联社＋农场”生产组织模式，使农户由单纯的生产者变成了投资者，由分散经营通过合作联社的桥梁纽带作用变成了专业化生产的主体，既带动了农民养鸡，又拉动农民的投资。农民不仅可以分享生产过程中的利润，而且可以作为股东分享加工和流通环节的利润。2003年公司从玉米种植、玉米收购、肉鸡养殖、生产加工、包装、运销等产业链条的各个环节到餐饮、建筑等配套服务，直接增加农民收入1.5亿元。

在这个新的发展阶段，饲料公司根据集团“公司＋合作联社＋农场”的模式，开拓新的思维，保证集团的饲料需求及服务，一是要坚持绿色无公害产品的宗旨，充分体现安全、卫生、健康的核心价值观；二是要继续加大原料控制力度，从采购、检测两方面保证所有进厂原料无农残、药残和其他有毒有害物质；三是继续坚持绿色素食配方，开发新的植物性原料；四是要加快探索适合标准化鸡舍的饲料营养结构；五是要继续探索增强鸡只自身抵抗力、调节代谢的绿色添加剂；六是要改善饲料加工方式，提高颗粒质量，以适应机械化操作过程；七是要加快标准化、规范化建设的步伐。

本着壮大企业、回报社会的宗旨，集团公司将继续发展和完善肉鸡一条龙规模，计划2005年末，净资产达到5亿元，总资产达到10亿元，年销售收入突破30亿元，上缴国家税金4 000万元，固定资产总投资5亿元，全面完成“公司＋合作联社＋农场”的产业化经营模式改造，将九联建设成国内外知名的绿色肉鸡食品生产基地。

全力打造绿色航母

——宁波联合生物有限责任公司

药物残留等抗生素类饲料添加剂的严重负面作用已被越来越多的业内人士和消费者所重视，并且已经成为畜牧饲料行业可持续发展的巨大障碍。联合国世界卫生组织（WHO）警告，包括沙门氏菌、大肠杆菌在内的四种细菌的抗性菌系已经从动物传给了人类，人类正面临对抗生素治疗不会发生反应的危险，人们呼吁对畜禽慎用抗生素。一些国家对饲料中添加抗生素等药物都制定了限用、禁用措施，同时对进口含抗生素的畜禽产品也采取了抵制措施，因此，寻找天然产物取代抗生素作为饲料添加剂已成为世界性命题。

宁波联合生物技术有限公司正是适应这一世界性命题而诞生的生产绿色、抗生素替代品的高科技公司，她由中国国有企业500强、上市公司——宁波联合集团股份有限公司和浙江大学于1998年共同组建，专业从事糖萜素饲料添加剂及其相关高新生物技术产品的研制、开发和生产。公司以浙江大学雄厚的科研技术力量为依托，结合宁波联合集团股份有限公司资金及管理优势，充分利用我国知识产权，发展民族工业，提高我国饲料添加剂及畜禽产品的国际竞争力，推进糖萜素这一世界性成果产业化进程。

宁波联合生物技术公司生产销售的糖萜素饲料添加剂，是浙江大学承担原国家科委饲用抗生素替代物研究开发项目而研制成功的，既能提高畜禽生产性能，且无毒副作用的绿色高科技产品。1997年8月通过国家科技部（原国家科委）的鉴定和验收，之后又成功申请了国内和国际发明专利，并获得美国发明专利证书。1998年糖萜素饲料添加剂获我国第一个创制型饲料添加剂批文，是我国惟一获得AA级绿色食品的生产资料的产品，糖萜素饲料添加剂的研制成功在国内外产生了较大影响。为加强产品质量管理，公司于2002年1月通过了ISO9001质量体系认证。

宁波联合生物技术有限公司依具自身科研实力，强力打造糖萜素这一绿色品牌，依具品牌效应，不断整合，提升公司整体竞争实力。通过几年来的运行，宁波联合生物技术有限公司已在中国饲料业中赢得了一片属于他们的天空。目前，在全国的知名饲料生产企业中，有30%企业在使用糖萜素饲料添加剂，同时产品远销美国、意大利、荷兰、巴基斯坦、泰国等国家。为了进一步促进产业发展，公司于2000年投资2 000万元在宁波经济技术开发区大港工业城生化园区新建二期工程，2001年6月份正式投产，从而使糖萜素的生产规模扩大到单班产量1 000 t。公司业已形成以糖萜素为主线，以油茶作物精炼茶油和广泛应用于日化、农药、水产养殖等行业的茶皂素及其衍生副产品系列。

产品开发之初，浙江大学生物活性中心专家和宁波联合集团高层针对防病促生长饲料添加剂用量大、功能强、价格低、性能稳定等特点，充分分析和研究我国现有的丰富的尚未完全利用的植物油饼资源，开始了通过提取其有效成分作为替代抗生素用的饲料添加剂的研究，“天道酬勤”，糖萜素的研制成功，有效地解决了畜禽饲料中长期大量使用抗生素添加剂引起的微生物耐药性和畜产品中的药物残留等负面影响，对生产安全优质畜产品、保护生态环境和人类健康具有重要的意义。

对糖萜素应用效果的试验研究表明，糖萜素完全能够替代抗生素而且饲养效果十分明显。宁波联合生物技术有限公司先后在北京、山东、河南、浙江、广东等地对多个规模养殖厂家进行专项对比试验，在肉鸡、蛋鸡、肉仔鸡、仔猪、兔、肉鸭、蛋鸭、育肥猪等畜禽品种中，取得了十分显著的效果。糖萜素以实际的饲养效果，在广大养殖户中声名鹊起。其中于2000年9月份与上海大盈肉禽联合公司合作的试验项目表明，在鸭料中添加糖萜素完全可以替代抗生素，且能提高成活率，降低成本，提高了饲养效益，控制了药物残留，提高鸭肉品质。1999年7月份与齐鲁动物保健品厂进行的试验项目表明，糖萜素对提高肉仔鸡成活率，提高增重，效果更是显著。1999年2月，在山东安丘安外贸食品进出口公司的试验表明，糖萜素可明显提高肉鸡的成活率且无药物残留，其饲养的肉鸡完全符合出口标准。同样的试验比比皆是，不胜枚举。宁波联合生物技术有限公司以实力服人，以科技为依托，以铁板钉钉的事实告诉中国畜牧业走绿色品牌之路：应从动物饲料源头抓起，喂以高效安全、无药物残留的饲料。

作为我国饲料添加剂研究行业中的高科技企业，宁波联合生物技术有限公司以“推广世界一流生物产品与技术”为己任，在生产优质完美的实物产品时，提供强有力的技术支撑，为客户创造价值，告诉本着“双赢”的理念，为客户提供“产品＋技术服务”二位一体的完善服务，在全国各地设立销售技术服务平台。根据客户需要，提供糖萜素最佳预混料、浓缩料、全价料配方、饲料养殖信息、市场分析和咨询，定期举行大型用户交流会和技术讲座，在养殖过程中全程追踪服务，努力实现用户收益最大化。

加入世贸组织后，我国畜牧业将面临严峻考验，特别是畜禽产品的卫生标准和品质质量达不到国际市场的要求，而药残问题更是困扰我国畜禽产品出口的症结之一。宁波联合生物技术有限公司将糖萜素的推广视作畜禽抗生素的全面替代品，全力打造民族支柱品牌，为我国畜牧业走上绿色健康、持续发展之路作出自己应有的贡献。

稳妥拓展 可持续发展

——深圳市华宝(集团)饲料有限公司

深圳市华宝（集团）饲料有限公司是国内首家农口上市公司——深圳市深信泰丰集团股份有限公司的全资子公司，员工300多人，科技人才众多，经济实力雄厚。深圳市华宝（集团）饲料有限公司从1985年建成投产，生产经营长期稳定增长，产销量连年上升，连续15年盈利，并保持了稳健、良好的发展势头，目前在全国饲料行业中具备较强实力，经过十多年的不断发展，现已拥有两家大型现代化饲料厂和预混料厂，配合饲料时产达 60 t，形成了年生产、销售配合饲料、浓缩饲料近 20 万 t，预混料 8 000 t 的规模，名列广东饲料企业前十名，在全国 1 万多家饲料企业中排名前 30 位，形成了较大的规模经济和较好的商业信誉。曾经被评为中国饲料工业百强企业和先进集体、深圳市饲料行业独家省级先进企业、深圳市最大规模工业企业第 51 名，是饲料行业独家拥有部、省、市优质产品的企业。

华宝饲料公司技术力量雄厚，聘请国际国内著名动物营养学专家为顾问，并拥有一批具有中、高级职称的专业技术人员，目前共有大专以上学历人员 56 人，专业销售人员 30 多人，已经形成了较为过硬的经营队伍。经过多年的发展和积累，已形成了较强的技术力量和技术储备，目前已具有植酸酶应用、生物饲料等多项前瞻性的技术项目成果，为华宝饲料未来的发展奠定了扎实的技术基础。目前公司主导产品为鸡、鸭、猪、鸽、鹅、珍禽、水产等系列配合饲料、浓缩饲料、复合预混饲料品种 60 余个，并根据市场的需求不断推出新产品。其中 311、800、888 等产品为农业部获奖产品，404、407 等多个品种早已为市场广泛认同形成了名牌效应，所有产品每次均通过国家质量监督抽检，质量稳定可靠。经过 15 年的培育和积累，目前已经形成了以广东地区为核心、面向周边省份、辐射全国的营销网络，拥有一批忠实、稳定的客户，形成了较好的市场品牌，占据了较为稳定的市场份额，形成了区域性的品牌优势。“华宝”牌饲料由于其上乘的质量和良好的服务，得到了广大养殖用户的认可，成为饲料行业的知名品牌。

在发展中华宝饲料公司形成了扎实的饲料行业经营管理基础，建立了完整的管理体系、营销网络和企业文化，形成了成熟的技术、生产、营销管理模式和经验。在企业管理方面，华宝饲料公司还不断学习借鉴国际先进管理理论和方法，2000 年公司在同行业中较早通过了 ISO 9002 国际质量管理体系认证。ISO 9000 质量管理体系的推行工作是该公司规范企业管理、提升管理水平的重点举措之一，在公司领导的全力支持下，经过全体员工进行了大量的工作和努力，通过组织各部门的业务、技术骨干进行系统文件的起草、讨论、修订与发布工作，建立了以《质量手册》为框架的质量文件体系，确立了公司的质量方针、质量目标和组织架构，全面对质量体系、管理职责、文件与资料管理、采购、生产过程、检验、仓储、营销、售后服务、培训、内审、纠正与预防措施等环节进行了规范化、程序化的规定，对有关工作甚至有关岗位的操作制定了规范和标准，系统全面地按照国际质量保证体系的要求，并结合华宝公司多年工作经验的积累和浓缩，建立了具有华宝特色和饲料行业特色的质量管理体系，并于 2000 年 9 月份顺利地通过了德国 RWTUV 认证公司的 ISO 9002 国际质量保证体系认证，标志着华宝公司的质量管理和企业管理水平的一个阶段性提高，同时也极大地提高了华宝的企业形象和品牌信誉。通过全面贯彻“质量第一、科技创新、规范管理、客户为本”的质量方针，华宝公司的经营以质量放在第一位，根据 ISO 9002 的要求对生产质量、产品质量、各岗位的工作质量和服务质量进行了严格控制，产品质量得到了进一步提高，产品合格率逐年提高，客户退货率逐年以 50%的幅度下降，完满的完成了预定的质量目标。通过积极学习、引进最新科技成果，通过大量的科学试验，完成了多个新产品的开发和多项新技术的应用等工作，利用技术创新和技术应用，进一步降低生产成本，增创效益，提高产品质量。通过 ISO 9002 体系的推行，质量管理考核制度、财务管理制度的出台，采购体制的改革和理顺，对质量体系的各环节实现了标准化、规范化管理。公司领导多次组织走访市场，了解客户需求和反映，并采取积极有效的措施，提高了技术服务的水平，改善服务工作的质量，取得了客户的好评。同时也通过体系自身的内部质量审核、纠正与预防措施等制度，不断对体系的实施情况进行监督和改进，使 ISO 9002 质量体系在不断的推行中得到持续改进。

同时华宝公司也不断利用现代计算机和网络技术提高企业管理水平，1999 年华宝饲料公司在饲料行业内率先实施了计算机局域网络化办公和管理，实现了企业内部的数据和信息资源的沟通和共享，较大地提高了工作效率和效果；2001 年华宝饲料公司即将开展管理信息系统（ERP）和业务流程再造工程（BPR），通过业务流程再造过程优化、提高工作效率、工作质量，利用信息化工具优化企业资源、实现企业资源共享，并逐步形成完整的供应链体系，通过互联网连接供应商和客户，以期达到提高工作效率，降低成本和提高企业效应，在行业管理水平上的领先优势。

华宝饲料公司经过多年的发展，目前已具有深厚的行业基础和管理水平，具备了发展农业高新技术项目较强的基础和实力，通过在资源上、人才上、技术上、规模上、管理上的优势取得了未来发展的坚实基础。在中国加入 WTO 以后，我国农业产业将面临巨大的机遇和挑战，华宝饲料公司表示，将利用自身在技术、经营管理和市场网络的优势，采取稳妥的拓展策略，走可持续发展的道路，上产量、上质量、上品种、上档次，由快速增长期转入依靠高科技，提高产品的安全性、风味性、特色性的质量进步期，努力与国际先进的农业产品质量标准接轨，提供高科技、环保、安全的农业产品，在国际市场的激烈竞争中立于不败之地。

企 业 简 介

北 京 市

中牧实业股份有限公司

中牧实业股份有限公司是由中国牧工商（集团）总公司作为独家发起人，以募集方式于1998年12月25日成立的股份制有限公司，现有总股本3.9亿股，其中国有法人股2.7亿股，社会公众股1.2亿股。公司股票于1999年1月7日在上海证券交易所上市，股票简称：中牧股份，股票代号：600195。

中牧实业股份有限公司经过5年多的不懈努力，在动物保健品和动物营养品行业始终处于领先地位，其产品占有全国1/3以上的市场份额，销售量和市场占有率稳居全国第一。2003年实现主营业务收入11.12亿元，截至2003年末，公司总资产13.11亿元，净资产8.23亿元。

中牧实业股份有限公司是以动物保健品、动物营养品为主导产业的大型股份制上市公司，也是国内最大的动物保健品生产企业。1999年8月被北京市科委认定为北京市高新技术企业，2002年10月被中国动物保健品协会评为中国动物保健品行业50强，2002年12月被国家九部委认定为农业产业化国家重点龙头企业，2002年12月被饲料工业协会评为饲料百强企业。长期以来，中牧股份一直致力于新型、环保、安全、绿色的高科技产品的生产、销售和开发，努力为中国畜牧业的持续健康发展保驾护航。

中牧股份旗下的北京华罗饲料添加剂厂自1990年成立以来，抢占饲料添加剂生产技术和市场两个制高点，不断开发技术含量高、性能可靠、安全高效的饲料预混剂产品，每年销售的复合维生素产品可为全行业配置饲料700多万t，“华罗”品牌已成为我国畜牧饲料行业的知名品牌，2002年被北京市工商行政管理局评为北京市著名商标。北京华罗饲料添加剂厂一直雄踞中国饲料百强企业前列。并已经通过ISO9002质量体系认证，保证所生产的产品符合无公害要求。

中牧股份是我国目前生物制品产品品种最全、生产能力和产量最大的企业。经过多年的发展与创新，目前中牧股份每年的动物疫苗生产量超过200亿羽头份，产品市场占有率达30%以上。中牧股份所属生物制品生产企业已成为我国动物疫病防疫体系的重要组成部分，并一直发挥着关键作用。近年来，公司在新产品开发以及生产工艺方面投入了大量资金，保证了产品质量和产品更新。液氮马立克氏病活疫苗（CVI988）、鸡传染性法氏囊病活疫苗（NF8株）和猪伪狂犬病灭活苗等一批新产品获得农业部三类新兽药证书，猪伪狂犬病灭活疫苗和鸡传染性法氏囊病活疫苗（NF8株）还获得国家科技进步二等奖。

兽药作为中牧股份着力开发的动物保健品，近年来在骨干项目的带动下，兽药产品不断取得突破，先后建成合成和发酵类兽药原料药两个生产基地，引进、开发并生产了黄霉素、氟苯尼考等安全、高效、无残留、无公害的兽药类产品。其中氟苯尼考获得农业部二类新兽药证书，黄霉素预混剂获得农业部三类新兽药证书。同时，兽药预混剂和兽药制剂项目已经在建设之中。

中牧股份多年来与饲料和动物保健品的国际知名企业建立了良好的贸易合作关系，在饲料原料贸易方面具有独特的优势。已经成为国内最大的畜牧业生产资料代理商和销售商。

中牧股份董事会设立了中牧股份科学技术委员会，聘请国内行业知名专家和学科技术权威人士为委员，对公司重大科技研发与引进项目进行咨询、论证。在美国建立了研发基地（UBI），与扬州大学、华中农业大学、中国农业科学院哈尔滨兽医研究所等大专院校、研究院所组建研发基地和产学研开发联合体，现已经成立了4个研究所，为公司的产品研发奠定了坚实的基础。

发展畜牧产业是我国实施农业产业结构战略调整和农民增收的重要举措，也是全面建设小康社会的重要方面。保证畜牧业持续健康发展是中牧股份的神圣使命。今后，公司将紧紧围绕饲料添加剂、生物制品和兽药这三大产业，进一步加大产品的研发和科技投入，建立自身的全国性营销网络和物流配送体系，实现以产业为基础、以销售为龙头、以服务为手段、以效益为目标的经营战略，更好地发挥国家农业产业化重点龙头企业独特的作用。

北京北农大动物科技有限责任公司

北京北农大动物科技有限责任公司，系中国农业大学直属股份制企业、北京市中关村高新技术企业，是从事畜牧产业化发展的专业化公司。她拥有一流的专业人才和丰富的技术经验，以超强的研发能力、过硬的产品质量和卓越的服务水准享誉业界。

“技术根源——北农大”，正是对北京北农大动物科技有限责任公司在饲料配方、临床兽医、遗传育种等领域取得成就的高度概括和精确评价。

北京北农大动物科技有限责任公司，主营饲料核心产品的研究与制造，同时涉及动物遗传育种、牧场设计施工、疫病监测防治、牧草良种销售和畜牧技术培训等领域。目前为广大养殖户提供的产品有：各种畜禽预混料，包括“北农大”赛优、必优、优农和微宝素、宝肥等系列产品，其中北农大系列预混料曾两次获得北京市百项表彰拳头产品称号。1998 年又隆重推出由中国农业大学教授、中国科学院院士吴常信先生，中国农业大学动物科技学院扬宁教授、宁中华博士培育的“农大三号节粮型小型蛋鸡”，该鸡的主要特点是体型小、节粮、抗病力强、经济效益高，已通过国家品种审定，并获得国家科技进步二等奖、农业部科技进步二等奖等多项荣誉证书，填补了国内在小型蛋鸡育种方面的空白，使我国蛋鸡育种处于世界领先地位。

北京北农大动物科技有限责任公司，以中国农业大学最先进的农业科学技术为依托，以“让世界享用北农大科技”为使命，通过为广大养殖户提供最优质的产品、最完善的服务，为广大养殖户创造最佳的经济效益。

总部地址：北京市海淀区圆明园西路 2 号中国农业大学校园内

邮政编码：100094

电　　话：(010) 62891068

北京大发正大有限公司

北京大发正大有限公司是北京大发畜产公司和泰国正大集团于 1986 年合资经营，实行牧工商一体化、产供销一条龙的现代化大型外向型食品企业。目前总投资 5.71 亿元人民币，年销售额 15 亿元人民币，出口创汇 4 500 多万美元，是北京市政府确认的先进技术型企业和国家级农业产业化重点龙头企业。公司集种鸡饲养、孵化、饲料生产、肉鸡饲养与屠宰、肉鸡产品深加工、国内外销售为一体，以雄厚的实力和规模成为华北地区最大的农牧企业，多次获北京市外商投资双优企业等殊荣，并在全国合资企业 500 强、北京市外商投资企业出口额排行榜中名列前茅。在实施北京“九五”饲料工业发展计划期间，被北京饲料工业协会评为饲料行业先进集体，荣获 2001 年全国饲料工业百强企业称号。公司以“改善社会膳食结构，提升大众生活品质”为已任，于 1999 年 5 月和 2002 年初率先在同行业通过 ISO9002（已转换 ISO9001：2000）国际质量管理体系和 HACCP（危害分析与关键控制点）认/验证，2002 年 10 月成为北京惟一的食品企业首批通过国家经贸委组织进行的安全食品认证及北京市食用农产品安全生产企业认定。其三大系列产品中“大发正大”等品牌饲料采用国际先进配方，高品质，促长快，在华北地区享有盛誉。

北京大发正大有限公司饲料事业处下设 5 个部门：生产一部、生产二部、品管部、综合办、销售部。两厂年生产能力 30 万 t，具有世界一流的生产设备及技术队伍，相信在新的年度，大发正大有限公司饲料事业处会以崭新的面貌迎接国内市场及自身的挑战，努力为广大消费者提供优质的饲料，为富民工程做出自己的贡献。

河　北　省

河北裕丰实业股份有限公司

河北裕丰实业股份有限公司兴亚饲料分公司隶属衡水老白干酿酒集团，现有职工 220 余人，固定资产 1 800 多万元，年设计生产能力 6 万 t。2003 年饲料产量 2.2 万 t，实现销售收入 3 300 万元。

公司坐落于衡水市南郊红旗大街与南环路的十字交叉口西侧，交通便利，周围绿树茏葱，碧野肥沃，环境优美。兴亚饲料全套工艺设备由中国农业科学院研究设计，整个工艺流程全部由电脑监控，配料准确，精度可达千分之一。产品配方由我国权威饲料专家综合国内外最新科研成果，集营养学、药物学、饲料学于一体，保证了各种营养成分的平衡和充分利用，实现了最低的饲料成本到最佳经济效益的飞跃。

兴亚饲料现有猪、牛、蛋鸡、肉鸡、鱼、鸭、鹅、兔、鹧鸪鸟等用的颗粒料、浓缩料和预混料 20 多个品种。产品销售面现已覆盖河北省中南部地区并销往山东、山西、河南等地，受到用户一致好评。在 1997 年河北省农业博览会上，“兴亚”牌饲料被评为河北省农业名优产品，1999 年被省饲料工业协会评为先进单位，2000 年上半年被市委、市政府命名为无假冒、伪劣商品企业，2003 年被河北省饲料工作办公室和河北省饲料工业协会评为省饲料行业 20 强企业。

在经营管理上，兴亚公司坚持内抓管理，外抓市场，协调发展。抓管理增效益，创名牌求发展。为了保证产品质量，公司建立了严密的生产质检体系，各部门分工协作，层层把关，保证不合格的原料不进厂，不合格产品不出厂，使公司产品成为当之无愧的名牌。

“根植沃土，造福于民”是兴亚的经营理念，在拓展市场的同时，常年组织技术人员进行多种形式的送科技下乡活动，普及科学饲养知识，引导农民科学投资养殖，增加收入。兴亚愿伴广大农民朋友早日踏入小康之门。

追求卓越，创造财富，奉献社会，发展兴亚，这是兴亚公司永恒不变的追求。兴亚饲料有限公司愿和广大有识之士一起为推进河北省畜牧产业化的进程，为提高人民的生活水平做出贡献。

河北兴达（集团）公司

河北兴达（集团）公司是冀南地区首屈一指的以生产经营饲料、面粉、兽药为主，集科、工、贸为一体的大型集团化企业。

集团下属7家公司：兴达饲料公司，兴达面业公司，兴达动物药业公司，兴达争创公司，兴达贸易公司，德州兴达饲料公司，鹿鸿兴达饲料公司和石家庄总部。公司高度重视科研工作，积极同大专院校合作。2002年10月，同河北农业大学动物科技学院合办了河北兴达饲料研究所，致力于高科技含量的饲料研究和开发。公司产品畅销全国9省近百个县市区，在广大用户中享有盛誉，因良好的销售格局和完善的服务网络，促使销量以每年10%的速度递增。公司现在有员工600余名，其中60%以上为大、中专毕业生，有中、高级技术职称的48名，并拥有"食兴"、"雪来福"、"世强"、"争创"、"农元"等知名商标。

为不断提高产品质量和管理水平，公司于2000年初建立GB/T 19002-ISO9002质量保证体系，并于2000年12月28日获得了质量体系认证证书（注册号2300B0555），全面扩大了兴达公司的知名度，从整体上丰富了"食兴"饲料的品牌内涵。

几年来，兴达以振兴民族饲料工业为己任，努力把握市场经济脉搏，务实开拓，拼搏进取，实现了一次又一次的跨越，也赢得了广泛支持，1997年被评为中国饲料工业百强第18名，连年被河北省工商行政管理局命名为重合同守信用单位，1996—2000年被中国农业银行河北省分行评定为AAA信用企业，"食兴"牌系列饲料在1999年被评为河北省名牌产品，2000年又被评为河北省重点名牌产品，2000年通过ISO9002国际质量体系认证，被农业部评为中国21世纪最具竞争力的知名品牌，2001年3月"食兴"又被河北省工商局认定为河北省著名商标。同年，加入河北省质检协会，成为产品质量承诺单位。2003年被河北省科技厅授予河北省科技企业荣誉称号，被河北省饲料工作办公室和河北省饲料工业协会评为省饲料行业20强企业。

金地畜牧科技中心

金地畜牧科技中心位于洪洞县河西经济技术开发区，是一家集饲料加工、兽药经营于一体的综合性农牧企业，中心现有1套全自动饲料生产线和1套湿法膨化大豆生产线。年加工销售各类饲料20 000余t，实现产值4 000余万元。

建厂几年来，中心始终坚持"以科技求生存、以服务求发展、向管理要效益"的原则，在狠抓产品质量的基础上，加强和有关科研单位、基层兽医站、养殖专业户的联系，科学合理使用新技术、新产品，吸取精华，剔除糟粕，不断提高产品的科技含量，降低了养殖风险，深受广大用户好评，在没有任何销售人员的情况下，产品销量不断上升。

在新的世纪，金地人依然坚持"服务于民、让利于民、共谋发展"的宗旨，面向农村，以更好的产品质量，更优质的服务，不断开发更适合市场需要、科学高效的系列产品，促进养殖业再上一个新的台阶。

山 西 省

山西苏民饲料有限公司

山西苏民饲料有限公司于2002年建成并投产，隶属于山西省许家营油脂有限公司。坐落在山西省永济市许家营工业园区，毗邻秦、豫两省的黄河金三角地区，距运风高速公路25km，有着得天独厚的地理位置。公司占地68 000余m^2，总资产4 000余万元，员工300余人。各类型的专业技术人员55人。山西苏民饲料公司在技术上依托中国农业科学院饲料研究所，西北农业大学杨凌富仕特饲料有限公司等单位的专家、教授，有着雄厚的技术力量。设备采用国内一流的饲料电脑自动配料生产线。产品有四大系列40余个品种，年生产鸡、猪、鱼、牛各系列全价料、浓缩料3万t，其中微粉碎鱼料代表着鱼料生产的先进技术水平。

公司全面推行ISO9002国际质量体系运行模式，是山西省产品质量信得过企业，中国农业银行AAA级信用度企业，永济市十大明星企业。公司秉承龙的精神，以高起点、高标准、高质量、高速度塑造着自己的高水平企业形象。

企业宗旨：诚信为本，以质取胜。

电　　话：(0359) 8120508

传　　真：(0359) 8120099

内蒙古自治区

包头希望饲料有限责任公司

包头希望饲料有限责任公司是东方希望集团于1997年在包头稀土高新技术产业开发区兴建的饲料生产企业，总投资2 000万元，占地2.7hm^2、年设计生产能力10万t。

公司生产、销售"希望"和"金豆"两大品牌的猪、鸡、鸭、鱼、牛、羊等六大系列的60多个饲料品种，饲料主要销往内蒙古中西部地区及周边省市，市场跨度东西约2 000 km，南北约700 km。由于公司始终坚持"质量第一、用户至上"的经营宗旨，产品自投放市场以来，赢得了广大养殖户、经销户的依赖和认同，销量逐年递增。公司因此取得了良好的经济效益和社会效益，为当地农民致富、地方经济发展做出了应有的贡献。

包头希望饲料有限责任公司，地处包头稀土高新技术产业开发区，距市中心3 km，公司厂房建设大方、明快，设备先进，管理严谨；厂区环境清爽；厂内道路宽畅，干净整洁；厂外交通便捷，北有青工南路，西有劳动路，东有万青路，整个布局呈纵横贯通之势，21路、132路公交车可直达公司大门口。

公司自建成投产以来，受到自治区各级领导的高度重视和关怀，开发区、包头市及自治区党委、政府的许多领导先后多次到公司视察并指导工作；自治区下属的许多盟、旗（县）的领导及企业界人士，也先后有若干批到公司参观、考察。公司以突出的业绩赢得了开发区管委会的肯定和赞扬，公司负责人多次被管委会评为优秀企业家，同时，公司也被集团总部多次评为先进公司，并连续多年被税务部门评为诚信纳税先进企业，被市纪监委确定为重点保护企业，还通过了自治区科技厅的高新技术企业认定。所有这些，为包头希望饲料有限责任公司的发展注入了巨大动力。

包头希望饲料有限责任公司忠实地实践着集团所倡导的“诚信、正气、正义”的企业文化，立志通过全体员工的诚信经营及拼搏进取，实现董事长刘永行先生所提出的“让农民富裕、让市民满意、让政府放心”的社会效果；并不断完善和创新自己的产品，坚定不移地执行集团的发展规划：2010 年前后全集团年饲料生产能力达到 1 500 万～2 000 万 t，实现国内销售 1 000 万 t，把摘取“全球饲料工业第一”桂冠作为企业的最高追求。

公司地址：包头市稀土高新区青工南路 12 号
电　　话：(0472) 5134972
传　　真：(0472) 5134972
电子信箱：bt150@easthope. com. cn
公司网址：http: //www. easthope. com. cn/

金河集团实业有限公司

金河集团实业有限公司（简称金河集团）由华蒙金河实业有限公司、金河生物技术有限公司、金河建筑安装有限公司、金河现代农业有限公司、金河贸易有限公司、金河工程（上海）生物技术研究中心 6 个法人实体组成，是一个以兽用抗生素为主导产品带动种植业、养殖业、运输、建筑、贸易等协调发展，并在国内兽药行业首家实现产量第一、效益第一、出口创汇第一的高科技、国际化、现代化的大型企业，也是全区 45 家重点企业之一。公司现有资产 7.89 亿元，工业园区拥有国际上先进的发酵生产设备和产品质量检测设备，主要生产流程全部采用微机自动控制，发酵总吨位 4 700 m^3，发酵规模居世界前列。主导产品“牧星”牌饲料金霉素连续 3 次通过国际权威机构——美国联邦政府食品和药品管理总署（FDA）的质量验收，现主要销往美国、加拿大、墨西哥、英国、德国、奥地利以及东南亚、韩国、欧洲等国家和地区，倍受外商青睐。

良好的信誉，卓越的品质源于企业严格的管理。2001—2002 年，企业先后顺利通过了 ISO9002 质量体系认证和农业部组织专家评审的兽药企业 GMP 验收，并被国家九部委认定为农业产业化国家重点龙头企业，成为国内兽药行业屈指可数的三证（FDA、ISO9002、GMP）齐全的生产经营企业之一。

作为一家高科技的农业产业化龙头企业，金河集团近年来得到了迅猛的发展，并创造了良好的业绩，这主要得益于企业以人为本的发展思路和强大的技术支撑。金河集团现有员工近 2 000 人，主体员工 55% 具备大专以上学历，科技人员的比例为 14.3%。目前，金河集团对于科技的投入占年销售收入的 4.7%，科技对企业的贡献率达到 47%。技术人才的引进、人力资源的合理配置，使企业逐步形成了自己的人才梯队，在充分利用人才优势群体效应的同时，积极开发出多项拥有自主知识产权的技术，为企业在知识经济时代异军突起奠定了良好的基础。2003 年，共完成工业产值 11.8 亿元，实现销售收入 10.1 亿元，利润 5 066 万元，出口创汇 2 086 万美元，连续 6 年成为地方的纳税大户。

党的十六大提出了全面建设小康社会的奋斗目标，为民营企业进一步发展壮大指明了航向。金河集团积极响应党中央的号召，坚持走新型工业化道路，利用国际三大战略转移的历史性机遇，以全面启动金河五期工程为基点，进而与大唐托电公司合力开发“托电工业园区”。该园区总规划面积 28.6 km^2，金河集团五期工程——年产 20 000 t 高效饲料金霉素为首批入区项目，该项目已于 2003 年开工建设，现土建工程基本完工，主体设备安装就绪，预计 2004 年三季度投产运行。届时，金河集团的销售收入和利润分别在 2003 年的基础上增长 50%，计划完成销售收入 15 亿元，实现利润 1 亿元。随着园区建设的逐步完善和招商引资工作的不断深入，托电工业园区将建成我国西部乃至全国最大的以高载能项目为主体的现代化、信息化、生态化的新型工业城。

内蒙古蒙泰大地生物技术发展有限责任公司

内蒙古蒙泰大地生物技术发展有限责任公司是一家由北京九州大地生物技术有限公司和内蒙古畜牧科学院共同投资兴办的现代化饲料企业，1996 年 12 月在呼和浩特市注册成立。

蒙泰大地公司是专业生产畜禽、水产、反刍动物复合预混料、畜禽浓缩料和配合饲料的企业，产品根据动物营养学需求，进行专门化有针对性设计，共分为 9 大类包含近百个饲料品种。

成立至今，公司本着“根植大地、共享成长、互惠双赢、服务社会”，发展民族饲料工业的经营理念，依托北京九州大地公司的生产技术及管理优势，对复合预混料、畜禽浓缩料、配合饲料、精补料进行了全方位的生产和开发，取得了一定的经济效益和社会效益。蒙泰大地饲料品牌在河北、山西部分地区、内蒙古中西部、宁夏、甘肃、青海等地均具有一定的优势和市场占有率。

经过几年的经营实践，企业在经营管理、技术创新、人力资源开发、企业文化建设、资本运作、制度创新、营销网络建设等方面积累了丰富的经验，为企业的长期发展奠定了坚实的基础。

目前，公司聚集了当今饲料和养殖行业的优秀技术、经营和管理人才，负责产品的设计生产及面向社会提供全方位技术服务和咨询。公司将一如既往地以先进的技术、优质的产品、一流的服务、良好的信誉，支持本土化的发展策略。以一心一意、互需共赢的经营理念，与广大用户结成战略伙伴关系，共同振兴民族饲料工业，发展畜牧业生产。

内蒙古正大有限公司

内蒙古正大有限公司是内蒙古自治区饲料公司与泰国正大集团合作兴办的现代化农牧企业，为中泰合作企业。公司成立于1994年，于1995年8月正式投产，公司引进世界一流的管理技术、成套设备和良种，先后建成大型饲料厂和现代化肉种鸡场两大实体。公司饲料厂年设计生产能力18万t，主要产品有9大类、70多个品种、4种规格包装。公司下设6部1室1中心，有员工228人。

公司始终坚持以“利国、利民、利企业”为企业经营准则，以追求“顾客、企业和社会的三满意”为标准，实施服务营销战略，带动了畜牧产业及农村经济的蓬勃发展。

公司先后被行业、省、市授予先进技术企业、年度全市工业经济快速发展显著成绩奖等荣誉，2003年底又被评为内蒙古自治区农牧业产业化龙头企业。公司产品多次被评为自治区名牌产品。

内蒙古正大的建成，提高了内蒙古饲料工业的生产水平，带动了内蒙古以及周边地区养殖产业的发展，促进了周边地区种植业产品的转化，直接创造了数以万计的就业机会和客观的商业机会，产生了良好的社会效益，赢得了社会广泛地认同，有效地促进了自治区饲料业的快速增长，成为内蒙古农牧业发展的领头羊。

辽 宁 省

瓦房店三发饲料加工有限公司

瓦房店三发饲料加工有限公司是北京九州大地集团在辽宁的全面合作企业。公司引进国际先进技术，是专业化研究开发、生产畜禽和水产系列浓缩料和全价配合料的现代化高科技企业。

公司创立于2000年，总投资3 000万元，目前员工总数已超过200人，其中博士2名，硕士3名，85%以上员工具有本科学历。在大连地区，目前已拥有饲料加工厂、肉鸡养殖场、屠宰场、复合肥料厂4家公司，已发展为一家集养殖、饲料加工、屠宰一条龙服务的综合性企业。

立足现代国内动物营养科学最新成果，针对目前饲料行业存在的问题及国内现状，瓦房店三发饲料加工有限公司坚定不移地坚持“发挥优势、博采众长”的专业精神，采取“产品系列化、服务一体化”的发展战略，致力于开发、生产及推广更适合中国市场需要，更具时效的系列产品。

优质的产品、优秀的产品研发及技术服务人员遍布整个东北市场的销售网络、迅速增长的销售额，推动公司不断向前迈进。

三发饲料的宗旨是：依靠先进的技术和现代化的企业管理，让员工、客户与公司同步发展！

三发饲料的目标是：领先科技营造市场，把瓦房店三发饲料加工有限公司发展为东北地区饲料行业的龙头企业！

吉 林 省

吉林方圆饲料有限公司

吉林方圆饲料有限公司成立于1998年，是一家从事绿色饲料、种鸡饲养、雏鸡孵化的民营股份制企业，现年销售饲料6万t，年销售鸡雏600万只，现有员工200人，其中，大、中专以上学历人员占35%。在长春市有年产10万t饲料厂1座，在吉林永吉县西阳镇有6万套种鸡场1座。

吉林方圆饲料有限公司以市场为导向，以企业为主体，以吉林精气神生物工程研究院为技术依托，邀请国内外知名专家参加，不断加大技术研发力度，到目前为止，已研制开发生产“精气神”牌浓缩料、配合料200多种，并畅销东北三省、内蒙古等地区，在广大经销商和饲养户中拥有良好的信誉和普遍的好评。

吉林方圆饲料有限公司以东北三省为销售中心，以绿色、品质、服务为营销主题，以公司主办的《精气神报》为公众的宣传资料，实施星级服务为服务模式，根据不同市场采取直接销售、代理销售等方式进行网络建设，依托已有的品牌和信誉不断地向外拓展销售网络。

吉林方圆饲料有限公司为吉林省最大饲料企业之一，被选为吉林省饲料工业协会副会长单位，曾荣获2001、2002、2003年国家质量监督抽检合格产品、吉林省消费者满意产品、吉林省质量信得过产品、吉林省消费者协会命名的信誉产品等称号。

吉林方圆饲料有限公司以与行业发展同行为目标，以“保证顾客满意、回报社会、实现员工价值”为宗旨，使公司的品牌知名度和美誉度不断提高。

公司地址：长春市铁北二路二号
电　　话：(0431) 2679000　2679111
传　　真：(0431) 6147243

长春市昆仑酶制剂厂

长春市昆仑酶制剂厂是国家农业部批准生产以纤维素酶为主的饲用酶制剂的高新技术企业。自1995年建厂以来，多次被评为中国饲料工业协会先进集体、优秀团体会员、吉林省饲料工业协会副会长单位，是国家科技部“星火项目”计划攻关企业。

主要产品分玉米豆粕型和小麦糠麸型两大系列近

30个品种的酶制剂产品，其中：兽用纤维素酶、畜用A型复合酶、禽用B型复合酶、奶牛专用酶、水产专用酶、多酶粉、秸秆饲料生物制剂等产品深受广大用户青睐，销售遍及全国各地。

目前，工厂总投资1 700万元，占地面积52 000 m^2，生产环境优雅，堪称花园式工厂，并具有国内一流的生产设备和一流的技术人才，年生产能力达2 000 t。已形成一个集科研、生产、销售一条龙的严密组织体系，是科研销售人才聚集、经济实力雄厚的现代化企业。

随着时代的发展、企业的壮大，昆仑人与您成为朋友的愿望也即将实现，在这个与时俱进的时代里，昆仑人愿与各界朋友共同创造更加美好的明天！

公司地址：长春市吉林大路3868号
邮政编码：130031
电　　话：(0431) 4837778　4844162
传　　真：(0431) 4834840

吉林卓越实业股份有限公司

吉林卓越实业股份有限公司是吉林省农业产业化重点龙头企业，主要产品有肉种鸡、肉鸡雏、蛋种鸡、蛋鸡雏、鸡肉产品和各种畜禽饲料。

公司自创建以来，在探索中求发展，继承中求创新，立足于现代化、科学化生产管理，以卓越产品、卓越品质为宗旨，以创造社会财富、造福于人民大众、推动农村经济结构调整为己任，以不断拓展辉煌和客户满意度为信念，企业取得了长足的发展和巨大成就。

公司以养殖业、饲料生产业为主。饲料厂创建于1986年，是吉林省最早的饲料厂家之一，随着公司肉鸡养殖业的快速发展。近年来，对饲料厂进行了大规模的扩建和现代化改造，年饲料生产能力由创建初期的3万t增加到目前的12万t，生产的“卓越”牌肉鸡料、蛋鸡料、种鸡料、猪料以及牛、羊、鱼等系列饲料产品，能够满足不同层次的养殖业需要，产品自投放市场以来，受到广大用户的青睐，被吉林省消费者协会评为消费者信得过产品、中国北京国际农业食品博览会金奖、吉林省名牌产品等。

为进一步提高产品的科技含量，公司加强了与国内权威科研机构和相关院校的协作关系。建立了产、学、研基地，全力研制新产品，最大限度地满足养殖业发展需要。

公司全体员工一如既往地发扬“团结、拼搏、开拓、创新、优质、高效”的企业精神，在加快农村经济结构调整，实现“粮变肉”工程中做出自己突出的贡献。

卓越产品，卓越品质，卓越公司愿与各界朋友携手并肩，共创辉煌。

吉林大龙饲料有限公司

吉林大龙饲料有限公司创建于1993年，是吉林地区第一家大型饲料加工企业，也是吉林饲料行业的龙头企业。公司始终坚持现代企业制度，借鉴国外的先进技术及管理经验，充分挖掘适合中国国情的市场潜力，采用国际标准的检测手段对饲料原料和成品质量进行监控、检测，聘请国内外动物营养专家潜心研制的“龙源”牌及“禹龙”牌预混合饲料、浓缩饲料及配合饲料，其优质上等原料的采用使产品独具效力；其优选化的配方结构使产品更具营养力的保证；其安全可靠无公害的理念及实用化设计使产品倍受客户信赖。产品先后荣获吉林省用户满意产品、吉林省绿特名优农产品称号，“龙源”牌注册商标被认定为吉林省著名商标。

公司拥有固定资产2 000多万元，年产销量6万余t，产品在吉林地区饲料市场占有率达50%以上，产品销售网络遍及全国十余省区。曾获产品质量信得过单位、吉林省公众形象百强企业、吉林省用户满意企业、吉林饲料行业首批防伪保真企业等荣誉称号，为吉林的经济建设作出了突出贡献！

吉林省兴华饲料有限公司

吉林省兴华饲料有限公司是以生产畜禽全价配合饲料、浓缩饲料、颗粒饲料和预混合饲料为主的专业生产厂家。公司成立于1994年10月，坐落于风景秀美的长春市净月潭国家旅游区南15km处，属民营企业。

公司下属浓缩饲料生产厂和配合饲料生产厂。两个厂年总生产能力10万t。总公司现占地面积2万多m^2。其中有1 000 m^2的办公楼，并配有标准的生产车间，其生产设备是江苏正昌成套设备公司生产的大型饲料配套设备，其中包括粉料设备、制粒设备、膨化设备。有日产200 t的玉米烘干塔等其他附属设施，总资产达1 800万元。兴华公司的质量检测化验设备先进齐全，并由专业的化验人员进行操作，对公司各生产过程进行跟踪监测，严把产品质量关。坚决做到不合格的原材料不入厂、不符合标准的产品不出厂。公司现有员工120余人，除生产车间人员外，大专以上学历80%，销售员全部是大专以上文化程度。有畜牧师2人，高级畜牧师2人，对销售全过程进行技术咨询和售后服务。有国内著名营养专家和配方师对配方进行设计，使我们的产品营养全面稳定，各项指标符合国家规定的营养标准，适合东北地区各品种畜禽不同阶段的营养需要。

几年来公司始终坚持“质量为宗旨、服务用户、科技创新路”的方针来运作，经过几年的努力，公司各方面工作得到了长足的发展。现在公司销售网络已遍及东北三省及河北、内蒙古等地，公司的产品深受广大用户的好评。

兴华公司将本着“质量第一、信誉第一、用户至上”的原则，以科技求发展，以品牌树形象，竭诚为广大客户在更广阔的领域提供更全面的服务。

公司地址：吉林省长春市双阳区长清公路15km处

邮政编码：130607
联系电话：(0431) 4519789
传　　真：(0431) 4519321

黑龙江省

哈尔滨博微饲料制造有限责任公司

哈尔滨博微饲料制造有限责任公司创建于2000年，是以饲料生产经营为主体的股份制企业。几年来博微公司坚持："以建成真正股份有限公司为目标、以市场需要为前提、以不断提高产品质量和降低成本为动力、以和广大用户共同获利为目的，依靠丰富的资源条件，依靠先进的科学技术，依靠优秀的人才群体，依靠艰苦卓绝的拼搏精神；抓住机遇发展高科技和高附加值产品，争取在本世纪前五年办成黑龙江省较大的饲料企业集团"为战略指导思想，短短几年公司已拥有哈尔滨博微、天博、相成和长春博微等4个有限公司，年生产能力已突破十几万吨。

人才是企业发展之本，企业凝聚一大批优秀的经营管理、技术服务人才。聘请东北农业大学资深营养专家、教授为技术顾问，同时拥有一批诚实、热情、敢于挑战的营销队伍。产品远销到河北、山东等省份，产品遍及东北三省，产品质量得到广泛认可。

企业系列产品被评为省连续三年合格产品和国家质检协会产品质量信得过企业。哈尔滨博微饲料制造有限责任公司于2003年被评为哈尔滨市十强饲料生产企业。

企业每年可创产值8 000万元以上，具有较好的经济效益和明显的社会效益。博微将积极努力为畜牧业的发展做出更大贡献。

企业地址：哈尔滨市哈平路7.5km处
邮政编码：150049
联 系 人：陈克明
联系电话：(0451) 86620878
　　　　　13503688866

哈尔滨美龙饲料有限公司

哈尔滨美龙饲料有限公司系中外合资企业。主要生产猪、蛋鸡、肉鸡、肉种鸡、蛋种鸡、牛、羊、鱼、鸭、鹅、鸵鸟、火鸡、貉子等12大系列常规饲料85个品种、规格，猪、蛋鸡、肉鸡、牛、A级绿色饲料4大系列10个品种、规格。年设计生产能力单班产量5万t。

美龙饲料有限公司是黑龙江省饲料行业十强企业；是经中国绿色食品发展中心批准，在黑龙江省首家生产A级绿色饲料的企业。

公司拥有国外进口的自动化生产设备和先进的检验仪器、设备。由著名的动物营养专家研制、提供适合当地饲喂特点的电脑配方技术。该配方经十多年的饲喂实践验证，均已达到或超过国内先进水平。

本企业质量管理体系已通过ISO 9001国际质量体系认证。销售网络覆盖东北三省，内蒙古、河北、四川等地，并远销俄罗斯、朝鲜等国家。

"美龙"牌系列饲料具有营养均衡，质量稳定，效果明显的特点，其信誉久远而不衰。

质量第一，以质量求生存，以信誉求发展，是美龙人不懈的经营理念。用户至上，以名牌产品效应带动农民朋友尽快致富，是美龙人不懈追求的经营目标。美龙人诚挚地希望与国内外广大养殖企业密切合作，携手共展畜牧业发展的宏伟蓝图。

公司地址：哈尔滨市道里区机场路317号
邮政编码：150078
电　　话：(0451) 84100364　84101324
传　　真：(0451) 84100354

哈尔滨青禾饲料有限公司

哈尔滨青禾饲料有限公司，是以生产畜禽预混料、浓缩料为主的专业化股份制企业，公司在拥有先进的生产设备和检测仪器的同时，更注重人才优势的发挥和现代化管理模式的运用，通过人才资源和制度管理来体现公司形象和经营理念。

人才是企业发展之本，公司荟萃了业内知名的畜禽营养专家、兽医专家、高级管理人员及诚实、热情、敢于挑战的营销队伍，同时通过饲料界才能卓著的精英加盟和对现有各级员工有计划的培训，来提高公司整体的智慧和技术含量，以适应不断变化的市场及公司发展对高级专业人才的需求。

制度管理是企业稳步发展的保障，公司在董事会领导下，实行行政、财务、品控3条管理线平行运作，互相制约，协调发展，每个岗位做到权、责、利明确，充分发挥每位员工的潜能，体现公司的朝气与活力。

青禾公司凭借优秀的人才，独特的经营理念，及适合市场的产品策略和营销策略，在不断壮大发展中追求完美，为用户提供更优质的产品和更完善的服务。

公司地址：哈尔滨市道里区新发镇新企路28号
邮政编码：150078
电　　话：(0451) 84103169　84101114
　　　　　84136992

哈尔滨英瑞斯饲料有限责任公司

哈尔滨英瑞斯饲料公司是由自然人出资组建的集生产、销售为一体的民营股份制企业。公司自2001年成立以来，凭借"政策吸引人才、科技领先市场、管理壮大企业、服务夺取天下"的企业理念，发扬"敬业精神、专业能力、团队协作"的企业精神，大力打造"黑龙江省猪料第一品牌"的发展战略，各项工作取得了令人瞩目的好成绩，并一举荣获2003年黑龙江省十强饲料企业殊荣。到目前为止，公司资产总额已达 1 500 万元，占地面积 5 万多 m^2，员工 150 余人，年生产猪、鸡、牛饲料达 5 万 t。

“科技领先”是公司打造产品品牌、实施长远发展战略的基石。为此，公司聘请了众多国内顶尖技术专家及畜牧兽医专家加盟，有力地保证了公司产品的内在质量最佳、市场竞争优势极强、技术服务更好，实现了产品质量合格率 100%、产品“零退货、零事故、零投诉”的质量管理标准，赢得了广大客户的青睐。

公司以整合营销为切入点，以完善的销售管理机制和高效的营销队伍建设为先导，励精图治，挖掘企业及市场潜力，形成了以黑龙江、吉林、辽宁、河北、内蒙古为基地，辐射 5 省区各县，具有完善的市场营销网络，培养和锻炼了一大批优秀的营销骨干，为公司的可持续发展夯实了基础。

管理是企业发展永恒的主题，“做产品、做服务、善待员工”是公司的管理信条，调动和激发广大员工的创业热情是我们遵循的管理方针。在团队建设上，公司建立了高效的绩效考核体制，引进竞争机制，实行“干部能上能下、员工能进能出”的动态管理机制，努力创造一流的工作环境、竞争环境和服务环境，在现代企业管理制度指引下，大力提高企业的整体管理水平。

总之，公司以其超常的市场驾驭能力实现了健康、稳定发展，并取得不菲的业绩。我们仍将继续禀承“聚天下精英、铸国际企业、繁世界市场、富天下伙伴”的企业文化，不断创造企业的辉煌。

公司地址：哈尔滨市道里区哈双北路 5km 处
邮政编编：150078
联系电话：(0451) 84108822

哈尔滨远大牧业有限公司

哈尔滨远大牧业有限公司，是由东北农业大学学子们创建的高新技术企业，是集饲料研发与推广、种猪饲养、畜牧科技开发和饲料原料贸易为一体的多元化公司。公司始创于 1996 年 9 月，现已发展成拥有资产 4 000 万元和年总产值 1.8 亿元的中国畜牧行业知名企业。

公司自创业以来，秉承“团结、服务、创新、精进”的企业精神，凭借先进的技术，优质的产品，优良的服务，经过几年拼搏实现了历史性的飞跃，公司产品及服务网络遍及东北三省及内蒙古地区，深受广大养殖户及经销商的好评和信赖。经过不懈的努力，公司受到国家和地方政府有关部门的赞誉和嘉奖。2003 年底，公司从战略发展的高度出发，与深圳市金新农饲料有限公司共同出资组建成农集团。实现强强联合，优势互补。

今后，远大牧业有限公司将一如既往地与各界朋友精诚合作，以发展民族饲料工业为己任，注重实效，追求卓越，不断创新！

公司地址：哈尔滨市动力区学府路 404 号
邮政编编：150069
电　　话：(0451) 86688006
传　　真：(0451) 86686681

黑龙江农垦完达山牧业公司

完达山牧业开发服务有限公司系完达山乳业股份有限公司的下属公司。是一家集奶牛专用饲料研发与推广、奶牛饲养与技术服务、牧业机械安装与维修、兽医药械生产与销售、饲料原料贸易为一体的综合性服务企业。在成立短短 2 年内，公司已下属 18 家饲料加工厂，年生产销售奶牛饲料 5 万 t。

公司现已集中了以中国农业大学动物科技学院和东北农业大学动物科技学院的专家教授为首席研究员，聘请了一批长期从事奶牛营养方面的专家，其中博士 2 人，硕士 2 人，高级职称 9 人，具有大专以上学历的高级管理人员、专业技术人员和市场营销人员 150 多人。

公司以“为牧场主服务、为完达山乳业服务、为全省乃至全国的畜牧业服务”为经营宗旨。

2003 年，完达山牧业开发服务有限公司被哈尔滨市评为十强饲料生产企业，公司通过了 ISO9001 质量体系认证工作。完达山牌饲料已销往天津、辽宁、吉林、内蒙古及黑龙江省的各个市县，市均占有率逐步提高，使完达山乳业在实施放心奶工程过程中，使产业链前端得到进一步延伸。

公司地址：哈尔滨市动力区通乡街 254 号
邮政编码：150046
联系电话：(0451) 82933528　82933508
传　　真：(0451) 82933528
电子邮件：wzxu@wondersun. net

黑龙江肇东希望饲料有限责任公司

黑龙江肇东希望饲料有限责任公司是东方希望集团于 1997 年 10 月 18 日独资兴建的一座现代化大型饲料生产企业，位于黑龙江省肇东市新城工业区，总投资 2 000 万元，占地 4 余 hm^2，设计年生产能力 20 万 t。生产设备先进，管理规范，技术实力雄厚，具有严格的质量保证体系；公司生产的“希望”牌、“收获”牌猪、牛、羊、鸡、鸭、鱼、等系列浓缩、配合饲料，是由集团科研人员根据东北和内蒙古地区环境、气候、饲料资源及养殖特点而精心设计的，品种多达百余个，产品遍及东三省及内蒙古地区，深受广大养殖户的青睐。

公司自兴建以来始终围绕着“让农民富裕、让市民满意、让政府放心”的经营理念来开展各项经营活动。公司本着珍惜生命、爱护环境，以市场需求为导向，以技术革新展优势，以管理规范为保障来组成管理的基本要素，为社会提供优质高效的产品。超越顾客的期望，用生命周期理论来评价产品的生产、市场投放和社会效应。公司全体干部员工始终视“质量就是企业的命脉，质量就是企业发展的基石。”参照ISO质量管理体系制定并实施了一套较为完整的内部质量控制体系，规范质量管理程序，在全员中树立起了“质量第一”的管理思想。以人为本，成立了质量管理领导小组，加强质量管理技能培训，并将责任层层落实到人头，做到“人人管质量，质量人人管”。

公司技术力量雄厚，多次派员参加各类国际、国内质量管理及畜禽、牧业专家、教授等讲座培训。现拥有高级技术人员4名，中级技术人员7名，初级技术人员30余名。配备有生产现场专职质量监督员，化验室设备齐全，能开展饲料及饲料原料的相关检测。严格执行国家相关法律法规，拒绝采购和使用任何违禁原料和药品，创造了显著的经济效益和社会效益。历年来在国家饲料监督检测中心（北京、沈阳）和黑龙江省兽药饲料监督检验所一次性随机抽样检测中，合格率均达100%。

公司先后开展了“优质产品创新年”和“优质产品服务年”活动。将“用户的难题就是公司的课题”作为工作的导向，通过编写各类养殖技术手册，举办各类养殖技术培训班等，为广大养殖户解决了在养殖过程中的后顾之忧。公司自成立以来，不定期地下乡下屯到各个畜、禽、水产养殖密集的地区举行各种养殖技术培训班共100余次，免费发放各类养殖技术手册20余万册，让上万养殖户受益，成为了养殖户的贴心朋友。

黑龙江肇东希望饲料有限责任公司从成立至今，在公司全体员工的共同努力和社会各届的关怀下，得到了飞速的发展，被社会各界誉为“肇东希望现象”；曾先后被国家质量技术监督总局确认为质量放心产品；被中国保护消费者基金会评为中国市场用户购物十佳信誉品牌及‘质量、服务、信誉’的消费者可信产品。多次被绥化地区、肇东市授予个体经营企业五十强、个体私营企业标兵、十佳纳税大户等荣誉称号。

面对21世纪的竞争和发展，公司矢志以饲料品种多样化，饲料产品层次化，产品质量过硬化，加工设备现代化，企业发展特色化，刷新历史纪录，创一流的产品，一流的技术，一流的服务，一流的企业。

黑龙江肇东希望饲料有限责任公司的一次又一次成功飞跃离不开社会各届的大力支持和帮助，也始终不会忘记让“希望”造福桑梓、把“收获”回馈社会，将更加努力做好坚强的质量后盾以答谢社会各界朋友们！

上 海 市

上海百勤机械有限公司

上海百勤机械有限公司成立于2000年初，位于上海市松江工业开发区茸北工业分区，占地面积为20 000 m^2，拥有3栋共8 000多m^{2}的大型一流标准厂房，现有员工100余人，高级工程师、技术人员和各级项目经理20余人。专业生产各种饲料机械、电控设备、钢构件和轻钢结构畜禽舍。承担年产1万～20万t级饲料厂的设计、制造和安装的交钥匙工程和大跨度的钢结构建筑工程。

上海百勤机械有限公司是上海市饲料行业协会副会长单位，也是中国畜牧业协会、上海市金属结构协会会员。作为饲料机械和轻钢结构畜禽舍生产系统的后起之秀，上海百勤公司拥有一流的生产设备、先进的检验设施、完善的质保体系和严格的管理制度，通过了ISO9001：2000质量管理体系认证，并取得企业自营进出口权。能独立制作、安装和调试大中小型饲料厂项目。经过多年的经验积累，已研制成质量稳定、噪音小、能耗低、产量高、安装维护方便的各种提升机、逆流式冷却机、干燥机、电气自动化控制系统等饲料生产线的配套产品，在工程中配套使用得到良好的赞誉，并已出口至东南亚。公司研制的产品有：大吨位电动饲料散装车、料塔进料专用移动式输送机、自动控制系列热风炉等，已取得多项国家专利，并在全国各地用户使用中获得好评。

公司一贯坚持“质量是企业的生命，市场是企业的血液”精神理念，以更高更新的起点，以诚交友，广结商缘，依靠设备技术优势、丰富的产品和良好的信誉，以百倍努力和勤奋满足市场需求，为广大客户提供日臻完善的服务。

公司地址：上海市松江茸北工业开发区文翔路388号

联系电话：86-21-57782176，57782215

网　　址：Http：//www. baiqin. com

电子邮件：shbaiqin@21cn. com

国龙科技饲料（上海）有限公司

国龙科技饲料（上海）有限公司是由留美博士吸收国外的先进管理理念，按照现代企业制度，创办于1995年的外商独资、留学生企业。

公司坐落于上海松江九亭经济开发区内，现有标准化的生产厂房，设施齐备的研发实验室，覆盖全国的市场网络和综合素质相当高的员工队伍。2001年国龙公司获得了上海市高新技术企业的荣誉称号，公司也从单纯的饲料预混料经营发展成为饲料预混料、生物添加剂、生物医药制品、生物保健品并举的多元化经营的专业型高科技企业。产品销售遍及全国22个省市、自治区。

经过多年的经营发展，公司近3年的利税率保持在销售额的15.2%，完全靠企业自有发展资金进行创新研发。自1998年加大科技投入后，研发费用由原来的占销售收入的3%上升到5%，效益也随着直线上升，2003年销售额为2 300万元，年利税350万元。目前，公司总资产达2 540万元。

2001年公司又与上海市农业科学院农业遗传育种重点实验室、动物遗传工程分室合作成立了R&D——上海高农科生物技术研究中心，双方进入该中心的研究人员有博士、副研究员、副教授、硕士以及实验人员共13名。公司董事长钟诚博士担任主任。公司以资金、管理、科技人员作为投入方式。对方有科技人才、科研设备等资源优势，科研专家参与项目开发，并提供实验室、仪器设备以及各种行业科技信息。产、学、研联合，为企业的技术创新和自身发展起到推动和促进作用。

国龙公司目前有正式员工62名，其中博士1名，硕士6人，专业遍及畜牧兽医、动物营养、机械工程等。大专及以上学历占员工总数的70%，另有合作研究人员9名，其中研究员2名，副研究员3名。

公司重视科技人才队伍的建设：每年都到专业的高等院校招募数名畜牧兽医、动物营养或饲料加工等专业的本科生，作为技术后备力量；同时对公司现有技术人员进行定期或不定期的专业知识和管理知识培训，并邀请美国CHEMGEN公司、加拿大JEFO公司等合作单位的专家到公司搞专题讲座和培训；公司鼓励科技人员技术创新，对有杰出贡献或发明创造者实行奖励。

品质管理方面：公司建立了严密的质量控制管理体系，委派专人负责把关。从原料、半成品到成品均有严格的质量监控程序，并通过先进的检测仪器检验，保证做到不合格的原料不进厂，不合格的产品不出厂。为使产品质量有一个质量监督保证。公司定期将产品送到上海市饲料质量监督检验站或相关国家机构进行检验。

为客户提供完善的售前、售中和售后服务，是公司的又一项特色。公司采用先进的电脑配方为客户提供最优的配方服务；为客户检测大宗原料的营养成分，帮助客户制定相应的营养策略，派专家赶赴现场为客户解答难题，提供技术咨询。此外，公司正在开发一种智能配方软件，方便客户的饲养管理。公司经常为客户举办技术研讨会和经验交流会，向客户介绍新知识、新技术，新的管理经验，周到的服务机制为公司在市场上树立了良好的形象。另外，公司还经常派资深专业技术人员到养殖场或饲料厂举办技术服务现场会，对用户进行科技培训，当场接受技术咨询，为客户解决技术难题，也使客户及时认识、理解和接受我公司的高新技术产品。

在知识产权方面：国龙公司非常重视企业的知识产权建设，专利产品SNSP-饲料复合酶制剂都已通过了专利初审，专利号为02110701.7.。其他多项专利正在申请中：猪α干扰素、动物疾病诊断试剂、生物数学模型、均质剂技术、喷涂设备等。公司申报国家级、市级科技项目2～3个。

在对外投资合作方面：2000年建成了国龙济南药厂；2001年与西部企业——新疆天康畜牧生物有限公司达成协议，合资合作应用推广本公司的科技成果转化项目：动物用快速药敏试纸，已取得很大进展；为推广应用另一项科技成果转化项目：SNSP-饲料复合酶制剂，公司着手与几家生产单一酶制剂的厂家进行合资合作，以技术或资金等形式入股，如：广西贵港格林饲料有限公司、福建森宝龙岩实业有限公司、河南西平邦威牧业有限公司、云南昆明大立动保科技服务部、江苏姜堰春露饲料有限公司等。

国龙公司的发展目标：一业为主，多元拓展。小公司，大市场，追求企业的素质和运作的质量，创立一种适度经营规模的最佳经济模式；公司在生物制剂的研发生产、兽药的开发与生产、信息及技术咨询服务、境外产品代理及大宗原料贸易、专业饲用喷洒机械等5个方面，以专家—市场人员结合的小组形式进行操作，将随着产品的成熟和市场的拓展，形成集团型经营实体；生物制品将成为与预混料及添加剂并驾齐驱的三大系列。

在如今这个充满竞争的市场环境里，有形的市场必然需要技术创新、机制创新、思维创新的无形力量来支持，才会有深层的挖掘和广度的拓展。“专业技术、高科品质、用户满意、利国利民”是国龙公司的经营宗旨，“把小公司做成大公司，把大公司做成大家的公司，攀高创新，永无止境”是国龙人的追求目标和创新理念。国龙公司永远以科学的管理、良好的诚信和国际领先的高科技产品，搏击国内外市场，服务于中国的民族饲料工业，实现“利国、利民、利企业”的创业理念。

上海华扩达生化科技有限公司

上海华扩达生化科技有限公司成立于2000年8月。该公司是由香港华扩达生化实业有限公司以注册资金150万美金独资设立。

上海华扩达生化科技有限公司的目标是集研发、生产、销售功能为一体，力争成为一家具有国际竞争力的解决动物需求方案的提供者并在饲料添加剂等方面有所创新，拥有自主知识产权，努力在相关领域建立自己的技术高地，为社会做较大贡献。

该公司现有人员50多人，其中有多名海外学成回来的博士、硕士，中级职称及以上人数占到30%，并聘有多名教授、高工为顾问。

该公司现有厂房2 000多m^2，其中有1 000多m^2为空调洁净室车间（洁净度为壹万级）。设备绝大多数以GMP要求设计制作，有些设备还是该公司自行设计以满足特殊工艺要求。该公司现有液相色谱仪、分光光度计、显微镜、真空干燥箱、高速冷冻离心机、万分之一电子天平、通风柜等研究、检验设备。

该公司目前已获得了上海市外商投资先进技术企业及高新技术转化项目等荣誉。公司正在进行ISO9000及HACCP的认证准备工作。

上海华扩达生化科技有限公司在2001年9月获得农业部颁发的我国第一张新饲料和饲料添加剂新产品证书，为上海的饲料行业争取了荣誉。

上海美农饲料有限公司

上海美农饲料有限公司创办于1997年10月，经过近7年的经营和发展，如今的美农已是一个初具规模专门从事饲料调味剂的研发、生产、销售的企业。美农在行业里已是有目共睹的发展快速的公司。销售额从创业初的空白到如今的5 000万元；人员规模从几个人到现在的近百人；经营环境从租用厂房到目前的花园式现代化工厂，占地2.7hm²，自有厂房科研楼共1万多m²；销售网络从单一的上海市场发展到如今的跨越全国20多个省市自治区以及东南亚国家；产品的市场占有率也已达到30%左右，在同行业中名列前三位；美农已成为行业里充满朝气、有品位、有追求的阳光企业的代表。

美农公司从创业之初到现在一直都非常注重营销。时刻以满足客户需求为导向，以为客户带去价值为目标。西奥多·莱维特写的《营销短视症》上说到：没有哪个公司能够做到确保自己的产品不过时，只有着眼于满足客户的需求，才能长期通过产品和与产品的创造、提供及最终的消费相关的一整套活动来达成目的，来真正满足客户需求，从而使公司得以发展。美农一直抱有对行业服务的观念，而非狭隘的产品观念。所以，公司一对一的营销服务方案、组建强大的专家服务团、在各地举办行业专题研讨会、邀请美国普渡大学教授专家来上海为饲料企业做国外经验交流培训、主办中越饲料企业家交流沟通会等，无不体现了美农的营销思路和观念。

为了以更好的产品、更合适的价格、更优的服务服务于客户、服务于行业，美农的内部管理从来没有放松过。美农公司从上到下都深刻领会到"只有自己做好了，别人才会满意"。所以，公司通过搭建和完善营运系统（包括质量管理体系、人力资源系统、产品研发系统、物流系统、信息流系统、财务核算、分析、控制系统、采购系统、仓储系统、生产系统等）来牵引和提升公司整个内部管理。为保证产品质量，公司从源头做起，建立了美农独有的原料供应商质量评价体系，筛选优秀供应商，选择好原料，并与原料供应厂家达成价值联盟，共同开发，共同创新，共同寻找价值之源。产品研发同样如此，以不断地满足客户需求为研发产品的依据和目标。同时加强与食品行业的沟通和交流，借用食品行业的经验，联络食品行业的专家，将动物充分人性化，完全以人食用级标准来作饲料调味剂。生产上，一直关注同行业和食品行业的发展动态，目前所使用的生产设备在同行业堪称一流。公司所做的努力得到了当地政府、银行系统、质量技术监督局等部门系统的肯定和赞同，公司被评为上海市嘉定区文明单位、上海市嘉定区2002年度饲料行业质量先进单位、上海市重合同守信用单位。

所有这一切都来源于美农人。美农人是一群有理想、有追求、敢闯敢干的激情战士。美农深知在公司的发展中人的重要性，公司一直都力求以人为本，尽最大能力满足员工需求，解除员工后顾之忧，以最大地调动员工积极性、激发其潜能，创造出合力，从而实现人企合一、企业与员工的双赢。美农的使命宣言是"美农永远代表全体美农人的利益，有责任带领她的员工过上美好而幸福的生活。全体美农人拥有共同的价值观和每个人都愿意遵守的行为准则：感恩，尽责，学习，创新！美农依靠科学技术和创造性劳动来经营全体美农人的事业，努力为客户提供更高品质的服务，让美农与客户一起成功！"公司历来注重对员工的培训和再学习，建设学习型组织一直是美农的目标，美农深信，只有员工能力提高了，企业才能发展；只有终身学习的组织，才能笑到最后。公司从多种途径鼓励员工的再学习、再教育。公司专门开辟一间图书室，购置大量书籍杂志免费提供给员工阅读，并不断购进新的书籍，每年订阅几十种期刊杂志，使图书室真正成为员工"充电"的地方。公司专门成立了"职业经理人培训班"，选择合适的教材，以员工自学为主，员工之间的互训为辅，以定期的讨论为形式，使学员都能结合具体工作，将所学用于工作，受益无穷。针对公司的营销人员回公司必定进行一系列的培训：内部各部门之间的沟通交流，产品知识培训、财务知识培训、销售技能培训等，有时外请专家顾问来作专题培训，有时也请其他行业的优秀人士来进行交流，如保险行业、原材料行业等。公司曾经聘请管理顾问1年，以每月培训1周的方式，全员培训加重点辅导，引导全公司人员共同梳理了公司的流程、思路，强化了管理的基本知识和观念，并导入了大量新的观念。同时公司也在合适的时机将员工派出培训，如将市场部齐兴平派至深圳培训"一对一的营销方案"，将销售员派至青岛学习营销，以培养硕士、博士的方式为将来储备人才等。整个公司营造出浓浓的学习氛围，使身处其中的每一个人都能感受到。

尽管美农现在还是小公司，但美农有志于作强作大；美农依然处于创业期，但美农一步步的脚印走得踏实，美农人坚信，美农是优秀的；美农还存在很多问题和困难，但美农人有信心去解决问题，不断地推动公司快速发展；"感恩，尽责，学习，创新"是公司的核心价值观，美农人深知自己肩上肩负的责任，并时刻准备着以企业的快速发展、企业的长久生存来回馈社会，回报所有关心美农、支持美农、为美农贡献付出的人们。建立学习型组织，倡导员工终身学习，在经营美农过程中，不断创新，不断提高核心竞争力，正是美农得以快速发展的原因和动力。所以，美农人坚信，美农的明天会更好！激情的美农人将用心打造出中国最优秀的饲料企业！

上海邦成生物科技有限公司

上海邦成生物科技有限公司成立于1996年5月，原名上海邦成饲料科技有限公司，是集新型绿色饲料产品研发、生产和销售于一体的高新技术企业。

公司成立以来，凭借雄厚的科研实力、良好的产品质量、完善的营销网络和周到的技术服务，在激烈的市场竞争中赢得很高的声誉，取得了良好的经济效益和社会效益，产品市场占有率和企业综合竞争力逐年攀升。

人才是企业发展的第一要素。邦成注重对人才的引进和培养，目前公司员工中具有大学以上学历的占80%以上，拥有以专家为龙头、研究生为骨干的强大的研发力量，高素质的员工队伍为企业的快速发展打下了坚实的基础。

邦成技术中心始终站在技术研发领域的前沿，不断成功地将国际先进的动物营养理论诠释、吸收，目前已开发出高科技含量的饲料添加剂和预混料产品达60多个品种，其中1997年和2003年研制成功的“快大快”和“邦成肽能”两个项目被认定为上海市高新技术成果转化项目，在全国饲料行业树立起高科技品牌形象。2003年，公司加大对技术研发的投入，全年共投入科技开发资金190多万元，在继续加速畜禽饲料产品研发同时，开始向反刍动物饲料和水产动物饲料领域迈进，并且取得了突破性的进展，成功研制出水产免疫增强产品“丽加康”、过瘤胃系列等产品，这些新产品必将成为公司发展新的经济增长点。

在7年的发展过程中，邦成公司已形成了较为完善的市场销售网络，建立了济南、郑州、沈阳、西安、南宁、成都、长沙、广州等多个办事处，销售网点遍布全国30多个省、市、自治区，部分产品已打入国际市场。2003年公司实现销售收入2 500多万元，比2002年增长20%，其中实现新产品销售收入1 830万元，年实现利税达200万元。

公司视产品质量是企业的生命，近年来投入1 000多万元引进了先进的生产设备和生产工艺，2002年通过了ISO9001质量管理体系认证，确保了产品质量。目前，公司正在申请饲料行业HACCP安全管理体系认证。

邦成公司将一如既往的秉持“以高科技发展民族饲料工业”的企业宗旨，坚持“以人为本”的人才理念，与时俱进，不断创新，为饲料行业的发展做出更大的贡献。

特明科氯化胆碱（上海）有限公司

特明科氯化胆碱（上海）有限公司是比利时特胺化工有限公司（Taminco N. V）在华独资的专门从事氯化胆碱生产销售的专业公司；总投资480万美元，注册资本300万美元。公司在1997年从国外引进全自动DCS计算机集中控制的氯化胆碱水剂和粉剂连续生产系统，使其产品质量完全达到欧洲的质量标准，是国内目前惟一拥有该技术的氯化胆碱生产企业。

特明科氯化胆碱（上海）有限公司早在1998年就获得了SGS颁发的ISO9000质量管理证书，也是2000年国家开始实施生产许可证制度时第一批获得许可证的企业。工厂占地面积12 000 m^2，氯化胆碱水剂装置年生产能力2万t，粉剂装置年生产能力1万t。产品销售覆盖整个亚洲市场，出口占销售总量的60%，主要销往日本、泰国、马来西亚、印度尼西亚、澳大利亚等国家。

江　苏　省

南通天成饲料有限公司

南通天成饲料有限公司，坐落在江苏省海安经济开发区，占地9.3hm^2，具有得天独厚的地域优势和辐射能力。公司建有3条国内最先进的全自动电脑程控生产线，生产家禽、家畜、水产配合料、浓缩料、复合预混料4大系列近100个品种，年生产能力15万t。市场覆盖江苏、安徽、山东及河南部分区域，产品品牌日益深入人心，“公司＋经纪人＋农户”的产业化经营模式不断得到巩固和发展，企业跨入快速发展的轨道，并打造成国家级农业综合开发项目企业、江苏省高新技术企业、南通市前20强农业产业化龙头企业、扬州大学畜牧兽医学院研究生创业基地。

南通天成饲料有限公司坚持“实施三个战略、创新办好企业”的发展思路，促进企业继续快速发展；以体制创新为突破，实施人才激励战略；以科技创新为手段，实施新产品、品牌发展战略；以市场创新为目标，实施区域发展战略。努力搞好“四个转变”：从单纯的产品销售转变为服务营销；从单纯的成本定价转变为科学定价；由坐商经营转变为主动出击对接市场；将饲料经销商转变为合作伙伴关系。从而，全方位的调动各个层面的积极性，努力探索独具特色的天成运作模式。

为适应市场需求和饲料业发展的现状，南通天成饲料有限公司投资1 000万元，已建成8 500 m^2的新型兽药、绿色饲料研发大楼，努力开发兽药、饲料科技攻关项目，不断向市场投放新品、精品，加速要素集聚，走跨越式发展之路。

公司地址：江苏省海安县经济开发区长江东路29号
邮政编码：226600
电　　话：(0513) 8921866　8918708

淮安天参饲料有限公司

淮安天参饲料有限公司是江苏省大型专业饲料制造龙头企业之一，性质为民营，集饲料研发、制造于一体，现有员工152人，其中各类专业技术人员57人，拥有总资产3 584万元，主产品为满足多种需要的畜禽水产饲料，猪用系列配合饲料、浓缩饲料主要为大中型猪场选购；家禽系列配合饲料和浓缩饲料以种禽场和专业养殖大户为供应服务主要对象；鱼、虾、蟹等水产饵料是以华东地区放养模式为主设计的高产高效型产品。目前，公司成功打造和构建了核心关键技术、强势品牌和配套技术服务为模型的经营战略，倍受规模养殖农场的喜爱和推崇。“九五”期间，公司发展速度达到22%以上，2003年主产品销售收入达到近2亿元。

公司在“和诚千学”理念指导下不断取得发展，先后荣获江苏省名牌企业、江苏省食品饲料工业百强企业、江苏省重合同守信用企业等荣誉称号，通过了ISO9001国际质量管理体系认证，企业管理跃上了新的台阶。在今后的发展中，公司将继续以高技术、高质量、高性能的产品和一流的技术服务水准，精诚与养殖户“双赢”合作。

公司地址：江苏省淮安市天参路118号

邮政编码：223003

电　　话：(0517) 3804774

南京农标普瑞纳饲料有限公司

南京农标普瑞纳饲料有限公司是由美国农标国际公司控股的一家中美合资企业，成立于1992年，其控股方前身为创立于1894年的罗斯顿·普瑞纳公司的国际农业部。

普瑞纳公司的总部位于美国的密苏苏里州，一百多年来，普瑞纳以马饲料开始不断成长，迄今已经在26个国家设立了饲料企业和研究机构。每天有2 000多万的养殖户能享受普瑞纳饲料带来的好处。

南京农标普瑞纳饲料有限公司拥有全套从国外进口的计算机控制的生产线，优良的设备、严格的质量控制程序、雄厚的技术力量和完善的客户服务系统，为我们提供高质量的产品和优质的服务提供可靠的保障。

南京普瑞纳生产猪、肉（蛋）鸡、鸭、奶牛等畜种的预混料产品，并向客户提供相关的配套服务。公司的销售网络遍布江苏、安徽、山东、湖南、湖北、江西、福建、浙江8省，并在长沙、南昌、厦门3地设立了中转仓库。公司组建的具有专业素质的销售队伍活跃在养殖户当中，他们除了提供品质卓越的饲料外，还在品种、管理、卫生等方面给客户提供各种解决方案。南京普瑞纳的目标是2010年成为中国最大最好的预混料公司，一个年产预混料25 000 t的公司，一个与客户实现双赢、共同发展的公司，一个员工乐业的公司，一个对社会和行业有贡献的公司。

公司地址：南京市雨花区铁心桥

邮政编码：210012

电　　话：(025) 52891658　52350850

传　　真：(025) 52891929

无锡市太湖粮机有限公司

无锡市太湖粮机有限公司，创建于1998年，公司占地面积20 000 m²，大型厂房8 000 m²，现代化办公楼4 000 m²，是生产饲料机械的专业公司。公司加工设备齐全，技术力量雄厚，近年来通过与各大高校、研究所等联合，吸收国内外先进技术，不断推出新产品以满足广大用户的需求。产品达到了系列化、规范化、标准化。现有品种：粉碎机，混合机，颗粒压制机，逆流式冷却器，添加剂混合机，三通，闸门，成套畜禽、水产、特种颗粒饲料机组，烘干、仓储及各种粮食输送机械设备。主导产品有转鼓式混合机、双轴桨叶式混合机预混料添加剂成套机组，在国内市场占有率达30%。2001年双轴桨叶式混合机通过了国家级渔业机械仪器质量监督检验中心的产品抽检，2002年公司通过了ISO9001：2000质量管理体系认证，2003年预混料添加剂机组又被评为江苏省市场名优产品，所有这些都在昭示着一家专业化饲料机械公司的异军突起。

创业以来，太湖粮机在全体员工开拓创新、追求卓越的精神鼓舞下，一直以优质的产品、一流的服务赢得了更多用户的信赖。产品畅销全国各地。“以质量求生存，以品种求发展”是本公司的宗旨，“诚信经营，保质保量满足用户的要求，想用户所想，急用户所急”是太湖粮机公司的一贯作风。太湖粮机还可代用户设计制造各种非标产品，无论是产品服务质量，还是生产能力、公司信誉，我们都能最大程度的满足您的需求。

公司地址：无锡市锡山区羊尖工业园

电　　话：(0510) 8738888　8333333

浙　江　省

温州海螺挑战生物工程有限公司

温州海螺挑战生物工程有限公司是由温州海螺集团、北京挑战农业科技集团以及原温州宏利生物工程有限公司共同投资组建的高科技股份制公司。

公司以中国农业科学院饲料研究所为技术依托单位，共同组建技术研发中心，致力于现代生物技术在农业上的应用。其中国家“863”科技攻关项目——植酸酶生产技术的成功开发转换，被誉为是填补国内空白，达到国际领先水平，荣获国家级重点新产品荣誉。该项目2003年通过国家计委组织的专家评审，成为温州市建国以来的第一个由国家计委认定的国家高技术产品化示范工程。

植酸酶作为一种绿色的新型饲料添加剂，可以有效地提高动物对饲料中磷的利用率，降低动物粪便中磷的排放量；此外，饲料中应用植酸酶还可以提高蛋白质、矿物元素的利用，从而提高动物的生产性能，降低饲料成本，减少畜禽养殖业对环境的污染，充分体现了绿色资源的效应开发，展现了生物技术在农业应用中的美好前景。

凭着优良的产品质量，良好的售后服务，科学的经营理念，海螺挑战生物工程有限公司愿与各界同仁一起谱写公司发展新篇章，为我国农业技术的发展再创辉煌。

公司地址：温州市龙湾区小陡路288号

电　　话：(0577) 86891399　86883151

邮政编码：325024

浙江科盛饲料有限公司

浙江科盛饲料有限公司，是一家集饲料生产、科研及多种经营于一体的股份制企业，现有总资产5 000多万元。拥有年产20万t级的禽畜饲料生产线、3万t级的特种水产饲料生产线、1万t级的膨化饲料生产线及 5 000 t 级的预混合饲料生产线；拥有禽畜联结基地 800 万羽/5 万头，水产饲料联结基地1 333hm^2，原料种植基地 3 333hm^2。企业具有专业人才 50 余人，其中高级职称 2 人，中级职称 16 人，并在浙江大学、上海交通大学、上海水产大学、江南大学 4 所大学聘请教授、博士作为技术顾问。

企业于 1997 年经浙江省质量体系审核中心审核，通过了 ISO9002 质量体系认证，并于 2000 年通过复审。是浙江省最大工业企业之一，是绍兴市、县农业龙头企业。产品荣获绍兴市名牌产品称号，注册商标"科盛"是浙江省著名商标。

公司主要产品为南美白对虾、青虾、罗氏沼虾、河蟹、鱼、甲鱼 6 大系列水产饲料；猪、鸡、鸭、鹌鹑、宠物 5 大系列畜禽饲料；预混合饲料、浓缩饲料、饲料添加剂和微生态生物制剂。

开发、生产和销售各种安全高效的畜禽、水产饲料产品，是善于创新的科盛公司永恒的主题。

公司地址：绍兴县福全镇金三角

邮政编码：312046

联系电话：(0575) 4024039

网　　址：http：//www.ke－sheng.com.cn

浙江天新药业有限公司

浙江天新药业有限公司创办于 1996 年 1 月，是一家专业从事原料药、食品添加剂、饲料添加剂生产的民营企业。

经过多年的发展，公司现已拥有总资产 7 500 多万元、12 个生产车间、1 个中试车间、2 个实验室及一套符合现代药品生产要求的质量检测系统。公司占地面积 70 000 m^2，员工总数 368 人，拥有一批以博士、硕士、学士等为主的专业技术人才，技术力量雄厚，具有一定的新产品开发能力和技术创新能力，是浙江省高新技术企业。通过了 ISO9001：2000 质量体系认证、HACCP 认证和 GMP 认证。

公司于 2003 年 3 月取得饲料添加剂生产许可证。浙江省高新技术产品维生素 B_6 质量符合国际标准，已获得饲料添加剂批准文号，年产量达到 1 500 t，在国际、国内市场有较高的信誉，是多家国际知名维生素供应商定点采购企业。

雄厚的技术力量，熟练的生产员工和永不满足的创新精神，使"天新"拓展了市场。可靠的质量保证体系，完善的营销手段，使公司不断赢得了客户。

"天新"愿为发展中国饲料工业贡献力量。

地　　址：浙江省天台县丰择路 215 号

电　　话：(0576) 3993956

安　徽　省

安徽百信饲料有限公司

安徽百信饲料有限公司处于安徽省的中部——明皇帝朱元璋的故乡凤阳。她原先是凤阳粮食局下属的饲料厂，占地 3.3 余 hm^2，设备先进，年设计产量 6 万 t 饲料。公司于 2001 年 11 月 14 日成功运作，成为了县里第一家国营企业"下嫁"私营进行资产重组的股份制企业。

百信公司有营养学博士 1 人，高级畜牧师数人，业务骨干多为正大、希望的精英。在百信公司创立的初期，由于原国营厂生产的大方牌饲料口碑不太好，造成当地人不用当地饲料的怪现象，百信人并没因此而气馁。在张新总经理的带领下，采取稳扎稳打，作好质量，搞好服务并和兄弟公司安徽华康联手打造品牌优势，以外围市场包围基地市场策略赢得了广大养殖户的好评。现"百信"、"徽宝"两大系列的猪、鸡、鸭饲料已畅销安徽及周边省份，销量也由最初的几百吨逐月递增。2003 年更是月月创新高，突破 3 万 t 饲料销量，经济效益也由第一年度略亏转为全面赢利的良好局面。

百信公司始终把"做中国最好的饲料，创百姓信赖的品牌"作为经营目标。和广大养殖户共同致富，共同发展。

公司地址：凤阳县凤临路 18 号

邮政编码：233122

安徽华康饲料有限公司

安徽华康饲料有限公司创办于 1999 年，是一家专业从事畜禽、水产饲料的开发、生产与销售，集科、工、贸为一体的民营股份制企业。5 年来，公司从最初默默无闻的小厂发展到今天拥有百余名各类专业技术人才，资产 2 000 多万的安徽省农牧龙头企业，由开始的月销饲料不足 600 t 到今天的年产销各类饲料 6 万多 t，产值过亿。华康饲料全体同仁在总经理张新先生的带领下，用稳健、扎实的步伐走过了一段艰辛的创业之路。

华康饲料的成长，伴随的是饲料行业竞争的不断加剧，面临着技术产品日益同质化、市场增长速度减缓、行业利润逐渐下滑的产业现状，华康饲料坚持以质量为根本，以技术求发展，专心致力于优质、高效、安全的饲料产品的研究开发与生产，5 年来，"华康"牌饲料获得了安徽省市场质量放心产品、消费者满意产品等多项荣誉，凭借过硬的产品质量和技术实力获得了市场的认同。另一方面，华康饲料倡导"服务营销"的理念，以用户的满意为本，提供养殖技术、疾病防治等全方位优良、迅速、有效的咨询与服务，推动了市场持续、健康、快速的扩展。在不断完善产品与服务，努力开拓市场的同时，华康饲料充分利用其人才和资源优势，在原料采购、生产加工、销售经营各环节严格成本控制，以质优、价廉的产品，促进企业、用户共同的良性发展。

一分耕耘一分收获，华康饲料自 1999 年至今保持着年产值平均 50%的增长率，2003 年，在经历了 SARS 的突发而至、淮河洪水的洗礼以及多种原料价格的暴涨之后，华康饲料依然取得了年销饲料60 000 t、产值过亿元的骄绩，这在行业整体效益不佳、运营艰难的背景下是相当不易的。凭借良好的经营成果和企业形象，华康饲料连年被省、市各级主管部门授予重合同守信用企业、AA级信用企业、A类纳税信誉等级单位等各项荣誉，这是对华康饲料几年来辛勤经营的最佳诠释。

华康饲料的5年，是中国经济体制改革进一步深化、中国的企业面临着挑战与机遇的5年，党的16大更是为民营经济规划了广阔而绚丽的蓝图，在这样的历史机遇下，华康饲料众志成城，秉承“以人为本、创造价值”的经营理念，不断进步、不断创新，以最优良的产品和服务回报用户，以骄人的业绩奉献社会，为推动农业产业化进程、繁荣经济贡献力量。

安徽淮北正虹饲料有限责任公司

安徽淮北正虹饲料有限责任公司由湖南正虹科技发展股份有限公司和安徽淮北天宏集团有限公司于1995年8月合资创办而成，属正虹科技控股子公司，注册资金500万元。位于苏、鲁、豫、皖4省交界的淮北市，居淮海经济区中心地带，铁路公路交通便利，地势优越，环境优美，矿山、能源、农牧业资源丰富。历时9年，淮北正虹公司现已发展成为正虹集团最大规模的分公司，安徽省最大饲料生产企业，全国饲料行业百强企业。

公司现拥有现代化的饲料生产线3条，年生产能力16万t，总资产3 000多万元。拥有员工158名，专业技术人才占60%以上，其中硕士研究生2名，大学本科毕业生36名；高级职称的8名，中级职称的33名。

公司集饲料、养殖、科研为一体，生产“正虹”牌畜禽水产类预混合饲料、浓缩饲料、配合饲料3大系列100多个品种，产品享誉苏、鲁、豫、皖4省。

自创办以来，1999年12月公司生产的QF-001获安徽省质量免检产品证书。1998—2001年，公司连续4年被淮北市人民政府、淮北市工商局授予重合同守信用企业，又被安徽省经贸委等5家单位联合授予安徽省重点保护单位，并率先通过ISO9001：2000国际质量管理体系认证，还曾接受中央电视台的特别报道，以及2001年度消防工作先进单位、淮北市2000—2001年度先进集体等荣誉。2001年12月7日，公司建立企业标准体系，并通过安徽省质量技术监督局专家组评审。2002年，公司荣获全国饲料工业科技创新先进集体和饲料安全新世纪宣言2002年度重承诺守信用企业，通过安徽省技术监督局验检获得定量包装商品企业计量保证能力证书和“C”合格标志，“正虹”、“样样红”系列产品被评为安徽省市场质量放心产品，同时被中国饲料工业协会纳为直接联系的大型饲料企业并成为其团体会员。2003年，公司被评为安徽省重合同守信用企业，安徽省质量信得过单位，“正虹”、“样样红”系列产品又获安徽名牌殊荣。是安徽省惟一一家荣获全国饲料行业百强企业称号，并在评比中位居前五十强的企业。

淮北正虹公司正以诚信经营的理念，创新未来的精神，优质高效的产品，紧贴市场的服务，将自己努力塑造成为全国一流的饲料企业，为“百年正虹”建功立业！

地　　址：安徽省淮北市三堤口
邮政编码：235029
电　　话：(0561) 6898666
传　　真：(0561) 6898788
电子邮件：hbzh@chinazhjt. com. cn
网　　址：http：//www. zhenghonghb. com

安徽省康地新技术有限公司

安徽省康地新技术有限公司成立于1998年，坐落在安徽省科学技术研究院内，南依安徽农业大学，北靠安徽省农业科学院，办公楼及厂房占地面积达2.7hm²。拥有员工60余人，其中高级职称5人，本科以上学历15人，大中专以上学历18人，平均年龄为28岁。

公司现拥有一套现代化的加工各类添加剂预混料生产线，生产线单班年设计生产各类饲料添加剂预混料能力为10 000 t。由于预混料各系列产品齐全，质优价廉，服务周到而成为安徽省预混料市场的热门货。2003年共累计销售各类预混料5 000余t，实现利税150余万元，为公司的进一步发展打下良好的基础。已成为安徽省内具有较大规模和影响力的预混料厂家。

近年来，一些功效明显、绿色安全的饲料添加剂受到了广大用户欢迎。公司准备上市此类产品以满足广大用户的要求，为此，公司添置了更精细的生产设备，如不锈钢鼓式搅拌机2台（10 kg/批，50 kg/批），不锈钢双轴桨式搅拌机1台（250 kg/批），加上原有的2台不锈钢双轴桨叶式搅拌机（500 kg/批），形成了各批次等级的系列搅拌机机组，满足了不同物料与不同添加剂产品比例所需的生产设备。

围绕做好产品质量这一核心，公司除了从生产设备上把关外，还制定了严格的企业标准，并通过了安徽省饲料标准化技术委员会的专家评审，已报安徽省质量技术监督局备案。公司根据企业标准和国家法规建立了完善的质量检测体系：原料入库前的检测，生产混合均匀度的监控，产后抽检及留样备查。实行专人负责质检工作，组建了化验室，配备了电子天平、分光光度计、茂福炉、酸度计、干燥箱等设备仪器，对原料及产品进行全程分析化验。此外，公司还与安徽四大检测中心之一的安徽省分析测试中心进行技术协作，由该中心对康地公司质检工作提供技术支持，从而确保产品质量符合企业标准和国家有关规定，杜绝不合格产品的出厂。

公司利用拥有专业人士多而年轻的优势，组建了一支素质高、能吃苦耐劳、机动性强（配备车辆）的售后服务主力军，科研部门加强了企业产品的内功，售后服务队伍提高了企业的外部形象，真正做到发展自我、回报社会，进一步将公司做强、做大，为人类食品的安全、丰富和多样化，为中国牧业的发展作出最大的努力。

合肥兴达饲料有限责任公司

合肥兴达饲料有限责任公司是致力于反刍动物饲料生产经营的现代化高新技术企业，是安徽省首家奶牛饲料生产企业，公司“九牛”牌饲料是科技含量高、无污染、无公害的高效饲料。公司自创建以来，秉承人才是企业的最大资本，科技是企业的发展动力，目前拥有一批高素质的科研开发和技术服务等方面的专业人才，现已为安徽省奶牛业的发展起到了巨大推动作用：合肥各奶牛场单产已由1998年的5.3 t上升到2002年的7.5 t，全省其他奶牛场奶产量也明显提高，且奶牛体质得到显著改善。

公司主要产品有：1%、5%系列奶牛预混料，奶牛浓缩料；1%、4%、5%系列肉牛、羊预混料，肉牛、羊浓缩料；犊牛、羔羊、育肥羊颗粒料以及其他畜禽配合饲料、浓缩料，适合于各种生产规模的养殖场，根据动物的生长和生产阶段进行选择，可起到提高生产性能和有针对性地降低生产中常见的营养、繁殖、细菌性疾病等作用。公司还设立系列化全方位的服务：提供反刍动物专用饲料原料、药品、器械、冻精等产品；提供繁殖育种、饲料配方、疾病诊治、饲养管理、养殖场建设等技术咨询。

公司恪守“产品有价，情义无价”的理念，追求以客户为中心的快捷、稳定、安全、实效、满意的服务宗旨，全力以赴满足客户的需求。公司以开放精神，愿与从事反刍动物营养事业的厂家进行技术合作，与朋友们进行信息交流，竭诚欢迎您的光临。

通讯地址：合肥市高新技术开发区合六路281号
邮政编码：230031
电　　话：(0551) 5383816　5383520
传　　真：8563007

芜湖希望饲料有限责任公司

芜湖希望饲料有限责任公司是由中国著名民营企业东方希望集团与芜湖市饲料公司共同投资组建的现代化高科技饲料企业。交通便捷，地理环境优越，厂区内绿树成荫，风景怡人。

芜湖希望饲料有限责任公司于1994年10月注册成立，年生产能力15万t，固定资产2 000万元，占地2.7hm²，拥有先进的饲料生产设备和生产工艺，生产、经营各类优质畜、禽、水产动物配合饲料、浓缩饲料等。公司严格执行东方希望集团总部技术部提供的科学配方，在按照ISO9000系列标准建立的有效质量体系保证下，从原料采购、产品制造到销售服务均严格按要求执行，为经销商和广大养殖户提供“希望”、“美利”、“名门”3大品牌，多个系列，近百个品种的高品质动物配合饲料和浓缩饲料。

芜湖希望公司饲料产品质量稳定，具有较好的性能价格比，“希望”牌饲料为国内著名饲料品牌，先后获6大金奖，多层次的产品结构极大地满足了各地不同自然环境和经济条件的养殖需求，产品畅销皖、苏、浙、赣、鄂、豫等地区。公司饲料销售量连年攀升，2003年8月份销量即已突破1万t，全年销售饲料8万余t，销量不仅排东方希望集团前列，在安徽乃至华东地区销量排序靠前，并在本地区、本行业具有相当的市场影响力。

芜湖希望公司的迅猛发展得益于公司始终不渝地坚持东方希望集团的核心价值观——“诚信、正气、正义”；坚持“为社会创造财富”、“为干部、员工提供更多更大的发展平台”的集团宗旨，提倡“艰苦创业、勤俭节约、求真务实、团结协助、付出多一点，贡献多一点”的企业精神。秉承刘永行董事长提出的“让农民富裕、让市民满意、让政府放心”的经营理念。在经营实践中摸索并创立的“三让”理念，符合国情，与国家和社会的价值取向一致，由此获得社会各界的赞誉。

芜湖希望公司的发展同时还得益于公司有一支团结向上的干部队伍，有一个敢打硬仗、讲求奉献的员工队伍，还有一批精明、强干、讲求诚信的销售精英。芜湖希望秉承“质量第一、顾客至上”的经营方针，坚持以质量取胜，以优质服务取胜，赢得了养殖户和经销商的好评。公司坚持全年度、全天候、全过程、全方位的“四全”服务，客户可以24h随时提货。

做大做强饲料企业是芜湖希望永远不变的宗旨，为建“百年老店、百年名店”成为世界优秀企业，芜湖希望将进行不断地追求。

江　西　省

百世腾牧业集团

百世腾牧业（集团）是由江西农业大学几名校友创办的现代化科技民营饲料企业（集团）。总部设于国家南昌经济技术开发区青岚大道百世腾牧业科技工业园内。经过9年的艰苦创业发展之路，集团现已拥有南昌百世腾牧业有限公司、南昌百世腾生态技术开发有限公司、北京百世腾牧业有限公司、上海百世腾牧业有限公司、厦门百世腾牧业有限公司、广州百世腾牧业有限公司6家全资或控股经济实体，同时正在投资兴建江西省动物疫病诊断中心和上海奶牛添加剂项目，集团主营业务市场网络已涵盖全国各地，产品系列涉及猪、鸡、鸭、奶牛、水产等各农牧领域。

百世腾牧业（集团）自创业初就非常注重企业形象建设和企业文化塑造，至今已基本形成了百世腾企业特有的核心文化体系。集团的经营理念是“自信、专业、更好”和“为客户创造更多”；集团的价值观是“诚实守信、热忱自信、成就自我、服务社会、精益求精、追求卓越”；集团的使命是“服务农牧、创造效益、共享健康”；集团的志向是“争创中国牧业集团前十强”。

“国家兴亡，匹夫有责”，百世腾人愿为祖国的强大和民族的振兴，为打造优秀中国品牌，与同行朋友一道：奋斗不懈，自强不息！

公司地址：南昌市昌北国家经济技术开发区青岚大道
邮政编码：330013
电　　话：(0791) 3821598
传　　真：(0791) 3804554
电子邮件：best－my@mail. online. sh. cn
公司网址：Http：//www. best－my. com

赣州朱师傅科技有限公司

朱师傅致力于在中国的永续经营并成为最佳合作伙伴。在中国大陆，朱师傅凭借全球创新科技，运用完善的服务和商品网络，帮助客户量身定制全面解决方案，提升客户竞争力，满足中国加入 WTO 之后农业产业化的需要。朱师傅服务与培训网络，竭诚为您提供专业化、全方位的服务，如兽医、保健、培训和信息等。

为适应中国大陆养猪市场不同特点的客户需求，朱师傅不断研发创新产品，如：好容易，乳酶素，活性酶，乳源酶，深海鱼粉；符合欧盟标准的绿色预混料全球通、栏宝、紫荆花；经典产品先锋、黑马；创新产品兰贝、本地通。动物保健品朱打虫、朱不喘、朱不应等。朱师傅公司以“客户的需求，是创新的原动力。”不断创新的朱师傅服务和商品，以提升客户竞争力为核心，更加贴近您的需求，让用户充分享受作为朱师傅客户的竞争优势和快乐感觉。

朱师傅愿与客户建成战略合作伙伴，携手同行，共创未来。

公司网站：www. zusf. com. cn
电　　话：(0755) 84125621

河　南　省

河南广安生物科技股份有限公司

河南广安生物科技股份有限公司是河南省畜牧行业第一家由省人民政府批准设立的民营股份制企业，也是河南省科技厅认定的高新技术企业。成立于 1996 年 6 月 28 日，于 2001 年 10 月 24 日改制成功。以高科技饲料为主导业务，兼营畜牧原料贸易、畜牧网络信息服务、动物保健品研究、种畜禽饲养。2002 年实现产值 5 000 多万元，预混料销售量超过了 10 000 t，浓缩料销量达到 10 500 t，总资产达到 2 000 多万元。

人才建设上，广安公司秉承“人人是人才”的运作理念，截至 2002 年底，面向社会吸纳了优秀员工 360 名，90% 拥有大专以上文化学历，其中博士 3 人，硕士 10 人，从事科技人员数量达到近 100 人，具有高级职称以上的人员 30 多人。广安公司强调“以人为本”的管理思想，从启智、融智、引智 3 方面推行人才理念。

在技术产品方面，广安公司实施了创新战略。先后研制和推广了国内领先的动态多维配方技术、生态安全营养技术、猪繁殖与呼吸综合症防制技术、种猪繁殖强化技术等，并开发了主导产品“生物活性复合预混料”和“防蓝灵”，畅销河南、河北、山东、湖南、湖北、安徽、广西等 20 多个省市，于 2001 年 12 月被河南科技厅认定为高新技术产品，同期，广安公司也被认定为高新技术企业。

驻马店正大有限公司

驻马店正大有限公司是由泰国正大集团、驻马店市粮食局饲料厂、河南省饲料公司于 1991 年 11 月 23 日合资经营的大型饲料加工企业，现固定资产达 3 318 万元。占地面积 51 379.3 m^2，生产能力 16 万 t/年。现有职工 125 人，其中高、中级职称 20 人，大专以上学历 90 人，占员工总人数的 59%；有专职的技术服务人员，免费为广大养殖户提供售前、售中、售后服务。截至 2002 年底，公司共生产销售饲料 621 753 t，实现销售收入 157 622 万元，利税 13 470 万元，上交国家税金 1 717 万元，资产总额由合资时的 4 266 万元积累到现在的 5 903 万元，工业总产值累计达 157 622 万元。由于公司的突出业绩，曾一度被河南省饲料公司评为全省饲料工业八强企业。

漯河万千饲料有限责任公司

漯河万千饲料有限责任公司是由华西希望集团有限公司于 1999 年 4 月投资 1 500 万元人民币，独资兴建的年产浓缩饲料和配合饲料 12 万 t 的现代化大型饲料加工企业。公司占地 1.87hm^2，拥有国内最先进的全电脑自动化生产设备，部分设备从英国进口，全自动化生产线、全程电子计算机网络化管理系统控制生产，国际一流的技术为用户提供优质的产品。

公司生产的“万千”牌饲料，是希望饲料核心技术的研制者和持有者陈育新先生，依托华西希望集团投资 2 000 万元兴建的农研所和博士后工作站的雄厚技术力量研制出来的，以品质优良、料肉比合理、经济效益显著已成为中原市场的名牌产品。

漯河万千饲料有限责任公司拥有一批技术过硬、专业化程度高的专业质检人员。公司提出“产品 1% 不合格，对特定的用户而言就意味着 100% 产品都不合格”的质量观，倡导全员竭力追求产品由内到外的完美。公司产品于 2000 年、2001 年、2002 年连续 3 年被河南省质量技术监督局抽检合格，连续 3 年获得市、县“315”放心购买（产）“商品”称号和质量、信誉、服务“三优企业”。

目前，漯河万千饲料有限责任公司采取了先进的营销手段，使产品销量以每年30%的速度递增，遍销河南全省，并远销湖北、安徽等地区。

公司拥有71名具有中专以上文化水平的专业技术人员，其中饲料加工专业和畜牧专业毕业的本专科生有47名，为企业的发展奠定了雄厚的技术力量。

河南海润集团

河南海润集团系郑州牧专校办企业，是一家集科研开发、生产贸易、技术服务于一体的现代化产学研结合的畜牧业高科技企业。集团下属科研中心、饲料研究所、兽药研究所三大科研机构和河南海润实业总公司、饲料分公司、山西分公司、兽药厂、畜禽良种场、绿舟饲料分公司等6个独立经营实体，微生态厂、酶制剂厂正在建设中。集团总资产8 000万元，年产值2亿元，年销浓缩饲料15万多 t，预混料5 000 t。

其主要设备是引进英国UMT公司的产品，工艺先进，从投入原料到产出成品完全由电脑控制，并具有一流的监控检测手段。集团充分发挥高校强大的科技、人才、成果优势，大力从事高营养、绿色产品的研究开发。多年来，集团科研中心与郑州牧专饲料研究所、动物营养研究室、浙江大学科学饲料研究所联合，研制出“海润”、“牧大”、“梨园红”、“绿舟”8大系列的复合预混料、浓缩饲料、颗粒饲料200多个品种的饲料。研制工作始终集中于产品的安全性、环保性和营养性，并取得了可喜的成效。

为了与国际市场接轨，集团正在进行ISO9000质量管理体系的认证。集团以人为本，强化服务与创新，朝着体制现代化、产业规模化、管理科学化、效益最大化的目标迈进，力争5年内发展成为跨国集团公司。

新乡大北农集团

新乡市大北农农牧有限责任公司始终以人才为根本，科技为先导，立足于农业求发展，坚持走科教兴农之路，以饲料加工、畜禽养殖为主业不断地在农业相关领域拓展自己的产业。近10年来，企业始终保持着强劲的发展势头，迅猛前进。现拥有总资产6 800余万元，占地面积15hm²，年销售收入1.22亿元，利税250余万元，员工600余人（其中中高级技术人员350多人），是一个从事饲料加工、畜禽养殖、养殖机械制造、猪肉制品加工、文艺宣传，集生产、销售、教育、服务、文艺于一体的综合性农牧企业。

作为集团的基础产业之一的饲料公司，现拥有4条年产共15万 t饲料生产线，关键设备全部由江苏牧羊和正昌集团生产，员工300余人（各类技术人员近180余人），设备精良，技术力量雄厚，以高品质、低价位、优良服务畅销晋、冀、鲁、豫等广大地区，产品并以质量优、科技含量高、市场信誉度好，多次被国家内贸部通报表彰，是河南省首家通过ISO9000国际质量认证的饲料企业、中国质量万里行定点单位等。

湖　南　省

湘潭市蒙哥饲料有限公司

湘潭市蒙哥饲料有限公司是湖南湘潭市首家集饲料生产、良种繁育、科技开发于一体的产业化龙头企业，为湖南省高新技术企业。

公司自1995年成立以来，长期致力于饲料产品的研究开发和工艺设备的改进升级，其技术力量雄厚，检测手段先进，与省内外多家大专院校和科研单位有着密切的合作关系，承担了多项省、市科委下达的科研开发和科技推广任务。开发出熟化饲料、膨化饲料和特种养殖饲料等30多个有市场前景、有竞争能力的高科技新产品，先后申报国家发明专利82项，其中熟化液体乳猪饲料生产工艺的发明获湖南省2001年度专利技术实施优秀项目奖，此专利实践产品——熟化乳猪饲料获湘潭市2001年度科学技术进步一等奖，膨化鳝鱼饲料荣获2003年度湘潭市科学技术进步二等奖。

为了振兴民族饲料工业，迎接我国加入WTO后面临的激烈市场竞争，促进养殖业科技水平尽快与国际接轨，公司在各级领导和各有关部门的大力支持协助下，引进了国内最先进的高科技熟化饲料生产线和膨化饲料生产线，年生产能力达10万 t，是全市迄今为止生产能力最大、工艺最先进、各类饲料品种最齐全的饲料加工成套生产线。公司最近开发的熟化液乳猪饲料和非母猪场自动哺乳设备等专利产品填补了国内空白，产生了显著的经济效益和社会效益。公司生产的蒙哥、天合、猪皇、福满堂、金兔等品牌的猪、鸡、鸭、鱼、牛蛙、鹌鹑、鳝鱼等特种动物的系列配合料、浓缩料、预混料，以一流的质量、独特的饲养效果和优质的售后服务深受广大养殖户青睐，公司最新研制的高科技鱼饲料也享有较高的知名度，同时也得到国家及省、市各级主管部门的好评。多次荣获质量信得过产品、全市首批重点产品保护品牌、质量信得过单位、科技型民营企业、重合同守信用企业等荣誉称号。

公司坚持以科技为先导、始终遵循质量第一、用户至上的宗旨，愿与广大饲料行业、养殖界朋友携手共进，为振兴我国民族饲料工业、促进养殖业的健康发展做出应有的贡献。

公司地址：湘潭市砂子岭湘衡路126号
邮政编码：411100
联系电话：(0732) 2314278　2314624　2312330
传　　真：(0732) 2322328

湖南伟业动物营养有限公司

湖南伟业动物营养有限公司是以生产添加剂、预混合饲料为主要产品的饲料企业。公司成立于1999年，5年来公司由开始的11人发展到现在的百余人，年销售收入由300万元增加到4 000万元。

公司十分注重产品质量，严格按照质量标准组织生产。在运行管理上严格按制度办事，从内部生产、质量检测、财务报账到营销管理、劳动用工、人才引进、员工培训、文化建设等方面都按现代企业制度形成了有自己特点的一整套科学有序而又切实可行的运行机制，不断打造品牌形象。

公司在产品结构上科学决策，以乳猪及母猪产品的开发为重点，继10%乳猪预混料后，2003年又推出了人工乳及10%强化母猪预混料，进一步提高饲料产品的科技含量，以满足畜禽水产养殖业对高质量、高功效饲料产品的要求。

公司秉持“以质求生存、以诚求发展”的经营理念，致力于用高科技发展动物营养事业。目前产品除了湖南本土外，已销往广东、广西、福建、江西、河南、安徽、云南等10余省区。市场得到稳定拓展，经济效益持续增长，年利税以50%的增幅递增，取得了较好的社会效益和经济效益。

公司地址：长沙市高新技术开发区沁园春观山阁4楼
邮政编码：410010
电　　话：(0731) 8914188　8914288
传　　真：(0731) 8914588

创天科技（集团）有限公司

创天科技是一个高速成长的企业集团，创建于1997年。多年来依靠强大的科研平台、应用前沿的生物技术，从事动物营养、动物保健新产品的研究与开发，先后建立了十余家子（分）公司和生产出口基地，形成了建设规模化、生产专业化、营销网络化的产业格局。公司拥有一流的专业技术人才和丰富的专业技术经验，以超强的研发能力、过硬的产品质量和超值的服务享誉全国。

创天科技集团主要产业板块有：饲料和添加剂工业、出口创汇型农业和生物医药科技。其核心成员企业有：娄底创天科技有限公司、长沙贝雅特科技有限公司、生物技术研究所和大乘出口基地。

公司以“用品质促品牌、靠信誉闯市场”为经营策略，制定了“推广绿色饲料、生产安全猪肉、建立了村级网络、做好服务营销”的市场战略，经过几年的苦心经营，搭建了一个涵盖全省辐射周边省份的营销网络，成功地树立了倍受用户信赖的“天添”和“贝雅特”两大品牌。公司年产无公害猪用预混料3 000多 t，年产供港活大猪20 000头，产值3 000多万元。且通过公司核心猪场无公害养殖示范和推广，建立了无公害养殖基地30多个，年生产无公害活大猪30多万头。

“品质为先、共创明天”是公司理念；“诚心久远、追求无限”是创天人的核心价值观；“开拓创新、敢为人先”是创天的企业精神；“勤奋、务实、高效、团队”是创天的工作作风；“建百年企业、创世界品牌”是创天的不懈追求。

公司总部：长沙市杨家山东方之珠广场南座1505
邮政编码：410001
电　　话：(0731) 4715832
传　　真：(0731) 4761460
电子邮件：Chuangtian@hotmail.com

衡阳市创新饲料有限公司

衡阳市创新饲料有限公司创立于1997年，经过多年的奋斗，企业得到了快速发展，从一个占地只有百十平方米的小型企业，发展成为衡阳市规模最大的饲料生产企业。主导产品“超大”牌饲料，销售市场遍及全省，并拓展到广东、广西、江西、贵州等地，品牌效应正由地方性品牌逐步向区域性品牌辐射。

公司拥有国内先进的专业生产设备和技术工艺，并十分注重科技创新，与中国农业科学院、农业部饲料工业中心等科研强势机构建立了战略合作关系，聘请了我国著名动物营养学专家、农业部饲料工业中心主任、博士生导师李德发教授为技术顾问，全面保障了高品质产品的研发和生产。

多年的拼搏所创造的巨大社会效益，党和政府给予了充分的肯定和诸多荣誉，企业先后获得：衡阳市人民政府授予的衡阳市私营明星企业，衡阳市工商局授予重合同守信用单位，省市质量技术监督部门授予的全省非公有制企业质量信得过单位、中国质量万里行（湖南行）质量先行单位、2003年度衡阳市名牌产品，湖南省消费者委员会授予的湖南省消费者信得过单位等荣誉称号。省市各级领导曾先后莅临公司给予工作上的指导与帮助，为企业的可持续发展指明了方向。

公司立足于“为顾客、员工、社会创造更大价值”的经营理念，在培植成就具有创新特色的企业文化和价值观的过程中，不断为市场和用户提供新型高科技品和诚信的服务，全力打造饲料工业的辉煌明天。

公司地址：湖南省衡阳市珠晖区衡茶路198号
邮政编码：421002
电　　话：(0734) 8350988
传　　真：(0734) 8350613

湖南德美生物工程有限公司

湖南德美生物工程有限公司系中外合资高科技企业，主要从事兽药、饲料、饲料添加剂的研究、开发、生产和经营。公司坐落于美丽的益阳市高科技工业园内。

公司拥有先进的厂房设备，大批高素质的科技专业人才，还有一批专家教授的加盟支持。公司销售网络健全，覆盖全国各地。

公司始终坚持“质量第一、信誉第一”的方针，严格坚持依照GMP要求组织生产经营活动。公司通过引进先进的生物工程技术，结合中国传统中草药配方，研制生产的“德美”牌系列产品，功能多，适用广，见效快，效益好，长期以来，一直深受广大农民朋友的喜爱。公司系列产品在国内率先走“绿色”开发道路，产品不含激素，无违禁药物，无药残、无公害，是养殖业首选的绿色产品，同时已申请获得专利保护。

公司在田大跃董事长的率领下，将以一流的管理、一流的技术、一流的服务，本着“卓越的品质，永恒的信誉，周到的服务”，与各界同仁朋友，携手共进，共谋发展。

公司地址：湖南益阳市高科园8号
邮政编码：413000
电　　话：(0737) 6203665
传　　真：(0737) 6203555

湖南环球科技农业发展有限公司

环球科技农业发展有限公司成立于1996年，注册资金为80万元，系一家集猪用系列预混料、浓缩料、配合料研制、生产、销售；肉食水产品的养殖、加工、销售；菜篮子工程基地的开发建设；种养加工及饲料行业的科研、信息服务、粮食为一体的专业公司。2001年被评为湖南私营企业十大行业五百强企业。

公司位于衡南县三塘镇工业开发区，占地面积3.46hm^2，现有员工228人，几年来，公司坚持以人为本，以市场为导向，以经济效益为中心，做好养殖业的生产车间为己任。公司规模迅速扩大，现下辖衡南环球科技饲料有限公司和珠晖环球科技饲料有限公司及规模万头种猪养殖场1个，产品畅销湖南全省及江西、广西、广东、湖北、云南、贵州等地。“环球”牌在中国湖南首届畜牧渔业及饲料工业博览会上评获3个金奖和1个最畅销奖，被市政府及人大授予安全饲料生产基地，同时历年来被誉为市消费者信得过单位，中国银行协会授予守信用企业、中国安全生产资料联盟发起单位，中国市场调研所授予中国质量、服务、信誉AAA级企业等。

历年来环球科技农业发展有限公司秉持重合同、守信用的经营理念，以服务为导向；以养殖效益为己任，扎实做好养殖业的生产车间。

公司地址：衡阳市衡南县三塘镇工业开发区
邮政编码：421101
联系电话：(0734) 8723686
传　　真：(0734) 8720453

广西壮族自治区

广西南宁骏威饲料有限公司

广西南宁骏威饲料有限公司是以微量元素及复合微量元素预混料的研发、生产、技术服务为主业的科技型企业。公司拥有先进的生产设备和一流的工艺技术，设有专门的检测中心，配备先进的检测设备，建立了一整套的生产质量管理体系，对产品质量的整个过程进行监控与跟踪，确保产品都能达到专业水平。公司技术实力雄厚，配备有专门的专业技术人员，聘请了多名高级化工工程师、动物营养专家、畜牧兽医专家组成顾问团，其主要成员具备了近30年的研究和服务经验，能更加理解客户的需求，为客户提供更加安全、高效、环保的产品。当前产品除覆盖广西外，还远销北京、上海、辽宁等20个省市，并出口美国、韩国、越南等国家和地区。经过10年来的严格管理，科学经营，公司规模不断扩大，现已成为年产复合微量元素预混料5 000 t和微量元素3万t的大型饲料企业。

广西南宁骏威饲料有限公司成立10多年来，一直是广大饲料企业的重要伙伴，今天乃至明天，骏威公司都将秉承一贯的经营理念，与中国乃至世界的饲料企业同心、同行，共走饲料工业现代化之路。

公司地址：西南宁长岗路五里1—3号
电　　话：(0771) 5616003
传　　真：(0771) 5618578
网　　址：www.jun-wei.com
电子邮件：yiyiweiwei@163.net

桂林市万康生物化工有限公司

桂林市万康生物化工有限公司（原桂林万康添加剂厂）创建于1992年，是中国最早自行研究、开发及生产饲料添加剂的专业企业之一。10余年来，万康以诚信及科技为本，凭借领先的专业技术、一流的产品品质及服务，现已成为行业中最具竞争力的知名企业之一。万康历年被当地政府评为优秀民营企业、诚信纳税人、先进纳税企业，并被广西区人民政府授予重合同守信用企业。万康保鲜系列产品更以其独特可靠的功效及质量先后被广西区技术监督局、中国饲料工业协会饲料添加剂专业委员会评选为推荐使用产品。

公司现占地11 000m^2，建有2 000余m^{2}布局合理、设备精良的生产综合楼，3 000余m^{2}的办公楼、生活楼及辅助设施，并拥有一支诚实敬业、勇于创新的科技及管理干部队伍，员工中大中专学历者比例占70%以上。

万康在致力于饲料保鲜（防霉、抗氧化）产品研究开发的同时，对其他营养及非营养添加剂也进行了广泛深入的研究，其中：“乐酸宝”酸化剂、“康溢”

复合酶制剂、“康力”氨基酸微量元素螯合物等添加剂产品也以其显著功效、一流品质成为广大用户的最佳选择。

“诚信与科技兴厂，创世界一流产品”，万康人决心以智慧和汗水，为振兴中国饲料工业作出更大贡献。

公司地址：桂林市八里街定江三号经济区
邮政编码：541213
公司电话：(0773) 6590288
传　　真：2639399

南宁天富科技饲料有限公司

南宁天富科技饲料有限公司是一家生产畜禽预混饲料及乳猪早期断奶全价饲料的专业厂家，公司拥有一套美国 AGRAScott 预混饲料专业生产设备，年产量达 12 000 t，生产流程电脑控制，产品加工工艺及技术指标具有国际先进水平。

天富公司拥有雄厚的技术力量，主要技术人才均来自饲料、养殖生产第一线。产品配方吸收国外最新科技成果并结合国内的生产实际情况而精心设计，使产品更加适合我国畜禽生产的需要。天富公司研制的系列汇杰牌产品 S100 早期断奶乳猪配合饲料、代乳料猪宝乐、TC8411 仔猪复合预混饲料等拳头产品，深受养殖户的喜爱。

天富公司始终将产品质量视为企业生存和发展的基础。产品生产过程严格按照公司质量控制标准的程序进行，从原料到成品都经过完善、科学的检测，以确保产品质量。公司每年还投入大量人力物力从事科研开发工作，并积极参与国际交流与合作，使产品质量得到不断提高。

公司自投产以来，产品畅销广西、广东、湖南、贵州、海南等省、自治区，深受用户广泛欢迎。为广西饲料工业及养猪业的蓬勃发展作出了贡献。

四 川 省

四川龙蟒集团有限责任公司

四川龙蟒集团有限责任公司位于四川省绵竹市。是四川省大型民营化工企业。公司涉足磷化工、钛化工、生物化工 3 大业务领域。公司现已发展成为拥有一个股份公司（下辖 5 个分公司）、2 个全资子公司、1 个科技中心（下设 4 个科研所）和 1 个信息中心的综合性大型企业，是四川省高新技术企业。年产“蟒”牌饲料级磷酸氢钙 55 万 t，饲料级磷酸二氢钙 5 万 t，为亚洲规模最大、全球排名第五的饲料磷酸盐专业生产供应商。另年产 10 万 t 农用磷铵，12 万 t 白磷肥，3 万 t 工业磷铵，50 万 t 硫酸，2 万 t 金红石型钛白粉，500 t S-诱抗素原药及制剂等产品。公司现有员工 6 300 余人，企业资产 11.13 亿元，固定资产 4.66 亿元，资产负债率 49%，2003 年实现销售收入 9 亿元，利税 0.88 亿元，税后净利润 0.45 亿元；2004 年预计可实现销售收入 12 亿元，利税 1.20 亿元。

公司多次被国家农业部、化工部授予全国化工先进企业、四川省工业企业综合实力 200 强之一、全国优秀民营化工企业，公司拥有 12 项湿法磷化工及饲料磷酸盐生产技术发明专利，是国家知识产权局专利示范企业。1997 年，龙蟒率先在国内同行业中通过 ISO9002 质量体系与质量标准双认证企业，并取得了自营进出口经营权。连续 14 年被中国农业银行授予“AAA”级企业，2003 年被中国农业银行总行授予最佳诚信企业。

“蟒”牌饲料、肥料系列产品被四川省人民政府评为四川省名牌产品，畅销全国各地，并远销韩国、泰国、新加坡、日本、菲律宾、印度尼西亚、马来西亚、澳大利亚、斯里兰卡、科威特等国家和地区。

龙蟒集团始终坚持“规模第一、技术第一、质量第一、服务第一”的经营宗旨，从单一产业发展到多元化产业，不断拓展国际国内市场，致力于持续提高产品质量和服务水准，积极参与国际市场竞争，并将沿着现代化、多元化、国际化的良好发展轨道，在更加广泛的领域为社会发展作出贡献。

成都蜀星饲料有限公司

成都蜀星饲料有限公司是集工业生产、贸易于一体的企业，公司技术力量雄厚，拥有从事动物营养、饲料加工、分析化验、经营管理的专业技术人员多名，并聘请国内有名望的专家作技术指导。公司现在年产各类预处理饲料级矿物微量元素系列产品 20 000 多 t，同时还开发生产各类畜禽微量元素预混料、复合预混料等系列产品。其“创威”牌预处理饲料级硫酸铜、硫酸亚铁、硫酸锌、硫酸锰、硫酸镁、氯化钾、氯化钴、磷酸二氢钾、磷酸二氢钠、碘化钾、亚硒酸钠等产品，设备先进，工艺合理，卫生指标控制严格，质量稳定，加之良好的售后服务，多年来一直深受国内许多饲料生产厂家的喜爱。该公司为中国饲料工业协会理事单位，并成为全国饲料工业标准化技术委员会单位会员。在农业部 2000 年饲料添加剂跟踪抽检活动中，成为被检产品百分之百合格的几家企业之一，连续多年被成都市工商管理局武侯分局评为重合同、守信用企业。用户的满意是我们一贯的追求。蜀星将始终坚持“质量第一、用户至上、诚信为本”的经营方针，愿与您真诚合作，携手共创美好未来，让“创威”牌系列产品成为您走向成功的得力助手。

公司地址：成都市簇桥武侯大道文昌段 69 号
邮政编码：610043
电　　话：(028) 85013248　85012823
传　　真：85013712
电子邮箱：shuxing@cdshuxing.com
公司网址：http://www.cdshuxing.com

成都瑞丰集团有限公司

成都瑞丰集团有限公司是一家集科、工、贸为一体的综合性大型私营企业。下设四川瑞丰农牧有限公司、重庆华瑞饲料有限公司、成都瑞丰饲料有限公司、四川瑞丰动物保健有限公司、柳州瑞丰饲料有限公司、云南吉瑞饲料有限公司、成都瑞丰钢结构工程有限公司、瑞丰集团科研基地等。

集团公司引进先进技术，结合我国养殖业的实际情况，在著名动物营养学专家们的指导下研究生产了高品质的“瑞丰”牌、“宏瑞”牌等猪、鱼、鸡、鸭、兔等系列60余个品种的全价配合饲料、系列添加剂、动物保健品、畜禽良种、饲料成套设备等产品。优质高品位的原料、现代化的加工设备、科学的生产工艺、严格的品控体系，保证了瑞丰集团生产优质稳定的产品。从而为不同品种、不同生长阶段、不同生长环境的畜禽鱼动物提供了充足的营养物质，完全满足了不同养殖水平的饲养场和广大客户的要求，赢得了他们的信赖和支持。曾先后荣获四川省农民最喜爱的十大商品品牌、四川省优秀私营企业、明星私营企业、中国100家最大的私营制造业第24名、全国500家最大私营企业第65名、全国饲料工业百强企业和全国饲料行业先进集体等称号。

集团公司领导是一批具有远见卓识和开拓精神的创业者，在他们的带领下瑞丰企业将在二次创业奋斗中持续、健康地发展，为民族饲料工业的崛起作出新的贡献。

四川省绵阳市恒力通企业有限责任公司

四川省绵阳市恒力通企业有限责任公司创立于1993年，是集科研、开发、生产经营、技术服务于一体的大型民营科技型饲料企业。公司技术力量雄厚，设备精良，产品质量控制体系完善，拥有一支由国内著名动物营养、畜牧兽医专家组成的科研队伍，具有现代企业营销管理理念和营销专业人才，组建了一支饲养管理知识丰富、科技推广能力强的专业队伍。公司多年来遵循“科学管理、质量为本、求实创新、顾客满意”的质量管理方针，以科学技术为先导，靠质量求发展，大力发展绿色产业，推广科学养殖技术，严格按照ISO9001-2000国际质量体系运作，产品先后荣获国际农博会名牌、四川省著名商标、四川名牌和四川省免检产品荣誉称号。

公司奉行“没有成功的客户，就没有恒力通的成功”的经营理念。紧跟国际国内动物营养、科学饲养的研究步伐，结合我国各地区畜牧业生产和饲养条件的特点，开发出数十种适合于不同动物、不同生长发育阶段的“通亚”牌、“恒力通亚”牌、“恒力通”预混料、浓缩料。公司研究所先后与国际国内各大科研所建立了长期稳定合作关系，开发出具有公司独立知识产权的添加剂、绿色饲料等产品。公司先后被评定为四川省高新技术企业、四川省绵阳市千亿工程的重点优势企业、联合国游仙绿色产业示范区龙头企业。

以高科技决胜未来，打造百年企业，争创中国名牌，是公司在新世纪确立的战略目标，恒力通人矢志将恒力通企业建设成为高科技的现代化国际企业。

公司地址：绵阳市游仙路278号
电　　话：(0816) 6282777　2285567
传　　真：(0816) 6282749
网　　址：Http：//www.myhlt.cn
电子邮件：myhlthhuge@sina.con

四川省汉源化工总厂

四川省汉源化工总厂位于成都西南方向，是四川省饲料级磷酸氢钙产品生产的第二大企业，总资产1.1亿元，年生产“汉光”牌饲料级磷酸氢钙10万t，磷酸二氢钙2万t，脱硫锌焙砂金属1万t。总厂下属有氢钙分厂、硫酸分厂、化工选厂、石灰分厂、装机2 500 kW的汉光电站2座，并自有硫铁矿、铅锌矿、磷矿、石灰矿等原料基地，是四川省“小巨人”企业。

汉源化工总厂与四川大学联合开发的湿法磷酸法的生产工艺，自1994年5月建成投产以来，通过不断的技术改造，现年产10万t；各项理化指标均优于HG2636-2000的标准，达到大晶体、粗颗粒、高磷高钙，低氟；环保治理优于国家排放标准，达到最佳效果。企业于2000年8月通过ISO9000国际质量体系认证。

“汉光”饲料级磷酸氢钙产品走向全国市场，取得良好的社会效益和经济效益。企业先后多次荣获国家、省级产品金奖，首届中国饲料工业博览会认定产品，1999、2001中国国际农业博览会名牌产品，第三届中国农业博览会四川推荐名牌产品，2002年全国质量稳定合格产品，2002年省级重合同守信用企业，2003年全国行业质量示范企业，2003年四川食品加工工业企业20强，四川省银行协会授予银企合作诚实守信先进企业，并赢得了客户“中华精品、质量上乘”的美誉。

公司地址：四川省汉源县富林镇
邮政编码：625300
电　　话：(0835) 4222998　4226289
传　　真：(0835) 4226288
公司网址：http：//www.schanguang.com
电子邮件：aaa@schanguang.com

重　庆　市

重庆江威生物添加剂有限公司

重庆江威生物添加剂有限公司是集饲料酶制剂、饲料微生物添加剂等产品研究、开发、制造销售为一体的民营高科技企业。

公司生产设备先进，检测、化验设备齐全，检测手段完善，能为用户提供长期、稳定、有效的技术指导及服务。公司年设计生产能力 1 000 t。公司建立健全了质量保证体系，严格按照 ISO9001 运作，依照 PDCA 不断完善、不断提高，并实行质量跟踪制度，质量稳定可靠。

公司的主导产品“JW 活菌酶”是在“JW 活性多酶饲料酵母”成果基础上研制的高技术产品，已被列入 2002 年度重庆市重点新产品推广计划。目前，产品已得到了广大客户的好评，并形成了一批稳定的客户群。

贵 州 省

遵义市金鼎农业科技有限公司

遵义市金鼎农业科技有限公司创建于 1994 年，是贵州省最早研制、生产浓缩饲料及全价配合饲料、年生产能力逾万吨的民营企业。该厂一贯坚持“以技术为导向、以服务促发展”的经营宗旨，与贵州大学动物科学院技术合作，深入开展科技攻关活动，成功地将科技成果应用于饲料生产实践中，在全国率先开发并成功推广高档优质乳猪浓缩饲料。在省内最早研制生产牛羊浓缩饲料，并被确定为贵州省牛羊胚胎移植及早期补料技术的定点推广单位。多年来，对本地区及全省的畜牧养殖业发展起了积极的促进作用。多次受到国家及省市的表彰，荣获贵州省十强饲料企业、全国饲料工业科技进步先进集体，董事长文艺女士亦被授予全国饲料工业科技进步先进个人、遵义市三八红旗手等称号。

公司现已开发出“金鼎山”、“艺牧”、“路”3 大饲料品牌 80 余个系列产品，具有科技含量高、质量稳定、使用方便、见效快并且绿色环保等特点，深受广大养殖户的青睐，产品畅销不衰。

全体员工以“诚实、敬业、勤奋、谦虚、务实”的企业精神，愿与广大养殖户真诚携手合作，为将贵州省建设成畜牧大省做出更多、更大的贡献。

公司地址：贵州省遵义市开发区深圳路
联系电话：(0852) 8647034
传　　真：(0852) 8647024
电子邮件：zy.jds@163.com

贵州川恒化工有限责任公司

贵州川恒化工有限责任公司系四川川恒集团投资新建的具有独立法人资格、专业从事饲料添加剂及磷酸盐系列产品开发、产销与服务的民营企业，公司始建于 2002 年 9 月，占地面积约 47hm²，其主导产品为“小太子”品牌的饲料级磷酸氢钙及磷酸二氢钙。

公司拥有自己的磷矿资源，现有磷矿山一座，距离公司约 30 余 km，总储量约 1 000 余万 t，平均品位在 30%以上。其现有生产能力达 5 万 t/年，目前正在进一步投入资金进行技改扩产，预计在 2004 年底全面竣工，届时生产能力可达 20 万 t/年。

公司自兴建、投产至今，完成投资近亿元，目前已建成硫磺制酸装置 2 套，生产能力达 10 万 t/年；湿法磷酸装置 2 套，生产能力达 13 t/年（以 100%五氧化二磷计）；湿法磷酸浓缩装置 2 套，生产能力达 5 万 t/年；湿法磷酸净化装置 3 套，生产能力达 4 万 t/年；磷酸氢钙生产装置 1 套，生产能力 10 万 t/年；磷酸二氢钙生产装置 2 套，生产能力达 8 万 t/年；工业级磷酸一铵装置 1 套，生产能力达 2 万 t/年；肥料级磷酸氢钙装置 2 套，生产能力达 8 万 t/年；黄磷制磷酸装置 2 套，生产能力达 1 万 t/年。

公司以“海纳百川，有容乃大，锐意进取，持之以恒”为企业精神，以“精工精品，创国内一流，科技领先，树国际名牌”为质量方针。下辖行政部、财务部、市场部、工程部、生产部、品管部 6 个部门，并依法建有党团组织，成立了企业工会。现有从业人员近千人，其中，高级管理人员和工程技术人员 200 余人，具有大中专学历人员 100 余人。其中，注册会计师 2 人，注册税务师 1 人，统计师 1 人，高级工程师 1 人，工程师 3 人，助理会计师和助理工程师共计 20 余人。公司于 2003 年度被中共黔南州委、黔南州人民政府授予先进企业称号。

公司地处享有“亚洲磷都”美誉的福泉市之腹地龙昌经济开发区。此地磷矿资源丰富，水电资源供应有保障，且湘黔铁路干线横贯福泉境内，公司距马场坪火车站约 10 km，与之毗邻的有都匀火车站、凯里火车站和贵定火车站，贵阳火车站也距公司约 100 km。铁路干线纵横交错，交通发达，拥有得天独厚的地区优势。

地　　址：贵州省福泉市龙昌经济开发区（贵州省烟草科学研究所斜对面）
法人代表：李光春
总 经 理：李子军
电　　话：(0854) 2210228
传　　真：(0854) 2210229

贵阳金满船饲料有限公司

贵阳金满船饲料有限公司是由贵州船牌饲料有限公司、贵阳市饲料公司和贵阳市油脂公司 3 家国有企业通过资产重组而建成的股份制合作企业。是一家集科研、生产、养殖、技术培训及咨询服务为一体的省内大型饲料加工企业。

贵阳金满船饲料有限公司的建成，对相关产业起到有效的带动作用，解决了部分下岗工人的再就业问题，向社会提供约 50 个就业岗位。平均每月开 9 场科技培训会，每月可培训农村科技养殖示范 500 人次和养殖技术骨干 50 人次，能够产生很好的经济效益和社会效益。

贵阳金满船饲料有限公司以畜禽饲料、水产饲料为主，本着“健康养殖，社会效益与经济效益兼顾”

的经营理念，提出“牵手金满船，财源滚滚来”的企业口号。经营思路是先让终端用户真正得到实惠，让经销商获得真正的经济效益，从而增强我们企业的竞争优势，充实我们企业的竞争实力。

在人事管理方面，贵阳金满船饲料有限公司本着“能上能下，能进能出”的原则，尊重人才、爱惜人才、培养人才，实行全员聘用制。全员参与管理，集思广益，充分调动全体员工的积极性和创造性，共同完成企业预定目标。

在生产加工方面，贵阳金满船饲料有限公司拥有年产 6 万 t 的硬颗粒饲料生产流水线和年产 4 万 t 的膨化饲料生产线，该生产机组是目前省内最先进的饲料生产设备之一。加之我们拥有一支经过专业培训和长期从事饲料加工的专业生产队伍，是公司节能降耗、保质保量的坚强后盾。

在技术品控方面，贵阳金满船饲料有限公司拥有省内最先进的饲料专业检测设备，检测人员全部经过专业培训，具备相应学历和工作经验，完全有能力把好原料和成品质量关及控制好生产流程的每个环节的质量跟踪监督，确保能生产出合格的产品。公司还以科技创新、开发新品种、创造新品牌为目的，倡导健康养殖，提供绿色产品，打造新的喂养模式，实现效益的最大化。

在销售理念方面，贵阳金满船饲料有限公司实行全员营销制度，采用直销、分销双轨并行的模式，全公司以销售为龙头，在保障资金安全、降低风险的前提下，加大技术服务的优势，抢抓市场份额，实现既定目标。

如今的市场竞争日趋激烈，企业要发展，必须以质量求生存，向管理要效率。贵阳金满船饲料有限公司通过资产重组和体制改革，转变观念，以科技创新带动农业产业化的有序发展，发挥优势，建立现代企业制度，踏踏实实为贵州省的养殖业发展做出应有的贡献。

云 南 省

昆明市程鹏饲料有限责任公司

昆明市程鹏饲料有限责任公司始建于 1997 年初，是云南省饲料生产的大型民营企业。现生产品质优良的金色程鹏、丹日、钱江、千禧龙、红满天、昆牧、百信等品牌的猪、鸡、鸭、鱼、鹌鹑、奶牛等系列饲料，近 200 个品种，深受广大养殖户的信赖。

公司投资 2 000 万元，兴建厂房和引进两条全电脑控制的生产流水线，设备先进，计量精确，年生产能力达 10 万 t 以上。为进一步提高产品科技含量，公司花巨资引进国际先进的动物营养研究成果，结合云贵高原气候特点及地理特性，严格按国家标准生产。以稳定的产品质量、适中的价格、完善的服务而迅速在全省铺开市场，所生产的系列饲料在市场上深受养殖户的欢迎。

公司是云南省饲料工业的后起之秀，一颗耀眼的明珠。随着公司的不断发展壮大，现已成为一个集饲料、油脂生产、房地产经营开发、养殖及贸易为一体的大型企业集团。公司本着“品质优良，信誉可靠，经济实惠，顾客至上”的经营宗旨。坚持以“创办一流企业，为全社会做贡献”为发展目标，愿与饲料界、房地产业、养殖界的同仁一起风雨同舟，共创美好未来。

公司地址：云南省昆明市东郊昆洛公路 1202 号
邮政编码：650214
电　　话：(0871) 7352513　7356087
传　　真：(0871) 7354301

昆明市华昌饲料有限公司

昆明市华昌饲料有限公司是隶属于华昌集团的分公司。成立于 1997 年。经过 7 年的艰苦创业，现发展成一家集科研、生产、销售及相关产业的中型企业。华昌公司始终坚持“诚实守信、团结协作、积极开拓”的经营方针；坚持以一流信誉、一流产品、一流技术、一流服务为云南饲料工业再上新台阶而努力奋斗。

公司以科技为先导，为了增强产品的科技含量，先后从上海、湖南、湖北、四川请来数名业内著名的专家，吸收国内外先进的配方技术设计出科学的配方。并于 2003 年公司投入 380 万元进行二期工程的建设。采用电脑筛选配方、原料微粉、双轴搅拌混合、延时高温调质等一系列新设备、新工艺。在科学、严格的质量管理的监控下生产出高效优质的饲料产品。

公司地址：云南省昆明市经济技术开发区
邮政编码：650217
电　　话：(0871) 7263158

云南新龙矿物质饲料有限公司

云南新龙矿物质饲料有限公司是四川新希望农业股份有限公司与云南富民龙飞产业合资组建的大型磷酸盐专业生产企业，公司拥有固定资产 5 000 万元，占地 33.3hm^2，员工 500 余人，其中有高级职称的工程技术管理人员 18 人，中级职称的工程技术管理人员 28 人，员工中具有大、中专以上文化程度占 58%。现已形成年产 12 万 t 饲料级磷酸氢钙、2 万 t 饲料级磷酸二氢钙，2 万 t 饲料级磷酸一、二钙，附产 4 万 t 白磷肥的生产能力。公司凭借资源、地域、技术、装备优势及完善的检测、过程控制体系，健全的新希望管理体制，使产品质量得到明显提升，市场网络迅速扩大，产品畅销全国 20 多个省、市、自治区、并远销越南等东南亚国家和地区。

公司秉承集团做“百年老店、百年名店”的发展战略，遵循“与客户共享成功、与员工共求发展、与社会共同进步”的企业理念。按照 GB/T19001 -

ISO9001：2000的要求，扎扎实实地从基础做起，增强市场观念，保持创业激情，建立现代化企业管理制度。重科技投入，推动行业发展，以最优性价比，追求更快、更高、把企业做强做大，为顾客奉献精品，诚信服务。在未来发展进程中，以更加辉煌的业绩报效祖国，服务社会。

公司地址：云南省昆明市富民县大营镇
邮政编码：650400
电　　话：(0871) 8830110
传　　真：(0871) 8830110　8830118

陕 西 省

陕西石羊集团

陕西石羊（集团）股份有限公司创建于1992年，1999年改制为股份有限公司。经过10余年的发展壮大，现已成为国内较大的以油脂生产、饲料加工为主业，涉及进出口贸易，畜牧养殖、生物技术、房地产开发等行业的大型股份制企业。集团先后在陕、甘、晋、豫等省建立了18家子（分）公司，年产各类动物饲料80万t，生产各类食用油30万t，各类饼粕70万t。2003年总资产4.2亿元，实现销售收入10.2亿元。

集团秉承“提供绿色营养、铸造百年石羊”的企业宗旨，始终坚持“紧贴市场早半步”、“用户满意才算合格”的经营理念，把最优的产品、更高的质量和贴心的服务奉献给广大用户。集团主导产品“石羊”、“金羊”两大品牌系列饲料和“邦淇”、“好邦”牌色拉油，以其质优价适畅销全国10多个省市区，在市场上备受经销商和用户的青睐。

集团先后荣获中国饲料工业百强企业、国家级农业产业化重点龙头企业、全国守合同、重信用企业等称号。“石羊”牌饲料被陕西省政府认定为陕西名牌产品，并多次荣获杨凌农高会后稷金像奖。“邦淇”牌色拉油被授予全国放心粮油称号和全国免检产品。集团及其产品得到社会各界的普遍赞誉和一致认可。

面对全球经济一体化和西部大开发的历史机遇，石羊人将以“勇当领头羊”的企业精神，顽强拼搏，再创新高，努力完成第三个“五年规划”战略目标，即到2006年实现销售收入30亿元，利税1.2亿元，挤身全国同行“十强”，成为集科研、开发、生产、销售为一体的高科技上市公司。

陕西省军区副食品生产基地

基地创建于1970年，系陕西省军区领导下的军队列编单位。下设有祖代鸡场、祖代种猪场、军牌饲料厂、预混料厂、农场等企业。是以养殖为龙头、以饲料加工为主导产业的种植、养殖、加工全面发展的综合性基地，是全军和西北规模最大的军队养殖、饲料加工企业。

基地饲料厂有国内一流的全套生产设备，应用电脑自动控制，机械化、自动化程度均达到国内同行先进水平。由中国饲料集团公司畜禽营养专家和基地科技人员采用国内外先进饲料配方和生产工艺，生产出高品质的军牌蛋鸡、肉鸡、猪、鸭、鱼、奶牛、肉牛系列全价配合饲料和浓缩饲料，产品共10大系列100多个品种。

基地预混料厂技术力量雄厚，生产经验丰富，配方科学，工艺先进，生产出高品质“军牌”鸡、鸭、猪用预混合料和添加剂，共20多个品种。

基地祖代种鸡场被中国家禽协会评为全国最佳家禽企业，被陕西省政府确定为蛋鸡种源基地，也是西北地区第一家繁育推广罗斯、罗曼系列蛋鸡新品种供种基地，现主要饲养推广海兰、罗曼系列苗鸡。

基地种猪场引进荷兰“达兰”瘦肉型配套系列猪。该品种是目前世界上一流的配套系良种种猪，在西北地区目前尚属首家引进。

基地饲料厂生产的“军牌”蛋鸡配合饲料被评为第二届中国农业博览会银质奖；“军牌”雏鸡开口料、蛋鸡浓缩饲料、猪料精、仔猪后期配合颗粒料、鲤鱼颗粒料、“军牌”维生素曾荣获中国杨凌农业科技博览会后稷奖；“罗曼和罗斯种鸡的繁育与推广”项目荣获全军农业技术推广两个一等奖和陕西省科技进步二等奖。基地被评为全国最佳家禽企业、全国饲料工业行业百强企业，连续6年被评为全军先进农（牧）场。

陕西西荆实业集团有限公司

陕西西荆实业集团有限公司是以油脂、饲料、饲料添加剂、生物发酵、食品、机械加工为主的股份制企业。下属企业有：西荆油脂分公司、西荆饲料分公司、陕西大农饲料科技有限责任公司、西荆建筑机械有限责任公司、陕西大农食品有限责任公司、西安办事处。现有职工480余人，总资产1.2亿元，其中固定资产7 280万元。有日处理200 t油菜籽、大豆生产线，日处理300 t棉籽生产线，年加工量3万t的饲料生产线和12万t颗粒膨化饲料生产线。主要产品有精炼菜籽油、棉籽油、豆油、各类饼粕、鸡、猪、牛、鱼4大系列的浓缩料、配合料、颗粒膨化料60余种，及各类生物发酵原料、预混料、饲料添加剂、香多多系列食品和机械产品等，畅销省内外广大市场，现有经销点200多个。企业连续4届被省政府授予重合同守信誉企业，被省科委授予科技示范企业、陕西百强乡镇企业，连续3届被省农行评定为“AAA”级企业和优良客户，西荆饲料分公司先后被评为陕西饲料工业十佳企业和最佳企业。大农饲料公司厂区建设，被世界粮农组织畜牧专家布朗格勒先生称赞为世界一流，填补了西部空自。企业科技含量高，不断引进专业技术人才，现有教授3名，大专以上学历的48名，高中专以上学历的330名，公司领导均有5年以上的经营管理工作经验，并与西北农林科技大学、西北大学技术合作，建立了教学科研推广示范基地。董事长兼总经理王茂才被评为陕西省优秀乡镇企业家、市人大代表、陕西省劳模和全国星火先进工作者。

公司地址：渭南高新技术开发区
邮政编码：714000
电　话：(0913) 2116118　2111659　2123399
传　真：(0913) 2116993

壮须集团

陕西壮须集团是以生产氯化胆碱为主导产品的亚洲最大的氯化胆碱专业化生产厂家。董事长马新华现任中国饲料工业协会副会长、中国饲料添加剂专业委员会副主任。公司下属5个分公司（厂）：渭南壮须饲料添加剂集团有限公司、陕西富士达农业科技有限公司、渭南畅通科技有限公司、渭南市康林畜牧科技有限公司、河北壮须农牧科技有限公司；两个科研所：壮须集团科研所和西北农林科技大学壮须研究所。集团总部设立在西安。

集团总占地面积近3万 m^2，员工400名，年产氯化胆碱7万t。"壮须"牌氯化胆碱畅销国内30多个省市，400多家饲料企业，产品还远销欧、美及东南亚20多个国家和地区。

近几年企业先后开发研制出4大系列，20多种产品。其中牛羊营养舔砖和壮须多维荣获国家3项专利。集团拥有世界最先进的氯化胆碱生产设备，管式气流烘干技术达到世界一流水平。脲酶抑制剂是集团科研人员研究的反刍动物的王牌饲料添加剂，该产品的制备工艺为国内首创，是我国动物营养领域的重大突破，设计生产量为纯品200 t/年。

壮须集团公司坚持"唯质唯量唯服务，求真求实求效益"的企业宗旨，在产品质量方面，确立了一套行之有效的质量管理体系，以大专院校科研单位为依托，使企业产品永葆同行业领先水平，氯化胆碱连续获得许多荣誉。2002年，又获得中国饲料工业协会颁发的重承诺守信用企业、中国饲料百强企业、中国饲料工业科技进步先进集体等殊荣。

在未来的日子里，壮须人将以更加严谨、规范、高效的工作风貌，竭诚为广大饲料企业及用户服务。

康达尔（高陵）公司

深圳康达尔（高陵）饲料有限公司是由上市公司深圳康达尔集团与西安罗曼公司合资联办的大型现代化饲料加工企业。公司创建于1992年8月，投产于1993年7月，占地2.7 hm^2，资产总额3 000多万元，是陕西第一家也是目前发展最好的一家外来饲料加工企业。

公司致力于饲料及动物营养的科学研究和技术推广，长期保持与西北农林科技大学、省畜牧兽医研究所、省水产研究所等多家相关科研院所合作，不断完善生产工艺及配方。公司建立了严格的质量保证体系，并于2003年8月通过了ISO9001：2000国际质量管理体系认证。公司同时拥有康达尔和世纪康两个品牌，年产鸡、猪、鱼、鸭、牛、羊、水产等配合、浓缩饲料7大系列70多个品种及鸡、猪复合预混料10余万t。

公司自投产以来，连续6年获西安市饲料工业产销量第一名。历年来获得政府及相关行业多项荣誉与奖励，2000年又获中国饲料行业协会优秀团体会员称号；2001年荣获西安先进质量产品、中国国际饲料博览会名牌产品、全省饲料安全工程先进单位、中国饲料工业百强企业；2002年获商品和服务双满意示范单位等称号。

公司以其超前的理念、严格的管理、先进的技术、稳定的质量、良好的服务深受广大用户信赖。产品遍销陕西省60多个县市及山西、河南、四川、贵州、甘肃、新疆、宁夏、内蒙古等地。

甘　肃　省

兰州博亚饲料有限公司

博亚企业是以中美合资兰州博亚饲料有限公司为核心组建的现代化农牧企业。其中包括兰州博亚、景泰博亚、天水博亚、临洮博亚、甘肃农大博亚、会宁博亚及兰州博亚农业等7家生产实体和研发机构。其经营范围包括畜禽水产饲料生产与销售，优质品种种羊、冻精和胚胎，农牧企业管理咨询与培训等。主要生产"杰诺"牌预混合饲料及"谷雨"牌浓缩、配合饲料。

博亚采取"以技术、品牌为先导，管理做后盾，应用输出管理、参股、租赁等多种方式，与当地中小农牧企业合作，充分发挥资源成本低、销售半径小的优势，切实开发本地市场，全面提升经营绩效"的经营策略，把"管理"和"技术"作为核心资本，整合各种社会资源，先后在甘肃、宁夏、内蒙古等地与10多家中小型农牧企业通过管理、技术、品牌各种方式形成战略合作伙伴关系，共同走上优势互补、资源共享、快速成长的双赢之路。

几年来，博亚企业主攻开发了动物促生长、防疾病及改善其生产性能、畜禽产品风味的中草药饲料添加剂和新型绿色安全饲料，先后推出了仔猪专用浓缩料、乳猪代乳料以及全新的"杰诺"牌绿色系列预混料产品，并荣幸地获得了甘肃省高新技术企业称号，成为本省饲料行业中惟一通过这项认证的企业。

兰州富昌饲料厂

兰州富昌饲料厂创建于1989年，是一家集研发、生产、销售为一体的饲料生产加工企业。现有职工80余人，其中大专以上学历占职工总数70%以上。

十几年来，企业围绕改革、创新、发展这一主题，与科研院校合作，聘请了饲料行业及动物营养方面的专家，致力与饲料及动物营养科学的研究与技术推广，不断改进产品配方，提高产品质量，同时，加强企业内部管理，依托技术改造，保障了生产稳步快速增长。现产品销往宁夏、青海、甘肃等10多个地、市、县，年销售量2万多 t，年产值约4 000多万元，产品约8大系列30多个品种。其拳头产品蛋鸡、肉鸡、猪、鸭、牛（羊）、鱼、特禽等全价饲料、颗粒料。浓缩料精以及1%、5%鸡、猪预混料已成为企业无形资产，深受养殖户喜爱。

兰州富昌饲料厂本着“助你、帮他、共同致富”的企业宗旨，内抓管理，外树形象，抓住提高产品质量这一核心，贴近市场，贴近客户，服务客户，愿与社会各界真成合作，共同实现“富裕昌盛、日月同辉”的美好梦想。

公司地址：中国、甘肃兰州市盐场堡红柳滩3号
电　　话：(0931) 8340208　8311118　8340450
传　　真：(0931) 8340450

酒泉大业牧草饲料有限责任公司

酒泉大业牧草饲料有限责任公司是由成都大业国际投资股份有限公司出资组建的控股子公司，于1999年12月成立，注册资金4 500万元。公司以紫花苜蓿等优质牧草为主要原料，开展种植推广、科技指导、生产加工、经营销售，主导产品主要有优质苜蓿草块、草颗粒、草捆、草粉、甜菜颗粒粕等。酒泉大业公司系列产品采用经国家工商局注册的“草王”牌商标。成都大业国际投资股份有限公司于2002年底被认定为农业产业化国家重点龙头企业，酒泉大业牧草饲料有限责任公司于2003年分别被省、市认定为农业产业化重点龙头企业。

紫花苜蓿素有“牧草之王”的美称，因其蛋白质含量高，粗纤维含量少，营养丰富，适口性强，以其为原料加工的饲料产品市场前景十分广阔。甘肃河西走廊气候条件适宜，水土资源丰富，具备大力发展草产业的条件，同时，种植紫花苜蓿成本低，收入高，易管理，效益好，深受广大农户欢迎。

酒泉大业公司现拥有从国外引进的先进的饲料压块、草颗粒生产线2条，草块、草颗粒的年生产能力达到16万 t;拥有各种牧草收割、打捆机械46台套;推广农户和农场种植紫花苜蓿2 600多 hm^2，自有基地867 hm^2，力争实现原料种植面积6 600～10 000hm^2。

酒泉大业公司生产的草块、草颗粒色泽鲜绿，营养丰富，形状得当，便于饲喂，得到了市场和客户的认可，销售顺畅。目前，产品主要销往天津、上海、广东、四川、港、澳、台等国内省区以及日本、韩国等国家。

公司地址：甘肃省酒泉市解放路323号
电　　话：(0937) 5918316　5918325
传　　真：(0937) 5918316

青 海 省

西宁城北青牧复合预混料厂

西宁城北青牧复合预混料厂创建于1998年，2000年获农业部添加剂预混料生产许可证，属青海大学农牧学院产学研基地。2003年被西宁市科技局认定为民营科技型企业。

该厂专兼职技术人员8人，其中教授1人、副教授3人，中、初级技术人员4人。几年来坚持科技开发和科研成果转化，先后完成并通过青海省科技厅鉴定科研项目3项。其研制的牛羊育肥预混料、奶牛预混料增加了青海省饲料工业产品的种类，同时改写了青海省饲料市场上无本省添加剂预混料产品的历史。NSP酶（非淀粉多糖酶）在反刍动物饲料中的应用研究项目的完成，为提高青海省饲料资源小麦、青稞、菜籽饼的利用率起了积极的推动作用。几年来其产品约在300万头（只）牛羊育肥和2万头奶牛上应用，效果显著。1999－2003年产品年检和抽检均合格。同时坚持科技宣传和服务，先后在基层举办饲草料利用和养殖培训班40余期，参加人员3 000余人。

在各级饲料主管部门的领导和支持下，该厂的生产规模逐年扩大，产品种类发展到7个系列，17个品种，生产能力达到年产700 t，由于坚持科技创新，2002年获中国饲料工业协会先进集体，主要负责人连续2次获中国饲料协会先进个人。

公司地址：青海省西宁市宁张路107号
邮政编码：810003
电　　话：(0971) 5318236
传　　真：(0971) 5318552

贵德饲料畜兴饲料股份合作公司

贵德饲料畜兴饲料股份合作公司是目前青海省较大型现代化的饲料加工企业之一，1998年以来先后3次技术改造，引进国内先进的饲料设备，单班年产可达1万 t。目前，该公司能生产30多个品种的牛、羊、猪、鸡和鱼等系列全价饲料、浓缩料和预混料，产品销往各州、县。

该公司自创建以来，不断吸收、聘请专业技术人才开发适销对路的产品，占有一定的市场份额。为确保产品质量，建立了一套比较好的饲料生产管理方式。同时注重售后服务工作，赢得了广大客户的好评。近年以来的国家和省级饲料质检部门抽检合格率较高，是省畜牧厅批准的牛羊饲料定点企业。

公司地址：青海省贵德县河阴镇
邮政编码：811700
电　　话：(0971) 8560473
传　　真：(0971) 8560473

宁夏回族自治区

宁夏固原试验区金泉有限责任公司

宁夏固原试验区金泉有限责任公司是1996年在固原试验区工商局注册成立的股份制企业，具有独立法人资格。2001年被国家、自治区计委及固原市政府确定为宁南山区苜蓿草产业化的龙头企业。拥有自营进出口权，现有总资产1 716万元。

2000年公司在海原县李旺镇韩府村建成苜蓿草产品加工厂，现已完成固定资产投资1335万元。生产和经营的产品主要有苜蓿草颗粒、草粉、草捆、草块，现以达到年生产6万t的规模。产品外销南韩、日本等国家，国内主要销往上海、天津、浙江、广东、四川等省区及周边地区，目前与国内外多家公司签订了长期贸易合同，并稳定正常地开展业务。为进一步扩大区内及周边市场，满足养殖户对优质绿色饲料的需求，公司研究开发了以苜蓿草为主要原料的“西夏猛牛”、“西夏乳王”牛羊全价颗粒饲料，现已进入中试阶段，即将批量投入市场。

2002年度产品出口完成销售收入1 273.2万元，实现利润110万元，草产品销售收入占公司总收入的82%。2003年度产品出口完成销售收入2 678万元，实现利润162万元，草产品销售收入占公司总收入的98%。

2002—2003年公司连续被自治区和固原市农行评为AA级信用企业；2003年11月被固原市政府评为重合同、守信用企业。2001年4月经自治区农牧厅、质量监督局审验，公司达到了苜蓿草单一植物饲料企业标准（Q/JQS001-2001），并取得了产品质量合格证书。公司注册并生产的“绿旗”牌苜蓿草系列产品于2002年7月经自治区环保局、环境学会审查，通过了绿色产品认证；目前正处在ISO9000质量管理体系、ISO4000环境体系认证工作过程中。

公司自苜蓿草产品加工厂建成投产以来就实行“公司+基地+农户”的经营模式，联合草业协会与区域内近万户农民（约5万人）按干草500元/t的最低保护价签订了中长期种植收购合同，发展优质苜蓿草种植基地近6 700 hm^2。产品原料全部来源于苜蓿草种植农户。为保证企业原料供应和解决远距离种植农户售草困难的问题，公司于2003年在海原县西安乡、原州区头营乡、彭堡乡、彭阳县草庙等乡镇建立了8个收购及半成品加工网点，服务辐射面积达13 000 hm^2，进一步带动了农民种草的积极性。

公司地址：宁夏固原市试验区六盘山路33号
邮政编码：756000
电　　话：(0954) 2081590
传　　真：(0954) 2080406
公司网址：http：//www. kingtrans. com
电子邮件：gymzr@public. yc. nx. cn

青铜峡国雄饲料有限公司

青铜峡国雄饲料有限公司是新希望集团响应西部大开发的号召，于1998年投资1 600万元兴建的一家“光彩事业”企业，公司坐落于具有“塞上江南”美誉、交通十分便捷的宁夏回族自治区青铜峡市。公司在新希望集团雄厚经济实力和技术力量支持下，拥有国际先进的生产线和工艺，生产全过程均由电脑控制，年生产能力达10万t。

青铜峡国雄饲料有限公司现有职工80多人，其中大中专以上毕业生占50%以上，并拥有各类动物营养专家和科研技术人员，在集团科研所雄厚的技术力量指导下，以多年的成功经验，根据西部地区气候、土壤、水质和原料营养成分特点，结合当地养殖习惯与条件，开发出具有生产速度快、抗病能力强的“国雄”和“希望”牌猪、鸡、鱼、牛羊4大系列170多个品种的中、高档饲料。

公司在集团先进的管理模式下，建立了完善的质量管理体系，从原料到产品均高于国家标准，实行严格的质量验收、监控，坚决做到不合格原料不入库，不合格产品不出厂。质量上实行一票否决制，保证了优质产品推向市场。产品历年经自治区、市两级技术监督部门抽检，合格率达100%。

产品除覆盖宁夏回族自治区外，还远销内蒙古、陕西、甘肃等省区，且连续3年总销量、奶牛料销量和猪料销量居宁夏同行业第一。产品深受广大养殖户好评。

2002年被国家饲料工业协会授予全国饲料工业科技进步奖，曾先后被自治区、吴忠市、青铜峡市授予东西部合作先进集体、优秀民营企业、AA级信用企业、质量信得过单位、农业产业化龙头企业、诚信单位等20余项荣誉称号。现在总经理张建辉也被授予全国饲料工业科技进步先进工作者光荣称号。

为了更好地服务于养殖户，推动畜牧业的发展，公司始终坚持“以科技为先导、服务至上、走精细化管理之路、做百年老店、百年名店”的经营方针和“与客户共享成功、与员工共求发展、与社会共同进步”的经营理念，真正做到“依法兴饲，倡导行业风范；技术创新，推动牧业发展；品质卓越，追求顾客满意；产业经营，实现社会效益。”

公司地址：宁夏青铜峡市小坝镇
邮政编码：751600
电　　话：(0953) 3055754
传　　真：(0953) 3054545

新疆维吾尔自治区

新疆三旺饲料有限公司

新疆三旺饲料有限公司是成都三旺集团有限公司下属全资子公司，于1999年9月新建，2000年5月投产的大型专业化饲料生产民营企业。总投资2 400万元，占地面积2.7万m^2，员工200余人。拥有全套的电脑程控设备和先进的检测手段，完善的质量控制体系，年生产能力12万t，主要生产销售鱼、牛、羊、猪、鸡、鸭、兔等7大系列100余种规格的全价饲料、浓缩料、预混料，品种齐全，能满足用户全方位的需求。

公司秉承“和、诚、勤、进”的企业文化，奉行“用户满意、才算合格”的服务宗旨，为广大养殖户朋友提供完善的售前、售中、售后一条龙服务，产品获得用户的普遍承认和欢迎。公司先后被评为先进单位和重合同守信用单位。

在未来的发展规划中，公司将聚敛一流的人才，以一流的产品，提供一流的服务；走畜禽养殖、饲料生产、肉食品加工的产业化之路，带动千家万户的农民朋友通过养殖业发家致富，我们相信我们的明天会更好。

新疆天康畜牧生物技术股份有限公司石河子分公司

新疆天康股份公司石河子分公司（原石河子天康饲料科技有限责任公司）是由天康股份公司投资2 000余万元在石河子经济技术开发区建设的一座年产6万t畜禽用全价配合（颗粒）饲料的现代化企业。公司于1997年7月在石河子市正式注册成立，现有大专以上学历的专业人员占员工总数的85%以上。以高新技术为核心，导入现代化的管理机制，一流的设备及严格的质量监控是企业腾飞的臂膀。

新疆天康股份公司石河子分公司在依托天康股份公司技术中心近年来的研制、生产复合预混饲料、浓缩饲料的经验和科技成果的基础上，结合新疆的水文地质情况和畜禽疾病特点，选用国外进口的核心原料和防病药品，消化吸收美国营养专家多年研制的配方技术和饲料科技成果，选用国内外先进的饲料生产工艺和设备，研制开发出各种畜禽用颗粒状（膨化）和粉状全价配合饲料系列产品。自1998年6月投入试生产以来，产品销往东、北疆各地并赢得客户的极高赞誉。

天康品质，深得信赖是天康人的经营理念，我们将秉承努力学习、不断思考、勤奋工作、诚实做人的企业精神，办一流的企业，创一流的效益，与新疆畜牧业同仁共同发展，共同进步。

大 连 市

大连翔大生物技术有限公司简介

大连翔大生物技术有限公司是由大连翔大集团股份有限公司发起，并联合国内外著名投资及研发机构成立的生物高新技术企业。公司核心业务是研发、生产、销售饲料、饲料添加剂、动物疫苗和生物检测试剂等生物高科技产品。

大连翔大生物技术有限公司建有生物技术工程研究中心，中心依托先进的科研设备与灵活的科研机制，采取“客座研究员、联合实验室”等模式，整合了一批优秀的专业技术人才，并与日本弘前大学、兽医生物技术国家重点实验室等科研单位建立长期技术协作关系，以市场为导向，系统整合实验室研究成果，加速了科研成果的产业化进程。

研究中心自主研发的微生物饲料添加剂项目和奶牛乳房炎疫苗项目，分别被国家计委、国家科技部列为国家高技术产业化示范工程项目及国家“十五”重大科技攻关计划项目。

大连翔大生物技术有限公司本着“为社会、客户、股东、员工的均衡利益而经营”的企业宗旨，秉承“学习、创新、创造、奉献”的价值理念，致力于实现企业的可持续发展及价值最大化。

青 岛 市

青岛统一饲料农牧有限公司

青岛统一饲料农牧有限公司成立于1998年4月10日，一期投资2 990万美元，注册资本1 500万美元。2000年1月1日，青岛统一饲料农牧有限公司正式投产运作，年饲料生产能力40万t。2002年10月30日，青岛统一饲料农牧有限公司与日本三井物产株式会社、日本第一肉鸡株式会社、青岛万福集团股份有限公司四方出资设立的三统万福（青岛）食品有限公司签约成立，标志着二期工程建设的开始。该公司投资总额2 970万美元，注册资本1200万美元，是集饲料加工、种鸡养殖、孵化、商品鸡养殖、屠宰加工、熟食品加工为一体的“一条龙”大型综合企业，公司产品主要出口日本、中东、香港、俄罗斯等国家和地区，在国际市场享有一定的声誉。

目前，青岛统一饲料农牧有限公司主要生产畜禽配合料、浓缩料、预混料及水产配合饵料，共计90多个品种。凭借统一企业30余年丰富的饲料生产经验、先进的进口生产设备以及严格的品质管理制度，青岛统一饲料自投放市场以来，以其高品质及稳定性，除畅销山东市场外，还远销至天津、安徽、江苏、河南等地，得到了广大养殖朋友的信赖与支持。

展望未来，青岛统一饲料农牧有限公司在坚持“品质为先”的原则下，将以更优质的产品与服务，服务于广大养殖户朋友！

公司地址：山东省青岛平度市张戈庄镇清泉路1号
邮政编码：266738
传　　真：(0532) 2313568
电　　话：(0532) 2313508

青岛新特瑞集团

青岛新特瑞集团有限公司是以生物技术为依托，

集畜禽、水产饲料、动物保健品、生物制品研究、开发、生产、销售为一体的大型农牧企业集团，设有分公司10余个，并建有自己的动物营养研究院。集团总部设在商贸、文化、自然条件良好的海滨城市——青岛。

充分发挥生物技术和集团协作优势，加快农村养殖业专业化、规模化、现代化发展进程，实现无公害和绿色畜产品生产，是新特瑞集团不懈的追求。推进生物技术的研究开发和应用，在利用生物活性物质方面取得重大突破，能够降低畜产品药残，改善肉质，提高料肉比，增强对疾病抵抗能力，提高中国畜产品出口能力，并已配套应用于集团的饲料生产和畜禽疾病防治，取得良好的社会效益和经济效益。

公司拥有一支高科技人才队伍，具有一流的科研力量。其中博士3名，硕士2名，高级工程师8人。从产品调研、技术开发、生产制造、组织营销、售后服务整个过程引进国际先进管理方式，并与国内外知名科研机构保持紧密合作。公司生产的产品能达国际领先水平。

坚持"高科技、高品质"的经营理念，本着"以人为本、服务为先"的宗旨，真诚服务于农民，无私奉献于社会，把产品与服务都做到最好，是集团永远不变的承诺。

集团愿与中国各位畜牧业同仁，共创美好人生和健康生活。

公司地址：青岛市汇泉路17号东海国际大厦3117室
邮政编码：266071
电　　话：(0532) 3880559　3880558
传　　真：(0532) 3880558

青岛希望饲料有限公司

青岛希望饲料有限公司始建于1995年，是东方希望集团下属的一家现代化高科技饲料生产企业。公司位于青岛平度市南村工业园区内，占地6.7 hm^2，总投资达2 500万元。拥有3条行业内领先的饲料生产线，年设计生产能力40万t。主要生产经营"希望"、"强龙"、"金豆"牌猪、鸡、鸭、鱼、兔5大系列100多个品种配合饲料、浓缩饲料。产品覆盖整个齐鲁大地，并远销江苏、河北市场。

公司先进的生产设备和严密的质量控制体系，为生产高质量的产品提供了可靠保证；规范的内部管理、灵活的用人机制，确保了企业生产经营活动的高效运作；诚实守信的经营作风，针对市场特点采取各具特色的营销策略和完善的售后服务体系，为青岛希望带来了良好的经济效益和社会效益，也树起了优秀的企业形象。连年多次被当地政府及有关部门授予明星企业、星火龙头企业、光彩事业先进企业、质量计量信得过企业等光荣称号。公司产品也连续4年被国家质量技术检测中心抽检合格，并于1999年12月顺利通过ISO9002国际质量体系认证。

公司秉承东方希望集团倡导的"让农民富裕、让市民满意、让政府放心"的三让理念，追求卓越，追求创新，致力于推动农民养殖致富的进程和中国畜牧业的发展。竭诚欢迎社会各界朋友前来洽谈合作，共创辉煌！

公司地址：青岛平度市南村工业园
邮政编码：266736
电　　话：(0532) 3391658(传真)

青岛金海力水产科技有限公司

青岛金海力水产科技有限公司是由黄海水产研究所与中国水产科学研究院共同投资创办的集产、学、研于一体的高科技企业，具有独立的法人资格。公司以黄海水产研究所的科技力量为依托，以国家"863"的科技成果为龙头，利用原有多年的实际生产经验和良好的市场营销网络，进行技术创新、发展。公司成立至今两年来，在各级政府、领导及广大同仁的支持、帮助下，取得了较好成绩。2002年获得全国饲料行业先进集体单位，2003年被认定为青岛市高新技术企业。目前开发生产的"海力"牌系列饲料产品包括：对虾配合饲料、鲟鱼配合饲料、虹鳟配合饲料、大菱鲆专用配合饲料、牙鲆专用配合饲料、大菱鲆牙鲆颗粒饲料、海参配合饲料，鱼、虾、蟹类微颗粒开口饲料等产品，以及高效海水鱼类专用综合营养剂（海特维）和特效鱼类养殖专用抗病促生长剂（海多力）等饲料添加剂产品，其中青岛市高新技术产品3个。"海力"牌系列饲料及添加剂产品已深受广大养殖户的亲睐。公司决心在新的一年里，以政策为导向，创新为依托，再接再厉，争取更大的经济和社会效益。

公司地址：山东省青岛市南京路106号
邮政编码：266071
电　　话：(0532) 5830185
传　　真：(0532) 5834498
电子邮件：Yinbz@YSFRI ac. cn

青岛大海帝绿色水产饲料有限公司

青岛大海帝绿色水产饲料有限公司于2001年正式成立。该公司推出的"海帝"、"海之情"、"金海帝"牌海水鱼、虾、蟹、参4大系列50余个品种的水产饲料经过两年多的市场运作，产品销售已遍及大江南北，长城内外，深得广大养殖户的普遍赞誉。被青岛市、即墨市两级海洋与渔业局列为本行业惟一推广产品，2003年又获青岛市海洋与渔业局颁发的"无公害农产品"产地认定证书，质量值得信赖。

青岛大海帝绿色水产饲料有限公司立足于使养殖户养殖成本最低，科技成果转化最大，公司聚集了一批饲料行业资深的生产经营管理人才和水产养殖技术人才，他们具有丰富的经营管理经验和敬业精神，具有扎实的理论基础和丰富的养殖第一线的经验，虚心好学，博采众长，不断进取，勇于创新，必将给广大养殖用户带来具有最大回报率的好饲料。

公司地址：青岛环保产业园（即墨三里庄）

邮政编码：266200

电　　话：(0532) 7523918

传　　真：(0532) 7523966

宁 波 市

宁波金豆饲料有限责任公司

宁波金豆饲料有限责任公司是中国最大的民营企业——东方希望集团下属的一家子公司，地处宁波市雅戈尔大道509号，公司占地2.3 hm^2，地理条件优越，交通极其方便。公司成立于1999年，拥有现代化生产车间近7 000 m^2和全自动化全价颗粒料生产线两条，年生产能力达20万t。公司主要拥有“金豆”和“同喜”两大品牌饲料。产品有猪、鸡、鸭、鹌鹑、牛、鱼及特种水产品7大系列上百个品种的全价颗粒配合饲料。公司现有员工60多名，专业技术人员15名。自建厂来，尤其是在饲料原料价格空前上扬的2003年，公司在激烈的市场竞争中，仍取得了月平均销售近2 000多t的好成绩。其产品主要销往整个浙江地区及周边市、县。2003年公司产、销、利等各项指标在宁波地区同行中均位列前茅。

为实现东方希望集团提出的在“2010年摘取全球饲料桂冠”的这一宏伟目标，宁波金豆饲料有限责任公司将继续以东方希望集团“诚信、正气、正义”的核心价值观、坚持“让农民富裕、让市民满意、让政府放心”的经营理念，追求一流的产品质量，一流的营销服务，真心地把用户当作上帝，为希望事业、为地方经济的腾飞，为振兴中华民族饲料工业，繁荣民族经济做出应有的贡献。

宁波舜大股份有限公司

宁波舜大股份有限公司位于余姚市中心，地处浙江宁绍平原中心的余姚市，东邻东方第一大港宁波，西接风景秀丽的旅游城市杭州，杭甬高速公路贯穿其中，杭甬铁路贯穿全境，交通十分便捷。公司注册资金为1 700万元，是一家大型农工贸一体化的企业，是余姚市特级骨干企业和浙江省行业最大工业企业。

公司占地面积2.7 hm^2，主要生产“舜大”牌配合饲料，在浙江省饲料协会所属企业中产销利业绩一直名列前茅。舜大牌饲料先后获得宁波市名牌产品、浙江省科技进步二等奖、国家内贸部质量信誉产品、全国饲料工业协会推荐产品、浙江省消费者协会推荐商品、宁波市第四届消费者信得过产品等荣誉称号，舜大商标被认定为浙江省著名商标。公司还通过了ISO9001质量管理体系认证，并率先在省内取得了绿色畜禽饲料的认证证书。

宁波舜大股份有限公司技术力量雄厚，拥有畜牧兽医、动物营养、饲料加工、质量检测、经营管理等多方面专业人员。公司采用高规格的各类原料，通过先进的工艺及严格的质量控制，年产饲料4万余t，产品包括鸡、猪、鸭、鱼等系列配合颗粒饲料和预混合饲料与浓缩料，适应畜禽养殖市场的各类需要。在历年各级质检机构抽查中，产品合格率达100%。公司技术依托单位为浙江省农业科学院畜牧研究所和浙江大学动物科学学院，科研开发能力强。

目前公司生产销售的“舜大”牌饲料计有鸡、猪、鸭、鱼、鹌鹑、兔、虾7大系列数十个品种。公司拥有完善的营销网络和精干的营销队伍。目前有终端客户2 000余家，直接用户100余个场（专业大户）。产品销售立足浙东，面向全省，辐射江西、福建、安徽等邻省。

公司以优质的质量与服务为依托，深入养殖用户，除推介产品外更能帮助用户解决一些饲养方面的实际问题，赢得了用户的赞誉。近几年公司和政府有关部门合作开展了“上山工程”和扶助养殖户等措施，大大提高了“舜大”品牌的形象。

公司一如既往地发挥自身的技术优势，奉行“质量求生存、技术创发展、服务立诚信”的企业宗旨，为用户提供各种营养优良的畜禽饲料，努力为饲料行业的发展作出新的贡献。

宁波天邦股份有限公司

宁波天邦股份有限公司（NINGBO TECH-BANK CO.，LTD.）是经宁波市人民政府批准设立的特种水产饲料生产与销售股份制企业，注册资本5 000万元。2002年8月通过中国证券监督管理委员会宁波证券监管特派员办事处的上市辅导验收。2001年被国家科技部认定为国家级重点高新技术企业，2002年国家人事部批准设立企业博士后科研工作站。2002年天邦牌特种水产饲料在行业内率先获中国绿色食品发展中心的A级绿色食品生产资料认定推荐。

公司现有总资产2.5亿元，员工400余人，在浙江省余姚市、广东省佛山市和安徽省和县、上海松江区和江苏省南京市建有5个生产基地和研究院，拥有4条粉状饲料生产线、8条颗粒饲料生产线，产品涉及20多个养殖种类的200多个品种，包括粉状饲料（中华鳖、鳗鲡等）、全熟化颗粒饲料（海水鱼、淡水鱼、虾蟹类等）。2003年公司实现销售收入2.6亿元，产品畅销全国26个省市区，并出口到日本、韩国、越南等国家和地区。

为使公司谋求更大的发展，公司在余姚市阳明工业园区丰南轻工专区购置土地14.7 hm^2，兴建天邦工业园，已于2003年10月完成一期工程并投产，建成后的天邦工业园将成为全国最大的水产饲料生产基地之一。

公司在搞好实体经营的基础上，谋求资本市场支持，迅速扩大产业规模，提高市场占有率，开拓相关产品市场，实现最大发展。“天道酬勤，敬业兴邦”。公司将通过辛勤的工作和不懈的努力，为推动行业的健康和可持续发展而努力。

公司地址：浙江省余姚市阳明工业园区丰南轻工专区
邮政编码：315400
电　　话：(0574) 62817777
传　　真：(0574) 62816666
电子邮件：techbank@mail. nbptt. zj. cn
公司网址：http：//www. tianbang. com

深　圳　市

比利美英伟营养饲料(深圳)有限公司

英伟集团是国际知名的动物营养跨国公司，主要从事畜禽、水产饲料、预混料和动物保健品的研究开发和生产。由福楼尔·英迪尼先生始创于20世纪70年代中期，总部位于荷兰。目前已拥有5个不同的研发中心及活跃在全球的34家执行公司，分别在欧洲、亚洲和美洲都设有生产基地，其业务遍及70多个国家和地区。全球700多名核心员工，每年营业额超过1.2亿欧元。

结合全球的养殖经验，为客户提供动物养殖方面先进的解决方案是英伟集团共同的目标和努力的方向。提供先进配方和特色的专业服务是英伟公司的特点。

20世纪90年代初期，英伟集团进入了中国市场，已成功的运营了8家公司。

比利美英伟营养饲料（深圳）有限公司是英伟集团于2000年在国内设立的第一家预混料生产企业，由国内知名的养猪专家李职先生带领着一支由不同学科的专家学者组成的团队，在动物饲养的科研和生产领域中脚踏实地，不断进行探索和实践。

随着业务的发展，2003年英伟集团加大了投资，在深圳建立了新的生产中心，这不但大大提高了集团在生产过程中的生产能力，同时也提高了科研能力，从而为顾客提供更高层次的服务打下了更坚实的基础。

深圳市金新农饲料有限公司

深圳市金新农饲料有限公司成立于1999年11月，位于深圳市宝安区公明镇，注册资金500万元，是一家专业从事猪用饲料开发和生产的民营科技企业。公司自创办起，在公司董事长兼总经理陈俊海博士的带领下，一步一个脚印，始终坚持“让您养猪，赚钱更轻松”的经营宗旨，追求“伙伴天下，共同成长”的核心价值观，以“科技兴农，行业典范”为己任。正是凭借着这种“全情投入、持续卓越”的企业精神，金新农人历经短短几年的奋斗，陆续开发出猪用饲料41种。充分满足了广大用户对猪不同生长阶段、不同层次和不同需求的营养需要。

公司已取得了骄人的业绩，并且获得了许多奖项：

2002年2月公司被授予深圳市民营科技企业证书。

2002年公司的项目产品获得中华科技精品荣誉证书。

2002年公司产品还被指定为中国畜牧兽医学会养猪学分会推荐产品。

2002年9月，公司研发的“超早期断奶仔猪料”，被深圳市科技局认定为高新技术项目。

2002年12月公司董事长陈俊海博士被评为全国饲料行业科技进步先进工作者称号。

2003年10月，“成农”牌系列猪用复合预混料4312、4313、4325、4326四个产品被中国机械化养猪协会评为全国推荐的优质产品。

2003年公司被评为诚信企业。

统 计 资 料

中国饲料工业统计资料

2003年全国饲料产量

单位：t

地区	总产量	配合饲料							浓缩饲料	添加剂预混合料
		小计	猪料	蛋禽料	肉禽料	水产料	反刍料	其他		
全国总计	**87 115 531**	**64 276 295**	**21 297 644**	**14 334 113**	**18 318 010**	**7 005 491**	**2 043 355**	**1 277 681**	**19 580 884**	**3 258 352**
北京	2 109 013	1 526 136	549 396	213 640	396 760	198 380	76 300	91 660	306 168	276 709
天津	2 548 506	2 122 602	591 460	647 257	222 451	394 820	154 027	112 587	297 491	128 413
河北	7 226 306	5 619 375	1 471 666	3 064 185	696 198	268 220	80 585	38 521	1 406 331	200 600
山西	1 501 323	1 015 559	228 763	603 452	108 813	11 659	32 058	30 814	477 580	8 183
内蒙古	1 301 387	562 615	102 262	60 996	164 936	53 913	160 711	19 797	715 760	23 012
辽宁	5 238 185	2 499 760	220 647	1 573 439	506 409	144 501	16 344	38 420	2 685 765	52 660
吉林	2 605 240	1 421 160	162 780	499 523	547 740	77 561	65 504	68 052	1 147 970	36 110
黑龙江	4 500 000	2 260 000	600 000	400 000	460 000	220 000	480 000	100 000	1 970 000	270 000
上海	1 171 154	1 035 334	276 277	186 593	387 084	128 959	52 377	4 045	47 913	87 907
江苏	2 657 351	2 013 565	497 855	164 293	714 364	590 048	30 537	16 468	342 704	301 082
浙江	3 478 813	3 331 593	2 033 424	364 471	454 728	417 997	12 448	48 524	64 496	82 724
安徽	1 595 501	1 370 414	682 202	195 583	374 538	78 815	10 908	28 369	135 075	90 012
福建	1 695 778	1 581 393	453 399	352 046	436 595	303 248	8 397	27 709	30 670	83 715
江西	2 399 800	1 457 046	888 920	189 442	174 870	167 583	21 859	14 372	627 083	315 671
山东	9 097 079	6 435 657	968 535	1 243 096	3 559 254	395 563	152 093	117 116	2 252 393	409 029
河南	5 601 545	3 544 008	2 025 550	743 258	641 824	92 811	21 092	19 473	1 969 818	87 719
湖北	3 405 312	2 726 980	1 227 144	313 601	409 048	681 747	54 540	40 900	609 175	69 157
湖南	4 272 891	2 655 596	1 784 068	329 100	357 211	158 030	27 000	187	1 508 752	108 543
广东	9 117 546	8 768 666	1 669 174	889 390	4 528 710	1 469 989	2 820	208 584	164 967	183 913
海南	832 735	823 654	246 684	77 988	373 340	121 233		4 409	8 640	441
广西	2 815 788	2 455 240	992 068	306 628	982 472	123 580	3 059	47 432	300 184	60 364
重庆	807 600	686 214	426 543	81 480	123 187	40 096	10 633	4 276	90 446	30 941
四川	4 526 077	3 811 992	1 952 399	797 941	631 439	353 448	55 154	21 611	487 516	226 569
贵州	263 060	149 281	86 952	4 952	40 334	13 425	2 876	742	113 228	550
云南	1 582 693	1 139 912	307 101	264 763	363 515	176 336	19 439	8 758	432 048	10 733
陕西	1 915 677	715 159	267 223	217 463	60 218	83 205	77 112	9 938	1 113 085	87 433
甘肃	1 091 628	980 926	384 508	278 108	187 788	35 131	58 800	36 591	103 857	6 845
青海	73 675	73 543	19 705	988	339	100	34 885	17 526	5	126
宁夏	476 637	413 506	20 108	38 150	53 324	92 404	183 200	26 320	53 001	10 130
新疆	1 207 232	1 079 408	160 832	232 289	360 522	112 690	138 596	74 479	118 763	9 061

2003全国饲料加工工业基本情况

地　区	产品产量（t）	工业总产值（万元）	全年营业收入（万元）
全国总计	**87 115 531**	**20 773 403**	**20 593 350**
北　京	2 109 013	460 148	441 742
天　津	2 548 506	512 248	458 730
河　北	7 226 306	1 200 000	995 000
山　西	1 501 323	270 012	255 288
内蒙古	1 301 387	559 077	511 445
辽　宁	5 238 185	1 086 878	1 069 115
吉　林	2 605 240	625 000	625 000
黑龙江	4 500 000	1 030 000	1 020 000
上　海	1 171 154	376 039	430 985
江　苏	2 657 351	800 888	800 166
浙　江	3 478 813	988 322	832 826
安　徽	1 595 501	345 573	337 665
福　建	1 695 778	546 505	534 241
江　西	2 399 800	667 340	685 421
山　东	9 097 079	2 359 676	2 291 284
河　南	5 601 545	1 189 259	1 087 330
湖　北	3 405 312	762 790	681 060
湖　南	4 272 891	1 226 877	1 233 357
广　东	9 117 546	2 249 972	2 246 147
海　南	832 735	179 729	171 026
广　西	2 815 788	638 084	607 641
重　庆	807 600	180 068	188 033
四　川	4 526 077	1 543 177	1 481 118
贵　州	263 060	89 636	85 540
云　南	1 582 693	363 567	350 043
陕　西	1 915 677	683 412	671 051
甘　肃	1 091 628	183 665	180 118
青　海	73 675	11 063	10 618
宁　夏	476 637	109 626	100 093
新　疆	1 207 232	221 286	211 266

2003年全国饲料加工企业基本情况

地区	总数（个）	企业经济类型							
		国有	集体	私营	联营	股份	港澳台	外商	其他
全国总计	**13 874**	**717**	**789**	**7 814**	**572**	**2 929**	**139**	**256**	**658**
北京	460	19	85	148	36	138	2	3	29
天津	327	3	29	98	65	82	1	6	43
河北	1 304	50	26	1 002	13	205	2	2	4
山西	614	51	96	183	92	124		6	62
内蒙古	177	3	3	108	1	52		1	9
辽宁	929	36	25	719	44	63	9	9	24
吉林	405	1	2	331	8	37	1	5	20
黑龙江	630	25	20	220	30	320	2	6	7
上海	121	6	2	14	6	76	6	9	2
江苏	548	24	28	131	5	312	13	29	6
浙江	611	14	9	335	52	176	4	9	12
安徽	203	32	23	65	5	63	1	5	9
福建	237	7	15	51	6	109	23	24	2
江西	394	22	41	171	69	75	5	11	
山东	1 620	45	89	1 022	44	285	3	36	96
河南	728	35	18	410	25	139	4	11	86
湖北	183	10	8	105	4	23	8	8	17
湖南	546	21	15	404	6	72	8	8	12
广东	471	27	20	107	7	213	34	32	31
海南	31			14	3	11	1	2	
广西	355	24	17	233	14	47	4	7	9
重庆	321	25	38	222	2	32		2	
四川	1 020	35	35	776	11	134	5	11	13
贵州	146	14	3	79	1	45	2	1	1
云南	298	26	54	160	16	27	1	5	9
陕西	407	29	25	323	4	19		4	3
甘肃	219	81	15	89	2	1			31
青海	32	9	1	8	1	13			0
宁夏	213	12		180		14		1	6
新疆	324	31	47	106		22		3	115

2003年全国饲料加工企业职工情况

地区	合计	职工学历构成（人）				技术工程人员构成（人）			
		博士	硕士	大学本科	大学专科	小计	检化验员	中控工	维修工
全国总计	**486 299**	**800**	**2 481**	**39 126**	**68 328**	**49 582**	**19 741**	**12 653**	**17 188**
北　京	14 980	65	98	1 260	3 128	650	310	60	280
天　津	6 238	20	49	486	694	912	257	138	517
河　北	31 118	26	70	1 504	2 780	1 276	1 172	30	74
山　西	23 970	14	26	2 310	5 620	4 470	2 210	540	1 720
内蒙古	16 871	19	70	859	2 264	812	261	277	274
辽　宁	18 875	20	73	1 363	3 593	3 181	1 021	857	1 303
吉　林	27 699	4	8	4 031	3 679	804	319	128	357
黑龙江	10 700	15	35	368	280	600	450	24	126
上　海	6 689	37	99	795	831	813	342	134	337
江　苏	25 938	73	122	2 307	3 731	2 763	1 118	689	956
浙　江	22 901	45	173	1 823	2 162	2 805	1 080	737	988
安　徽	9 610	0	45	771	932	1 207	416	361	430
福　建	9 421	37	72	887	1 154	1 131	460	280	391
江　西	17 231	6	25	892	1 941	2 139	788	761	590
山　东	45 496	68	341	3 878	6 800	4 100	1 897	885	1 318
河　南	21 415	49	121	1 697	4 736	3 201	1 080	1 083	1 038
湖　北	8 058	33	113	1 111	1 679	413	233	96	84
湖　南	17 723	45	158	2 433	3 854	1 672	641	448	583
广　东	23 975	95	323	2 519	3 345	3 267	1 055	1 026	1 186
海　南	1 928	9	30	296	398	272	105	84	83
广　西	17 158	18	69	1 374	2 756	1 645	621	345	679
重　庆	3 679	3	28	258	641	923	548	212	163
四　川	41 300	53	204	3 303	6 340	5 357	1 690	1 750	1 917
贵　州	4 498	2	13	278	635	745	206	265	274
云　南	22 335	15	48	635	1 940	1 152	364	368	420
陕　西	23 639	14	12	455	858	1 191	217	498	476
甘　肃	4 107	2	5	405	299	768	437	101	230
青　海	751		5	80	103	356	47	218	91
宁　夏	2 337		8	164	236	376	180	82	114
新　疆	5 659	13	38	584	919	581	216	176	189

中国畜牧业统计资料

全国主要畜禽年末存栏头数增减情况

项　目	单　位	2002年	2003年	2003年比2002年增减	
				绝对数	%
一、大牲畜头数	万头	15 189.3	15 500.1	310.8	2.1
役畜	万头	7 056.3	6 585.5	−470.8	−6.7
牛	万头	13 084.8	13 467.2	382.4	2.9
黄牛	万头	9 644.5	9 955.0	310.5	3.2
乳牛	万头	687.3	893.2	205.9	30.0
水牛	万头	2 272.4	2 228.2	−44.2	−2.0
马	万匹	808.8	790.0	−18.8	−2.3
驴	万头	849.9	820.7	−29.2	−3.4
骡	万匹	419.4	395.7	−23.7	−5.7
骆驼	万峰	26.4	26.5	0.1	0.4
二、猪	万头	46 291.5	46 601.7	310.2	0.7
三、羊	万只	31 655.2	34 053.7	2 398.5	7.6
山羊	万只	17 275.9	18 320.7	1 044.8	6.1
绵羊	万只	14 379.3	15 733.0	1 353.7	9.4
四、家禽	万只	473 523.0	505 812.1	32 289.1	6.8
五、兔	万只	19 422.1	19 660.9	238.8	1.2

以上数据摘自中国农业年鉴（2004）

全国畜牧业主要产品生产情况

项　　目	单　　位	2002 年	2003 年	2003 年比 2002 年增减	
				绝对数	%
一、牲畜出栏量					
大牲畜					
牛	万头	4 401.10	4 703.00	301.90	6.86
马	万匹	148.90	156.70	7.80	5.24
驴	万头	211.50	212.30	0.80	0.38
骡	万匹	65.60	65.50	−0.10	−0.15
骆驼	万峰	6.90	6.50	−0.40	−5.80
猪	万头	56 684.00	59 200.50	2 516.50	4.44
羊	万只	23 280.80	25 958.30	2 677.50	11.50
家禽	万只	832 894.10	888 587.80	55 693.70	6.69
兔	万只	30 560.20	31 938.40	1 378.20	4.51
二、肉类总产量	万吨	6 586.50	6 932.90	346.40	5.26
猪牛羊肉产量	万吨	5 227.90	5 506.30	278.40	5.33
猪肉产量	万吨	4 326.60	4 518.60	192.00	4.44
平均每头产肉量	千克/头	76.30	76.30		
牛肉产量	万吨	584.60	630.40	45.80	7.83
平均每头产肉量	千克/头	132.80	134.10	1.30	0.98
羊肉产量	万吨	316.70	357.20	40.50	12.79
平均每只产肉量	千克/只	13.60	13.80	0.20	1.47
禽肉产量	万吨	1 249.80	1 312.10	62.30	4.98
兔肉产量	万吨	42.30	43.75	1.45	3.43
三、其他畜产品产量					
奶类产量	万吨	1 400.40	1 848.60	448.20	32.01
牛奶产量	万吨	1 299.80	1 746.30	446.50	34.35
山羊毛产量	吨	35 459.00	36 692.00	1 233.00	3.48
绵羊毛产量	吨	307 588.00	338 058.00	30 470.00	9.91
细羊毛	吨	112 193.00	120 263.00	8 070.00	7.19
半细羊毛	吨	102 419.00	110 249.00	7 830.00	7.65
羊绒产量	吨	11 765.00	13 528.00	1 763.00	14.99
蜂蜜产量	万吨	26.50	28.90	2.40	9.06
禽蛋产量	万吨	2 462.70	2 606.70	144.00	5.85
蚕茧产量	吨	697 614.00	667 364.00	−30 250.00	−4.34
桑蚕茧	吨	644 889.00	610 978.00	−33 911.00	−5.26
柞蚕茧	吨	52 310.00	55 843.00	3 533.00	6.75

以上数据摘自中国农业年鉴（2004）

各地区出售和自宰畜禽数量

地区	猪（万头）	牛（万头）	羊（万只）	驴（万头）	马（万匹）	骡（万匹）	骆驼（万峰）	家禽（万只）	兔（万只）
全国	**59 200.49**	**4 703.04**	**25 958.28**	**212.33**	**156.68**	**65.53**	**6.54**	**888 587.76**	**31 938.38**
北京	466.97	29.84	300.95	0.75	0.08	0.11		16 672.15	281.33
天津	412.94	32.82	142.45	1.65	0.27	0.39		9 441.88	47.48
河北	3 875.10	526.73	2 179.48	48.04	18.54	17.05		63 314.07	3 198.55
山西	610.24	49.76	496.99	5.12	0.67	3.11		3 381.67	511.41
内蒙古	791.91	149.07	2 867.74	18.40	20.89	6.68	1.70	9 234.94	482.26
辽宁	1 712.80	224.63	403.10	19.93	7.20	4.48		47 962.00	139.00
吉林	1 127.08	322.01	303.00	6.40	20.66	5.73		44 323.55	75.64
黑龙江	1 174.20	203.52	422.70	2.00	10.40	1.00		14 273.08	122.80
上海	410.00	0.15	72.00					14 800.00	65.57
江苏	3 009.06	29.90	1 548.04	4.49	0.35	0.52		61 151.70	2 171.33
浙江	1 792.01	9.56	200.21					20 761.32	683.71
安徽	2 557.17	248.96	1 077.90	1.55	0.72	0.31		45 328.34	284.35
福建	1 603.13	25.58	118.65					17 210.95	1 427.64
江西	1 858.80	72.54	86.97					30 856.47	184.05
山东	4 016.16	509.11	3 466.05	24.51	7.38	4.81		135 918.96	6 729.00
河南	4 850.00	652.80	3 780.00	18.43	11.81	8.64		59 300.00	2 537.71
湖北	3 000.70	104.45	319.68	0.06	0.19	0.03		33 297.39	79.69
湖南	5 905.80	148.30	604.90	0.17	0.12	0.01		41 497.00	247.25
广东	3 269.71	53.26	28.66					102 183.02	285.49
广西	2 555.14	144.35	194.36		2.44			21 206.93	199.27
海南	346.27	30.48	92.43					8 145.50	32.24
重庆	1 818.39	45.95	235.33	0.01	0.07	0.08		12 658.06	1 057.71
四川	6 236.87	236.50	1 133.40	0.54	1.54	0.47		41 086.20	10 587.22
贵州	1 398.15	80.39	223.73	0.01	9.33	0.50		5 355.64	32.25
云南	2 384.54	170.67	470.62	4.67	8.74	4.50		10 682.98	36.83
西藏	13.94	96.28	516.19						
陕西	816.40	78.64	518.91	4.63	0.37	1.88		5 918.89	139.73
甘肃	675.87	100.50	660.83	16.23	2.76	3.33	0.71	3 322.79	90.40
青海	105.35	93.46	508.58	0.63	1.20	0.46	0.17	248.82	6.64
宁夏	165.09	30.59	357.49	4.07	0.26	1.02	0.03	1 692.50	23.92
新疆	240.70	202.23	2 626.94	30.04	30.69	0.42	3.93	7 360.97	177.91

以上数据摘自中国农业年鉴（2004）

各地区畜牧业主要产品产量（一）

单位：万 t

地区	肉类总产量	猪牛羊肉	猪肉	牛肉	羊肉	禽肉	奶类	牛奶	蜂蜜	禽蛋
全国	**6 932.94**	**5 506.30**	**4 518.61**	**630.45**	**357.24**	**1 312.11**	**1 848.63**	**1 746.28**	**28.88**	**2 606.73**
北京	70.26	42.56	32.69	5.18	4.70	26.58	63.67	63.29	0.32	16.18
天津	53.42	40.74	32.21	5.41	3.12	12.16	43.23	43.23	0.01	24.25
河北	502.41	397.86	290.25	78.59	29.02	90.08	207.61	197.90	0.65	415.19
山西	66.51	60.67	46.79	6.67	7.21	4.16	55.63	53.24	0.28	50.35
内蒙古	162.72	140.61	71.27	24.03	45.32	16.44	312.21	308.02	0.27	34.44
辽宁	280.15	186.87	147.91	33.87	5.10	89.58	46.41	42.69	0.11	169.51
吉林	218.50	128.54	84.53	40.25	3.76	86.03	23.28	22.68	0.63	90.01
黑龙江	151.46	122.17	85.57	29.93	6.67	27.29	303.95	300.47	0.70	90.29
上海	50.84	25.54	24.60	0.06	0.88	25.20	27.05	27.05	0.10	15.07
江苏	354.78	244.39	221.16	5.58	17.65	103.64	49.95	49.78	0.63	188.19
浙江	153.93	122.22	117.24	1.38	3.61	29.85	24.73	24.73	8.14	42.20
安徽	329.64	259.63	209.69	34.85	15.09	67.99	9.02	9.01	1.16	119.78
福建	146.23	120.55	116.43	2.48	1.63	23.88	19.50	19.19	0.72	42.40
江西	195.22	151.10	142.74	6.96	1.39	43.20	10.89	10.89	0.96	37.06
山东	662.11	445.21	332.64	79.65	32.93	203.63	148.38	124.39	1.03	424.69
河南	603.55	521.00	386.00	93.00	42.00	74.00	52.60	49.60	3.82	326.20
湖北	301.14	258.40	238.58	14.89	4.93	42.14	11.07	11.07	0.84	117.37
湖南	503.79	444.80	419.33	16.08	9.39	57.27	5.25	5.25	0.87	64.59
广东	359.60	240.81	234.45	5.81	0.55	112.09	10.82	10.55	1.26	32.52
广西	227.13	195.51	179.76	12.93	2.82	29.33	3.82	3.82	0.63	14.96
海南	47.00	32.35	28.38	2.71	1.26	13.12	0.06	0.06	0.05	2.59
重庆	160.55	140.14	132.10	5.33	2.72	18.69	9.06	9.06	0.60	35.36
四川	581.77	504.60	461.60	25.60	17.40	60.78	45.84	45.44	3.29	133.61
贵州	152.53	141.56	126.93	10.13	4.50	10.14	3.38	3.38	0.14	9.12
云南	253.69	234.53	208.77	17.58	8.18	17.52	23.38	21.75	0.68	14.39
西藏	19.01	19.01	0.88	10.77	7.37		25.14	19.63	0.01	0.22
陕西	92.07	80.38	61.97	10.47	7.94	9.25	107.10	74.21	0.31	49.05
甘肃	75.88	69.89	48.66	10.65	10.57	3.82	22.56	22.18	0.15	13.44
青海	23.67	23.00	7.42	7.09	8.49	0.40	23.51	22.14	0.05	1.40
宁夏	23.38	19.92	10.66	3.74	5.52	2.68	38.68	38.59	0.06	8.71
新疆	110.00	91.72	17.41	28.77	45.54	11.17	120.85	113.00	0.39	23.62

以上数据摘自中国农业年鉴（2004）

各地区畜牧业主要产品产量（二）

单位：t

地　区	山羊毛	绵羊毛			羊绒	蚕茧		
			细羊毛	半细羊毛			桑蚕	柞蚕
全　国	**36 691.65**	**338 058.23**	**120 263.00**	**110 249.23**	**13 528.00**	**667 364.30**	**610 978.00**	**55 843.30**
北　京	397.00	1 245.00	42.00	1 203.00	153.00	5.00	5.00	
天　津	95.00	1 186.00	81.00	1 105.00	1.00			
河　北	4 075.00	30 004.00	4 345.00	12 614.00	958.00	1 151.00	843.00	308.00
山　西	1 715.00	8 401.00	1 724.00	972.00	672.00	4 216.00	4 216.00	
内蒙古	5 793.00	69 255.00	38 240.00	13 990.00	5 338.00	2 806.00	65.00	2 741.00
辽　宁	1 393.00	10 587.00	4 385.00	5 572.00	719.00	44 362.00	40.00	43 956.00
吉　林	401.00	24 453.00	19 507.00	3 504.00	50.00	1 210.00		1 210.00
黑龙江	713.00	20 606.00	7 452.00	13 154.00	393.00	3 112.30		3 112.30
上　海	131.00	45.00		45.00		64.00	64.00	
江苏	10.00	646.00	398.00	248.00	8.00	107 458.00	107 458.00	
浙　江	70.65	1 671.00		1 671.00		79 110.00	79 110.00	
安　徽	93.00	126.00	14.00	112.00	4.00	26 099.00	26 099.00	
福　建	10.00					15.00	15.00	
江　西						7 775.00	7 775.00	
山　东	8 791.00	19 761.00	4 553.00	15 208.00	916.00	68 008.00	66 869.00	1 139.00
河　南	2 639.00	10 680.00	1 674.00	6 195.00	394.00	13 761.00	10 562.00	3 199.00
湖　北	452.00	20.00				12 187.00	12 026.00	161.00
湖　南	10.00	3.00	3.00			1 543.00	1 542.00	1.00
广　东	11.00					51 594.00	51 594.00	
广　西						87 429.00	87 384.00	
海　南								
重　庆	11.00	5.00	5.00			27 802.00	27 802.00	
四　川	412.00	5 059.00	456.00	2 254.00	21.00	92 904.00	92 904.00	
贵　州	27.00	347.23	63.00	284.23	1.00	1 391.00	1 391.00	
云　南	100.00	1 758.00	338.00	937.00	6.00	13 093.00	12 961.00	
西　藏	1 181.00	8 746.00	196.00	3 324.00	853.00			
陕　西	1 148.00	4 187.00	1 872.00	450.00	765.00	18 571.00	18 555.00	16.00
甘　肃	1 646.00	16 976.00	5 709.00	4 013.00	370.00	305.00	305.00	
青　海	866.00	16 483.00	450.00	3 873.00	319.00			
宁　夏	843.00	7 389.00	469.00	1 784.00	444.00	289.00	289.00	
新　疆	3 658.00	78 419.00	28 287.00	17 737.00	1 143.00	1 104.00	1 104.00	

以上数据摘自中国农业年鉴（2004）

各地区主要畜禽年末存栏（一）

单位：万头、万匹

地　区	大牲畜	役畜	牛				马	驴
				黄牛	乳牛	水牛		
全　国	**15 500.12**	**6 585.45**	**134 137.18**	**9 955.02**	**893.15**	**2 228.20**	**790.02**	**820.69**
北　京	32.97	2.13	29.80	11.72	18.08		0.48	1.82
天　津	48.77	5.86	42.91	29.61	13.30		0.55	3.79
河　北	944.28	347.58	737.09	627.57	130.37		36.83	121.05
山　西	294.09	175.85	218.34	217.20	21.42		4.70	35.53
内蒙古	615.43	170.81	409.73	265.27	144.46		72.02	78.64
辽　宁	455.03	196.58	301.88	285.96	14.62		33.33	91.86
吉　林	599.41	220.93	500.00	488.29	11.71		64.38	18.29
黑龙江	592.29	177.60	526.39	506.80	117.60		53.00	7.70
上　海	6.28	0.05	6.28	0.02	6.07	0.15		
江　苏	74.12	27.86	66.40	33.03	14.19	19.18	0.87	5.98
浙　江	38.90	17.63	38.90	21.16	7.70	10.04		
安　徽	496.33	160.86	492.56	372.69	4.10	92.24	1.03	2.13
福　建	109.93	65.47	109.93	67.61	6.85	35.47		
江　西	358.55		358.55	232.08	3.64	122.83		
山　东	1 143.85	531.57	1 040.17	983.84	55.37	0.97	16.89	72.54
河　南	1 469.45	430.00	1 396.00	1 335.91	16.46	43.63	21.56	34.53
湖　北	404.00	275.51	401.49	205.92	5.71	182.04	1.65	0.66
湖　南	560.27	400.54	556.20	342.60	2.52	211.08	3.36	0.52
广　东	398.42	280.78	398.26	178.80	4.05	208.64	0.12	0.04
广　西	802.72	529.58	760.61	322.28	2.39	417.11	38.74	0.07
海　南	147.04	74.72	147.04	57.79		89.21		
重　庆	173.15	114.61	169.88	114.20	2.55	52.56	2.24	0.21
四　川	1 175.85	431.51	1 078.00	852.98	15.23	234.26	81.47	8.15
贵　州	801.88	537.36	721.66	481.23	2.66	237.77	77.88	0.14
云　南	941.50	536.94	762.57	478.22	15.13	269.22	81.18	32.61
西　藏	647.76	136.61	591.41	108.33	3.98		43.06	11.80
陕　西	322.40	161.63	285.55	250.87	32.88	1.80	1.45	25.14
甘　肃	599.14	332.03	390.43	354.68	19.32		26.40	117.51
青　海	455.94	47.03	405.59	390.19	15.40		26.79	8.37
宁　夏	95.84	32.10	70.50	57.54	12.96		0.65	17.59
新　疆	694.53	163.72	453.06	280.63	172.43		99.39	124.02

以上数据摘自中国农业年鉴（2004）

各地区主要畜禽年末存栏情况（二）

单位：万头、万只、万匹、万峰

地区	骡	骆驼	猪	羊			家禽	兔
					山羊	绵羊		
全国	395.74	26.49	46 601.69	34 053.66	18 320.70	15 733.04	505 812.07	19 660.86
北京	0.87		248.50	182.98	57.94	125.04	3 422.62	73.70
天津	1.52		245.09	106.49	39.33	67.16	569.19	29.15
河北	49.31		2 763.41	2 209.71	911.06	1 298.60	60 592.41	1 863.73
山西	35.52		462.53	1 015.77	415.40	600.40	6 734.53	259.24
内蒙古	47.48	7.56	647.73	4 450.15	1 617.23	2 832.92	5 422.21	175.71
辽宁	27.96		1 275.42	1 076.86	471.10	605.80	16 499.62	84.03
吉林	16.74		523.89	392.00	60.04	331.96	9 187.70	78.28
黑龙江	5.20		1 046.22	1 029.50	403.00	626.50	11 108.79	100.60
上海			195.00	62.00	53.50	8.50	3 411.00	88.51
江苏	0.87		1 992.96	1 205.14	1 184.81	20.33	29 866.67	1 431.32
浙江			1 132.38	262.90	138.50	124.40	11 036.92	532.65
安徽	0.61		2 019.31	1 049.92	1 047.00	2.90	23 830.65	370.86
福建			1 180.81	113.77	113.77		9 754.28	763.35
江西			1 301.18	103.67	88.26	15.41	17 436.53	124.25
山东	14.25		2 975.21	3 133.67	2 443.85	689.82	67 431.01	4 986.84
河南	17.36		3 914.00	3 315.80	2 921.90	393.90	54 537.30	1 936.57
湖北	0.20		2 123.34	327.11	326.30	0.80	25 191.97	55.94
湖南	0.19		4 108.70	588.37	588.25	0.12	28 611.00	145.94
广东			1 961.05	27.76	27.80		35 097.75	173.38
广西	3.30		2 637.67	246.57	246.60		14 342.58	124.67
海南			346.56	93.86	93.86		3 570.30	17.40
重庆	0.82		1 719.56	245.09	244.90	0.20	5 649.38	949.87
四川	8.23		5 564.87	1 370.20	1 030.80	339.40	33 340.00	4 807.96
贵州	2.20		1 867.47	391.90	369.84	22.06	5 924.56	35.59
云南	65.14		2 554.13	809.56	716.19	93.37	9 201.52	33.71
西藏	1.49		25.22	1 779.03	644.40	1 134.63	100.34	
陕西	10.26		722.10	877.18	681.32	195.86	3 078.40	153.31
甘肃	62.40	2.40	630.15	1 236.29	303.90	932.40	4 020.66	80.59
青海	14.30	0.89	101.00	1 761.69	315.66	1 446.04	286.38	5.18
宁夏	7.04	0.06	125.05	474.41	97.04	377.37	1 055.09	20.99
新疆	2.48	15.58	191.17	4 104.30	657.15	3 447.15	5 500.71	157.54

以上数据摘自中国农业年鉴（2004）

中国水产养殖业统计资料

各地区水产品产量

单位：t

地区	总产量	1. 海水产品	其中		2. 内陆产品	其中	
			捕捞	养殖		捕捞	养殖
全国总计	**47 061 064**	**16 856 182**	**14 323 121**	**12 533 061**	**20 204 882**	**2 462 148**	**17 742 734**
北京	71 249				71 249		71 249
天津	297 172	49 765	410 016	8 759	247 407	10 796	256 611
河北	862 715	489 702	311 128	178 574	373 013	72 487	300 526
山西	31 067				31 067	269	30 798
内蒙古	72 794				72 794	2 884	44 610
辽宁	3 818 763	3 308 457	479 639	1 828 818	510 306	30 553	479 753
吉林	108 748				10 748	19 298	89 450
黑龙江	418 915				418 915	47 810	371 105
上海	354 787	133 491	130 773	2 718	221 296	6 469	214 827
江苏	3 429 302	981 715	572 315	409 400	2 447 587	361 445	2 086 142
浙江	4 828 205	4 060 015	3 141 511	918 504	768 190	85 615	682 575
安徽	1 652 612				1 652 612	404 616	1 247 996
福建	5 727 725	5 078 732	2 212 006	2 866 726	648 993	84 203	564 790
江西	1 460 644				1 460 644	230 947	1 229 697
山东	7 062 244	6 041 543	2 680 831	3 360 712	1 020 701	100 771	919 930
河南	389 500				389 500	26 163	363 337
湖北	2 871 472				2 871 472	401 807	2 469 665
湖南	1 571 863				1 571 863	171 199	1 400 664
广东	6 485 465	3 792 069	1 819 063	1 973 006	2 693 396	130 839	2 562 557
广西	2 646 137	1 687 368	851 042	836 326	958 769	105 284	853 485
海南	1 230 690	1 045 128	895 610	149 518	185 562	22 670	162 892
重庆	227 893				227 893	12 238	215 655
四川	764 047				764 047	56 853	707 194
贵州	79 587				79 587	9 303	70 284
云南	204 256				204 256	24 030	180 226
西藏	518				528	493	35
陕西	71 468				71 468	5 400	66 068
甘肃	14 344				14 344	1 001	13 343
青海	1 535				1 535	100	1 435
宁夏	50 384				50 384	320	50 064
新疆	66 756				66 756	10 985	55 771

以上数据摘自中国农业年鉴（2004）

各地区内陆养殖面积（一）

单位：hm^2

地　区	内陆养殖面积合计	按水域分			
		1. 池塘	2. 湖泊	3. 水库	4. 河沟
全国总计	**5 571 496**	**2 398 740**	**936 262**	**1 660 027**	**382 170**
北　京	20 933	6 802		14 032	
天　津	33 251	25 383	2 248	5 086	531
河　北	78 390	30 535	9 652	36 377	1 162
山　西	17 300	3 252	847	12 709	322
内蒙古	108 236	8 499	54 876	41 781	1 689
辽　宁	149 934	43 740	55	81 144	868
吉　林	191 323	21 669	63 220	106 150	270
黑龙江	374 585	124 211	115 917	108 524	16 302
上　海	44 982	25 501	5 243		8 722
江　苏	622 638	325 503	109 076	26 197	112 809
浙　江	215 164	67 319		90 955	50 694
安　徽	574 660	214 787	197 073	73 561	74 197
福　建	99 790	37 515	1 503	50 166	6 721
江　西	358 536	125 897	83 584	131 205	12 904
山　东	262 255	135 409	15 725	102 595	5 372
河　南	200 289	95 201	2 833	97 211	3 975
湖　北	665 667	339 034	164 300	102 481	18 345
湖　南	431 867	232 106	63 022	111 013	13 818
广　东	378 565	256 158		112 806	3 340
广　西	192 113	77 393		102 459	8 532
海　南	45 414	16 731	32	28 160	60
重　庆	68 560	31 689		23 208	12 128
四　川	183 936	89 779	12 026	62 750	17 321
贵　州	34 872	5 539	365	26 085	1 908
云　南	86 241	29 250	12 914	42 620	1 187
西　藏	20	20			
陕　西	28 605	9 201	7 482	11 571	4
甘　肃	20 081	3 078	133	16 378	334
青　海	5 522	390	4 200	932	
宁　夏	13 367	6 639	5 021	1 357	247
新　疆	64 400	10 510	4 915	40 514	8 408

以上数据摘自中国农业年鉴（2004）

各地区内陆养殖面积（二）

单位：hm²

地区	按水域分		集约化养殖方式		
	5. 稻田	6. 其他	围栏（m²）	网箱（m²）	工厂化（m³ 水体）
全国总计	**1 558 042**	**194 297**	**2 172 403 259**	**39 363 063**	**23 622 822**
北京		99		31 935	960
天津	1	3	15 000 000		55 000
河北	272	664	4 938 539	1 446 672	550 658
山西	231	170		32 016	9 626
内蒙古	2 658	1 391	1 430 000	5 228	
辽宁	69 905	24 127	1 020 000	79 316	403 874
吉林	544	14		375	1 304 000
黑龙江	58 919	9 631	80 000	11 379	18 050
上海	4 999	5 516		3 685 000	11 440
江苏	230 663	49 053	377 759 800	6 789 300	1 101 100
浙江	111 111	6 196	15 727 360	5 049 096	6 468 889
安徽	40 733	15 042	1 494 183 351	4 883 017	98 090
福建	30 372	3 885	2 703 877	625 604	9 185 199
江西	117 733	4 946	153 889 875	1 546 383	1 163 070
山东	1 054	3 154	5 152 996	5 952 230	332 610
河南	879	1 069	40 020	1 912 195	14 350
湖北	26 222	41 507	393 818	152 862	306 000
湖南	191 835	11 908	80 212 690	3 522 478	9 470
广东	6 837	6 261	2 410 247	216 704	176 774
广西	35 137	3 729	1 342 566	1 118 210	63 988
海南	73	431	4 034	10 498	319 680
重庆	89 181	1 535	136 580	284 773	4 180
四川	304 436	1 060	9 969 173	1 496 126	119 630
贵州	134 897	975	29 500	199 109	7 039
云南	98 771	270	2 450 123	275 260	1 797 423
西藏					
陕西	306	347	3 430 000	18 274	30 747
甘肃	273	158	13 340	13 085	1 900
青海				500	
宁夏		103	77 370	609	2 700
新疆		53	8 000	4 829	66 175

以上数据摘自中国农业年鉴（2004）

世界畜牧业统计资料

2003 年各国大牲畜存栏量

单位：千头

国别或地区	肉牛	水牛	绵羊	山羊	猪	马	驴	骆驼
世界总计	**1 368 055.0**	**170 458.5**	**1 028 594.3**	**764 510.6**	**952 899.7**	**56 263.9**	**40 320.8**	**18 427.6**
中　国	108 251.5	22 759.5	143 793.4	172 957.2	470 010.0	8 090.3	8 499.0	264.0
美　国	96 106.0		6 350.0	1 200.0	59 512.6	5 300.0	52.0	
加拿大	13 371.5		975.6	30.0	14 726.3	385.0		
墨西哥	30 800.0		6 560.0	9 500.0	18 100.0	6 260.0	3 260.0	
巴　西	176 500.0	1 200.5	16 000.0	9 850.0	30 100.0	5 900.5	1 250.1	
阿根廷	50 869.0		12 450.0	4 200.0	4 300.0	3 655.0	98.0	
埃　及	3 810.0	3 560.0	4 672.0	3 470.0	30.0	53.0	3 070.0	120.0
以色列	390.0		395.0	63.0	160.0	4.0	5.0	5.3
日　本	4 523.0		11.0	35.0	9 725.0	20.0		
缅　甸	11 800.0	2 600.0	450.0	1 600.0	4 600.0	120.0		
印　度	226 100.0	96 900.0	59 000.0	124 500.0	18 500.0	800.0	750.0	900.0
巴基斯坦	23 300.0	24 800.0	24 600.0	52 800.0		300.0	4 100.0	800.0
菲律宾	2 573.0	3 146.0	30.0	6 300.0	12 218.0	230.0		
泰　国	6 000.0	1 800.0	39.3	175.0	7 000.0	9.0		
马来西亚	750.0	140.0	110.0	245.0	1 700.0	4.5		
印度尼西亚	11 250.0	2 350.0	7 400.0	12 450.0	6 344.7	452.9		
土库曼斯坦	860.0		6 000.0	370.0	45.0	16.0	25.0	40.0
乌兹别克斯坦	5 400.0		8 200.0	820.0	90.0	145.0	155.0	25.0
芬　兰	1 011.0		96.0	6.8	1 288.0	59.0		
瑞　典	615.0		27.0	422.0	30.0	1.4	14.8	
挪　威	938.3		2 400.0	64.2	450.0	28.0		
丹　麦	1 740.0		132.0		13 367.0	38.0		
荷　兰	3 780.0		1 300.0	265.0	11 154.0	122.0		
英　国	10 391.0		35 800.0		5 330.0	184.0		
法　国	19 729.2		9 400.0	1 230.0	15 296.0	345.0	15.0	
德　国	13 732.0		2 170.0	160.0	26 521.0	520.0		
波　兰	5 421.0		330.0		18 997.0	550.0		
意大利	6 695.0	178.0	10 950.0	1 330.0	9 166.0	290.0	23.0	
希　腊	585.0	0.8	9 100.0	5 000.0	903.0	29.0	68.0	
匈牙利	770.0		1 103.0	140.0	5 082.0	78.0	3.5	
南斯拉夫	3 416.2	42.4	4 142.0	315.0	5 785.7	149.1	4.0	
俄罗斯	26 524.5	15.9	13 728.5	2 322.1	17 337.3	1 565.0		
乌克兰	9 108.4		1 032.0	991.0	9 203.2	700.0	12.0	
罗马尼亚	2 878.0		7 312.0	633.0	5 058.0	879.0	28.0	
澳大利亚	27 215.0		98 200.0	325.0	2 729.0	220.0	2.0	
新西兰	9 614.0		44 700.0	182.8	341.3	77.0		

以上数据摘自中国农业年鉴（2004）

2003 年各国小畜及家禽存栏量

单位：千只

国别或地区	鸡	鸭	鹅	火鸡	兔
世界总计	**16 381 477**	**1 107 445**	**247 122**	**257 133**	**530 066**
中　国	4 117 700	671 750	216 000	240	210 040
美　国	1 850 000	6 700		88 000	
加拿大	160 000	1 150	300	6 000	
墨西哥	520 800	8 100		5 850	1 320
巴　西	1 050 500	3 550		13 500	355
阿根廷	110 700	2 355	140	2 900	1 150
埃　及	92 000	9 200	9 100	1 850	9 250
以色列	30 000	200	1 400	4 800	
日　本	280 000			3	
缅　甸	63 000	6 300	500	2	
印　度	842 000	107 000			
巴基斯坦	155 000	3 500			
菲律宾	128 000	12 700	330	500	
泰　国	230 000	25 090	260		
马来西亚	170 000	13 000			
印度尼西亚	1 000 000	48 119			
土库曼斯坦	4 800			200	
乌兹别克斯坦	14 500			380	80 000
芬　兰	6 000				
瑞　典	3 200				
挪　威	3 300				
丹　麦	19 700	291	3	600	
荷　兰	98 000	1 020		1 450	380
英　国	160 000	4 000	100	8 500	
法　国	220 000	25 000	820	42 000	11 000
德　国	110 000	1 900	400	9 000	9 800
波　兰	50 700	3 593	698	762	1 000
意大利	100 000			25 000	67 000
希　腊	28 000	70	33	90	1 500
匈牙利	32 206	3 443	2 009	3 251	700
南斯拉夫	47 050	980	1 500	1 880	
俄罗斯	355 357	900	2 800	2 500	1 800
乌克兰	147 700	20 000		1 000	5 600
罗马尼亚	77 379	4 000	4 000	860	1 300
澳大利亚	94 000	540		1 400	
新西兰	13 000	180	68	75	

以上数据摘自中国农业年鉴（2004）

2003年各国大牲畜屠宰量

单位：千头

国别或地区	肉牛	水牛	绵羊	山羊	猪	马	驴	骆驼
世界总计	288 082.4	22 701.1	495 727.7	334 577.6	1 219 607.0	4 233.5	2 240.1	1 383.2
中　国	40 571.4	3 955.7	117 000.0	120 146.6	586 301.0	1 300.0	2 080.0	82.0
美　国	36 853.0		2 970.0		101 600.0	80.0		
加拿大	3 700.0		670.0		22 600.0	88.0		
墨西哥	6 800.0		2 475.0	2 565.0	13 035.0	626.0		
巴　西	34 200.0		4 850.0	2 700.0	25 500.0	161.5		
阿根廷	12 600.0		4 500.0	1 450.0	2 745.0	255.0		
埃　及	1 427.0	1 750.0	3 000.0	1 850.0	73.0			150.0
以色列	145.0		270.0	45.0	157.0			0.5
日　本	1 160.0		4.0	6.0	16 450.0	15.5		
缅　甸	930.0	132.0	150.0	530.0	2 280.0			
印　度	14 470.0	10 660.0	19 500.0	47 300.0	18 000.0			
巴基斯坦	2 340.0	3 800.0	9 700.0	21 800.0				
菲律宾	812.0	425.0	9.0	2 490.0	21 000.0	6.7		
泰　国	1 100.0	210.0	15.0	54.0	10 200.0			
马来西亚	190.0	20.1	22.0	50.0	3 300.0	2.0		
印度尼西亚	1 635.0	209.0	3 882.0	5 000.0	8 600.0	7.0		
土库曼斯坦	370.0		3 800.0	195.0	10.0			
乌兹别克斯坦	2 300.0		4 700.0		240.0			
芬　兰	340.0		34.0		2 147.0	1.2		
瑞　典	507.0		197.0		3 300.0	5.5		
挪　威	343.6		1 249.0	21.0	1 330.0	2.5		
丹　麦	626.0		72.0		22 457.1	3.0		
荷　兰	2 250.0		815.0	25.0	15 700.8	4.0		
英　国	2 300.0		15 850.0		9 403.4	20.0		
法　国	5 800.0		7 200.0	900.0	26 487.9	40.0		
德　国	4 272.2		2 052.6	18.4	44 292.9	12.6		
波　兰	1 950.0		90.0		23 600.0	35.0		
意大利	4 300.0		6 300.0	600.0	13 510.5	200.0		
希　腊	290.0		7 500.0	4 500.0	2 191.0	15.0		
匈牙利	260.0		268.0		6 170.0			
南斯拉夫	931.5		2 202.4	47.5	7 122.9	19.8		
俄罗斯	12 300.0		6 300.0	1 175.0	20 100.0			
乌克兰	4 890.0		580.0	640.0	6 600.0	60.0		
罗马尼亚	1 200.0		4 000.0	530.0	5 350.0	55.0		
澳大利亚	9 229.0		30 527.0	450.0	5 742.0	76.0		
新西兰	3 934.0		30 894.0	139.0	729.0	8.5		

以上数据摘自中国农业年鉴（2004）

2003年各国小畜及家禽屠宰量

单位：千只

国别或地区	鸡	鸭	鹅	火鸡	兔
世界总计	**46 531 058**	**2 278 570**	**533 478**	**672 492**	**849 018**
中国	7 128 200	1 634 300	494 168	387	304 000
美国	9 000 000	24 000		270 500	
加拿大	620 000	3 600	180	22 000	
墨西哥	1 148 000	8 100		8 255	4 220
巴西	5 211 500	5 600		31 250	1 550
阿根廷	423 500	2 855	180	6 900	6 500
埃及	365 000	15 050		2 100	58 200
以色列	195 000	300	10 050	14 000	
日本	622 000		1 700	4	
缅甸	234 000	19 600		2	
印度	1 600 000	123 000	1 080		
巴基斯坦	346 100	3 600			
菲律宾	590 000	11 400		440	
泰国	1 050 000	61 700	310		
马来西亚	640 000	22 000			
印度尼西亚	1 190 000	25 477			
土库曼斯坦	4 000				
乌兹别克斯坦	14 000				
芬兰	55 000				
瑞典	77 500			650	
挪威	35 000				
丹麦	143 000	1 933	23	1 100	
荷兰	363 500	7 000		8 500	
英国	810 000	19 900	500	23 000	
法国	860 000	88 000	1 300	110 350	56 800
德国	399 000	21 100	890	37 500	21 120
波兰	500 000	7 000	2 600	7 000	3 000
意大利	510 000			35 000	148 000
希腊	130 000	60	35	500	3 300
匈牙利	175 000	19 600	9 500	13 500	5 600
南斯拉夫	209 200	2 525	3 040	3 640	
俄罗斯	775 000				4 000
乌克兰	210 000				8 000
罗马尼亚	235 000				2 600
澳大利亚	419 181	4 500		7 400	
新西兰	74 803	370	28	230	

以上数据摘自中国农业年鉴（2004）

2003 年各国牲畜肉产量

单位：千 t

国别或地区	牛肉	水牛肉	绵羊肉	山羊肉	猪肉	马肉	驴肉	骆驼肉
世界总计	**58 741.9**	**3 179.9**	**7 734.2**	**4 091.2**	**95 778.8**	**666.3**	**176.8**	**286.8**
中　国	5 619.0	396.3	1 695.0	1 518.1	45 566.5	156.0	166.4	18.0
美　国	12 226.0		91.6		8 931.0	20.0		
加拿大	1 245.0		12.9		1 910.0	18.0		
墨西哥	1 452.0		39.6	41.6	1 084.0	78.9		
巴　西	7 385.0		77.6	40.5	2 145.0	21.1		
阿根廷	2 800.0		51.7	9.6	216.0	55.6		
埃　及	250.0	306.5	75.0	32.7	3.1			
以色列	55.0		5.4	2.3	16.5			
日　本	505.0		0.1	0.2	1 260.0	60.0		
缅　甸	111.6	22.4	2.3	8.0	125.4			
印　度	1 490.4	1 471.1	234.0	473.0	630.0			
巴基斯坦	445.0	509.0	174.0	373.0				
菲律宾	191.0	81.0	0.1	33.6	1 145.0	0.7		
泰　国	220.0	53.1	0.2	0.8	510.0			
马来西亚	21.5	3.6	0.4	0.5	180.8	0.2		
印度尼西亚	331.6	45.1	38.8	52.4	473.0	1.0		
土库曼斯坦	65.0		57.0	3.0	0.6			
乌兹别克斯坦	395.0		80.0		15.0			
芬　兰	91.0		0.7		185.0	0.3		
瑞　典	146.0		3.8		283.8	1.5		
挪　威	83.4		24.6	0.3	105.8	0.6		
丹　麦	154.0		1.5		1 760.7	0.9		
荷　兰	464.0		22.0	0.3	1 420.0	1.0		
英　国	681.0		317.0	6.9	717.0	3.1		
法　国	1 650.0		130.0	0.3	2 350.0	11.0		
德　国	1 320.0		44.0		4 122.6	4.4		
波　兰	275.0	1.6	1.1		2 050.0	10.0		
意大利	1 150.0		58.0	4.5	1 550.0	45.0		
希　腊	62.0		82.0	44.5	140.0	2.7		
匈牙利	58.0		8.7		530.0			
南斯拉夫	184.0		29.6	0.9	398.3	3.8		
俄罗斯	2 075.0		119.0	20.0	1 675.0			
乌克兰	705.0		8.0	8.0	600.0	13.0		
罗马尼亚	150.0		50.0	4.0	480.0	9.9		
澳大利亚	2 073.0		597.0	11.3	420.0	21.3		
新西兰	647.0		547.0	1.6	46.7	1.4		

以上数据摘自中国农业年鉴（2004）

2003年各国小畜及家禽肉产量

单位：t

国别或地区	鸡	鸭	鹅	火鸡	兔
世界总计	**65 157 125**	**3 305 742**	**2 127 537**	**5 312 882**	**1 093 380**
中　国	9 770 580	2 160 489	1 976 000	4 900	425 000
美　国	15 003 000	50 755		2 584 100	
加拿大	938 000	7 400	900	145 000	
墨西哥	2 135 000	20 250		27 424	41 900
巴　西	7 180 000	7 280		200 000	2 325
阿根廷	931 500	7 423	540	35 190	7 150
埃　及	547 500	39 130	42 210	10 500	69 840
以色列	315 000	400	51 00	128 000	
日　本	1 218 000			12	
缅　甸	256 000	25 000	2 040	6	
印　度	1 440 000	159 900			
巴基斯坦	370 000	4 680			
菲律宾	655 000	22 800		660	
泰　国	1 320 000	92 550	775		
马来西亚	832 000	50 600			
印度尼西亚	952 000	22 930			
土库曼斯坦	5 000				
乌兹别克斯坦	16 000				
芬　兰	83 000				
瑞　典	100 000			1 950	
挪　威	47 700				
丹　麦	200 000	5 196	105	13 200	
荷　兰	462 000	14 000		42 000	
英　国	1 250 000	43 800	2 300	232 000	
法　国	1 130 000	250 000	6 400	700 000	85 200
德　国	476 500	45 500	4 000	366 000	33 800
波　兰	800 000	15 000	12 000	35 000	3 600
意大利	816 000			340 000	222 000
希　腊	143 000	126	147	2 100	5 000
匈牙利	300 000	45 000	40 000	90 000	7 600
南斯拉夫	202 000	4 820	12 350	27 900	
俄罗斯	1 000 000				6 000
乌克兰	300 000				15 000
罗马尼亚	350 000				4 000
澳大利亚	689 826	9 000		25 900	
新西兰	127 067	666	112	1 150	

以上数据摘自中国农业年鉴（2004）

2003年各国牲畜胴体重

单位：kg/头

国别或地区	牛	水牛	绵羊	山羊	猪	马	驴	骆驼
世界总计	**203.9**	**140.1**	**15.6**	**12.2**	**78.5**	**157.4**	**78.9**	**207.3**
中　国	138.5	100.2	14.5	12.6	77.7	120.0	80.0	220.0
美　国	331.8		30.9		87.9	250.0		
加拿大	336.5		19.3		84.5	204.5		
墨西哥	213.5		16.0	16.2	83.2	126.0		
巴　西	215.9		16.0	15.0	84.1	130.7		
阿根廷	222.2		11.5	6.6	78.7	218.0		
埃　及	175.2	175.1	25.0	17.7	43.1			306.7
以色列	379.3		20.0	51.7	105.1			160.0
日　本	435.3		30.0	25.0	76.6	387.1		
缅　甸	120.0	170.0	15.0	15.0	55.0			
印　度	103.0	138.0	12.0	10.0	35.0			
巴基斯坦	190.2	133.9	17.9	17.1				
菲律宾	235.2	190.6	13.0	13.5	54.5	103.5		
泰　国	200.0	253.0	15.0	15.0	50.0			
马来西亚	113.4	181.4	15.9	9.1	54.8	120.0		
印度尼西亚	202.8	215.9	10.0	10.5	55.0	142.9		
土库曼斯坦	175.7		15.0	15.4	60.0			
乌兹别克斯坦	171.7		17.0		62.5			
芬　兰	267.6		19.1		86.2	283.3		
瑞　典	288.0		19.3		86.0	272.7		
挪　威	242.7		19.7	12.4	79.5	240.0		
丹　麦	246.0		20.8		78.4	283.3		
荷　兰	206.2		27.0	13.2	90.4	250.0		
英　国	296.1		20.0		76.2	154.0		
法　国	284.5		18.1	7.7	88.7	275.0		
德　国	309.0		21.4	18.5	93.1	349.8		
波　兰	141.0		12.2		86.9	285.7		
意大利	267.4	200.0	9.2	7.5	114.7	225.0		
希　腊	213.8		10.9	9.9	63.9	180.0		
匈牙利	223.1		32.5		85.9			
南斯拉夫	197.5		13.4	18.0	55.9	192.8		
俄罗斯	168.7		18.9	17.0	83.3			
乌克兰	144.2		13.8	12.5	90.9	216.7		
罗马尼亚	125.0		12.5	7.5	89.7	180.0		
澳大利亚	224.6		19.6	25.0	73.1	280.0		
新西兰	164.5		17.7	11.2	64.0	170.0		

以上数据摘自中国农业年鉴（2004）

2003年各国小畜及家禽胴体肉重

单位：kg/只

国别或地区	鸡	鸭	鹅	火鸡	兔
世界总计	1.40	1.45	3.99	7.90	1.29
中　国	1.35	1.32	4.00	12.66	1.40
美　国	1.67	2.11		9.55	
加拿大	1.51	2.06	5.00	6.59	
墨西哥	1.86	2.50		3.30	0.99
巴　西	1.38	1.30		6.40	1.50
阿根廷	2.20	2.60	3.00	5.10	1.10
埃　及	1.50	2.60	4.20	5.00	1.20
以色列	1.62	1.33	3.00	9.14	
日　本	1.96			3.00	
缅　甸	1.09	1.28	1.89	3.00	
印　度	0.90	1.30			
巴基斯坦	1.07	1.30			
菲律宾	1.11	2.00	1.50	1.50	
泰　国	1.26	1.50	2.50		
马来西亚	1.30	2.30			
印度尼西亚	0.80	0.90			
土库曼斯坦	1.25				
乌兹别克斯坦	1.14				
芬　兰	1.51				
瑞　典	1.29			3.00	
挪　威	1.36				
丹　麦	1.40	2.69	4.57	12.00	
荷　兰	1.27	2.00		4.94	
英　国	1.54	2.20	4.60	10.09	
法　国	1.31	2.84	4.92	6.34	1.50
德　国	1.19	2.16	4.49	9.76	1.60
波　兰	1.60	2.14	4.62	5.00	1.20
意大利	1.60			9.71	1.50
希　腊	1.10	2.10	4.20	4.20	1.52
匈牙利	1.71	2.30	4.21	6.67	1.36
南斯拉夫	0.97	1.91	4.06	7.66	
俄罗斯	1.29				1.50
乌克兰	1.43				1.88
罗马尼亚	1.49				1.54
澳大利亚	1.65	2.00		3.50	
新西兰	1.70	1.80	4.00	5.00	

以上数据摘自中国农业年鉴（2004）

2003年各国禽蛋产量

单位：t

国别或地区	禽蛋总量	鸡　蛋	其他禽蛋
世界总计	**60 639 012**	**55 992 530**	**4 646 482**
中　国	26 189 440	22 361 500	3 827 940
美　国	5 141 000	5 141 000	
加拿大	394 000	394 000	
墨西哥	1 925 286	1 925 286	
巴　西	1 647 000	1 580 000	67 000
阿根廷	330 000	330 000	
埃　及	200 000	200 000	
以色列	89 000	89 000	
日　本	2 500 000	2 500 000	
缅　甸	112 705	101 710	10 995
印　度	2 200 000	2 200 000	
巴基斯坦	360 900	353 700	7 200
菲律宾	575 000	500 000	75 000
泰　国	804 000	500 000	304 000
马来西亚	443 500	432 000	11 500
印度尼西亚	969 354	790 304	179 050
土库曼斯坦	15 170	15 000	170
乌兹别克斯坦	82 750	81 000	1 750
芬　兰	53 000	53 000	
瑞　典	93 900	93 900	
挪　威	49 500	49 500	
丹　麦	81 600	81 600	
荷　兰	653 000	653 000	
英　国	722 300	704 200	18 100
法　国	1 000 000	1 000 000	
德　国	880 000	880 000	
波　兰	450 000	450 000	
意大利	698 700	698 700	
希　腊	110 000	110 000	
匈牙利	194 000	190 000	4 000
南斯拉夫	170 000	170 000	
俄罗斯	2 050 000	2 040 000	10 000
乌克兰	609 500	600 000	9 500
罗马尼亚	325 000	138 000	35 000
澳大利亚	138 000	44 337	
新西兰	46 837		2 500

以上数据摘自中国农业年鉴（2004）

2003年各国奶类产品产量

单位：t

国别或地区	奶类总产量	鲜牛奶	水牛奶	绵羊奶	山羊奶	骆驼奶
世界总计	**600 798 420**	**507 384 506**	**72 615 909**	**7 886 217**	**11 816 315**	**1 275 473**
中　国	17 245 650	13 333 250	2 650 000	1 006 000	242 000	14 400
美　国	78 155 000	78 155 000				
加拿大	7 880 000	7 880 000				
墨西哥	10 021 745	9 871 440			150 305	
巴　西	23 453 000	23 315 000			138 000	
阿根廷	7 700 000	7 700 000				
埃　及	4 085 100	1 900 000	2 077 000	93 000	15 100	
以色列	1 336 300	1 300 000		23 000	13 300	
日　本	8 360 000	8 360 000				
缅　甸	650 273	525 114	116 018	1 831	7 310	
印　度	86 960 000	36 500 000	47 850 000		2 610 000	
巴基斯坦	27 811 000	8 620 000	18 520 000	31 000	640 000	
菲律宾	11 000	11 000				
泰　国	620 000	620 000				
马来西亚	46 360	39 000	7 360			
印度尼西亚	850 990	559 070		91 920	200 000	
土库曼斯坦	850 000	850 000				
乌兹别克斯坦	3 790 000	3 700 000		25 000	65 000	
芬　兰	2 500 000	2 500 000				
瑞　典	3 200 000	3 200 000				
挪　威	1 592 800	1 572 000			20 800	
丹　麦	4 590 000	4 590 000				
荷　兰	10 842 000	10 842 000				
英　国	15 054 000	150 054 000				
法　国	25 580 000	24 800 000		250 000	530 000	
德　国	28 037 000	28 012 000			25 000	
波　兰	11 845 900	11 845 000		900		
意大利	12 042 000	11 000 000	140 000	790 000	112 000	
希　腊	1 940 045	820 000	45	670 000	450 000	
匈牙利	2 140 000	2 100 000		30 000	10 000	
南斯拉夫	3 965 607	3 878 407		87 200		
俄罗斯	33 100 600	32 800 000		600	300 000	
乌克兰	13 878 000	13 600 000		18 000	260 000	
罗马尼亚	4 970 000	4 700 000		270 000		
澳大利亚	10 642 000	10 642 000				
新西兰	14 200 000	14 200 000				

以上数据摘自中国农业年鉴（2004）

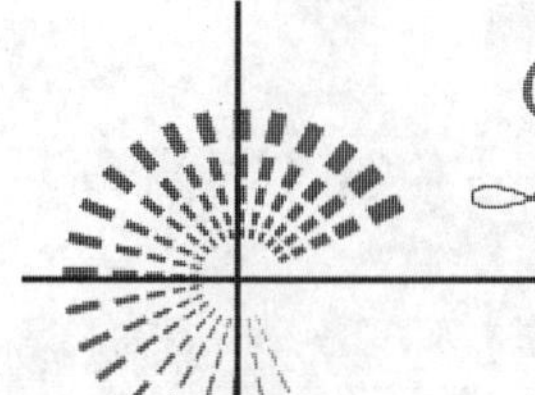

Zhongguosiliaogongyenianjian

大 事 记

全国饲料工作办公室

2003年2月14日 农业部以农办牧［2003］10号文件对2002年全国“瘦肉精”等违禁药品专项整治情况进行了通报。文件指出，2002年，“瘦肉精”等违禁药品专项整治工作取得重要进展，但仍存在一些问题。通报要求各地对违法违规企业严肃查处。继续做好2003年的“瘦肉精”等违禁药品专项整治工作。

2003年2月25日 农业部在中仪国际招标公司举行了饲料安全工程项目仪器统一招标开标仪式，共有34家检测仪器制造商或其代理商参加了招标。正式招标公告分别刊登在2003年1月13日的“中国国际招标采购网”、“中国采购招标网”和1月14日的《中国日报》。

2003年3月8日 《人民日报》两会特刊第十四版和第十五版整版报道了饲料管理工作，并刊发了齐景发副部长的文章：“实施全程监管 确保饲料和畜产品安全”，贾幼陵总经济师的文章：“依法管理 促进发展”。

2003年4月28日 农业部向各省畜牧、饲料管理部门印发了《关于印发<2003年饲料及畜产品中“瘦肉精”等违禁药品专项整治计划>的通知》（农牧发［2003］8号），要求各地在2002年“瘦肉精”专项整治工作的基础上，深入贯彻党的“十六大”关于增强我国农产品市场竞争力的精神，继续做好打击“瘦肉精”等违禁药品工作，净化饲料及畜产品市场。

2003年4月30日 农业部发布第272号公告：根据2002年全国饲料和饲料添加剂质量监督抽查检测结果，广州市翠竹饲料添加剂厂生产的猪用复合预混合饲料含有国家明令禁止使用的药物盐酸克伦特罗（俗称“瘦肉精”）。依照《饲料和饲料添加剂管理条例》第三十条规定，吊销广州市翠竹饲料添加剂厂的添加剂预混合饲料生产许可证，取消其从业资格。

2003年5月26日 农业部通报了对北京、天津、上海、深圳、青岛、杭州、南京、合肥、武汉、福州、长沙、广州、石家庄、郑州、沈阳、大连等16个省会城市及计划单列市屠宰厂、农贸市场和超市畜产品中盐酸克伦特罗定点监测结果。此次共抽查样品1 309个，43个盐酸克伦特罗阳性，盐酸克伦特罗检出率为3.3%。屠宰厂、农贸市场和超市畜产品盐酸克伦特罗检出率分别为2.9%、6.0%、2.5%。共通报了32个违法违规企业（场、户）。农业部要求各地要依照《饲料和饲料添加剂管理条例》的有关规定严格处罚违法违规企业（场、户），并按照“五不放过”的原则，追查“瘦肉精”源头。

2003年7月14日 农业部向国务院报送了《关于贯彻落实国务院办公厅促进饲料业持续健康发展若干意见情况的报告》（农发［2003］84号）。报告就国务院办公厅转发农业部《关于促进饲料业持续健康发展若干意见》后，农业部和各地饲料主管部门贯彻落实情况、存在问题和下一步工作向国务院进行了系统、全面的报告。

2003年7月23日 农业部和国家质量监督检验检疫总局联合发布第287号公告，对进口饲料级混合油（含作饲料用的使用过的混合植物油）的进口登记、分装容器标准和进口报检等问题予以明确。公告要求各级饲料管理部门和各出入境检验检疫机构要密切配合，加强对进口饲料级混合油的监管。

2003年10月28日 农业部发布了《关于2003年第一阶段全国饲料产品质量安全监督抽查结果的通报》（农办牧［2003］66号）。2003年第一阶段农业部组织抽查饲料企业1 260个，检查合格1 122个，合格率89.1%。抽查饲料产品2 181批次，合格2 022批次，合格率92.7%，查出9个违禁/限量药物抽查不合格企业和59个卫生指标抽查不合格企业。

2003年10月“十一”以后，豆粕价格急剧上涨，平均价达到了每吨3 300元，上涨幅度超过2003年前9个月平均价的60%，比去年同期上涨77%，四川、云南等地价格甚至涨至3 800元/t。受豆粕价格影响，相关联的大部分饲料蛋白原料价格也出现了大幅攀升，平均涨幅200～300元/t，饲料行业遭受重创。初步估算，2003年1～9月份，仅豆粕价格上涨给饲料行业造成的损失达40亿元。

2003年11月13日 为加强对进口饲料添加剂的监督管理，农业部发出《关于开展2003－2004年进口饲料添加剂质量跟踪检查的通知》（农办牧［2003］79号），部署对全国进口饲料添加剂进行一次全面的质量检查，计划通过此次检查进一步规范进口饲料添加剂的进口登记、经营和使用行为。

2003年11月21日 农业部发布了《关于2003年饲料及畜产品中“瘦肉精”专项整治结果的通报》（农办牧［2003］80号）。2003年，饲料生产与经营环节“瘦肉精”检出率为0.1%，比2002年下降了0.07个百分点；养殖环节“瘦肉精”检出率为0.8%，比2002年下降了1.6个百分点；屠宰环节“瘦肉精”检出率为0.8%。

2003年12月9日 农业部发布第318号公告，公布了《饲料添加剂品种目录》。该目录包括允许在中国境内生产、经营和使用的饲料添加剂品种191种，保护期内的新饲料添加剂品种9种。该目录公布后，原《允许使用的饲料添加剂品种目录》（农业部公告第105号）同时废止。

2003年12月5～26日 农业部组织元旦春节期间北京等五城市生猪中“瘦肉精”突击抽查。共抽查待宰生猪尿样909批次，检出含有“瘦肉精”尿样10批次，检出率1.1%，比2002年同期突击抽查“瘦肉精”检出率下降4.3个百分点。其中上海、重庆检出率为0；北京1.1%,；天津1.1%,；广州3.3%。

中国饲料工业协会

2003年2月25日 中国饲料工业协会第四届理事会第二次全体会议在北京召开。

2003年2月 饲料行业HACCP安全管理体系试点工作在北京德佳牧业科技有限公司启动，这是饲料行业首次将HACCP安全管理体系引入饲料生产安全监管。

2003年2月 劳动和社会保障部、农业部联合颁布“饲料检验化验员”等4项国家职业标准。中国饲料工业协会举办了职业标准宣贯培训班。

2003年7月 劳动和社会保障部批准河南省和内蒙古自治区设立饲料职业技能鉴定站。至此，除青海、海南、西藏自治区3个省（区）外，其他省都建立了职业技能鉴定站。

2003年7月8日 鉴于协会及各地饲料工业协会和广大会员在抗击SARS工作中的突出表现，中国饲料工业协会被民政部授予抗击非典先进全国性社会团体称号。

2003年9～12月 中国饲料工业协会会同全国饲料工作办公室对饲料行业就业准入制度进行了检查，对饲料行业14个优秀职业技能鉴定站和132名职业技能鉴定先进工作者进行了表彰和奖励。

2003年11月17～19日 2003中国畜牧业暨饲料工业交易会在南京隆重召开。

2003年11月14～21日 应中国饲料工业协会邀请，欧盟饲料工业联合会会长Yves Montecot、国际饲料工业联合会秘书长Rogcr Gilbcrt等一行4人访华。外宾在华期间出席并参观了在南京举办的2003中国畜牧业暨饲料工业交易会和展览。中国饲料工业协会会长白美清与外宾共同探讨了今后双方行业协会的合作与交流等事宜。

2003年11月18日 全国饲料工业协会秘书长工作会议在南京召开，白美清会长在会上做了“牢固树立科学的发展观，实现饲料工业的持续健康发展”的工作报告。

2003年11月23日 中国工业经济联合会授予中国饲料工业协会等29家单位中国先进工业行业协会荣誉称号。中国饲料工业协会秘书长刘同占出席会议，并代表中国饲料工业协会接受中国先进工业行业协会奖牌。

2003年12月27～30日 全国饲料工业标准化技术委员会在海南省海口市举行。

2003年12月 农业部和国家认证认可监督管理委员会联合发布《饲料产品认证管理办法》。

河北省

2003年1月7～9日 河北省饲料办、协会工作会议在石家庄市召开。会议表彰了2002年为河北省饲料、秸秆和协会工作做出突出贡献或成绩的先进单位和个人。

2003年1月9日 河北省饲料工业协会在石家庄市召开了协会第二届第五次常务理事会，增选和调整了协会副会长、常务理事和理事。

2003年6月 按照农业部《关于贯彻落实促进饲料业持续健康发展若干意见的通知》要求，根据全省饲料生产及管理实际，省政府办公厅以冀政办函［2003］12号文件颁发了《关于促进我省饲料业持续健康发展若干意见》。

2003年9月2～4日 河北省饲料监督员培训班在秦皇岛举办。省、市、县饲料管理部门以及河北省饲料兽药监察所的饲料监督员共220人参加了本次培训。培训内容包括饲料添加剂和预混料生产许可证、产品批准文号、饲料生产登记证以及饲料标签的申报和管理，饲料产品抽样程序、注意事项、饲料执法案例分析、执法典型发言等。

黑龙江省

2003年9月21日 中国饲料工业协会、王随元副秘书长等一行4人借参加东北三省家禽交易会之机，视察了黑龙江省饲料工业发展情况。他们在省饲料办张永亮主任、时胜远副主任的陪同下，检查指导了双城市荣耀饲料生物技术开发有限公司和哈尔滨美龙饲料有限公司。白美清会长、王副秘书长还分别为双城市荣耀饲料生物技术开发有限公司题词：“以创新谋发展”、“做强做大、靠科技和人才”，以鼓励企业的发展。下午召开会议，与哈尔滨青禾饲料有限公司、黑龙江农垦完达山牧业公司、哈尔滨远大牧业有限公司、哈尔滨博微饲料制造有限责任公司、哈尔滨神农微维饲料有限公司、双城市荣耀饲料生物技术开发有限公司等企业主要领导进行了座谈，白美清会长对黑龙江省饲料企业和饲料工业的发展现状给予肯定，对黑龙江省饲料工业今后的发展寄予厚望。

2003年11月16日 黑龙江省政府李艳芝省长助理在省畜牧局李海林副局长、省饲料工业办公室时胜远副主任的陪同下，参加了在南京市召开的“2003中国畜牧业暨饲料工业交易会”。检查指导了黑龙江省参展的22个饲料和畜牧展位，详细了解全省饲料工业发展情况，指出：要坚定不移地完成省委提出的实现畜牧业“主辅换位”的战略任务，饲料工业应发挥重要的作用，要大力发展饲料工业，为建设畜牧业大省做贡献。

上海市

1. 起草了《上海市贯彻国务院办公厅转发农业部〈关于促进饲料业持续发展若干意见的通知〉的意见》，并由市农委报市政府办公厅，经市法制办、市技术监督局等多个部门审核，根据批复意见修改多次成文。

2. 为加强对本市饲料、饲料添加剂生产、经营企业的管理，制订了《上海市饲料生产企业生产登记暂行办法》和《上海市饲料、饲料添加剂经营企业登记暂行办法》，并于11月份对本市所有饲料生产、经营企业进行重新登记，并组织人员进行现场考核。

3. 3月份起按农业部办公厅农办牧［2003］4号文《关于开展2003年度生产许可证年检工作的通知》要求开展许可证年检工作，制订了许可证企业自查审核表并对15%的许可证企业进行现场检查。此次年检考核把药物的安全使用作为否决项目审核，以提高企业的管理水平和建立饲料安全生产体系，确保饲料产品的安全。

4. 2003年2月8日起，根据市国税局文件（沪国税流［2003］7号）《关于2003年饲料产品增值减免税管理工作的通知》，本市配合饲料、浓缩饲料生产企业应重新办理免税申请手续，配合免税工作上海市饲料办对所有配合饲料生产企业重新登记，并组织审核组进行了现场考核。

5. 全国饲料工作办公室对由上海市饲料办牵头起草的《饲料营销人员》国家职业标准2月底在京进行初审，《饲料营销人员》国家职业标准《送审稿》于3月底报农业部人事劳动司。本市起草的《饲料厂中央控制室操作工》国家职业标准9月份已由劳动和社会保障部和农业部批准公布。

6. 全国饲料行业职业技能鉴定先进集体及先进工作者表彰会于12月11日在昆明召开。上海市饲料职业技能鉴定站被评为全国饲料行业职业技能先进集体，上海有5人获得全国饲料行业职业技能鉴定先进工作者荣誉证书。

7. 4月份配合市技监局的《畜禽饲料的安全卫生要求》和《水产饲料的安全卫生要求》两个强制性地方标准的制定工作，上海市饲料办与上海市饲料工业标准化委员会组织起草小组，开展标准的起草和调研工作。

8. 5月份根据全国饲料工作办公室和中国饲料工业协会推荐饲料行业优秀和先进企业的工作要求，上海市饲料办组织全市大型饲料生产企业召开民主自荐座谈会，结合各企业的实际发展情况推荐出上海新农饲料有限公司、上海大江（股份）集团有限公司和东方希望集团三个优秀企业和罗氏（上海）维生素有限公司、上海申德机械有限公司、上海邦成饲料科技有限公司、上海高龙生物科技有限公司、上海迪赛诺维生素有限公司五个先进企业。

9. 根据农业部对全国农产品加工流通企业划型要求，5月份完成了对东方希望集团、上海大江（股份）集团有限公司2家大型企业和上海新农饲料有限公司、上海新杨饲料工业有限公司、上海华易动物保健品有限公司、上海延华生物科技有限公司4家中型企业申报划型的饲料生产、经营企业材料审查工作。

10. 组织上海61家饲料企业参加11月份在南京国际展览中心举办的“2003中国畜牧业暨饲料工业交易会”。上海组团参展101个展位，名列前茅。

11. 贯彻农业部等五部局下达的《关于做好2003年农资打假工作的意见》（农市发［2003］2号文），4月份开始全面开展饲料市场的专项打假整治工作。

12. 积极扶持市饲料行业龙头企业发展，7月份已完成了东方希望集团和上海新农饲料有限公司申报上海市农业产业化龙头企业的材料的整理和初审工作，市农委已受理申报材料。

13. 根据市政府、市农委关于防治SARS工作的要求，本市饲料（饲料添加剂）生产和经营企业在保证饲料（饲料添加剂）产品质量的同时，做好SARS的防治工作。上海市饲料办特制定了本市饲料（饲料添加剂）生产和经营企业做好SARS防治工作的通告，并于5月下旬寄发至全市各饲料生产、经营企业。

14. “上海郊区政务网”是根据“围绕城乡一体化、推进农村城市化、加快农业现代化、实现农民市民化”而开发建设的，以形成政府和公众的零距离。3月份起上海市饲料办在网上办事栏目中将批准文号审核、生产经营企业登记备案、免税申请审批等行政审批事项进行网上审批，以达到方便、快捷的目的。

15. 根据上海市人民政府关于行业协会改革调整要求，于7月初召开了上海市饲料行业协会第四届会员大会，将上海市饲料工业协会更名为上海市饲料行业协会。完成协会换届工作后，要充分发挥协会的桥梁纽带作用和行业发展优势，尽快使协会的运转进入轨道。11月份，上海市饲料行业协会建立的东方饲料网站正式开通。

16. 2003年年底完成全国饲料安全质量监督检测任务380批，全年共抽查了148家企业，抽检企业总合格率为89.2%；抽检产品总计393批（完成计划103%），合格产品为369批，总合格率为93.9%。

海 南 省

2003年1月27日 海南省农业厅、海南出入境检验检疫局和海南省海洋与渔业厅联合发文《关于对出口食用水生动物养殖场及动物饲料加工企业实行注册登记管理的通知》（琼检联动〔2003〕17号）。对全省范围内的出口食用水生动物养殖场及动物饲料加工企业实行检验检疫注册登记管理。

2003年4月16日 省饲料办召开全省饲料生产企业安全生产会议。并进行安全生产专项大检查。

2003年4月29日 海南省饲料办和海南饲料工业协会对饲料行业企业做好预防非典型肺炎的工作部署。

2003年5月14日 海南省委书记、省长汪啸风同志视察海南大海水产饲料有限公司。

2003年5月24日 海南省饲料办下达2003年全省饲料和饲料添加剂质量监督检测抽样任务，开始对全省饲料行业的生产企业、经营企业和养殖单位进行饲料产品质量安全监督检测工作。

2003年6月6日 对海南万昌发牧业有限公司

使用违禁药品“安定”养猪的违法行为作出行政处罚。

2003年6月17日 海南省政府颁发政府令《海南省无规定动物疫病区管理办法》和《海南省动物及动物产品准入管理办法》。

2003年6月19日 海南饲料办对全省饲料和饲料添加剂市场和水产养殖场进行饲料安全整顿。

2003年7月6日 海南省委副书记罗保铭同志视察海南大海水产饲料有限公司。

2003年8月11日 海南省政府常务办公会议通过《海南省饲料和饲料添加剂管理办法》，并与10月1日正式实施。

2003年12月26～31日 全国饲料工业标准化技术委员会在海口市召开2003年年会，中国饲料工业协会副秘书长王随元同志出席会议。

重庆市

2003年4月 中国饲料工业协会白美清会长来渝视察了重庆隆生饲料有限公司、重庆市饲料质量监测管理所、重庆佳美香料有限公司，并同这些单位以及重庆市饲料工业办公室的有关负责人进行了座谈。

2003年5月 农业部畜牧兽医局秦亚兵副局长、畜牧兽医局饲料处杨振海处长来渝征求《农产品安全法》（初稿）意见期间，听取了重庆市饲料工业发展和工作开展情况的汇报。

2003年6月 中国饲料工业协会乔玉锋副秘书长、中国饲料工业协会信息中心王金文副主任来渝就SARS对饲料工业发展情况的影响，先后深入重庆通威饲料有限公司、重庆正大有限公司、重庆希望饲料有限公司、重庆民泰香料有限公司进行了调查研究。

2003年9月 中国饲料工业协会颜小军副秘书长、胡广东处长来渝检查饲料工业行业职业技能鉴定工作开展情况，并听取了重庆市饲料工业办公室、重庆市饲料质量监测管理所有关负责人的工作汇报。

云南省

2003年3月18～19日 全国饲料执法与监测工作培训班在昆明召开。国务院法制办农业环资司郭文芳处长，农业部畜牧兽医局饲料处杨振海处长、王晓红副处长，中国饲料工业协会标准质量处徐百志处长，云南省农业厅孙海清副厅长，畜牧兽医处袁跃云副处长等领导出席了会议。参加会议的还有来自全国各省、市饲料工作办公室和饲料监察所所长。此次培训班的目的是贯彻落实中央农村工作会议和全国农业工作会议精神，总结2002年全国饲料执法与质量监督检测工作，安排2003年全国饲料监测工作计划，明确重点地区“拉网式”监测方案，统一思想，提高认识，努力做好2003年工作。

2003年12月11日 全国饲料行业优秀职业技能鉴定站暨先进工作者经验交流会在昆明举办。农业部畜牧兽医局秦亚兵副局长，农业部人事劳动司周清处长，中国饲料工业协会刘同占秘书长，云南省农业厅杨志民副厅长等领导到会并讲话，同时出席本次会议的还有中国饲料工业协会颜小军副秘书长，农业部人力资源开发中心董夫超处长，中国饲料工业协会胡广东副处长等领导，另外前来参加会议的还有全国20几个省（市）的饲料行业职业技能鉴定站的领导同志90多人。本次大会共奖励了14个省（市）的饲料行业优秀职业技能鉴定站，云南省名列其中，同时还表彰了100多名饲料行业优秀职业技能鉴定先进工作者，云南省5位同志榜上有名。

2003年12月13～14日 中共云南省委和云南省人民政府在昆明召开全省畜牧工作会议。认真贯彻落实党的十六届三中全会和中央经济工作会议精神，总结全省畜牧业发展的成绩和经验，分析面临的问题和困难，全面研究和部署加快畜牧业发展的政策与措施，推动畜牧业持续快速协调发展。省委副书记王学仁和副省长孔垂柱同志分别在会议上作了《明确任务、突出重点、努力加快全省畜牧业发展步伐》和《突出重点，狠抓落实，努力开创我省畜牧业发展新局面》的重要讲话；中共云南省委、省人民政府还出台了《关于把畜牧产业发展成为国民经济重要产业的若干意见》。

陕西省

2003年1月10日 陕西石羊（集团）股份有限公司被认定为国家重点龙头企业。

2003年4月14日 率先在全国饲料行业管理中制定了《陕西省饲料质检机构资格认可管理办法》。一年间先后有9个市的质检机构通过了资格认可。

2003年4月18日 下发文件决定首次在全省范围内开展“饲料产品质量安全年”活动。

2003年8月7～8日 举办了全省饲料产品质量管理培训班。

2003年8月22日 陕西汉宝科技发展（集团）有限公司和陕西省饲料厂被认定为陕西省第一批农业产业化省级重点龙头企业。

2003年11月5～9日 组团参加第十届杨凌农业高新技术博览会。

11月15～19日 组团参加了南京2003中国畜牧业暨饲料工业交易会。

历时一年，重点开展了“5551”工程，即50家饲料和饲料添加剂预混合饲料生产企业的综合整改，50家饲料产品安全宣言企业的依法生产规范，50家饲料生产企业生产信息调查，10家饲料企业规范化管理试点。

宁夏回族自治区

2003年9月11～12日 举办了第一届全省饲料

和饲料添加剂管理培训班，全省各级农牧（饲料）部门和饲料生产经营企业的负责人60多人次参加了培训。

2003年11月6日　青海省饲料工业协会第三届理事大会召开。会议通过修改后《青海省饲料工业协会章程》、《青海省饲料工业协会会费收取的管理办法》等；表决通过了第二届理事会工作报告；选举产生了第三届理事会的会长、副会长、秘书长、副秘书长、常务理事及理事。

2003年11月17日　青海省人民政府办公厅下发了《关于加快发展饲料业的实施意见》（青政办［2003］165号）文件。

2003年12月6日　青海省饲料工业协会召开了第一次常务理事会议，会上成立了饲料发展咨询委员会和饲料技术标准化委员会两个专业委员会，讨论通过了两个专业委员会的人选名单和工作职能。安排布置2004年青海省饲料工业协会工作计划。

2003年12月19～20日　邀请全国饲料工业协会信息中心技术人员，举办了青海省饲料行业统计工作及统计人员培训班。

深　圳　市

2003年3月4日　在深圳富苑大酒店三楼会议室召开了深圳市2003年饲料管理工作会议，广东省饲料管理办公室副主任张其昌同志、广东省兽药与饲料监测所副所长曾平同志、深圳市农林渔业局副局长黄竞基同志、深圳市饲料管理办公室主任骆求辉同志、深圳市饲料管理办公室副主任周瑶伟同志、深圳市饲料监测所所长钟瑾芳同志及各区农林渔业局负责人、各区动物防疫监督部门负责人、各饲料生产企业负责人共约85人参加了会议。

青　岛　市

2003年7月16～17日　中饲协秘书长刘同占及国家认证认可委员会耿冬久、袁俊明主任等一行4人到青岛正大、青岛万力、六和饲料、青岛新雅、青岛大海跃、青岛康大等饲料生产企业，进行企业质量认证专题调研。

2003年9月8日　中饲协副秘书长乔玉峰和加拿大驻华使馆参赞到青岛正大、六和饲料等企业调研、探讨利用豌豆替代豆粕原料的试点工作。

2003年9月10～17日　为配合我国动物源性食品出口欧盟，迎接欧盟考察团对青岛正大有限公司进行药残检查期间，青岛饲料办苏建宪主任带队驻厂（正大）配合企业做了大量卓有成效的组织、协调和整改工作，使正大顺利通过欧盟检查，受到市政府及国家商检部门的好评。

2003年10月23日　国家发改委许昆林副司长及省市计委、物价部门负责人等一行6人，在青岛饲料办召开了有青岛正大有限公司、山东六和集团等7个大型饲料生产企业负责人参加的座谈会，对粮油、豆粕、饲料添加剂等涨价问题进行了专题调研，为平抑价格提供了宝贵的基础资料。

2003年12月2日　中饲协［2003］38号文件《关于表彰全国饲料行业职业技能鉴定先进集体及先进工作者的决定》中，青岛市饲料工业协会“特有工种职业技能鉴定站（农业—076号）被授予先进集体光荣称号。

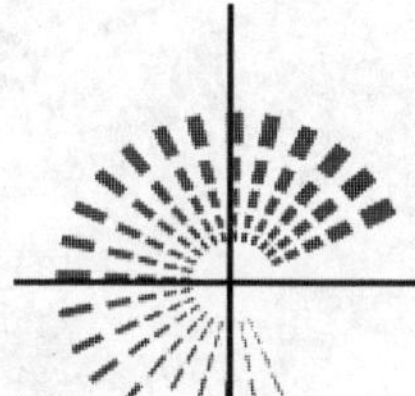

附　　录

部分省、自治区、直辖市饲料管理法规政策

关于印发《山西省饲料行业“瘦肉精”中毒突发事件防范预案》的通知

各市（地）饲料管理部门：

为有效防止“瘦肉精”（盐酸克伦特罗）中毒事件的发生，及时控制和消除事件造成的危害，保证饲料和畜禽水产品卫生安全，维护人民身体健康，促进饲料业、养殖业健康发展，我办制定了《山西省饲料行业“瘦肉精”中毒突发事件防范预案》。现印发请遵照执行。

各地在做好防范工作的同时，要把打击生产、销售、使用“瘦肉精”的行为作为一项维护人民生命安全的艰巨任务来对待，坚持警钟长鸣，长抓不懈，不断开创“瘦肉精”整治工作新局面。

附件：《山西省饲料行业“瘦肉精”中毒突发事件防范预案》

2003 年 6 月 9 日

山西省饲料行业“瘦肉精”中毒突发事件防范预案

一、为了有效防止“瘦肉精”（盐酸克伦特罗）中毒事件的发生，及时控制和消除中毒事件造成的危害，保证饲料和畜产品安全，维护人民身体健康和生命安全，促进饲料业、养殖业持续健康发展，根据国家有关法律法规及行业主管部门要求，结合本省实际，制定本预案。

二、本预案所称“瘦肉精”中毒事件，是指“瘦肉精”通过饲料、饮水或给药等途径进入畜禽体内，残留在畜产品中，被人食用后导致群体性急性或亚急性中毒表现，使公民身体健康及正常的生活、生产造成危害的事件。

三、“瘦肉精”中毒突发事件的防范，坚持预防为主，常抓不懈的方针，贯彻统一领导、分级负责、反应及时、措施果断、领先科学、加强合作的原则。

四、为有效预防“瘦肉精”中毒突发事件的发生，妥善处理突发事件，各级饲料管理部门应建立严格的事件防范和应急处理责任制，切实履行各自的职责。并纳入当地政府突发事件应急处理领导机构的工作机制。

五、防范“瘦肉精”中毒突发事件的重点包括：饲料和饲料添加剂生产企业及原料加工企业；饲料、兽药和饲料添加剂批发、零售市场；畜禽养殖场（户）；畜禽屠宰厂（点）；医药、化工生产企业等，每个环节的企业和个人必须树立牢固的法制观念和社会责任意识，自觉遵守法律法规和职业道德。

（一）饲料和饲料添加剂生产企业，要认真履行《饲料和饲料添加剂管理条件》赋予的责任、义务和权利，严格按照产品质量标准组织生产，建立健全原料进厂检验、生产记录、成品出厂检验、产品留样观察标签制度，并落实到位。必要时可通过有效方式向用户和社会公开承诺产品质量安全、卫生，自觉接受社会监督。

（二）饲料、兽药、饲料添加剂批发零售企业是产品和原料的集散地，也是防范“瘦肉精”扩散的重要阵地，具有重要的现实意义，作为企业本身必须坚持规范的职业道德，建立完善的管理制度，包括进货登记、质量检验、核对产品标签、查验产品合格证及所销产（商）品动向登记制度。严禁经销无照、无证、无批准文号、无产品标签、无产品合格证和无产品经营登记证的饲料和饲料添加剂及国家明令禁用的饲料、兽药、饲料添加剂。

（三）畜禽养殖场（户）担负着向社会提供畜禽产品的光荣任务，畜禽产品的质量状况不仅与养殖者的利益密切相关，更与消费者的安全健康紧密联系。养殖者必须处理好眼前利益和社会责任的关系，要通过科学的管理和科学的养殖技术提高养殖效益。在选择饲料时，选择社会信誉度高、产品质量可信的企业及其产品；以自配料养殖的企业要自觉遵守《兽药管理条例》、《饲料和饲料添加剂条例》及其配套规章，严禁在饲料和饮水中添加“瘦肉精”等违禁药物，并建立投料、用药记录和生猪出售记录。

（四）饲料管理部门要主动与畜牧、动检等相关部门配合，加强屠宰环节“瘦肉精”的检测，严禁含有“瘦肉精”等禁用药品的畜、禽及水产品上市销售。督促屠宰场（点）完善猪（禽）源档案和检疫制度，以便追根溯源。严厉惩治那些明知畜禽使用了“瘦肉精”等违禁药品，仍为其提供屠宰服务或销售其制品的屠宰企业。

（五）各级饲料管理部门要充分发挥饲料行业管理主体的作用，认真履行《饲料和饲料添加剂管理条件》及其配套规章赋予的法定职能。加强对辖区内饲料生产、经营、畜禽养殖情况的调查研究，对企业布局、生产规模及诚信情况登记造册，做到情况明、底

子清。

在履行管理职能时，要坚持法治、德治、科技并举的方略。一是大力宣传国家法律、法规及饲料产业政策，监督检查力度，增加抽查频率，提高检查覆盖面，依法从重、从快、从严惩处生产、经营、使用“瘦肉精”等违禁药品的行为，并及时向社会通报；二是帮助企业建立健全各项规章制度，并督促其落实到位。通过抓典型、树榜样，培育优秀企业，宣传名牌产品，引导企业遵纪守法，文明经营，正当发展；三是积极推广科技含量高的新技术、新产品。开展和推广绿色饲料添加剂，如糖萜素、微生态制剂、酶制剂、酸化剂、甜菜碱及中草药制剂等。四是大力推广ISO9000、HACCP管理体系建设，实行全程质量监控，变产品控制为过程控制。

六、同其他突发事件一样，“瘦肉精”中毒有其突然发生、群体发生的特点。各级饲料生产部门应积极争取当地政府的支持，建立快速反应机制，完善突发事件的监测、预警及信息报告系统。责成专人负责突发事件的日常监测，并确保监察、预警及报告系统的正常运行，此系统不因领导人更换而改变。

七、根据饲料养殖行业点多、面广、线长，而且分散的实际及“瘦肉精”中毒事件的特点，为提高防范效果，各地应在当地财政的支持下，配备必要的通讯设备、调查取证设备及交通工具，改善工作条件，提高工作质量。

八、“瘦肉精”中毒突发事件发生后，所在地饲料管理部门应按照国务院《突发公共卫生事件应急条例》及相关法规的规定配合政府机关机构做好应急处理的各项工作。

（一）及时、客观地向当地政府和上级报告中毒事件的情况，同时做好维护现场秩序、控制事态发展的工作。

（二）积极调查中毒事件的发生、发展原因，为公安、司法、医疗机构提供准确的信息，并立即停止此类饲料的继续使用。

（三）迅速查明引起中毒的饲料和饮水的其他流向，并采取严格控制措施，切断传播途径，防止中毒事件在异地发生。

（四）尽快组织饲料、兽药检测机构对引起中毒的饲料、饲料添加剂进行理化检验。同时提请有关部门对可疑畜禽和水产品进行安全、卫生检验。

（五）对受污染的养殖场（户），进行抢救性整治，包括改换安全的饲料、饮水；请兽医对尚存在的畜禽进行检查、检疫，以便对症施治。

（六）各级饲料管理部门应指定领导人员负责与当地政府和上级主管部门协调，建立并严格执行24小时值班制度。确保中毒事件及救助信息及时有效传达。值班电话应对社会和广大饲料养殖企业公布，接到报告后立即采取相应措施，协调、执导有关部门做好工作。

（七）任何有关的单位和个人对“瘦肉精”中毒突发事件不得隐瞒、缓报、谎报或者授意他人隐瞒、缓报、谎报。

（八）对造成中毒事件的饲料及其企业，按照“五不放过”的原则追查到底。即假劣饲料兽药来源、去向不清楚不放过；涉及的单位、责任人不查清不放过；案件产生的原因不分析透不放过；对涉案人员未得到应有的处罚不放过；今后防范措施不落实不放过。

九、各市（地）饲料管理部门可根据本地实际情况制定更具体的防范预案。

十、本预案自发布之日起施行。

陕西省饲料质检机构资格认可管理办法

第一条 据《饲料和饲料添加剂管理条例》第二十二条和陕西省农业厅、陕西省质量技术监督局、陕西省工商行政管理局《关于进一步加强饲料和饲料添加剂管理工作的通知》规定，现制订本办法。

第二条 陕西省饲料工业办公室负责全省饲料质检机构的资格认可和日常监督工作，负责审批及核发《陕西省饲料质检机构资格认可证书》。

第三条 申请资格认可的饲料质检机构应提交下列资料：

（一）资格认可申请书一式二份；

（二）计量认证合格证书复印件；

（三）业务工作情况；

（四）现行有效版本的质量管理手册一套；

（五）机构批准设置的文件；

（六）单位平面布局图。

第四条 陕西省饲料工业办公室对提交资料进行审查，并制定评审计划和组织评审组进行现场评审。

第五条 现场评审内容：

（一）申请单位向评审组汇报资格认可工作的准备及自查情况；

（二）现场检查有关科室及实验室；

（三）对申请单位有关人员进行饲料工业管理法规知识及检验操作技能考核；

（四）检查各类管理文件、检验记录、检验报告及各类档案、制度。

第六条 评审组依据检查情况，按照《陕西省饲料质检机构评审表》的内容逐项做出评审，并形成初审意见和审核备忘录。

第七条 评审组就初审意见与被评审机构领导交流并签字，提出评审报告。

第八条 评审组组长在该申请机构大会上宣读评审报告和审核备忘录。

第九条 评审组将申请材料、现场评审意见及审核备忘录报陕西省饲料工业办公室审核。

第十条 经审核合格的发给《陕西省饲料质检机构资格认可书》，认可书有效期为5年。对评审不合格的质检机构，可申请复验；经复验仍不能通过的，不具备对外开展业务的资格。

第十一条　持有《陕西省饲料质检机构资格认可证书》的饲料质检机构，在出具的检验报告书的封面的左上方必须填写核发的认可号。无认可号的检验报告书不具备法律效力。

第十二条　对已取得《陕西省饲料质检机构资格认可证书》的质检机构，在其认可证书有效期内，至少进行一次监督检查，及时发现问题，限期整改。

第十三条　监督检查主要内容：在评审过程中评审组提出的备忘录改正情况；通过审查各种记录，评价质量体系是否有效运行；通过对主要仪器设备、人员及环境条件的变化情况，评价是否能维持认证时的能力等；必要时，安排现场样品考核。

第十四条　饲料质检机构应在《陕西省饲料质检机构资格认可证书》有效期满前6个月向省饲料工业办公室提交复评审申请材料。

第十五条　评审组成员由省饲料工业办公室决定。

第十六条　评审组成员必须认真负责，坚持原则，秉公执法，真实客观反映现场检查情况。

第十七条　本办法由陕西省饲料工业办公室负责解释。

第十八条　本办法自发布之日起实施。

2003年4月14日

江苏省政府办公厅转发省农林厅关于加快全省饲料业发展意见的通知

（苏政办发2003年38号）

各市、县人民政府，省各委、办、厅、局，省各直属单位：

省农林厅《关于加快全省饲料业发展的意见》已经省人民政府批准，现转发给你们，请结合当地实际，认真贯彻执行。

2003年5月20日

关于加快全省饲料业发展的意见

（江苏省农林厅　2003年4月）

为贯彻落实《国务院办公厅转发农业部关于促进饲料业持续健康发展若干意见的通知》（国办发[2002]42号）精神，促进全省农业结构调整和养殖业发展，现就加快全省饲料业发展提出如下意见：

一、充分认识加快饲料业发展的重要意义

发展饲料业是发展养殖业重要的物质基础，是推进农业结构调整的重要措施。加快饲料业的发展，有利于促进种植业三元结构的建立，促进养殖业向规模化、集约化和现代化方向转变，带动化工、医药、机械等相关二三产业的发展。近年来，江苏省饲料工业迅速发展。全省各类饲料加工企业已达到550多个，其中年单班生产能力万吨以上的配合饲料企业近100个，饲料年产量280万t，对于促进养殖业发展发挥了重要作用。但是，从总体上看，江苏省饲料生产比较分散，品牌、名牌饲料较少，质量安全监管滞后，与发展现代养殖业，推进农业结构战略性调整的要求不相适应。各级政府和各有关部门要充分认识加快饲料业发展的重要性、紧迫性，采取有效措施，引导和促进饲料业的健康发展。

进一步明确饲料业发展的指导思想和目标任务。今后一个时期，全省饲料业发展要立足质量安全，突出改革创新，面向市场，依靠科技，不断优化饲料生产结构和布局，综合开发、科学利用各类饲料资源，加快建设与养殖业发展相配套的饲料生产体系；加快发展饲料加工业和饲料机械业，逐步形成门类齐全、功能完备的现代化饲料工业体系；逐步建立起与国际接轨的饲料质量标准体系、检测体系和安全监管体系。到“十五”期末，全省工业饲料产量争取达到320万t，饲料工业产值达到160亿元；到2015年，工业饲料产量争取达到400万t，实现工业产值200亿元。

二、优化饲料生产结构和布局

调整饲料加工业内部结构。扩大配合饲料使用面，开发研制特需和专用系列饲料产品，继续提高浓缩饲料、预混饲料在饲料产品总量中的比重。大力发展饲料添加剂，重点发展酶制剂、微生物添加剂、有机态微量元素、饲用有机酸类添加剂、非降解寡糖类添加剂和中草药添加剂等。限制发展生产条件差、产品质量不稳定的小饲料企业，重点发展高附加值的饲料添加剂和适度规模的添加剂预混料企业，做大做强重点饲料机械加工企业。

积极开发各种饲料资源。重点开发和改造丘陵山区草山草坡和沿海滩涂草地，逐步建立人工或半人工优质牧草基地。大力提高农作物秸秆利用率，扩大优质蛋白玉米等饲料作物和双低油菜种植面积，积极开发利用棉菜饼粕和单细胞蛋白等非常规饲料资源。

提升饲料加工机械水平。进一步创新体制和机制，扩大联合，引进国外先进技术和设备，加大技改力度，争创名牌，使江苏省饲料机械的成套加工设备和以混合机、颗粒机等为主的单机设备，继续在全国保持较高的市场占有率。

优化饲料业区域布局。按照统筹规划、因地制宜、优势互补、协调发展的原则，积极引导饲料业布局调整。苏南地区要突出发展高附加值的饲料加工业、饲料添加剂工业和饲料机械加工业；苏中地区要大力发展饲料资源、浓缩饲料和预混料加工业，以及具有竞争优势的饲料机械加工业；苏北地区要建设饲料、饲草等原料生产基地，加快发展浓缩饲料、预混料，扩大配合饲料使用面。

三、大力推进饲料业科技进步

加强饲料科学技术研究与新品开发。加强饲料科技攻关，加快科技创新步伐，积极研制开发安全高效、低残留、少污染的饲料和饲料添加剂新品。开发应用新型微生态制剂、低聚糖、酶制剂和中草药制剂，研制开发环保型饲料。建立一套企业自愿、社会评价、政府推荐等符合饲料产品特点的名牌培育制度，推出一批科技含量高、市场占有率高的名牌饲料产品。支持科研、教学单位与企业联合，发展高新科技企业，推动科技成果商品化、产业化。加快饲料企业的技术改造步伐，鼓励生产企业通过相关质量认证体系，提升产品档次和科技储备能力。

积极推广饲料生产、使用的先进、适用技术。组织实施饲料业科技推广项目，大力推广安全高效、低残留、少污染、增产增收效果显著的先进实用技术，不断提高科学技术对饲料产业增长的贡献率。鼓励科研、教学单位、大中型饲料加工企业和各类中介组织采取多种形式，开展技术推广和咨询服务。

搞好饲料业技术培训。各级饲料管理部门要分层次做好饲料执法人员、饲料企业负责人等的法规知识培训和饲料生产管理技术培训。继续开展饲料行业职业技能鉴定与培训，认真执行关键岗位持证上岗制度，提高从业人员素质。到“十五”期末，饲料行业特有工种人员全部实行持证上岗。

四、依法强化饲料安全的质量监管

加强饲料标准化工作。省标准化行政主管部门和饲料行业主管部门要加强协作，共同做好饲料标准化工作。抓紧组织制定饲料质量标准和生产技术规范，加强对企业制标工作的指导。强化饲料卫生标准、饲料标签等强制性标准的贯彻实施，加快研究饲料及其添加剂中禁用药品的速测技术和方法。

加快饲料质量检测体系建设。整合现有质检资源，建立以省（部）级饲料质量检测机构为骨干，区域性饲料检测中心为基础的饲料质量检测体系。逐步把饲料检测机构建设成为产品质量检测评价中心、市场信息发布中心、技术咨询服务中心和专业人才培训中心，提高全省饲料质量检测体系的整体水平。

加大饲料质量安全监管力度。认真贯彻落实国务院《饲料和饲料添加剂管理条例》，加强对饲料生产、经营和使用环节的监督管理，实行关口前移，从源头上确保饲料安全。全面贯彻《江苏省人大常委会关于在畜禽生产中禁止使用违禁药物的决定》，严禁非法制售与使用违禁药物，严格执行饲料添加剂使用规范。加强饲料市场的综合整治和依法惩处，防止假冒伪劣饲料产品和禁用药品流入市场，坚决取缔无生产许可证、无产品批准文号的饲料添加剂、预混料企业及其产品，取缔无执行标准、无产品合格证的配合饲料、浓缩饲料等企业及其产品。各级饲料管理部门要制定饲料安全突发事件防范预案，建立有效的预警机制。各级公安、工商、药监、质监、环保等行政主管部门要积极配合，齐抓共管，严防动物产品残留中毒事件的发生。

五、加快饲料企业机制创新

建立健全现代企业管理制度。加快国有饲料企业改组和改制步伐，鼓励发展非公有制饲料企业。对国有控股中小饲料企业，以明晰产权关系、加快国有资本退出为目标，尽快实现企业股权的多元化。对已初步实现投资主体多元化的饲料企业，大力促进股权转让流动，使经营者、经营层和技术骨干多持股、持大股和控股经营。引导股份合作制饲料企业加快向“两头”转化，规模较小的转为私营企业，规模较大的转为投资主体多元化的公司制企业。对资不抵债、扭亏无望的中小企业，要通过兼并、拍卖、破产等多种形式，促其退出市场。

提高饲料业产业化水平。加强饲料企业与养殖大户、养殖企业的联合，发展产业化经营，通过股份制合作或横向联营，形成一批生产规模大、产品档次高、市场竞争力强的企业集团。支持饲料企业与专业大户和经纪人等联合组建农民专业合作经济组织，提高生产经营的组织化程度。积极培植壮大饲料企业，使之成为农业产业化经营重点龙头企业。充分利用江苏省饲料添加剂和饲料机械产品的竞争优势，大力发展外向型饲料业。

六、加强对饲料工作的领导

加强对饲料业发展和饲料安全工作的领导。加强规划，搞好指导和服务，切实解决饲料业发展中存在的突出问题，推动饲料业持续、健康发展。明确饲料管理职能部门，完善工作机构，建立工作责任制，狠抓各项措施的落实。饲料管理职能部门要加强监管，严格把关，确保饲料产品质量安全。充分发挥行业协会的作用。建立健全各级饲料行业协会，充分发挥饲料行业协会联系政府、企业的桥梁和纽带作用，组织开展产业标准化、科技推广、对外交流和职业技能培训等工作，加强行业自律，建立企业诚信，促进产业发展。

增加对饲料业的政策扶持。继续实行国家对饲料行业的现行税收优惠政策。各级财政要加大投入力度，扶持研制开发高效、无毒饲料新产品。金融部门要充分发挥信贷的扶持作用，努力提高金融服务水平，积极扶持多种经济成分的饲料企业。积极引导社会资本投资饲料业，加快饲料业利用外资的步伐。

海南省饲料和饲料添加剂管理办法

（海南省人民政府第16次常务会议通过）

《海南省饲料和饲料添加剂管理办法》已于2003年7月14日海南省人民政府第16次常务会议通过，于2003年8月22日予公布，自2003年10月1日起施行。

第一条　为了加强饲料、饲料添加剂的管理，保证饲料、饲料添加剂的质量，促进全省饲料工业和养殖业的发展，维护人民身体健康，根据国务院公布的《饲料和饲料添加剂管理条例》（以下简称《条例》）和有关法律、法规，结合本省实际，制定本办法。

第二条　本办法所称饲料，是指经工业化加工、制作的供动物食用的饲料，包括单一饲料、添加剂预混合饲料、浓缩饲料、配合饲料和精料补充料。

本办法所称饲料添加剂，是指在饲料加工、制作、使用过程中添加的少量或者微量物质，包括营养性饲料添加剂和一般饲料添加剂。

第三条　在本省行政区域内从事饲料、饲料添加剂的生产、经营、使用以及质量检验、监督管理的单位和个人，应当遵守本办法。

第四条　省农业行政主管部门负责全省饲料、饲料添加剂管理工作。市、县、自治县人民政府农业行政主管部门，负责本行政区域内的饲料、饲料添加剂的管理工作。

第五条　设立饲料、饲料添加剂生产企业，除应当符合有关法律、行政法规规定的企业设立条件外，还应当具备下列条件：

（一）有与生产饲料、饲料添加剂相适应的厂房、设备、工艺及仓储设施；

（二）有与生产饲料、饲料添加剂相适应的专职技术人员；

（三）有必要的产品质量检验机构、检验人员和检验设施；

（四）生产环境符合国家规定的安全、卫生要求；

（五）污染防治措施符合国家环境保护要求。

第六条　设立单一饲料、配合饲料、浓缩饲料、精料补充料生产企业，应当向所在的市、县、自治县的农业行政主管部门提出企业设立条件审查申请；市、县、自治县农业行政主管部门应当自收到申请之日起15个工作日内提出审核意见并报省农业行政主管部门审查；省农业行政主管部门应当自收到申报材料之日起20个工作日内作出审查结论。

第七条　设立饲料添加剂、添加剂预混合饲料生产企业，应当向省农业行政主管部门提出生产许可证发放申请。省农业行政主管部门应当自收到申请之日起20个工作日内提出审核意见，符合条件的报国务院农业行政主管部门审批，由其颁发生产许可证；不符合条件不予上报的，应当书面通知申请人并说明理由。

第八条　生产饲料添加剂、添加剂预混合饲料的企业取得生产许可证后，应当向省农业行政主管部门申请核发产品批准文号，具体申请报批程序按照农业部颁发的《饲料添加剂和添加剂预混合饲料产品批准文号管理办法》执行。

第九条　禁止任何单位或者个人未取得生产许可证、产品批准文号自行配制饲料添加剂、添加剂预混合饲料。

自行配制使用单一饲料、浓缩饲料、配合饲料和精料补充料的，应当符合保障人体健康和人身、财产安全的国家、行业产品质量标准并送具有相应检验资格的质量检验机构检验。

第十条　饲料、饲料添加剂生产企业应当按照核定的生产品种和范围组织生产。生产品种和范围发生变化的，应当依照《条例》和本办法的规定重新办理有关手续。

第十一条　饲料、饲料添加剂应当按照国家标准、行业标准或者地方标准进行生产。没有以上标准的，生产企业应当制定企业标准，作为组织生产的依据。企业标准应当报省农业行政主管部门和标准化行政主管部门备案。

第十二条　饲料、饲料添加剂生产企业应当建立健全原料检查、生产检验记录和产品留样制度。

饲料添加剂、添加剂预混合饲料生产检验记录应当保存1年，其他饲料生产检验记录应当保存6个月。产品留样时间应当与保质期相同。

第十三条　饲料、饲料添加剂出厂时应当在包装物的显著位置加贴或者附具标签。标签标示内容应当符合国家饲料标签标准的规定。

第十四条　鼓励生产饲料、饲料添加剂少用或者不使用药物饲料添加剂。不使用药物饲料添加剂的，可以在包装物或者标签上标注“本产品不含有药物饲料添加剂”字样。

禁止在反刍类动物饲料中添加使用肉骨粉、骨粉、血粉、血浆粉、动物下脚料、动物脂肪、干血浆及其他血液制品、脱水蛋白、蹄粉、角粉、油渣、骨胶等动物性饲料产品。

第十五条　经营饲料、饲料添加剂的企业，应当符合下列条件：

（一）有与经营饲料、饲料添加剂相适应的仓储设施；

（二）有具备饲料、饲料添加剂使用、贮存、分装等知识的技术人员；

（三）有必要的产品质量管理制度。

第十六条　禁止经营无产品标签、无产品质量标准、无产品质量合格证的饲料、饲料添加剂；禁止经营无生产许可证、无产品批准文号的饲料添加剂、添加剂预混合饲料。

第十七条　禁止生产、经营、使用已停用、禁用或者淘汰的饲料、饲料添加剂以及未经国务院农业行政主管部门审定公布的饲料、饲料添加剂。

第十八条　禁止在饲料和动物饮用水中添加激素类药物和国务院农业行政主管部门规定的其他禁用药物。

第十九条　新饲料、新饲料添加剂的审定和首次进口饲料、饲料添加剂的登记，按照《条例》和国家有关规定执行。

第二十条　出入境食用动物饲用饲料、饲料添加剂的检验检疫和监督管理工作按照国家出入境检验检疫有关规定执行。

第二十一条 县级以上农业行政主管部门根据国家质量监督抽查工作规划，可以进行饲料、饲料添加剂质量监督抽查，但是不得重复抽查。饲料管理部门抽查的结果，应当会同同级质量监督管理部门向社会公布。

有关部门抽查饲料、饲料添加剂所取的样品数量不得超过检验的合理需要，不得向被检查者收取包括检验费和质量保证金在内的任何费用。

第二十二条 违反本办法规定，设立单一饲料、配合饲料、浓缩饲料或者精料补充料企业未经省农业行政主管部门审查或者经审查不符合设立条件自行组织生产的，由县级以上农业行政主管部门责令改正，并由有关行政主管部门依法给予行政处罚。

青海省人民政府办公厅关于青海省加快发展饲料业的实施意见

（青政办2003年165号）

西宁市、各自治州人民政府，海东行署，省政府各委、办、厅、局：

为贯彻落实《国务院办公厅转发农业部关于促进饲料业持续健康发展的若干意见的通知》精神，促进全省饲料工业的持续健康发展，加快农牧业结构的战略性调整，现结合青海省饲料业发展实际，提出如下实施意见。

一、充分认识发展饲料业的重要意义

发展饲料业是推进农牧业和农村牧区经济结构战略性调整的需要，大力发展饲料业，不仅可以带动饲料作物种植和养殖业的发展，促进农牧业结构调整，提高特色优势经济作物的种植比例，而且有利于促进粮食加工、转化与增值，推进第二、三产业的发展，提高农牧业的综合效益。通过发展饲料业，还可以加快草地畜牧业向舍饲、半舍饲畜牧业经营方式转变，巩固退耕还林还草、退牧还草及天然草原植被恢复与建设工程的效果，提升农牧业产业层次，做大做强畜牧业。

发展饲料业是增加农牧民收入的需要。以市场需求和比较效益种植饲料作物，可以提高种植效益；通过饲料原料的加工转化，促进饲料资源的增值；通过产业化龙头企业的带动，获得规模经济效益，增加农牧民收入。

发展饲料业是提高人民生活水平的需要。发展安全优质高效的饲料业，是养殖业持续健康发展的物质基础，是提供卫生安全和营养丰富的动物性食品的基本保障。

二、优化饲料生产结构与布局

调整饲料产品结构。目前青海省的饲料产品品种少、产品结构不尽合理。发展饲料工业要紧紧围绕青海省农牧业产业结构调整，优化饲料产品结构，在稳定发展猪禽配合饲料和单一饲料的同时，加快发展浓缩饲料、精料补充料和饲料添加剂及其预混合饲料，并结合青海省实施的舍饲畜牧业和退牧还草工程，开发适合青海省畜牧业特色的草食动物的饲料产品，实现饲料品种的系列化、结构多样化和产品的更新换代。

调整种植业结构，积极开发饲料资源。按照区域资源特点，因地制宜，变粮食、油料二元种植结构为粮食、油料和饲料三元种植结构，大力发展饲草料作物，增加饲料总产量。把饲料原料基地建设与养殖业有机的统一起来，充分利用丰富的青绿饲料和农作物秸秆资源，形成区域优势，促进草食畜养殖业的发展。

优化饲料业区域布局。按照统筹规划，优势互补，协调发展的原则，以市场为导向，调整饲料工业生产布局。西宁、海东地区利用人才、饲料原料优势，提升饲料产品档次，重点发展高附加值的浓缩饲料、预混料加工业和全价配合饲料；环湖地区结合实际适当发展饲料加工业的同时，注重扩大优质饲草料生产加工基地，扩大配合饲料入户率；青南地区积极开展人工种草业与越冬饲料贮备，实行半舍饲季节性畜牧业经营方式，保障牲畜安全越冬。

三、大力推进饲料业科技进步

加强饲料科学技术研究与新产品的开发。加强饲料科技攻关，加快科技创新步伐，积极研制开发安全高效、低残留无污染的饲料和饲料添加剂新品种，加速饲料科研成果的转化；充分利用青海省丰富的青稞、小麦和菜籽粕等饲料原料资源，提高饲料产品中的利用率。降低饲料生产成本，提高市场竞争力，把科技、资源优势转化为经济优势。

大力开展饲料科学技术推广项目工作。鼓励科研、教学机构、技术推广单位、饲料企业和社会中介组织采取多种形式，开展饲料科技推广和技术咨询服务，普及饲料生产、使用的科学知识和先进的实用技术，不断提高优质饲料的入户率，促进养殖业的全面发展。搞好饲料行业的技术培训工作。饲料管理部门要做好饲料执法人员、饲料企业负责人等的法律法规知识培训和饲料生产管理技术人员的业务培训，认真开展饲料行业职业技能鉴定与业务培训，提高从业人员素质。严格执行关键岗位持证上岗制度，到“十五”期末实现饲料行业特有工种人员全部持证上岗。

四、依法加强饲料质量安全体系与监督管理工作

加强饲料监管机构建设。根据《饲料和饲料添加剂管理条例》，省、州、地、市及县级农牧部门要尽快建立健全饲料管理机构，明确工作职责，配备相应的管理人员，确保饲料管理工作有人抓，有人管。农牧（饲料）管理部门，在做好日常管理工作的基础上，逐步建立一支懂技术、懂法律和熟悉饲料业务知

识的饲料执法队伍，依法做好辖区内饲料违法案件的查处工作。

加快饲料质量监测体系的建设。按照统一规划、重点布局的原则，结合国家正在实施的饲料安全工程项目，改善省级饲料质量监测机构基础条件，理顺监督检验职能，提高检测手段和技术水平，使其成为青海省饲料质量安全检测评价中心、市场信息发布中心、技术咨询服务中心和饲料专业人才培训中心。省级质量技术监督部门和省饲料管理部门要加强饲料质量监管，饲料生产厂家集中的地区，逐步设立市、地级饲料检测机构，配合省级检测部门搞好饲料产品质量监督，承担中、小饲料加工企业和检测设备不全的饲料企业的产品委托和服务性检验工作。县级农牧部门培养1～2名熟悉饲料工作的饲料产品监督员和抽样员，负责饲料生产企业的质量监督工作，逐步建立比较完善的省、州（地、市）、县三级饲料安全监测体系，对饲料产品质量进行有效的监控。

加强饲料标准体系建设。省技术监督部门和省饲料管理部门要加强饲料工业标准化工作，把饲料行业的标准化工作作为提高行业整体素质的首要工作来抓。监督饲料生产企业严格执行饲料卫生标准和饲料标签等强制性国家标准，加强对企业制标工作的指导。监督饲料生产企业依照标准规范化生产，保证饲料产品质量安全。

切实抓好饲料安全质量监管工作。加强对饲料生产、经营和使用等环节的监测，关口前移，加大饲料产品的抽查检测力度，全面开展对饲料生产、经营和畜禽养殖场的饲料原料、配合（混合）饲料、饲料添加剂和畜禽饮水等各个环节的全程质量监控，从源头上严格控制和查禁违禁药品，规范饲料产品中添加药物的行为，禁止在反刍动物饲料中添加哺乳类动物性饲料。农牧（饲料）管理部门，要督促企业建立完善的生产记录，完善饲料添加剂和药物使用以及质量安全追溯制度，制定饲料安全防范预案机制，确保重大饲料安全事故的及时上报和各项监管措施落到实处。

加大执法力度，规范经营行为。农牧（饲料）管理部门要依照《饲料和饲料添加剂管理条例》赋予的职责，会同工商、药监和质监部门统一行动，密切配合，标本兼治，整顿和规范饲料生产、经营秩序，加大饲料执法力度，坚决查处生产、经营假冒伪劣饲料以及添加含有违禁药品的企业和个人，对重大案情，触犯法律的要移交送司法机关依法处理。

五、进一步深化饲料企业改革

加快转变饲料企业经营机制。按照建立现代企业管理制度的要求，加快国有饲料企业改组和改制步伐，鼓励发展非公有制饲料企业。国有饲料企业明晰产权关系，实行国有参股和控股，尽快实现企业股权的多元化；股份制饲料企业促进股权转让流动，使经营者、经营层和技术骨干多持股，促进企业有序发展；私营饲料企业进一步改善经营机制，规范饲料经营行为。今后几年，重点扶持和培育起点高、规模大和产品质量可靠的饲料企业与养殖、畜产品生产加工等企业联合，通过股份或横向联营，发展产业化经营，形成一批生产规模大、产品档次高、市场竞争力强的企业集团。积极支持“饲料企业＋基地＋农户”等多种合作形式，提高养殖业的产业化发展水平，增加农牧民收入。

六、加强饲料工作的领导

各级政府和有关部门要重视饲料工作，加强对饲料工作领导。认真解决饲料业发展中的突出问题，狠抓各项政策的落实，推动饲料业持续、健康发展。农牧（饲料）管理部门要搞好指导和管理，制定发展规划，从产业政策和布局上扶持饲料工业发展。要加强饲料工业协会工作。加强企业与政府的联系，充分发挥协会的桥梁和纽带作用，组织饲料生产企业开展标准化、科技推广和职业技术交流，帮助饲料企业完善经营机制，提高产品质量，建立企业诚信，规范企业经营行为，搞好行业自律管理。各地、各部门都要关心和支持饲料业的发展，加大对饲料业的扶持，继续执行国家对饲料业的税收优惠政策。加大投入力度，扶持饲料高新技术的研制开发、饲料监测体系和优质饲草料基地等建设项目。积极引导社会资本多渠道增加对饲料业的投入，加快饲料业的持续健康发展。

2003年11月17日

图书在版编目（CIP）数据

中国饲料工业年鉴．2004/全国饲料工作办公室，中国饲料工业协会编．—北京：中国农业出版社，2005.9
ISBN 7-109-10034-0

Ⅰ．中…　Ⅱ．①全…②中…　Ⅲ．饲料工业—中国—2004—年鉴　Ⅳ．F326.3-54

中国版本图书馆 CIP 数据核字（2005）第 091323 号

中国农业出版社出版
（北京市朝阳区农展馆北路 2 号）
（邮政编码 100026）
出版人：傅玉祥
责任编辑　刘博浩　刘振生

中国农业出版社印刷厂印刷　　新华书店北京发行所发行
2005 年 9 月第 1 版　　2005 年 9 月北京第 1 次印刷

开本：787mm×1092mm 1/16　　印张：21.25　　插页：34
字数：792 千字　　印数：1～1 000 册
定价：100.00 元

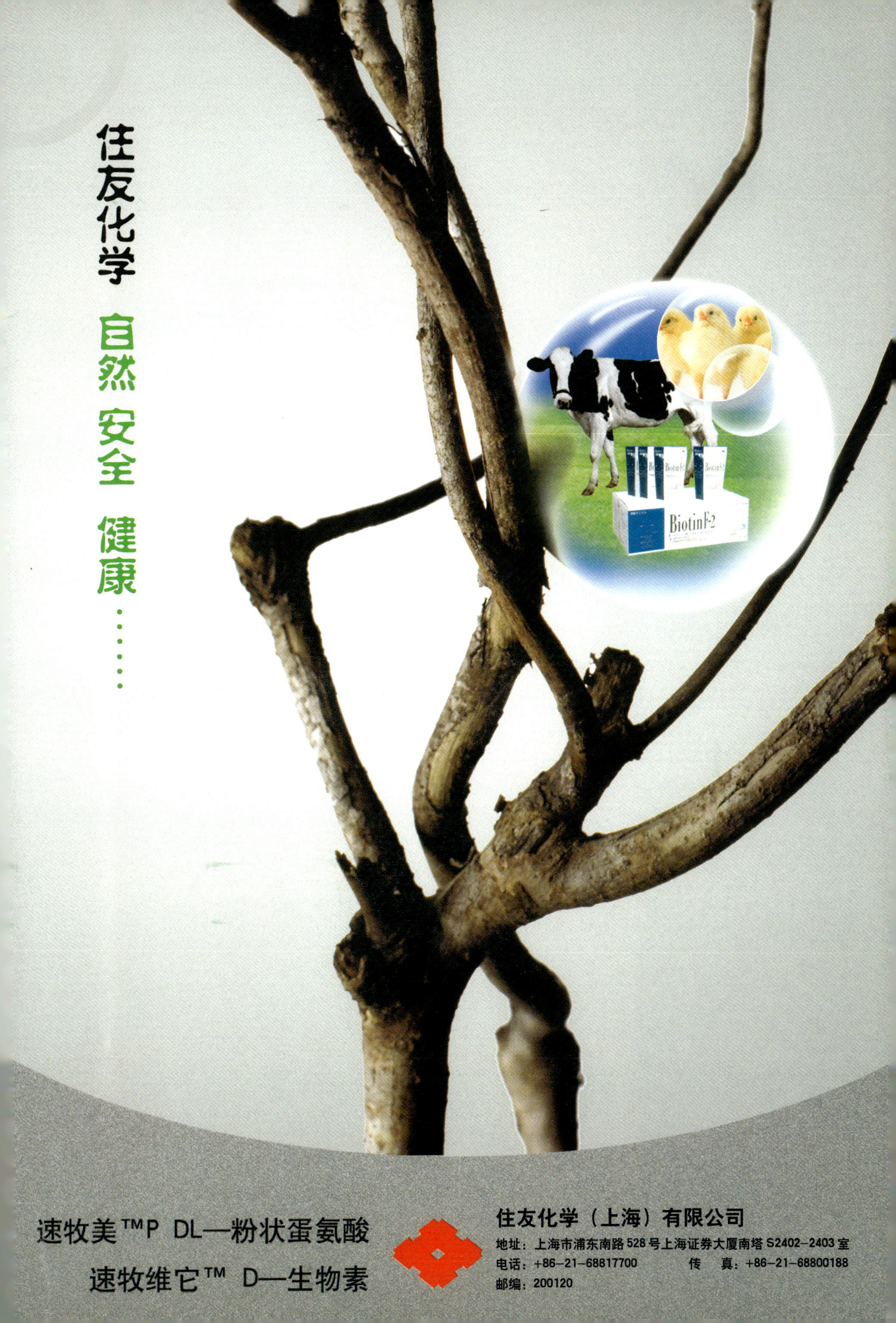
住友化学
自然 安全 健康……
BiotinF-2
速牧美™P DL—粉状蛋氨酸
速牧维它™ D—生物素
住友化学（上海）有限公司
地址：上海市浦东南路528号上海证券大厦南塔S2402-2403室
电话：+86-21-68817700 传 真：+86-21-68800188
邮编：200120

新希望集团主要从事饲料、乳业及其它食品业、金融与投资业、房地产开发、基础化工、现代商贸与物流、燃气等业务。
四川南方希望实业有限公司是新希望集团全资二级子公司。目前，在华南、华中、西南、西北等地的饲料企业39家，饲料生产能力超过300万吨，在全国各地建有数万个销售点；在西北、东北、华南等地原料企业3家，主要从事大宗原材料的采购与供给，以及饲料原料进出口贸易；同时拥有4个科研所、6个技术中心、4个专业试验养殖场、1个现代化的化验中心，员工3500多人。
二十多年来，新希望集团以南方希望为核心的饲料业始终立足于广大农村，服务于千千万万的养殖户。目前正通过延长产业链，新希望农业产业向饲料业的上下游延神至种植业、养殖业、食品加工业。
四川南方希望实业有限公司
希望饲料
饲料生产能力
超过300万吨
国雄
南昌国雄饲料科技有限公司

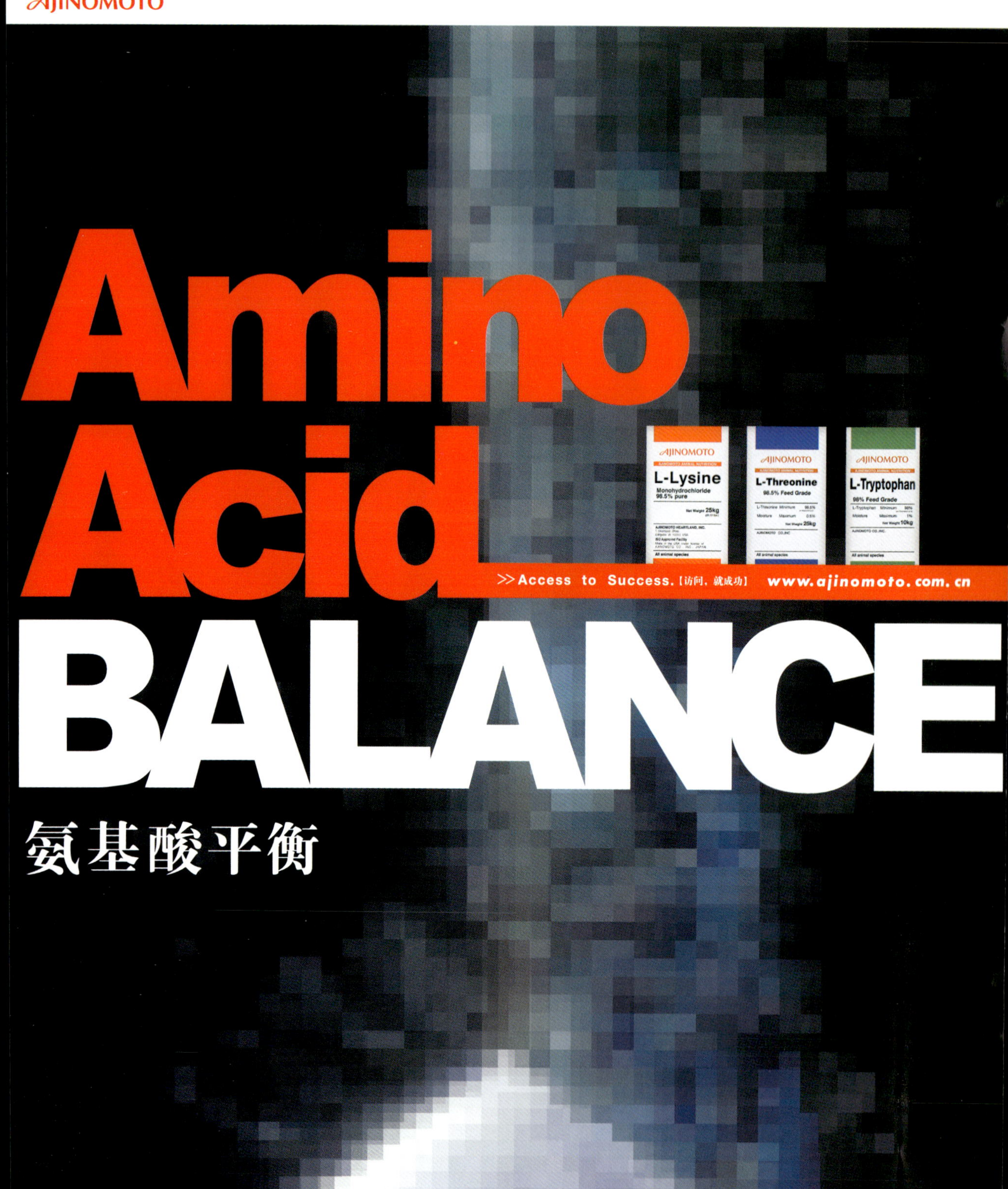
Amino
Acid
AJINOMOTO
L-Lysine
Monohydrochloride
98.5% pure
AJINOMOTO
L-Threonine
98.5% Feed Grade
AJINOMOTO
L-Tryptophan
98% Feed Grade
>> Access to Success. 【访问，就成功】
www.ajinomoto.com.cn
BALANCE
氨基酸平衡

总经理：孙舟 先生

世界两大500强

[强强联手 合力打造]

东海粮油工业（张家港）有限公司是由世界两大500强企业——中国粮油食品进出口（集团）有限公司，美国ADM公司联合新加坡知名粮油贸易KENSPOT公司共同投资兴建的外商独资企业。是中国食用油畅销品牌----“福临门”系列食用油的主要生产基地之一，是全球大型综合粮油食品加工基地之一。

公司成立于1993年，1995年8月投产，总投资1.98亿美元。占地面积800余亩，主要从事大豆、小麦、大米加工以及油脂深加工项目，拥有榨油、精炼、饲料、小包装、面粉、大米、特种油脂、钢桶等多个专业生产厂，生产"福临门"牌系列食用油、面粉及大米；“四海”牌豆粕、“四海”、“五湖”牌饲料等粮油产品。产品荣获过“江苏省重点保护产品”、“江苏省名牌产品”、“江苏省质量信得过产品”、“江苏省著名商标”、“国家免检产品”等各种称号，畅销全国，并出口韩国、日本、越南、马来西亚等国家。2001年公司顺利通过了ISO9001国际质量管理体系认证及ISO14001环境管理体系认证及HACCP食品安全管理体系认证。东海粮油建立了完善的物流体系和强大的仓储系统，为实现货物的快速运发、保证产品质量提供了保障。

几年来，东海粮油不断发展壮大，公司2001年实现销售41亿元人民币，2002年实现销售53亿元人民币，自1995年投产至今，东海粮油累计向国家上缴税收达28亿人民币。2003年销售收入超70亿人民币。东海粮油连续6年跻身于中国100家大企业外商投资企业行列，2002～2003年度名列第49位。在2003年度"中国企业500强"中，东海粮油名列第264位；在中国企业“1000大"中，东海粮油名列第181位。

东海粮油的长远目标是：把东海粮油建设成为全球大型、具有行业影响力和市场竞争力的粮油食品综合性加工基地，为推动中国粮油工业发展、提高人民生活质量做出新的更大的贡献。

饲料事业部是东海粮油工业有限公司业务单元之一，成立于1997年8月8日，集饲料产品研发、生产、贸易于一体。在国内同行业中率先通过HACCP、ISO9001、ISO14001认证。以公司自产原料为依托生产四海牌、五湖牌猪、鸡、鸭、鱼、鹌鹑、奶牛六大系列预混料、浓缩料、配合饲料。年销售量达20万吨以上。饲料事业近几年全面、协调、持续、高效发展充分展示了东海粮油饲料人勇

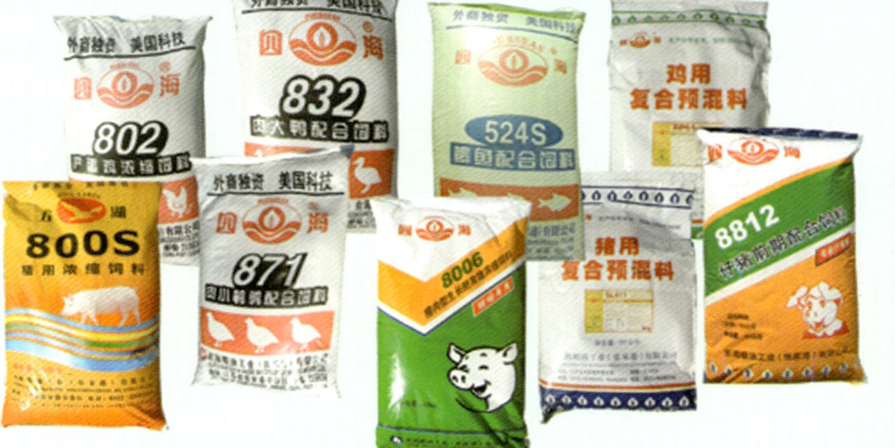

东海粮油工业（张家港）有限公司饲料事业部

地址：江苏省张家港市金港镇 电话：0512-58381018 传真：0512-58380755

网址：www.eogi.com.cn E-mail:eogi@public1.sz.js.cn

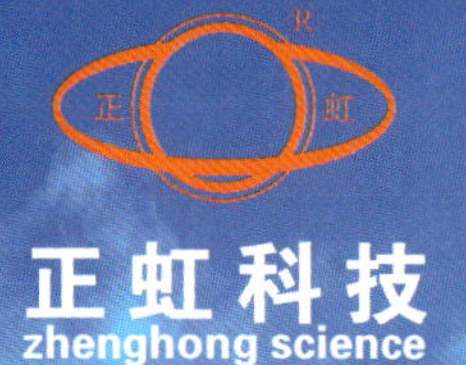

上海正虹贸易发展有限公司所在的上海市浦东新区世界广场

The site of Zhenghong Shanghai Trade Development Co.,Ltd —— the world square of the newly developing district of Pudong,Shanghai

zhenghong group

[進出口貿易]

<<<IMPORT AND EXPORT TRADE

1998年，公司在上海市浦东新区设立上海正虹贸易发展有限公司，主要从事大豆、玉米、鱼粉、乳清粉、氨基酸等大宗原料、添加剂及农副产品的进出口业务。

公司主要进口市场：美国、阿根廷、巴西、秘鲁、智利、德国、法国。

公司主要出口市场：俄罗斯、日本、韩国、泰国、缅甸、孟加拉国、西班牙、意大利、香港、澳门。

吴明夏应美国谷物协会之邀考察美国饲料原料生产基地

上海正虹所在地——上海市浦东新区

黄浦江货运港口

伟嘉集团
地址：北京市海淀区上地东路四街1号
邮编：100085
给您一个支点

乐 达 — 全 球 著 名 的 饲 料 调 味 剂 供 应 厂 家

正昌 SPHS168 水产膨化机 ——节

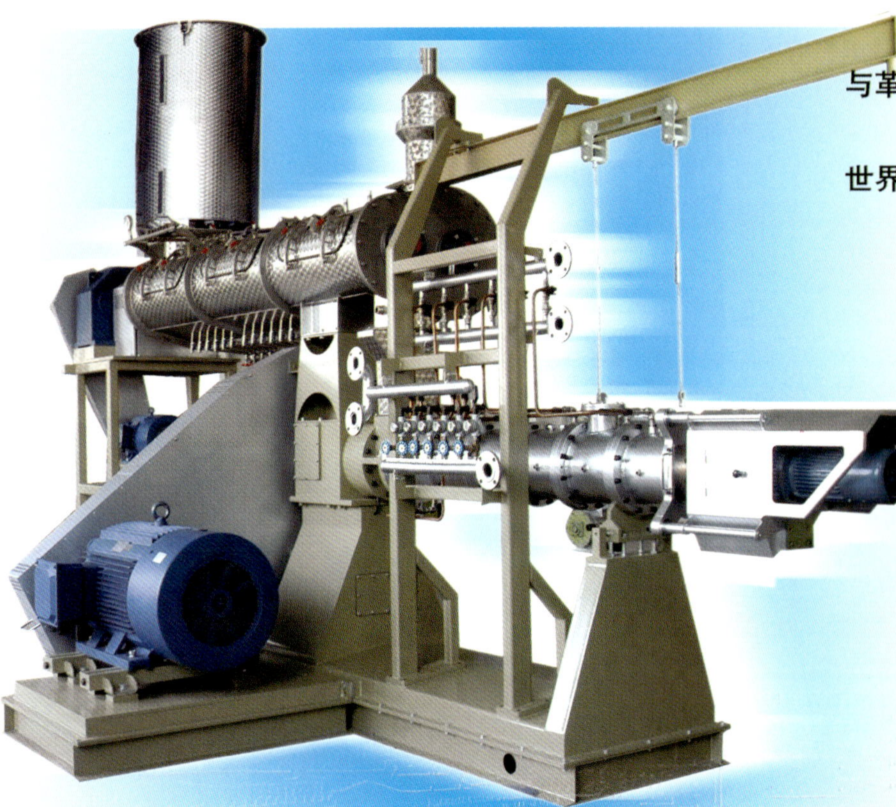

作为国内挤压膨化系统的先驱，
与革新水产饲料领域，继续领导饲
本公司的工程师们全心致力于
世界高效的挤压膨化系统。

正昌SPHS168 新型膨化机应用技能

针对客户对于膨化系统的特殊要求，更适当的技术去满足要求，单螺杆式膨我们丰富的经验及多种膨化机产品，将使得更大的利润。

正昌SPHS168 新型膨化机提升饲料

例如，正昌膨化系统生产的虾饲料，时，若添加粘合剂则可稳定24小时。正昌续稳定性和上浮特性。

正昌SPHS168 新型膨化机优异的生

目前，正昌熟化系统生产各种高品30毫米。与其他品牌的膨化机或加工程利用电力，蒸汽与水产能源，因此能够的降低配方成本的方法。

正昌SPHS168 新型膨化机提高饲料

正昌膨化机生产饲料时可添加高达层可再利用真空处理设备涂放油脂，因鲑鱼或其他需要高能量饲料的水产生物。

正昌自动程序管理系统

能够自动控制挤压熟化系统的启动，运行和关闭。它还能够调节挤压机内的配料流量、加长温度和液体添加，并且监视挤压加工之后的各种综合作业程序，藉以极大限度地保证产品品质，加工效率，员工安全和机器装卸。

铰链侧挂式环模/切刀双重组件

可以快速调换环模，精确调节切刀和环模的位置和距离，在不同尺寸和形状的产品生产之间尽量减少环模转换和切刀定位的时间。

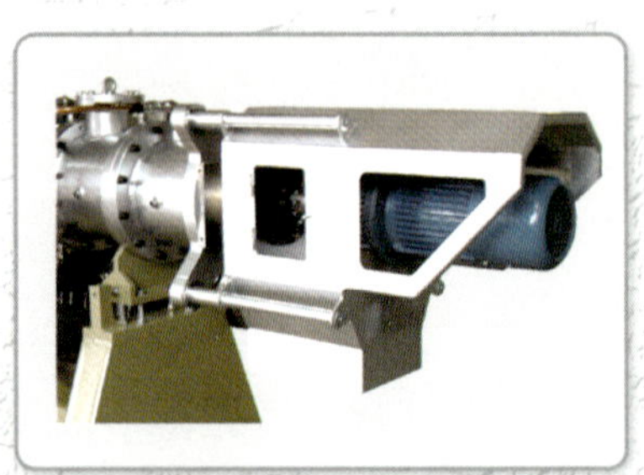

高能量鲑鱼料

鲇鱼饲料

4．0 mm浮水鱼料

海水鱼料

2．5 mm浮水鱼料

3．0 mm浮水鱼料

2．0 mm浮水鱼料

1．5 mm虾料

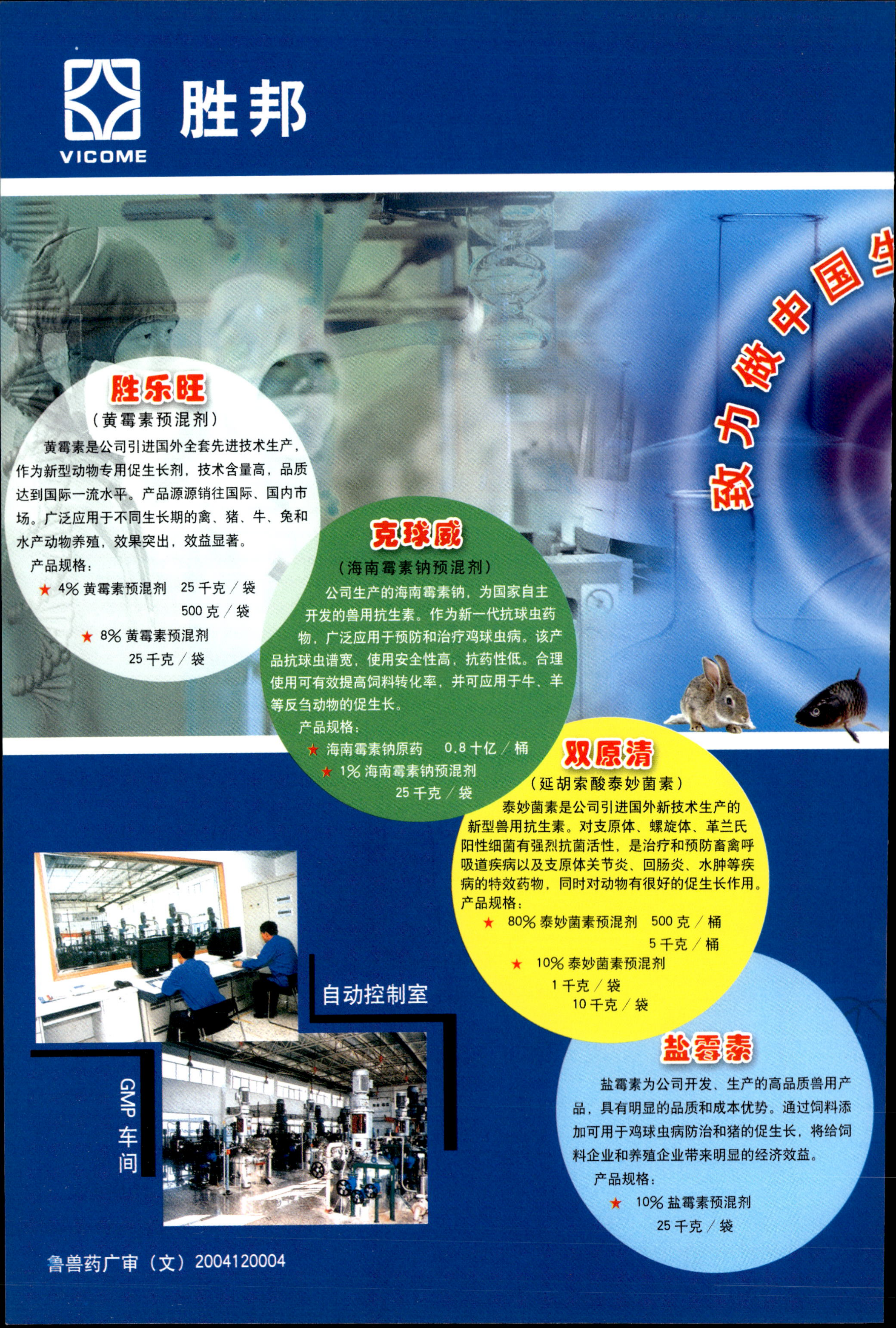
VICOME
胜邦
致力做中国生
胜乐旺
（黄霉素预混剂）
黄霉素是公司引进国外全套先进技术生产，作为新型动物专用促生长剂，技术含量高，品质达到国际一流水平。产品源源销往国际、国内市场。广泛应用于不同生长期的禽、猪、牛、兔和水产动物养殖，效果突出，效益显著。
产品规格：
★ 4% 黄霉素预混剂 25 千克 / 袋
500 克 / 袋
★ 8% 黄霉素预混剂
25 千克 / 袋
克球威
（海南霉素钠预混剂）
公司生产的海南霉素钠，为国家自主开发的兽用抗生素。作为新一代抗球虫药物，广泛应用于预防和治疗鸡球虫病。该产品抗球虫谱宽，使用安全性高，抗药性低。合理使用可有效提高饲料转化率，并可应用于牛、羊等反刍动物的促生长。
产品规格：
★ 海南霉素钠原药 0.8 十亿 / 桶
★ 1% 海南霉素钠预混剂
25 千克 / 袋
双原清
（延胡索酸泰妙菌素）
泰妙菌素是公司引进国外新技术生产的新型兽用抗生素。对支原体、螺旋体、革兰氏阳性细菌有强烈抗菌活性，是治疗和预防畜禽呼吸道疾病以及支原体关节炎、回肠炎、水肿等疾病的特效药物，同时对动物有很好的促生长作用。
产品规格：
★ 80% 泰妙菌素预混剂 500 克 / 桶
5 千克 / 桶
★ 10% 泰妙菌素预混剂
1 千克 / 袋
10 千克 / 袋
自动控制室
GMP 车间
盐霉素
盐霉素为公司开发、生产的高品质兽用产品，具有明显的品质和成本优势。通过饲料添加可用于鸡球虫病防治和猪的促生长，将给饲料企业和养殖企业带来明显的经济效益。
产品规格：
★ 10% 盐霉素预混剂
25 千克 / 袋
鲁兽药广审（文）2004120004

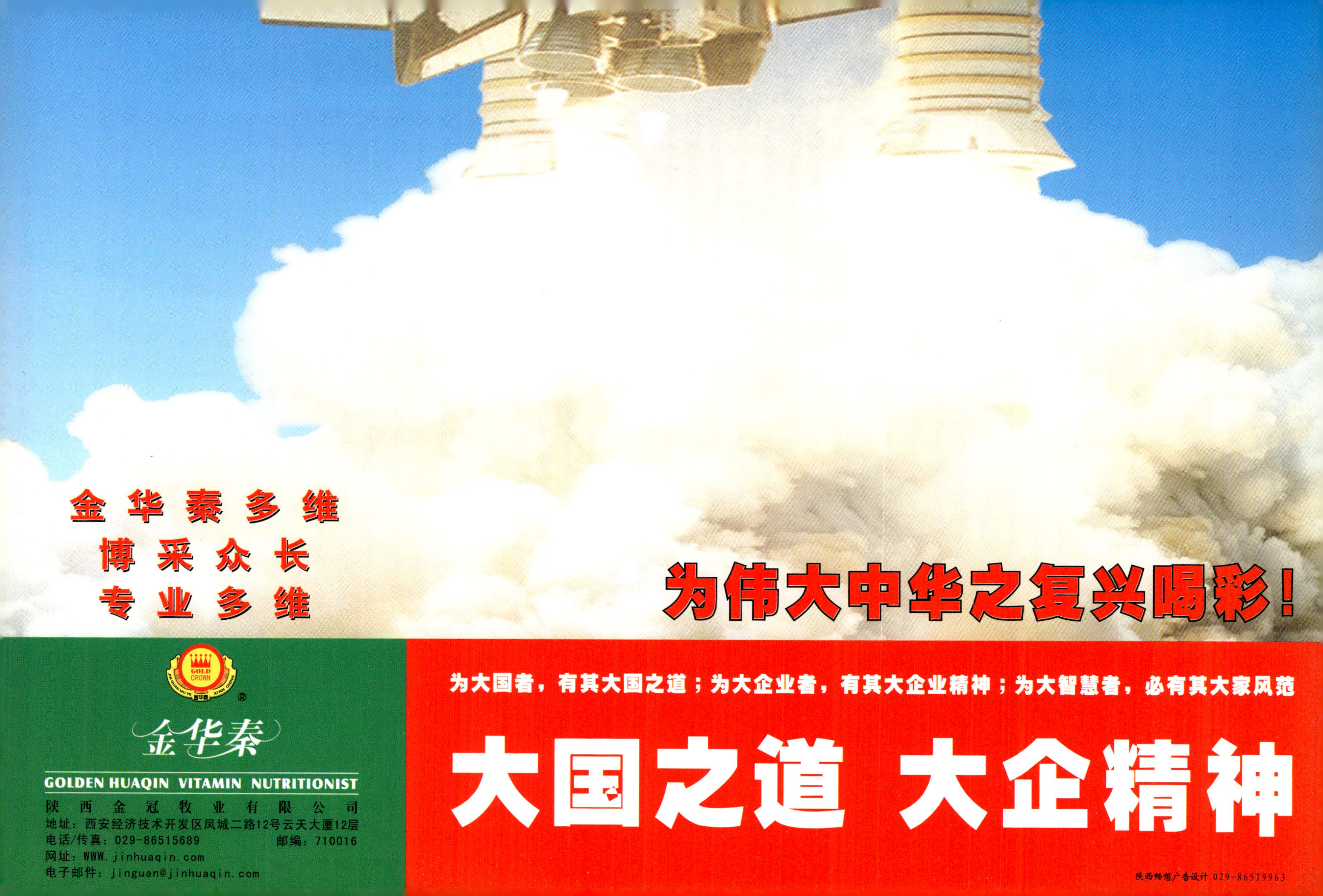
金华秦多维
博采众长
专业多维
为伟大中华之复兴喝彩！
GOLD CROWN
金华秦
GOLDEN HUAQIN VITAMIN NUTRITIONIST
陕西金冠牧业有限公司
地址：西安经济技术开发区凤城二路12号云天大厦12层
电话/传真：029-86515689 邮编：710016
网址：WWW.jinhuaqin.com
电子邮件：jinguan@jinhuaqin.com
为大国者，有其大国之道；为大企业者，有其大企业精神；为大智慧者，必有其大家风范
大国之道 大企精神
陕西畅想广告设计 029-86519963

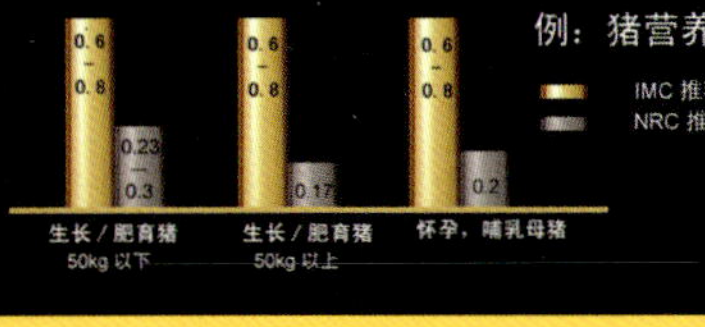